塘西花月痕 上

羅澧銘 著

《塘西花月痕》（全二卷）

作　　者：羅澧銘

責任編輯：何阿三

封面設計：涂　慧

出　　版：商務印書館（香港）有限公司
　　　　　香港筲箕灣耀興道 3 號東滙廣場 8 樓
　　　　　http://www.commercialpress.com.hk

發　　行：香港聯合書刊物流有限公司
　　　　　香港新界荃灣德士古道 220-248 號荃灣工業中心 16 樓

印　　刷：美雅印刷製本有限公司
　　　　　九龍觀塘榮業街 6 號海濱工業大廈 4 樓 A 室

版　　次：2023 年 11 月第 1 版第 2 次印刷
　　　　　© 2020 商務印書館（香港）有限公司
　　　　　ISBN 978 962 07 5848 5
　　　　　Printed in Hong Kong

目　錄

上卷

黃金時代的塘西風月 / 3

第壹集

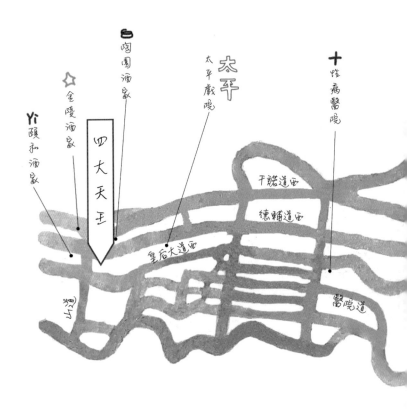

Yi 頤和酒家

☆ 金陵酒家

🔲 陶園酒家

太平戲院

太平

✝ 性病醫院

四大天王

干諾道西

德輔道西

皇后大道西

山道

醫院道

1894 年的香港娼妓區主要位於荷李活道與水坑口街一帶，即為「水坑口娼院區」。1903 年香港政府為了管理當時的衞生問題及發展石塘咀區，遂於 1903 年飭令水坑口娼院區連同配套的酒樓，限期於 1905 年 6 月 1 日前遷往石塘咀，後來准延至 1906 年 3 月，部分酒樓如宴瓊樓及觀海樓等亦一同遷往。縈繞不少人腦際之「塘西風月」的篇章，便由此時開始譜寫。

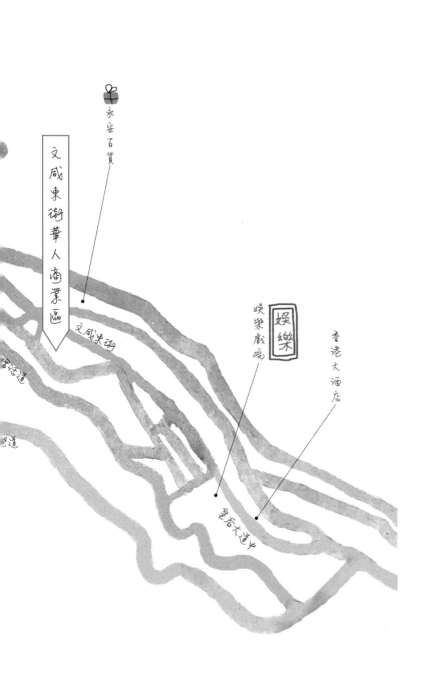

文咸東街華人商業區

永安百貨

文咸東街

娛樂戲院

娛樂

香港大酒店

望道

皇后大道中

道

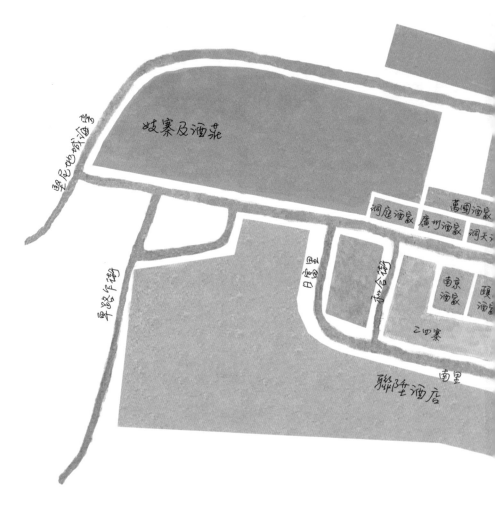

塘西風月區地圖

全盛時期的 1920 至 1930 年，石塘咀共有大小妓寨 100 多間，其中有 20 多間的「大寨」，每間都佔據一整幢 4、5 層樓高的洋房。大寨之中有 4 間最豪華、品質最高的，人稱「四大天王」，便是位於山道這個位置相連的倚紅、詠樂、賽花及歡得 4 間大寨。

陶園酒家

香江酒樓

「四大天王」
大寨

太湖酒家

和酒家 珍品酒家

妓寨及酒樓

其他妓寨

德輔道西

皇后大道西

山道

約1918年的石塘咀，由遇安台（南里）望「新水坑口」（又名「水塘口」）山道的酒樓及妓院區。正中為電車總站旁的陶園酒家（現香港商業中心），其右方是香江酒樓（現太平洋廣場），再右方依次為妓院「四大天王」的歡得、賽花、詠樂、倚紅（現長發大廈），太湖酒樓（現恒隆大廈）。最右的一座初為洞天酒樓，稍後再依次為共和酒樓、中國酒樓及第二代的金陵酒家（現新安大廈）。

由德輔道西望山道，約 1928 年。右方是由金陵酒家變身的廣州酒家，其左鄰是萬國及頤和酒家。左方爲倚紅妓院及太湖酒家，中左方五層高建築是第二代的金陵酒家。正中爲石塘咀街市及遇安台的聯陞酒店。

吸食水煙者（左臥牀）及抽鴉片（橫牀直竹）的癮君子，約 1900 年。

❶ 倚翠眉史（妓女雅稱）素梅。曾拍兩套電影。

❷ 倚翠眉史蘇蘇。

❸ 天一妓院的花飄零。

❹ 宜樂妓院的巧巧。

❶ 翠樂妓院的小梅花。

❷ 蔴埗（油麻地）添花妓院的白牡丹校書（妓女雅稱）。

❸ 油麻地藏英閣妓院的飛霞。

再版自序

羅澧銘

　　此次承讀友的鼓勵，提起最大的勇氣，出版「塘西花月痕」，估不到在預約換書期間之內，未曾公開上市之前，已經銷售十之八九，趕急再版，總代理曾威記，且曾一度「斷市」。在我個人從事出版事業以來，可算創下「奇蹟」自然感覺十分興奮，對於我初時憂慮的幾個難題，俱一掃而空，例如：（一）維持血本，當有利潤，可以繼續出版其他拙著；（二）承老友賞臉，到目前為止，仍未發現「翻版」攘奪著作權益，這也是很可喜的現象。（請參閱我因何出版「塘西花月痕？」一文）同時辱荷各大商行捧場，惠登廣告，使到「再版」刊印，有機會改善「初版」許多不滿意的地方。

　　是書出版後，各方面反應的良好，完全出乎我意想之外，有幾件事連我自己亦幾不敢置信！有一天，同事賈訥夫兄對我說：遠赴澳洲坎培拉大學講學的柳存仁博士，最近有信來，說他從前在星島晚報看過「塘西花月痕」，現在知道出版，想取一套，他打算看完之後，送與該大學的「圖書館」保存，因該大學的圖書館有一個部門，是搜羅世界上的「奇書」，「塘西花月痕」大可列入「奇書」之林云。賈兄拿柳博士原函給我看，我雖未有機緣與

博士訂交，久仰其大名，辱蒙賞識於牝牡驪黃之外，既感且慚，除送贈一套請求指教之外，並多寄一套，囑柳博士代送該大學圖書館收存。星島晚報綜合版編者胡爵坤兄時適在座，聞言笑道：「妙啊，將來你的乖孫國維，有機會去該大學讀書，在圖書館發現爺爺的著作，一定感覺很有興趣哩。」早在本書預約之始，香港教師會圖書館主任呂兆基兄，代圖書館定購兩套，俱足爲拙著增加價值不少，最低限度證明這部書能登大雅之堂，不是「黃色小說」。恰如我底忠實讀友的品評：是書引古證今，針對現實，不愧是「現代男女風月寶鑑」，正好警惕下一代的青年，引爲龜鑑！

馮公夏學兄創辦「瑜伽學會」，導人健全體魄，主持佛教會，熱心辦理教育，是一位躬行實踐的慈善家，實事求是的社會工作者。我和他是四十年交好，承他題贈二語：「以小說家言，作警世南針」，敢不拜嘉，益加淬厲。最使我銘感不忘的，便是「讀者聯歡會」舉行之日，許多男女讀友，謬許我的文字，有感動人的力量，並舉出某君的例子，因看了「仇公子月花五十萬」一文，毅然改過遷善，安享晚福。原來是日更出現一位「好漢」人物，別號「細佬貴」，特別由馬交趕來參加，專誠想向我道謝，並向我「懺悔」過往的罪惡，全賴看了「塘西花月痕」及某君的來函，備極感動，改過遷善。他後來和我作一席話，自認受我的感化，最近「放生」兩個人的性命。我亦鑒於他的一片眞誠，極爲感動，把我和他的「一席話」，附錄於後，希望一般「落井下石」之徒，知所警惕！

除「我與細佬貴一席話」之外，爲着感謝讀友和親友捧塲，

附錄「讀友聯歡會有感」、「塘西拾遺」兩篇。最抱歉的是：讀友題贈的詩詞，琳瑯滿目，美不勝收，限於篇幅，未能備載，諸希鑒原。

一九六三年元旦
羅澧銘（塘西舊侶）序於澧香室

與細佬貴的一席話

　　細佬貴是我底忠實讀友之一，「讀友聯歡會」舉行之日，他特別由馬交到來參加，想向我傾吐肺腑，他見我「滿塲飛」忙個不停，沒有機會談話，乃先返馬交，寄給我一封信，原函如下（除代改兩三個「白字」之外，內文悉照錄）：「澧銘老師台鑒：十六（按：即「讀友聯歡會」舉行之日）得先生列位盛意招待，我內心感謝。請原諒我唐突來函，望老師多多指導，因我讀書，照日子全部計，未有十五個月的教育。自發現「塘西花月痕」，閱讀之後，識了許多字，如獲至寶，同時良心發現，完全受老師之感化，最近「放生」兩人性命，如不是我改過行善，此兩人不死亦要殘廢，此事來日面向老師談，並非假做，有人為證。現在畧寫出身多少，老師一看：我十一、二歲，父母雙亡，後加入ＸＸＸ部隊做「小鬼隊」訓練，幾乎每晚都要殺人，後來做走私仔，總之樣樣事都做，只有一件不食「禾邊草」（按：即是不害本村人之意，撈家所謂「在此處食，在此處屙」，最為掉忌。），所以能保全性命。老師，我想和你面談，我的意思係多得你「感化」我，好比一個「罪人」，去聖壇在神父面前懺悔，懺悔之後，便覺得良心上安慰，做過好人，並無別的，未知可否？請回一音，餘事面談，並祝羅老師健康。弟細佬貴拜上。」信後附馬交地址。我寫好回信，準備付郵，突接一個「長途電話」，原來就是細佬貴打來，問我能否答應見他一面，他好像要見過我，傾心吐胆

的「懺悔」，才覺得安樂一般，我當然極表歡迎。難得他一片誠意，特自由馬交搭船過來，登門造訪，我在「聯歡會」裏，和幾百讀友見過面握過手的，多少留下一些印象，見了他有些面善，便猜出來人就是「好漢」細佬貴了，連忙肅客入座。他穿一套筆挺西裝，除下墨晶眼鏡，身軀偉岸，風度翩翩，絕不似一名「江湖好漢」。他一見我面，很熱烈的和我握手不放，有如老友重逢的樣子。他首先表示渴慕之忱，怕我不肯見他這樣的「粗人」，遲遲不敢造次，此次因看了書內所錄的某君來函，情感衝動，忍耐不得，故寫信要求，又等不及回音，打個長途電話詢問，未免太過唐突了。言下頗有抱歉之意，我含笑說道：「你既是喜歡我的作品，當然知道我教導子弟：「處世要有兩『度』：撈家的量度，學者的風度」，我生平很仰慕有真正義氣的「撈家」，最樂意和他們做朋友，「粗人」也好，「斯文人」也好，怎會有畛域之分？」他乃說出「定書」所用的名字，才是真姓名，「細佬貴」是他做「小鬼隊」時，年紀幼小，大家俱以「細佬」相稱。接着他縷述幼失怙恃，被迫做游擊隊的時候，差不多每晚都要殺過人，理由是夜色迷濛，碰到何方隊伍，答不出口號，即要開槍轟擊，如不殺他，他就會殺我，有時碰到日本仔，更加同仇敵愾，手下不留情，曾經與同伴「生劏」過幾個！他說到這裏，莊容正色地問道：「老師，我怕自己殺得人多，『烏雲蓋面』，你覺得嗎？……」他又懇切地問道：「是不是陣上交兵，不是你死，便是我亡，這樣的殺人，沒有冤鬼纏身呢？」我點點頭應道：「照理應該是這樣，正如你上文所講：你不殺他，他就殺你，這是出於自衛的殺人，法律也會寬恕，『謀殺』就不同了，自然冤魂不釋，問良心亦會感覺不安。」我注視他說道：「我看你雙眼全無兇光，面貌

也很友善，不像是殺人的兇徒，怎會有烏雲蓋面？」細佬貴欣然說道：「全仗老師感化！我本來識字無多，自從看了『塘西花月痕』，發生興趣，有時不識這個字，讀了上文及下文，自然心領神會，有時請教別人。你勸人為善，我深深感動，這五、六年來的確循規蹈矩，品性馴良，但最近我幾乎要殺兩個人，他們抵死有餘！」

細佬貴隨將這兩人如何見利忘義，對他不住，怎樣「過橋抽板」，還要「落井下石」，誣揑他某種罪名，羅織成案，使他陷於莫須有冤獄，幸而治安當局明察秋毫，不為所愚，否則現在他可能沒有機會和我見面。他說出這兩個人的行為，的確是可惡，我亦替他不平，因此我奉勸世間人，凡是「過橋抽板」、「落井下石」的事情，切不可幹，我更希望這兩人要洗心革面，改過自新，若果不是細佬貴變了「善男信女」，他們的性命早就「凍過水」了，細佬貴說是受我的感化，積了這點「陰德」，相信連他們兩人都懵然不知哩。細佬貴又描述他如何製造「工具」，怎樣對付他們，縱然不死，亦將淪為殘廢，（這種「工具」殊屬可怕，恕我不便照寫出來，以免別人效尤。）他準備帶「工具」出發，突然有所感觸，想起寫信給我的「走私仔」某君，……覺悟前非，懺悔到底，獲得好報，他不應該「為德不卒」乃毅然把「工具」毀滅，連帶他底太太亦覺得驚奇，因為他底太太雖不是「主謀」，亦認定這兩人「抵死」，值得小懲大戒。話匣打開，由此說到「走私仔」，細佬貴如數家珍，推測「某君」像是某某人，對人不住，太太生毒癌；又像是某某人，但此人為富不仁，絕無懺悔之意，顯然不是「某君」了。我惟有唯唯諾諾，不置可否，事實上他所推測的幾個人，完全不對，但我必得對「某君」踐守諾

言，維持道德，不能宣洩其名字。細佬貴復談到「走私」，眉飛色舞地說道：「可惜我認識老師太遲，不知『立品』，否則到了今時今日，我何致如許奔波，面團團作富家翁了。戰後我底全盛時代，賺了四十萬，大家都知道是走私發達的某富豪，他那時尚未發迹，仍要靠我們幫忙，現在不消說環境大大改變了，我和他地位懸殊，想靠他幫忙就難，不過我是義氣兒女，等閒也不肯開口求人。但我也得說句老實話，他為人尚肯念舊，有次相逢，他問我去何處，殷殷請我上去他底名貴汽車，送我一程，和他同行的富貴朋友，見他如此優禮我這個衣服樸實的『鄉下公』，都有點奇異之色，有誰知道我們有過上文這段因果呢？」他再將當時「走私」的情形，繪影繪聲，縷述無遺，據說他每天最多的入息，可賺萬餘元，奈何悖入悖出，豪賭輸去，目前賴有賢內助，生活尚屬安定，無內顧之憂，他想起一件事，得意地說道：「當我四、五年前，看了『塘西花月痕』受老師的感化，規行矩步，改變『好勇鬥狠』的作風，甚麼『偏門』生意都不沾手，岳母和太太，都覺得奇怪，不知道我因何『轉性』？互相竊竊私議，她們沒有問我，我也沒有告訴她們。我妻原是良家女，起初和我結婚的時候，完全不知道我的『底子』和行徑，直至後來相處時日旣久，自不免露出狐狸尾巴，所以她見我突然洗心革面，自然萬二分的高興。」他說到這裏，忽又鄭重聲明：「我看你的文章，感化做好人，確是事實，我不敢欺騙老師。我還要附帶解釋，因為我往日的『名堂』太響，手下靠我覓食的人太多，我雖然洗手不幹，但手下人有時為着博取兩餐，不能不出來『撈』，因見我的『臭名』，有些人賞面，不能不『撻』我的『朶』。你將來或許於無意中，聽到我的『名堂』，懷疑我依然『活躍』，

只是在老師面前『假道學』，那就冤哉枉也，實際上不關我的事呀！」

我見他一片虔誠，張惶之態可掬，乃微笑說道：「我當然絕對信任你，是你自動『懺悔』，沒有人壓迫你，何必欺人自欺呢？」細佬貴忽又啞然失笑道：「有一件，說起來也很有趣，我是受你的點化，改過自新，這是無可否認的事實。但說到我底妻子，沒有錯，她不愧是我的賢內助，祇是有一種『缺點』，從前頗喜歡『饒舌』，終日絮絮叨叨，見我在家不出，譏諷我如許『深閨』，豈是男子漢所為？見我常時出外，又罵我不思家，不知交結甚麼豬朋狗友。其次見我身上錢多，必定『繳械』，認為無事出街小破財，總而言之，無一是處。說也奇怪，近一年來，她完全改變作風，任我自由行動，我沒有入息，她給錢我使用，絕無怨言。我有時暗自好笑：『羅老師感化了我，莫非我又感化了她？』現在家庭之樂融融，我亦深感滿足，雖然我只有一個女孩，沒有兒子，我常時叫她請醫生指導，她答應了，只是懶得去做。」我接口說道：「你們不過卅餘歲，還是壯年，加上現代醫學昌明，日子尚多，大有希望哩。」細佬貴笑道：「我的頭腦並不十分頑固，嗣續香燈問題，不會看得太重，祇是我妻特別重視孩子罷了。」他和我不知不覺間，談了兩個多鐘頭，極表滿意，作如下的結論：「我在許久許久之前，就想見你一面，始終怕有唐突之嫌。我想見你的動機，好像一個『罪人』，去聖壇在神父面前懺悔一般，懺悔之後，就覺心安理得，重上新生之路，何快如之？」本來細佬貴抵埗之初，原想邀我外出茗談，我知道他想暢談他過往的身世歷史，在稠人廣座殊不方便，主張先在家裏暢所欲言。直至他吐露衷曲完畢，乃同去吃晚飯，我見他從隣埗

來，很應該稍盡東道之誼，他堅決不肯，爭着『會鈔』，說他專誠拜見『老師』，怎能教老師破鈔？我鑒他意誠，一笑而罷，相約以後繼續通訊而別。這一次細佬貴和我作戲劇化的會晤，我覺得讀友如許看重我，心裏異常「感動」，因爲根據他的口述，受我「感化」而「放生」兩個人，間接由我造成他這件陰騭事，教我如何不興奮呢？

「讀友聯歡會」有感

「塘西花月痕」獲得讀友熱烈贊勤，始能實現出版的目標，我在「自序」中已有詳細的報導，而「讀友聯歡會」能夠於九月十六日順利完成，亦全賴每一位老友，出盡力量幫助，使我於銘感興奮之餘，不能不寫一篇有感！

我選擇十六日開幕，遠在「溫黛」小姐降臨之前，估不到這位小姐大發雌威，害人害物，感動善長仁翁，慷慨輸將，救災救難，悉力以赴。八和會館主席何非凡首爲之倡，發起義唱，由華民署領導東華三院主席總理，暨各街坊首長，鼎力支持，定十六日作馬拉松式十二小時日夜不停廣播，創「義唱」新紀錄，所有會員全體總動員，並一致議決，節目一經安排，任何人不得要求更調，以致擾亂秩序。這麼一來，我原定的「剪綵」節目，小不免受到影响了，事前我內定蘇少棠司儀，配合他底誼父何洛川揭幕，但義唱次序，少棠排第六，約莫計算一下，恐怕與我諏吉開幕的時辰（下午三時至三時半）衝突，我當然不敢以私廢公。同時我聆悉義唱「撞介」，早已掬誠奉告伶星界列位好友：救災要

緊，不必顧全私誼，受人指摘，他（她）們異口同聲地答覆：當盡可能抽出時間參加。這麼一來，洛公和少棠可傷透腦筋了，他深夜和我商量，請「新梁醒波」梅欣瓜代，已蒙俯允，司儀一席，總算告一段落。但「剪綵」人選頗有問題，李寶瑩，林丹，鄭幗寶，陳寶珍，及誼女吳景麗幾位，事前磋商，僥倖可以抽出時間，其他則恐怕失場，不敢離開電台一步，或則拍片羈身，像「世侄女」陳寶珠，特別置備新裝，打算屆時替「羅伯伯」効勞，亦因拍外景，趕不及回來。出乎我的意料，剪綵良辰將屆，老友名導演陳皮，一馬當先，偕同梁醒波、蘇少棠、李香琴這支生力軍，浩浩蕩蕩，爲大會生色不少。原來他們剛巧義唱完竣，趕來道賀，慨然參加剪綵儀式，接着又要趕返電台，準備下一個節目，如此友誼熱情，誠屬難能可貴，感激奚似？同樣使我感謝的，最先到的鳳凰女，以及殿後的吳君麗，俱是在百忙中抽出寶貴的光陰，踐守她們「必到恭賀」的諾言。我還接到阮兆輝世兄（我和他底尊人是老友）的電話：奉師父麥炳榮之命，先道達賀忱，倘時間不許可，恕怪不能抵埗。其他好友亦盛意拳拳，或惠臨觀禮，或寵錫厚貺，舉一可例其餘，不必贅述了。

最有趣的是：兩位「肥波」碰頭，座眾中頓起「暗湧」，「新師兄」詞令巧妙，尤其尊重「叔父」，宣佈請「波叔」登台時，特別加「師父」兩字，舉座粲然。波叔風度翩翩，人甚風趣，我最愛和他茗談，可惜是日「滿場飛」，連招呼也來不及，那有此閒情逸致呢？來賓演說中，老教育家陳鐵一首先出馬，我鑒於在星島晚報綜合版發表「李登同不是此燈筒」的時候，讀友知道他是「測字專家」及「人相學專家」，函件如雪片飛來，叫我轉請他測字或看相，特趁此機會，介紹幾句，以慰讀友慕名之忱。他首

先贊成我選擇塘西風月留痕碩果僅存的廣州酒家舉行「塘西花月痕」讀友聯歡會，使人有「留得青衫舊酒痕」之感。接着說我寫作的宗旨，警世勵俗，及勸人行善，風花雪月文章，保證無黃色字眼，不愧為「社會教育家」云云。老友除「過譽」之外，亦可謂「實獲我心」。第二位來賓演說是殷商廖朗如，他底先翁曾任招商局總辦，是「如假包換」的公子哥兒，（鐵公在演詞中說我是公子哥兒出身，實屬「假柳」，瞠乎其後。）難得他已超過古稀大年，而精神矍鑠，正式是我們「飲友」的老前輩，由水坑口以至塘西時代，歷歷如繪，描述花月留痕，引起座上不少「笑聲」。最後輪到我致謝詞，我自知口才拙劣，生平最怕演講，祇好認句「敝鄉」，表示我對於各界友好和讀友的熱烈鼓勵贊助，促成「塘西花月痕」的出版，及是日聯歡會的美滿收穫，將永誌不敢遺忘，我說得期期艾艾，相信一定鬧出不少「笑話」。是日女讀友參加特別多，其中有好幾位使我極其感動，我將秉承她們所指示的南針，貫徹我寫作的宗旨。有位太太，大概已有六十高齡，她謬許我所寫「甘為情死一痴人」及「我要活下去」兩篇，能夠鼓勵「做人的勇氣，勿萌自殺觀念，有益世道，功德無量，希望我繼續多做這種功德——老友閒雲閣主亢儷適在座，亦為之微笑首肯。另有一位讀友，眼光高超，能夠看出綜合版的譯文，哪一篇出自我的手筆，洵不愧文字知交。還有忠實讀友高太，事先約定，偕高先生參加捧塲，可惜我百務蝟集，招呼不週，我希望將來找個機會，大家約晤暢談，再領教言——我對於每一位讀友，都抱持這種懇切態度，不是客氣話，倘蒙不我遐棄，謹掃徑以待！

最後我還要報導一件事：「散會」後返家，接到十多個電話：

其中有兩位是參加聯歡會的讀友，要求照預約的價格（十元）優待，據說有位太太，想購買一套，送給她底丈夫看。事有湊巧，另一位朋友，則想送給兒子看。許多讀友，大致說他是日適牽於事不能參加，極表遺憾，問我能否「破例」優待？我俱一律表示通融，以酬雅意。是日親友餽贈花籃及珍品甚多，承郭子安兄惠贈楹聯，由麥浚宸兄大筆揮寫，聯語集司空圖，汪遵句云：「昔日繁華今日恨，南家歌吹北家愁。」匠心巧運，寄慨彌深，珍逾拱璧，懸諸小堂間，造訪親友，無不擊節稱賞。

塘西拾遺

拙著「塘西花月痕」出版後，頗承一班老「飲友」，引為談佐，或則重溫綺夢，或則津津樂道當時情景，大有橄欖回甘之樂。即如「讀友聯歡會」之日，七五高齡的廖朗如翁，亦禁不住「現身說法」，一廣「後輩」知聞，正如白頭宮女，談開元、天寶遺事，亦殊引起聽眾的趣味。茲承老友曾達觀兄惠函，有關「放腳奇仔」一節，文人雅集，開筵坐花，蔚為佳話，因撰「塘西拾遺」，以補不逮。原函大致如下：「奇仔是著名唱腳，年逾花信，裙下雙鈎，瘦不盈握，一般有嗜痂癖之飲客，頗為醉心。當時一班名士如羅綺宸，黃裝裳，黎朗樵，區少朋等，召奇仔度曲，即席用奇仔兩字作「鶴頂格」詩鐘，成廿比之多，雖不盡佳，亦見巧思，可見飲客中未必盡是酒食征逐之儔，亦有風雅士也。茲就記憶所及，錄九比云：「奇節豈甘淪水性，仔肩難卸荷山盟。」「奇氣生成原有福，仔緣偶遇豈無情。」「奇矜目盼思秋水，仔善

眉彎效遠山。」「奇味無窮妝獨玩，仔肩何故荷難勝。」「奇巧一彎艱跋踄，仔纖五夜助歡娛。」「奇癖豈殊痂獨嗜，仔肩可許味同分。」「奇能歌唱繁新調，仔細思量寄此身。」「奇居自愛金蓮步，仔願常吟玉局詩。」「奇軟作杯堪勸酒，仔尖承几勝看花。」

「約在民十五年前後，塘西妓女出局，曾一度愛穿長裙，某報副刊新年『諧文』，有『百褶裙衁暖階磚，單齒屐踏穿樓板』之句，可知除「花緞平底鞋」之外，每好穿滿洲旗裝之單齒屐：製法是蹲在屐底中央，行起來前後搖擺，頗具嬝娜之致。（塘西舊侶附誌：據我記憶所及，單齒屐起初由閨秀盛行，其後風氣始吹向花叢，閨秀中人已經淘汰了。我童年時代，猶及見先姊穿過。）又各酒樓之電梯，同時初步建設，（俗稱『獵』，是英文譯音，文言叫升降機。）鄙人『雜咏』有『電梯上落多方便，酷暑無虞汗雨零』之句，阿姑天熱出局，跑上四樓，誠吃不消，可見民十五之前，塘西酒樓尚未有『獵』裝置。」

達觀兄說起石塘全盛時期，大小酒樓不下十餘家，名字已多半遺忘，茲憶述如左（或許仍有記錯，盼老前輩指正）：塘西的酒樓，初名「花筵館」，全盛時期的酒樓，計有「香江」，即屈地街電車站的一疊樓宇，今已重建，與「火井」相鄰。對面為「陶園」，具有園林勝概，今仍未變外觀，要舉步登十數級，樓前曠地種植花木，有小小八角亭，以便「老契」並肩談心，為鬧市中罕見的小園林酒家。其後適應潮流，加設電梯，可惜花事已開到荼蘼了。（陶園似與中環的「陶陶仙館」，及西營盤之「樂陶陶」，同是一班東家，均用「陶」字）。

轉入山道，「金陵」在望，（即今之廣州酒家）中間是個大水坑，對面是「四大天王」妓院。金陵創辦之始，確曾哄動一時，

事先公開徵聯，分嵌「金陵」二字，文人墨客，珠玉紛投，佳卷美不勝收。選錄後請名書家寫就，分懸各廳，以資點綴。鏡屏的書畫，亦出自名家手筆。當時最膾炙人口的是「畫舫」廳，構造成秦淮畫舫模樣，以符合金陵景色，飲客俱以先覩為快，差不多要提前一兩個月「定廳」，始能享受畫舫滋味。還有，酒樓稱「酒家」，亦由金陵始創，大抵主人是風雅士，取義古人「夜泊秦淮近酒家」之句，一經採用，嗣後較大規模的酒樓，不讓金陵專美，通稱酒家了。

由「四大天王」轉上大道西，轉角的一間酒樓叫「太湖」，被稱為「古老大帝國」，傢私陳舊，阿姑最不「開胃」，後改「中山」，雖從事刷新，仍不為飲客所喜，祗有「經濟」人客光顧。斜對面有間「珍昌」，是回教食品店，以掛爐鴨馳名。街市對上的南里，拾幾級登「台」，（香港有不少街道，十餘間樓宇，自成一台，如「儒林台」「清風台」之類）便是「聯陞」。復出大道西，則有「洞庭」「洞天」，過了和合街，就是初期的「廣州」，只有一薹樓宇，雖是新洋樓，擺大酒席仍嫌不能「打通廳」，所以「金陵」遷去現時拆卸的地址，「廣州」乃遷來。

由「舊金陵」（即今之廣州）轉上大道西，轉角處是「萬國」，以地勢所限，業務別創一格，以「細廳」佔多數，以便利少數朋友作局，或兩老契「撐枱腳」談心。猶憶「萬國」開幕前夕，設宴欵待衛生局主管長官及其僚屬，以資聯絡，那長官渾號「裹蒸粽」，因他每日吃午餐，並不光顧餐室，嗜食「雲南樓」的裹蒸粽，認為味道絕佳，嗜之成癖，雖大餐不易。「雲南樓」是中環一間中下級食肆，地方殊溷濁，以「潔淨官」而偕僚屬光臨極不潔淨的場所，完全為「裹蒸粽」而來，故僚屬錫以這個嘉名。萬

國的右鄰爲「頤和」，十間八間樓面，最適合打通廳，請喜酒，主人家站在中間禮堂，容易左右照顧。我結婚便是假座這間酒家，其後改名「統一」，到了大道西的末端，是歷史悠久的「共和」，與「香江」「陶園」「太湖」等，同屬老字號的酒樓，適合「打通廳」之用，因業主一怒而收回拆卸，中間因改建不成，曾一度草創「南京」，既不是全部革新，地方又偏僻，很快就宣告結束了。

我因何出版「塘西花月痕」?

羅澧銘

完全感謝忠實讀者擁護鼓勵的熱誠

記得我十歲八歲讀私塾的時候，塾師教「成語考」身體類：「新剝雞頭肉，明皇愛貴妃之乳」，及衣服類：「貴妃之乳服訶子，爲祿山之爪所傷」，說到「乳」字，放沉聲音，含含糊糊的過去，使到全班較年長的同學，都有種神秘的感覺，互相傳播，引爲美談，雖然我還是無知童子，完全未有蕩漾情懷。及至年事漸長，情竇初開，追隨朋友買醉塘西，返寨打水圍，直入香閨，阿姑未及穿回飲衫，着緊身褻服，只見十多粒金鈕密密排，不禁聯想貴妃的服「訶子」，等閒不易偷窺，越覺「新剝雞頭肉」的可貴，竊以未得一飽眼福爲憾。其後朋友倡議去游泳棚，旣「體育」而「睇肉」，鍛鍊體魄，娛悅身心，但見紅粉綠波，泳衣半裸，享受大自然之美，旁若無人，起初以爲找尋新刺激，久而久之，反覺自慚形穢，眼光如豆，少所見，多所怪，司空見慣渾閒事，何足介懷？其實男女生理上的構造，絕無神秘可言，塾師頭腦冬烘，普通一個「乳」字，都不敢高聲朗誦，向學生講解，徒然引起無知小子，先作非非之想，其愚眞不可及。近年來外國教育家，鑑於有等教員，仍像我們這位塾師一樣頑固，

不敢向學生公開講解性問題，以致莘莘學子，爲好奇心所驅使，幹出「色狼」暴行，乃大聲疾呼，主張灌輸「性教育」，越隱諱越神秘，越引起不必要的幻夢，由此一端，可知時代日益進化，人類思想隨之開明，頑固保守風氣，亦當趨於淘汰之列。「塘西花月痕」由一九五六年六月下旬開始，發表於星島晚報「綜合版」，原定只寫三、二百續，花月留痕，聊備一格，初不料讀友垂青，予以好評，由「黃金時代的塘西風月」，以至香港淪陷日寇時期「烏煙瘴氣的塘西娛樂區」，亦不厭求詳，首尾共歷時四年，凡一千二百餘續。在發表期間內，已接到不少讀友函詢：將來是否出版「單行本」？我初時的思想還很守舊，以爲這等風花雪月文章，難登大雅之堂，不是家庭讀物，未必爲主婦喜歡，誤會指引兒曹作狎邪遊，所以婉詞答覆讀友：仍在攷慮中。但奇怪得很：好幾次在偶然的宴會塲合，周旋於太太團之間，她們聽說我在星島晚報任職，問我「塘西舊侶」是誰？當我照直告訴就是「本人」，她們異口同聲的說道：「原來是你！我們都是你底忠實讀者呀！」她們接着說出當時所寫的書中主角人物，問我結局如何，以先知爲快；或則談及上一篇的角色，描寫得如何淋漓盡致，語多獎飾，並表示她們確是忠實讀者，不是信口恭維，使我既感且慚。其他惠我出版的讀友，所列舉的理由：第一、古人有「霍小玉傳」、「楊娟傳」、「李娃傳」……等，近人亦有「花月痕」、「九尾龜」、「海上花列傳」……等書，塘西金粉雖成陳迹，究屬於地方掌故，過來人讀之，可以重溫綺夢，青年人讀之，可想見當年銷金窩的豪情勝慨，旖旎風光。第二、賣淫被稱爲世界上最古老的職業，繁華都市，名義上早已廢娼，實際上變相的「撈女」，層出不窮，而道德淪落，人慾橫流，曠

觀「飛哥」、「飛女」之輩，變本加厲，以視昔日塘西飲客與阿姑的規矩儀注，其高尚與賤格，相去何祇天淵？「塘西花月痕」一書，引古証今，針對現實，不愧是「現代青年風月寶鑑」，正好警惕下一代的青年，引為龜鑑，應該每個家庭購置一冊，用作「傳家寶」，獲益良非淺鮮。還有一部分讀友，自認是「學生哥」，謬許是書可給青年們上一課「社會課」，非定閱不可！在預約期內，女讀友定閱不佔少數，頗出意料，可見現代男女思想的開放，遠非塾師教「成語考」的頑固時代了！

在讀友熱烈擁護鼓勵的函件中，最使我既感且慚，又驚又喜，異常興奮的，便是某君的一封長函，他謬許我的文字有感動人的力量，並承認看了「仇公子月花五十萬」一篇，深表懺悔，改過前非，現在安享晚福，特別預約十套，打算轉贈親友，作為傳家寶，「希望感動第二個我，第三個我，以至百千萬個我，就功德無量……」等語，（某君原函另錄，以免辜負他一番盛意，但我亦踐守諾言，未便發表其真姓名，請讀者原諒。）同時我再翻閱全書的內容，自信絕對沒有黃色誨淫文字，所報導的全是事實，大堪發人深省。例如描寫濶佬任性妄為，浪子傾家蕩產，除「仇公子月花五十萬」之外，尚有「廢大少鬮濶為花亡」、「煙局汽車名妓散一副身家」，「富有傳奇性的拈酸悲劇」，「因爭風鬧出打單綁票活劇」，以至兩度煤炭咕喱飲寨廳趣劇，俱是警告好「行擽」的朋友，不宜在風月塲中，爭雄鬥勝，結果非弄到身敗名裂不休。又如往昔的「大寨阿姑」，如何潔身自愛，並不像普通人心目中的娼妓，送舊迎新，盡屬楊花水性的淫娃，其中如「青樓情種自殺殉情悲喜劇」，「小鳳輕金錢重信義」，及「素娥賣肉養家姑」，均是可歌可泣的血淚史，誰謂青樓

妓女無完人？至若「上海花國總統金龍」，「新煥勝賊女桂生」及「詩妓紫蘭花小史」，不特情節離奇曲折，足以警醒誤解自由的女子，一失足成千古恨，甚至不論男女，一念之差，鑄成大錯，抱憾終身，無形中就是色淫的報應，可不慎哉！

我在決定出版之後，依然傷透腦筋，因爲全書一百卅多萬言，倘全部付梓，不特成本太昂，且刪改工夫亦需時日，最後乃決定先出版全集四冊，描述「黃金時代的塘西風月」，至於香港淪陷時期的「烏煙瘴氣塘西娛樂區」，祇好列入「外集」，留待將來徵詢讀友意見，再定進止。誠以娛樂區的娼妓，品流複雜，人客亦多「密偵」、「通譯」虎倀之流，我向來尊重昔日塘西阿姑及飲客的品格，雅不願同流合污，同在一集中出現。

還有一個難題急待解決：我是一個賣文爲活的筆耕者，不是資本雄厚的出版商，要花費五、七千元，出版一套書，在目前對我而言，並非一件易事，特別是四十年前所受的教訓，點滴在心頭，永遠不能遺忘。當我十九歲那年，在「香江晚報」（這是香港有史以來第一份晚報）發表一篇駢體文的哀艷小說「胭脂紅淚」，承讀友過愛，慫恿出單行本，同樣發售「預約」，定閱者甚踴躍，可是出版後異常滯銷。初時猶以爲甕菜文章，不爲讀者所喜，無人光顧，何足爲奇？後來不少「神交」讀友，由南洋歸來，或者說看過大著「紅冰香淚」或者說「綺琴淚史」，亦有說出「胭脂紅淚」全部駢四儷六，琅琅可誦，傾慕已久等語。我去書攤一查，才知道被人「翻印」，改易上述書名，亦有照用「胭脂紅淚」名字，推銷遠及金山南洋一帶。幸而他們尚未埋沒良心，保留作者的名號，替我「揚名四海」，廣結文字知交！當時我的環境尚屬不惡，求名重於求利，內有雙親的資助，外有未

婚妻（卽亡妻黃姚釵女士）的鼓勵，破鈔一、二百元，作爲「出風頭」的代價，無傷大雅。但現在的環境大不相同了，正合着古人詩一句：「非人磨墨墨磨人」，磨到今年五十有九歲，旣恐費時失事耗精神，更怕「血本無歸」，迫得採取穩紮穩打策畧，先售「預約」，以覘後效。並以一個月爲期，看預約成績如何，始作最後的決定，倘數目寥寥無幾，惟有「原銀奉回」，對不住讀友也做一次，取消出版之議。出乎我的意料，讀友聞風而起，熱烈响應，第一個月已收到預期的效果，延至第二個月始發稿印。這就是本書遲遲出版的原因，有勞初期預約的讀友殷殷盼望，順致歉意。

在預約期內，頗有不少讀友，囑我在書裡簽署上下欵，以留紀念，希望和我相見一面，訂爲文字知交。我一來不想過拂盛情，二則預約繁多，派送不易，特假座廣州酒家薄設鷄尾酒會，舉行讀友聯歡，以敦睦友誼，附帶憑券換書，誠屬一舉兩得，諒親愛的讀友當不以一杯水酒爲嫌。廣州酒家正是塘西花月留痕，巍然獨存的酒家，魯殿靈光，彌足珍貴，開元天寶，閒話當年，饒有雙重意義，而酒家主人惠借地方，盛誼亦殊堪紉感。

在這裏值得特別一提：是書出版的動機，開始慫恿最力的，便是「綜合版」編者胡君爵坤，他是我「青出於藍」的弟子，鑒於刊登報章時，讀者有良好的反應，以及近一年來，有不少男女讀友，來函和我磋商本身所遭遇的難題，認爲我擁有大量忠實讀者，不愁沒有銷路，並希望我能夠繼續出版其他作品，畧有所獲，以娛晚景。老友何洛川兄亦同一心理，給我最大的幫助，和無限的鼓舞，更費神替我設計「封面」，古香古色，有目

共賞，又親臨主持「開幕」典禮，隆重其事。伶星界及各方面友好，或慨然答應剪綵，或蒞臨觀禮，熱誠捧塲，曷勝榮幸，謹此一併致謝，尤其是熱烈贊勤我出版的讀友！

時維壬寅年中秋節羅澧銘序於澧香室

公曆一九六二年九月十三日

附錄某君來函

　　塘西舊侶先生大鑒：敬啓者：看報紙知道「塘西花月痕」出版全集，弟歡喜如狂，奉函先生，預約十套，打算轉贈親友，作為傳家之寶，不祗如報紙所講之現代男女風月寶鑑也。因為先生文字通順，勸人為善，又講因果報應道理，弟不是頭腦腐化，實實在在弟本身就是活報應，報得真慘，不由你不相信，罵我迷信！現在妻兒賢孝，晚年身心安泰，完全因為讀完大作，極為感動，改過前非，補還股東之損失，並多做好事，依照先生教人之宗旨，眼見悽慘之人家，無論識與不識，盡力幫助，卽如此篇之周小鑽小姐，（塘西舊侶按：某君來函時，適值拙著「甘為情死一痴人」發表，周小鑽是書中主角）隆冬深夜派棉衣，靜靜地不叫人知，不想人家代為宣傳，並不是沽名釣譽之輩，假仁假義之流，實際義舉，一毛不拔者也。果然善有善報，「奇蹟」出現呀！弟讀得書少，文字拙劣，一定看到先生一頭霧水，等我源源本本，把我之「奇蹟」講出來，弟希望感動第二個我，第三個我，以至百千萬個我，就功德無量，不枉弟把「家醜」外傳矣。弟歡迎先生發表我之故事，登載此封信，但要與先生約法三章：（一）弟之姓名必須嚴守秘密。（二）弟　商店及做甚麼生意，亦不許講與人知，雖然我是正項不怕，我仍不想行家知道是我。（三）原函不能給第二個人看，因為一看就知我之姓名及字號。弟相信先生是忠厚長者，必能顧全此種道德，弟始敢坦白告訴。不怕

失禮，弟在淪陷時期，是「走私仔」一名，一者爲生活，二者我們亦是貪圖厚利，偷運物資，接濟「自由區」，與日本仔鬥法，冒生命之危險。本來問良心對得住國家，不算作惡，可惜我好賭如命，往往輸清光，迫得埋沒其他投東之本錢。其中有等股東，多數是東湊西夾，希望有一兩倍利益 —— 其實十倍都不祗，點知盡飽我私囊，個個捱苦，幾乎餓死者有之。及至我戒賭之後，我仍照辦煮碗，不吞沒亦偷扡拐騙，無所不爲。勝利和平，我面團團做富翁，放下屠刀，做正當生意，規行矩步，成個「紳士」模樣，有財有勢，更無人敢與我算賬，又點知「攞債鬼」隨之而來，報應立刻在目前！所有一妻二妾所生兒女，養不到三歲，一定「瓜直」，每個最少要累我一萬幾千醫藥費：甚至「外寓」有孕，說句笑話，或者不是我經手骨肉，經過我金屋藏嬌之後，亦同一命運。祗有正室所出之長男，（名字用「阿甲」替代吧）算得快高長大，安然無恙，但我一者見他自幼頑皮蠢拙，不肯讀書，日趨下流，讀小學時候，經已發覺他偷錢，一旦可以花散五、六十元，心想此個敗家子，有不如無；二則弟是古舊頭腦，有錢希望添丁，丁財兩旺，更望多生幾個，以免阿甲自恃是「香爐躉」，好似奉旨敗家一樣。無奈天不從人願，只得阿甲一個獨子，越大越壞，加以慈母多敗兒，我妻姑息驕縱，縱到離譜，我單講兩、三件，先生就知我之激氣矣！

第一件，弟以年紀漸老，兒子雖不肖，姑且叫他學生意，希望自加管束，不及半年，阿甲「穿櫃桶底」，做「火山孝子」，虧空萬餘元，尚不要緊。第二件，阿甲追逐舞女，向母親以死爲威脅，索取二萬元替她還債贖身，我妻以爲男大須婚，向我哀懇，成全其心願，或者等媳婦管束他做過好人，亦說不定，我祗好答

應。誰知此女是楊花水性之流，原有一個「打令」，拿我這個蠢子作過渡，不及半年，又逃之夭夭，命該如此，既已損失，亦不要緊。第三件最痛心，阿甲竟藉口我不理他，欺騙母親，說有一個外國富翁，是大洋行之大班，看得起他，和他合作做生意，靜中帶個西人與我妻見面，我妻以為逢外國人都是忠厚長者，深信不疑。她自己之私蓄早已被兒子散盡，知道我決定不答應，禁不住兒子口口聲聲要做一番新世界，將來發達吃我一驚，爭回一啖氣，竟把我之屋契給他按揭八萬。不及半年，又說生意甚好，等錢贖單，把我買入之各種「股份」，交他抵押四萬元……夠咯夠咯，弟不想多講了。及至我發覺他們母子狼狽為奸，棍騙了十二萬元餘，雖然無傷脾胃，但不是正當用途，自然生氣。弟見老妻已憂到骨瘦如柴，不忍再鬧，小不免責成兒子幾句，誰知他還對我「發窮惡」，激到我要打他，難為他夠胆還手……弟不必多講了。舊侶先生，你試設身處地，叫弟如何是好？弟當然十分灰心，空有幾百萬家財，生子不肖，慈母敗兒，那一年弟恰好五十六歲，自念風燭殘年，眼見全副身家，就快化為烏有，難道忍心登報紙，與此子脫離父子關係嗎？我妻骨肉情深，定不肯收養螟蛉，代替自家親骨肉，再其次，螟蛉子亦未必可靠，若果同樣敗家，送錢與異姓人享受，更加一萬個不值得。正在胡思亂想，腸斷心傷，偶然看到「塘西花月痕」講「仇公子月花五十萬」那一篇，內容大致講那個仇公子，與人打賭一餐飲，竟肯自己一個月花散五十萬元，而朋友提出條件，要的確散在阿姑身上，不能「送贈」，因為送贈一座洋樓，或珍珠鑽石翡翠，休說五十萬，一百萬也不算多，仇公子果然散錢夠本事，物色十二金釵，每人月薪二萬，治裝費三千，十二個靚近身，每人日薪三千，另

外治裝費五百，同去遊西湖。由他率領廿四個佳麗，同坐「皇后船」先到上海，提早打電報卡爾登酒店，定十二個特別雙人房，每日房租一百五十元，舊曆五月初十日起程，到了西湖之後，是五月廿三日，核計打賭的五十萬，祇餘一千五百餘元，他因性病發生，興致索然，乃宣佈買棹言旋，當然打賭勝利了，（此篇稿因對弟功德無量，弟特意剪下貼在一個簿，封面寫住「傳家寶」三字，留與後人看，所以記得把故事照講出來，現在先生既決定出版，更功德無量矣。）相信全世界之「壽頭」，當推仇公子為第一，正如先生所講，此乃因果報應，因他父親仇翁，與夥伴入內地做顏料，吞沒別人利益，盡飽私囊，對人不住！所以仇翁立刻有報應，兒子「好死不死」，好的完全死去，祇有「死剩種」仇公子，無端端與人打賭，一個月花五十萬元，世間竟有如此「壽頭」，弄到傾家蕩產，臨老不能過世。先生所講仇公子花去五十萬冤枉錢，禁不住親友埋怨，始捐十萬元替父親在某慈善機關建造一個紀念堂，弟亦有朋友帶我看過，可証明先生無「車大炮」。弟越看越心寒，想起自己對人不住，與仇翁差不多，所生兒子俱養不大，獨子之阿甲，又成個敗家子，將來不難比仇公子更「壽」，我要許多錢何用？我足足想了三日三夜，合眼即驚醒，不知如何是好？我懺悔前非，我實行改過，但我如何贖回自己的罪呢？最後我下大決心，把從前吞沒別人之利益，如數交還，環境惡劣者加倍奉送。淪陷時期是「軍票」，我照還港紙。此外救濟窮苦，並不出名，實際行善，連上合計用去五十萬元多些。我何以一定花散五十萬元之數目呢？弟講出來，先生一定笑我「迷信」，弟之心理，就是見仇公子冤枉花散五十萬，不如由我自己生前開銷，勝過死後給阿甲洗腳唔抹腳，並無別的。先生，真

奇怪！弟花完此五十萬元之後，不知是否阿甲怕我把心一橫，自己「大碌藕」，不遺下財產與他，突然「轉性」，越做越好，好到「離譜」，對父母極其孝順，我妻立即變爲肥婆，心廣體胖呀！不久我替他置家，媳婦亦是大家人女，極其孝順翁姑，到現在我有男女孫各一，家庭之樂，無限和諧。更有一件「奇事」：阿甲轉性後，助我一臂之力，幾年間商店溢利六、七十萬，弟並不是喜歡用去之錢，有溢利補番，而係浪子回頭金不換，勝過給我一千萬，理由十分淺白：孤獨子不生性，成個金山送過你，問你終何用？累他捱眼瞓，洗腳唔抹腳。事後我問阿甲，是不是怕我散盡家財，沒有遺產給他，所以驚慌起來，馬上悔過？他坦白說完全不是，他自己順其自然，連他自己都不知道，何以突然轉變。先生，此就是因果報應，善有善報，非人力所能勉強者也。現在我寫此封信，曾問過阿甲好不好？阿甲極贊成，我妻及賢媳婦，俱一律主張：希望多勸一個人行善，或多勸一個敗家仔回頭，就是功德無量。聖賢都有錯，錯而能改，何怕話人知？不改過才是丟架羞家。阿甲更提議：預約十套「塘西花月痕」，自己留三套，送七套與親友做「傳家寶」，此七個親友，俱知道我的家事者也。先生，弟如此受恩深重，（塘西舊侶謹按：閣下太言重了，小弟愧不敢當！）你說弟值不值得預約十套，廣爲宣傳先生文字之功德呢？見字祈回一音，俾弟派舍姪帶錢按址去貴處預約，因弟不想店伴知道也，希原諒爲荷……」（塘西舊侶謹按：我看了這位讀友來函，又感動，又驚喜，難得他自己覺悟，才有善報，我實在不敢居功，事實上世間人何嘗沒有天良，亦自知對人不住，奈何他們

「利心」重於「良心」，捨不得把不義之財，交還「失主」，寧可替兒孫作馬牛，造孽於後代。記得我在童年聞老人家說：廣東地皮薄，富無三代，殊不知積蓄孽錢，像仇翁一樣，不生個仇公子敗家才怪哩！）

塘西花月痕

（全二卷）

羅澧銘（塘西舊侶）著

第壹集

黃金時代的塘西風月

· 扉語 ·

　　人愛艷陽，居錦綉萬花之谷；天開色界，聚楞嚴十種之仙。卅五年前，塘西風月，豪情勝慨，盛極一時，楚館秦樓，偎紅倚翠，姬有明月，婿為微雲，長住溫柔鄉，真有「不知人間何世」之感！

　　看過法國名小説家小仲馬之「茶花女」，不免憧憬巴黎之妓院繁華，揮鞭公子，走馬王孫，一擲千金，未必搏得名妓垂青。其實當日塘西花國，紅牌阿姑，聲價之隆重，身份之高貴，正復不遑多讓。所謂「大寨」妓女，鴇母雖倚作搖錢樹，但對於規矩儀注，訓練相當嚴格，最低限度，亦不許身穿褻服，步出神廳，減燭留髡，更有絕對自由權，往往付出萬金代價，仍不能作入幕之賓。以是富紳巨賈，量珠十斛，出孟家蟬於平康里，大都克葆令節，保持大家風度，在社會上之地位，同樣受人推崇，不以出身青樓，而稍加歧視。

　　「十年一覺揚州夢，贏得青樓薄倖名」，六朝金粉，已成陳迹，「霸王夜宴」，雄風如昨，而綺夢荒唐，渺無覓處。歲月悠悠，迴溯往事，寫南部烟花之記，有如一部廿四史，不知從何説起？拉雜成篇，以誌鴻爪，過來人讀之，不免啞然失笑；晚生一輩之青年，如聽白頭宮女説天寶遺事，聊作「地方掌故」一例看可耳。

第一節：叫「老舉」一般規矩

「老舉」是一般妓女的通稱，公娼制度尚未撤銷之前，由華民署管轄，做「老舉」必須「領牌」，直接向華民署辦理登記手續。登記的時候，最主要的聲明兩點：（一）是本人甘心情願做「老舉」的，理由是環境所迫，並不是龜鴇之流加以壓迫，以杜絕賣良爲娼的流弊。（二）本身已非「處女」，願意接客，不得拒絕客人的要求。

這是「自相矛盾」的事實：妓女之中，有「老舉」與「琵琶仔」之分。「琵琶仔」有兩種，唱曲的歌姬，亦稱「琵琶仔」，單靠度曲爲生涯，不肯陪酒侍筵，飲客不能以「老舉」看待；另一種是「老舉」中的「琵琶仔」，却是雲英未嫁之身，是如假包換的「處女」，祇能陪酒，不能伴寢，如要梳櫳，乃可「擺房」，名正言順，磋商身價，還要「執寨廳」，送衣飾，鴇母比「臨時」嫁女一般隆重。（因爲擺房客僅可享受短時期的溫柔滋味，過了若干天之後，便喪失其應得的權利。這位「琵琶仔」一變而爲「老舉」身之後，可以向別個客人，投懷送抱了。）但「擺房」所付出的代價，較之普通人娶個老婆，更不知高出若干倍！

還有一件「十分矛盾」的事實：老舉在領牌時雖聲明遵守牌照的規條，如果客人照規定價格付出夜渡資，便不得拒絕客人的要求（「大寨」似是三兩六銀），事實上客人即用過一萬八千元，

未必准許一嘗禁臠！

在塘西叫「老舉」的初步手續，必須寫局票 ——「花紙」，亦名「花箋」，所有酒樓及俱樂部，俱印備花箋以備客人召妓。酒樓花紙加蓋廳名，以免妓女有摸錯廳之虞。飲客揮箋，先寫自己名號，中間寫妓女名字，末後一行寫妓院名稱，俾「豆粉水」知所投遞。（豆粉水，是酒樓雜役，代客人遞花箋，並代妓女供奔走，意義不知何所本。）

按照妓院規矩，妓女必須接到花紙，方能出外應客人之召，即使最稔熟的恩客，和「老契」去外邊食晚飯，或觀電影，要循手續補一張花紙，如果未曾在酒樓定廳，可以吩咐熟識的俱樂部代寫一張送去。飲客想到「老契」處打水圍，（北方人多叫「打茶圍」，但粵人習慣叫「打水圍」。）同樣要先送花紙，才覺體面一點。

這種手續，完全屬於雙方的「體面」問題，而不是錙銖計較。每張局票的代價是一元，俗稱「揩」銀，「揩」字的意義亦不知所本。妓女接到花紙之後，第一次翩然蒞止，叫做「掛號」，如果妓女不大走紅，或者想搏取飲客歡心，或者和這位飲客着實溫存，「掛號」未久，再來一遍，然後到「埋席」時候復來，這情形殊不多見。因爲塘西「大寨」妓女，很注重「架子」，若逗留時間太久，來的次數太多，恐人說她台脚冷淡，或愛溫人客，不免爲其他飲客及姊妹所訕笑，迫得故作矜持。至於台脚當眞暢旺的紅牌阿姑，往往「掛號」兼「埋席」，祗來一次，飲客亦表示大方，從沒有提出質問的理由。假如太過野蠻的話，妓女有權「不應紙」，將花紙交回，推說「不暇」或「遠行」，飲客也奈何她不得。

妓女趕不及來「埋席」，損失「揩」銀，是滿不在乎的，她們

更喜歡客人「賒揩」，變爲熟客，到了時節（端午，中秋，冬節及過舊曆年）才派單客人清找，除多給之外，（例如三、四十台，當然給以五十元，不會照給三、四十元的）尚希望賞賜「白水」（即「貼士」之意，來源不可考，白水是「泉」字，周禮有泉府之官，泉者錢也，但這裏「白水」的取義，未必出自這個典故，如此古雅）或送贈衣物。即使客人有心做「鼻折」大少，（「鼻折」諧音「避節」，是妓女譏笑飲客的名詞）亦損失不會多，蓋局票之資，由妓女與事頭婆對分，一元之數各佔五角，但大寨對客人及妓女自有其一套，不單靠局票收入，客人欠「揩」五十台以下，不須妓女抵償，超過五十台以上的祗付半數，例如欠六十台，妓院方面佔卅元，如果客人拖賬，妓女塡數，祗付三十元而已。

客人拖欠局賬，在法律上無控訴的理由，據說妓女領牌條例，聲明現銀交易，無賒無借的。公娼未遷塘西之前，薈萃於水坑口，有間妓院名喚「錦繡堂」，辦理結束，合計客人欠揩的枯賬，不下十多萬元，若欠「揩」而可以追訴，相信訟庭必定十分繁忙。同樣妓院賒數，亦無法追討，記得有間雜貨店追討妓院所欠的柴米數，結果敗訴，法官認爲妓院不是有信譽的組織，應該現銀交易，賒數乃屬自誤。

「毛巾老契」，是塘西飲客「頗爲聲價」的一個名詞，較老一輩的濶客人，毛巾，拖鞋，水烟帶三件頭一齊送到，因爲四五十年前，香烟尚未盛行，一般人嗜吸水烟帶 —— 是一種玲瓏精巧的銀製吸烟工具。當花紙上寫着某少的名號，送到妓院，呼喚某妓，寮口嫂便將這三件「私伙」用具奉上。在花叢地方，飲客大都競示豪濶，名號等如招牌，「王牌」與「衰牌」同樣騰播龜鴇口中，普通飲客的習慣，本身姓氏及排行第幾，多數照寫出來，例

如姓陳，排行第二，花箋上便寫明「陳二少」，亦有等公子哥兒，顧忌父兄，或故弄玄虛，將數字隨便亂加，改稱「陳十二少」，或「陳廿二少」之類，好在「叫老舉」不是「對親家」，姓甚名誰，排行第幾，無關重要。（妓女對於客人，從來不肯吐露姓氏，一者她們多數是從小買來養作搖錢樹，對於本身真姓氏也不大知悉；二則恐怕客人知道同姓，諸多避忌；所以「老雀」絕對不問妓女「貴姓」，「新雀」縱然開口問，妓女必自認「無姓」，或說姓「天」。）

　　妓女所出的毛巾，花花綠綠，面積加大，以示和酒樓的白色小毛巾有別。「出毛巾」的習俗，不知始於何時，相傳妓院尚未遷往塘西，遠在水坑口時代，始作俑者即後來墮落賣花生的「花生桂」。她底應徵名字，似是「桂妹」，綺年玉貌，稱紅花國，為着博取某富紳歡心，與另一名妓鬥巧爭妍，自出心裁，特別購買一方綠色毛巾，四週鑲以小銅鈴，着寮口嫂送去俱樂部，某富紳抹面時，鈴聲響動，舉座為之驚嘆。除毛巾之外，更送上拖鞋一對，水烟帶一枝，俾恩客舒適地享受，心竅玲瓏，自然大獲賞賜，其他妓女相率效尤，竟成為一種風氣。桂妹走紅之後，性情乖張，常有忤客事件發生，有次某飲客忍無可忍，竟給她「戴魚翅帽」——將魚翅一簋，戴在她的頭上，魚翅滾熱辣，淋漓卸下來，有如醍醐灌頂，頭面大受創傷，醫治痊愈，心灰意冷，擇人而事。但不久決裂，再墮風塵，如是者兩三次，人老珠黃，染上烟癖，乃淪落賣花生，順口哼幾句曲詞，兜搭生意，有知其往事的，問起「戴魚翅帽」的事，她亦毫不隱諱。水坑口紅極一時的名妓，如許收場，惜哉！

　　毛巾，拖鞋，水烟帶三件頭，到了塘西時代，因為香烟替代

了水烟帶地位，水烟帶已趨於淘汰之列，祇有毛巾與拖鞋，但拖鞋仍佔少數，除非是特別溫心或手段豪潤的情郎，始鬧這種派頭。最後僅有「出毛巾」的玩意，亦屬於司空見慣，不見得甚麼矜貴。我們必須明白：所謂「毛巾老契」，並不一定發生密切的關係，普通出毛巾的代價，大概五十元便行，飲客而飲「寨廳」，沒有「毛巾」顯得「失威」，可以暗示所召喚的妓女，出毛巾支撐場面，妓女看在金錢份上，自然樂於答應。

「出毛巾」既然是花叢地面的體面人物，有個潤客竟出九條毛巾，可算是塘西風月場中的空前創舉，豈不是值得大書而特書？

其實花天酒地，正是王孫公子，縉紳豪富，爭強鬥勝的場所，不要說九條毛巾，就算千金買笑，一座洋樓，作纏頭擲錦的代價，也不能列為「首頁新聞」，何況當時的「公價」毛巾，普通由五十元至一百元，合計所消耗的數目，不過一千八百，更算不得甚麼一回事。我特意捧這位潤客出來，並不是寫他的潤綽手段，相反而言，正因他所鬧出的種種笑話，不特傳播花叢，至今酒樓中人，仍有不少夥計，引為話柄。

從表面上看來，九條毛巾的確威風十足，不論飲寨廳也好，飲酒樓也好，九張花箋揮去，九條毛巾次第送來，九個所謂「毛巾老契」，花枝招展般聯翩抵埗。「埋席」之際，桌面九條毛巾，五顏六色，摺疊起來，儼如「小丘」，分列兩行，亦輝煌奪目，足令旁觀者為之羨煞！不過，這種誇示豪潤的伎倆，不值「老雀」一哂，一望而知是初出茅廬的「新雀」，幼稚愚昧，甚至每晚焚化溪錢，希望敗家子弟到門庭的龜鴇寮口之流，都為之掩口胡盧不迭，理由十分簡單：假如所召的妓女，是溫心老契的話，自然

會拈酸吃醋，不願意所歡移愛別個姊妹，娥皇女英，左擁右抱，已屬過分，決不肯海量汪洋，容納九名之多。溫「心」的固然不答應，溫「錢」的更不想「利權外溢」，老契越多，祗有徒增煩惱，稍有思想的飲客，亦不肯這樣妄作妄為，即使九個老契都鍾愛一個人，事實上也艱於應付。

這位「潤客」名喚柳十二少，說起其人的家世，益凜然於因果報應之說，有時不由人不相信。他底父親以販賣色情及性病藥品起家，說也奇怪，他本人就患着很嚴重的性病，生完頭一胎女兒之後，連娶妾侍幾名，依然抵死不肯作繭。這個寶貝——十二少——原是螟蛉子，排行第二，從幼姑息溺愛，品格已是壞透。父親見此情形，遺囑以他底姊丈為承辦，他服喪未滿三旬，即向姊丈索取金錢，到手輒盡。姊丈初時給予少許，未滿所欲，則危言恐嚇。有一日黃昏，姊丈在返家途中，遭人以利刃刺殺，平日是安分守己的正當商人，絕無仇家，一般親友俱知道主兇是誰了。

十二少大財在握，花天酒地，暢所欲為，九條毛巾的「佳話」，便是初期的傑作。似這樣揮金如土，日趨墮落，拖欠娼寮自不必說，但潤佬不可一夕無局，光顧酒樓，而阮囊羞澀，却虧他想出這個計策：將近終席之際，一班飲友，偽作賭錢賬目發生爭執，由口角以至動武，追出街外，一去如黃鶴。許多間酒樓，俱蒙其光顧，初猶以為九條毛巾的潤客，不會「爛尾」，輾轉相傳，實行擋駕，兼索舊欠，前後不及三年，已淪為卑田院中人。

第二節：「執寨廳」「執大房」「打水圍」

執寨廳 ── 在妓院開廳 ── 可算是塘西飲客的豪舉。妓女方面，如果恩客未曾在寨（寨是所有妓院的通稱，等級却有大寨，二四寨或半私明之別）裏執過廳，便覺得面子不夠光輝。飲客方面，不特執廳這一晚，由地下拾級登樓之際，每一層樓的寮口嫂，鵠立迎迓，高呼「ＸＸ少到」，別一層樓的寮口嫂亦隨聲傳呼，有類專制時代的臣僚，「三呼萬歲拜君王」，威風八面，儼然「至尊」身份。做過「廳客」之後，每晚返寨「打水圍」，地下「師爺」（即妓院的賬房先生之類，計算賬目，登記客人局票，逢節開單，及其他文作，龜鴇妓女輩皆尊稱「師爺」）及寮口嫂之流，皆起立相迎，在當時的眼光來看，數目殊屬不菲，但作爲一個飲客，爲本身及老契支撐塲面，這筆錢還是開銷的好。

普通執寨廳的「賬單」，大約二百餘元，時節（端午，中秋，冬節）及新春元旦以迄元宵，一切開銷，俱增加一倍有奇。在花國黃金時代，節日的寨廳，好幾個月前已爲豪客預定，佳節前後四五天亦多「搶奪」一空，飲客在佳節前後而銷聲匿跡，便有「鼻折」大少之譏，飲寨廳自然比較飲酒樓更有面子，雖然自己不是東家佬，如果一班朋友中有人執「節」廳，亦覺「與有榮焉」。賬單「一桌」的消費約如下：

寨廳最初的規矩：請一桌，要呼召該寨的妓女三十二人，

兩桌則六十四人，三桌則全寨妓女叫齊。初時每位赴宴的朋友，減輕東家佬負担，每人負担兩個，到終席之際，由「廳躉」拿檳榔盒，行近每個飲客身邊，照收二元，飲客不一定要支付，收得若干，統由東家佬補足，這是初期的習慣，跡近寒酸，執得寨廳的潤佬，當然不願意朋友破鈔，不久此種習慣完全革除，執寨廳多是「全東」，寧可朋友趁高興，慷慨樂助的話，報效烟酒。同時「天一」、「方醪」幾間新妓院落成，改變舊規，請一桌要召妓四十名，請兩桌則全寨叫齊 —— 大寨的妓女人數連「籮底橙」在內，約爲七、八十名，其實「實數」若干，潤佬當然不會核計，亦不容易查點，祇求廳內花枝招展，絡繹不絕，場面不致冷落便算。執寨廳自然設响局，先奏六國大封相，名歌姬代價五元，打琴唱曲的唱脚二元。生花約廿五元之譜，門口加哼哈二將，有類出喪的開路神，則數目加倍。執寨廳最廉宜的是菜錢，每桌規定十六元，包括晚飯、消夜，中間加插甜品點心一度，名稱「到奉」。肴饌和酒樓的大酒席一般豐富，因爲妓院所賺的是幾十名妓女的局票錢，以及其他入息，筵席費所以特別相宜。此外，客人的賞錢，廳躉，寮口，廳面（侍役），厨房及傭婦皆有賞賜，合計約五十元。

不列入「賬單」的開銷，可能比賬單更多一兩倍的，便是妓女的夾翅費，（上翅時由「東家婆」夾與客人，這是妓女的面子）毛巾錢，普通稱爲「白水」，數目沒有硬性的規定，可能一擲千金，如果是溫心老契，不想恩客加重負担，亦可能「免費報効」。

執寨廳的熱鬧場面，富麗堂皇，風流旖旎，兼而有之。我們試閉目一想：廳面「轟獨轟獨轟獨澄」的奏着「六國大封相」鑼鼓，接着絲竹管絃，唱班唱琴，激越柔和，各擅勝塲。花枝招

展，環肥燕瘦，盡態極妍，穿梭般不停，加上客人所召喚別間妓院的阿姑，蟬首蛾眉，包圍如肉屏風，盛況與選美大會無殊。間有濶極一時的豪客，興之所至，作「霸王夜宴」——個人執寨廳，沒有招邀朋友——豪情勝慨，雖使人津津樂道，但花天酒地，「獨樂不若與眾」，除却喜歡單嫖獨賭的一流人物，大都是請朋友的。

許多濶佬寧願一擲千金，作「霸王夜宴」，亦不想貪佔小便宜，「執冇尾廳」。所謂「冇尾廳」，是老早有人留定的寨廳，但廳客屆時或因事不能來，或因錢未便而婉轉推却。交遊廣，手段夠的「廳躉」，便想辦法臨時拉攏客人湊趣，不使「爛尾」，自動報效生花，或減少召妓的數目，（例如一桌，規定召妓四十名，減為三十名之類）或報効唱脚若干名……總之比較正式執寨廳的賬單，差不多相宜半數。因為妓院方面，對於客人執寨廳，早有準備，例如生花已叫人佈置，必須付錢，有等酒菜提前作料，越宿即不能再用，無人消受，等如浪費，所以廳躉要親自出馬，遊說熟客，「割價成交」。

「廳躉」是妓院的「權威人物」，有時亦可以說是一間寨的「靈魂」。以職務而言，客人執寨廳的時候，她是寨廳的「主任」，應酬東家佬，指揮妓女上廳，（例如見到廳內妓女不多，場面冷落，立刻傳喚妓女上來，以免廳客指責。）個中表表人物，常能拉攏熟客，增加寨廳生意，由於職務的重要，多數是東家一分子。她們拉客的手段，有些上了相當年紀，認識濶佬多，全憑經驗豐富，如賽花的「薀嫂」，先意承志，以老練搏得飲客歡心。詠樂的「三家」，則以色相顛倒眾生，她原是妓女出身，姿首騷媚，晉陞廳躉後，更瘋魔了不少飲客，自願和廳躉結不解緣。可

是三家高自位置，若即若離，全是招徠手段，此外廳躉亦有很多由寮口嫂陞充，銷魂的寮口嫂，也和俏傭一樣，富有吸人的魅力。

飲客不贊成執「冇尾廳」的原因，認為貪佔小便宜，並不是潤佬所為，究不如名正言順的開廳，何必「在床下底燒炮仗」，顯不出聲威？但亦有等飲客，認為隨時都有執寨廳的能力，才是真正潤佬，姑不論「有尾冇尾」，總要破鈔過百，普通飲客豈能咄嗟立辦？見仁見智，自然各有理由。

有位飲客綽號「賽花姑爺」——這是花叢的口頭禪，凡是飲客帶過某間妓院的妓女「埋街」，便有這種稱呼。他是一位名符其實的紈袴子，如假包換的「四方辮頂」，對薀嫂聲明包執冇尾廳，「東家婆」任由她指派，（因為他當時已不是叫賽花的妓女。）但附帶聲明：「夾翅費」和「白水」一概豁免。這樣執冇尾廳，簡直擲黃金於虛牝，失却「執寨廳」的意味了。

塘西的妓院，最有聲價的當然是「大寨」，其次是「半私明」，所有規矩排塲，較「大寨」僅次一級，其中又有「大半私明」與「小半私明」之別。「大半私明」的阿妓，幾與大寨相埒，一樣要有「花紙」才出局，及返寨打水圍。再其次為「二四寨」，可以「乾屍收殮」「即席揮毫」，太低級了。

「二四寨」這個名詞，相信很多飲客都不明瞭其意義，據一般老前輩的解釋：凡屬公娼俱有接客的義務，在衙署領牌當娼的時候，明文規定，大寨的夜渡費是三兩六銀，次等則為二兩四銀，這便是二四寨名稱所自來。因為本港開埠初期，當未發行紙幣，所有商塲交易，甚至去茶樓品茗，亦習慣採用我國內地的幣制，以「兩」數再折合「元」數：七分二厘等於一毫，（五仙輔幣稱為「三分六」，便是此故）七錢二分等於一元，餘照類推。三兩

六銀等於五元，二兩四銀亦不過三元三毫之譜，若果依照規矩，即使大寨阿姑，客人肯付出五元代價，即要「滅燭留髠」，權利義務相抵，毋得推諉，但事實上阿姑肯不肯履行義務呢？莫說五元不看在阿姑眼裏——客人返寨「打水圍」給與傭婦的生菓錢，也要五元起碼，手段濶綽的給十元廿元也很平常——五十元以至五百元，假如阿姑不喜歡的話，也休想「捨身佈施」。當時飲客一致批評：塘西妓女是世界上最有自由權，身份最高貴的公娼，所以有地位的殷富人家，帶妓女埋街，堂皇冠冕，並不算辱沒門第的一回事。還有等「所求不遂」的飲客，大發牢騷，指出當娼條文，付出當局規定的價錢，妓女自應履行義務，現在的阿姑變成「高竇貓兒」，全是由一般飲客歷向驕縱，以致養成這種「不良」的風氣，言下頗有「麻怨」飲客之意。沒有錯，塘西的飲客亦確有「尖頭鰻」的風度，很少幹出「煮鶴焚琴」的手段，更沒有因為妓女不肯履行義務，溢出法律範圍，橫加凌辱，祗好自嘆「福薄緣慳」，不夠桃花命而已。

大寨與二四寨，在名義上雖然「夜渡資」的價錢不同，有「頭等」、「二等」之分，但出局陪飲的局票同是一元，所以當時一般飲客的心理，多不願叫二四寨妓女，認為局票價格一樣，何必自貶身份，捨高就低？甚至一同作局的飲友，見到有人叫二四寨妓女，亦婉言相勸，即妓女方面，大寨「老舉」，見座上有二四寨「老舉」，亦覺得有點那個，大有「羞與為伍」之慨，對於那個飲客也輕視幾分，估不到階級觀念，侍筵賣笑的阿姑，亦未能免俗！

飲客叫二四寨妓女，當然有他底如意算盤。第一：同是女人，生理構造都是一樣，但求容易遷就，真個消魂，又不是同諧

到老，理她是不是大寨阿姑？第二：支撐排塲，開銷比大寨破鈔有個限度。

「執大房」便是「半私明」的排塲，等如「執寨廳，不過規模比大寨遠遜，僅如「大房」，故有「執大房」的名稱。執大房的酒菜錢，單桌仍是十六元，加「碟」十六元，一底一面合計卅二元，執寨廳比較更廉宜，因沒有「加碟」，妓女上廳的數目，一桌廿四名，其他生花雜費不似大寨的開大數，賬單約可相宜一半，喜歡「經濟實惠」的飲客，便走這一條路徑。

還有「屈房」，顧名思義，是在妓女房間食晚飯或消夜，風雨無俚，或寒夜圍爐，祇有一兩位朋友，在酒樓開廳，人少「泡茶」（廳大人少，叫做「泡茶」，比喻一壺茶僅有幾片茶葉，寥寥可數）毫無興趣，不如在老契房中，喚幾個妓女陪飲，向酒樓點幾味菜，與老契「撐枱腳」，亦一樂也。

花叢最流行的口頭禪：「電燈着，鬼擸腳」或「捐燈籠底」，「打水圍」。捐燈籠底指逛花街柳巷而言，初期的妓院，多在門前懸掛大燈籠，有等「見獵心喜」之流，捐燈籠底而勾其脂粉，亦慰情勝無之舉，這句口語，當然不會指瀾佬而言。

粵語「打水圍」即北方人的「打茶圍」，大都在散席之後，返老契房中坐談，不論熟客或一百零一晚之老契，（按：一百零一晚即是第一晚揮箋相召的老契，說一晚便不好聽，故美其名曰一百零一晚）俱有打水圍的權利。因為打水圍並不是「滅燭留髡」之意，祇是吃吃生菓或抽抽大烟，房間先到先得，不能預定，如果給別個客人捷足先得，則借用姊妹房間，任由胡鬧一宵，決不會下逐客之令。許多不知趣的飲客，即使「霸佔」了房間，一心以為有鴻鵠將至，但老契意思不屬，寧可在姊妹房中打通宵麻

雀，偶然返房敷衍幾句。如果另有所歡，則借姊妹房間溫存，使這個不知趣的人兒，坐以待旦，或枕戈待旦，（抽大烟抽至天明）這種滋味，叫做「乾煎石班」！（不加油水之意。）

「打水圍」例由傭婦招呼，在生菓枱叫一盤生菓，大約三四欵，都是普通菓品如馬蹄，雪梨，柑，橙，沙田柚之屬，另一包廿支庄三炮台香烟，（合計代價約一元）客人如喜歡抽大烟，則開烟局，給以六分庄的鴉片一盅，（代價九毫，那時鴉片由政府公賣，謂之公烟。）初時飲客祗給三元，後來覺得出手太低，起碼五元。有等飲客以普通生菓早已批皮，不夠名貴，指定要應時佳菓，如桂味糯米糍荔枝，金山橙，菩提子之屬，或有烟癖者則取錢八庄公烟，（代價二元七毫）臨走時付給十元或廿元不等，越多越覺濶綽，「買上不如買下」最低限度受到傭婦歡迎。向例這等生菓錢，是傭婦的權利，因為傭婦多數沒有工資，全靠客人生菓錢及時節打賞，不過有等「事頭婆身」的紅牌阿姑，每晚不少客人打水圍，手段又濶綽，這筆生菓錢相當可觀，事頭婆便聲明要分潤一份，（紅牌阿姑另租地方作住家，妓院傭婦與住家傭婦照分）。

打水圍固然先到先得，不能預留房間，但如果有客執寨廳，那個房間便不能給予別個人客，因為這一晚的「廳客」便是這個房間的主人，姑勿論是否滅燭留髡，亦不能借姊妹房間叫他結賬。有一次，方醪有位阿姑芳名倩影，和恩客一郎，打得火一般熱，一郎每晚必返寨打水圍，通宵達旦，習以為常。是晚傭婦一時疏忽，見一郎到來，接入房中，寮口嫂急警告傭婦，過一會廳客下樓結賬，用甚麼地方安置？傭婦慌張地跑入房，請一郎相讓，一郎本想遷就，但同來的朋友，認為太過「剃眼眉」，謂老舉

寨祇有「留廳」，沒有「留房」之理，寧可初到時指去姊妹房，現在入房之後要「迫遷」，殊失面子，除非叫倩影姑親自下來求懇，尚可賞臉，萬不能給傭婦驅逐出去的。這時候寨廳已開席，倩影身爲東家婆，不能拋棄其職務下來，散席時廳客以沒有房間，悻悻然而行，不肯結數，他所持的理由也很充分。後經廳薹和寮口嫂等多方解釋，朋友亦相勸，如不結數亦失體面，他在結數後即憤然不復顧。結果一郎爲爭體面計，也執回一晚寨廳。

第三節：閒話「蓆嘜」

「蓆嘜」是「戲子蓆」的代名詞，指一般女人，喜歡戲子，抱衾與裯，甘自作蓆，「嘜」之爲義，有幾分類似貨品的「嘜頭」，如香水之有「雙妹嘜」，以土紙捲熟烟，謂之「針嘜」，初期剪髮的摩登女郎，謂之「掘嘜」。當時的「蓆嘜」，乃專指戲子蓆而言，由戲子蓆以至「波蓆」……等等，這都是後話不提。

塘西妓女而有「蓆嘜」之名，最爲飲客所掉忌，大抵蓆嘜之溫伶，多輦金以求，作「盲佬貼符」——「倒貼」之舉。她們向飲客大刀濶斧，效丁娘十索，「打刮紅毛鬼，進貢法蘭西」，任何一個「四方辮頂」，都覺得條氣有點不順，久而久之，相戒裹足不前，所以許多蓆嘜，看見勢色不對，台脚冷淡，往日一往情深的恩客，先後「托刀」而逃，又沒有新壽頭補充遺缺，三十六計，祇有走爲上計，遷地爲良，省港澳無立足之地，遠赴重洋，向外發展。

由於飲客掉忌蓆嘜，龜鴇中人對戲子亦諸多避忌，本來花叢間有兩句最流行的口頭禪：「老舉眾人妻，人客水流柴」，凡有「七錢二」銀，都有資格揮箋相召；而芸芸人客，亦像水流柴一般，飄流無定，今晚「帶金」，明晚「帶銀」，此往彼來，難以束縛。龜鴇站在業務立場，實在沒有拒絕戲子的理由，可是戲子想執寨廳，或返寨打水圍，必定婉轉推辭，甚至警告阿姑，爲着妓院聲譽以及生意前途，切不可鬧出這個玩意兒，因爲大部分的

飲客，皆有不良的反感，決不能因小失大，觸犯眾怒。這一種拒絕戲子的風氣，以塘西爲最，廣州陳塘與東堤，比較沒有這般嚴格，馬交則完全相反，對戲子極表歡迎，戲子執「寨廳」，更是司空見慣的事實，（馬交執寨廳破費有限，妓院規模小，每間寨僅有妓女十名八名，極其量十餘名，並不如塘西的講究排場，和酒樓開廳的消費也差不多。）因爲戲人飲花酒，手段亦相當闊綽，並不弱於一般豪客，不過蓆嘜倒貼者多，比較其他客人更受到阿姑歡迎，佔據有利地位，卻是事實。

飲客掉忌戲子是一件事，阿姑甚至寮口嫂、傭婦之流，喜歡戲子，又是一件事。隣近花叢地面的太平戲院，開演名班，塘西阿姑卻是長年主顧，每晚總佔一、二十張床。往日戲院的大堂中座，最名貴的座位是梳化床或貴妃床，（太平戲院獨稱爲梳化床，其他戲院如高陞普慶等則稱貴妃床。）每張床四個座位，票價最高爲十二元之譜（即每個位三元），並不限定要買一張床，可以任購多少。但當時聲價隆重的老倌，以能担幾多張床爲「架勢」，表示他的號召力量，能夠吸引若干顧客，而這等顧客卻是寒暑無間，風雨不改，差不多留足一台戲的戲票，甚且指定第幾行第幾張床，俾台上老倌可以集中視綫，加以顧盼。許多塘西阿姑，就是一部分的捧塲人物，固不限於蓆嘜，有等完全嗜愛觀劇，並沒有「做蓆」的企圖，常時名正言順，要求恩客請睇戲，恩客亦樂於「拍拖」奉陪。

爲甚麼塘西阿姑，偏喜歡做蓆，甘心倒貼呢？當時一般飲客，很不服氣，聚攏一起，拿作話柄，分析阿姑的心理，事實上芸芸飲客之中，年少多金的也有，風流倜儻的也有，一往情深的也有，爲甚麼總不是戲子的對手？難道是戲子眞有「甘草」的

嗎?但在她們未曾嘗試之前,決不會知道,爲甚麼多數一見鍾情,溫伶成癖,寧願貼乾貼淨,死而無怨?

其實她們的心理,說起來也十分簡單,有一位蓆嘜曾經說過這一段話:「是的,許多風流倜儻的美少年,一見之下,私心十分愛慕,但是叫我向何處追求呢?我既不能當面請教貴姓名,也不能要求他寫下地址,祗好垂涎三尺罷了。戲子便不同,一者知道名字,二者有門路跟尋,況且芸芸眾戲子,可以任由本姑娘選擇,等如你們飲客,見到合意的阿姑,大可尋根問底一般。」(按:在花叢地方,不論途中或酒樓,見到合意的阿姑,可以上前問一聲:「乜姑?」接着問:「邊間寨?」如果比較有禮貌的問話,必獲得對方照直答覆。反之,態度太過輕浮,碰着紅牌阿姑,她可能詐作不聞,不瞅不睬,或亂說一通。除晚間在花叢地方之外,日間在上環,雖然行藏舉止是個中人,亦不宜詢問,爲着保持自尊心起見,她可能不予置答。還有,將近禁娼的三兩年間,有等思想開通的太太們,也追隨丈夫開廳,揮箋叫妓陪飲,更大胆的居然飲寨廳,所以要審慎一點,不可逢女人就問乜姑,鑒貌辨色,如果是住家人打扮,同行的男子小心衛護,即要看風駛悝,否則打交也有份兒 —— 曾經發生過類此事情。)

上述這一段話,祗算是一部分理由,其次蓆嘜的心理,可能憧憬着台上的老倌,表演風流旖旎的動作,誤會是情痴情種一流人,心理上已受了催眠,不自覺備極顛倒。還有一層,伶人與阿姑,俱屬於「江湖兒女」,不免惺惺相惜,氣味相投 —— 這是一位著名心理學家的論調。

說也奇怪,蓆嘜雖不爲飲客所喜歡,但配得上稱爲蓆嘜的,大多數是紅牌阿姑,越做蓆嘜則花運越紅 —— 實際上若不是紅

牌阿姑，也沒有做蓆嘜的資格。

省港馳名的「蓆嘜」，相信大家都承認紫蘭花，又名盼盼，據說眞姓名是韓蘭素。（關於韓蘭素墮溷史，另文敘述。）她底一縷芳心，單獨繫在老五身上。初在陳塘的紅樓，高張艷幟，因顚倒老五而喪失了所有恩客，移植塘西的詠樂，愛老五更矢志不移。有位富家子蓮花六郎，擲錦纏頭之餘，和她欵欵深談，希望以一片眞誠，使她幡然覺悟，作落葉歸根之想，不要再做蓆嘜，獲得慘淡的收場。六郎向以哲學家自許，人生哲學和人生經驗，俱十分深湛，以爲生公說法，頑石爲之點頭，可惜盼盼比頑石更頑，結果恩客皆裹足不前，遠赴越南。她天生麗質，入骨風騷，手段大刀濶斧，不及一年，大有斬獲而歸，仍溫顧老五如故，祇求老五歡心，整個身軀經已貢獻，身外物何足計較。

不久，盼盼床頭金盡，在塘西已無立足之地，適值好命公子，承頂娛樂行七樓寶蓮舞廳，（按：寶蓮是本港最初期的正式大舞廳）改爲「黃龍」，作古香古色的宮殿式佈置，除在上海聘請著名舞娘南下之外，並羅致當時的「名女人」担任職員，盼盼即以韓蘭素名字受聘。昔人詩云：「艷色天下重，西施寧久微」，蘭素在黃龍舞廳中，儼如羣鷄之鶴，顚倒不少舞客，另一名伶老八，當時得令，一見蘭素而喜悅，兩美旣合，遂成眷屬。不過她對老五的爲人始終認爲可愛，她曾經坦率地對人說：「我之深愛老五，連我自己也莫名其妙，旣不是愛他床第之私，關于這一點，有如君子之交，其淡如水。兼且老五有時心緒不佳，常以冷酷面孔相對，甚至出言相罵，用掌相撻，我都甘受不辭，祇要他有些兒貼戀，說幾句溫柔話兒，我便覺得靈魂兒飛上半天，陶醉於駘蕩的春風裏。其實現在的八郎，恩愛情濃，有好幾點地方，

爲老五所不及，可是不知如何，我還是對老五有不忍割捨之意。我沒有甚麼好解釋，惟有說一句：這簡直是前生冤孽障！」

蘭素也是十分不幸，隨老八不過三幾年間，老八接受金山之聘，不能偕心愛人同行，她體質素弱，染下肺病，藥石無靈，在醫院逝世，沒有個郎在側，親視殮殯，紅顏薄命，如此收場，惜哉！

老五爲當時紅伶中，最受蓆嘜歡迎的一個，最有趣的是，假如他在某一間俱樂部，逗留過一兩晚，作消夜局，戲院將近散塲的時候，便有寮口嫂或傭婦之流，拿大笠生菓來，說是某某姑送給五少潤喉的。俱樂部的朋友，老實不客氣，大嚼一頓，連某某姑的名字也忘記了，「食生菓何須問主人」，就是老五自己，有時亦不知道這個阿姑是誰，在何處見過面更不會記憶，相信是有等阿姑中的「嫩雀」，既沒有資格做蓆嘜，祗好慕名送禮物，聊表寸衷，又怎會曉得白費金錢和心血，對方連一些印象都無！

老五雖顛倒不少蓆嘜，可是他對待阿姑，手段亦相當豪潤，他一見了翠樂容仔，自甘作「四方辮頂」，大大報効，除散銀紙之外，還送給她一隻鑽石戒指。容仔是坐長班車的紅牌阿姑，那時汽車尚未盛行，一般人以長班車（私家手車）鬧排塲，而阿姑的長班車，例有一支雜色鷄毛掃，放在座位之後，裝置銅鈴，行車時叮噹作响，阿姑必定側身靠坐，藉此表現優美的姿勢，聽說容仔這一架長班車子，也是老五贈送的。原來容仔也不是等閒人物，她是九江著匪吳三鏡的妾侍，素有艷名，三鏡伏法後，墮落風塵，服裝樸素，手上的翡翠玉鈪，菁葱可愛，價值不貲，面貌中姿而風華卓絕，所以顛倒不少公子王孫。

說到「蓆嘜」，附帶一段很有趣味的故事，大可標題，有牽

牛而過堂下者：

如所週知：「牛仔紙」有「大牛」、「細牛」之分，細牛亦稱「紅底」，即百元紙幣之別稱；大牛則架勢極矣，代價為五百元，亦稱駝背佬孭兩個包袱，因為阿拉伯數目字的「五」字，似個駝背佬，兩個「圈」似兩個包袱，取其像形之意。

塘西花天酒地時代，物價尚屬低廉，即使執一晚寨廳的賬單，亦不需出動「大牛」，竟有人焉，宴於酒家樓，牽大牛而付給「一百零一晚老契」之揩銀，不可謂非豪舉，亦為從來豪客所罕有的舉動，因為太越出常軌，不近人情。

理由十分簡單：叫老舉出局的揩銀，不過區區一塊錢，凡是資格老到的「老雀」，對於一百零一晚的老契，好比陌生朋友一般，「君子之交淡如水」，祗是依隨規矩，給一元揩銀。許多初出茅廬的「新雀」，以為表示濶綽，發給「雙揩」（二元），其實愚騃可笑，一者發揩的時候，靜悄悄以紙幣塞在妓女手中，妓女接過之後，放在手巾或衣袋裏，一元紙幣與二元紙幣沒有顯著分別，返寨埋數，才發現有人發雙揩，一晚出飲好幾枱，她可能不知道發雙揩的是那一位飲客。有等人的「示濶」方法，比較精乖一點，發給五元或十元「大紙」，在授受之際，一瞥之間，亦可以看出和一元紙幣有別，如果引起老契注意的話，故意拿紅底紙叫侍役找換散紙，然後順手拈一張發揩，使對方一目了然。但稍有分寸的濶佬，都不願這樣做，以免擲黃金的虛牝，寧可找到適當的機會，多給「白水」，一擲百金，還比較發雙揩，發「牛仔」揩，來得自然，而更有價值。

為甚麼這個「四方辮頂」肯這般浪費呢？他當然別有會心，最低限度想爭雄鬥勝，也可以說：「爭一口閒氣。」

這位「四方辮頂」不是別人，正是鼎鼎大名的舞台紅伶老大，這時候他當真紅透半邊天，和老五並駕齊驅。有一晚，他去塘西酒家講戲（當時的戲班，習慣在塘西的酒樓講戲，這是老倌的主意，趁機會找地方消遣），在升降機驀然見一個姿容姣麗的粲者，一見傾心，問起同行的朋友，知道是詠樂的白玫瑰。可是這朋友却老實不客氣說出這幾句話：「我勸大哥不如收拾意馬心猿吧，個妮子死溫黃老三，班主婆不能拆散好姻緣，大有埋街食井水之勢，大哥何必要惹她？」所謂黃老三也是當時的新紥師兄，是個風流倜儻的小生，青春貌美，着實顛倒不少女性。但老大自恃比老三更好艷福，許多異性饋贈鑽石戒指，還有紅牌阿姑，甘做「蓆嘜」，輋金以求，尚未曾搏得本少爺顧盼，於今本少爺特別垂青，第一晚揮箋相召，即以「大牛」發揩，一則表示相愛之誠，二則站在顧客立場，揮金如土，並非希冀「蓆嘜」倒貼。如果對方本身業務起見，對於這種潤佬，自然歡迎之不暇，甚麼黃老三黃老五，也祇好丟開一邊。

　　老大這種潤綽手段，委實驚人，結果如何呢？白玫瑰接過「大牛」之後，笑嘻嘻雙手奉送黃老三，且譏笑老大不知自量，以爲金錢便可以抹煞一切。第二晚老大揮箋相召，白玫瑰亦不「應紙」了。

　　老大牽「牛」而過堂下，爲白玫瑰撚化，以「大牛」雙手奉送老三，雖宣告失敗，但他却接踵老五之後，呼喚詠樂華仔，一見傾心。這時候他還是初露頭角，金錢拮据，幸得廣州偵緝課長七叔，慨然借給二千元，帶華仔作歸家娘。同居將屆十年，因與某女士正式結婚，脫離關係，正合着他的首本戲：「贏得青樓薄倖名」！

第四節：歷盡滄桑一素梅

　　在塘西「蓆嘜」羣中，素梅也算是表表人物，同時亦可算是紅極一時的阿姑，好幾個公子王孫，爭着向她大獻殷勤，以冀一垂青眼。本來「蓆嘜」是飲客攻擊的目標，不管是「盲佬貼符」，抑或向戲子揮動大刀濶斧，愛金愛俏，雙管齊下，但屬於那一類典型的「蓆嘜」，飲客站在第三者立場，在未曾洞悉內幕之前，總不免存有戒心，恐怕自己會做「四方辮頂」，直接送錢給老契，間接替戲子佬多添幾套「私伙」——戲服。

　　素梅和紅老倌老五熱戀，是遐邇皆知的事實，老五常時在酒樓大廳，向素梅摩頭捏面，高唱其古腔粵曲兩句：「爲王酒醉桃花宮，韓素梅你生來好貌容。」——這是一支古腔粵曲，似是宋太祖醉斬鄭恩故事，劇中女角的名字，叫做素梅，所以老五故意和她開玩笑。素梅雖有蓆嘜之稱，可是她的台脚，依然十分走紅，大抵有下列兩個理由：一者素梅確是「生來好貌容」，豐容盛鬋，骨肉停勻，儀態萬千，手段也來得很大方，很能夠迎合每個濶佬的個性。二者素梅之於老五，像普通妓女對待恩客，交易而退，各得其所，既不開刀亂斬，亦不效盲佬貼符，所以台脚絕不致發生影響。素梅當時得令，心高氣傲，如果她認爲沒有理由的事，從來不肯表示退讓，老五之妻向有「老虎婆」之別號，有次在酒席筵前，突如其來，想查究個郎的老契，究是何等樣人。

恰巧見到老五和素梅耳鬢厮磨，親暱之情，不可名狀，禁不住妒火中燒，厲聲戟指而罵，素梅認爲她態度過分，缺乏理由，立刻反辱相稽，侃侃然說道：「本姑娘名目上雖是妓女，操迎新送舊生涯，但如果沒有花箋相請，本姑娘也不會大駕光臨，旣是相請而來，任何人也不能揮之使去。身爲少奶奶，難道不明白『雞仔唔管管麻鷹』這個道理麼？」素梅這「幾句話」却說得五嫂啞口無言，因此恨之刺骨，實行「管雞仔」政策，向老五下「哀的美敦書」，不論熱戀任何老舉，她都可以隻眼開隻眼閉，單獨不許他眷顧素梅。

這時候素梅也不愁沒有恩客，湊巧有幾位濶少，爭着要帶素梅埋街，其中有個是南洋富商，手段濶綽，除不停執寨廳，賞賜「白水」之外，更送給她一粒火油鑽戒指，價值叻幣（新加坡紙幣）三千元，素梅嫌他土頭土腦，財產雖多，終竟帶些村氣，不夠漂亮，結果爲二郎神量珠十斛聘去。

說起這個二郎神，也是塘西有名豪客之一，父親以「九出十三歸」業務起來，家教謹嚴，當然不喜歡子弟飲花酒，流連銷金窟，樂而忘返。二郎神爲着不想失去嚴親歡心，最要緊的還是害怕信用破產，變爲「失匙夾萬」之流，所以和一班朋友，專飲「早局」，晚飯後便返家和老父見面，循規蹈矩，老人家果然信用有加，財權在握。

二郎神表面上飲早局，不敢通宵達旦，實際上仍然一樣溫老契，卜晝而不卜夜，興之所到，便帶老舉埋街。他第一次所帶的阿姑，芳名慕卿，和姊姊慕貞，同是賽花的名妓，聽說是「琵琶仔」上街的。一般飲客的心理，大都貪新忘舊，見異思遷，不久又顧而之他，放棄慕卿向素梅進攻，二郎神原是中年人，面孔和

手段都很漂亮，加上銀彈政策，自然是花叢地面，很佔便宜。二郎神更有一種怪僻，爲龜鴇中人所樂道，原來他最愛聽「古仔」，更愛聽「鹹濕古」，每次返妓院打水圍，便召集寮口嫂、傭婦之流，以及姊妹花輩，圍坐講古，並有巨獎以資鼓勵，越鹹濕越有趣，引得座上客嘻哈大笑，獎金最多，最高的獎金達一百元，其次則爲五十元，二、三十元不等，講完即賞，無拖無欠。以故龜鴇之流，趨之若鶩，有等「嗜利」的寮口嫂，甚至碰着熟客，便要求給以「鹹濕古仔」的資料，說到鹹濕處，往往使阿姑輩面紅耳熱，哚聲四起，二郎神樂不可支，花花綠綠的鈔票，接着就塞在那個講古女人的手中。

穫獎百元的「鹹濕古」，有一段叫做「巡警換班」，故事大致是這樣，從前廣州有個巡老警，妻子十分美貌，常作出牆紅杏，他雖然聽到風聲，可是職務所關，不能長日在家中監視。後來他想出一個計策，仿效中古時代的「貞操帶」辦法，他是懂得畫公仔的，不惜以身作則，就寫兩幅巡警肖像，一幅左手荷槍，一幅右手荷槍，分爲雙單日之用，當他出外當值，便貼在「貞操帶」的地方，替代枷鎖，回來時，驗過無訛，自可放心釋慮了。誰知妻子更爲比他聰明，姘漢之後，仍將畫像貼上，他檢驗沒有錯，倒也心安理得。有次妻子匆忙之間，貼錯另一張符號，這位智慧的丈夫，看出荷槍的手勢不同，憤然提出質問，那位妻子情急智生，不慌不忙說道：「巡警例有換班之舉，難道你們可以換班，獨不准他們換班嗎？我却要和你去見警長呀！」巡老警想落大有道理，竟不追究。

素梅隨二郎神上街，金屋藏嬌，物質享受十分寬裕，可是這位仁兄，祇喜歡聽「鹹濕古」，但他本人並不「鹹濕」，加以家

規太嚴，不敢常來走動，初時每個月尚來十次八次，過了三四個月，每星期祗來一次，半年之後，每月交家費才命駕而來，可能又做「花心蘿蔔」，移愛別人了，素梅家居無聊，呼徒嘯侶，橫床直竹，與芙蓉仙子結緣。她為人頗重友誼，曾經借火油鑽給朋友（不是老契）典當，作生意上的週轉。由於她和老五發生過一段關係，認識不少戲劇界朋友，曾出資拍電影，担任女主角一分子，用「黃唯麗」的名字。可惜她沒有藝術天才，演過兩三部片，尚未能奠下地位，加以她這時深染烟癖，性情疏懶，缺乏挣扎上進勇氣，這亦是她在電影界失敗的原因。戰後有人見過她，雖是仙風道骨，徐娘半老，風韻猶存，裝扮起來，彷彿當年紅牌阿姑的影子。

第五節：打破畛域觀念的鷄仔鳳

　　塘西花國的畛域觀念相當濃厚，雖然不致有「貴族」和「平民」階級之分，但歧視心理始終未能泯滅。當時對海油蔴地，妓院林立，花事繁盛，並不比石塘咀遠遜，可是油蔴地沒有大寨，祗有「二四寨」「半私明」的中下級娼寮。個中翹楚，一樣可以自高聲價，或者以「琵琶仔」的姿態出現，纏頭擲錦，亦未許滅燭留髡。不過從大致上而言，「規矩」太寬，一日廿四小時之內，隨時隨地「打水圍」，無須經過「揮箋相召」的手續，更不必在酒樓或俱樂部飲宴，召來陪酒，姐兒愛金，（亦可說是鴇兒愛金，因爲她們大多數屬於事頭婆身的）如意即成。「即晚封相」，代價不過十元之譜，可以向龜鴇或相識的姊妹詢問價錢，因爲照規矩是二兩四銀，當然不祗此數，這一種「交易」，謂之「乾屍收殮」，顧名思義，頗令人有些毛戴！（當時的酒樓「企堂」，代客人穿衣扣鈕，接受賞錢，據說他們的隱語：「今晚殮左幾多上？」意思是：「今晚服侍有幾多個客人」，也就是詢問獲得賞錢幾許？幾多「上」，意即幾多「個」。）

　　由於「乾屍收殮」，跡近「賤格」，所以油蔴地阿姑，渡江而來，隸籍塘西大寨，希望出幽谷而遷喬木，身價頓增，但「底子」一旦爲飲客知悉，姊妹羞與爲伍，口頭宣傳是「油蔴地貨」，可能弄巧反拙，「求榮反辱」。記得油蔴地有個名妓千紅，原是良

家女，生得顏容艷麗，品性沉靜溫柔，可算是個中翹楚。有恩客憫其遭遇，限於家長專制，不能代爲脫籍，祗好出一筆錢移植塘西，庶幾名花有主，找到美滿的歸宿。論資格，樣貌與風度，千紅俱足夠「大寨阿姑」的條件，不幸得很，她天性愛靜，可能更因感懷身世，不甘墜溷，帶點孤芳自賞的態度，和姊妹花多數不合得來，姊妹花誤會她性情高傲，旁若無人，憤妒交併，碰着機會同一場合陪飲，便向客人面前，訴說她是「油蔴地貨」，甚且指摘她是「蓆嘜」，貼乾貼淨，客人裹足不前，在油蔴地立身不牢，才樹幟塘西，希冀改換不良的環境。千紅做「蓆嘜」固然沒有其事，認識許多大老倌却是事實，說起來也是大有來歷的，因爲千紅有位恩客傅粉二郎，原來是當時著名女班政家一姑的兒子，是省港有名的「三班頭」的少東，這一班能崛夠然而興，全賴一姑眼光獨到，專發掘朝氣蓬勃的新紮師兄，担綱台柱，傅粉二郎以少東資格，兼攝班事，常和大老倌們在酒樓講戲，揮箋召喚千紅，不消說千紅亦與各大老倌十分熟稔，應酬說笑，習以爲常。姊妹花搬弄是非，客人不加深察，果然置信，而千紅本人，向來逢迎乏術，不懂得羈絆恩客的手段，有時心緒不寧，鬱鬱寡歡，終夕不肯多言，客問一句，祗是勉強的答一句，因此移植塘西不夠半載光陰，台脚冷淡，比較在油蔴地更遜一籌，沒奈何再返油蔴地，曾一度與二郎同居，因二郎尚未娶妻，一姑決不肯認妓女作媳婦，祗可算是「外室」罷了。

由油蔴地移植塘西的阿姑，固然不易打破飲客和姊妹花們的畛域觀念，同樣塘西花叢地面，由二四寨轉隸大寨，其不受飲客歡迎，自亦不能例外，許多阿姑明知個中利害，大家都不想多此一舉，除非另有原因。舉一個例：南里的聯陞酒樓，對開的單

邊樓宇，有四間頗為有名的二四寨：新煥勝，小桃源，奇香……其中新煥勝有個阿姑，芳名肖影，原是上海的廣東堂子出身，人才不俗，姿色頗佳，饒有「大寨阿姑」風度，因為離鄉別井已久，不大熟悉省港花叢狀況，南來之始，由姊妹介紹認識新煥勝的事頭婆，乃暫時「打夥記」，懸牌應徵，有富家子綽號「痴子」其人，一見鍾情，兩心繾綣，決意為之脫籍，事先却破費一筆錢，使她改隸詠樂，然後帶她埋街。痴子為甚麼要消耗一千幾百，多此一舉呢？理由十分簡單：他所帶的是「大寨阿姑」，而不是「二四寨老舉」，爭回一點面子。

　　二四寨老舉，想高攀大寨，大都遭遇挫折，相反而言，塘西大寨阿姑，若果移植油蔴地，尤其是肯置身私寶，先聲奪人，聲價頓增十倍。宜香有個雛妓阿花，芳齡不過十八、九，聽說又是誤解自由，不容於家庭，被迫墮溷，希望搏取一筆錢，與有貌無「財」的心愛人雙宿雙棲。她先在宜香支取上期，但侑酒生涯不符理想，她不惜搖身一變而為野鶩，向上中環的私寶主人肥婆五嬸借取數百元，賣身三個月，尋芳客聆悉她是塘西大寨阿姑，都覺得難能可貴，爭相召喚，酒局（即「陪坐」同樣是揩銀一元）傾偈，（俗名「過房」，代價二元，另「水費」二角）日夜不停。「過夜」更不消說（夜渡資約十元之譜），一切收入，完全交回肥婆五嬸，作為還債。五嬸笑逐顏開，意外得此一株搖錢樹，煲湯加餸，待遇優厚，初時派人追隨侍奉，實際監視行動，後以入息源源而來，又見她年紀不大，口舌精乖，似有傾吐肝胆之言，認為可以羈縻，期滿繼續幫忙，不難盤滿砵滿，故示另眼相看，防範漸疏。恰巧過了四十天，有一晚，阿花應熟客之邀，在小南酒店過夜，翌晨竟趁早船赴穗，會晤其心愛人去了。五嬸雖表示懊

悔，但亦承認比對之下，尚有利可圖，同時從熟客口中，知道許多客人，喜其貌美而手段圓滑，多給例外賞錢，這當然屬於她個人的「貼士」，可見其入息豐厚之一斑。

打破飲客畛域觀念的「老舉」，祇有一個雞仔鳳，說起來可謂破花國的紀錄，永留塘西佳話，兼且十分有趣。當時塘西花叢地面，除大寨，二四寨之外，大道西尾端轉出海旁，有些下乘娼寮，俗稱「石騎樓」，又名「炮寨」，是一般勞苦大眾的洩慾工具，夕陽西下，信步流連，正式「捐燈籠底」。有一晚，某富紳乘汽車道經此地，見尋芳客擺其「長龍」，怪而問俱樂部的侍役，才知這兩日新來一名雛妓雞仔鳳，姿首甚佳，勞苦大眾，如蟻附羶，等得不耐煩的時候，便敲板障催促道：「爽的手喇，鄉里！」某富紳聞而失笑，着侍役喚至俱樂部，一見之下，驚為天生麗質，嬌小玲瓏，而骨肉停勻，一宿已過，立刻出資使她改隸大寨，沿用阿鳳名字，（雞仔乃一般雛妓的通稱）飲客雖然都知道這個雞仔鳳的來歷，一者她在石騎樓僅接客兩天，（據說她每次代價「錢八銀」── 二毫半，用荷蘭水（汽水）樽裝貯，一天的收入裝滿大半樽銀，暢旺可知）二者某富紳亦特加賞識，遂爭相召喚，不久且為某濶少量珠聘去。

第六節：濶少縱橫談

　　塘西阿姑旣有多種：大寨老舉，二四寨老舉以至「石騎樓貨」，無形中鴻溝分界，各存畛域觀念，不容許「同流合污」。同樣的飲客方面，種類浩繁，亦可以分門別類，由豪紳濶少，「四方辮頂」以至硬充排塲的空心老倌，「鼻折大少」，不一而足，因拉雜寫一篇「濶少縱橫談」。

　　在「濶少縱橫談」之前，首先談談飲客和妓女之間的「道德觀念」。

　　花叢地方，正所謂「老舉衆人妻，人客水流柴」，老舉、人客之間，也大談「道德觀念」，豈不是滑天下之大稽，荒天下之大謬？看官不要笑話，事實俱在，不容否認，同時更可以證明當日塘西花天酒地，大家都循規蹈矩，造成兩者之間的高上地位，確有其眞正的價值，難怪有這麼多人流連忘返，傾家蕩產而不恤，到底爲甚來由？

　　「循規蹈矩」，有甚麼規矩呢？這當然不是皇皇公令，佈告週知，也不是甚麼不成文的法例，或者是社會風俗的傳統習慣，倒不如稱爲「道德觀念」，較爲貼切。舉一個例：同行同攬的朋友，如果知道某一個阿姑是陳老一曾經發生關係的老契，（老契是普通名稱，一百零一晚的可稱老契，出過毛巾的亦未必是眞正老契，通常有密切關係的叫做「大局老契」，沒有甚麼干連的叫

做「酒局老契」。）李老二便要避免嫌疑，不敢揮箋相召——即使不是同行同攪，但陳老一和李老二是熟識的朋友，無形中就要履行「互不侵犯協定」。假如李老二不顧「道德觀念」，實行「坭水佬政策」——鏧牆脚，當然有權這樣做，決不會被控訴去「坐花廳」，但朋友間固不值其所爲，嘖有煩言，而「深明大義」的阿姑，如果知道兩人間是朋友關係，大都亦不肯應召，婉詞推却，一者恐怕他們朋友間難爲情，或許生出事來，心存芥蒂；二則可能受到姊妹花的譏諷，有「撈過界」「鏧牆脚」的嫌疑。

然則他（她）們當眞十分規矩，沒有越軌行爲嗎？「十分」兩字，自然不敢說，試想法令森嚴，尚有人抵觸，誰敢保證他（她）們不會打破「道德觀念？」不過從大體上來說，他們倆之間，總有多少顧忌，偶然越出範圍，給旁人指摘兩句，也會面紅耳熱，覺得怪不好意思的。

富紳豪士，大權在握，要風得風，要雨得雨，一擲千金，毫無吝嗇，用不着支撐場面，這等眞正濶少，反爲不大注重衣飾，龜鴇之流，消息靈通，經驗豐富，自有其「千里眼」「順風耳」的本領，人的名兒，樹的影兒，一聽名聲，便極表歡迎，奉承惟恐不及。當時風俗純樸，九八行（南北行）及銀業界中人，甚少「派」其西裝，極其量穿一套長衣，大商家的夏天裝扮：白夏布短衫，黑膠綢衫褲一度，算是時髦服裝了。尤其是銀業界的行街先生，全賴自己人格保證，獲得濶佬垂青「入銀」、「駛銀」，更不敢畧露挑撻容色，最著名的如「老鄉開」，故意扮成「老鄉」模樣。

「老鄉開」由廣州銀業界原班出身，以後逐級擢陞，做到行街，職責上要靠濶佬惠顧，作金融上的往來，當時商場注重信用，完全重視這個經手人的人格，「牙齒當金使」，無須甚麼抵

押品，做銀舖行街，而能年中經手入銀五、六萬元之譜，東家真個另眼相看。「老鄉開」陞行街時年紀還很輕，不能不作「老鄉」打扮，大成藍土布衫褲，出入不離雨傘，顯出「年少老成」樣子。後來一帆風順，自己做東家，省港著名的「興字派」銀號，俱由他一手經營，全盛時代，他擁有七十二個「年結」，換言之，有七十二間商店，他都是東家資格，財雄勢大，盛極一時。他在塘西做濶少的時候，經已名成利就，不消裝扮「老鄉」，但衣服仍甚樸素，而手段相當豪濶，和另一位銀業界名流銅山公子，並駕齊驅，曾經「鬥買鑽石戒指」，餽贈老契，成爲膾炙人口的塘西盛事。如何「鬥法」呢？大致是這樣：開少送一隻二千元的，公子所送的一隻是三千元，開少性子一發，買隻四千元的，公子不肯失威，再買一隻五千元的 —— 互爭雄長，越買越貴。他們到底是很要好的朋友，結果由雙方的友好相勸，適可而止，何必平白益了姐兒。結果：維持「友好關係」，「成立君子協定」，簽訂「互不侵犯條約」，這是兩位濶少，作「銀紙競賽」的開端，自然尚有好戲在後頭。

花叢是有名的銷金窟，爭雄鬥勝，理所當然，無足怪詫，但有時濶少的驚人舉動，超越情理，亦往往駭人聽聞，最「離譜」的一宗，便是樹哥兒一怒而拆共和酒樓。樹哥兒幼年喪父，祖父以創製戒毒丸起家，遺產十餘萬，交這位長子嫡孫承受。這時港九物業，正是黃金時代，轉瞬之際，常能獲利倍蓰，他拿十餘萬「炒業」，三兩年間，財產達八十餘萬元，他年紀還不到卅歲，少年得志，雄心勃勃，聲言要做「百萬富翁」，憑過往的經驗，自可一蹴而就。共和酒樓，位置於大道西尾端，與香江酒樓同稱爲塘西最老資格的「花筵館」。樹哥兒於早期置業時，舖位一連十多間，都

由他出資購買，他旣是酒樓的業主，酒樓中人，由東主而至企堂，無不倍加恭敬，每晚光顧，自然由業主簽個字就行，不消兌現。誰料有一晚，酒樓適僱用一位新掌櫃，事前沒有「交帶」，司理恰巧不在塲，散席時樹哥兒拖着老契下樓，司櫃以職責所關，毫不理會是誰，定要找數，樹哥兒這一怒非同小可，照單結數之後，認爲太過丟臉，非將全間酒樓拆卸不可！次日，酒樓即接到律師代表業主通知書，限期拆卸，（當時尚未訂立保障屋客法例，業主有權收回拆卸。）雖經東家和司理人幾度求情，謂已辭退冒昧無知的新司櫃，多方道歉，情願請飲一月，挽回面子，並自動加增租金，懇請體諒商艱，以免瀕於破產，事實上酒樓變賣舊傢私，價值直等於零，也不容易找地方搬遷，與收盤無異。

共和酒樓方面，紛托有力者向樹哥兒說項，在情在理，亦很應該海量包涵，由於新司櫃一人，冒瀆濶少，不宜歸罪全間酒樓的股東和辦事人，使他們宣佈破產。但樹哥兒少年氣盛，認爲在老契面前丟過面子，在老契面前聲明要拆就拆，決不食言。共和酒樓祇好依期結束，變賣傢私，假借香江酒樓作辦事處，辦理一切「收盤」手續。樹哥兒感到濶少光顧酒樓，都要「受氣」，實行自己經營一間，於是籌辦規模宏偉的中國酒家（即今之金陵酒家地址），他又是業主身份，何難水到渠成。可是世事眞難逆料，中國酒家尚未開幕，物業價值暴跌，樹哥兒是炒業家而不是置業家，購入的物業多向銀行按欵，跌價不堪，便覺尾大不掉，結果因幾千元的欠欵亦週轉不靈，恐有「坐花廳」之虞，乃逃奔上海，英名盡喪！

「鴇兒愛鈔，姐兒愛俏」—— 有時亦甚愛鈔 —— 已成爲花天酒地的口頭禪，濶少「四方辮頂」的豪舉，固使人見而咋舌，而

空心老倌的醜態，亦同樣使人掩口葫蘆。自從跳舞之風氣盛行，「火山孝子」的一個名詞，常時掛人齒頰間，但當日塘西的龜鴇姐兒們，歡迎「孝子」却是事實。她們有句俚諺：「白辮尾，大抽鎖匙」，意義十分明顯：白辮尾是着喪服的標誌，大抽鎖匙當然是指夾萬鎖匙而言，承襲先人遺產，大財在握，予取予携，無人拘管，那有不極表歡迎之理？

基此原因，有等「失匙夾萬」之流，或者「空心老倌」之輩，為着「迎合」龜鴇姐兒的心理，自己「提高身份」穿其素服，配以大抽鎖匙，有位仁兄更會「取巧」，穿其波蘿麻長衫，你說他着孝也似，你說他服裝樸素也可以，因為他上有高堂，目灼灼而視，不敢「遵禮成服」，祗好「撲索迷離」，裝模作樣。有等人父母雙亡，或者乘丁憂之便，一直「着孝」下去，規矩大服三年，儘有多餘時間，屆時亦可藉口叔伯之喪，維持總服於不墜，即使不能以夾萬鎖匙示威，最低限度可以慳回一筆衣服裝備費，沒有人敢批評他「寒酸」。

越是空心老倌，越好撚架子，言語舉動，造成「百萬身家未開頭」的樣子，完全不知道旁人為之齒冷，最簡單的舉例，就是叫「人」。從前塘西飲花筵的酒樓「企堂」，渾號「豆粉水」，不知意義何來，身份似乎比其他酒樓的侍役「低級」一點，（特別聲明：這是當時一般人的觀念，現在塘西酒樓的夥記，當沒有階級之別，也沒有「豆粉水」這個名詞，幸勿誤會）更不知由何人發起，或者意義何居，開口就叫「人」或「人來」！假如你叫一句「夥記」，或許有等荒唐少年便會譏笑：「你和他做夥記嗎？」大有羞與為伍之慨。有一次我目擊一個荒唐少年，在中環茶香室猛叫「人」，沒有夥記答應，他竟大發脾氣，有位夥記阿活，以

教訓的口吻說道:「你想叫『人』,請行遠一步,到石塘咀去,在這裏你是沒有資格叫『人』的。」座上客鼓掌附和,那少年面紅耳熱,抱頭飛遁,不進食而行。其實稍有資格的飲客,多數叫那夥記的名字,也不大喜歡叫「人」。

石塘咀——這個名符其實的「銷金窩」地方,許多聲價一時的濶少,不出三幾年間,便銷聲匿跡:十年一覺揚州夢,贏得青樓薄倖名,正是司空見慣的事實。理由十分簡單:一擲千金,「洗腳唔抹腳」,即使有銅山金穴,也不外十年八載光景,就要縮做一團,鋒芒盡歛,如果身家祇有三幾萬,簡直「不堪一擊」!舉花十二少爲例:

花十二少是佛山世家子,特製一套西裝晚禮服,執其寨廳,他天生五短身材,體格肥胖,以鄉村紳士風度,仿效都市少年時髦,高冠硬胸,踱其八字腳,一搖三擺,在廳面踱往踱來,說他替塘西「多添一景」祇是寫實之詞,並不會形容太過。他單獨爲着一個鴛燕,現金散盡,連父親遺留獨一無二的物業,也變賣花費,弄到一班朋友拿來做話柄,飲一次寨廳說一遍:「辛苦咯,我們在食磚頭!」「慘咯,二樓成條大杉打橫吞下來!」「今晚連瓦面都食完!」說話似乎過分刻薄,不是知己朋友所爲,不過他的個性,刻薄而驕傲,素有「石罅米」「烏雞白鳳丸」之稱,心中有妓,目中無人,難怪朋友「以牙還牙」。(按:「石罅米」被雞啄,「烏雞白鳳丸」單獨給女人吃,表示那人祇肯在女人身上用錢,是花叢中的流行語。)

花十二少排行第二,父親早已棄世,遺下姊弟兩人,爲着表示閥閱名門,兄弟姊妹眾多,加添「十」字,成爲「十二少」,這種風氣在塘西原很盛行,毫不足怪,可是他初履塘西,睥睨花間

嬰婉，詆爲庸脂俗粉，不堪顧盼，並自誇走馬章台，非紅牌阿姑不叫。後來有位姓晏的朋友，介紹幾個紅牌阿姑給他，他獨愛詠樂鶯燕，一見傾心，懇晏子作伐，自願答應千元以下的條件，務求達到目的，事體成功，以二百元禮券爲酬。鶯燕初隸翠樂，生得珠圓玉潤，兼擅打琴唱曲，曾經紅極一時，台脚大有應付不暇之勢，可是她却熱戀一位姓朱的編劇家，效盲佬貼符，有人說她決心做「蓆嘜」，利用老朱作橋樑，是否屬實，不必追究，由於她以全副精神，放在一個客身上，其他恩客，皆望望然去之，花運由紅變淡，移植翠樂，亦不能挽回頹勢。恰巧在這個時候，晏子向她遊說，她思量數四，提出條件，先以千金爲壽，並執兩晚寨廳，維持雙方體面，因爲事實上召喚未幾，便發生老契關係，即使假酒店作洞房，事情終會揭穿，將爲龜鴇姊妹輩所不齒。假如鶯燕不是阨於環境，客人一擲千金，想滅燭留髡，她亦未必答應。

十二少獲得這位紅牌阿姑垂青，深感滿意，馬上迎合美人意旨，崇尚時髦，改換全副「西式裝備」，每晚「單嫖獨賭」，和鶯燕去萬國酒家開個細廳，晚飯消夜，撐其枱脚，完全置朋友於腦後，連媒人晏子亦一樣疏遠，一口氣散盡了父親遺留下來的身家。

這裏有一段很有趣的小插曲：十二少床頭金盡，西裝典當清光了，輪到「晚禮服」一套，仍由姊姊經手去「舉」，押店朝奉見識不廣，沉吟地說：「材料是上品，但這是『官員』穿着的衣服，沒有人買來穿的，我見你是熟客，給你五元，作爲買料的代價罷了。」

類似姓花二世祖的事實，多至不勝枚舉，所以能夠在塘西做長期主顧，大都是有分寸的殷實商家之流，永不鬥勝爭強，亦不

示人以弱：出毛巾，溫老契，過時過節，循例結楷銀，給白水，打賞寮口傭婦，到若干時候，執番一晚寨廳。這等濶少，雖不是龜鴇的主要對象，但亦列爲上等人客，長期主顧，比較「曇花一現」的濶少，當然優越得多。

這等長期主顧，每晚在酒樓開廳，盛行所謂「田鷄局」，亦稱「田鷄東」，換言之，大家「科錢」。往日酒席費廉宜，七八人作消夜局，普通埋單不過廿元至卅元，每人科派約三元之譜。此外或打牌「抽水」，或加入俱樂部做「館友」，有限的會費及月費，每晚例設消夜，間有兼設晚飯的——這是相宜而有效的辦法，不致每晚担心找朋友作局，「電燈着，鬼搣脚」，不消憂慮做「無主孤魂」。還有一種便利，想約老契外出，或返寨打水圍，隨時可以叫俱樂部代補一張「花紙」，無須在酒樓作局。

作「田鷄局」的，大都輪流做東家佬坐東家位。宴飲於酒樓，做東家佬「請飲」，自是屬於「光榮」之事，不過有一點不可不知：塘西龜鴇之流，是挑通眼眉的，凡是眞正濶佬，所與交遊，非富則貴，今晚甲翁做東，明晚乙少請廳，排塲不充自濶，身份不抬自高，有等「初出茅盧」的二世祖，以爲晚晚自己坐東位，何等濶綽，同飲的盡是「磅友」、「夥記」一輩子，皆要仰承其鼻息，表面上夠威風，實際上稍有資格的阿姑，亦會看他不起。俗語說得好，未看其人，先觀其友，最濶綽的祗有你一個人，濶極都有限度，有資格的二世祖，決不肯這樣做，「東位」分給同伴坐，抬高朋友身份，等如提起自己聲價，此中奧妙，自非「新雀」所能領會。

在塘西能夠保持不敗的英名，永遠都見濶少尊容，必須按照我國打「日本仔」的策畧：長期抗戰，穩紮穩打，步步爲營。

第七節：龜鴇訓練妓女拉雜談

　　從前有位曾經週遊列國，到處買醉尋芳的朋友，說過這幾句話：「相信祇有塘西的阿姑，才配得上稱為全世界最高竇的老舉，是老舉中享有絕對自由的。」據說全世界的公娼，既然置身「紅燈區域」，明買明賣，做娼妓，就等如一種職業，她底職業就是迎新送舊，招待客人，客人付出規定的代價，娼妓不能推辭其應盡的義務，交易而退，各得其所。世界上任何一種職業，都沒有祇操「業」而不盡「職」的人，塘西阿姑却屬於例外，她僅知有權利而不知有義務，本姑娘不高興時，「新嘉坡賣蔗，搔都唔搔」！（按：「搔」字俗音作「削」字解，或許新嘉坡賣蔗例不「削皮」，故有此俗諺？「搔」字俗音亦作「睬」字解法，成句話的意義是（不瞅不睬）。又前人叫「星加坡」做「新嘉坡」，世俗取笑人過埠去新嘉坡叫做「過新」，諧音「過身」，即「去世」的代名詞，未免謔而近虐了。）

　　禁娼之後，許多朋友去逛私寨，根據他們過往的經驗，不約而同地「大鬧」廣東「老舉」，視人客如「鬼竇」，甚焉者你有你製造緊張氣氛，她却拿着報紙披閱，或者哼幾句班本，使你啼笑不得，臨崖勒馬不是，垂頭喪氣無能為。若論細意熨貼，「盡忠職務」遠不如外江「老舉」，她們很明白這個旨趣：客人拿金錢到來買笑，不能教人氣惱，服侍客人是本身分內之事，因為這是一

種職業呀。

「塘西阿姑是全世界最高寶的老舉」，祇知權利不知履行義務，就算最「巴閉」如金山，也沒有這般「高寶」，一樣要「拿錢換貨」，極其量祇可收上期銀。舉一個例：三十年前，曾一度膾炙人口，和光眼小生黃老七熱戀的金山婆，她就是在金山操皮肉生涯，刮得十多萬元（港幣）收山回來的「老舉」。如所週知：當時金山有不少「紅燈區域」，外國娼妓，價廉而好招呼，但金山亞伯，據說很怕外國娼妓，那一股腥膻氣味，尤其是臭狐，其次因英語程度甚差，牛頭不對馬咀，自然缺乏興趣。金山婆能夠入口營醜業，不消說有人加以支撐，手續困難，「同業」寥寥三幾人，「物以罕為貴」，「阿伯」輩乃如蟻赴羶，大有應接不暇之勢，夜渡資規定五十元（美金），報効銀物以搏取芳心，更不計其數，可是時間還不夠支配，往往要提早兩三個星期之前掛號，先付上期，屆時掃徑以待。名伶老五有位徒弟名喚亞高，恰巧在金山演戲，覺得「西餐不合口味，好容易積蓄五十塊錢，由登記之日起，從事準備，矜心作意，訪得有仙露金丹，這一日打算作孤注一擲，並多飲醇醪，助長氣燄。先哲有言：唯酒無量不及亂，使用過度，整個人給陶醉了，辜負了春宵一刻，五十金付之東流，引為畢生憾事！

據專家們研究所得，老舉侍奉客人，不是生而知之，却是學而知之，「致知格物」，全賴龜婆的訓練。於是又有一班朋友批評：外江龜婆和廣東龜婆的訓練方式不同，成績自有差別。外江龜婆注重「熨貼」工夫，必須盡忠職務，令到對方心滿意足為止；廣東龜婆則注重外表儀注，擺出來落落大方，準備將來跟潤佬上街，不失住家人風度。

有個經營醜業起家的事頭婆「一家」，是兩間大寨的股東，手下養育好幾名「宮主」，她常時在俱樂部一班濶佬面前，大發議論，非常自得地說過一段話：「不是老娘誇大口，也不是老娘拗橫折曲，顛倒事實，你們濶佬的住家人，動不動鄙屑青樓妓女，誤會做老舉一定污糟辣撻，其實大寨阿姑，別的且不講，凡是老娘一手訓練出來的阿姑，單是「乾淨」這個問題，我胆敢保證和許多大戶人家的女人比賽，決不遑多讓……」她說到起勁的時候，恃老賣老，口不擇言的冷笑道：「不是老娘得罪你們濶佬尊眷，有時污糟辣撻的程度，比我們大寨阿姑還不如。」她邊說邊瞬瞬眼說道：「這也難怪，你們濶佬三妻四妾，十二金釵，雨露不均，廣田自荒，自己製造『綠色恐怖』，還有甚麼話好說呢？」

　　一家誇示她底姑娘，如何「乾淨」，胆敢和住家人競賽，是否屬實，姑且算她「發挹風」，不必加以批評，但她訓練老舉的嚴格，不愧是龜婆中的典型人物，她能夠在一班濶佬面前誇下大口，自然也有她的一套。大家都知道龜婆教訓老舉，有句口頭禪，叫做「打貓唔打人」，這是鐵一般的事實，雖然不是個個龜婆都是這樣做。因爲從前封建時代，社會保持「重男輕女」的不良風氣，窮苦人家，兒女眾多，無力負擔，必定珍視嗣續宗枝的男孩子，毫不顧恤地出賣女兒，甚至有種最惡劣的傳統習慣，誕生了「茨菇蒂」──男孩，明年新春都要「開燈」任是羅掘俱窮，也要想辦法籌欵，往往因開燈「大事」，拿女兒去換錢，甚至有等村鄉，無計思量，沒有女兒出賣，往往爲第二個孩子「開燈」，忍心出賣年長的男孩，同是宗支血裔，竟會輕一個重一個，爲習俗所桎梏，眞是匪夷所思！這等被父母出賣的不幸女兒，求善價

而沽，除却爲奴爲婢，便是給龜婆養育做老舉，她們旣出身窮苦人家，從小沒有家庭教育，性情不免頑劣一點，訓練困難。如果屢教不悛，龜婆們便要辣手摧花，鞭笞掌撻，仍不收效，乃用一頭貓放入這個不幸女兒的褲襠裏，束緊褲脚，拿鷄毛掃大力打貓，貓兒負痛覓路而奔，亂扒亂抓，下體鱗傷，皮破血流，其痛苦狼狽情形，槪可想見，所以「打貓唔打人」的手段，可說是龜婆樹立淫威的「代表作」，任是如何頑劣的女兒，「打」過一兩次之後，都要被迫就範。

龜婆們所搜購的女兒，從小訓練，和當時媽姐的「糟豬花」大致相同 —— 年紀漸老的媽姐，爲着賺錢下半世着想，挑選面目姣好的女孩子，以教以養，準備賣給富人家作妾，有等還遣送入學校讀書，因爲「識字」更能多添身價銀，代價常在三五千以上 —— 首先注意訓練禮貌儀注。第一項課程，不許稍爲暴露肉體，往昔習尚「束胸」，如不用「訶子」，亦穿緊緊捫胸的褻服。密排鈕子，想解除也費一番手續，以防止多手客人。除在自己房間之外，出神廳亦不准着底衫褲，這是起碼的規矩。

龜婆訓練老舉，除注重儀注規矩之外，第二件便是切忌「貪飲貪食」，這一點當然有深意存乎其間，因爲酒能亂性，如不能禁戒，很容易爲客人灌醉幾杯，成其好事。其次從前的女性，一飲一食之微，都講究禮節，最忌有「饞咀」之譏。不過「飲食男女，人之大欲存焉」，客人返妓院「打水圍」，常見台脚冷淡的阿姑，圍坐冷巷，光顧鹵味販子，大嚼其燒鴨頭，鹵水鮑魚，墨魚，鷄翼，鵝掌之屬，食得津津有味，或者整其牛腩粉，叉燒粉「消夜」，但如果客人在酒樓叫她入席，擺多雙筷子，她亦婉轉推辭，不知者以爲她們未免「賤格」，難登大雅之堂，其實這亦是

龜婆的教訓，避免客人或姊妹輩指摘她「爲食貪饞」。最主要的更有一個理由：老舉的職責是「陪飲」，其他的姊妹都做「后土」，（妓女坐在飲客後邊，類似山墳的「后土」，所以飲客常呼妓女做「后土」，入席時「后土」未來，飲客便會開玩笑地說：「身後蕭條」，或「後顧茫茫」）單獨自己和客人同席宴飲，對於姊妹似乎有些難爲情，所以大多數推却不依，並不是「裝模作樣」，更不是「賤格」。

不過這種風氣，很快便隨時代而轉移，到了後期，如果自己恩客做東道主，或者一班朋友都很稔熟，大家熟不拘禮，常時呼喚老契一同進食，尤其是在俱樂部，叫老契消夜更無所謂。

「凡事講潮流」，這句話倒沒有錯，龜婆訓練老舉，當然亦隨時代而進展。老一輩妓女的基本條件：猜、飲、唱、靚 —— 要猜得，飲得，唱得，樣貌猶屬次要 —— 條件齊全，才不愧紅牌阿姑的資格。因爲這一個時代，蔴雀被稱爲官塲的玩意兒，普通商家不外玩玩「天九牌」、「十五湖」這一類東西，他們飲花酒最高興的玩意兒，就是「猜枚」，而猜枚最興高彩烈的，莫如「打通關」：與全席的客人作戰，如果碰到勁敵，自己老契上陣，能夠代猜代飲，抵擋得幾陣，自然搏得恩客喜歡。

往日的「東家婆」，確也要有幾度「散手」，懂得多少禮貌。所謂「東家婆」，就是自己的人客做東道主，每晚有許多台脚，小不免有一兩台要親自出馬。向例：到埋席時候，「豆粉水」按花紙名單，「催人埋席」，尤其是注意「催東家婆」，她必得撥冗前來，做妥其例行手續：首先代表東家佬，向各位客人敬酒；席終則「夾檳榔」用筷箸每人夾一粒。有等頑皮的飲客，叫她擲入口中，擲不中時，又要她用手放在口內，她可能說一句討便宜的

俏皮話：「發財手，放入添丁口」。大家都可以想像得出，這句話的意義了。

　　龜婆敎老舉怎樣操縱人客，「開刀」亂斬，（開刀是花叢隱語，即丁娘十索之意，人客不應手，「托刀」而逃，常被稱爲「周倉」。）自是「題中應有」之義，不過隨時隨地，因人而施，看中了某一個「四方辮頂」，暗中指示機宜，花樣齣齣新，留待下文再談。

第八節:「咕喱」飲寨廳誌趣

　　咕喱 —— 這個香港獨有的名詞,可能是由英文譯音,與「孖氈」(原意為「商人」,往日大行商和西人交易,特聘一位熟諳英文的「孖氈」,單獨和西人周旋,接洽生意,位置很高,名為「出官」,又號「出番」)及「些利堪」(原意是「水手館」,俗稱「踎躉樓」,因水手賦閒,多在館裏寄居,粵人稱賦閒為「踎躉」,故名,今西營盤七號警署,即其故址)等名詞,成為習慣上的口頭禪,咕喱是苦力的別名,咕喱而飲寨廳,在當時紙醉金迷的塘西地方,使咕喱在粉白黛綠當中,黑炭頭與朱顏相映成趣,確是一件了不起的新聞。

　　本來在花叢地面,飲客祇要肯花錢,「循規蹈矩」,「無拖無欠」,當然沒有階級之別,尤其是赫赫有名的咕喱頭,手下擁有大羣咕喱,指揮如意,其「勢大財雄」之處,較諸「買辦」、「大寫」的白領階級人物,實在未遑多讓。記得淪陷時期,有位潮籍著名咕喱頭,別號「賀頭」的一位老俠客,見義勇為,督率手下數百咕喱,保衛兩條最富庶的街坊,這班「屠狗大兄」的傑作,曾經搶奪過兩個歹徒的手榴彈,生擒持械悍匪數名,悍匪居高臨下,放槍殺為首一人,連傷二人,後者仍蜂湧而上,結果將悍匪一網成擒,嗣是街坊寧靜如恆,任何歹徒不敢踏入街坊一步,而這位「以身殉職」的義士,深受街坊人士景仰與悼念,出殯之日,全

街大商店的「老細」，多數親臨執紼，以示哀悼。這可算咕哩仁兄最光榮的一頁。假如咕哩頭執寨廳，邀請一班夥記光臨，倒不覺得「引人入勝」，但請廳的廳東，却是當時赫赫有名的富紳大文翁，和這班咕哩仁兄絕不發生絲毫關係，同時這班咕哩人馬，更不像戲台老倌，散場之後，洗淨鉛華，規規矩矩，冒充公子哥兒，殷商巨賈。他們全部都是「黑炭頭」的煤炭咕哩，收工之後，帶齊竹升蘿簍等物，浩浩蕩蕩，殺奔詠花大寨而來。

這件事距今足有五十年之久，非是六、七十歲老公公，也沒有資格目擊其事，不過故事相當奇趣，流播久遠，使到後生小子，亦覺耳熟能詳。

如所週知：舊曆歲首新春，是塘西妓院掘金季節，豪華概況，可稱空前絕後，真是「恨死隔籬」—— 假定這位空心老倌，鼻折（避節）大少，沒有機會參加新春宴會的話。春王正月，妓院結綵張燈，門口兩名「開路神」，睜眉突眼，轟獨轟獨轟獨澄，大打封相，唱其响局，每間大寨的阿姑，連「籬底橙」也出齊，僕僕「短」途，大派利是，（向例不論「紅牌」與「發霉」阿姑，到了酒樓，由電梯司機以至廳面夥記，皆要放下紅封包。）直至二三月清明佳節之前，仍充滿新春景象。這一年詠花寨由二月十五起，由大文翁定下一個月寨廳，難得這位大富豪特垂青眼，龜鴇自然倒屐歡迎，並且引以為榮，逢人便道，其他濶佬想在一個月期間之內，留一晚寨廳，亦婉詞推却，而意外事件由此發生了。

二月十五日，黃昏近晚，大文翁即坐其三人長班伕轎，在詠花寨門前蒞止，地下神廳由師爺以至寮口嫂、龜爪之流，皆起立鞠躬迎迓，引吭呼大文老爺。（接：五十年前老一輩的飲客，皆

習慣稱呼「老爺」，大抵這是遜清時代，少不免帶點官紳氣燄，民國以後，少爺輩當時得令，討厭「老」字，喜歡稱「幾少」，老爺輩亦樂得「返老還少」，改稱幾少。其中有位「老爺」更爲特色，因習俗早婚，年才四十許，經已男婚女嫁，拖孫過橋，當然大有「老爺」資格，在家裏老爺的尊稱，自屬不能避免，亦無可「否認」。可是到塘西，凡是稱他一句「老爺」，他就「面斥不雅」，大家日久知悉他底性格，曼聲叫「大少」，或「大少爺」，這個「爺」字不消說帶有親暱口吻。）

　　二樓龜鴇、寮口嫂輩，聞聲先行鵠立以俟，接口傳呼，三樓以至四樓寨廳，禮貌正復相同，其威風之十足，使人聯想九重宮闕，「三呼萬歲奏君王」的概況！

　　大文翁入到寨廳「廳躉」、「豆粉水」自然幾百個來 —— 毛巾來，拖鞋來，水烟帶或香烟雪茄來，大文翁躺在羅漢床上，則「錢八庄」或「三錢六庄」公烟來。接着「廳躉」更傳令叫「阿姑快些裝身上廳」。大文翁這一晚態度非常肅穆，常常流露冷峭的笑容，反爲吩咐「廳躉」毋須急急叫阿姑上廳，並含笑說一句：「我那一班拍手『夥記』，也許尚未收工，同時簡單地訓示『廳躉』：通知廚房，今晚『倒捲珠簾』。」

　　說到「倒捲珠簾」，順便在這裏解釋一段話：從前有一句俗諺，叫做「做酒容易請酒難」。甚麼理由呢？濶佬辦喜慶筵席，賀客眾多，筵席費若干，倒不消濶佬憂慮，最感躊躇莫決的，便是不知預備幾多桌酒筵好？預備得太多，雖然酒樓可以通融，次日送去府邸「到會」，如屬婚娶喜事，舊式婚禮，親友儘有幾天盤桓，還可以消受，他如「滿月」「生日」酒多數高興一天，太多剩餘的酒席，就覺得有點浪費了，預備得太少，要酒樓臨時周

章，或許有等菜式不能趨於一律，當非主家所願。還有一層，往昔請酒，盛行「頭尾度」，即是一度晚飯，一度「消夜」，兩度的菜式比較，自以「消夜」為豐富。假定消夜尾度，是「八大八小」（即八個大碗，八個小碗菜）則晚飯通常為「四大四小」。飲寨廳的「倒捲珠簾」，顧名思義，便知道是：將「消夜」的尾度放在頭，晚飯的頭度放在尾。換言之，晚飯時食豐富的一餐，消夜則循例「點景」好了。為甚麼要食得這樣「撩刁」？理由亦很簡單：晚飯時間，一者胃口較佳，老契初來，大可歡心暢意，狼吞虎嚥，飽餐一頓。尾度最快都在子夜一時許二時才告開席，胃口已是大差，碰着老契「昏天黑地」，大有不想「起筷」之勢，多數食到尾席的炸子雞，幾乎「原封不動」，個個「背席而坐」，和「后土」欵欵談情。為着不想「暴殄天物」，後一期的執廳濶佬，大都聲明「倒捲」，俾朋友不要執輸，早些光臨食飯，幸勿珊珊其來遲。

　　本來夠聰明而心水清的廳躉，看到大文翁這種冷峭的態度，知道勢頭不好，因為大文翁平時來執廳，入門便嬉皮涎臉，踏上一層樓，必定暫停貴步，較為漂亮的寨口嫂，必定撩撥一下，甚且要乞一個香吻，才肯再上一層樓，兼且必偕幾個知己同來，從未有單身寡佬一名。

　　但「廳躉」夢想不到事頭婆於無意之間，會得罪大文翁，這一晚，他是立心來找晦氣的！以為濶佬「四時花六時變」，既喜歡「與眾同樂」，也可「單嫖獨賭」，試一晚「霸王夜宴」，也不算得甚麼一回事，所以對於大文翁冷峭的態度，絕對沒有感覺懷疑，祗有加意招呼，傳喚他底老契銀嬌早些上廳，其他阿姑快快裝身，便是盡了廳躉的義務。

　　這一晚，銀嬌寸寸芳心中，却發生少許疑竇，因銀嬌和大文

翁僅是泛泛之交，雖不祇「一百〇一晚」老契，但不見大文翁平時對她有垂愛的表示，這次聽說大文翁一連定寨廳一個月，事前固未有通知她，可是大文翁在詠花暫時祇有叫她一人，這個「東家婆」，可能非她莫屬，論理大文翁在別間寨有兩三個溫心老契之多，因何不代她們「頂架子」，偏會垂青及己？假如他是替自己頂架的話，他應該告訴自己，並對龜鴇聲明代自己留廳，才覺得聲價，現在看此情形，當然不是爲着本人而設的了。銀嬌心裏固甚狐疑，不過她想深一層，濶佬定廳並不限定叫這大寨的妓女，他們可能賞面事頭婆或廳躉，借廳設宴，自携「東家婆」，也是很平常的事，但「借廳」多數由一晚起，以至兩晚三晚爲止，從沒有連續一個月之久，可謂「莫測高深」！銀嬌本意很想和事頭婆或廳躉研究清楚這個問題，一者自己「人微言輕」，二者不知大文翁和她們交情若何，恐怕斥爲多事，惟有對鏡凝粧，上廳掛號，再覘其究竟。

　　銀嬌剛在地下尾房，對鏡凝粧，悄然自思之際，忽聞門前人聲鼎沸，鶯聲燕語中，已爲粗獷的口音所遮蓋，心裏恍然大悟，定有蹺蹊事情出現了，連忙披上「飲衫」，欵擺柳腰，由「冷巷」步出神廳，怎見得？有詩爲證：

彪形大漢廿多名，　火氣騰騰似煞星；
黑炭頭顱籮斗大，　花貓面口竹篙精；
當年焦贊應稱弟，　那個周倉也叫兄；
放落溪錢燒錯了，　呢班子弟到門庭！

　　原來有二、三十名煤炭咕喱，黑壓壓簇擁入來，把整個神廳都充塞了，他們注視着廳上供奉的關帝神像，那個拿手托刀的周倉，似乎引爲同志，個個拿起手上的竹升籮篸等物，大有和周倉

互相比武的趨勢。神廳內的「師爺」，見寮口嫂和龜爪之流，嚇得嬌聲喘喘，氣息呼呼，祇能說得「呵呀」幾聲，便懾於他們的威勢，不敢多說半個字，他總算是昂藏七尺之軀，應該「食君之祿，担君之憂」，代表事頭婆辦交涉，聲言：嚴拿白撞，法治地區，妓院正式領牌營業，自然官廳加以保護，倘不快些請出去，怨怪送官究治。話猶未了，為首一人，正是這一羣咕喱中的「阿頭」，習俗稱為「科文」，這是西文的譯音，等如「頭人」的意思，與「孖毡」……等同是地道名詞，也算是不大不小的角色。這位「科文」以妓院師爺藉官廳兩字「拋浪頭」，暗中覺得好笑，馬上質問他一句：娼寮地方，飲客祇要有錢，或者是東家佬邀請的嘉賓，是否法律條文規定資格，咕喱不能飲寨廳？

　　妓院師爺還不知道其中奧妙，聲大夾惡地說道：「別個東家佬請客，我們當然不敢得罪任何嘉賓，可是今晚執寨廳的主人，是赫赫有名的大文老爺，誰不知悉他是當地顯貴人物，本身是大紳，和官府中人自有密切交情，奉勸老兄不宜撒潑莽撞，大文老爺就在廳上，倘你們還不知機早退，激怒於他，我怕……」師爺話猶未畢，咕喱「科文」接口直斥道：「怕……怕……怕甚麼！我們一班弟兄，便是接到大文老爺的請帖，並吩咐我們放工之後，馬上來，不要回家穿着『飲衫』，還叫我們帶備工具，今晚飲至大天光，明早順便返工呀。」

　　師爺剛在半信半疑之間，銀嬌一聽此言，以為這班咕喱可能「白撞」假冒大文老爺名字，這還了得，她馬上叫寮口嫂上寨廳通知大文翁，由大文翁對付這班嘍囉。誰知大文翁滿臉堆滿笑容，傳請「科文」登樓，即作打拱作揖之狀，故意揚聲說道：「本行這批煤炭，由開灤運來，載煤炭的大輪船，趕時趕刻開行，若

非老兄統率這班弟兄，七手八腳，將這批煤炭起卸，可能損失不貲，現在溢利一萬八千，無可報答，特意請各位飲一個月寨廳，一開眼界，恕怪我得罪講一句，平時各位弟兄胖手胝足，沒有甚麼機會，領畧石塘咀大寨滋味，現在大可盡情消遣，想甚麼即管要甚麼，一切由老兄代表，務求對於各位弟兄，招呼妥當為止。

科文連聲道謝，大文翁叫廳躉行近身邊，莊容正色地說道：「今晚我所歡宴的嘉賓，是帶挈我那間洋行賺很多錢的貴人，你們不得怠慢，不論他們需要甚麼，由我個人負責，甚至數目一萬八千，亦統通由我支付，明日到辦房收錢。」他一邊說，一邊故作躊躇之狀，從懷中拿「支票簿」出來，簽署五千元支票一張，交給「科文」說道：「或許大寨事頭婆，貴人事忙，不肯光臨辦房，怕我口話無憑，疑惑你們賴賬『飲霸王廳』，招呼怠慢，我特別交給你支票五千元，壯壯你們的胆汁。」便又回顧廳躉說道：「相信你總不會懷疑我大文老爺這張親筆簽字的銀炡（支票）是『空頭炡』吧？」

這時廳躉眼見勢頭不對，呆若木雞，幾乎不知道措詞回答，靈機一觸，瞯大文翁轉面他向，閃身出外，找事頭婆商量。說時遲，來時快，大文翁剛將支票交過「科文」手中，即揚長下樓，乘坐其三人伕轎，返府邸溫存其新近「埋街」的第四妾 —— 也是塘西有名的阿姑，連俱樂部也懶得到。同一時期，「科文」親自下樓招呼這班煤炭咕喱上廳，人一世，物一世，正如剛才大文翁話齋：「平時各位弟兄，胖手胝足，沒有甚麼機會，領畧石塘咀大寨滋味」，有甚麼辦法不縱情消遣呢？

廳躉在住家找着事頭婆，談起這件事，不消說是大文翁惡作劇，所謂這班咕喱，代他將煤炭起卸，溢利一萬八千，特請他

們飲一個月寨廳酬勞，全是一種託詞。就算當真有這件事實，請他們飲一個月寨廳，破費五七千，倒不如給他們一千幾百，大杯酒，大塊肉，倒是適合他們的胃口，比較飲寨廳更快意。事頭婆心知不妙，連忙去寨廳想向大文翁謝罪，而大文翁踪跡已渺，看到廳上這一羣嘉賓，當堂爲之眼擎心痛！

但見寨廳內這一班黑炭頭，橫七豎八，東倒西歪，或則三個成羣，躺在羅漢床上打三星，大吹鴉片；或則施其滿沾煤污之爪，搭着阿姑香肩，學濶佬談情說愛；阿姑不瞅不睬，杏眼生嗔，柳眉倒豎，却是另一件事。春節特別佈置的簌簌新枱圍椅搭，大都染上「五爪金龍」，事頭婆不禁暗中叫苦。

突然之間，銀嬌一溜烟的跑到事頭婆跟前，哭哭啼啼，指着一個于思滿臉的大漢，凄黯地說道：「這個先生，不停摸我的面龐兒，還不打緊，他定要我今夜和他做老契，我決不依！」事頭婆剛想安慰幾句，尚未開口，那個「科文」邁開箭步上前，接口說道：「誰到你不依？方才你們的師爺，在神廳口口聲聲和我們『打官話』，甚麼法治地方，送官究辦，現在輪到我和你們講法律。你們的阿姑，去衙門領牌的時候，師爺可有對你們說過：『你出來做妓女，例要接客，大寨阿姑規定夜渡資三兩六銀，如果客人無拖無欠，有錢光顧，不得拒絕』，是不是有這麼一回事？」銀嬌嚇得面如土色，無言可對，事頭婆勉強點一點頭，「科文」大聲說道：「既然如此，大文老爺有言吩咐，叫我通知這一班弟兄，不論喜歡那一位阿姑，隨便過夜，夜渡資方面，照規矩則太褻瀆，就算三兩六也可，三十六兩也可，甚至三百六十兩也可，俱由他全數負責，另外需要『白水』若干，或者玷污衣服，毀壞器物，必須賠償的話，亦一概由他『殺起』，但求搏取這班弟兄

歡心為止」。「科文」邊說邊拿出大文翁的五千元支票，向事頭婆眼前一幌，冷笑道：「這張銀員五千元，是你們剛才親眼看見大文老爺親筆簽字的，當然不怕是『空頭員』，儘夠眾兄弟們今夜叫老契的夜渡資，如果大文老爺不是存心使眾兄弟領畧溫柔鄉滋味，何須簽着這麼多數目，單是飲寨廳的開銷，不是三幾百元一晚便很充裕嗎？」

這當然是很傷腦筋的問題，根據那個時代一般濶佬的心理，很講究階級，即使大文翁肯付出三百六十兩銀的高昂代價，叫銀嬌和這位咕喱仁兄過一晚夜有甚麼打緊？可是事情張揚，詠花的阿姑，專接咕喱，變了一班「咕喱婆」，價值和「牛雜婆」差不多，影响其他濶佬裹足不前。大文翁這個「戰畧」，好比現代的「神經戰」、「心理戰」，與當日某一間烟草公司所運用的戰畧正復相同：某烟草公司為商戰競爭，想制勝對方，心生一計，和廣州官廳商量，在處決死罪犯人的時候，照例給以酒食，大飽（茶樓的「雞球大包」之類），香烟等物，公司中人便拿對方最銷流的牌子香烟一包，俾罪犯吸食，而廣為宣傳，這個牌子的香烟是「打靶烟」——「打靶」是「槍決」的別名，試問誰人肯吸「打靶烟」呢？果然計劃成功，這種香烟不久便絕迹市場。幸而事頭婆經驗湛深，人急計生，連忙用溫柔的語調，陪笑解釋道：「大少，你說得沒有錯，阿姑祇要有貴客賞面，位位都一樣歡迎，可是今晚却對不住，因為她們俱有熟客，老早經已答應別人，不能不委屈一點，請求原諒。」科文似乎不為己甚，亦含笑說道：「很好，今晚不能，俟之明晚，有心不怕遲，均之大文翁留了寨廳一個月，相信儘有一晚，給予我們這班弟兄享受大寨阿姑的機會。」

那「科文」有心將事頭婆再激一下，手拿大文翁的五千元支

票，向事頭婆眼前一幌，笑口吟吟說道：「事頭婆，我看你愁容滿面，必定怕我們飲霸王廳。相金先惠，格外留神，不如接過了這張銀員，聽說妓院事頭婆，見錢眼開，相信你見錢之後，一定笑逐顏開了。」事頭婆這時，有如萬箭穿心，啼笑皆非，但表面上仍不敢開罪這位大文翁的「特使」，以免更增罪戾，沒奈何，滿堆笑臉，連聲「不是」，請大少幸勿誤會，隨便消遣。

其實這班咕喱大兄，早已不消事頭婆吩咐，經已「隨便消遣」了。他們當然不懂得叉其四圈，惟有拿天九牌來操其兩手。我們必得明白：在這個時候，麻雀牌是官僚和貴紳的消遣品，普通人家，都不懂得這種玩意兒。他們所愛賭的是「推牌九」，一時「四大公司拍碼頭」「老寶都要多」……之聲，震耳欲聾，更增加了事頭婆和廳躉的煩惱，因為這種「雜賭」，官廳在禁止之列，一旦為警察捉將官裏去，雖是他們「自作自受，繳納多少擔保，便可出外候審，和詠花寨沒有甚麼大干連。可是，妓院中人最怕牽涉官司，「詠花寨有一班咕喱聚賭被拘」，翌日報章刊登這段新聞，真所謂「名譽攸關」。平時潤老飲寨廳何嘗沒有雜賭，「打雞」、「鬥牛」、「推牌九」以至打啤牌，（撲克）應有盡有，事頭婆倒安心釋慮。而這一晚的寨廳，大文翁既有心惡作劇，他有的是錢，可能一方面叫他們賭博，一方面通知警察「冚賭」，雙管齊下，弄到詠花名譽一落千丈，也是意中之事，如果潤佬喜歡這樣做的話。

銀嬌個妮子倒也聰明，希望這件事早些解圍，「解鈴還須繫鈴人」，這個亂糟糟情形，得大文翁一言立決，叫事頭婆馬上去懇求大文翁，甚麼事都可以解決，一言驚醒夢中人，事頭婆不敢怠慢，更不敢派寮口嫂做代表，親自到了文苑俱樂部。

說到這間文苑俱樂部，當時給予塘西阿姑的印象：一則以喜，一則以懼。喜者何？這間俱樂部的館友，非富則貴，屬於德隆望重的人物，可是年紀也有相當，因此，有「老人院」之稱——自然不夠膽當面說出來，祇好背地裏稱呼——獲得這班館友垂青，即使不希冀「一生吃着不盡」，最低限度「白水」淋漓，有豐富的收入。懼者何？這班「大老倌」，雖是年高德劭，脾氣比小孩子更壞，稍爲拂意，可能「拆房」兼「鬧神廳」，姐兒愛俏，有時却不大喜歡招接這班貴人的，便常有「焚琴煮鶴」之虞了。且說事頭婆到了文苑門前，耳畔已聽到天九拍拍之聲，他們當然不會玩「老寶要多」的玩意兒，祇是正式打天九，原來這班人有個「天九局」，在塘西也很有名，玩法與別不同。文苑的司閽七叔，平時和事頭婆很是投機，因爲事頭婆常時奉澗佬之命，到來磋商執寨廳或阿姑埋街事宜，買上不如買下，對七叔極爲巴結，大年大節，賞賜有加，所以，感情備極融洽，離遠見了面，即高叫一句事頭婆。這一晚不知事頭婆心理上突生變化，還是七叔受過大文翁的囑咐，事頭婆剛問起大文翁，他竟懶洋洋作答，說大文翁今晚特別聲明，返回府邸溫妾侍，決定三日內不再到俱樂部消遣了。

　　事頭婆吃這一驚非同小可，明知大文翁有心找晦氣，多問無益，只好垂頭喪氣返回詠花，看看寨廳的情形如何。

　　當前急待解決的傷腦筋問題：「頭度」埋席，必得有個「東家婆」，揆之情理，大文翁在詠花是叫銀嬌的，今晚大文翁執寨廳，雖然他沒有在塲，但口頭吩咐過那個科文做「代東」，除非他本人「自携老契」，否則東家婆一席，捨銀嬌之外更有誰人，銀嬌見了這班「花鬼」，已是觸目驚心，加上剛才那個于思滿臉

的咕喱仁兄，開口要求即晚封相，僥倖亦已婉詞推却，到底這晚的東家婆一席，總是兇多吉少，還是趨吉避兇爲宜。有潤佬執寨廳，自己榮陞東家婆，原是塘西阿姑引以爲榮之事，現在居然沒有人願意做，相信是塘西有史以來所罕見的「奇蹟」。結果事頭婆再三向銀嬌求懇，並責以大義，顧念整間詠花寨的前途。原因是：大文翁既立心找晦氣，如果隨意派個「籮底橙」，可能更借意反臉，說「剃他眼眉」，一波未平，一波又起，那就一發不可收拾了。她並向銀嬌提出保證：假如因做東家婆而招致一切意外的損失，由詠花寨方面担任賠償。銀嬌沒奈何，勉爲其難，循例「敬酒」，「夾翅」，依照東家婆的手續去做。酒過三巡，那個于思滿臉的咕喱仁兄，發起「猜枚」打通關，銀嬌初時自認不懂得「猜枚」，但這位仁兄叫東家佬——「科文」代表她，猜輸則由她代表東家佬飲酒。銀嬌連忙說自己酒量淺，不會飲酒，誰知此語剛出口，「大動公憤」，指銀嬌太不賞臉，既不肯猜枚，又不肯飲酒，簡直目中無人，可能是鄙屑「我們這班咕喱佬」，飲寨廳有甚麼趣味，倒不如拉隊去酒樓開廳好了。於是，全體起身，聲言拉隊去酒樓，銀嬌祇好承認自己是「枚屎」，酒量狹窄，獻醜不如藏拙，既是各位大少喜歡，儘可獻醜一下，全體咕喱聞言，重復就座，開始「搶五子」，打通關。

在五十年前，省港妓女，以「猜」、「飲」、「唱」、「靚」爲條件，猜得、飲得，更易成名，所以，平時大都受過訓練，銀嬌向以猜飲見稱於飲客，心靈手敏，拇戰精通，酒量亦甚豪，飲一兩斤孖蒸，渾無醉意。其初見了這班人有些「眼冤」，很不高興和他們應酬，及後不堪他們一激，答應「獻醜」，更奮起雄心，大有關雲長過五關斬六將之概！她在拇戰上宣告勝利，很少罰酒，

不致醉態糢糊，算是渡過一個難關，可是，第二個「危機」又到臨了，這班咕喱，猜輸枚遵例要罰飲酒，他們雖是大杯酒大塊肉人馬，其中儘有眞正量淺的人，多飲幾杯，醉態猖狂，酒乃色媒人，眼見珠圍翠繞，環肥燕瘦，盡態極妍，比較平時接近的「石騎樓貨」猪唇獅鼻，廣頤寬頤，何祗仙凡之別！一旦美色當前，又是「奉旨」囉唆，有大文翁作後盾，小不免雞手鴨腳，最粗野的「炒鴨片」行爲，以及「炒蝦拆蟹」的言詞，像連珠彈般爆發出來，雜以鶯嗔燕叱聲浪，整個寨廳爲之騷動，而左隣右里，逖聽風聲，爭着攀欄欣賞這種不可多得的景色，事頭婆和廳躉不堪刺激，當堂流淚。最後還是「科文」挺身解圍，勸告各位弟兄，飲寨廳要效法大紳富貴，舉動斯文一點，規定最高限度，只能夠接吻，不得動粗，有玷廳客身份。

苦哉！這班「花面貓」一舉其巨靈之掌，與阿姑深深一吻，狼狼情形，可以想像得之。粉面沾滿煤污猶自可，極其量用番梘洗淨，重新「掃過灰水」，（世俗人刻劃女人「搽粉」，叫「掃灰水」）但身上衣服的污點，已成「白圭之玷」，不易洗刷痕跡。幸而事頭婆和廳躉洞燭機先，一見這班子弟到門庭，早已暗中吩咐上廳的阿姑，不宜穿着新簇簇的春節飲衫，改換普通的衣服，不然的話，這一筆服裝損失的代價，也就教人咋舌了。

好容易捱到「尾度」，席終人散，大家都懇切期望這班「花鬼」，奏凱言旋，亦可算乘興而來，盡興而返了。誰知他們克踐諾言，盡主人之歡，飲到通宵達旦，直接由妓院返工，散席後帶齊籮簅竹升等物，嘗試打水圍風味，一行五眾，追隨「東家佬」科文，直入「東家婆」銀嬌房中，開其烟局，輪流打三星。事頭婆私心差堪告慰，認爲是不幸中之幸，因爲這五六名大漢，舉止

上比較斯文，單獨圍攏銀嬌一個房間，其他的一羣，已呼嘯如鳥獸散，沒有入其他阿姑繡閨賞光。苦煞了銀嬌，祇有她個人遭池魚之殃，愁鎖雙眉，欲哭無淚，禁不住事頭婆多方懇求，並負責賠還床裇被單，以及一切損失，沒奈何啞子食黃連，有苦自家知，勉強依開口，周旋這幾名黑凜凜的大漢！

可憐養尊處優的事頭婆，直等待至天色微曙，嫖客散盡，才敢卸下仔肩，向例任是怎樣豪潤的廳客，有廳躉阿姑招呼，從來不會勞動事頭婆，即使敦睦友誼，只消應酬一會，即可返回住家，高床暖枕睡覺，一概好少理，今晚特別要捱更抵夜，親自歡送這幾位佳賓，帶籮簽竹升出門。那科文瀕行時，交付大文翁的五千元支票結廳單，她亦敬謹推辭，不肯接受，弄到那科文大發脾氣，說大文老爺吩咐他這樣做，如果她不收受的話，可能更惹出事來，事頭婆沒奈何才勉強收下。

這班黑炭頭出門之後，事頭婆還要拖着疲乏的身軀，和寨裏師爺，廳躉，幾個心腹寮口嫂，以及「無辜受罪」的阿姑銀嬌，召開「圓桌會議」，討論應付方針。大文翁有心找晦氣，定一個月寨廳，第一晚已攪到烏烟瘴氣，繼續攪下去，成間詠花寨的前途，不難「關門大吉」，因爲根據各層樓的阿姑報告，許多恩客知道是晚寨廳聚集了二、三十名煤炭咕喱，恐怕發生意外，千金子弟，坐不垂堂，好漢不吃眼前虧，平時習慣回來打水圍溫存老契的，皆爲之裹足不前，這幕怪劇續演多一晚，影响所及，殊覺担心。大家都明白「解鈴還須繫鈴人」的道理，但事頭婆剛才去過文苑俱樂部，司閽七叔轉述大文翁之言，這幾晚決定在府邸溫妾侍，不到俱樂部，顯然表示不肯就此罷休，沒有商量之餘地。「侯門深似海」，既不能叩閽求懇恩典，日間辦公地點，更不許龜

鴇之流，隨便插足，看情形必致弄成僵局，急得事頭婆幾乎痛哭起來，要掌自己衰口，不該沖撞了這個「大富豪」。

畢竟銀嬌這個妮子夠聰明，靈機一觸，計上心來，想起新任「詠花姑爺」的大唐翁，隨他埋街的彩雲，正是事頭婆的「名義上」姨甥女——當時的婦人家，妓院中人和住家人都沒有例外，盛行「結拜金蘭」的風氣，彩雲假母和事頭婆是結拜姊妹，所以在名義上，彩雲叫事頭婆做姨媽，有時這種結拜姊妹的情誼，比同胞姊妹更勝一籌。銀嬌向事頭婆耳邊聒絮了幾句話，事頭婆緊皺的雙眉，立刻為之舒展，叫傭婦去附近茶樓，買些點心飽餃回來，大家飽餐一頓，一則果腹充飢，二則表示慰勞各人夜來辛苦，飽受冤屈之意。

到了上午十一時許，事頭婆預算這個時候，養尊處優的潤佬住眷，亦已緩緩起床，府邸位置於半山區，所與往還的人物，非富則貴，萬不能稍露寒酸或瑟縮狀態，以免司閽誤會「靠借」不肯代為通傳，所以她呼喚肩輿代步。彩雲作歸家娘還不到三個月，貪新厭舊，自是人之常情，大唐翁姬妾眾多，彩雲已排行第九，「新婚燕爾」，另築金屋以貯阿嬌，這是大唐翁的一貫作風：初娶妾侍，必定置之外宅，到了若干時候，或是恩寵已衰，或是另有新歡，才挈返大屋居住，算是正式「入宮」，其實也可以說「打入冷宮」之列。彩雲既不是和大婦及其他妾侍同居，她便是這間屋的主人，無拘無束，所拘束的祇有這間屋的司閽，暗中奉過大唐翁的命令，監視這個寵妾的行動，凡是男人到訪，尤其是所謂「表哥」、「契哥」之流，雖然認親認戚，亦要下逐客令，並且照實報告，不得代為隱瞞，事頭婆是名義上的大姨媽，同屬女性，當然不會禁忌，特准她入內和九娘一談。

彩雲見事頭婆清早到來，面色蒼白，心裏也很明白她「無事不登三寶殿」，劈頭第一句，就問「大姨媽到此何幹」？事頭婆哭喪着臉，將夜來情況，嗚咽地申述一番，最後說到這樣再攪多一兩晚，詠花寨可能宣佈結束，因此懇求體念大姨媽的環境，轉託大唐老爺居間調停。一者大唐老爺和大文老爺地位相埒，兩人又是挺要好的朋友；三者大文老爺向來尊重大唐老爺的意見，而大唐老爺最能體貼妓院中人，若肯仗義執言，必定逢凶化吉。彩雲聞悉事頭婆「得罪」大文翁的理由，也覺得大文翁小題大做，太惡作劇，願替大姨媽鳴不平。事頭婆見這個姨甥願意幫忙，心裏放寬了幾分，小不免恭維她和感謝，並急於想見大唐翁一面，問她有甚麼辦法？彩雲帶笑說道：「你今日來得恰好，今日是星期六，洋行有半天假，老爺吩咐整備魚翅鮑魚作午餐，他放工回來，食完休息一會，到六點鐘便去文苑俱樂部食晚飯。」彩雲說完之後，覺得事頭婆雙目紅腫，精神倦乏不堪，便叫她在近身傭阿巧的鐵床，休息一兩個鐘頭，等候這個救苦救難的菩薩回家。

大唐翁的為人，風流倜儻，個性不羈，打破階級觀念，不論三教九流人物都合攏得來，尤其喜歡和妓院中人開玩笑，所以塘西每一間大寨，由事頭婆以至「豆粉水」，皆稱道大唐翁和藹可親，不愛鬧架子，極表歡迎。

下午一時三刻鐘，電鈴長鳴一下，——這是大唐翁的訊號，指定由轎夫阿六按電鈴的——彩雲連忙跑出門前，大唐翁徐徐從肩輿起身，一手拿着士的克（手杖），一手扶着彩雲肩膊，步入府邸，躺在華貴客廳的醉翁椅上。這時近身傭已捧茶盅過來，彩雲纖纖玉手接過，遞向大唐翁唇邊，大唐翁微微一笑，將手杖

交給彩雲，這一日的「手杖權利」，由彩雲個人享受，沒有別個姨太和她競爭。原來大唐翁的手杖，雖不是「稀世奇珍」，但已成爲姨太們鈎心鬥角，設法競爭的目標物，因爲大唐翁返大屋渡宿之一夜，按電鈴的訊號，以及姨太們倒屜出迎的景況正復相同。（祇有太太一人例外，不用出門迎接，一者太太是正室，與主人公是敵體，二則太太已有相當年紀，老早長齋繡佛，不談風月。所以丈夫納幾名妾侍，她一概不管，不過她仍始終保持家主婦的尊嚴身份，每個妾侍「入宮」，俱要遵古老俗例，叩頭斟茶，她總算品性和藹，有文王后妃的風度，照俗例妾侍叩頭斟茶之際，由大婦執行「改名」禮節，不管這個妾侍平時叫甚麼名字，必定從新改一個，以後由她呼喚，以顯示其威權，心孔狹窄的大婦，通常將滿腔憤慨抑鬱之情，寄託在名字之內，特別改類似侍婢或貓狗的名詞，如「來喜」、「來旺」、「帶好」……之類，以壓低其身份。同時妾侍未經大婦改名，跪在地上不能起身，等待完成手續，有等善妒女性，在夫權高出一切的時代，既沒有權力阻止丈夫納妾，祇好利用這個機會，作消極抗議，拈起杯茶，痛哭流涕，故意使妾侍跪痛膝頭，俄延幾個鐘頭才改名，並且乘勢先施下馬威，警告她今後要凜遵教訓。但大唐翁的正室太太，父親是有名太史公，詩禮傳家，以順爲正，一切都順從丈夫的意旨，納妾也沒有例外。）大唐翁就在粥粥羣雌中，眼光似閃電一瞥，看中某一個姨太太，便拿手杖交給她，接過手杖之後，她立刻眉飛色舞，返入繡房，準備迎接「主人公」大駕，（按：當時的風俗，妾侍地位低微，丈夫稱「主人公」，大婦稱「主人婆」，不脫封建思想）其他姨太太知道「主人公」已有着落，自然感到失望，一哄而散。

彩雲侍奉「主人公」茶烟之後，悠閒地說起「大姨媽」特來拜候，大唐翁愕然問甚麼事？彩雲約畧奉告，大唐翁微笑叫近身傭婦傳她入來客廳共話。事頭婆早已打醒精神，一聞呼喚，馬上奔至大唐翁的面前，雙膝跪下，連聲叫：「老爺，這一回必須打救！」大唐翁猝出其不意，猛吃一驚，親手將她攙扶，並不改其平日嬉皮涎臉，和藹可親的態度，笑口吟吟說道：「大姨媽，有甚麼事情，只管稟上來，聽說有人欺負你間貴寨，我是『詠花姑爺』，不看僧面看佛面，甚麼困難都可以代你解決的，你也犯不着『攀階磚』這般禮重，（攀階磚是叩頭的別名）因爲你到底是我的『大姨媽』兼『便宜外母』呀！」事頭婆聽大唐翁這樣說，無形中答應肯做魯仲連，代她排解這件事，心裏放寬了好幾分。大唐翁爲人，索性爽直，接口說道：「剛才彩雲約畧對我一談，我亦聽聞人說大文老爺有意叫一班咕喱飲『寨廳』靠害，到底你怎樣開罪大文老爺，從實告訴我，待我想辦法替你幫忙解決此事。」

事頭婆一五一十，向大唐翁照實奉告「得罪」大文翁的事情，起因本是微乎其微。經過情是這樣的：

舊曆元月二十日，大文翁和一班飲友，照常在文苑俱樂部，打天九牌消遣，其中有位渾號「蠶虫師爺」，偶然談起這一年新正頭的寨廳分外暢旺，到了元月二十，不論大寨及半私明，還是笙歌夜夜，未有間斷，比較往年到了元月十五以後，總有三兩間的寨廳，沒有客人留齊，亦有些客人推辭不要，忙煞了龜鴇之流，四出懇求熟客「執冇尾廳」的。大文翁聞言，嗤之以鼻，誇張地說道：「如果她們叫我『執冇尾廳』，必定給我一脚踢出街外，我有錢花散，自然名正言順的定廳，決不肯『執死鷄仔』，其實我輩中人，除是不喜歡，假如喜歡的話，要執哪一晚廳都可

以，只消吩咐事頭婆一句話，她就馬上想辦法，寧可推却別人，也得遷就我們。事實擺在目前，別個客人每年祇可執三四晚廳，而我們則每月都有執十晚廳的資格，這樣長期主顧，她們怎敢不唯命是從？」那個蠱虫師爺順口應道：「我以為執寨廳等如打水圍，『先到先得』，除非未曾開房間招呼，客人入房坐下之後，沒有理由將客人『請出』，就算事頭婆夠胆下逐客令，客人也未必肯答應，自己丟架哩。」大文翁一向性情「好勝」，誤會蠱虫師爺輕視他，憤然作色道：「風水先生騙你十年八年，這件事即刻『見功』，你喜歡飲哪一間寨廳都可以，但今晚廳客已抵埗，當然不能趕人下樓，明晚可以由事頭婆想辦法推辭。」

蠱虫師爺原不是挑撥大文翁幹此不合理的行為，同時亦知道這種情形，事實上是很難辦得到的，不過見大文翁大言炎炎，一場高興，恰巧見大文翁寫花紙：「詠花，銀嬌」，就說一句「飲晚詠花廳都好」。大文翁毫不遲疑，叫人傳喚詠花事頭婆來。

大文翁見了事頭婆，劈頭第一句便道：「事頭婆，我想照顧你，執回一晚寨廳應景，你願意嗎？」事頭婆聽說，文翁肯照顧，笑逐顏開，連聲多謝，極表歡迎，接着問日子，大文翁接口說道：「我除非不照顧，興之所到，事不宜遲，一於明晚吧！」事頭婆初時還以為大文翁開頑笑，悠閒地說道：「大文老爺，對不住了，明晚的廳客，早於去年臘月底定下，不瞞你說，新春的寨廳，已留到下月十四晚……」大文翁不等她說完，悻悻然道：「混賬！我大文翁執寨廳，也要學別人隔年留，是不是還要我先交一筆定金呢？」事頭婆似乎不知道大文翁已着惱，「恃熟賣熟」般，一口氣說道：「定金大可不必，任何一間，亦無此事例，我們詠花的客人，非富則貴，從來沒有撻賬的廳客，不過提前留

下，却是一定的手續，任何達官貴人，都一律看待」。大文翁無名火起，冷笑道：「我也不是達官貴人，但我想執晚寨廳，都要一律遵照手續，不能特別通融了？」事頭婆可能覺得大文翁太沒理由，反唇相稽道：「大文老爺，你也忒野蠻，別人預早留下的廳，怎能夠叫人退讓？反轉頭講一句，你留下的廳肯不肯給別人後來居上？這種爭雄鬥勝的地方，大家都是濶佬，祗要有錢結廳賬，位位一律歡迎，不能有輕重之分。」事頭婆最後還說出這幾句話：「大文老爺，既蒙照顧，有心不怕遲，由下月十五晚起，你飲足一個月廳也可以。但由明晚起至下月十四，即使你照年初一二三的寨廳，十倍開銷，恕老身亦難以辦到……」

大文翁把面孔一沉，哼然冷笑道：「我就由下月十五晚起，定足一個月寨廳，即是二月十五至三月十四，你記得嗎？這個月期間內，休得轉讓別人，要將我趕走呀！」事頭婆莊容正色地說道：「那有這個道理？拿現成的事實比例，等如明晚有客人留下寨廳，你大文老爺想叫我臨時相讓，我也不能辦到，何況你有心照顧……」事頭婆說到這裏，不免有些疑惑，接口問道：「老爺這樣賞臉，當真留足一個月嗎？是不是特別體貼銀嬌……」事頭婆尚未說完，大文翁怒形於色，大聲斥道：「你管我體貼誰人，我可能單獨體貼你也說不定！總求我有錢結廳單，不會拖欠你，誰要你多管？是不是信我不過，等我先交給你一筆定！」事頭婆連聲「不敢」，旁邊的蠱虫師爺，恐怕更惹起大文翁無名火起，亦用申斥的口吻說道：「既是大文老爺有心照拂，你還說這些廢話做甚麼，快些返寨登記好了。」事頭婆連聲「是是」，隨即向大文翁多謝幾句話，起身告辭。

以上便是詠花事頭婆「得罪」大文翁的過程，也是造成二月

十五晚咕喱飲寨廳膾炙人口的故事。事頭婆爲着解救這塲災難，親自找着新近埋街的彩雲，懇求「詠花姑爺」大唐翁爲之解圍。大唐翁聽完之後，呵呵大笑道：「大姨媽，枉費你這樣老資格，有名『妓院世家』，由水坑口的錦綉堂，（按：錦綉堂設立於水坑口附近的荷李活道，爲當時很有名的大寨，花叢移植塘西，有幾間大寨，也是由原日錦綉堂的股東，分別開設，這雖是一種『醜業』，沒有甚麼人願幹，可是獲利優厚，不少龜鴇中人，賺錢『上岸』，在貴族住宅區營菟裘，蓄妾婢，安享其後半世生活）擴展到現在的詠花，和『四大天王』並駕齊驅，（『四大天王』是『歡得』，『賽花』，『詠樂』及『詠觴』—— 後改『倚紅』—— 其中以『賽花』，佔舖位兩間，規模較大，其餘則是一間舖位，和金陵酒家 —— 今之廣州酒家 —— 望衡對宇，門前有個大水坑，早已塡平多時）你亦幾十歲人，經驗湛深，爲甚麼尚不懂得一般潤佬的『眉頭眼額』？其實大文老爺因你不答應讓出第二晚的寨廳，拂逆其意，自然大動肝火。後來定足一個月大廳，簡直沒有絲毫理由，假如是他的溫心老契，或者是他正在極力追求的心上人，爲着替她撐塲面，第二晚執廳不成，下月補夠三十晚，尚近多少情理，但他執寨廳和銀嬌全不發生關係，破費這麼多金錢，何苦來由？你若聰明靈醒一點，就知道他毫無善意，定有意外事情發生，提前探詢消息，早些認錯謝罪，便不會有今日的急時抱佛腳了。」事頭婆頓足說道：「是我一時大懵，想不出這個道理，任何人夢想不到他會班齊一夥煤炭咕喱靠害，普通妓院得罪潤佬，事所常有，極其量大鬧寨廳，搗毀傢俬什物，猶是金錢上的損失，沒有甚麼要緊，這一次若果解勸不來，可能糟撻了整間詠花寨！」

事頭婆說到傷心之處，滿眶苦淚，簌簌流下來，大唐翁見她太過可憐，含笑撫慰道：「大姨媽，你且寬心回去吧，這件事包在老夫身上，代你解圍」。事頭婆趁勢哀懇大唐翁，立刻找着大文翁求情，不然的話，再「攪」多一晚，詠花的損失，與名譽的犧牲，更添一籌了。

大唐翁點點頭，叫她放心，並挽留她在府邸同食午餐，魚翅燕窩，燉雞全鴨，羅列滿桌，事頭婆故意緊皺雙眉，不大起箸。大唐翁頻頻勸飲，彩雲親手夾滿一大碗嘉肴，事頭婆淺嘗輒止。大唐翁笑問她爲何總不開胃，莫非是所有菜式，完全不合口味？事頭婆淒然說道：「這件事一時未能解決，縱有珍饈百味，我也食難下咽呀！」大唐翁慨然說道：「你這個人，連我大唐老爺亦不相信嗎？這件事我保證即日圓滿解決，如果他今晚仍叫這班咕喱去飲寨廳，我也去飲一份，看他好意思叫這班人和我同席？我自會安置他們，極其量我拔荷包在酒樓開個廳，着科文做『代東』，另外通知俱樂部的館友去寨廳，極其量『廳單』由我支結，相信大文老爺也奈何我不得。」事頭婆立即展開笑容說道：「這個辦法很好，老爺肯去寨廳幫忙我，決不敢要老爺結廳單，我還要報効幾晚寨廳，任由老爺請朋友歡宴呢。」彩雲接口說道：「既然老爺答應過你，尚有甚麼憂愁，快些開懷暢飲吧！」事頭婆這種「表情做作」，原是「激將法」，她恐怕大唐翁像一般濶佬性格，祗是一時高興聲言幫忙，可能「貴人事忙」，或者「怕惹麻煩」，說了便算，所以她再將大唐翁一激，務求他切實答應幫忙。現在聽大唐翁說出這個辦法，確是「無以上之」，因爲大唐翁是大文翁平時所信服的一個知己朋友，如果大唐翁當真駕臨寨廳，大文翁碍於情面，沒有辦法不遣散這一班咕哩。事頭婆心花怒放之

餘，果然開懷暢飲，連續「借敬」了大唐翁和彩雲好幾杯，其實事頭婆也是「飲得食得」的女人，酒逢知己，話更投機，直飲到酩酊有醉意，才告別返寨，瀕行猶叮嚀致囑：靜候佳音。

大唐翁果然不負事頭婆之託，午餐後，休息了片時，打電話大文翁請他到文苑俱樂部食晚飯。大文翁開口便說他這幾日不想去俱樂部，不如改去中環的酒樓，邀齊俱樂部幾個館友，湊足平時的「天九局」。去得石塘咀多，改換一下口味也好。大唐翁自很明瞭他底用意，偽作不知，笑問他為甚麼突然轉性，不去石塘咀？大文翁倉卒間沒有解釋的話兒，祗好帶笑說道：「你還不知道嗎？我新近埋街的心愛姨太，約法三章，不准我再去塘西，怕我別戀另一個阿姑，將她打入冷宮呢。」大唐翁哈哈大笑道：「原來如此！昨日你也曾到過文苑，難道禁令由今日開始實施，有這般湊巧？也罷，我親自向你這位新姨太討個人情，准許你今晚再去一遭，戒嚴命令延遲一日頒佈，相信她總會給我這個薄面的。」大文翁知道無可推却，沒奈何答應。到了文苑俱樂部之後，大文翁問他有何事商談。大唐翁含笑說道：「你剛才說新姨太不許你再到塘西，下星期六日是你生辰，你不是經已發出請帖，請一班館友在文苑食飯嗎？」大文翁點頭說「是」。大唐翁像煞有介事地說道：「這一日我決定請親戚食飯，特意和你商量，希望你改期，整間俱樂部由我請客，你辦得到嗎？」大文翁沉吟道：「你是知道的，我經已發出請帖，生日酒似乎改期不大好聽，你若是普通請親戚食飯，難道不可以早一天或遲一天，定要下星期六日？」大唐翁正色說道：「我這位親戚，隔別廿多年，由金山歸來，這一日抵埠，應該即夕為之洗塵，同時塘西以星期六晚最爲熱鬧，俾他開開眼界，無論如何，你必得改期遷就

我！」大文翁聽他這樣說，心裏有點不高興，悻悻然說道：「你也忒沒理由，替親戚洗塵，甚麼日子都可以，朋友已發出請帖的生日酒，卻要他改期！」

大唐翁見他著惱，暗中覺得好笑，面上亦偽作憤怒的樣子，喃喃自語道：「生日酒有甚麼要緊，人家朋友隔別幾十年，不遠千里而來，設宴洗塵，是何等隆重的日子？好！阿蘭嫁阿瑞，累鬥累，如果這一日不肯容我請客，我決不干休，且看我班齊小號一班煤炭咕喱大鬧文苑俱樂部，等各位館友開開眼界……」

大文翁初時聽到一片「無理取鬧」之言，非常氣憤，礙於平日深厚的友誼，不便發作，但已激到「七竅生烟」，及後聽他說起「小號一班煤炭咕喱」這幾句話，才恍然大悟，因為他底「小號」，是堂哉皇哉之大銀號，那有煤炭咕喱？顯然是暗示自己指使煤炭咕喱飲詠花寨廳的故事了。當下忍不住呵呵大笑，拍拍他的肩膊說道：「你這個陰濕鬼！打一個大圈子才說出這一段話，我是特別懲戒詠花事頭婆的，你說我不應該這樣做嗎？」

大唐翁滿堆笑臉，用「旁敲側擊」的口吻說道：「大老爺做事，誰敢說個『不』字。不過事實擺在眼前：你已發出請帖請生日酒，我要求你改期，讓給我替親戚洗塵接風，你和我是知己老友，尚且不肯答應。詠花『寨廳』屬於營業性質，隔年已由客人定下，這個客人可能不及你了的潤綽，或許『好日』都沒有機會執晚寨廳，預早安排了『黃道吉日』，比嫁娶一般隆重，或許老契要他執過『新正頭』的寨廳，才允許滅燭留髡，便無異『大登科金榜題名，小登科洞房花燭』的好日子了。他不特對老契方面充排場，還要對一班朋友頂面子，事前約定，鄭重聲明，一旦臨時推卻，即使阿姑洞悉真相，不說他是空心老倌，最低限度朋友

亦會譏笑他是『衰仔』一名，試問『老父台』設身處地，將如之何？……」大唐翁語帶詼諧，說得大文翁也笑起來，含笑問大唐翁想怎麼樣？大唐翁仍用滑稽語調說道：「你是知道的：我假假地也是『詠花姑爺』一名，事頭婆是我底心愛姨太的『大姨媽』，她今日一早便到我家，懇求彩雲向我先容，並且哭哭啼啼，第一句就承認自己一時老懵懂，得罪大老爺，悔已無及，但求大人有大量，恕怪她小人無知，情願向你叩頭斟茶認錯，望你高抬貴手，並對我婉轉解釋不能推辭別個廳客的理由，說起食這碗娼寮飯，殊不容易，委實可憐，聽到彩雲當堂大慟，連我也痛哭起來！……」

大唐翁邊說邊做手，拿手帕作拭淚狀，又故作嗚咽聲音，笑到大文翁捧腹不置，指着他說道：「你這個人，不做丑角真可惜，怪得阿姑們叫你做『蛇仔生』！」大文翁笑了好一會，再問大唐翁：「你現在想怎樣？」大唐翁亦笑道：「我現在沒有甚麼奢望，你既然星服六日不肯讓我在俱樂部替親戚洗塵，今晚的詠花寨廳，應該由我做東主，此間館友一律邀請參加，你當然也要賞光。單是文苑館友已夠三桌，最少亦有兩桌，恐怕不能兼請你那一班煤炭咕喱朋友。但我決不會令他們難過，更不敢剃你老哥的眼眉，另外在酒樓開兩個廳，歡宴他們，比較在寨廳更吃得痛快淋漓。」

大文翁沉吟了好一會，尚未立刻決定意旨，大唐翁知道他個性頑強而固執，好勝爭雄，定然「鬥到底」才肯罷休，當下改用莊嚴口吻，婉言相勸道：「鴇兒愛鈔，姐兒愛俏，原是出自天性，至死不變，那些龜婆的『抵死』態度，確也令人髮指，你這一次的舉動，轟轟烈烈，快人快事，傳播整個塘西，大家都鼓掌稱讚

你做得好，尤其是妓女們，平時受慣龜婆氣惱的，更可以替他們發洩胸中不平之氣。不過有一點我們必得明白：我們是江西瓷器，她們是爛缸瓦，祇可一碰，多碰一下，便會損害我們本身的價值。若果我們這樣繼續幹下去，有些人不解其中奧妙，誤會我們藉地位欺凌龜鴇等無知之輩，雖然奈何我們不得，我們也犯不着貽人口實。我認為昨晚鬧了一次，已令到她們損失嚴重，聲名狼藉，所謂『甚麼仇都報了』，趁着她們懇切求情，適可而止，亦顯見得我們海量汪涵，不和她們一般見識……」大唐翁說到這裏，故意向座上各位館友，一遞眼色，然後說道：「各位的意見以為怎樣，如果認為應該繼續下去，一不做，二不休，我當然不敢堅持異議。」

各位館友一者以大唐翁言之成理，做事應留有餘地，二則大文翁此舉，亦未免「小題大做」，實際上強人所難，因為妓院屬於公開營業性質，萬不能單獨遷就一個客人，推却提前定廳的顧客，假如這位廳客找事頭婆晦氣，事頭婆豈不是又要招惹蘇煩？所以大家異口同聲，贊成大唐翁的意見：適可而止。並主張今晚叫事頭婆斟茶認錯，以挽回大文翁的面子。大文翁這才無話可說。

於是大唐翁馬上叫俱樂部管理人員，發帖通知所有文苑館友，以及他本人平時的飲友，即晚去飲詠花寨廳，「東家佬」用他的名字。並吩咐侍役通知香江酒樓，（按：「當時的酒樓，以「香江」及對隣的「陶園」，算是最有名氣，陶園饒有亭台樓閣之勝，別創一格，初時要拾級而登──約有二三十級──末期才設電梯。）留兩個大廳。大文翁見此情形，更着人吩咐那個「科文」，今晚改轉去香江酒樓，不必再大鬧詠花寨廳了。

大唐翁恐怕大文翁事後反悔，有意「避席」，倡議立刻「擺駕」詠花寨廳，俾事頭婆道歉解釋前嫌，了却此一重公案。於是大唐翁親自拖着大文翁，入到詠花寨神廳，便高聲叫道：「大老爺到」。大唐翁的用意，當然望事頭婆聽到，跑出來歡迎。果然事頭婆在地下神廳背後的小房間，認出大唐翁聲音，估不到他當真一諾千金，未屆黃昏，便邀得大文翁駕臨，三步叠兩步「飛跑」，見了大文翁好比天上降落金寶一般，連叫幾聲「老爺」，一馬當先，由二樓直至寨廳，儼似歡迎「聖駕」，每一層樓的寮口嫂，鵠立歡呼，自不必說。

大文翁剛踏入寨廳，事頭婆親手遞茶，連聲道歉，表示「認錯」。接着銀嬌已打扮上廳，亦親自斟茶與大文翁，她當然不是認錯，祇是表示「敬禮」，以搏取其歡心，用溫柔手段，平息他底怒氣。事頭婆初時吩咐每上廳的阿姑，都斟一杯茶給大文翁，以聯絡感情 —— 其實是籠絡潤佬的手段 —— 其中有好幾位紅牌阿姑，關我們屁事，甚麼道理要我們斟茶認錯？不過當時一間妓院的事頭婆，權威甚大，這班被壓迫的女性，大都奉之如神明，不敢公然反抗，祇可背地裏嘆晦氣。幸而最初幾個阿姑輪流斟完茶之後，大文翁亦覺得接受太麻煩，吩咐「豁免」，加以大唐翁從中調度，仔細安排，總算盡歡而散，大文翁由始至終，沒有發過脾氣。

這一晚的寨廳，名目上是大唐翁請客，實際上他替事頭婆解圍。事頭婆當然不肯要他破鈔。同時，事頭婆決定明晚正式請一餐「和頭酒」，一者向大文翁謝罪，二者酬謝大唐翁斡旋的功勞。當大唐翁向大文翁道達事頭婆的意思，大文翁猛然想起一件事，拿五百元紙幣，作爲支付咕喱飲寨廳這一晚的賬單，以及

糟撻衣物的補償，事頭婆初時抵死不肯受，但大文翁此時心平氣和，說出理由：「我叫炭煤咕喱大鬧寨廳，因為你開罪我，所以要洩一洩心頭之憤。現在你已認錯，我亦完全原諒你，以前的事一筆勾消，飲寨廳要結數，糟撻衣物要賠償，是天公地道之事，你若然不受，外間人不知道，定說我欺凌，花叢惡霸，永世不得馨香！」事頭婆滿臉陪笑道：「老爺當真體貼，萬分感激。衣物可以從新浣洗，絕無損失，不必賠償。但却之不恭，我祗收一百元便夠了。」大文翁搖頭道：「你也不必善言解釋，據我所知，銀嬌房間，經過那班咕喱打水圍之後，自然損失不貲，其他有等阿姑的衣服，洗過便不能『出飲』，她們台脚不多，借錢添置一套衣服，甚於我們買一座洋樓，你也不必客氣，替我酌量賠償她們，再有多言，我就着惱，可能明晚叫那班煤炭咕喱再來光顧呀！」

大唐翁深知大文翁的為人，言出必行，若果勉强推却，恐怕會節外生枝，想出一個折衷辦法：事頭婆受了五百元，明晚請回一餐「和頭酒」，所有今晚有份參加的飲友，全體出席。大文翁初時不願答應，經過大唐翁及其他館友認為事頭婆「抵請飲」，大文翁始不推辭。這餐「和頭酒」飲得相當高興，竟引出一件很有趣的故事來。

大文翁飲完事頭婆這餐和頭酒之後，連續定兩晚寨廳，聲明替銀嬌撐場面。本來大文翁在別間寨已有兩個老契，他召喚銀嬌，是他偶然有一夕，赴陶園的宴會，在石級之間，銀嬌降級而下，大文翁拾級而登，剛巧同一方向，互相趨避，以免碰頭，誰知她趨向左邊，他亦向左，反之，他向右趨，她亦不期然而轉右，偏偏撞個滿懷，彼此間不自覺笑起來。大文翁見她生得嬌小

玲瓏，面目姣好：「有大家風，無青樓習」，趁便詢問名字，連續叫她「酒局」。這一次煤炭咕喱飲寨廳，飲完又在她底房間打水圍，糟撻衣物床褥，無辜遭受損失，所以拿五百元交與事頭婆，附帶聲明給銀嬌一筆賠償費。他覺得銀嬌性格殊不錯，雖受池魚之殃，但外表絕無流露不豫之色，侍奉周旋之間，比從前尤爲熨貼入微，在不知不覺間，已認定個妮子可愛。

　　銀嬌以大富翁別垂青睞，自然更加意奉承，就在事頭婆擺「和頭酒」這一晚，大文翁飲得有幾分醉意，一時高興起來，詐醉納福，由銀嬌扶返房間，叫人煲洋參茶，以花露水灑透熱毛巾，親自代他鋪面「解醒」。人未醉而心先醉，即夕滅燭留髡，成爲「大局老契」，這便是大文翁連續定兩晚寨廳的理由，也是飲客對新歡履行的義務。「廳單」照開，「白水」例外賞給，事頭婆也無須和他客氣了。文苑俱樂部一班館友，大家俱戲笑事頭婆「因禍得福」，煤炭咕喱只是鬧了一整夜，結果，束縛了一位「長期主顧」，不特絕無損失，比對之下，「尚亦有利哉」。

　　世界事眞是無巧不成話，銀嬌雖不是「琵琶仔」，但「擺房」之後，個兒郎適有遠行，芸芸飲客中，還未找到適合的對象，有做「大局老契」的資格。自從「接」了大文翁之後，極能搏取其歡心，對於別間寨的兩個老契，幾乎拋之腦後，每晚散席，差不多都返銀嬌房間溫存。不到四個月，銀嬌珠胎暗結，這一件愛情結晶品，大文翁自己很明瞭，在這個期間之內，除他之外，更沒有別個經手人。俗語說得好：經手是問，大文翁慨然負起這個責任，擇定黃道吉日，帶銀嬌「埋街」，排場熱鬧，自不消說。後來銀嬌誕生一個男孩子，肥胖活潑可笑，肌膚卻帶點黝黑色，朋儕戲稱爲「煤炭咕喱仔」，大文翁亦覺得好笑，這可算是「煤炭

咕喱飲寨廳」故事中的一段小插曲。

　　大文翁因事頭婆不肯遷就他臨時推辭別個廳客，由他執寨廳，弄出這一塲「不大不小」的風波，未免跡近野蠻，不過大文翁爲人，却是持正不阿，因此在這幕「鬧劇」收塲之後，平心靜氣之餘，自願拈出五百塊錢，賠償別人的損失，無形中承認自己的錯過，以他的地位，當然不稀罕事頭婆的「斟茶認錯」。他更注重舊禮教，看到傷風敗俗的戲塲，目皆欲裂，他原是某粤劇戲院的東主，常時在「東主廂房」看戲，看到劇情稍涉淫褻，便扶手杖跑入後台，以杖叩擊伶人，聊作當頭棒喝，（所有名伶俱是稔熟的朋友，並不是當眞拷打，作勢示警而已。）有一晚演「西施沼吳」，中有「驛館留香」一幕，他跑上台對飾演西施的正印花旦說：「這樣的戲也編出來，這個編劇家抵打，幸而你演得樂而不淫，姑且饒恕一次，下次不准！」由此可知大文翁做人行事的一斑。

第九節：紅極一時的「放腳」奇仔

　　我國為數千年禮義之邦，古代禮敎森嚴，「男女授受不親」，「叔嫂不通問」的封建思想，雖已徹底剷除，但我們父親那一代，鄉村習俗，新婚的初期，夫婦食飯不同桌，妻子出街不敢和夫婿並肩同行，祇可尾隨於後，還會受到族人的譏笑，說她居然和男人——丈夫的別稱——逛街，恬不知羞，這時候當然尚未有「拍拖」的新名詞。至於端正服裝，任何一部分的肉體，不能暴露，更是女人天經地義的規矩，假如單獨掩蔽，猶有可說，最不堪的變本加厲，「束胸」與「纏足」，尤其是後者，從小「加工製作」，不特阻碍肌肉發展，簡直慘無人道，可稱為專制時代對女子的一種「酷刑」！

　　說起纏足，不少稗官野乘，詩詞歌賦，刻畫煊染，甚麼三寸金蓮，甚麼窄窄弓鞋，視為閨房中的風流佳話，迷戀女色的「昏君」，窮奢極侈的官僚，拿弓鞋作酒杯，醺醺若有餘味，也有些文人雅士，狂嗅脚帶，好比「嗜痂成癖」種種趣聞怪狀，真是罄竹難書。

　　為甚麼這一輩子，偏偏喜歡紮脚女人呢？他們嗜愛的狂熱，絕不是向壁構造，也不限於專制時代，轉入民國之後，嚴厲禁止纏足陋習，原日紮脚的一律要解放——放脚。可是這等放脚女人，還是相當吃香。有位外省紳士，經商廣州，喪妻續娶，吩咐

蜂媒蝶使，代爲物色佳麗，唯一條件是放脚閨女，任何高昂的禮金在所不恤。結果，媒人在西關訪尋得一位年將三十的老女，事實上這位閨秀，因爲時世開通，沒有人願意行聘，以致標梅已過，嫁杏無期，被迫宣告自梳不嫁，難得千里姻緣一綫牽，這位紳士原是殷商，不特量珠十斛，更照拂了全家大小過其舒適的生活。又有一位青年作家，作狎邪遊，在私窠邂逅一個放脚的半老徐娘，年紀比他大七八歲，但他一見鍾情，熱戀不可開交，進一步賦同居之愛，置髮妻於腦後，親友皆感到十分訝異，他底髮妻本是名門閨秀，生得美貌如花，爲甚麼他偏愛熱愛這個放脚婦人？姿色平庸，年齡老去，尚有人垂青，到底這是甚麼一回事？個人中語云：不足爲外人道也。

據一般過來人解釋：纏足女人，足部從小裹紮，祇有縮小，不許長大，足部的肌肉無從發展，惟有伸展至大腿以上的部分，這便是特別使人感覺興趣的地方。最簡單的比例，現代人眼光以挺胸爲可愛，不惜用乳罩襯托，堂哉皇哉的公開去幹，往昔婦女設法增加肌肉的發達，却是偷偷摸摸的，用殘酷的手段，以達成其目的，當然不足爲訓。

由於纏足女人「別具優點」，吸引異性，塘西有位阿姑便因此紅極一時，每晚當眞有五、六十台酒局，大有應接不暇之勢，她之所以顛倒許多飲客，除本身優點之外，自然附帶種種因素，並不單純以放脚見稱於人。

她是誰？她便是四大天王之一的詠觴妓女，名喚奇仔，當時花國中叫奇仔的阿姑，有好幾個，特別冠以「放脚」兩字，大家稱爲「放脚奇仔」，（按：老一輩的妓女，很多用「仔」字，如「金仔」「銀仔」……等俗不可耐，這也難怪，因妓女多數由龜鴇命

名，龜鴇輩有甚麼知識）曾一度被稱為「發瘋奇」。

為甚麼「放脚奇仔」又會被稱為「發瘋奇」呢？可能有下列二個解釋：一者奇仔是名伶姜雲俠的老契，曾一度與姜伶賦同居之愛，當時社會人士對伶人有種種傳說，穿鑿附會，往往言過其實。因伶人在社會風氣未開通之前，被列入為下九流角色，「優娼皂卒」同稱，稍為行為不檢，或招惹是非，即成為一般人攻擊的目標。最重要的便是牽涉富室眷屬的桃色事件，其次則為綠林撈家及黑社會人物，打單勒索，藉端敲詐，不達目的，即施報復手段，所以一個名伶的「仇家」，比社會任何階層的人物為多，而故事亦隨之層出不窮。傳播最廣的故事，例如著名小生聰，以合拍肖麗湘演「牡丹亭」……等劇馳譽，有個時期，面目臃腫，被迫息影家園數載，外間以訛傳訛，說他發瘋，由於姘識某富戶愛妾，富戶情有不甘，以眼還眼，以牙還牙，以風流種因，使他收風流惡果，特別賄買一個未發出面的瘋婦，或者俗稱「三代」的瘋女，（即是上代染麻瘋，後人遺傳瘋茵，便蘊藏不發，外表面貌如常人，不易覺察，除非加以檢驗。根據往日古老檢驗麻瘋方法，較普通的有一種所謂「照銀爐」：燒銀爐，照各人的面孔，據說面露青藍的便是瘋人，是否可靠，殊難判斷。但據現代醫學家的證明，飲食起居同在一起，亦不會傳染，當然沒有「三代」的理論，不過前人對麻瘋相當害怕，談親事首先查三代，便是查上三代有沒有患過麻瘋，其戒懼情形可知）成為裝飾，冒充富家姿侍，用大量金錢引誘。他既貪財嗜色，自然墮入圈套，由此「度」他發瘋，犧牲其整個藝術生命與前途，報復奪寵之仇。這種傳說，不脛而走，其實他染嚴重的皮膚症，那時醫學尚未十分昌明，需要好幾年時間，才宣佈痊癒，後來亦有登台，但觀

眾往日對他歡迎的熱忱，已然銳減，心理上還猜忌他是個「不道德」的瘋子，可謂冤哉枉也！記得六十七年前，有個名小生「發瘋壯」，首本劇以「發瘋仔中狀元」馳名，可能因擅演「發瘋仔」，有「發瘋壯」之稱，其次老一輩的戲班名小生，多是癡肥偉岸，觀眾不以為嫌，小生聰，風情杞，小生福及細杞等俱是，個中表表人物，一個人身體癡肥，小不免面貌「陋暴」臃腫，不幸染着皮膚病，與發瘋佬無異，這又是造成發瘋傳說的來由。

姜雲俠出身「志士班」，以擅演盲公出名，竟夕出台能夠翻起雙眼，久久不轉，十足「地水」模樣，頗不易學，因此膾炙人口。他與鄭君可同班出身，同膺盛譽，君可生得面目姣好如美婦人，深得婦女輩所擁護，不幸少年「橫死」，據說某豪門怒其誘惑愛妾，設計捉姦，威脅他飲頭髮水 —— 用大撮頭髮開水 —— 飲完趕走他，雖經醫生設法救治，也束手無策，頭髮刺激內臟，輾轉痛楚，呻吟慘斃。姜雲俠和君可同樣走紅，亦頗受一部分女觀眾喜愛，由於君可之死，盛傳他也為仇家「度」他發瘋，奇仔和他相戀，影響所及，被加上「發瘋奇」的醜名。另一個原因，奇仔曾染過一場皮膚病，面目臃腫，有等姊妹，妒忌她花運紅極一時，故意製造「花名」來打擊她。

姑勿論「放脚奇」也好，「發瘋奇」也好，詠觴奇仔的台脚，始終保持三、四十台以上，為當時任何一個紅牌阿姑所不及，最膾炙人口的故事，便是十八子連續執寨廳半個月，俱是「霸王夜宴」。獨擁羣芳，連續半個月之久，無怪人言嘖嘖，傳誦一時，大家都想知道這個十八子是誰。原來十八子是有名的「地皮友」，刮削了不少民脂民膏，報効這一位「絕代佳人」，亦覺得「物有所值」。俗語說得好：「生在蘇州，食在廣州」，奇仔是「如假包

換」的蘇州美女，生得眉目如畫，鵝蛋臉兒，桃花腮兒，媚眼如絲，柔情似水，見者無不色授魂與。她是塘西阿姑中最先注重床第鋪排的一個，魚網式的床笫，用最名貴的印度絲綢，（在這個時代，光顧外國人或印度商店的女顧客，多數是富室婦女，普通中等婦女家庭也沒有這般講究）鶴茸被，金山毡，琳瑯滿目，美不勝收，觸景生情，小不免涉及非非之想，未曾真個已銷魂，曾經真個更銷魂，這便是十八子連續執半個月寨廳的理由。因為奇仔台腳旺，客人多，「大局老契」最低限度有三幾個，她萬不能每晚溫存十八子一個人，必要時她可以叫別個恩客返住家，或去酒店開房間。惟有執寨廳始有特殊權利，必須封鎖房間，不許「鵲巢鳩佔」，等「廳客」飲完入房傻息，一併結數，妓女方面即使十分不願意，也得陪伴一宵，斷不致下逐客之令。何況十八子和奇仔已有交情，自不會嘗試「干煎石班」滋味，他為着長住溫柔鄉起見，破費五六千，比「千金一笑」更佔便宜。

奇仔還有一套「拿手好戲」搏得飲客歡心，她深研「食經」，親自入廚下，洗手作羹湯，她雖是蘇州人氏，從小和廣州人做朋友，擅長烹調粵菜，撚幾味十分出色。這可能是奇仔吸引飲客的手段，不論是否有關係的恩客，彼此認識有悠久日子，知道對方是股實的人物，碰到她高興的時候，便會「請食幾味」。

熟客中有位名喚恩哥的，排行十二，是一間著名外商洋行總賬房，為人仗義疏財，性情老實，與紅伶老五是莫逆之交，他本來的老契是詠花蓮鳳，兩下打得一團火熱，大有「埋街食井水」的趨勢。因為蓮鳳初時，是一個寂寂無名的「琵琶仔」，恩哥偶然在酒樓發現她，覺得她生來眉清目秀，舉止大方，沒有青樓氣質，有心加以栽植。由於同席關係，她認識了紅伶老五，老五

夙以化裝著名，搽粉裝身，俱遠勝其他伶人，蓮鳳殷殷求教，老五亦循循善誘，不久，遂學得其秘訣。但老五化裝登台，時間迫促，十五分鐘可以竣事，蓮鳳却要兩個鏡頭，她每日由下午五時許開始化裝，慢條斯理，到七時有奇，才可以裝完身出局，全寨姊妹引爲笑談。不過無論如何，蓮鳳經過化裝改容術，有如天仙化人，顛倒不少尋芳客，花運接着走紅，她仍是深愛恩哥，自願委身相事。恩哥既熱戀蓮鳳，聽說「放脚奇仔」之名，試揮箋相召，傾談之下，彼此極爲投機，因此每晚俱寫一張花紙，邀她到來一談，並沒有「問鼎中原」的意思，奇仔也很明瞭恩哥的旨趣，亦以老友看待。有一晚，恩哥和三四位朋友在洞天酒樓作早局，循例寫花箋送去，並着人通知她到來，打算請她一齊吃飯，這是熟客常有的舉動。奇仔花運走紅，忙個不了，熟客請吃飯，十次之中，祇有一兩次答應。這一次却出乎恩哥意料之外，奇仔很快即蓮駕光臨，突然高興起來，揮手說道：「來吧！返我住家，我請食飯，兼且親自下廚，嘗試一下我手製的粗菜。」奇仔住家在寶德街，陳設華貴，整潔不染一塵，恩哥見桌上有姜雲俠的照片，戲問她道：「你不怕其他恩客吃醋，譏諷你是戲子席嘜？」奇仔正色說道：「戲子何嘗不人？職業有甚麼等第？何況我身爲妓女，甚麼人客不可接？他既然和我聯肌膚之親，曾賦同居之愛，有過一段恩情，自然無法割捨，假如我對待恩客，反眼便不相識，這樣短情薄倖，試問有何足取？」奇仔這番話，確是言出由衷，她待人情深欵欵，不論有關係沒有關係，不論殷富或家道中落的客人，俱一視同仁，同時豪爽待客，常在家裏設盛筵相饗，並不一定要破鈔。這種種優點，可能是奇仔走紅的主要因素。同時因爲她不斤斤計較金錢，所以她雖是紅極一時，也不見得豐富積蓄。

和十八子同樣熱戀奇仔的，尚有一位福醫生，他是當時老前輩的西醫，風流倜儻，向有「審美專家」之稱。由於職業上的關係，對於一個人身體上的生理構造，早已司空見慣，優劣之判顯然，他逢人便稱讚奇仔的天生體格，雖然雙脚因「人工破壞」，不配稱爲健全之外，其他任何部分，眞是「無懈可擊，巧不可階」。福醫生的朋友，亦戲說他們這一雙佳偶，眞是「棋逢敵手，將遇奇材。」

　　奇仔喜歡和戲班中人往還，另有一個原因，原來她有一個養女，在歌藝界也很有名，養女非別人，正是鼎鼎大名的大喉歌霸飛影！

第十節：青樓情種自殺殉情悲喜劇

　　塘西妓女的身份，大致可分爲下列三種：最高貴的是「宮主」，顧名思義，當然知道她底母親（以養母佔大多數），是妓院的事頭婆一分子，帶宮主埋街的「駙馬爺」，比較普通「姑爺」總算面子光輝一點。其次是屬於「事頭婆身」的，或從小由龜婆收養，或取過多量的金錢，自願寫賣身契，所有收入固然歸事頭婆支配，一切行動，同樣受到事頭婆的縛束，例如接瀾佬，與溫窮鬼，都可能橫加干涉。能夠有自由權挑選溫心老契，祗有「自己身」的妓女，即使她在「落寨」的時候，取過一筆上期銀，但屬於「打夥記性質」，並不是「賣斷了身」，如果還清債項，大可以轉移香巢，改隸別間妓院。（普通「打夥記」，由妓院供給房間，計回若干租金，台脚旺的可以個人佔一個房間，台脚差的兩、三個人合居一個房子，傢俬亦計「租」，紅牌阿姑多數自置新式傢具，起居舒適，飯食由妓院供給，傭婦包括在內，但餸菜自備，妓院由妓女身上所得的收益，除局票對分之外，當然靠她有瀾客執寨廳，所以對廳客特別歡迎，「白水」是客人的特別賞賜，由妓女本身賺取得來，妓院自無沾潤的理由。）

　　「自己身」的妓女，可以暢所欲爲，像上文所述的白玫瑰，她可以將老大的「大牛」雙手奉送老三，假如她屬於事頭婆身，最低限度也會出頭干涉，不能任意「推紙」不應召。白玫瑰這樣

死心塌地鍾愛老三，老三亦鑒其一片痴情，自願出孟家蟬於平康里，雖班主婆設法中梗，都阻止不來，在情在理，有情人必能成其眷屬。可是世事往往出人意料，老三本是班主婆的「班仔」，一手提拔，待遇比親生兒子優厚，歷向言聽計從，十分恭順，這次女人魔力更高一丈，着實使班主婆氣惱。她眉頭一皺，計上心來，立刻跑去穗坦，帶老三底母親抵港，爲着前程起見，必得疏遠這一隻野狐狸，果然老人家說了不多幾句話，老三凜遵毋違，和白玫瑰斷絕關係，因爲老三在梨園中，是一個「如假包換」的孝子，從來不敢違背母親的主張，至今老三的孝行，猶爲戲行中人稱道不置。

大約同一時期所發生的悲劇，便是妙顏跳樓這一回事，創妓女跳樓的紀錄。地點是「四大天王」第一間歡得寨廳。妙顏原隸長樂，恩客是擺花街一間洋貨店的少東，初時海誓山盟，矢志不移，後來個郎心理改變，另愛別人，這一晚赴朋友之宴，在歡得寨廳暢飲，妙顏責其負心，如不見憐，惟有一死，言語間畧有衝突，妙顏一時氣憤，當眞效綠珠墜樓故事。說也湊巧，寨門前適有手車一輛，跌在車篷之上，反彈下來，竟將車伕壓傷，她本人祇跌斷一足，不致喪命。結果恩客沒奈何帶她上街，並賠償車伕一筆湯藥費，但花容萎損，並不能維繫永久愛情。

「老舉眾人妻，人客水流柴」，這兩句花叢地方的口頭禪，很明顯地表示：飲客和妓女之間，大都「豉油撈飯」──整色整水，「市橋蠟燭」──假細心，所以在青樓談情說愛，雙方俱以假情假義爲基本原則。飲客方面，祇求達到「眞個銷魂」的目標，便變了君子之交淡如水，丁娘十索，可能「托刀」而逃，甚且學「牙籤大少」之流，食完即棄之如遺。妓女方面，朝秦暮楚，送

舊迎新，大刀濶斧，擇肥而噬，就算本人情有獨鍾，也禁不住龜鴇們的壓迫阻止，不可能以真情義相待。

話雖如此說，青樓中人，儘有許多情種，一往情深，海可枯，石可爛。而此志不渝，其宗旨之堅定，不屈不撓之精神，任是閨秀淑媛，也未遑多讓。例如塘西歡得寨廳所發生的妙顏跳樓故事，癡心女兒，聞者皆為感動，平日以為青樓妓女，全是假情假義的，亦為之刮目相看。獨惜癡心女子負心漢，對方見異思遷，表面上算是有情人共成眷屬，事實上「埋街」之後，置入「冷宮」之列，更因她跳樓後毀壞容顏，色衰愛弛，妙顏的拼死犧牲，似乎有些不大值得了。

本文叙述的青樓情種殉情自殺的一幕悲喜劇，收塲固與妙顏大不相同，所熱戀的如意郎君，亦因雙親不許可，竟願意作同命鴛鴦，大家一同假酒店服安眠藥自殺。最奇妙出乎意料的，醫生診斷之後，宣佈死亡，送入殮房，半夜由女看護聞呻吟聲察視，發現氣息如絲，悠然復甦，結果兩人俱能挽救性命，事蹟轟動一時。這種自殺殉情的行為。誠屬愚蠢之極，不足為訓，其痛苦處更非親歷其境者所能想像。不過這件事可算是青樓「奇蹟」，如此收塲，亦是「獨一無二」的幸運人兒。因為同一時期，亦有個著名唱脚英仔，也是為着假母阻撓婚事，一死殉情，永埋幽恨。英仔聲腔並茂，在唱片界享譽甚隆，現在盛極一時的「情僧偷到瀟湘館」一闋，原定付與英仔灌入唱片的，主持灌片工作的好命公子，和撰曲最懶人，在酒店開關房間，製好曲本，經歌唱家廖了了斟酌妥善，親往廣州交曲本與英仔，而英仔自殺的噩耗恰巧驚傳，好比瀟湘妃子，薄命紅顏，同聲一哭！後來這一支名曲，祗好由廖了了主唱，十分盛行。戰後廖了了主理「非凡响」

劇務，改編劇本，何非凡一舉成名，有「情僧」之稱，這是遠因，附帶一提。

由於這一幕悲喜劇，和這位好命公子，也有間接關係，不能不從好命公子本身說起。好命公子並非等閒之輩，他是廣州五大富豪之一的好命公後人，母親以「鑽石」馳名，他賦性活潑，人甚豪爽而樂觀，因此喜歡經營娛樂事業，唱片，電影，無綫電收音機以至舞廳，他都深感興趣，投資不少，初期也有很豐富的收穫。他買醉塘西，眷戀好幾個名妓，宜香夢若，和他打得火一般熱，他的為人，也愛咬文弄墨，親撰一副對聯，執寨廳之夕，用生花製作，掛在寨門前。聯云：「夢雲夢雨，若即若離」，雅人深致，逸興遄飛，和一般紈袴子，自有雅俗之判。夢若隨別個恩客「埋街」之後，好命公子召喚倚紅的小玉蘭和絮花飛。

好命公子的審美觀念，獨喜愛「趙飛燕」類型美人，嬌小玲瓏，掌上可舞，最是稱心悅意，小玉蘭和絮花飛，正是他底理想人選，被稱為一對「小宮燈」。好命公子雖是左右逢源，艷福滔滔，但他始終保持紳士風度，不比色中餓鬼之流，「飛禽大咬」，相反地，他注重閑情逸致，甚於繾綣纏綿。每夕返寨打水圍，往往作竟夕清談，上自天文地理，下至市井新聞，俱可資為談助，因為當時的飲客和妓女，雖然明知道去石塘咀飲花酒，不是「上京求功名」，目標原來是找尋溫心的老契，但手段總是溫文爾雅，「君子用口不用手」，極端反對「雞手鴨腳」的粗鄙行徑，何況地位高尚的好命公子，家有如花似玉的嬌妻，外有談情說愛的膩友，「豐衣足食」，並不是染有司馬相如的「消渴」疾，急需女人慰藉，所以他底作風，與別不同，他喜歡鼓其如簧之舌，和阿姑輩「講世界」，打動阿姑心弦，說起動人情節，使阿姑輩泫然

下淚。大家都一致承認，兼且表示信服，以他一個出身豪門的貴介公子，居然懂得世界艱難，其中儘多金石良言，堪作處世之南針。於是她們碰着難解難分的問題，亦會向他請教，甚至周旋幾個客之間，某人性情怎樣，某人向自己手段如何，某人是否空心老倌，或者落葉歸根，誰人可託終身，不惜源源本本，對他縷述無遺。好命公子像星相家一樣，逐個指點迷津，他站在第三者地位，旁觀者清，沒有戴上有色眼鏡，自然比局中人清楚得多，分析起來，有條有理，深中肯綮，因此與這一對「小宮燈」同樓的姊妹花，多數奉之如神明，每晚總有一大班人，圍攏在小玉蘭或絮花飛的房間，特意聽「生公說法」，個個如「頑石點頭」，倒也十分高興。

塘西舊侶附誌：憑我們「行攪」的經驗，任何「撈女」俱有一種「自尊心」，最掉忌一見面便頤指氣使，粗手粗舌，使她留下惡劣印像。最好態度溫文爾雅，和她娓娓清談，處處表示同情她的環境，她自然對你好感，勝過你一開始就用錢打動她。同時你的手段濶綽些，當然更好，可收事半功倍之效。這是經驗，該值得提供列位參攷。在這一羣姊妹花中，有一位芳名玉卿，原是小家碧玉，因環境所迫，墮落青樓，由生身母親作監護人。從大致上言，屬於「龜婆身」的妓女，行動最不自由，理由十分顯淺，龜婆收養人家好女兒，幼年買入門來，身價不外三幾百，但加以栽培，這一筆本錢和一番心機，確非算盤所能計算，自然希望倚為搖錢樹，達到一本萬利的目標。生身母比較「假母」，可能對於行動上的限制放寬一點，仍不能脫掉「搖錢樹」的觀念，為着愛女未來幸福，以及本人後半世的生活，作長久打算，比「假母」更為嚴格苛求。假母的目標，祗求現實主義，有濶客肯付出相當

代價，算盤打得响，便會慨然答應，至於潤客的年紀，是否行將就木，性情是否兇暴乖張，有沒有憐香惜玉情緒，家中大婦是不是河東獅，排列第幾房姿侍，或者祇造外室，永遠不許入宮……這些枝節的問題，自然漠不相關，將來再次「翻剃」，也是姑娘本身之事，與老身無干。生身母親就要攷慮這些問題了，到底親生骨肉，落葉歸根，必得調查清楚其人的家世，和普通人挑選東床快婿的心理，沒有異樣。玉卿為着這個難題，曾經請教好命公子，據說她有一個頗為稱意的恩客，年少貌美，尚未娶妻 ——這是玉卿唯一志願，寧可金錢欠缺一點，祇求是正室位置，一夫一妻，偕老終身，可是母親嫌他家境不大富裕，極力反對，為着這件事，母女間吵鬧過好幾次。

好命公子聽完了玉卿的申訴，答應代她解決這個難題。經過他一番調查之後，查出玉卿口中的恩客，確是年少貌美，家境雖不大富裕，亦很過得去。但最主要的一點，他底父親早已替他「指腹為婚」——這是封建時代的一種陋俗，比「童養媳」制度更為惡劣，童養媳還是看過女子的面貌，然後收養，「指腹為婚」視「盲婚」尤盲：兩個好朋友，可能經過患難，環境逐漸安泰，友誼異乎尋常，進一步正好聯成姻婭，永遠維持良好的關係，恰巧兩家太太，俱有身孕，就指腹為婚，將來誕生下一男一女，即訂婚媾，若兩家皆是男兒，則結為異性兄弟，女孩子則結為異性姊妹，永誌不忘。現在年事長成，男子方面很不滿意這段婚姻，多方推諉，決定退婚，可是雙方家長頭腦頑固，認為父母之命，實行違抗便是大逆不道，所以玉卿的恩客，心目中雖不承認有這未婚妻，很願意納玉卿為正室，但家長握有無上的權威，斷不許可兒子任性胡為，玉卿「正室夫人」的美夢，終成為鏡花水月罷

了。玉卿獲得好命公子的「情報」，不覺心灰意冷，並接納好命公子的勸告不再爲這件事和母親發生爭執，不久那位恩客，亦不能夠打破雙方家長的壓力，祇好遵命成婚。因爲這時期的風氣，「離婚」是認爲最不名譽的事情，「盲婚」尤其是最普遍的現象，而當時的富貴人家，三妻四妾，算是「天經地義」，也可說是男人天賦特權，因此對於盲婚或最不符合理想的太太，毫不介意，循例迎娶之後，大可「打入冷宮」，接着宣告納妾，一而再，再而三，多多益善，少少無拘，只要有力量贍養便行。甚至有等青年，「未娶妻先納妾」，做妻子的也沒有控訴的權利，更沒有反對的權利，如不喜歡，儘可「大歸」外家，這種不平等的婚姻制度，很應該趨於淘汰之列！

當時做正室的地位，雖是這般「化學」，隨時有做「過氣大婦」的可能，可是奇怪得很，許多塘西阿姑跟佬埋街的唯一條件，便是聲明要「位列中宮」，其他的條件寧可委屈一點，玉卿便是其中代表人物。她既然抱持這個宗旨，對於選擇恩客，無形中別具隻眼，以未婚青年爲鵠的，中年飲客與及高年飲客，虛與委蛇，完全出以敷衍手段，這一種作風，自會影响酒局，以是台腳冷淡，深爲母親所不滿，母女間爲着這個問題，亦常時發生口角，好命公子返寨打水圍，聽到她們詬誶聲音，小不免又以友誼態度，互相排解，務令她們言歸於好，不要再傷和氣。因此，母女們對好命公子都表示十二分感激，視作知己心腹，不以普通飲客對待 —— 好命公子見玉卿台腳冷淡，通常都有叫她酒局，這種事情在塘西却是司空見慣，姊妹間認爲是應盡的義務，不特不會拈酸吃醋，反爲慫恿客人帶挈姊妹，小玉蘭和絮花飛，與玉卿頗爲相得，並不因好命公子叫玉卿而醋海興波，同時玉卿方面，

芳心裏雖以好命公子爲對象，也不敢鏊姊妹牆腳，這是塘西阿姑的大忌。如果沒有超出這個範圍，大家總可以相安無異，即使帶挈多多姊妹也無妨。

玉卿可能爲着台腳冷淡，鬱鬱不得志，和母親商量，轉移有利陣地，樹幟廣州陳塘，這時同寨（倚紅）的「花國總統」金龍，亦因在塘西立足不牢，移植陳塘。說也奇怪，玉卿轉移陣地之後，花運立刻走紅。

好命公子在本港經營一間收音機商行，這種事業，當時實開風氣之先，廣州設有支店，爲着業務關係，通常來往省港之間。有一晚，好命公子設宴於陳塘永春酒家，以金龍爲稔熟朋友，揮箋相召，談起玉卿，金龍說她紅極一時，和她在倚紅時的鬱鬱寡歡，簡直判若兩人。好命公子笑問她，玉卿紅到怎麼樣程度？金龍正色說道：「現在的玉卿，今時不同往日，本姑娘喜歡才肯『應紙』，不論任何一個熟客，可能掛號兼埋席，蓮駕光臨一刻，算是你的幸運，不高興的時候，連到也不到。聽說已有個濶綽的溫心客人，所有她一切的開銷，由他一手包辦，所以她滿不在乎，即使最好的朋友，亦不能要她多留一刻鐘……」好命公子似乎不大置信，插口說道：「我不理她怎樣走紅，定要她坐足一個鐘頭！」金龍藐之以唇，嗤之以鼻，說道：「我不相信！我肯和你打賭，如果你能夠叫玉卿坐足一個鐘頭，我請食一餐晚飯，但有賞有罰，倘若她坐不夠一個鐘頭就起身要走，不准你勉強挽留住她，你必得願賭服輸，罰你請飲兩晚，你敢答應嗎？」好命公子一口允諾，並含笑和金龍「鈎過手指」——這是一般小孩子打賭或承諾的玩意，等如成年人的握手作實。金龍還帶笑說道：「好命一少，你這一次必須請飲兩晚，因爲今時的玉卿，不同往日

呀！尤其時近一個月來，她大有埋街食井水之意，差不多見紙推紙，非常高寶，你雖然在香港和她認識一個時期，但她現在整個芳心，全放在那意中人身上，甚麼王孫公子，都已撥開一邊，沒有時間和舊朋友應酬呢。」

好命公子毫不介意，很像胸有成竹，答應和金龍打賭之後，立刻揮寫花箋，着人送去，大約過了一刻鐘，有個寮口嫂入廳，詢問哪一位「好命一少」叫玉卿？好命公子挺身上前，問寮口嫂甚麼事？他恐怕應驗了金龍的話兒：見紙推紙，非常高寶。連到也不到，豈不是太過丟臉？當下便對寮口嫂說明：「我就是好命一少，煩你告知玉卿姑，我是由香港上來的人，想和她見見面，還有阿一（即金龍）及幾位老友，都是她最稔熟的人，請她至緊撥冗到來談談。」寮口嫂接着解釋：「玉卿姑現時不在寨裏，她寫了『雙局』，和客人去大三元食晚飯，防到返寨時間太夜，出局太遲怕你見怪，是以特來通知。」（按：廣州有花捐局之設，規矩十分嚴厲，和香港大不相同，妓女和客人出外要寫「局票」，如果預料時間太久，始能返寨，便要寫「雙局」，當時的局票，似是白銀二元四角，客人返寨打水圍，到了深夜三時仍不去，同樣要「點房」，也是計「雙揩」——即兩局。香港的妓院環境，完全異樣，客人在寨裏過夜，師爺循例登記「雙揩」，實際上妓女絕不重視局票錢，當局也沒有抽收「花捐」，所以塘西自始至終，局票俱是一元，廣州常因「花捐」而起價。）好命公子連說不要緊，不管玉卿姑幾時回來，請她到這裏一談，寮口嫂唯唯而去。

到了十一時又二十分，玉卿姍姍其來，好命公子見她容光煥發，成個「發福」，心廣體胖，與前判若兩人，可見環境優裕。玉卿見了好命公子，搶前幾步，握手道好，寒暄幾句，相將出露

台歙歙深談。到了十二時四十五分，還是依戀沒有去意，金龍目擊情形，大出意料之外。

一時埋席，好命公子叫多擺兩個位，請玉卿和金龍一併「消夜」，玉卿也不推辭，金龍此時，祇好「願賭服輸」，明日實行請食晚飯一度。一時五十分散席，玉卿更邀好命公子返寨打水圍，對於其他客人的酒局，一概不去應召，這一點更令金龍咄咄稱奇，竟猜不出玉卿爲甚麼和好命公子特別「好傾」，連續兩三個鐘頭，尚不能打斷話柄。

返寨打水圍，還是大傾特傾，到了深夜三時，玉卿親口叫寮口嫂「點房」，等如妓女自動留客「過夜」。普通習慣，多是寮口嫂依循「花捐局」規矩，一屆三時，凡是有客人打水圍的阿姑房間，便逐間入去「點房」，無形中向客人提示：點房要計「雙捐」，（廣州花叢地方，因爲花捐關係，不能拖欠花捐局，客人大都要付現，很少「賒捐」，除非十分稔熟的恩客，由阿姑代爲墊支）如不點房，請尊駕方便，否則，爲花捐局稽查發覺，有瞞騙花捐之嫌，處罰不輕。玉卿有名「高寶貓兒」，親口叫寮口嫂點房，爲從來所罕見，大家都多方推測；到底這個好命公子是何等樣人？和玉卿有甚麼交情？還有一點使她們沒法明瞭，玉卿經與嚴氏子訂了白頭之約，矢志不渝，差不多「見紙推紙」，却因何故對好命公子垂青？湊巧這一晚，電燈不明，（這是當時廣州很普遍的現象：電燈不明，電話不靈，自來水不清）玉卿燃着洋燭，和好命公子剪燭談心，直至通宵達旦，各自擁衾，並頭而睡——但不是鴛夢同酣，這一點必得鄭重聲明，因爲玉卿旣是青樓情種，已決定作歸家娘，自不會再和別個客人發生關係，以免對嚴氏子不住。

玉卿爲甚麼和好命公子欸欸深談，由酒樓以至妓院，通宵達旦，刺刺不休？唯一的理由，就是爲着嚴氏子，她一向信仰好命公子，雖出身閥閱名家，而爲人忠厚，有任俠氣慨，且富有處世經驗，故不惜殷勤求教，把她和嚴氏子熱戀情形，和盤託出，希冀能夠解決一個疑難不決的問題。原來嚴氏子是一間著名藥房的少東，排行第一，父親年老，叫他棄學從商，料理店務，往昔有家子弟，尊長輩認爲世代相傳，宗嗣要緊，代兒子授室，是老人家應盡的責任，兒子年未弱冠，便要物色佳婦，尤其是有祖父或祖母在堂，更樂得早日娶孫媳婦，誕生麟兒，就是世人交口稱羨的「四代同堂」，「福壽全歸」，往往十五、六歲即舉行婚禮，這種早婚的不良習慣，直至近二十年來才陸續打破。現代人物，男子三十未娶，不算甚麼一回事，前一輩的女子，若果二十歲還未訂婚或出嫁，親友俱承認爲「老女」，身爲父母，更是十分焦灼，即以青樓阿姑而言，過了二十六七歲，也被飲客譏爲「老藕」，時代眼光不同，沒有甚麼話好說。當下嚴氏子已屆二十二歲，雙親不停迫他娶妻，他們總算「開通」一點，並不肯單獨執主意，遵俗習實行「盲婚」，仍然叫親戚或媒妁之流，拿女子照片給嚴氏子先看，合意即「相攸」，（俗稱「相睇」，地點多數在公司天台，男女家各據一桌，由介紹人從中關照）見過面認爲滿意，才舉行文定禮，然後擇日迎娶。嚴氏每看一張相片，即搖頭表示不喜歡，前後合共看過三、四十張相片之多。

　　嚴氏子雙親見此情形，不免有點氣憤，質問他到底是何主意，難道三、四十張相片，都沒有一個值得配偶？最後似乎知道兒子，必定另有意中人，叫他不妨直說出來。嚴氏子初時仍恐怕觸怒雙親，遲遲不敢啟齒，後來禁不住母親婉轉詢問，叫他直講

無妨，嚴氏子乃提起他認識了陳塘一個「琵琶仔」，名喚玉卿，原是出身良家，迫於環境墮落青樓，面貌端莊，品性純良，有大家風，無青樓習⋯⋯嚴氏子原想繼續說下去，如果母親不深信，可以叫她去先施公司天台，「相攸」一下，或者當面和她傾談，便知道其人品幾分。可是母親剛聽說青樓妓女，經已發生不良的反感，頻頻搖首說道：「使不得，我等清白人家，簪纓世系，雖然祖宗三代，俱有納過妾，却沒有帶過妓女上街，做妾侍尚且沒有「河下人」，以你一個未娶妻的「青頭仔」，正式娶妓女為正室，破壞祖宗家規，就算我本人不反對，相信你父親無論如何，決不會答應，我勸你休要妄想，你這番說話，我現時尚不向你父親告訴，怕他氣惱哩。」

玉卿將嚴氏子的家世及這件事的過程，詳細告訴好命公子。好命公子站在朋友立場，希望玉成美舉，雖然向玉卿提了幾點意見，但經過玉卿攷慮之後，恐怕於事無補。其中一個意見是：叫玉卿鼓起勇氣，穿着樸素衣裳，十足住家人模樣，親自去見嚴氏子雙親，懇切求情，允許有情成為眷屬。玉卿初時亦頗贊成，打算拼胆嘗試，其後回心一想，這種舉動，跡近唐突，尤其是舊家風人物，視青樓女子如蛇蝎，可能發生誤會，執罪她迷戀兒子，用「掘頭掃把」驅逐，以被除不祥。還有一層，假如玉卿到過之後，湊巧遇到不如意事，或是偶然做了一單虧本生意，世人迷信觀念，根深蒂固，可能說她「邪花入宅」，帶來衰運，永遠不肯答應，變為弄巧反拙，更鑄成大錯。玉卿並且說嚴氏子也曾想過一條計策，偽作染下一塲「相思」大病，纏綿床第，父母愛子之心，無微不至，或許曲加體諒，勉强應諾，可是仔細思量，亦恐怕弄巧反拙，因為頭腦頑固的家長，最痛恨兒子為女人而病染相

思，認爲玷辱門楣，貽親友們笑話，把心一橫，置之不理，那時進退維谷，正不知如何收拾才好。

好命公子和玉卿反覆研究，秉燭夜談到天明，尚未能找到滿意的答案。這一對年青痴心男女，既然不便親自出頭，向老人家求情，最好由同一班輩的親友代爲說項。好命公子和嚴氏子家長並不認識，想賣力也不可能，但他慨然答應玉卿，設法訪查有甚麼親友，和嚴氏家長很合得來的，居間調停，比較容易有轉圜地步。

經過這一次打水圍欷欷深談之後，好命公子索重言諾，一方面訪查嚴氏家庭，和甚麼人往還最爲密切，另一方面爲着唱片業務，返港一行。這時期好命公子和一間外國著名唱片公司合作，灌製粵曲唱片，採分賬性質，公司負責收音製片等技術工作，好命公子則負責歌唱家及曲本等一切開銷，唱片銷售所得，公司方面佔七成，好命公子方面佔三成，雙方合作已有好幾期出品，業務殊屬不錯。事隔二十五天，好命公子再赴廣州，特意携帶最懶人的新曲「情僧偷到瀟湘館」交英仔練習準備收音，誰知抵埗後聆悉噩耗，英仔在東亞酒店四〇三號房服毒自殺。

英仔是當時陳塘很有名的「唱脚」，她替好命公子灌過好幾套唱片，俱甚爲暢銷，因她私戀一個有情郎君，鴇母嫌他不是季子多金，壓迫他倆斷絕關係，英仔出於一時氣憤，自尋短見，以服毒過深，無法挽回性命。

這一晚，好命公子在陳塘宴於永春酒家，揮箋招玉卿，想詢問她倆婚事，可有甚麼進展。不久寮口嫂入廳報告：玉卿姑今晚不出局。好命公子以玉卿隨時準備埋街食井水，「不出局」並未感到十分驚訝，飲完之後返寨打水圍，順便探問消息。

誰知就在同一晚時間，玉卿與嚴氏子在中央酒店服安眠藥，誓作同命鴛鴦，二人吞下安眠藥兩瓶，合計四十粒，酒店中人聽到呻吟聲音，立刻報知警署，送入博濟醫院，醫生診驗之後，斷爲氣絕身亡，施救已來不及，祗好送入殮房。嚴氏子雙親聞訊，趕至醫院，見到這一對痴兒女的屍首，放聲慟哭，非常悲悼，可是醫生已宣佈絕望，惟有頹喪地返家，準備後事。玉卿母親更埋怨頑固老人家，不肯體諒兒子，以致連累她底愛女，亦爲之玉殞香銷，在殮房見到嚴氏雙親，猛撲而前，幾欲和他們拼命，後經親友從中排解，並加以勸慰，既死不能復生，將來辦妥喪事，再從長計議，或許補回一筆撫卹費，總而言之，這是無可奈何的事情，出人意表的悲劇，大家都要心裏放寬一點才是。

到了凌晨四時許，有個女護士經過殮房，忽聽到呻吟聲浪，刺入耳鼓，頗感怪異。恰巧這一日的醫院殮房，僅有嚴氏子和玉卿兩個屍體，女護士對於這對痴兒女殉情自殺，頗寄予無限的同情，現在聞得有呻吟聲，不期然而然的入內一覘究竟，果然發覺兩人署有微弱氣息，連忙報告值夜醫生，加以審視，據醫學家的解釋：服安眠藥和吞鴉片烟的狀況差不多，同是麻醉藥劑，毒發時陷入昏迷狀態，到了若干時期，可能悠悠復甦，從前醫藥未若今日進步，古老方式拯救吞服鴉片的人，將他放在土坑，希望吸收地氣，可以回復知覺，經過四十八小時之後，仍沒有復甦跡象，始實行埋葬。據一般仵作員工的傳說：吞服鴉片的死者，在執骨的時候，常發現屍身作俯伏之狀，可能殯葬後在棺裏復甦，輾轉反側，但棺木已下了蓋，祗有窒息而死，因此勸人不宜早日殯葬，過了四十八小時之後，才可正式宣告死亡。這種傳說是否可靠，留待醫學家證明，但嚴氏子和玉卿徐徐復甦，却是事實，

醫生施救六小時許，兩人形勢漸趨好轉，不過醫生不敢確定是否真有生還希望。

次晨，嚴氏子雙親及玉卿生母，聽說這對痴兒女半夜復甦，連忙跑來醫院看視。可是，醫生認爲他們神智尚未恢復，祗是氣息僅屬，署有一綫生還希望而已。在留院的最初十天，醫生仍斷爲未脫離危險時期。

過了兩個星期，嚴氏子及玉卿，精神漸次回復，但全身渾黑，據醫生的診斷，服食過量安眠藥，等如中毒，將來退去了這一層皮，重新生過肌膚，才算完全復元，現在已脫離危險，但非一月有餘，不能痊癒出院。醫生並指出這種死裏生還景象，簡直萬中無一，尤其是兩個人都能夠挽回性命，實在配稱爲「幸運兒」，和中「山票」、「舖票」頭彩差不多。（按：當時最盛行的博彩，是「山票」、「舖票」兩種。）

玉卿復甦之後，一見了平日在妓院侍奉她的傭婦阿銀，便詢問好命公子有沒有來？阿銀照直告訴，說她沒有出局那一晚，也就是她和嚴氏子在中央酒店服安眠藥自殺之夜，好命公子從香港抵埗，寫紙叫她，雖然她未有應紙出局，好命公子仍偕同朋友返寨打水圍，問長問短。接着阿銀告知她有一件很趣怪的事情，據醫院的看護口述：自從她入院救治復生之後，每日清晨，有個嬌小玲瓏的女人，帶一束鮮花來，聲明慰問玉卿姑，問她是誰人，她祗是含笑不言。玉卿亦覺得有點奇怪，初時還以爲是同寨的姊妹，有心致候，但想深一層，認爲不近情理，如是同寨姊妹的話，沒有理由不肯留下芳名。這時玉卿留院一個多月，乃吩付阿銀早些在門口等候，察看這個送鮮花一個多月的女朋友，究竟是那一個？

次日清晨，這個送花的人，追隨阿銀入房間，直接問候玉卿，還帶給她一封信。原來這個送花使者，不是別人，正是玉卿在倚紅時期的好姊妹絮花飛，這次偕同好命公子到廣州遊逛，每晨奉公子之命，送鮮花一束，致慰問之意。這日好命公子叫他順便送信面交，玉卿拆開一看，倒使她感到非常訝異，因為這封信並不是好命公子親筆所寫，而是剪貼坊間盛行的兩句曲詞：「嬌呀，但得你平安願，任教天邊明月照住別人圓」。玉卿閱後，深解其中意義，為之嫣然一笑。絮花飛並告訴她，好命公子打算日間返港，特着她到來道達慰問之忱，馨香致祝有情人終成眷屬。玉卿叮嚀致囑，務請好命公子必須和她相見一面，才好回港，兼且有要事託他辦理，幸勿推辭。

好命公子這人，生性好奇，舉動神秘，在玉卿入醫院留醫之後，他特自由東亞酒店遷去中央酒店玉卿服毒的房間。說也奇怪，玉卿和嚴氏子毒發呻吟，异入醫院未幾，警察搜房間一遍，搜不出他們所服食的是甚麼毒品，直至好命公子居住這個房間，無意中在面盒頂的鏡架中，發現兩個安眠藥瓶，是二十粒庄的，全數吞服。玉卿剛和好命公子見面，便訴說食安眠藥的苦況，叫人千萬不宜嘗試，據說四肢骨節，有如瓦解，痛苦非言語所能形容，頗恨錯尋死路，但已追悔無及，真有求生不得，救死不能之嘆。接着她介紹嚴公子和好命公子相識，並浼公子代向嚴氏子雙親說項，玉成好事，好命公子義不容辭，果然完成任務，俾有情人終成眷屬。幾年後，公子在馬交相逢，則綠葉成蔭子滿枝了。

自萌短見，是最愚昧的行為，這裏附帶一述銀生投水，負屈含冤的悲劇，以警愚頑。

從前男花旦王千里駒，有套首本粵劇「鳳嬌投水」，以及「玉

葵寶扇」的碧容，還有不少「木魚書」故事，女主角大都因婚姻失敗，或父親嫌貧退婚，女子矢志從一而終，走頭無路，投水自殺。其甚者有父親誤會女兒破壞家門，綑綁放入豬籠，拿去河邊浸死，最顯著的如肖麗湘首本戲「慾河浸女」，便是一個例子。因爲古老時代的女人，自萌短見，「求死之方」，不出「投水」、「上吊」、「吞金」幾種，昔日男人亦嘲笑女人恐嚇丈夫的伎倆，所謂「一哭二罵三上吊」，已成爲社會人士的話柄。

青樓妓女雖視人客如水流柴，但有時情之所鍾，矢死靡他，甚或一死以見志，這等「青樓情種」，在花間亦間有發現，比較轟動一時的，便是長樂妙顏的跳樓，「唱脚」英仔的服毒，以及倚紅玉卿，與恩客嚴氏子雙雙服安眠藥自殺，死裏回生，終成伉儷，永留花叢佳話。不過她們出此下策，完全因「戀愛不自由」所致，而本文所記的銀生投水，一命嗚呼，其死因却是「別開生面」，爲一班可憐虫中最沒有價值的一個。其實一個人殉情自殺，正如「二叔婆話齋」：「這種人要拉她回來死過！」新學家亦說得好：「自殺是弱者的行爲」，一死固不能解決其難題，可能更遺給最親愛的人，一種無形的枷鎖，永遠肩負重擔。據外國雜誌的報道，自殺者之中，有百分之九十以上是「死不去」的，既終身變成殘廢，毀滅了整個前途，固不待言，其所感受的痛苦，非任何人所能想像，即如玉卿於「超生」之後，便向人提出嚴重警告，勸人萬不可自尋短見，不論何種死法，相信其痛苦同是一樣，何必這樣傻瓜！

銀生隸籍倚翠，年華花信，樣子生得很不錯，兼且是「自己身」，不受鴇母約束，逍遙自在，本來沒有自殺的理由。她熱戀一位殷實商人雲長老二，擅長印月份牌，業務甚翅，老二有位叔

父蘭翁，是丹青妙手，繪寫月份牌美人傳誦一時，而美人的樣貌，每一幅都彷彿相似，說者謂這位著名畫師，所繪美人的面部輪廓，常以愛妾作藍本，當時亦傳爲藝林佳話。刊送月份牌的商行，以社會人士喜愛蘭翁手繪的美人，爭相羅致，或者由老二以叔姪情誼懇求，希冀蘭翁精心結構，由於這一點關係，更給予二叔做生意的機會。老二爲人，風流倜儻，拈花惹草，精粗美惡，在所不計，如意即成，不擇日子，夢想不到竟因此而累死銀生！

有一晚，老二與三五知己作局於「金陵」，開近海旁的一個小廳，銀生姍姍其來，愁眉苦臉，入來循例叫聲「二少」，老二祇顧打牌，對她不瞅不睬，成班朋友，平時都知她和老二相好，也和她很合得來，見她顏色有異，問她有何心事。爲甚煩惱不安？銀生幽黯地說：「我將不會在這裏撈」。朋友問她想去甚麼地方。她簡單說「去安南」。朋友戲說：「有二少担頭，何必遠去他方，你亦怎割捨二少呢？」銀生忽然面對老二說道：「二少，以後我不再見你面了。」老二毫不解其意，亦不理會。埋席時屆，不見她回來，大家都不大驚訝，因爲阿姑趕不及埋席，事所常有。宴罷，朋友慫恿老二去打水圍，老二似餘怒未息，勉強順從朋友返寨，竟不見芳踪，傭婦說她去老二處掛號之後，即遍尋不獲。翌日水面浮屍，始知其投水自殺，老二祇好辦理後事，將靈位供奉於青山寺。事後細查其死因，殊卑卑不足道，原來老二染性病，十分氣憤，指摘由她傳染而來，她不惜一死以表清白，眞是蠢人！

第十一節：上海「花國總統」金龍

上海爲東亞最繁盛的商埠，一切起居服飾，俱趨時髦，歐風東漸，美雨西來，上海總是得風氣之先，所謂巴黎新裝，美式設備，在三、四十年前，大都由上海吸收於前，香港和廣州接踵於後，所以當時「上海」這個名詞，很能夠引人入勝，舉例而言，男女服裝，動輒以上海式樣爲依歸，由此類推，可見一斑。

上海既被稱爲文明都市，一般人的頭腦，自然比較開通一點，說到花天酒地，講究排塲，固不必多贅，即如選舉佳麗，亦美其名爲「花國總統」，反視香港和廣州，也曾徵歌選色，籌歙救災，所定名銜，如「聲榜狀元」、「色榜狀元」，或「花國狀元」，這是專制時代的科舉三及第：狀元，榜眼，探花，鼎甲後，科舉功名已成陳迹，猶不能脫掉「帝國」色彩，上海人便沒有這般陳舊的思想，始創「花國總統」的榮銜，別開生面，膾炙人口。

金龍以粵人而膺選「花國總統」，雖是花間遊戲之作，未必便登大雅之堂，但獨佔花魁，蔚爲個中翹楚，自非一般庸脂俗粉者可比，何況人所週知：「海派」作風，男女俱注重排塲，手段潤綽，稍爲機智欠缺一點，也不容易高張艷幟，和當地的紅牌阿姑抗衡，奪魁掄元，談何容易，金龍能夠達到這個地步，可知她除却倚賴萬能的金錢之外，運用大刀潤斧手段，亦所優爲。

金龍一羣恩客中，有好幾個是廣東同鄉會的董事，廣東同鄉

會是旅粵人所組織，其中不少是軍政界有名人物，團結力量十分堅強，金錢來源亦滔滔不絕，設立醫院，辦理公益事業，救濟貧困同鄉，頗有聲於時。紅伶老五，亦是該會董事，有一次演劇籌欵，數目相當可觀，當地的幫會中人，硬要分佔利潤，老五以本人僅是董事之一員，籌欵用途，必須由全體董事會通過，不能私相授受；其次事前聲明為同鄉會登台義演，事後將欵支給別個團體，將受人訾議，決不可行。幫會中人不懂得社團手續，以為由他個人力量，籌得偌大金錢，當可有權支配，現在一口拒絕，定是由他作梗，非嚴懲不可。於是在「尾戲」之夜，幾個兇徒闖進後台，以玻璃末及胡椒粉混和，撒入老五眼裏，在他們的設計，確是狠毒，任你天頂老倌，雙目失明，無異結束了整個藝術前途，留存性命，亦無用處，勝過拔槍擊殺，難逃謀殺的罪名。幸而老五非常機警，且甚鎮定，胡椒粉入眼，自然疼痛難當，但他咬牙切齒忍受，等待醫生施術，否則用手猛擦眼睛，永遠沒有恢復光明之一日，這原是幫會中人的陰謀，料他定然痛楚難捱，用手來擦，結果醫生手術高明，連他以前所染的痧眼症，亦一併治療痊愈。老五常對人言，自己因同鄉會籌欵而遭殃，問心無愧，說句迷信的話：皇天也不會辜負善心人，果然沒有失明之苦。可是幫會中人，故意散播謠言，強將金龍牽涉入內，謂同鄉會某董事因爭風吃醋，主使幫會中人去幹，其實董事會方議決撥欵一千元作醫藥費，老五亦推辭不受，那時老五和金龍僅有一面之緣而已。

金龍在上海地頭，能夠獲選為「花國總統」榮銜，撈到一帆風順，纏頭收入，僂指難數，據非正式的估計，單是「廣東同鄉會」幾個董事，合計花費在金龍身上的「白水」，不下五六萬元，

其他的「上海大亨」恩客，顛倒這個廣東紅牌阿姑，大大報効花粉錢，自然不在話下。金龍旣然撈得好好，何以要樸被南下，隸籍塘西花國，雖是塘西豪華氣槪，並不遠遜於上海，畢竟是「出喬木而入幽谷」，不能算是「喬遷」之喜，這是甚麼緣故？一言以蔽之，「債台高築，遷地爲良」。

爲甚麼「廣東同鄉」和「上海大亨」，慷慨輸將，輦金報効，尚不能作十萬護花鈴，庇蔭這一個「花國總統」呢？說起來也很簡單，大家都知道：「海派作風」的駛錢方式，恰巧如粵諺一句：「洗脚唔抹脚」—— 亂揮一通。記得海派人士，初到貴境，手段豪潤驚人，直使本地市民，瞠目結舌，「貼士」的特別優厚，尤其膾炙人口，舉例而言，食三、二十元晚飯，貼士之數，與賬單不相上下，十元八塊打賞，視作等閒。又如定購汽車，一家四五口，極其量一部「巨型」，一部「小型」，儘夠全家人安步當車，決不致有跋涉之虞，可是他們毫不計較，一家擁有兩三部巨型汽車，並不算作一回事，或者「大」、「中」、「小」各佔一部，差不多早、午、晚出車，欵式各自不同，旅行郊外以及馳騁市區的車子，不消說更爲講究，相信製造汽車的王國 —— 美國車廠，也要佩服其「鬧排塲」的精巧心思，因此很多一千幾百萬的富豪，前後五七年間，就有床頭金盡，壯士無顏之感，好事者流，並製造了這幾句話：「由大車坐到細車，再由細車坐回大車」，意思是：最初坐的是巨型汽車，經濟漸感拮据，變賣了大車，改買一架細車，還不失爲有車階級，後來財產蕩然，連細車也坐不起，祇好要坐「街坊大車」—— 巴士，電車 —— 而不是潤潤聲的私家車了。

海派作風，更有一個「致命傷」，也可以說累到金龍「走路」

的主要因素，就是生長上海，沾染了一種潤佬的習慣，光顧百貨公司或各間大商店，以「簽單」為榮。（在這裏必得順筆解釋一下：所謂「海派作風」，是居留上海人士，相習成風，儼成一派，故稱「海派」，不論任何國籍、省籍的人，俱可沾染「海派作風」，並不是指「上海人」而言，幸勿誤會。）除非是最近抵埗的遠方遊客，或者昨日才中馬票的新富翁，商店有眼不識泰山，才是現銀交易，此外，則在社會上稍有地位的人物，雖是銀紙他他，支票佚佚，都很少有「出頭」機會，因為商店極表歡迎潤佬「簽單，」希望潤佬源源賜顧，這原是現代繁榮都市，商業競爭，爭取顧客的一個「法門」，未可厚非。可是在客人方面，在未成為簽單大主顧之前，當然光顧不少，手段潤綽，才使到商店另眼相看，獲致簽字的資格。簽字之後，因為不消立刻付現，少不免每個部門，都光顧一些東西，甚至不是必需品，如玩具或裝飾點綴品之類，也選購心中所愛玩之物，偌大一間百貨公司，只要你肯去一逛，何愁沒有交易？顧客中的理想對象，以女人更受歡迎，平均計算，女人購物總比男人多好幾倍，雖然付錢結賬的大多數是男人。

本來妓女在社會上的地位，簡直「未入流」，原不值得商店信用，在香港，曾經發生過一宗案：妓院將告結束，賒下一筆柴米賬，為雜貨店起訴追討，結果原告敗訴，法官認為妓院和妓女，在社會上是沒有信用和地位的，應該現銀交易，賒借咎由自取，索還的理由殊欠充分。所以一般商店，對青樓中人大有戒心，很少賒數，以免自招損失，除非交易已慣，認識清楚其「人格」，是極顧口齒的，才肯相信。上海的情形便大相懸殊，雖然亦明白妓女本身沒有信用價值，但紅牌阿姑，多有恩客大亨之

流，一擲千金，了無吝色，到了四時佳節，施展大刀濶斧手段，自有四方辮頂「分任艱巨」，代結賑單三五七千元，永遠不會皺皺眉頭，露出半點寒酸狀態。金龍獲膺「花國總統」，不問而知是「選民」擁護，比較美國民主黨或共和黨全國代表大會提名總統，尤具萬二分的熱誠，有這樣雄厚的背景，當然更值得信任。金龍是慣於揮霍的人，還有一種「買物嗜好」，合意則買，厭倦則送給姊妹，或即貶值而沽，這一年負債纍纍，而恩客又不「聽話」，沒奈何逃之夭夭，樹艷幟於塘西倚紅。

　　金龍在上海馳騁歡場，已歷年所，移植香江花叢，芳齡差不多已有三十個「立秋」。往昔飲客的眼光，年過廿七八歲的妓女，已被稱爲「老藕」——普通一般男性對女人的看法正復相同，故有這兩句俗諺：「男人四十一枝花，女人三十爛茶渣。」同時，男性心目中的美人，多數喜歡嬌小玲瓏，體格「瀟湘」，帶有幾分林黛玉型的「病態美」，西子捧心工顰，飛燕掌上可舞，庶幾憐香惜玉，倍添情緒，而金龍體格肥胖，身材亦矮，並不屬於「碩人頎頎」的標準美人典型，面貌雖非醜陋，也不見得姿容艷麗，儀態萬千，從表面上看來，和塘西一般庸脂俗粉，沒有甚麼顯著的分別，照理不可能顛倒許多王孫公子，豪富巨賈，爭着輦金進貢。祇有一個較爲合理的解釋：她是上海花國總統，在上海花運走紅，不少「大亨」之流，一擲千金，未易搏得「總統」垂青，成爲「白宮」嘉賓。（附誌：當時塘西尚未聞「大亨」這個名詞，稱呼「老闆」的，仍是「外江佬」的習慣，粵人慣稱「事頭」，亦很少人稱「老細」——這原是秘密會社尊稱「事頭」的口頭禪，近年來始稍稍掛人齒頰間，莫究其來源。最使塘西龜鴇阿姑輩另眼相看的，無如「大班」——「銀行大班」、「洋行大班」、

「南北行大班」……都是了不起的人物，其次如「買辦」——「銀行」、「洋行」、「輪船」的買辦——「大寫」之流，俱到處受人尊重和歡迎。）先聲奪人，小不免存有一種「虛榮」心理，婦女以能做「總統夫人」為榮，尋芳客而做到「總統先生」，豈不是睥睨儕輩，欣欣向榮？因此金龍懸牌應徵未幾，台腳暢旺，一時無兩，這種現狀原不足怪。俗語有云：「新廁所也有三日旺」，以粵籍阿姑，能夠在上海地頭，奪得「花國總統」榮銜，定非等閒人物，何妨散一元揩銀，一覘其顏色如何美麗，人同此心，心同此理，自有應接不暇之勢，金龍雖是負債「走路」南來，仍不改其「海派」作風，很快便表現其驚人手段。

當時塘西有位豪士，名喚平地十四少，他對於誇示濶綽手段，另有其一套手法。他認為發雙揩，發五元揩，十元揩，以至如紅伶老大的「牽牛而過堂下」，俱是手段中的最拙劣者，顯著地表示野心逐逐，稍有資格的紅牌阿姑，都會識穿伎倆，嗤之以鼻。但一個飲客到石塘咀飲花酒，不是去考取功名富貴，自然對阿姑輩有所企圖，好比在戰場鬥爭，利在速戰速決，誰耐煩作持久消耗戰？所以必須運用智謀，「攻心為上，攻城為下」，最好莫如使用「心理戰」，「神經戰」，在短短三幾晚光陰，就要擺出豪濶的架子，俾對方留下深刻印象，但手段又要來得自然，不能矯揉做作，例如送珍飾，送衣服之類，幾晚老契，跡近唐突，與牽牛而過堂下正復相同，使對方望而卻步，大有戒心，即使願意滅燭留髡，亦乘機大刀濶斧，亂「斬」一通，以「四方辮頂」對待，可謂「四方辮頂之上，更加個箍」！

然則平地十四少自認「高明的手法」怎麼樣？假如他看中了某一位阿姑，便非常正經地和她傾談，連手兒也不接觸一下。如

所週知：塘西飲客和妓女皆注重規矩儀注，如果飲客在大廳稠座，雞手鴨脚，「炒」「摩」「楂」「啜」，無所不爲，對方馬上大發嬌嗔，可能當堂「反面」，拒不應召，所以喜歡玩弄的尋芳客，退而求其次，寧可叫二四寨妓女，或者流戀蘇埭風光，合眼姻緣，如意即成。同樣妓女方面，在飲客面前，說出「冧」「衰」「潮」「病」等字眼，亦可能受到客人譏笑。平地十四少在談笑之際，僞作一時不小心的樣子，將手上的局盅茶傾瀉，（按：往日赴宴塘西，習慣用局盅，「企堂」循例問甚麼茶，寫個甚麼字 —— 在局盅蓋寫個字以資識別，大都寫姓氏或排行第幾的數目字，亦有飲客以姓氏及數目字很多人相同，叫寫一個圈或兩個圈，或用「交加」，較爲別緻，以免混亂，其實這一點倒不消多慮，當時的「企堂」，記憶力和辨認力都很強，客人雖多，從不會忘記，人所到處，茶盅亦隨之，如果是熟客的話，當然不消多問了。許多熟客光顧某一間酒樓，可以指定某一個「企堂」執役，雖然酒樓規定某一個廳由某人工作，但顧客喜歡，亦可抽調。）濺污妓女身上衣，平地十四少立刻又表示十分道歉的樣子，說完一番好話，責罵自己粗心鹵莽，必得處罰以資懲戒，最後拿出「細牛」——百元紙幣 —— 一張，作爲賠償衣服的代價。他當然不會直接交給，跡近褻瀆，對方未必好意思接受，如果她底傭婦不在身旁，則吩咐侍役叫傭婦來，靜悄悄拉過一邊，道達實情，交傭婦代辦，傭婦自不敢拂逆濶佬，何況賠償費有一百塊錢，當然直受不辭。平地十四少以往使用這套手法，果能令對方留下好印象，並且覺得這位濶佬很通情，彼此情感有如水乳交融，進一步就成爲「大局老契」。平地十四少一見金龍，備極顛倒，震於「花國總統」大名，認爲「照辦煮碗」，相信必能博得阿姑垂青，誰知碰着這

個「海派作風」的花國總統，當堂撞其大板。

這一晚，平地十四少適在酒家宴客，揮箋召金龍，當「東家婆」循例起身夾檳榔之際，平地十四少拈局盅飲茶，仍師其故智，一時失手濺濕金龍衣裳，還帶笑說道：「眞對不住，累你打瀉茶。」這是粵人諺語，女人未過門而死夫婿，叫做「打瀉茶」，通常引爲戲謔之詞，青樓妓女也不會見怪，金龍磊落大方，雖感覺不滿意，尚未形諸顏色。平地十四少吩咐「企堂」去叫金龍的傭婦到來，恰巧傭婦在廳外等候阿姑，告訴她過隔鄰廳埋席，（通常傭婦都是入廳通知的，因見金龍做東家婆，必要做完手續乃可行，且不久散席，所以在廳外等候，飲客見催埋席的傭婦入廳，常戲呼爲「趕雞棒」，即趕走阿姑之意。）旣奉命入來，鞠躬靜聽潤少佳音。平地十四少照樣道歉賠銀紙，傭婦剛巧接在手裏，望一望阿姑的面色，誰知金龍忽然柳眉倒豎，杏眼生嗔，從傭婦手上取過這張百元紙幣，轉送「企堂」，微微哂笑道：「剛才眞對不住，濺污你的衣服，算我給你賠償，你代我多謝十四少一聲好了」。說完之後，循例叫十四少「請番去坐喇」，隨即不顧而去。據當時一般在場目擊情形的飲客，研究金龍氣惱的原因：一則金龍識穿平地十四少的伎倆，以她習慣豪侈生活的人，一百塊錢絕不放在眼底，反譏爲「小家種」。二則平地十四少從前，多數在「俱樂部」賣弄這種手法，衣裳濺污可以叫傭婦返寨取過一套掉換，俱樂部有房間較爲方便，現在「酒樓」表演活劇，塘西阿姑最注重衣裳清潔整齊，坐的時候也有講究，不使有些微皺紋，何況濺濕了一大塊地方？金龍初時以爲一時錯手，還不致氣惱，因爲她有長班手車，盡可返寨掉換，及後以平地十四少「晒其銀紙」，才惹起反感。

金龍初出馬就將塘西有名的豪士挫折，花國爲之震動一時，風聲所播，反爲增高聲價，公子王孫，擲錦纏頭，恐怕三五七百元，不能搏取美人青盼，動輒一擲千金，爭相報効，她的恩客雖有幾個，可是芳心認可的，僅有一個薛老明，據一般人的推測，金龍本鍾情薛老五，在上海已有一面緣，但老五爲着廣東同鄉會籌欵之役，幾爲幫會中人暗算，雙目失明，外間謠諑繁興，竟將金龍牽涉在內，現在若與金龍交好，豈不是證明這是事實？同時金龍在上海的恩客，例如同鄉會的幾位董事，俱是自己很要好的朋友，揆之花叢的「道德律」，不應該效泥水佬的「鑿牆脚政策」。所以紅伶老五，雖然以金龍初到貴境，小不免替她「捧塲」，揮箋相召，並且廣爲介紹朋友，俱屬於捧塲性質，不超越「酒局老契」範圍。金龍性耽戲劇，生平喜與伶人往還，尤其對老五顛倒備至，無奈神女有心，襄王無夢，既失意於老五，祗好退而求其次，對薛老明別垂青眼。

薛老明原是廣州河南世家子弟，又是「三武鵝五」將軍的誼子，年少貌美，風流倜儻，有幾分和紅伶老五相像，金龍既喜歡做「蓆嗲」，乃極力慫惥薛老明學戲。

但學戲必須有個「開山師父」，而這個師父必須有崇高的地位，庶幾將來學成之後，容易帶挈徒弟落班，最主要的還是功夫上乘，富有藝術修養，戲行中人最掉忌「開壞山」，學壞手脚，往往成世不能改變。本來金龍多與梨園子弟往還，代薛老明物色師父，並不是一件難事，她最初便看中老五，但老五正當走紅的時候，所有稱師道弟的，全是「寄名弟子」。同時他感覺戲班百數十年來積習相沿，徒弟要寫若干年「師約」或「班領」，等待徒弟成名之後，擇肥而噬，看中徒弟最高人工的幾年，才和他分

沾利潤，從前是「對分」的——佔年薪百分之五十。後因伶人紫起，必要多置私伙衣服，「人心肉造」，撥分三堆：一堆徒弟作用度，一堆作添置私伙之用，另一堆則孝敬師父，——即師父佔三分一。老五從來不收「開山」徒弟，藉口沒有時間指導，不想誤己誤人，叫她另聘高明。

金龍偶然從老五口中，聽到一位工架武生「梵音鏡」的大名，這位鏡叔，原是武生王新華的徒孫，聲價羅的徒弟，體貌軒昂，年少英偉，深得師祖賞識，一開口便批評他和預祝他「過萬」——意思是說他有擢陞為過萬銀老倌的資格，三四十年前，「過萬銀老倌」不愧是「天頂老倌」了。鏡叔天生的金嗓子，擅演「蘇武牧羊」，「六郎罪子」，「醉倒騎驢」等劇，唱起來聲如玉簫，韻似梵音，故有「梵音鏡」之稱。金龍特別浼人介紹，在酒家開個廳，請鏡叔食晚飯，並引薛老明相見，說老明是她底誼弟，道達意思，要求鏡叔收為弟子。鏡叔見老明生得眉清目秀，倜儻不凡，面孔漂亮，身材修長，頗能適合當時觀眾的眼光，足夠一個名伶的條件，如果肯用心學習，前途定有希望。可是細心觀察之下，覺得老明舉止之間，整個紈袴子弟典型人物，手上戴有光芒四射的鑽石戒指，同時和金龍態度異常親暱，稍為涉足花叢的人，一望眉梢眼角，顧盼有情，便知道是「老契」而不是「誼弟」了。

收徒弟是一個問題，她們是老契或是誼弟，卻是另一個問題，鏡叔自然不加以理會，不過他覺得普通人學戲，必須刻苦耐勞，像老明這種「二世祖」態度，當然不肯捱苦，怎能夠成人上人？鏡叔首先便將學戲的種種困難，向金龍陳述一番，誰知金龍竟誤會他的意思，自作聰明，侃侃然說道：「鏡叔，戲班情形我

總知道十分清楚，不瞞你說，我也認識不少大老倌，常到後台探班，目擊徒弟侍奉師父：倒水洗面，裝飯撥扇，挽暖水壺，倒痰盂……一切賤役，都由弟子服其勞，這是徒弟的分內工作，義不容辭。如果鏡叔肯收錄阿明做徒弟，阿明原是世家子弟，可能不慣做粗重工夫，但他必得要做徒弟的職分，萬難卸責不幹，破壞規矩，我已想得一個很好的折衷辦法，我的長班手車車伕阿卓，做事非常幹練，善伺人意，我另外可以雇用別個車伕，就叫阿卓跟隨阿明伏侍師父，這問題自然很容易解決了。」

鏡叔一聽之下，反為大吃一驚，不敢接納，因戲班祗有大老倌才有「中軍」追隨左右，等如男僕一般，執役護衛，威風十足，現在薛老明身為徒弟，居然有個「中軍」跟隨，這樣派頭十足的徒弟，叫鏡叔怎肯收錄呢？當下鏡叔婉詞推却，再三再四，金龍和薛老明俱苦苦懇求，並託鏡叔的好友，代為說項，必欲拜得名師，不想物色別人，因為別人雖然好武藝子，不肯悉心教授，也是枉然，或者教授不得其法，也不容易進步。鏡叔鑒其意誠，又見人才不俗，亦樂得栽培一位名角，勉為其難，點頭答應。戲班習例，徒弟拜師，要行跪拜禮，非常隆重，並奉獻「贄儀」一封，薛老明的「贄儀」：美金一百元（當時值四百餘元），拜師而封美金，已打破梨園紀錄，學戲而帶有「中軍」侍奉，更創作梨園盛事，一時傳為佳話。

薛老明學造網巾邊（男丑），當時以男丑最吃香，老五老大，俱握粵劇界牛耳，其後老五轉任文武生，始復改移風氣。老明本是河南世家子，在家裏拿取五千元，為學戲的資本，金龍有心鼓勵他，亦自動聲明資助五千元，加強力量，俾添置私伙衣服，樹立「新紮師兄」的根基。據說金龍愛俏成癖，當真熱戀老明，兩

人間海誓山盟，已訂白頭之約，一俟老明縶起爲正印老倌，即正式宣佈舉行婚禮。金龍爲着表示衷曲，必得籌措五千元，這個偌大的數目，並非咄嗟可辦，向哪個四方辮頂「開刀」呢？恰巧神經三少願做瘟生，當堂被「斬」到鮮血淋漓。

神經三少，別號「三大少」（按：渾號神經三少的人也有幾個，這一個經已逝世多年。）姓氏不可考，排行第三，本稱三少，何以又稱「三大少」呢？原來這個人夜郎自大，永遠要爭第一，甚至天賦的身體器官，他亦誇稱大逾常人，例如「鼻大」、「口大」……之類，所以朋儕在排名之中，多添一個「大」字，其實暗中譏諷他的三大笑（少笑諧音）話。他的笑話很多，獨以這三件最膾炙人口：他生得容貌奇醜，鼻折面麻，眼大手粗，省港澳上中下級阿姑，皆見而却步，他認爲姐兒除愛俏之外，便是愛金，他想出一個先聲奪人的方法，疏通朋友在他底老契面前，說他是東區地皮大王的誼子，此其一。他原是鄉間大地主，確是地主佬一名，但初到貴境，嗜飲咖啡，當時普通餐室有兩種咖啡，上乘者號「上啡」，價格當然畧貴一點。有次朋友帶他去大酒店飲下午茶，他亦翹其拇指，聲明要「上啡」僕歐瞠目結舌，初不解其意，經朋友解釋，僕歐啞然失笑道：「大酒店咖啡，皆上啡也」，此其二。他初飲寨廳，聽廳薑懇求東家佬，明晚執多一晚「有尾廳」，他不停追問「冇尾廳」在何處，引得哄堂大笑，此其三。金龍見他壽頭壽腦，畧施小計，假獻殷勤，果然馬到成功，五千元安穩在掌中。

薛老明學戲兩年，聰明伶俐，花旦王老四，組織鈞天樂，定他做男丑副車，幫梁少初。大口扒組卓新聲赴滬，他居然擢陞正印。這時同班有個姓溫的武生，膝下掌珠，和老明年紀相登，

性情投契，發生戀愛，金龍知道了這件事，自覺年齡比老明大幾歲，即使勉強配合，也不會百年偕老，一段姻緣，祇可付諸流水，擇人而事。還有一個主要原因，老明既是「三武鵝五」將軍誼子，又是世家子弟，做戲不過是一時興趣，三幾年後，棄優登仕，曾一度成為政海聞人。

第十二節：大老倌坐車演全武行

　　我們置身社會，首先要識得「避忌」尤其是某一行業的掉忌字眼，不宜宣之於口，以致口舌招尤，可能攪出小意外或大風波。例如戲班佬，最掉忌外行人稱之為「擘口仔」—— 雖然有許多外行人，不知道這是戲人的大忌，沖口而出，以此稱呼，如果是朋友的話，可能原諒是無心之失，或不知避忌，縱使不大願意，也不會當堂反臉。反之，若是冒昧平生，聽起來不免有點刺耳，憤火中燒，始而口角，繼而用武，打到落花流水，若非魯仲連，出面排解，很可能要勞動警察出頭干涉了，所以老於世故的人，社會經驗豐富，對於每一行業的掉忌字眼，從不胡亂說出來，干犯眾怒。

　　在塘西金迷紙醉的地方，徵歌選色，爾雅溫文，居然演一幕「全武行」活劇，當時轟動石塘，為花國罕見的現象，也是由「擘口仔」這名詞而起，相信年紀超過五十歲的飲客，或許尚記憶有這一回事吧。

　　時在民國九年至十年之間，正是粵、桂軍閥互爭地盤，弄至生靈塗炭，風聲鶴唳，一夕數驚。西關股戶，及有名富商，不甘遭池魚之殃，紛紛到香港避亂。曩昔戲班業務蓬勃，黃金時代，每屆夏曆六月初一日散班，六月十九日埋班，事先由兩儀軒（以蛇製藥品馳名）陸續刊印「戲班行情」，分十次八次出版，供給戲

班或戲人動態，某一老倌爲某一班聘用，俾戲迷先睹爲快，並將各老倌的首本戲，繪圖製版刊登，以增加興趣，小童沿街喚賣，差不多同樣說出這幾句宣傳術語：「眞欄眞欄，新埋三十六班，兩儀軒，機器版……」儼然成爲當時的一種童謠。三十六班之中，有所謂「第一班」，「正第一班」——俗稱爲「三班頭」，各老倌俱挑選一時之彥，全行一致公認，並非妄自誇張者可比。同時主會定戲班演劇，亦大有斟酌，這一班老倌的薪值和工架，所付出的戲金，是否值得比別班高昂一點？演出稍爲馬虎從事，跡近「欺台」，隨時有扣戲金之虞。靠省港戲院做地盤的「巨型班」，不下十班八班，輪流上演預早排定台期。香港方面的戲院，在戲班鼎盛時期，通常開演粵劇的，共有四間。計開：高陞，普慶，九如坊及和平，（即現在中環滅火局故址，直通干諾道中海傍，自從名伶男丑李少帆在台上被兇徒槍殺之後，不久即改建）均已預定戲班上演。

廣州既有變亂跡象，稍爲富有的市民，皆以遷地爲良，即不來港逃避，亦疏散返鄉，市面蕭條，戲班收入大受影响，風聲緊急，原定在廣州開演的名班，也提前來港。但香港各戲院在開演中的戲班，演期未滿，自然不能調防，同時聽說廣州局面動盪不安，更可能乘機戀棧，不願赴穗，這是自私者之企圖。另一方面，廣州到港的幾班，依期接防之後，在港演完的幾班，上廣州定不會有好景，豈不是要在香港「灣水」？過往戲班的組織，相當健全，以一年爲一屆，「灣水」同樣照「出關期」——支薪，多數每月出兩次關期，舊曆每月初二日及十六日，在港開演則支港銀，在廣州則支省幣，但「台期」的平均計算，差不多都是一次來港，一次廣州的。可是從前戲班的團結力量，患難相扶，痛癢

相關，同舟共濟的精神，環顧目前的班政家和老倌，各自為政，不顧同業，甚至極力排擠，真有霄壤之別，使人不勝浩嘆。粵劇前途，日趨沒落，班業日見凋殘，這一點也是主要的因素，且按下閑話不提。

當下碰頭在一起的省港巨型班，足有十班之多，馬上召開聯席會議，應付廣州目前的緊張局面，他們一致議決：在廣州秩序未正式恢復之前，所有留港各班，輪流在四間戲院開演，以調劑各同業的生活，尤其是顧住班主的荷包。往昔「西家」（老倌）方面，很講究「衣食」，十分顧惜東家（班主），雖有「關期」可支，亦不想東家白白虧蝕，此種道德觀念，良有足多。由於名伶畢集，平時因時間上的衝突，演出地點不同，便很少碰頭機會，現在無形中因「避亂」，聚在一起，倍感興趣。當時紅極一時的小武，如靚元亨，靚仙，靚少華，周少保等，情感向來融洽，又且是活潑好動的人物，差不多日夕時相過從，大講大笑。四人之中靚仙和周少保更為好勇鬥狠，一言不合，便揮拳相向，他們皆精於技擊，在舞台上以「打五色真軍器」著名，靚仙的「西河會」與周少保的「打死下山虎」，在戲招裏聲明「包喝三個大采」。打真軍用真刀及犀利武器，落鄉演劇，往往一出「虎度門」，即發出飛鏢，插中戲棚的大杉，搖搖欲墜，使人驚心駭魄，若非武功精練，決不敢輕於嘗試。打真軍的緊張精彩處，和現時盛行的長靠短打北派，大有異曲同工之妙，可惜這種粵劇傳統武工，近三、四十年來早已失傳了。

有一晚，周少保做東道主，設宴共和酒樓，請齊十班台柱歡叙。靚仙和周少保性嗜遊戲，在共和酒樓門前，見到天一阿姑月痕的長班手車，靚仙坐在車上，仿效阿姑側頭弄姿之狀，引得各

人嘻哈大笑。元亨與少華謂戲班演封相，武生坐車，花旦推車見得多，如果當眞由小武坐車，小武拉車，必定十分精彩，因此提議賭賽：靚仙坐車，少保拉車，在石塘咀「行一個圓枱」，願以五十元爲壽，少保慨然應允，立刻和靚仙實行，這原是一時的玩意。不料共和酒樓有幾個廳面侍役（俗稱「豆粉水」），信口批評：「這一班擘口仔，眞賤格！」語爲靚仙所聞，和少保不由分說，上廳之後，拿「豆粉水」亂打一通，「豆粉水」被打不甘，立刻通知全行會友，包圍共和酒家，全武行大打出手。靚仙等亦班齊所有戲班的五軍虎打武家，創石塘咀花國的「開片」紀錄，「豆粉水」當然不是打武家敵手，多數被打到焦頭爛額，幸而警察及時趕到彈壓，事始寢息。翌日各報以大字標題：「周少保靚仙大鬧共和樓，打倒豆粉水」，輿論各有「是非」，可見口舌招尤，處世應知避忌。

第十三節：姐兒愛醜朋友「鏨牆脚」

「鴇兒愛鈔，姐兒愛俏」，已成爲花叢地面的口頭禪，也是司空見慣的事實，但這個姐兒，偏偏喜愛「醜」郎君，而這個人又是溫客的好朋友。按照花叢習慣，不論紅牌阿姑也好，晚晚食全鴨的「發霉」妓女也好，照例不肯接自己溫客的朋友，而這個同行同攪的人，明知「名花有主」，也應該抱持一種「道德觀念」，學柳下惠坐懷不亂，但此人色迷心竅，橫刀奪愛，實行泥水佬政策——鏨牆脚，因一個妓女而喪失寶貴的友誼，更爲一班朋友所不齒，這種故事，雖然不算得了不起的事情，在當日的社會風氣，總覺得有點不順眼的了。

這位「醜郎君」原是一位眼科名醫，姓丘，別號福凡，據說他有祖傳妙方，擅醫眼疾，著手成春，不知凡幾，頗有「重見天日」的本領。民國元年，廣州觀音山脚火藥爆炸，死傷逾百數，凡被炸傷以至雙目失明，經他治愈的也有很多人。故當時廣州市有這兩句童謠：「若遇丘福凡，路上冇人盲」，可見其醫術之一斑。民國六年，他應聘來港，醫治一間油行老闆的母親，她已失明六、七年之久，遍醫罔效，不惜重金禮聘前來，療治慈親眼病，同樣收穫佳果，由此一鳴驚人。因爲這間油行的老闆可人氏，是香港鼎鼎大名的第二位孝子，相傳他爲着母親目盲，曾經連續四十九天，拜天光神（即午夜起床，當天長跪，拜至天色放

曙才起身），祈禱母親眼疾早日痊癒，但老天並未見憐。接着他又效法「割股療親」故事，割去一塊股肉，亦不能使慈母恢復光明，最後由戚友極力推荐，以每天一百元的代價，請丘福凡到家裏診治，待以上賓之禮。（在這裏附帶一述第一位孝子的事蹟：這位孝子雙木氏，是中環一間酒樓的股東兼司理，年逾五十，侍母至孝，數十年如一日，晨昏定省，問暖噓寒，無微不至。母親有疾，率領家人，衣不解帶，輪班侍候。日常以長班轎載母親去植物公園——俗稱「大兵頭花園」——呼吸新鮮空氣，他本人扶轎步行，沿途和母親有說有笑，以娛悅親心，途人見狀，皆表示景仰之容，互相耳語，或且訓示兒童，稱爲「二十四孝」的孝子，引爲模範，尤其是婦女輩非常艷羨，希望自己學得這位太夫人的福分，兒子也是「二十四孝」中人。）丘福凡不消一月光景，治愈第二位鼎鼎大名的孝子太夫人，聲譽不脛而走，他便趁此機會，遷地爲良，在此間懸壺濟世，業務欣欣向榮。

丘福凡雖是入息優厚，但賦性不羈，加以深染阿芙蓉癖，更不修邊幅。常對人說：「不衫不履，儘得名士風流。」他復嗜音律，擅打洋琴，喜與編劇家往還，黃魯逸與最懶人（別號「生電」，以「毒玫瑰」一劇享盛名，時下盛行的「情僧偷到瀟湘館」一闋，亦出自他的手筆，性情疏懶，往往花散了一兩套劇本的筆金，還不肯動筆，自稱「最懶人」，可謂名符其實），尤爲莫逆之交。

丘福凡一班知己朋友中，以孫怡最是相得，孫怡亦因母親染眼患，六、七年纏綿床笫，已成頑症，賴福凡著手成春，非常感激，所有醫務所的舖位及裝修費，俱由他一手經理，並在報端刊登恭頌名醫廣告，歷時一載，以廣吹噓，所費不貲。但孫怡爲

人，賦性豪爽，曾經資助好幾位世交子弟，完成學業，在社會上獲得崇高的地位，做過市長的劉張武，便是較著名的一個。

孫怡原是一間西人律師樓的師爺，兼創辦大展圖紙庄，業務十分發達。劉張武的胞兄琴翁，與孫怡有八拜之交，張武由家鄉來港，負笈讀書。琴翁此時，經已家道中落，但張武少年英俊，用功甚勤，眼看弟弟讀書有上進機會，而本人沒有力量供給，怎能對得住泉下的父親？因為他排行居長，承受父親頗為豐富的遺產，及幾椿生意，不料世界不景，瀕於破產，暫時亦賴義弟孫怡照顧家用，對於弟弟學費，自不敢輕於啟齒。適值有一次，學校開課，沒法籌措，迫得把最心愛的一件古玉，質於長生庫，為孫怡所見，問悉情由，慨然負擔張武學費及一切零用錢，亦不須琴翁操勞。最難能可貴的，中學畢業以至赴外國留學，俱貫徹始終，栽培成材。張武學成返國，見知於某鉅公，選為東床快婿，從此一帆風順，由廣州市長陞遷南京市長，風雲際會，成為政海紅員，飲水思源，視孫怡如親兄長，敬禮有加，報答恩德，不在話下。

孫怡既慣作花酒應酬，手段豪潤，自然很受龜鴇輩歡迎，第三、四姜，也是塘西紅牌阿姑，與丘福凡同飲的時候，熱戀醉樂惜塵，大有「埋街食井水」之意。惜塵貌僅中姿，天生一對銷魂眼，橫波一挫，顛倒不少兒郎，福凡一見鍾情，不禁想入非非，諸多撩撥，惜塵其始以朋友相待，招待妥當，仍以禮義自防。往昔塘西阿姑，對於自己溫客的朋友，愛屋及烏，招呼不敢怠慢，有時在表面上來看，似乎比自己溫客還熨貼，這原是一種青樓規矩。例如：溫客帶朋友返寨打水圍，如果經已卸裝，身穿褻衣，馬上披回「飲衫」，無非表示尊重朋友的意思，單是自己溫客到

來，當然不須客氣。福凡以惜塵相待之厚，可能自作多情，作進一步的舉動，不知是否醉酒糊塗，有一晚陪孫怡返寨打水圍，孫怡適有事先行返家，福凡醉臥床中不能行，居然成其好事！

論理孫怡和福凡，俱是三十許人，孫怡手頭既寬，又生得風流倜儻，衣服齊整，福凡恰巧成反比例：形顏醜陋，滿面烟容，不修邊幅，口水鼻涕，用袖拂拭，一股穢氣，幾使人不可嚮邇，惜塵竟會別垂青眼，「詐醉納福」之後，分外痴纏，拋原日恩客於腦後。當時一班朋友，皆不值福凡所為，定要孫怡和他割席，認為這種色中餓鬼，帶返住家傾談，有「妣」字的神主牌也要落簾。福凡實行坭水佬政策 —— 鏨墻腳之後，因業務蓬勃，另一方面又教唱腳打琴，風頭甚勁，不久便帶惜塵作歸家娘。後來環境惡劣，不能立足，挈惜塵回鄉，與大婦同居，家中吵鬧，無日安寧，朋友聞之，皆鼓掌稱快。

第十四節：風頭甚勁的初期「舞妓」

　　三、四十年前，社會風氣雖逐漸開通，男女界綫仍很分明：廣州戲院的對號位及椅位，劃分男女，雖夫婦家眷亦不同座。香港戲院的貴妃床以至椅位，沒有男女之分，但票價最低廉的「板位」，一張長板凳雜沓同坐，觀眾袒裼裸裎，或赤足，或穿屐，放浪形骸，被稱爲「五百羅漢位」，女客自動趨避，以嚴男女之防。戲班亦僅有全男班或全女班，不像現在的男女同班。因爲香港雖是通商口岸，華洋雜處，社交公開，但紳商殷富之家，多少保留廣州閥閱故家規矩，首先注重中文，物色師資，禮聘遜清翰林進士，最低限度也要請個舉人秀才，管教子弟，世俗所謂「讀八股佬書」。年事漸長，轉習英文，學生對中文似不大注重，可是英文學校聘請中文教師，亦希望挑選秀才老爹之流，庶幾家長輩也感到滿意。

　　歐風東漸，美雨西來，跳舞風氣開始盛行，成爲公子哥兒的新鮮玩意兒。貴婦小姐們聽說跳舞兩字，掩耳不迭，「給男人攬着腰肢，左旋右舞，這還了得！」較爲開通的太太，或許由於摩登丈夫的鼓勵，夫婦攬腰狐步，樂有甚於畫眉，她們可能曲爲遷就，若與丈夫朋友周旋，仍不免帶有幾分靦覥之態。頭腦冬烘的人物，可能痛哭起來，大嘆世風日下，道德淪亡！這是千眞萬眞的事實：有位担任富家專席的老教師，生平規行矩步，目不

邪視。有一晚，東家設宴塘西，欵待由金山回來的親戚，邀老師奉陪。開瓊筵而坐花，飛羽觴而對月，老師見粉白黛綠，絡繹不絕，打情罵俏，放蕩不羈，越看越氣憤，忍耐不住，跑出露台，憑欄雪涕，東家追問情由，他痛哭流涕說道：「吾生也有涯，而知也無涯，孤陋寡聞，足不出戶，誰料初赴盛宴，怪狀畢呈，大庭廣座之間，蕩檢踰閒，成何體統？可嘆世風日下，道德淪亡，鳥獸不可與同羣，吾不欲觀之矣！昔程夫子目中有妓，心中無妓，彼時之妓，與今時之妓，相去何祇以道里計，雖欲閉目，其可得乎？」這位嚴氣正性的老師，說完之後，起身告辭，還要命令受業的弟子同行，不可須臾留，以免耳濡目染，影响學業。過了不久，他聽說東家和太太參加西人宴會，和西人作社交舞，立刻勃然變色，辭去教席不幹，認爲「人而無禮，胡不遄死」？這等沒有禮教的閥閱家庭，「中冓貽羞」，有玷師尊令名。東家見其迂腐可笑，亦不便挽留，祗有送足一年束修，任他高蹈而去。這件事曾經傳誦一時，花酒應酬之間，見到朋友和老契大溫特溫，便引用這位老師的「警句」：世風日下，道德淪亡，鳥獸不可與同羣，吾不欲觀之矣！

塘西阿姑，職業上雖是朝秦暮楚，生張熟魏，有一塊錢「揩銀」，便可揮之使來，但大寨阿姑的規矩，認眞講究，最低限度注重以下幾種儀注：不能穿褻衣服出地下神廳；有客人打水圍，馬上穿回飲衫，不得以袒服見客；出局時坐立要小心，不能弄至衣服有皺摺痕迹；設法防止客人「鷄手鴨腳」……規矩如許謹嚴，阿姑想學跳舞，龜鴇定然提出反對。

當時有一班外國留學生，另有一班漫遊上海回來的二世祖之流，徵歌選色，譏笑塘西阿姑，太過守舊，不懂得適應潮流，

慫惠她們學習跳舞，願意担任教授。有等生性活潑好弄的女兒，芳心躍躍欲試，和龜婆商量，並擺出大條理由：「跳舞和陪酒一樣，自己知道檢點，即使攬腰狐步，亦無傷大雅；這班新式二世祖，腰纏萬貫，旣喜歡跳舞，不妨投其所好，也是生財大道。」比較開通的龜婆，細想之下，覺得很有道理，任由她們追隨溫客，參加舞會。有等龜婆仍是十分頑固，決不肯答應，對跳舞感覺興趣的阿姑，祇好請求「新上癮」的姊妹，在房間開留聲機，奏音樂唱片，大跳特跳，慰情聊勝於無。

　　初期懂得跳舞的紅牌阿姑，如天一蘇影，長樂冷紅，素梅，詠樂桃影，盼盼，倚紅金龍，肖容……蘇影原是「瑟琶仔」，品性溫淑，有大家風度，顛倒不少公子王孫，她心竅玲瓏，擅作葉子戲（打十五胡）客人喜歡此道的，返寨打水圍，不躺烟床，便以此作消遣品，往往不是她的敵手，她有位姊妹名喚月影，姿色平庸，全賴蘇影介紹台脚。蘇影後來和一位留學生正式結婚，伉儷情深，環境極度舒適，兩位令千金在體育界很有名，現在外國讀大學，她可算是塘西紅牌阿姑中，最有福氣的一位。冷紅因駕汽車傷人，悄然赴滬。素梅便是紅伶老五所最愛唱：「爲王酒醉桃花宮，韓素梅生來好貌容」的一個，可惜深染阿芙蓉癖，晚景殊不適意。桃影跟好命公二十七少埋街，生花電燈，由地下以至寨廳，熱鬧堂皇，稱一時盛事。二十七少原有正室，同居不過幾個年頭，幸而她在埋街時候，有一間洋樓「揸手」，雖是中道仳離，生活還很過得去。盼盼即紫蘭花，又是紅伶老五溫嘜，後適另一位名伶，患肺病死於方便醫院。金龍便是上海花國總統，結局平凡。肖容初隨「靚仔將軍」，靚仔無本心，後來改適別人，聽說現在新界，過其清茶淡飯的生活。

她們習舞，除由飲客教授之外，並向舞院的女教師學習。當時的舞院僅有寥寥三兩間，娛樂行樓上的「寶蓮」，算是資格較老的一間，後改「黃龍」，全部裝修，作「宮殿」式樣，並出重資從上海添聘著名舞女數十名伴舞，業務曾盛極一時。素梅，桃影，盼盼等名妓，皆情商客串，受僱為「售票員」，以廣招徠。這時她們俱已脫離青樓，素梅之參加，則因這間舞院的東家好命公二十一少，是二十七少的胞兄 —— 他們的排行二十一、二十七，並沒有「加多減少」，合計兄弟姊妹達三十名有多，其尊人是名符其實的好命公，是當年香港「人瑞」之一，也是廣州五大富豪之一，婦孺皆知其名。

　　阿姑們上了「腳震瘾」之後，常由舞客們偕赴大酒店「茶舞」，紅伶老五夫婦也是常到這裏消遣，還有閨婦淑媛，喜歡摩登玩意兒的，亦參加遣興。那時的「住家人」，很蔑視塘西阿姑，（可能恐怕夫婿見而垂涎）見她們也來湊趣，風頭甚勁，很不喜歡，竟向酒店經理，提出反對。不久遂下逐客令，不許阿姑抵埗，舞客初時很替阿姑不平，可是沒有辦法使酒店收回成命，祇好另尋「新大陸」。

第十五節：「廢大少」鬥濶爲花亡

　　花天酒地，自然是爭雄鬥濶的塲所，正如我位世伯教訓子弟：「青年人不妨出來行攪，但要攪得堂堂皇皇，濶濶綽綽，切不可出來做衰仔，影响父兄名堂……」在塘西地方而醜態百出，如果學「秋爽廳人客」，比較做「關帝廳人馬」更是丟臉，確是失禮死人！

　　「秋爽廳人客」的故事是這樣：五十年前油蔴地的「花筵館」，大觀酒樓尚未落成，以倚芳棧爲巨擘。倚芳棧有個廳名「秋爽」，有一晚，幾個客人開這個廳，飲至深夜二時半，「消夜」後尚繼續作葉子戲，往昔酒樓的規矩，二時便要閉門停止營業，以免干犯法例，但酒樓通常遷就熟客，閉門後，仍准許逗留消遣，客人自然亦要爲酒樓着想，不能過度喧嘩。酒樓當事人見客人未散，爲結算賬目起見，要求客人先行找數，誰知幾個人合計身上所有，還不到五塊錢，面面相看，迄無辦法，結果其中有一個，總算「夠義氣」，自認由他招邀朋友，聲明請飲，應該由他負責，可是夜深不便驚擾親友借錢，情願去警署聽候發落。在警署拘留一宵，翌日，酒樓中人，以這種夜宴「霸王」，可謂絕無僅有，且到底是顧客一分子，理宜尊重幾分，以免令到其他飲客發生反感，說酒樓太過沒有人情，可能影响生意。因爲這一個時代，風俗醇樸，道德觀念濃厚，加以生活水準低，覓食並不感覺困難，

食霸王飯，飲霸王茶，已屬少見，「霸王」開廳確屬新聞，花叢地方，誰人肯做「衰仔」？既不必多此一舉，「以儆效尤」，索性置之不理，並不派人登台頂證。可是警署方面，以其人坦白承認，事實具在，不得不執法以繩，稍作懲戒，乃判決他在倚芳棧門前，枷號二小時示眾。這是五十年前的一種刑罰：所有鼠竊狗偷，打荷包的「泡友」，以及抵觸較爲輕微的法例，除判監幾個星期之外，每日還要枷號幾小時示眾，世俗稱爲「擺卦」。「擺卦」的地點，香港方面則在荷李活道文武廟的坑渠邊，九龍方面則在油蔴地警署門前或榕樹頭。每日最多五、六名犯人，通常爲三、四個，身前放一具木枷，似當時占卦先生「擺卦」模樣 —— 故名。枷上寫姓名、籍貫、年歲，及所犯罪名，雙腳伸出木枷之外，雙手用繩綑縛，由一位更練看管。（從前治安當局除警察之外，尚有「四環更練」之設，由華民署管轄，協助治安責任。）警署拿這個秋爽廳客人，在倚芳棧門前「擺卦」，引動途人圍觀如堵，消息播傳，附近妓院龜鴇妓女等，亦多聯翩參觀，看到木枷上的犯罪情由，是光顧秋爽廳而沒有錢找數的「霸王」，事屬創舉，大家都感到濃厚的興趣。這一晚，每個妓女碰到任何一個飲客，皆戲稱爲「秋爽廳客」，尤其是定着秋爽廳的客人，更爲妓女輩笑謔的資料。飲客們知道這件事之後，光顧倚芳棧，如果單獨剩下秋爽廳，皆掉頭不顧，寧可光顧別一間較爲次等的酒樓。倚芳棧見此情形，實屬影响業務，馬上將秋爽廳改過名字，初時仍然有一部分飲客掉忌，怕妓女譏笑他是「舊時秋爽廳客」，差不多經過半年有奇，大家對此事逐漸遺忘，才覺安之若素。

花叢地方當然不能夠「失威」，但首先要知道「自量」，否則便不堪設想了。

妓院旣是有名的銷金窩，二世祖傾家蕩產，何祗恒河沙數，值不得大書特書，但這個「廢大少」本身原不是二世祖，最高的聲價僅是「侄少」一名，兼且虧空公款，起其尾注，居然夠胆和廣州赫赫有名的侄少，競出風頭，鬥爭艇妹，經已「不知自量」。手上拿着五千元，遁去馬交，更有胆和當地的富豪雷十的三公子「鬥濶」，鎩羽而逃。在塘西叫詠樂「神經一姑」，也大鬧其排場，種種不知自量的行爲，結果爲花死，爲花亡，以自殺慘劇收場。本來花花公子，一擲千金，「洗脚唔抹脚」，床頭金盡，墮落爲破落戶，甚至淪爲卑田院中人，也不算離奇故事。像「廢大少」之出於自殺，在當時的社會環境，很少人幹此「弱者的行爲」，因嫖一個字而輕生，尤爲愚蠢之尤，可見其人浪漫荒唐，實有一記之價值，堪爲一般「不知自量」者作龜鑑。

　　這個「廢大少」，亦號「侄少」，原名馬作航，胞叔是廣州打銅街同義銀號的股東，兼全權司理，往昔長者輩，深知創業艱難，鑒於紈袴子弟，不知金錢全由血汗搏取回來，大權在握，視金錢如糞土，所以當子弟年事漸長，便使他在自己的商店裏做見習生，先由後生做起，伙頭，管店，掌櫃，買賣手等職位，逐級擢升，俾知道每個職位的任務，尤其是洞悉個人利弊，將來陞任「阿督」——司理，亦知所防範，用意本甚妥善。有時效法古人：易子以敎，所謂父子之間不責善，責善則離，離則不祥莫大焉，便將自己兒子送去知己朋友所主持的商店，由世叔伯輩加以管理，總比較自己扳起面孔，呵責太過，有傷父子感情，這也是一個良好的辦法。不過有一點却是美中不足，假如自己年老的話，兒子年僅十五、六歲，便叫他輟學，在店裏練習生意，希望早日能卸仔肩，交兒子繼承大位，對於兒子的學業未成，並不視爲重

要。大抵一般商賈的頭腦，以爲握算持籌，和學問沒有甚麼關係，總求有本事賺錢，就是最終的目標，一切學問文章，都非所計較了。這是當時社會風氣很普遍的現象，經營銀業的人，大都派遣子弟由後生做起，廢大少的父親，在家鄉務農爲業，並不是同義銀號的股東，不過見胞弟撈得一帆風順，叫兒子依附叔叔，出身做「後生」，自然沒有例外。誰知這個初出城的「鄉下仔」，很快便沾染都市人物的浮誇氣質，由於銀業好景，後生所分的「出店」（即店佣），數目亦相當可觀，少不免出來「行攬」，初次置身於脂粉叢中，眼見濶佬競爭排塲，「司理」及「少東」以至「行街」等銜頭，到處受人尊重，而本身却是名符其實的「後生哥」，自不容易搏得女人垂青。於是眉頭一皺，計上心來，編造一件故事，自認父親是同義銀號大股東，因年紀老邁，特交託胞叔全權管理，老人家越老越懵懂，祇知兒子學生意，不許給以高職位，可憐他這個正式大少爺，變了「廢大少」一名。這便是「廢大少」的名稱所由來，但事實上他確是銀號司理的胞侄，同行同攬的夥伴，稱呼他做「侄少」，亦頗有幾分尊重的意思。

恰巧這個時期，廣州有位聲威顯赫的「侄少」是公安局偵緝課長余家雄的胞侄，恃着叔父背景雄厚，橫行無忌，稱霸一方，有幾分類似舞台上白鼻哥的「道白」：「父親當朝爲宰相，人人叫我小霸王。」

那個正牌侄少，除好事之外，甚麼事也敢做：開烟包賭，庇鷄走私，踢人入圍，起人尾注，專收爛賬，「開片」尋仇……眞是罄竹難書。更有一項「風流勾當」，不論私寨明娼，必定有個「包爺」（讀上平聲）通常是拜黑社會首領做「師巴」，否則想出來撈也很困難，禁不住秘密會社的黨徒，哼哈勒索，辣手摧

花，即使「惜玉憐香」多情緒，不用慘酷手段，如淋鏹水之類來對付，只是惡作劇拿紅藍墨水注射衣服，毀傷物質，耗費已屬不貲，沒辦法不認個「包爺」作護花使者。本來一個伶仃孤苦的荏弱女性，出操皮肉生涯，實在可憐已極，龜婆刮削不休，還加上惡勢力人物頻頻敲詐，可謂百上加斤，無異打入十八層地獄！仝少恃着叔父是偵緝課長，正是黑社會人物的唯一尅星，所以膽敢「撈過界」，兼做妓女的「太上包爺」—— 就算加入秘密會社，拜過師巴，仍要向他孝敬。那時東堤有個艇妹，芳名帶娣，眉如新月，眼似秋波，水磨腳蹄，臀部與大腿，肌肉發達，可能與美國健美女明星比提基寶，伊絲德威廉斯相媲美。據一位有經驗的審美專家，發表「紫洞艇邊談話」：艇妹這幾個連帶肌肉的部分，俯仰高低，儼如音樂之有節奏，最主要還是持之有恒，從無間斷，比較一般體育健兒，去健身院練習，以及弄潮兒女，在綠波中沉浮，更有過之而無不及，其好處是出自天然的，並非矯揉做作的，而艇妹之搏得一部分尋芳客熱烈追求，不以洗角（腳）上床，開艙（窗）裝腔（香）的語調為嫌，大抵欣賞她們的另外一種「藝術」。普通的艇妹屬於粗綫條美，肌肉豐滿而粗糙，未免美中不足，而帶娣天生肌膚，幼滑晶瑩，勝似羊脂玉，大能顛倒眾生，美其名為「水上西施」，仝少更認為帶娣的名字太俚俗，叫起來可以減低男人的情趣，午夜夢迴，枕邊低喚卿卿：「帶娣……帶娣……」甚麼高興也覺得索然無味了。於是由他發起，取消「帶娣」改名「西施」，甚至命令手下一班馬仔，亦實行參加「命名」典禮，一律要稱「西施」。

「西施」原是艇妹，論起職務，祇在岸邊招徠人客：「叫艇呀華」，「叫艇遊河呀戴眼鏡個佬」……（叫艇呀華的「華」字，是

艇妹的助語詞，差不多每個艇妹都同樣有這個口頭禪，相傳一段很有趣味的故事：有個鄉村父老，着兒子阿華出廣州，在親戚處傭工，初時按月寄返薪金，奉養老人家，不久突然中斷，深以為怪。後來有鄉人從廣州回來，說他的兒子正顛倒東堤艇妹，自然入不敷支，那有餘錢寄返鄉間。他聆悉之後，馬上出城，先不說明來意，祇是叫兒子阿華陪他去長堤逛逛，從事偵察兒子的意中人，畢竟是誰。當他偕同兒子，由長堤沿步至東堤，但見所到之處，每個艇妹都起身，含笑歡迎，十分溫膩地說出這句話：「叫艇呀華」。老人家這一驚非同小可，不敢多留，漏夜要帶兒子返鄉，寧可成世做耕田公，他返鄉後皺起眉頭，對鄉人說道：「原來長堤至東堤一帶的艇妹，個個都熟識我地阿華，爭着和他打招呼，幾乎要捉他落艇，可知他平時一定花散不少金錢，才有這般熟落，怪不得沒有錢寄返家鄉了。長此以往，這還了得，非馬上押帶他歸鄉不可！」並不是名正言順的迎送生涯，所以「接客」大有自由權，侄少便是在威迫利誘之下，才可以和她做成老契。

「侄少」馬作航，因叫艇而認識「水上西施」帶娣，一見傾心，本來以「西施」的樣貌和聲名，為東堤艇妹中的翹楚，堂堂偵探課長的「侄少」固視同禁臠，其他尚有不少「架勢堂」人馬，拜倒她底水磨腳踭之下，使她大有應接不暇之勢。何物馬作航，銀號後生一名，充其量不過是銀號的「侄少」，這不過是一個虛銜，祇能算是舖頭內尊重的稱呼，實際上也沒有兌現的價值，在「西施」的一班客人中，論資格簡直「未入流」。可是不知具何因緣，「西施」見了這個「廢大少」之後，居然芳心可可，很快便許為入幕之賓。據說馬作航對於浪漫成性的女人，頗有其一套法寶，口甜舌滑，巧言如簧，說話中竅，能夠打入女人心坎，同時

口甜舌滑的好處，除運用詞鋒之外，更有別種不可思議的用途，如何用法？自非局外人所知，姑妄言之，姑妄聽之可矣，但無論如何，「西施」死溫馬作航，却是事實，和「惡霸侄少」，處於敵對的地位。本來「惡霸侄少」這份人，正是「牙籤大少」之流，對女人玩完便很冷淡，何況在他勢力之下，庸脂俗粉，滋味備嘗，更不愁沒人抱衾與稠，只愁侄少不喜歡而已。侄少總算對「西施」一往情深，每日或隔日，下午三時至五時，撥冗至粧閣溫存，「西施」與及任位恩客，自不敢批其逆鱗，必須撥空這個時間，等待這個侄少光臨之後，才放胆大溫特溫。獨有這個「銀號侄少」不知死活，偏要在這個時候，强拉「西施」去酒店開房，使「惡霸侄少」撲一個空，有意鬥勝逞强，向太歲頭上動土。「西施」初時還有多少顧忌，禁不住馬作航一縷情絲，縛住身上，更誤信他炎炎大言，說是同義銀號的少東，扚之拿全間銀號的財產，作孤注一擲，必要時可以帶她作歸家娘，最後更扯其瞞天大謊：偵緝課長余家雄，也是他底父親的老友，區區一個侄少，完全不放在眼內，儘可安心釋慮。「西施」初時雖受其催眠，畢竟自己是「撈女」不敢開罪惡霸，暗中吩咐傭婦，如果侄少駕臨，可說她去看醫生，往日的女性，通常說自己有「企頭暗病」，看醫生更是情理之常，不會引起「惡霸侄少」疑心。可是「惡霸侄少」耳目眾多，手下「馬仔」發現「西施」的秘密行踪，常偕一個青年鬼鬼祟祟入酒店，「惡霸侄少」一聞之下，自然不甘爲人「剃眼眉」，當堂怒髮衝冠，打算三天之內，用劇烈手段，先對付馬作航，次一步則對付「水上西施」不許她在東堤立足。

這個「銀號侄少」正在大禍迫近眉睫之間，估不到「命大尅死高行舟」，那個「惡霸侄少」反爲先招殺身之禍，所謂「多行不

義必自斃。」如所週知：「惡霸侄少」無惡不作，好事多為，猶屬次要，最沒義氣的，便是一方面包庇走私，另一方面却起人尾注，向偵緝課長告密，人貨並獲，諸如此類之事，令到黑社會人物碍於他是偵緝課長的侄，敢怒而不敢發作。但怨毒仇根，愈結愈深，這一班人固不是善男信女，決不肯就此屈服，並且妨碍未來的前途，必得拔除此一口眼中釘。於是經過長時間的策劃，作一件驚人舉動，用手槍轟擊，猶恐一擊不中，給他漏網，反貽大患。「侄少」每日的習慣，必於下午一時左右，與一班心腹手下人，在長堤某酒家地下品茗，他們用機關槍掃射，「侄少」和手下當堂被擊斃，連帶坐在附近的茶客，亦遭池魚之殃，樂同春的有名男丑黃種美，亦慘遭不幸。

「銀號侄少」馬作航，自從命大「冇死」惡霸侄少，越發年少氣盛，眼高於頂，睥睨一切，幾想佔「水上西施」為己有，不許旁人染指，可是「水上西施」雖情有獨鍾，極度綿纏，但鴇兒愛金，不能任由姐兒愛俏，摧毀這一株搖錢樹。「侄少作」又是好勝逞強的人，自不然想學劉海仙大洒金錢，試問區區一個銀號後生，有甚麼辦法和人「鬥濶」？祇有一條出路：這條出路等如死路，日久必定揭穿，他底叔父見他舉動有異，漸起疑心，「侄少作」覺得情形不對，索性一不做，二不休，起其尾注，拿了同義銀號交沙涌的匯欵一單五千元，逃之夭夭，連最親愛的「海上西施」，也不及演「長亭餞別」一幕好戲了。

「侄少作」先到馬交，手上有五千塊錢，少不免又向花叢活躍，恢復「廢大少」的名義——自認是廣州同義銀號的大少爺，初到貴境觀光，徵歌選色，娛情適性。這時馬交第一富豪雷十的三公子，在花界濶絕一時，他眷戀福隆新街四十九號的雛妓香

雲，每晚例在寨廳設宴，龜鴇阿姑輩，奉之如神明。（按四十九號的阿姑，不少個中翹楚，最顯著的是後來傾動花國的「花霸」碧雲霞，因抗戰時期，盡獻首飾及私蓄，熱心愛國，獲得「花霸」頭銜，也就是一躍而成爲電影明星的李綺年。她個性任俠，饒有丈夫氣概，可惜戰後星光暗淡，迫得向外發展，組織歌劇團赴越南，連遭鎩羽，負債纍纍，她不想牽累別人，服毒自殺，殊堪惋惜。省港澳紅牌阿姑，性嗜藝術，成爲影星名優的，也有好幾個。）

可笑「廢大少」手上僅有五千元，定要留寨廳一個月與雷三公子抗衡，雖然馬交妓院，規模遠遜塘西及陳塘，每間妓院僅有阿姑十名八名，極其量不過十餘名（因妓院祇有地下及二樓，地方狹窄不能多築香巢），開一晚廳，破費有限，和酒樓差不多，同時馬交濶佬，並不以執寨廳爲榮耀，坐豪華的俱樂部，揮箋相召，獨闢房間，靜局溫存，才是濶佬之所爲。其次許多香港客，在酒店開房，召喚十個八個阿姑，輪流打琴唱曲，替濶佬作「催眠」工具，因爲她們不祇陪飲，兼嫻歌藝，叫老契消遣，更不必呼徒嘯侶，開廳蹬艇，可以在西餐館整其燒乳鴿一度，亦可揮寫花箋，其作風又與省港不同。

由於物價低廉，擲錦纏頭有個限度，廢大少的五千塊錢，儘可充濶佬於一時，但他「不自量」，聲明和三公子爭取香雲，要留一個月寨廳，作霸王夜宴。恰巧這個時候，三公子移愛別間寨廳的阿姑，對於四十九號踪跡漸疏，廢大少「大話夾好彩」連續夜宴三天，以爲三公子知難而退，不敢和他抗衡。更進一步，叫香雲不必應三公子之召，萬大由他殺起，並與龜婆商量香雲的身價，五七千隨時答應。

大家都知道廢大少起阿叔尾注的數目，不過五千塊錢，到馬交已有十多天，連續執寨廳「霸王夜宴」三晚，用在香雲身上的「白水」，不下六七百，憑甚麼本領，膽敢答應帶香雲埋街，出到五七千元身價呢？原來廢大少此人，天生一點橫財命水，到馬交後流連攤館，給他幾次中其孖寶，連本帶利，也有八千，表面上他不愧是一個幸運兒，實際上這種「幸運」，可說是促成他後來自尋死路的主因：彩數多，手段濶，行為更「不知自量」，世間幾多賭仔買田園，建大屋，幸運之神，決不會單獨對他垂青，結果一敗塗地，自殺畢命，可為世之不知自量者戒！

雷三公子初時因另有意中人，不把香雲放在眼內，後來從「伴魂」口中，聽說有個甚麼廣州銀號的「廢大少」要和他鬥濶，且有意帶香雲埋街，隨時答應身價五七千，禁不住七竅生烟，反為改變初衷，定要出孟家蟬於平康里，爭回一啖氣。他首先依照龜婆向廢大少提出的身價：一萬元。這是龜婆方面的利益，他還對於香雲本身附帶優厚條件：送給她一間屋揸手。雷三公子氣憤之餘，說出這幾句豪氣話兒：「講價有加」——如果那個廢大少，有本領照辦的話，可以大家鬥濶，盡量拿出現金作比賽，像賭撲克牌一般，勝利的一方，盡取桌面所有的錢，就算本公子是「二仔底死跟」，但可以作我「偷雞」辦，既是「烟屎底」，歡迎「叉雞頸」。最後更發出嚴重的警告：那個廢大少有本事鬥濶，願賭服輸，本公子鬥他不過，永遠躲在家中，不踏福隆新街一步。但若果鬥輸的話，亦請他返回廣州，向陳塘、東堤討生活，不要逗留這個地方，否則我和他狹路相逢，休怪我當面羞辱才好！

「在老虎頭上釘虱乸」，不消說是廢大少注定失敗的了，他當真怕雷三公子會當眾羞辱他，返廣州自然沒有面目，祗好轉移

另一個有利陣地——香港。說也湊巧，上環有間頗具規模的萬禎油舖，司理人是他底堂叔父，往昔人情厚道，初不知道他在同義銀號的壞蛋行為，念在叔姪之親，給以一枝之寄，他居然交結朋友，買醉塘西，眷戀詠樂耀卿。這耀卿年過花訊，正式「老雀」資格，天生一鋪「溫佬」癮，興之所至，溫至天昏地暗，推盡所有台脚也不顧。因為她不是「事頭婆身」，自己絕對有自由權，任何人不能干涉，龜鴇姊妹輩見她如此，大家都叫她做「神經一姑」。她對於廢大少，一見鍾情，痴纏之極，從前的恩客，一概「推花紙」，湊巧廢大少身上還有五七千，在俱樂部「打鷄」、「推牌九」，逢賭必勝，數目或多或少，合計起來亦相當可觀。於是故態復萌，施展潤綽手段，連執一星期寨廳，東家婆親自「擘口」以娛來賓——耀卿原是唱脚出身——外人不知這個大潤佬，是何方神聖，可能測度他由金山回，或南洋回，又怎知他却是廣州銀號一個後生，兼且是起人尾注的逋逃客呢？不久神經一姑和他正式同居，相偕返馬交探其外家，廢大少以為事過情遷，雷三公子已帶香雲上街，當不會算起舊賬，雄心勃勃，攻打四方城，希望滿載榮歸。誰料屢戰屢北，全軍盡墨，懊喪之餘，午夜思量，茫茫前路，生計毫無着落，信用蕩然無存，如何養得起一個用錢潤綽的阿姑？最後祇好自尋死路：在酒店廁所自縊。耀卿則重操唱脚生涯。

第十六節：奇花寨的「雄傭婦」

　　花間趣事，筆不勝書，潤少與阿姑的事蹟，已寫了好幾個，現在給讀者變換了一下口味，記一個奇花寨的雄傭婦，這故事發生於四、五十年前，頗為離奇曲折，曾經傳誦一時。

　　奇花寨為塘西大寨之一，位置於大道西的尾端，過了和合街口，與天一方醪各妓院鄰近，傢俬陳設，極為守舊，並不肯推陳出新，這也難怪，因為奇花是塘西妓院中最有悠久歷史的一間。該寨的廳躉七家，與賽花的薀嫂，同是這一行業中的「老行尊」。妓院全賴潤少多多光顧，以執寨廳為賺錢工具，廳躉若果能夠聯絡潤佬，業務自然發達，所以，廳躉這個職位，等如一個熟練的買賣手，生意賺錢，實深利賴，地位是相當重要的，七家手段，八面玲瓏，心思更為靈巧，即如雙星佳節，妓院作「拜仙」陳列競賽，奇花連續奪取幾年「冠軍」，膾炙人口，就是七家善於調度所致，還有一件趣事：奇花師爺擅製柚皮，老一輩的飲客，大都津津樂道。妓院的師爺，等如普通舖頭的「先生」，坐在地下神廳入門口的一邊，登記客人局票，以及一切文字工作，必要時替阿姑寫寫情信，這也不在話下。往昔專制時代，不論官廳文案，以至鄉間公所，或許是尊重讀書識字的士人，習慣以師爺稱呼，甚至妓院亦不能例外。奇花六叔，聽說出身原是西關二世祖，西關閥閱名家，素來講究食品，燕居無事，互鬥心思，喜

歡製造些「口果」，送給親友嘗試，以誇示其妙手傑作，例如「柚皮」、「蝦子辣椒」、「蝦子扎蹄」或「齋扎蹄」之類，六叔最擅長製柚皮，親友皆十分激賞。後來家道中落，年事漸老，因與七家有戚誼，便叫他委屈一點，在奇花做師爺。有一次，某富紳執奇花寨廳，談起嗜食柚皮，七家乃介紹六叔的「拿手好戲」，並約定過幾天製妥之後，請富紳大快朵頤。果然一經嘗試，極為讚許，每晚在俱樂部消夜，必要一食六叔柚皮為快。於是由富紳代他想主意：大量泡製，用瓦盅裝貯，每瓦盅柚皮定價一元，公開發售。除發起人源源光顧之外，並廣為宣傳，銷路甚佳，許多濶佬，且用作送禮物品，因此提起奇花師爺六叔的柚皮，不少老飲客還讚不絕口。

有一晚，奇花寨的「豆粉水」阿壽，大聲嚷着，遺失了一條舊綢褲。說起「豆粉水」，附帶在這裏加插幾句話：「豆粉水」原是妓院侍役的別稱，由寨廳的「廳面夥記」，以至帶花紙的雜役，都稱豆粉水，來源已漫不可攷。當時一般飲客，大多數將塘西酒樓的侍役亦混為一起。茲據一位老前輩口述：「豆粉水，祇限於妓院範圍，酒樓侍役却另外有一個名稱，叫做『四粒佬』，得名的由來是這樣：往日酒樓開單，除酒菜茶檳之外，並有好幾項代支項目，例如代支公烟，代支唱脚……等，例有一庄『代支侍役一名一元』，據說侍役方面實收四毫，其他六毫撥作下欄，歸酒樓職員均分，世俗叫一毫為一粒，『四粒』就是指四毫而言，謂其工資祇值四粒，故名『四粒佬』，他們全靠客人打賞，但賞錢與該樓的『糠頭』同分，糠頭今稱『廳長』或『部長』——向例要由糠頭上菜，故有理由分一份。」至於同業談笑之間，則不叫「四粒佬」，而稱為「四老爺」，以相戲謔。本來損失一條舊綢褲，

所值有限，原不算甚麼一回事，但「豆粉水」阿壽這個人，量度狹窄，平時已無事生風之流，一旦發生失竊，又是屬於他本人之物，越發大言炎炎，似在根據「邏輯學」作出發點：小時偷雞，大時偷牛，這是杜漸防微的教育原理，萬不能輕輕放過。今日我被竊一條舊綢褲，有甚麼打緊，但明日阿姑輩可以損失出飲衣裳，後日可能連細軟首飾都給人扒去了，大後天更爲明目張胆，很容易把七家房間的夾萬也抬出去，尚復成何世界？於是七家在阿壽極力慫恿之下，查究這件事，傳集寨裏上下人等，男女夥記，可發現甚麼嫌疑人物沒有？大凡失物多疑，一般人俱想表示自己清白無辜，少不免從別人身上打念頭。地下尾房的阿姑名喚小青，有個傭婦阿柳，突然記起這一日早晨，見阿三在天井收起一條舊綢褲，似乎入厨房，閉門沖涼，靜悄悄掉換，這條綢褲大約有五六成新，不知是否阿壽遺失的物件。阿壽立刻接口响應，說他的綢褲昨晚洗乾淨之後，確是掛在天井那邊，那綢褲是前年所做的，不算得十分陳舊，當然尚有六七成新。

一經阿柳頂證之後，眾口呶呶，大家都忙着傳呼阿三，出來對質外，有人說她或許去買香烟，不久便回來，亦有人說阿柳揭穿秘密的時候，她一定在後邊聽到風聲，害怕拘去差館要坐監，趁勢一去不回了。阿壽這人尖酸刻薄，埋怨七家不應該請個賊在寨裏做工，幸而損失祇是他的舊綢褲，及早發覺，不然的話，全寨幾十個阿姑，儘有許多金銀珠寶首飾，遲一步真是不堪設想，各位阿姑值得向他酬謝，還要燒隻金猪還神哩。

阿三原來是奇花寨的「打雜」，普通打住家工的傭婦，大致分爲三種，最低微的是「煮飯」，顧名思義，全是料理厨房工作——正式「主持中饋」，所以世俗人謙稱自己太太是「煮飯

婆」，便是這個意思。大戶人家，做煮飯的很少有機會踏出客廳，粧樓綉閣，更怕她玷污地方，或腥膻氣息刺鼻，不許踏入一步。其次是「打雜」，料理家中一切雜務，在膳食時間侍奉，上菜添飯，以及追隨孩子上學等職役。最高貴而舒適的莫如「近身」，名符其實的陪伴主人身邊，當然以服侍女主人為主體，担任這個職務的，大都挑選面貌姣好，舉止敏捷，心竅玲瓏，先意承志。愛美觀念，男女正復一樣，往往因女主人請個「靚」近身，弄到男主人「其欲逐逐」，亦樂得和這個近身「近身」，故她們有「攞命烏」、「姣婆藍」、「銷魂白」的美名，指她們所穿衣服的色素，襯以動人的字眼。至於妓院中的傭婦，大都屬於阿姑的私人「近身」，因為寨廳有固定厨子，不須再僱用「煮飯」，其他和業務有關係的傭役，也有「寮口嫂」，所以這個「打雜」，在眾人心目中，俱認為沒用的東西，早存有一種歧視心理，不過顧用她的是事頭婆，大家當然沒有反對的理由。

現在既因失竊而懷疑到阿三身上，一班人便在有意無意之間，談起阿三這個人，平時舉動十分神秘。有人說她在厨房小解，同屬女人亦要等她們出去，或叫她們出去，緊閉門戶。其他沖涼換衫，也採取同樣的態度，大家女人在一起。也顯出答答羞人之態。

往昔風氣閉塞，禮教樊籬不易打破，男女之間，固然防範甚嚴，有等三步不出閨門的女性，因平時很少，沒有和人接觸，即使與女性伴在一起，甚至蹲身小解也好，見了陌生的人亦「解」不出來，沖涼換衫，亦要背轉身軀，「玉帛相見」，都覺得有點難為情。這種畏羞心理，不特女性為然，如果屬於「裙脚仔」一類的男兒（有許多從小依戀母親膝下的兒子 —— 以富家兒郎佔多

數 —— 被稱爲「裙脚仔」，譏其沒有獨立男兒氣概），亦常發現同樣的情形。所以當時寨裏夥記，尚不致覺得十分奇怪，但一經猜疑之後，你一言，我一語，刻劃得阿三更爲神秘，更指摘她態度曖昧，行爲鬼鬼祟祟，非徹底查究不可！

這時二樓頭房阿姑玉卿的傭婦阿鳳，從外邊入來，中途參加會議，各人見她有點面青口唇白，神色極度不安，問她剛才去了甚麼地方？知不知道阿三這件事？有沒有見到阿三？阿鳳說出去買熟烟，捲其針哚（按：當時香烟仍未十分通行，許多大商店大庄口，都是熟烟及土烟紙招待客人，任人自便，拿來捲吸，因其手勢作針形，謂之「針哚」，壁上還掛有生鐵構造的小油燈，以備燃吸之用，不致浪費火柴，傭婦雜役輩，多數捲其針哚，但亦有許多買賣手「先生」輩高級店員，甚至堂堂司理或東家，也不改其習慣），並謂知道阿三這件事，但沒有見過她，剛才也是想尋找她回來，可是找她不着。最後阿鳳忽然「臨時動議」，似在替阿三辯護，說阿三這個人，平時沉默寡言笑，做事亦循規蹈矩，不像這般貪心，偷去別人的舊綢褲，所值幾何？可能是一時錯手，誤會別人之物，是自己的東西，或者自己的褲子未乾，拿來掉換一下，用完再洗乾淨交還，也未可定……量度狹窄的「豆粉水」阿壽，惟恐阿三「罪名」不成立，不能顯出自己的權威，剛聽說這句話，忍不住立刻予以反駁，仍堅持其一貫的理由：今日他損失舊袱綢，明日阿姑可能失竊出飲衣裳，後日連細軟首飾都給人扒了去，大後日七家的房間夾萬，不難雙手拱送與人……滔滔不絕地駁斥阿鳳，弄到她啞口無言。

到底七家老成持重，見阿壽太令阿鳳難堪，便阻止阿壽再說下去，再問阿鳳有甚麼意見？阿鳳表示大眾「夥記」之間，爲

息事寧人起見，不宜將事情擴大，假如纏至「差館」，對於奇花的名譽也不好聽，傳入富客耳中，更恐妨影响生意，況且現時尚未有找到允分證據，祇是在嫌疑之列，更應該大事化小，小事化無，但壽哥當然不甘損失，所以她願意賠還一條新綢袄，這件事算是冰消瓦解，豈不是此較宣揚出去，更爲妥當嗎？誰知阿鳳剛剛說完，阿壽出以冷嘲熱諷的態度，鼻孔裏哼了一聲，幽默地說：「你這樣偏袒阿三，莫不是阿三就是你底最親暱的『契相知』？爲契相知賠錢賠物，這也難怪，但你剛才說過，阿三只是在嫌疑之列，沒有充分證據，指出她是做賊，有甚麼理由要你賠償？若然我接受你的新綢袄，大家都會說我是貪心，可能懷疑我是扯謊，其實沒有失竊，我只求這一件事，水落石出，必須等候阿三回來。」

正在激辯之間，阿三施施然從外來，見眾人麕集一起，議論紛紛，覺得很奇怪，順口問一聲有甚麼事？阿壽一見阿三之面，如獲異實，用手拉阿三近身邊，叫阿三當眾脫褲。阿三茫無頭緒，忙問其故，阿鳳從旁加以解釋，接着懇切要求阿壽接納她方才的提議：賠還新綢褲一條，就算是阿三偷去，也不必追究了。阿壽見她底聲音，有點震顫的樣子，越加不肯答應，催促阿三脫去外褲，看看內裏是否穿了他的舊綢褲，穿錯了立刻交還，情願不再追究，祇求水落石出，以免冤枉好人。阿三忙分辯沒有穿錯，却是諸多推躺，不肯脫褲子給各人看。阿壽十分氣憤，顧視阿柳說道：「我是男子，不便動手，免致她藉口誣揑我非禮，以洗刷偷褲的罪名。你們同屬女性，扯脫出來看看。我們是男子漢的，暫時出去迴避一下，你們快動手吧！」

阿壽和在塲的兩個夥記，踏出去還不夠一分鐘，忽然聽到很

尖銳的女人呼叫聲，接着見阿柳，小青，玉卿等幾人奔跑出來，氣喘吁吁，「死佬」，「監躉」，「衰鬼」之聲不絕口。原來她們一齊動手剝褲的時候，手所觸處，和女性的型格完全異樣，不禁驚訝的叫將起來：「爲甚麼和我們不同，像是男人的模樣呀！」初時大家尚疑雨疑雲，捉摸不定，阿柳大力試眞一下，嘩然叫道：「正式是衰佬一名！」這才一溜烟地幾個跑出去，碰着阿壽和兩個男夥記，和盤託出，罵聲不絕。阿壽聽說是男人，更不消客氣，偕兩個男夥記入去實行「搜身」，吩咐七家等一班婦女，出外迴避，雖經阿三自認是男子，不必再多一番手續，阿壽亦不答應，當堂搜出他的舊綢褲，穿在裏底，氣憤之極，先打了阿三一巴掌，接着叫齊七家等奇花寨「首腦人物」，在寨廳召集會議。阿柳以爲自己動手接觸「不文之物」，認爲太過吃虧，說他抵死，應做監躉，主張師爺六叔，立刻將他送官究辦。這時阿壽手上拿兩條舊綢褲入來，指出一條是他失竊之物，剛才由阿三身上剝下來的，另一條是阿三的床位搜出來。因爲阿三已經承認是賊了，難免尚有其他賊贓收藏，所以胆敢檢查他住宿地方，現在的事證明這個人太貪心，確有偷盜行爲，不會冤枉好人。他本人既有一條舊綢褲，又取拿別人之物，豈不是甘心做賊嗎？

「師爺」六叔聞訊趕來，事態已發展至最高潮，阿壽聲勢洶洶，緊緊用手執着阿三的衣襟，叫六叔一併帶他到七號警署，七家原不想小題大做，驚動官府，禁不住阿柳，小青，及幾個寮口嫂助威，說阿三偷舊綢褲之罪名小，男扮女裝，混入妓院，定有不軌企圖，敗壞風化的罪名極大，不能不加以嚴辦，以儆效尤。

七家正在左右爲難之際，忽聞隆然有人倒地聲，瞥見阿鳳雙膝跪在自己身前，聲淚俱下，要求七家及列位夥記，高抬貴手，

不要將阿三送去「差館」。她首先向阿壽解釋，阿三拿他的舊綢褲穿着，絕對不是立心做賊，而是出於一時疏忽，因阿三自己的舊綢褲，也是掛在天井吹晒，由她順手代他收入，放在他的床位，他可能茫然不知，誤認阿壽的舊綢褲，就是自己的東西。

七家初時見阿鳳「跪地求饒」，連忙用手扶她起身，叫她坐下一旁，有事慢慢講，因爲從前講究禮教的時代，「跪地」是一件了不起的事情，普通人輕易不肯幹的，世俗有句諺語：「男兒膝下有黃金」，意謂男人的膝頭，比黃金一般的價值，等閑不肯屈膝下跪。女人除必需舉行跪拜禮之外，祇有犯着嚴重的過失，才肯跪地表示「認錯」，要求寬恕。阿鳳坐下來，說出阿三不知道她代他收下舊綢褲，以致誤取阿壽之物，理由也很充分，由此證明阿三並不是作賊，確不宜送去「差館」究辦，影响奇花寨的「名譽」也不好聽，這件事儘可告一段落了。

可是阿三爲甚麼要男扮女裝，在寨裏打工？七家這時記憶起來，阿三是由阿鳳介紹的，因爲先一個「打雜」阿容，有事返鄉辭職不幹，阿鳳便說有個「姊妹」名喚阿三，剛從廣州到港，找尋工作。又說阿三原在廣州做大戶人家的近身，但也曾做過「打雜」，相信可勝任。七家初見阿三，生得身段苗條，斯文淡定，確是適合「近身」條件，做「打雜」反爲辜負其一表人材，不過在妓院和住家有些不同，「打雜」斯文一點也不要緊。阿三由上工以迄于今，舉動的確是十分神秘，凡是小解，換衫，沖涼，永遠不肯和別人一起，兼且必定緊閉門戶，連窗門亦要遮掩停當，大家初以爲「她」生性畏羞，也曾拿作話柄，日久司空見慣，便不覺十分奇怪了。阿三平時和一班男女夥記，很少談話，祇是問一句答一句，不大喜歡參加任何人的集團，大家亦祇好說

「她」另具「一家品」，性情怪僻，但對阿鳳却是異常親暱，兩人之間，好幾次給人發現：細聲講大聲笑。不過這一點事實，在一般人眼中看來，實在不能算是新聞，一者阿三是由阿鳳介紹的，她們自然具有深厚的淵源，舉動密切，何足爲奇？二者當時的傭婦，大多數是「不落家」的女人，或者是不嫁的自梳女，「契相知」的風氣極爲普遍，親暱情狀，甚於恩愛夫妻，吃醋拈酸的妒忌心理，比普通善妒的男女，有過之而無不及，所以阿三不大與其他夥記應酬，可能怕阿鳳誤會，表示自己是「桄榔樹一條心」，這是「契相知」輩中典型人物，想深一層，實沒有值得懷疑的理由。

現在事情揭穿，阿三是堂堂一個男子漢，和阿鳳當然不是「契相知」，到底有甚麼密切的關係呢？最密切的莫如夫婦。沒有錯，阿三和阿鳳確是一雙伉儷，阿三還是廣州西關的世家子弟，阿鳳雖已家道中落，也是書香後裔，系出名門，因何弄到雙雙出爲人傭，又要男扮女裝，幾乎攪出風波。這其間確有一段離奇曲折的故事，當下七家和全體「夥記」聆悉之後，皆寄予深切的同情心，沒有人主張懲辦阿三男扮女裝「有傷風化」的罪名。

以下使是阿三和阿鳳那一段離奇曲折的故事：阿三本身姓雲，排行第三，先祖父原來是遜清末期的旗下人，任職「將軍」。如所週知：清廷體念八旗兵協助奪取明朝江山的功勞，對於旗下人另眼相看，各行省皆設有「飯桶」職位，以酬庸旗下人，其他高官厚爵，更不必說。遜清時代，旗下人炙手可熱，威風十足，無賴之徒，乘機敲詐，廣州人士都視「旗下街」爲畏途，一聲「看姑娘」便指人存心踢索，毆打之後，盡掠身上財物，亦莫奈伊何。

阿三祖父卸任之後，喜歡廣州風土人情，浦屬番禺，在西關

建築大屋，與世家閥閱比隣，一切起居習尚，完全「廣州化」，簡直數典忘祖，早已忘却本身是旗下人了。

　　阿三席豐履厚，從小養尊處優，從前閥閱名家，尤其是舊家風人物，對於子弟受教育，不大信任「學堂」，大都禮聘名儒，在家裏設「專館」，間或許可世好中的兒童，一同就讀。阿三父親物色一位舉人担任教席，伴讀的祇是一位世交甄生。他們初時切磋學問，十分勤奮，情感融洽，寢食與共，大抵由於過分密切的關係，竟發生「同性戀」的不可告人之事。遠在四十年前，封建家庭和頑固家長，對於青年男女，不特不許灌輸「性教育」，甚至有關「性」的事物，俱不准宣之於口，這種反常的性生活，可能是環境所造成，有一說是「人爲」的結果。上了相當年紀的人，相信還記得「人妖」烏六妹的名字，他原是世家子弟，排行第六，因舉止言語全帶雌性，一般人都以「六妹」相稱呼，他亦欣然直認，後來更有所謂「潮氣會」的組織，他被推爲「會長」，顧名思義，大家自很明瞭這個會的性質。至於六妹造成女性化的來源，有兩種傳說：第一、據說他底母親，連生幾胎俱是男孩，她却喜歡女孩子，便從小將他改扮男裝，穿耳戴耳環，梳大鬆辮，吩咐家人傭僕，亦稱小姐，聊作慰情勝無之舉，這種愚昧行爲，當日的大戶人家，常有犯此毛病，原不十分稀罕，但多數限於稚齡，視作遊戲性質，年紀長成十五、六歲之後，即恢復本來面目了。第二：相傳有等立心不良的奶媽，因爲餵奶少主人，地位高出一切傭僕以上，飲食供奉，尤爲精美，俾乳汁更富營養資料，以增加小主人的健康，其他居室衣着，不消說亦同樣講究。但這種享受，日子有限，少主人「切奶」後，便隨時有解職之虞。他們爲長久保持職位，便設法令到少主人非有奶媽不可，

聽說他們在廚房琢餸的砧板，刮取少許「砧板屎」，靜悄悄塗在孩子的肛門，孩子覺得痕癢，禁不住大哭大啼，除非奶媽用手代他撫抓，便可止得啼聲。家長茫無所知，假如辭去奶媽，孩子總是哭叫，以為孩子不願離開日久相處的乳娘，繼續叫她回來，相陪寢處，果然安泰無事，而奶媽之狡計得售。可是孩子漸成癖嗜，年長而痼疾難除，便要由「同性戀」替代奶媽，加以慰藉了。這是世俗的一種傳說，雖不能證實，但「事在人為」，同性戀却是無可諱言的事實。

阿三和甄生個中隱秘，父母皆不知悉，往昔習尚早婚，有錢人家，男孩子到了十六、七歲，即進行議論婚事，最遲十八歲至二十歲，即代為授室。女子到了二十歲，還未定親或出嫁，被認為「老女」，親友也可能輕視幾分，有「屑灶罅」之譏。阿三到了十八歲那年，由媒妁的介紹，父母作主，娶阿鳳為妻，阿鳳系出名門，祖及父俱有「功名」，在鄉間屬於紳耆人物，家道中落，幼年失恃，母女依廣州的叔嬸過活，貌美而性情賢淑，頗為翁姑所喜愛，誰知結婚之後，阿三和她絕無伉儷之情，日夜仍和甄生形影不離，父母抱孫心切，廉悉其情，執家法以繩，使二人斷絕來往。無奈阿三痼疾難改，繼續廝纏如故，雙親氣極生病，相繼身亡，阿三更肆無忌憚，深染烟霞癖，與甄生日夕一燈相對，不事家人生產，前後不及五年，財產蕩然無存。

阿鳳在翁姑逝世之後，以郎君衹知有甄生不知有嬌妻，既不願意履行夫妻義務，衹好自動「大歸」，但依賴叔嬸，決不能過活，迫得自己找尋出路。本來阿鳳年輕貌美，不難另尋如意郎君，往昔婦人「從一而終」，丈夫健存，再醮怕貽人口實，雖然阿三對不起阿鳳，也有不少人洞悉內幕，很替阿鳳鳴不平，更批

評阿三不齒於人類。阿鳳到底生長於禮教家庭，秉性堅剛，決定自食其力，寧願出爲人傭，由於她舉止斯文，做事靈敏，出身便做「打雜」，很快升爲「近身」，最後經同鄉姊妹的訓練，轉行做「大姈」比普通傭婦更優勝一籌。生活日趨安定，而阿鳳飽暖之餘，寸寸芳心，午夜思量，仍不能忘懷結髮之情，但個郎薄倖，情有別鍾，自傷命鄙，徒喚奈何！

這時阿三散盡家財，至親如「同性戀人」甄生，亦棄如敝屣，自尋生活。以阿三一個墮落西關二世祖，加以深染烟癖，想找尋一份正當職業，比登天還難，沒奈何委屈一點，去做「堂倌」。往昔盛行舊式婚姻，社會人士注重禮教，有錢人家，所有婚典及喪儀，皆僱用好幾名「堂倌」，料理繁文縟節，故「堂倌」中也有「紅白」之分 —— 即是專門料理喜慶事，有等則料理喪事 ——與「男行」、「女行」之別。阿三想做其他正當職務，可能難覓一枝之寄，但做「堂倌」反成個中表表人物，縈起極快，因爲他是世家子弟，對於婚嫁大排塲，親歷其境，閱歷更多，已是超越儕輩，其次他受過名儒教誨，用功頗勤，文字通順，寫得一手端正楷書，必要時可以即席揮毫，代主家寫禮帖、請柬之類。所以，「入行」未幾，已充分表現其技能，晉陞「頭人」。這一行業雖是鄙賤，正是「下等工夫上等錢」，和「大姈姐」並駕齊驅，每年春、冬兩個婚嫁季節，入息却也相當可觀。

有一次，正是阿三初「入行」之始，承接西關某鉅富娶新婦的喜事職役，五六進深的大屋，親朋滿座，相當熱鬧。新婦抵埗之後，循例拜堂食暖堂飯，儀式旣畢，案兄弟便開始「反新婦」，往往通宵達旦始休。在「食暖堂飯」當中，例有「題四句」之舉，大姈姐每夾一件東西，即口占四句，無非是吉祥語氣，似詩歌的

押韻，案兄弟喜歡此道者，接口唱和，或者互相競賽，有如即景賦詩，每首並不是以四句爲限，倘腹笥便便，大可以一口氣題一百幾十句，體裁不拘，長短句不論，祇求押韻便合。有等世家子弟，深嗜此道，隨處「參加競賽」，遇有喜慶之家，結隊幾人，昂然入內，實行「挑戰」，雖然和主人家並不認識，也不拘禮，往日殷富家庭，辦理喜事，樂得多人湊湊熱鬧，恬不見怪，極表歡迎（他們亦只是愛趁高興，或者說出風頭，並不是貪圖飲食）。當時有個大姈，見了阿三，很恭敬地招呼道：「三少，你也來了嗎？」此語一出，座客皆爲愕然，說他是堂倌，因何誤作來賓？大姈正式說道：「他是西關有名雲地（從前廣州習慣，稱某家爲某地，如姓黃稱『黃地』，阿三姓雲，故稱雲地）的三少，我以爲他也來湊湊趣，題四句呀。」這時主人才知道這個新入行的堂倌，原是赫赫有名的雲地三少！

阿鳳做了大姈，和堂倌有連帶關係，很快便知道阿三新入行。不久在一個嫁娶的場合，二人晤面，阿三留下地址，約她相會，深表懺悔，爲之聲淚俱下，阿鳳到底女人心軟，伉儷情長，曲加體諒，後來轉打寨口工，情難割捨，阿三自願男扮女裝，晨夕見面，乃造成這幕活劇。

第十七節：冷霜梅影姊妹名花

　　塘西妓院，粉白黛綠，列屋閒居，平均兩個妓女住一個房間，因爲一間寨，照三層樓計算（地下神廳之後，二樓三樓俱是房間，四樓爲「寨廳」，亦有等妓院以四樓前座爲寨廳，後座亦有幾間房），祗能間格四十間房左右，而當時大寨的妓女，連「籮底橙」合計，不下七、八十名，以備潤佬執寨廳筵開三桌，可以掃數出齊。在塘西黃金時代，寨廳暢旺，無以復加，各間大寨爭取阿姑，想趕快「領牌」也來不及，連「候補阿姑」都打扮得花枝招展一般，「上廳」濫竽充數，多領一份揩銀。本來執得寨廳的潤少，斷不會斤斤計較，逐個阿姑點名記數，但埋席的時候，珠圍翠繞，傾師出陣，如果疏疏落落，景況蕭條，不夠熱鬧，碰到「伴魂」、「磅友」之流，托潤佬大脚，挑剔妓院搵笨，「死人燈籠」——報大數，定要和妓院算賬，若不善爲彌縫，可能影响未來的寨廳生意，所以出齊「候補阿姑」，雖然體裁資格不符合標準，極其量說她們盡搬其「籮底橙」總勝過「搵潤佬丁」，惹起潤佬的反感，這還了得！

　　何謂「候補阿姑」呢？原是龜爪之流，大姨媽一支人馬，或遠親近隣的女兒，準備向青樓謀出路，昔日盛行一個俗諺：「笑窮不笑娼」，事實亦擺在目前，濃裝艷服，穿金戴銀，送舊迎新，非富則貴，很容易搏得潤佬垂青，寵擅專房，飛上枝頭變鳳凰。

可是當局領牌有種種限制，年紀太輕，身材太矮，殊不合例，沒奈何，祗好在寨裏「行走」，作為實地練習，（照規矩十四、五歲以下的女性，沒有領牌，不能容許在妓院停留的），到了相當年齡，或者身體發育，似模似樣，便進行領牌的手續。這便是「候補阿姑」的來歷了。

基此原因，個人佔有一個房間的，已算是紅牌阿姑，除非搭房的妓女，和這位阿姑有點淵源，又是初出茅蘆，希望提攜帶挈，而這位阿姑又另外租有住家，可以空出這個房間，也就不成問題了。普通台腳冷淡的姑娘，兩三個人同居一房，却是司空見慣的景象。至於房間傢俬，大都是一張鐵床，一個四桶櫃，一張桌，幾張椅，這是妓院的設備，每個房間都是一樣，如想出奇制勝，佈置堂皇，阿姑自理，「龜公」恕不負責。

阿姑自理的房間，倚紅的一對姊妹花，冷霜和梅影，可算排場十足，「骨子」過人。別位阿姑一人一間房，她們一個人要佔兩間，兩個人共佔四間，四間又闢為一大間，等如酒樓之打通廳，極宏偉寬敞之能事。她們更獨出心裁，鑒於當時的木樓，木材凋敝，牆壁洞穿，殊不養眼，特採購好幾丈傢俬布，把整個房間圍障，由屋頂以至地下，不見一磚一杉。左邊廂一張名貴的銅床，作為「製造愛情」的工具；右邊廂，一張大羅漢床，以備濶少偕友打水圍，橫床直竹，作搓燀之戲。當日塘西的習慣和環境，阿姑雖甚走紅，很少講究房間傢俬，銅床和大羅漢床的設備，更屬罕見，亦為地方所限制。

冷霜和梅影一對姊妹花，房間有這種陳設，自然膾炙人口。她們這樣講究房中傢俬，多少帶點「海派」作風，原來她們雖是粵人，生長滬濱，懸牌應徵，也是很有名的紅牌阿姑，在上海地

頭，能夠高張艷幟，來頭當不會示弱於人，倚紅事頭婆另眼相看，破例給予四個房間。

冷霜性格沉默，孤芳自賞，正是：艷如桃李，「冷」若冰「霜」，聽說她在上海委實顛倒不少公子王孫，因熱戀某局長，開罪起起武夫，老羞成怒之餘，聲言要辣手摧花，以洩心頭憤恨，沒奈何母女三人，倉皇南下。隸籍倚紅之後，某局長每月必有一次，乘坐航程快速的總統船，到塘西買醉，溫存一兩天，以職務羈身，不敢久留，匆匆返滬。後來有情人終成眷屬，隨局長作歸家娘，渡其愉快的生活。

梅影在芸芸濶少中，有一位是鼎鼎大名的「好命」七少，其尊人「好命公」，為吾粵五大富豪之一，其長姊出嫁，搬嫁粧有當舖招牌，有參湯煮成的福壽膏，新郎哥踢完轎門，新娘子甫踏入洞房，拜堂食暖堂飯，一概好少理，先由大姑姐安排烟具，整足幾名，然後慢條斯理地，欵步出房門行禮，事因男家的新翁，祇是幾品武官，而親家老爺却是堂堂一品大員，豚兒高攀令千金，已是萬千之幸，那敢道一個「不」字。

「好命公」有姿侍十多名，聲名最煊赫的是第五姿和第六姿，也就是社會人士嘖嘖稱道的「珍珠五」和「火鑽六」。所謂「珍珠五」，雅愛明珠，晶瑩圓潤，俱屬珍品；「火鑽六」則蒐藏鑽石至多，甚麼名貴鑽石，應有盡有。「珍珠五」祇生七少一人，全副身家，歸他一人享受，他一見梅影，靈魂兒飛上半天，追求甚力，不拘任何代價，必要達到最終的目標。這一年新正頭，倚紅由正月初一至新十五晚的寨廳，由他個人包起，不許別人染指。新春寨廳，一連十五晚都沒有他的份兒，未免有點失威。間中有個老契，和梅影有點交情，便由梅影出頭，請求七少讓出一晚，

才有執廳的機會，這件豪舉，亦算爲塘西傳誦一時的新聞。

　　還有一件趣事：執廳容易請客難，七少雖包足十幾晚倚紅寨廳，但飲客却不盈一掬，理由是：新正佳節，濶綽的朋友，自己也做東道主請客，客人祇有這一班，分頭出擊，個別應酬，不能集中一起。晚晚「霸王夜宴」，未免單調，零星落索幾丁人，亦顯出「凄涼」景象，惟有四處「班兵」，支撐場面，不拘朋上朋，識與不識，甚至阿威、阿水之流，平時永遠沒有飲寨廳機會的仁兄，亦東拉西扯，拉雜成軍。可是問題又發生，飲寨廳而沒有毛巾老契，賓主之間也不好看，再由七少破費一筆錢，和倚紅事頭婆情商，不拘紅牌或白牌阿姑「客串」出毛巾一條，照給「公價」五十元，當然不發生甚麼關係，撐面子而已。

第十八節：阿姑「拜仙」濶佬花錢

　　歲時令節，萬眾臚歡，住家人和「河下人」，都沒有分別。（按：河下人也是妓女的別稱，據說遜清末葉，廣州高尚娼寮，薈萃於穀埠一帶，畫舫風光，與膾炙人口的揚州畫舫，正堪媲美。自從火燒大沙頭之後，飲客有戒心，水上春色，日漸凋零，陳塘花事，益趨蓬勃，東堤雖有紫洞艇，吸引遊客，可是地處東陲，偏僻冷靜，遠不及陳塘的繁盛。「河下人」的稱呼，由來已久，積習相沿，對於陸上妓女，仍一樣稱爲「河下人」。佛山名儒何淡如先生，以善屬聯爲士林所傳誦，更有急才，信手拈來，都成妙諦，佛山有茶居 —— 往昔的茶樓，習慣叫茶居的 —— 定名「天然居」，發起徵聯，聯首是：「客上天然居，居然天上客」，難在上句和下句，用「倒捲珠簾」方式，讀起來一樣有解，而上句的「上」字，圈聲作「活字」用，對仗殊難工巧，何氏的對句是：「人下河泊所，所泊河下人」，本地風光，可謂天衣無縫，因佛山有「河泊所」之設，正與「河下人」發生關係，益覺巧不可階！）習俗相沿，以舊曆新年最爲熱鬧，塘西妓院新春開菓碟，「逗利是」，執寨廳固不必說，即在酒樓開廳亦要答應老契的要求，多叫幾名姊妹陪飲，越叫得多越夠面子，這一來卻便宜了「籮底橙」之流，可能比紅牌阿姑台腳更旺，理由十分簡單：這等「籮底橙」，平時慣食全鴨，（沒有出局的阿姑，謂之「食全

鴨」），一旦碰着新春掘金機會，大家皆念着姊妹情誼，你也介紹，她也介紹，便有應接不暇之勢了。其次則爲「煎糕」，濶佬爭取先着，以煎第一次糕爲榮，年三十晚子夜之後，踏入履端元旦，開始可以嘗試煎糕滋味，糕品亦和普通住家人一樣，有甜糕，有鹹糕，有湯泡盆粉之屬，代價大約五十元之譜——自然越多越濶綽——煎糕完畢，才緩緩歸家，因爲世俗愛兆頭，有家室之人，新春大吉，如果在外過夜，不特太太強烈反對，亦爲尊長輩所不容許，必得返家「簧年」。除春節之外，端午，中秋及冬節，都可說是塘西阿姑的「掘金」佳節，可是濶佬花錢，而阿姑本身却絲毫不得到益處的，却有兩個「機會」可以示濶，那就是：乞巧節和盂蘭勝會。

舊曆七月六日，世俗稱爲「乞巧節」，亦名「女兒節」，攜大姐們，向仙姬乞巧，鈎心鬥角，表演手工，這一晚有「拜仙」之舉，未婚女兒，倍覺高興。翌日七月初七，牛郎織女，一年一度，雙星會訴說離情，互道相思苦況，家中有新出嫁女兒，這一屆的排塲，與未婚的姊妹大有差別，雖參加「拜仙」，但美其名曰「辭仙」，這個「辭」字饒有意義，弦外之音，無異向仙姐面前誇示：小妹妹已有多情夫婿，閨房之樂，樂有甚於畫眉，對不住仙姑阿姊們，請從此辭！進一步還可以向織女七姐「挑戰」：看你這個傻阿姊，一年一度，才與牛郎哥相會一次，會少離多，試問有何佳趣？幾十年來也不能打開枷鎖，還我自由，小妹今時不比往日，儷影成雙，從今以後不再拜仙，就此告辭了。

花間嬰婉，猶是女兒家，拜仙乞巧自然和閨秀姊妹們，具有同樣心理，爭妍鬥麗，不肯落人之後。她們有的是「四方辮頂」，祇消細心熨貼一些兒，花花綠綠的銀紙，如雪片飛來，有錢萬事

足，無事不可爲。最初是一寨之中，看那位阿姑，找得四方辮頂報効最多，獨佔鰲頭，爲姊妹們所艷羨，後來再進一步，各間寨各運匠心，盛爲陳設，無形之中由「個人比賽」，變爲「集團比賽」，每間寨都集中力量，全體阿姑總動員，大刀濶斧的「募捐」，多多益善，少少無拘，聚流成海，聚米成山，而四方辮頂之流，亦想自己大出風頭，或者可能趁此機會，完成好事。

舉一個例：前文叙述的倚紅姊妹花冷霜及梅影，初次由上海南下，以「海派作風」震驚飲客，花運走紅，好命七少初召梅影侑觴，恰巧是舊曆六月下旬，連叫十多晚，梅影總是「掛號」兼「埋席」，談不上兩句語，便起身離座，說聲「對唔住，請番去坐喇」。即使她不想起身，亦有寮口嫂入廳，催促她去別處埋席。這是紅牌阿姑慣見的現象，並不是她「撚高寶」，事實上一晚走十多台，東西南北，走個不休，時間有限，簡直沒有流連的機會。從表面上看，祇是塘西一隅之地，（有等上中環的俱樂部，揮箋相召，也要「應紙」，紅牌阿姑設長班車仔，就是利便有時上環之用），十多台何致應酬不來？我們必得明瞭：飲客揮箋和埋席的時間，先後不同，假定同一間酒樓，有三台酒局，但第一台掛號之後，去了別處，第二台的花紙才到，又要從別處轉回來，埋席情形也是一樣，就算同一層樓，都要分三次去復來，因此就誤時間不少。七少見此情形，濶佬心急，恨不能一口吞梅影入腹中，可是梅影連談話的機會也沒有，叫他有甚麼辦法？恰巧七月初一這一晚，飲客談起去冬從良的奇花素馨，今年循俗例返寨「辭仙」，那位「姑爺」報効三百大元，可算濶綽。七少接口詢問梅影，她底溫客報効幾許？梅影答說最多的一個，僅有二百元，剛想叫他「隨緣樂助」，七少已拿出一帙「大牛」──五百元

紙幣──檢一張交給梅影，表示抬舉她奪取冠軍錦標。梅影估不到這位七少，這樣「有寶」，爲之另眼相看，不久便遂其燕婉之私。整間倚紅，津津樂道梅影的七少，報効「大牛」，接着騰播塘西，好命七少之名，亦不脛而走。

倚紅雖有濶客七少，個人捐助「大牛」，但集團比賽，架勢堂皇，品物骨子精巧，仍推奇花，因爲奇花事頭婆七家，經驗豐富，匠心獨運，連續奪取兩年「冠軍」，（由妓院及飲客各方面月旦公評）她事先分門別類，定製各種拜仙的點綴品，例如：擺枱面的東西，在廣州濠畔街定製小型酸枝枱椅，包括羅漢床，宮座椅，炕床，太師椅，花藍椅等，在狀元坊定僱繡枱圍椅墊，佛山福祿里的像生物品，如天橋、八仙、梳粧盒內像生各物，芝蔴砌成的香燭菓品，以及羅傘羽扇，俱玲瓏精巧，人見人愛。陳設兩天之後，由各姊妹來均分，以留爲紀念。一年一度，所費不貲，嘆觀止矣，蔑以加矣！現在附帶談談盂蘭勝會的「撒錢」豪舉：

舊曆七月十四日盂蘭勝會，亦名「中元節」，世俗稱爲「鬼節」，有燒衣之舉，假如這一年期間之內，發生過甚麼天災人禍──如水災，風災，火災或瘟疫之類──死人無算，更舉行大規模的打齋超度，追荐幽魂。因爲愼終追遠，是我國人固有之美德，一年一度的盂蘭勝會，水陸超幽，廣結善緣，孝子賢孫捐助欵項，以先人牌位附荐，先儒有盂蘭勝會「小引」說明其旨趣：「十層地獄，都成安樂之鄉，四大部洲，盡入婆娑之界。但陰陽異路，陰慘不比陽舒；生死殊途，死苦難期生樂。痛游魂之飄泊，永夜號寒；嘆餓鬼之淒其，終朝鮮飽。所以散天花爲粒米，活菩薩念切解推；洒露水以楊枝，大慈悲心殷佈施……茲者盂蘭勝會，節屆中元。佛子現金身，到處說超生之偈；道人敲

錢板，沿街唱勸善之歌。僻壤遐邨，不忍孤魂乏食，凄風冷雨，端憐蕩魄無依……惟冀義士仁人，善男信女。共勸美舉，萬貫莫吝腰纏；直效真誠，一銖不嫌手擲。解有限之餘囊，濟無窮之花海。修齋建醮，幾晝連宵。溥甘樹於道場，一滴水竟作醍醐彈去，聽酸聲於法座，半响語旋翻咒訣招來。……澤既及於幽冥，福自求於昭著。燭花開遍，旋開富貴之花；掌印結來，定結公侯之印。是為引。」

孟蘭勝會既含有「慎終追遠」之意，龜鴇中人，平時自知做孽，可能銷金窟裏，葬送無數「冤鬼」，更宜趁此機會，表示懺悔。何況所花費的金錢，由全體阿姑總動員，自有一班「瘟生」報効，像「七姐誕」的「拜仙」一樣大事鋪張，爭雄鬥勝。

如所週知：火燒大沙頭，是廣州花叢的空前浩刧，粉白黛綠，紫玉成烟，屈指難計，濶少深情，追悼溫心老契，「鬼節」燒衣，別開生面，不用紙紮品，衣服全用真綢緞，化粧品及一切女人日常必需品，皆以真物件焚化，聽過古老歌曲的「男燒衣」、「女燒衣」兩闋，可想見其豪侈之一斑，甚至水烟帶、鴉片烟具的消閑品，亦在「焚化」之列。習俗相沿，加上四方辯頂的豪情勝慨，塘西「燒衣盛會」，亦是競尚綾羅綢緞，並不用紙紮代替。每屆舊曆七月上中旬，酒席筵前，互相戲謔：「你不久就會領到許多新衣服了。」

燒衣更有一種陋俗，就是「撒錢」，用意當然和「燒衣」一樣，俾「無主孤魂」，在陰間有錢使，實際却是便宜了一班「牛王仔」。普通人家所撒的是銅錢、銅仙，大多數由孩子們爭拾，撒錢較多的繁盛街道，便引起了一般「大牛龜」垂涎，和孩子們角力鬥搶，往往因一角錢幣，疊起人堆，頭破血流，損傷肢體，

真是一幕殘忍的活劇。塘西濶少，以「殘忍」作開心，以濶綽搏「名譽」，在老契身邊，大撒金錢。妓院撒錢有個次序，先撒銅錢，繼以銅仙，接着「斗零」，毫子，銀圓，聽說有位濶少試撒銀紙，結果爲大牛龜强搶，還打傷緊握在手的小孩子，乃不敢再爲嘗試。在塘西燒衣時節，交通爲之梗塞，汽車要運路行駛，漪歟盛哉！

第十九節：創奇蹟十少送銅床

「嫁女貼大床」，已成為「丟臉」的口頭禪，寧願賠出全副嫁粧：整個家庭組織的大小傢具，由廳面枱椅，房間籠箱，以至厘戥，秤，「百子千孫」（屎桶的別稱，因為桶上貼有紅紙寫着：「百子千孫」字樣，表示一種好意頭），由京菓臘味以至鹹魚白米（往昔有錢人家，第一個月內，多由女家近身替姑娘整理膳食，很少食男家飯，以示門第高貴），燦然大備，無形中成個家庭搬來，單獨大床必須男家自備。如果說某人嫁女貼埋大床，等如他底女兒無人消受，甚麼都肯倒貼，即使女婿家窮，沒有力量娶親，而女兒不能不嫁此人，祗好由女家暗中津貼，表面上亦要由男家出錢買大床，挽回面子，以免親友譏諷，傳為永遠不能磨滅的笑話。

正式婚姻尚且講究面子，不肯貼大床，作為一個飲客，居然送給老契銅床，而這一座「炮壘」，由「眾人妻」的妓女承受，每晚有「水流柴」般的人客穿梭往來，春色透牙床，春眠不覺曉，舒適享受之餘，小不免拿這個送床的「四方辮頂」做話柄，豈不是「四方辮頂」之上，還加一個箍嗎？

潤少送衣裳，送首飾，送鑽石戒指，甚至送長班手車，可謂「大萬三千」，並不算得甚麼的刺激新聞，因為所送的東西，是老契本身享受的，或許她可能拿來變賣，倒貼給另外一個心上人，

也是偷偷摸摸的勾當。送銅床便大有差別了，最低限度晚上有許多客人返寨打水圍，不論生張熟魏，一律躺下，同衾共枕者有之，打其三星者有之（三個人臥在床上吹鴉片，謂之「打三星」），豈不是拿這張二百二十元的銅床，糟撻之極？相信由水坑口以迄石塘咀時代，富如石崇，貴如東昏侯，壽如郭子儀，都沒有人這樣海量汪洋，肯「大床同眠」，這個送銅床的「壽翁」可人兒十少，可以說創石塘咀的「奇蹟」。

然則這個可人兒十少，當真是四方辮頂加一個箍的壽頭嗎？不！不！他這一舉措，正是孫子兵法所云：「實者虛之，虛者實之，出奇制勝，避重就輕」；又如現代「冷戰」當中，「神經戰」、「心理戰」、「宣傳戰」盡量出齊。如所週知：姐兒愛俏，這個俏郎君，不比季子多金，更處於三面受敵的地位，除姐兒一個搏命死溫之外，對手的情敵，猛擲纏頭，發揮銀彈政策，龜鴇、寮口、傭婦之流，見錢眼紅，自然向阿姐冷嘲熱諷，說她貪溫一個窮措大靚仔斷送財路，接着則橫施壓力，迫她和十少疏遠關係。

十少在這種四面楚歌的形勢之下，必得運用奇謀，先聲奪人，事實上他並不是一個窮措大，不過上有父兄在堂，兄弟眾多，公家生意，每個人祇能支取有限度的薪金，假如要洞穿夾萬底，拿銀紙出來花散，一者怕失家庭信用；二者所面對的敵人，非富則貴，以一敵三，即使背城一戰，亦無異以卵擊石。最後眉頭一皺，計上心來，出「機器」向父兄取得二百二十元，這數目在當時看來殊屬不菲，但作為一個濶少，昏天黑地，「令尊翁貴姓大名已忘記」當中，必得盡力籌措，「廿四孝」的孝子，可以「賣身葬父」，塘西「孝子」到必要時，「賣父葬身」也同樣可以幹得出來。

二百二十元這數目雖屬不菲，但用於花叢地方，並不能做甚麼「大事」，如果老契不計較「白水」、「毛巾」及「夾翅」費，執晚寨廳都綽有餘裕，但執寨廳祇是「一夕風流」，算是爭回多少面子，而對方的三個勁敵，早已大演排場，接二連三的執過了，步人後塵，力量又祇限於一次，試問曇花一現，有甚麼值得稀奇？十少當真不愧是個冰雪聰明的人物，他看到一家著名西人百貨公司，新由外國運到名貴的銅床，中上人家用鐵床最為普遍，銅床是新興的時髦品，祇有閥閱名家，才有資格享受，這種新式的來路貨，四條大柱，欵式新穎，材料上乘，剛巧是來貨的第一批，除該公司獨家出售之外，別家百貨公司尚未有定單購辦，所以定價二百二十元，在當時確屬不貲了。

爲甚麼十少出奇制勝，要送銅床？他底老契是誰？且聽小子道來：

他底老契是長樂千千，生得姿容秀麗，年僅十八九，儀態萬千，落落大方，那時廣州出版有間專談花事的報紙，名喚「天游報」，所有陳塘，東堤，以及塘西，蘇地等阿姑，俱有花叢「特約通訊員」，評頭品足，摭取艷聞怪事，充實篇幅，以備飲客徵花選色。對於千千品評這兩句話：「有大家風，無青樓習」，却也十分切當。千千既有這種優厚條件，花運十分走紅，每晚台腳繁忙，其中追求最力的三位恩客：第一位是南北行老板，我們大家都知曉，南北行是最「架勢」的行頭，當時提起南北行三個字，使人肅然起敬，就算在南北行，做一份管店，伙頭或後生，都勝人一籌，何況他是「老細」階級，難怪龜鴇見而垂涎。可惜他的短處就弊在「老細」二字，又「老」又「細」，很不容易搏得阿姑歡心。第二位是世家子弟，年紀並不算老，不過三十許人，「白

辮尾，大抽鎖匙」，正式是「塘西孝子」，當時得令，大洒金錢，可惜其貌不揚，更兼深染阿芙蓉癖，懶惰成性，毫無振作，兼有「萬事起頭難」之嘆，也是阿姑最討厭的人物。第三位更是威風十足，是一位文武雙全的將軍，憐香惜玉，風雅宜人，獨惜軍書旁午，每月僅能由穗垣休假幾天，悄然抵港，為着避免耳目，在對海高貴住宅區，暗營香巢一所，添置名貴傢俬，負責一切家用，作為千千的住家，祗供他私人享受，每月盤桓三幾天的光景，消耗一千幾百，滿不在乎。

千千雖是嫦娥愛少年，十少處於三面包圍之下，想返寨過夜，常要受到龜鴇輩所白眼，千千亦畏人言嘖嘖，不敢滅燭留髡，惟有去酒店開房偷歡，諸多不便。因此他想出送銅床的巧計，這種驚人舉動，確也使龜鴇姊妹之流，另眼相看，認定十少確不是窮措大，能夠肯送一張二百多元的銅床，又為任何潤佬所不肯做的。在十少方面，今後返寨享受他個人的贈品，更是名正言順，沒有人敢以白眼相加了。

從此之後，塘西接着有好幾位豪客，亦「照辦煮碗」以銅床送給老契，因為廣東佬最難找個發起人，以前大家認為「餡底」的，現在既有人帶頭，自不怕遭受譏諷。不過十少到了若干時期，也不必返寨領畧銅床滋味，原因嗎？將軍一去，大屋飄零，千千在對海的住家，平添了這一名入幕之賓。

第二十節：黃金時代的「地皮友」

石塘咀的黃金時代，大約是距今四十年前 —— 一九二零年、二一年這幾年間，酒樓如雨後春筍，挺茁而生，新酒家卜吉開張，舊酒樓亦大事革新，以適應大眾的需求。妓院業務蓬勃，每間寨都增加阿姑的數目，濶佬執寨廳幾無虛夕，動不動兩三桌起碼，連「籮底橙」都出齊。正是：酒綠燈紅，絃歌徹耳，粉白黛綠，列屋閒居，其繁榮景象，與熱鬧塲面，確也使人悠然神往。個中人語云：「電燈着，鬼搵脚。」又云：「有局無局，全憑禮拜六。」—— 夜走胭脂坡的豪客，當不至於要擇日子，才有飲局，不過禮拜六是週末好日子，次日又是假期，不須辦公，大可以通宵達旦，玩個痛快淋漓，所以酒樓定廳，星期六比平時倍加暢旺，沒有大廳時，五六人僅堪容膝的細廳，也要屈駕，換言之，禮拜六而不作局者，號稱「濶少」不勝慚愧汗顏之至！

當時的交通工具，普通都是坐電車或手車，「有車階級」固不多見，中環一帶，（德輔道中）出租汽車的公司，僅有「飛龍」、「凌風」、「天星」……等三幾間，較爲體面的飲客，在中環叫汽車至塘西，這「一送」的代價，約爲一元至一元五角。大商家或坐其長班車（手車），以「三人伕」派頭最濶，即一個車伕在前，兩個車夫在後推，其次則爲「兩人伕」，即一拉一推，所謂「前呼後擁」，普通多屬一個車伕。長班車的背後，多數鑴刻商行名字

或本人姓氏，較有年紀思想保守的商人，雅不願在花叢地方，乘長班車「招搖過市」，認爲飲花酒雖是風氣所趨，應酬不免，到底有失「正當商人」的身份，寧可改乘別種車輛。其次是紅牌阿姑也有坐「長班車」的，雖然車的形式和裝備，大有差別，坐墊的位置特別提高，車後放一柄雜色鷄毛掃，車身裝有銅鈴，行時叮噹作响，這可能是阿姑的一種特別標誌，用作「生招牌」。德高望重的紳商們，則坐其「長班轎」亦有「三人伕轎」之設，普通多是兩人伕，不過仍然很少在塘西出現。理由至爲簡單：子弟眾多，應該以身作則，「寧可給人知，不可給人見」，以免有「爲老不尊，敎壞子孫」之譏。

不論任何車輛，經過水手館（俗稱「些利堪」——水手館之譯音，即今之七號警署）的時候，遙見左手邊的香江酒樓，右手邊的陶園酒樓（屈地街電車盡頭處），燈光燦眼，打八音的鑼鼓絃索聲，透入耳朵，每個人都覺得心花怒放，靈魂兒飛向粧台邊，許多人都拿這句話開玩笑：「連尊翁貴姓名，相信都已忘記了。」過來人聽了這句話，小不免亦作會心的微笑，旣不願承認，却也不敢否認。

從屈地街下車，中間一度水坑，左邊四間大寨——歡得，賽花，詠樂，詠觴（後改「倚紅」）號稱「四大天王」——一右邊爲當時華麗堂皇，首屈一指的金陵酒家。金陵比隣有「萬國」，轉入大道西右邊，有「頤和」（後改「統一」），最後的一間便是「共和」，在拆建中，左隣有間「南京」，草創成立，設備屬於中型酒家。望衡對宇的「廣州」，則頗見規模，但不是樓開幾面，大宴會打通廳，不及「金陵」、「頤和」可以全層大排筵席，使主人家容易照顧，所以改遷今址。由「廣州」過了和合街口，便有「洞

庭」、「洞天」，轉上南里，則有「聯陞」。現在金陵酒家對戶，有間最老資格的太湖（後來似改爲「中山」），傢俬古老，飲客多是有年紀人物，青年人不樂意光顧，隣近的「珍昌」，專售回教徒食品，以「掛爐鴨」馳名，原不是花筵館性質，飲客多着人購取回來，或在酒樓「加料」，或「屈房」與老契享受。碰到歲時佳節，各酒樓均告客滿，迫得去「珍昌」或「太湖」，妓女可能驚異地問道：「爲甚麼不提早定廳？今晚要到這間！」言下大有跼促不安之態，濶少自不免感到有點「失威」。

造成塘西這種繁榮景象，可以說是拜「地皮友」之賜，地皮友有兩種解釋：普通人指的是政海人物，貪污劏地皮，便是「地皮友」名稱所自來。當時省港交通利便，火車輪船，一日幾班，往返一次，祗需幾個鐘頭，廣州亦有不少政界佬，星期六下午乘火車來，星期晚乘夜船回去。這班地皮友儘有多少生意「落行」，但廣州陳塘花事，並不比塘西遜色，偶然調劑口味，終非長期主顧。這裏所指的地皮友，是港九物業開始蓬勃時期，物業經紀們，眞有「隨地皆黃金」之慨，地皮友就是包括物業經紀，炒業家及置業家在內。

說起來許多人或許不會相信，當時稍有門路的物業經紀，好比隨地黃金，俯拾即是。還有一層，在表面上看來，似乎不近情理，假如阿甲一單物業介紹成功，阿乙和買主方面俱沒有關係，也沒有半點口舌微勞，交易的時候，他有份在塲，開句聲便可以分一份經紀佣。事實上當然有理由，因爲這一班經紀們，無形中成爲一個集團，物業蓬勃時代，每日成交的次數頻仍，上午阿乙分潤阿甲的經紀佣，到了下午，可能阿乙經手的物業成交，自會同樣分潤與阿甲，「世界好撈」，錦上添花，不比雪中送炭，一語

道破，何足爲奇。

做物業經紀，既是這般容易賺錢，各階層人物，皆設法找尋門路，躍躍欲試，有不少寧願放棄本身安定的職業，轉行向物業方面謀發展，平地一聲雷，搖身一變而面團團作富家翁，簡直指不勝屈，最膾炙人口的一位，便是「剃頭盛」。我們必得明白：當時男人的髮裝，較盛行的如「花旗裝」，「平頭裝」，或稱「陸軍裝」，亦有很多老成人喜歡剃光頭，所以稱理髮師爲「剃頭師父」。

剃頭盛是旺角一間理髮店的師父，附近有位大業主黃翁，多年來的習慣，並不喜歡光顧其他新型設備的理髮店，指定由阿盛代他剃頭兼採耳。有一天，他在有意無意之間，對阿盛說道：「阿盛，現在做物業經紀很容易賺錢，你爲甚麼不嘗試一下呢？」阿盛不禁笑將起來答道：「黃先生！我本身沒有錢，識澗佬也不多，教我憑甚麼本事嘗試？」其實阿盛初時亦祇知黃翁是附近的殷商，還不知道他是一名大業主，估不到黃翁開口便給他一個「定心丸」。他說：「很好，阿盛，我一於幫忙你，不論買盤或賣盤，你到來通知我好了。」黃翁果然踐守諾言，有心照顧阿盛，凡是阿盛經手的物業，一概成交，由此阿盛放下剪刀，立地成富，有錢壯胆，塲面廣濶，不夠三年，以物業經紀而兼炒業家，賺至二十餘萬，他毫不隱諱自己的身世，承認少年失學，並坦率地對人說：「我最怕簽寫支票，我這個『盛』字筆劃又多，練極都寫得不端正，有時寫多一二劃，有時寫少一二劃，好在銀行中人，能夠檢定我的筆跡，若果要我從新寫過，要我寫足一定的筆劃，我便感覺煩難了。」

同一時期的收山名伶，靠物業致富的有金山七、扁鼻玉夫婦，在九龍置業爲多，所居是花園洋房，饒有園林之勝。其次爲

小武陳海林，藝名靚全，以擅演獨臂戲馳名，亦繼金山七之後，拿出粉墨登場血汗得來的少許積蓄，參加炒業集團，與剃頭盛同時期起家。

　　做物業經紀賺錢之後，時勢所趨，很容易搖身一變而爲炒業家，這是成功與失敗的關鍵，如果炒業家把握機會，看風駛裡，適可而止，不敢大貪，由炒業家進而爲置業家──量度自己的能力，有幾許現欵，購入幾許物業，極其量沽出若干，購置較好的產業，並不單獨依賴向銀行按揭，便不會有崩潰之虞。像上文所說剃頭盛、金山七、陳海林一班人，雖然物業低跌，祇是財產數目減低價值，不致一敗塗地。即如樹哥兒，已「炒」到財產值八十餘萬，爲甚麼因區區幾千元週轉不來，就要「走路」呢？理由就是這樣：他祇知貪勝不知輸，盡量購入物業，每單俱向銀行按揭，初時物業猛漲價，一轉手間，除還欵及納利外，尚有大利可圖。後來物業猛跌，形勢便大爲逆轉了，因爲繁盛地區的物業，銀行可照時值按欵五六成──值十萬可按五六萬，按揭到期，物業跌至五成以下，無法還欵，銀行公開拍賣，成數更低，加上銀行利息及拍賣手續費，不足之數，當然尚要追討，在物價猛跌之際，每一單物業均作如是觀，連物業放棄也不得了，哪得不逃跑呢？

　　當時在「金陵」長期定幾個廳，寫「樂也」名字的，便是樹哥兒一班人的俱樂部，炒業家和經紀們，川流不息，物業成交，亦川流不息，開廳、執寨廳，了無虛夕，這就是造成塘西繁榮的一個因素。

第廿一節：庚叔之「摩腰膏」

　　尋芳客常掛齒頰間的口頭禪：「雞仔冇定性，老藕好風情」，這也可以說是生理上必經的階級。俗語說得好：「腦筍尚未生齊全」，年輕女性，天眞活潑，嘻嘻哈哈的過日子，雖是墮落烟花，迎新送舊，亦不解憂愁爲何物，花叢地方更不懂甚麼叫造情，甚麼叫做愛，每晚照例塗脂抹粉，艷裝打扮，和客人調情罵笑。有等「蒸生瓜」之流，百無禁忌，諸多囉唆，開口叫請睇戲，或者索取甚麼東西，可是態度忽冷忽熱，敎人無從捉摸，這便是雞仔冇定性之「乞人憎」，爲一部分飮客所不喜。反之，上了廿五、六歲年紀的妓女，閱歷風塵，自比「雞仔」生性得多，吐談和手段，都帶點人情味，說話容易投機，而細意熨貼的床第風情，當不致味同嚼蠟，有「鬼簧」之感，所以裘馬少年，選擇老契的目標，多數喜歡二十歲以上的妓女，不論外表儀注，以至製造愛情，總覺優勝一籌。

　　至於妓女的觀感，和飮客的看法，差不多也是一樣。個中人語云：「靚仔冇本心，伯爺公好心事。」姐兒愛俏，原是很自然的趨勢，不過俊俏郎君，大都「恃靚行兇」，花言巧語，未得手之前，百般依順，傾肝吐胆，飽食則遠颺，屬於「花心蘿蔔」，「牙簽大少」一流人，許多阿姑受過敎訓，改變目標，視靚仔如魔鬼。但亦有溫靚成癖，痼疾難除，像洪文閣這一隻老狐狸，因

倒貼靚仔弄到悲劇收場，臨老仍要穿插酒樓，賣笑丟醜，至死不變！洪文閣是何許人？且聽我道來也可：

在塘西酒家樓開廳當中，常會發現一位雞皮鶴髮的「已老」徐娘，翩然入來，恣牙露齒，作鷺鷥之笑，甚麼打扮？只見得，滿頭珠翠，纓絡下垂，面額滿佈皺紋，塗抹庸脂俗粉，掩飾醜態，身穿綑滿花邊，半新半舊的旗袍，有幾分類似舞台上花旦的「宮裝」，足登單齒屐，手拿女裝大扇子，搖搖擺擺，扭扭擰擰，唱幾句不鹹不淡的小調，以「唱腳」身份，想搏取唱資一兩塊錢。

初履花叢的後生哥，大都覺得她來得突兀，矯揉做作，形容難看，兼且不懂規矩，亂撞入來，立刻下逐客之令，因為花叢規矩：不論老舉和唱腳，如果沒有花箋相召，不能妄撞入廳，大有被驅逐的理由。（職此之故，許多平時十分相好的老契，假如飲客見異思遷，呼喚別個妓女，這個一片痴心的老契，沒有接到花箋，明知飲客在廳裏和別人溫存，亦不敢撞入廳中，爭風吃醋。）但一般較老資格的飲客，或者喜歡玩笑的青年，卻也喜歡這個「不速之客」，甚至有人提議揮箋相召，叫她來散散心悶，還例外多給唱資 —— 五元或十元。

她是誰？她就是鼎鼎大名的洪文閣。

洪文閣亦像水坑口時代的「花生桂」一樣，年青貌美的時候，曾經紅極一時，顛倒不少揮鞭公子，走馬王孫，上了年紀的豪富縉紳，等閒不容易搏得她的芳心許可。聽說她最初在上海高張艷幟，「洪文閣」三個字，常掛粵人齒頰間，有一次，她因愛少嫌老之故，觸怒某權貴，蓄意毀損花容，報復的手段，比較某豪客替花生桂「戴魚翅帽」，更毒辣一籌，她聞訊之下，知道再無立足餘地，馬上收拾細軟東西，倉皇南下，張艷幟於塘西。

在塘西初期，洪文閣依然花運走紅，局票大有應接不暇之勢，可是結習難除，飲客裏足不前，終亦趨於淘汰之列。原來洪文閣有一種「死溫少年人」的癖嗜，她對少年人寧可「盲佬貼符」，纏頭所得，盡以供其挹注。事實很明顯地擺在眼前，豪富縉紳，大都上了年紀，而洪文閣祗求斬獲，不願捨身佈施，極其量表面上做些敷衍工夫，靈魂兒掛在少年人身上，顧客見此情形，不甘做「四方辮頂」，自然相繼「斬纜」。這時候的洪文閣，經已年逾不惑，風韻無存，大權在握的青年飲客，當不會採折這一株皮黃骨瘦的「老藕」，肯降格相就的，不消說是看在金錢份上。為求身心上的慰安，洪文閣雖是人老珠黃不值錢，仍要搔首弄姿，夜夜年年，以歌衫舞扇獻醜人前，供人笑謔。

聽說洪文閣晚年，「癖嗜」曾不稍減，每晚拋頭露面所搏取的代價，仍得照拂其心愛的俏郎君 ── 面首當然不佔少數，任何一個少年人，決不肯永遠和她廝守在一起，她只好又眷愛別人。有一件事可以證明：飲客叫她入廳開玩笑，她見到年青人倍加起勁，作態撩撥，說話亦滔滔不絕，甚至倚老賣老，摩頭捏面，大有欲炙之色。她本來有養女兩三名，可惜其貌不揚，台脚甚淡，不能倚作搖錢樹，其中一名喚「美女」，貌更醜陋，但歌喉頗佳，擅唱「鄭旦」一曲，這是頑笑旦子喉七在「西施沼吳」一劇中飾吳王所唱的，曲中有一段梅花腔，唱來十分撩耳，美女亦以此曲著名。（塘西舊侶按：「此曲是我的『處女作』，因七叔將其中幾句『二黃』作變徵之聲〔梅花腔〕頗為撩耳動聽，當時省港澳不少歌姬亦盛行，據七叔的批評，以美女唱得最好。」）

且說宴花有位妙齡阿姑可兒，年紀不過十八、九歲，生得珠圓玉潤，豐容盛鬋，可算個中翹楚，宴花是塘西一間很有名的

「大半私明寨」，人才輩出，「花榜狀元」花卉，便是宴花台柱了。

可兒有個恩客渾名「庚叔」，粵諺有「搵亞丁」一語，亞庚與亞丁正復相同，不過這位庚叔，外貌像個老實頭子，其實是挑通眼眉人物，所服務的機構，是指導市民清潔工作，和清潔有關係的商店，依時依候設宴歡叙，請求指示機宜，庚叔是高級人物，應酬了無虛夕。他覺得「公宴」沒有甚麼興趣，主人家情意殷殷，反為諸多拘束，飲花酒以娛樂為宗旨，想和老契說句體己話兒，也要顧忌身份，因此他常藉口尚有「下台」，食完晚飯便向主人告別，碰着當真有下台的話，他祇食完一碗包翅，即說聲「對唔住」，長揖而去。他去甚麼地方？當然不會返府上安寢，另外和一班朋友有個「梗局」，是「田雞東」性質。

庚叔雖然天生「蝦公腰」，行起路來，彷彿舞台上的「公脚台步」，鞠躬如也，成個老成人風度。論庚叔年紀，不過四十許人，根據現代人物的眼光，「人生四十開始」，四十歲正是年青有為的時候，但卅多年前的人物，觀感完全不同，四十許人已足夠「伯爺公」資格，等如男人批評女性：「三十爛茶渣」，凡是年齡超過廿七、八歲的妓女，亦一律通稱「老藕」了。

老氣橫秋的庚叔，在家內更凜若冰霜，嚴肅之狀，使人不可嚮邇，這也難怪，因為庚叔兒女成行，長女已屆年華雙十，次子亦有十八、九歲，出來行攬，當知避忌。同事中一班飲客，邀他一同外出，無非藉口某某商店主人請飲，有事要請教，兒女輩當然不會懷疑嚴父作狎邪遊，甚至有河東獅子稱的庚嬸，也放心之極，因為庚叔有兩項最可靠的保證：第一，他晚上出街只帶三幾塊錢，女人心裏有數，塘西阿姑眼角高，身上沒有花花綠綠的銀紙？有鬼來吼？第二，他每晚從不在外邊過夜，雖夜深三四句鐘

亦必定歸家，遲歸理由，是他愛好打牌，飲完之後，繼以竹戰，女人自己安慰：如不「過夜」，哪個老契肯共你溫？庚嫂心安理得，深信這位循規蹈矩的丈夫。

其實庚叔也沒有多帶錢的需要，理由是：田雞東的梗局，酒家早已稔熟這班人的「底子」，不特殷實可靠，兼且常要借仗幫忙，自然樂意奉承，特爲他們設立一個賬簿，每晚賬單若干，照人數均派，每位若干，月終結算，各自找數。可兒和他既屬老契，自然是「賒揭」，無須付現，庚叔的三幾塊錢，祇是打賞侍役一元，來回車費不過幾角子，有時朋友叫車一送，他最先到埗落車，更沒有出錢的機會，除開支之外，更有盈餘，何致引起庚嫂的疑惑。即使每晚返寨打水圍，「匆匆」溫存一陣，緩緩歸去，熟客也不是論晚計值，生菓香烟，約莫照數付給，另外打賞傭婦一筆錢，算是過得去的人客。庚叔在外邊自有很多「財路」，爲庚嫂所夢想不到的，祇見支薪日期，薪水全數奉呈作家用，已感到精神上的慰安，尚復何求？

相信除庚嫂之外，所有朋友和老契可兒，都感覺一點奇怪：庚叔日夕不離一帖摩腰膏，貼法與人亦不同。別人因腰骨刺痛或風濕症，多數貼在腰部中間，庚叔却轉移有利陣地，貼在右邊腰腹之間的部分，據說痛在這裏，朋友雖認爲病狀有異，亦無權過問。到底老契可兒心水清，既聯肌膚之親，定知其中虛實，她可能領教過龜婆，如果是一名「正規軍」——規、虧諧音，即虧佬之別名——即使借助摩腰膏，也不會永遠奏效，看庚叔年齡雖近老境，精神矍鑠，不減青年人，何必貼一張極不養眼的膏藥？她曾經好幾次，在枕邊細問庚叔，庚叔但笑而不言。

有一晚庚叔返寨打水圍，興高彩烈，忽然用手一摸，失聲

而呼：弊！弊！爲甚麼失了這一帖「摩腰膏」！可兒給他吃了一跳，忙問他何事，遺失了摩腰膏有甚麼打緊？因爲他已經完成光榮的任務了。庚叔只是閉口不言，四下奔騰搜索，結果在床下底尋回，原封不動。

看官，你估道庚叔爲甚麼這般「狼忙」呢？原來摩腰膏之內，包藏一張五百元的「大牛」，以備不時之需，神不知鬼不覺，在事件未洞穿之前，大家都茫無所知。自經這次揭發之後，朋友和他開玩笑，爭着要撕開他的摩腰膏一看。從此庚嬸亦偷偷歡喜，庚叔沾染一年多的風濕症，一旦霍然而愈，不需要再貼摩腰膏了。

第廿二節：「靚仔將軍」負肖容

　　肖容是「四大天王」之一倚紅的琵琶仔，生得姿容騷媚，肉感豐富，由於這個時代人物的審美眼光，喜歡楚楚可憐的「林黛玉型」女性，推重身段苗條的「瀟湘」館主，故世俗有「低冷偷瀟湘」一語，與「楚王好細腰，宮中皆餓死」的情形相彷彿，稍為身軀痴肥一點，便以「肥豬」相誚，肖容「肥」而不「痴」，不致被稱為「臃腫」、「漏暴」（俗音）的阿姑，相反地，其騷媚處甚得人愛，其媚在眼，秋水盈盈，橫波一挫，使人之意也消。

　　肖容的假母六姑，單養肖容一人，據說她原是下四府的小家碧玉，年僅七、八歲，即由六姑收養，視如己出，龜婆之育女，不消說依賴作搖錢樹，謀下半世幸福，尤其是琵琶仔，監視嚴密，寸步不離，否則一顆紅丸，為狸奴盜去，這一筆身價銀，從何處抵償？肖容有一位頗為溫心的飲客一郎，熱度已達至寒暑針沸點，乾柴憑熱火，大有一觸即發之勢，但六姑却能深信一郎，絕對放心肖容和他痴纏。一郎亦以義氣搏義氣，不作狸奴所為，始終沒有超友誼的行動，雖然如此，六姑仍不愧為一位海量汪洋的龜婆，尤其是僅得「一粒女」，越顯出其量度非尋常龜婆可及。一郎能夠硜硜自守，也算得難能可貴，血氣方剛，美色當前，軟玉溫香抱滿懷，足有大半年光景，在環境上亦有補償身價的力量，他依然坐懷不亂，非正式「擺房」，不肯動其分毫。如

果以尺度加以評衡，正是塘西飲客與妓女間的「道德觀念」一個良好的例證，因此聯想到現代的「飛哥」、「飛女」之流，參加過幾次「私人派對」，居然大家都有胆量去酒店開房，或者無緣無故地喪失了貞操，「道德觀念」的厚薄，眞使人不勝今昔之感！

六姑之深信一郎，其中當然附帶有多少淵源，並憑她個人眼光的觀察，不是白茫茫肯以清白之軀，作冒險的賭博。因爲追隨肖容出局的傭婦居姐，原是媽姐行頭中的活躍分子，她底賺錢本領，比任何人高強，靈牙慧齒，手腕圓滑，做大妗姐出身，這是一種艱巨的職責：迴護新嫁娘，應付案兄弟鬧新房，及陪嫁姊妹的囉唆，懂得規矩、禮節、儀注，周旋於男女家長輩親戚之間，爲首的大妗姐，經驗湛深，手段心竅玲瓏，無形中做了新娘的擋箭牌，減却新娘無限的苦惱和麻煩。往昔舊式婚禮，繁文縟節，親友猬集，你一言，我一語，三姑六婆之流，信口雌黃，吹毛求疵，常時令到親家變了冤家，大妗姐等如男女家中間的橋樑，如果不懂得應酬方法，可能增加事體的嚴重性。反之，大妗姐善爲迴護，亦可能代戾氣爲祥光，故大戶人家，涓吉成禮，提前物色精明能幹的大妗姐。做到大妗姐「頭人」，動輒講「利是」，也就是金錢的代名詞，入息豐厚，自不待說。不過嫁娶有淡旺月之分，春冬佳日，分身不暇，夏秋季節，生意淡薄，小不免要食穀種，居姐和六姑原是舊相識，肖容初次落寨，必得廣爲介紹，才有台脚，素稔阿居識人多，請她幫忙做近身傭。

居姐一者以婚嫁淡月，賦閒在家，殊非善計；二則以打「寨口工」，濶少時節打賞和生菓錢，入息亦殊不俗，所顧慮的祇是肖容「初出茅廬」，台脚不一定暢旺，必須盡些人事，廣爲介紹。她雖是答應六姑的要求，仍附帶聲明：碰着嫁娶時節，如有舊主

顧邀請做大妗，她要告假一個時期，六姑亦慨然允諾。

一郎家庭裏的女兒出閣，俱是居姐做大妗的，已成通家之好，恰巧有一晚，一郎幼弟彌月之辰，假座金陵酒家請薑酌，居姐備辦禮物，以嘉賓資格赴宴，並說起她現在轉行「打寨口工」，介紹一郎揮箋召喚她底姑娘肖容，本來上有家長及尊輩，兼請「堂客」（即女眷），召妓侑觴，於禮法上殊屬不當。不過，一郎鑒於濟濟來賓中，不少是飲花酒的朋友，開筵而不坐花，自覺心癢難熬，除非主家首爲之倡，賓客接踵於後，才可以賓主盡東南之美。所以一郎一聆之下，連聲說好，看看居姐的姑娘，生得如何標致言同時請各位賓客一起寫花紙，不必拘執。其實一郎這位嚴親，也是同道中人，一郎還記得幼年時候，父親帶他打水圍，時值春節，那個腰肢婀娜的女人，還給他一個鐵綫花籃，不料帶返家中，母親非常氣憤地拋擲街外，連累他痛哭一場，莫名其妙，其實母親在吃醋呢。

自從這一晚起，一郎接着叫肖容陪飲，或許因爲出局未久，認識客人不多，和一郎頗覺投契，日久情感滋生，有如水乳交融。一郎很年青，不幸賦鼓盆之戚，爲免觸景傷情，返家一行，省視雙親和愛子，匆匆便去，長住俱樂部，往往流連忘返。肖容除掛號之外，有時埋席便懶得奔波，和一郎在房間作伴，有時在別處埋完席，最後到俱樂部欵欵深談。每晚談到深夜三四時許，由一郎親自護送她返家（當時塘西稍有地位的阿姑，多數另外租賃住家，很少在妓院渡宿的），地點和俱樂部相距不遠。最有趣的是：到了三時左右，寨裏沒有客人打水圍，不見肖容返家休息，六姑便派居姐到俱樂部，睹肖容在一郎房間，微笑點點頭，臨行時尚說出這句話：「沒有事，六姑說過，肖容如果在一郎這

裏，她便放心不必多管，任由一郎隨時送她返家都可以。」他們兩人之間，除「不及亂」之外，曲盡溫馨旖旎之情。

有一次，居姐奉六姑之命，和一郎「開談判」，謂六姑很喜歡一少替肖容姑「擺房」，別人要二千，一郎可減價一半，其他執寨廳，送禮物做紀念品等例行手續，悉任一郎裁奪，不願斤斤計較，當時一郎的意思，雅不想自己「開井給別人飲水」，假如要擺房的話，必得想辦法帶她埋街，但以悼亡方屆一週年，尚未作續弦之想，這件事祗好從長計議。

肖容之愛一郎，可能因他年少失婚，家世如何，從居姐口中亦可獲得梗概，有等阿姑覬覦「正室」地位，一個對一個，比較做富室妾侍為優，其次認識亦有悠久日子，性情也很投契。這時肖容轉趨時髦風氣，隨姊妹輩習舞，攬腰狐步，開風氣之先，花運走紅，靚仔將軍軍書旁午之餘，走馬章台，見肖容備極傾心，付出相當代價，出孟家蟬於平康里，一郎祝她永諧姻好。畢竟「靚仔」冇本心，「將軍」多外寵，金屋藏嬌，大約蟾圓五度，即棄之如遺。肖容後來物色一個殷實商人，渡其清茶淡飯的生活。

第廿三節：姐兒愛俏廳客呼冤

　　花國明爭暗鬥的場面，恍如置身戰場，參謀顧問人員，常要召開「圓桌會議」，研究作戰方針。現在姑且沿用戰畧術語，這一座「馬奇諾防綫」，應該「中央突破」，還是「三面包抄」？應該「聲東擊西」，還是採取「鉗形攻勢」？在「冷戰」當中，自己勢力單薄，眾寡懸殊，「銀彈政策」不及敵人，所有「心理戰」，「神經戰」，一切「宣傳攻勢」，盡量出齊，以搏取最後的勝利。

　　「姐兒愛俏」——俊俏郎君想當然佔盡便宜，對方宣佈無條件屈膝投降，「馬奇諾防綫」早已解除防禦工作，論理大可以出入亨通，萬事皆吉，可是形勢禁格，並不能如想像中的樂觀。妓女溫靚仔，而這個靚仔却屬於「失匙夾萬」之流，碰着頑強的敵人，猛拋銀彈，大擺排場，其他寮口嫂、傭婦等輩，都是現實主義者，唯利是視，銀紙塞着心肝，無形中成立「聯合陣綫」，抨擊排擠，冷嘲熱諷，老契雖是溫心，往往受不住重重壓迫，縱不「割愛」，亦不敢明修棧道，只許暗渡陳倉，在這種情形之下，等於霸王與虞姬，四面楚歌，大有烏江自刎之勢，也要學韓信擺一次背水陣，希冀反敗爲勝。

　　茲舉十一少爲例，十一少年少翩翩，承先人基業，行年二十二，任一間中型商行司理，家有如花美眷，以商業關係，飲花酒應酬。這件事說起來，會敎人不大置信，尤其是太太們更

極力反對，理由是：正當做生意，日間在酒樓茶室，何嘗不可以
斟，難道一定要去石塘咀？都是你們男子漢，藉口應酬主顧，
花天酒地，盡情享樂，因公帶私罷了。太太們固然言之成理，未
必真要去石塘咀才有大宗買賣交易，不過世事往往出乎尋常道
理之外，最簡單的例子：你想向朋友借錢糴米買柴，甚至妻兒患
病，急需醫藥費救命，朋友可能皺起眉心，將頭亂擺，但一旦到
了花叢地方，推說沒有錢「發揩」，或者身上不名一文，不能湊
腳打牌，朋友不須你開口，眉飛色舞，慨然資助湊趣。斟生意經
亦同一例，摩摩酒杯底，在烟床搓搓燀燀，一切問題迎刃而解，
不必多費唇舌，這是經驗之談，也可說是「人生哲學」的一種，
世界上任何一間大學所沒有設備的課程，却是「世界仔」應習的
一課。十一少「上課」之始，照例要揮箋召妓侑觴，初次入行，
由朋友介紹宜樂夢影，花信年華，鳧臀蜂腰，蛾眉蟻首，鶯聲嚦
嚦，眼波似柔絲一綫，屬於「霎眼嬌」類型的女人。十一少同事
副司理張老四，一見夢影而悅之，老四年逾不惑，爲花叢健將，
家有三妾，俱是青樓翹楚，美色當前，尚作非非之想，擺出「老
雀」身份，坦率對十一少說道：「你叫夢影，殊非對手，當她微絲
細眼之際，行見『門前掛白』，醜態畢呈，保管未抵達『馬奇諾防
綫』之前，早已屈膝乞降。這般知情識趣的可愛人兒，待老夫踏
破賀蘭山缺，收拾舊山河，朝天闕！」

　　老四絃外之音，不外要求十一少割愛。十一少伉儷之情方
篤，原不打算拈花惹草，欣然答應。次夕，親自揮箋寫四少召夢
影，誰知夢影到來掛號，仍坐在十一少身邊。十一少坦白說：
四少喜歡，自願相讓。夢影竟大發嬌嗔，擺出大條道理：「沒有
這麼規矩，原始是你叫我的，我又應你底朋友之召，怪難爲情，

我不依！」說完之後，不管老四如何兜搭，總是脫不掉「敬鬼神」的態度——敬而遠之，摩挲手兒一下，也縮手不迭。以後一連幾晚，十一少雖然寫「四少」字樣，夢影毫不理會，一樣要做十一少「后土」。到了第五晚，實行用手段使十一少「賒揩」——將近散席，十一少探囊取銀紙發局票，她立起身來拍拍膊頭，低聲軟語道：「請番去坐喇」，即掉頭不顧而行，老四看在眼底，故意用激將的口吻說道：「夢影這雌兒，貪溫靚仔，我在年紀上比你吃虧，可是像你這種初出茅廬『花的靚仔』，祗能給夢影夾在腋脅之間。不是我輕視你，神女雖有心，襄王夢行雲，也找不到門徑，大好天鵝肉放在口邊，相信你也無福消受。你如不信鏡，我膽敢和你賭賽，以三晚爲期，我陪你返寨打水圍，到了相當時候，我自會『借水遁』將你丟低，如何入手，自己打算，我亦不必管。有沒有聲氣，瞞不過我們老雀，曾否發生關係，眉梢眼角之間，情緒分外不同。願賭服輸，願以一席酒奉賀，如果你宣佈失敗，同樣罰你請飲一晚。」

十一少不堪老四一激，毅然答應賭賽，次夕返寨打水圍，夢影倒屣歡迎，馬上穿回「飲衫」，殷勤招呼——這又是塘西大寨阿姑的好儀注，雖除去飲衫只穿褻服，一見客人到來即整裝侍奉，除非是「真正」老契獨自一人，可能熟不拘禮，有朋友同行，亦要講究禮法，此外稱呼恩客，不離「乜少」，從不敢無禮叫「阿陳」「阿李」……姓氏，自然更不敢直呼其名。如果踏進「入骨恩情」的階段，或許作「陳仔」或「李仔」等親暱稱呼，不過在一班朋友面前，還是十分規矩的。循例開設烟局，老四原是癮君子，六分庄不夠喉，來一盅錢八庄，鐘聲三响，老四予人方便，自己方便（他另有溫心老契），一溜烟鬆人。夢影既一見鍾情，自然

不消十一少使用甚麼手段，滅燭留髡，枕邊軟語，十一少問她爲甚麼不肯「轉局」？她帶笑說道：「一者同飲朋友，左轉右轉，不合規矩，怪難爲情；二者我其實愛你，四少這個人，仙風道骨，說起來莫怪我刻薄他，扭頭捏頸，油腔滑調，真像一個『堂倌』，鬼死乞人憎！」

十一少平常祗知有「家花香」，不解野花風趣，初次領畧，口雖不言，心裏在想：怪不得許多人沉迷石塘風月，床第之私，自是一種「藝術」，工多藝熟，理有固然，任是如花似玉的嬌妻，也不解嘘氣如虹的奧妙，又如六轡在手，一塵不驚，悉由對方主動控制，如蜂釀蜜，如酥似髓，如蝶戀花，如魚得水。

塘西大寨阿姑，衣飾用度，花費不貲，單憑局票收入，爲數有限，何況有等中途分手的客人 —— 妓女對於所歡，從來不肯送贈手帕，說是恐怕有「分手」的先兆 —— 見異思遷，局票等如枯賬。據一般龜鴇的估計，每個阿姑的局票，平均收不到五成。她們賴以潤家潤身，大多數靠「斬白水」，斬法可分兩種：第一種是「四方辮頂」自願報効的，包括金錢、首飾、衣物在內，出於自動，數目當斐然可觀；第二種是自己「開刀」，看人客追求的程度如何，定開刀的價值多寡。不過有一點却要聲明：「白水」得手，並不一定「失身」，有時見得這個壽頭死心塌地來追，越發以大刀潤斧相對付，碰着「本姑娘」不喜歡這個人，亦樂得他托刀而逃，就此一刀斷絕關係。有時芳心認可，姑且開刀一斬，如果他順利應手的話，趁勢成爲老契。總而言之，統而言之，妓院「規矩」或龜婆教訓：相金先惠，格外留神，未曾先惠相金，而肯「睇個全相」的，愛俏的姐兒，對付美少年，可能屬於例外。

夢影之於十一少，無條件開放「馬奇諾防綫」，兼且特別破

例，揮箋相召不過十晚，居然急不暇擇，就在寨裏成親。她底香巢又是地下第一間房，房外便是神廳，妓院「師爺」及龜爪之流，多在神廳駐足，照顧事務，春風易洩，夜雨難瞞，傳播起來，不免為姊妹輩所齒冷。她雖不是「事頭婆身」，接客大有自由權，但不能過度猖狂，破壞行規，夢影居然膽大妄為，可見她怎樣溫戀十一少，更可見她愛俏成癖，「白水」這個問題，不向十一少身上打主意，接着第二晚自動報効毛巾，成為名實相符的「毛巾老契」。

十一少初嘗野花滋味，適值嬌妻有孕在身，臨盆有日，無形中給予「向外發展」的機會，每晚必返寨渡宿。夢影台腳頗為暢旺，上了年紀的人，多數和老四心理一樣，愛她「雲眼嬌」，嬌而媚，聯想所及，床笫藝術定有深切造詣，配合「老雀」豐富經驗，正是工力悉敵，旗鼓相當，此中定多佳趣。可是夢影好比月裏嫦娥愛少年，對老雀感覺淡而無味，不高興某個客人痴纏的話，大刀濶斧亂砍，預算對方施展周倉伎倆 —— 托刀而逃。濶佬心理有時亦不易推測，七擒七縱，甘作不侵不叛之臣，所以也有很多人繼續追求，唱其塘西三部曲：出毛巾，給白水，執寨廳。

向例：有客人執寨廳，即使是溫心老契，也要遷就一晚，俾廳客享受其應得權利，在房間過夜，不一定發生關係。夢影似乎不能一晚缺少十一少，忘記通知這晚有「廳客」，十一少照常返寨打水圍，雖然由傭婦開姊妹房招呼，夢影常藉口找姊妹談談，和十一少溫存忘返，難為了廳客，飽嘗「乾煎石班」滋味，不俟天光，拂袖而行。廳薑、事頭婆之輩，為着生意前途，忍不住在夢影送客之後，申斥埋怨，說她祇顧溫靚仔，連廳客都不顧。夢影老羞成怒，忍不住反唇相稽道：「難道靚仔就沒有資格做廳客

嗎！」說罷憤然入房，對十一少告訴剛才被侮辱情形：「你必得替我爭回一口氣，執晚寨廳，我和你結交以來，如何對待你，從未開口索取一文錢，你是知道的。執寨廳對我個人絲毫沒有益處，你破費這筆錢，可以歡宴你底一班朋友，這是你的面子，你每晚返寨裏渡宿，也可以堵塞寨裏人的一把衰口，我相信你決不會推辭的。」在這種情形之下，十一少當然「義不容辭」。做過「廳客」，面子迥然不同，以後返寨打水圍，全寨龜鴇寮口嫂輩，離遠見十一少欵步而來，便起立笑口相迎，曼聲呼喚一句「十一少」，花叢地方，多散一塊錢，確有一塊錢的代價。

第廿四節：我愛四郎似就瓜

就瓜是甚麼東西？是何等樣人？爲甚麼紅牌阿姑，也像唐朝武則天女皇帝一樣，大讚特讚情郎張昌宗：「我愛蓮花似六郎」，她却坦率地，在飲客或花間姊妹面前，公然承認：「我愛四郎似就瓜。」

就瓜是當時鼎鼎大名的粵班小武靚就，因充當靚元亨副車而紮起，靚元亨爲近三、四十年來藝術湛深，規矩嚴謹的第一位小武，舉手投足之微，俱有寸度，不差毫釐，戲行中人稱爲「寸度亨」凡是幫過靚元亨的「筆帖式」（小武之別稱）都先後擢陞正印，十分出色。理由很淺顯：沉浸濃郁，揣摩「偷師」，含英咀華，自然精彩百出，有目共賞。往昔觀眾評一個老倌，以及班主陞降老倌，皆有獨特眼光，不肯敷衍從事。靚元亨掌握祝華年、正篆有年，適值女班崛興，李雪芳之羣芳艷影，和蘇州妹之鏡花影，給予觀眾無限新刺激，男班確受到重大的威脅，祇有靚元亨領導的祝華年，及千里駒，白駒榮，靚少華，李少帆，靚新華等五條台柱合力支撐的周豐年，才能夠和女班「拗手瓜」。後來靚元亨因事走埠南洋，靚就以二幫穩升正印，其他如靚雪秋，新靚就（關德興）等，挹其餘緒，繼續努力，沒有一個不紮起成名，獨當一面，藝術自有眞價值，無怪其然。

靚就生得個子軒昂，文場武場，兼擅所長，粗綫條作風，

完全符合當時小武的標準，最受異性歡迎。靚就有一個軼聞異事，戲班中人引爲美談，他深染阿芙蓉癖，豢養一頭小猴子，和一隻了哥，開烟局的時候，流連烟床不去。靚就吞雲吐霧，烟氣瀰漫，日積月累，猴子和了哥亦變了「癮君子」，非經靚就噴過幾口烟便懨懨欲睡，口水鼻涕齊來，及至頂癮之後，精神煥發，爭着向主人獻媚，載歌載舞，嬉皮涎臉，使人忍俊不禁，戲班同事，戲稱爲就瓜的一對「寵妾」，眞是形影不離。有一次，猴子和了哥「爭寵」之際，激惱猴子，用爪抓傷了哥，奄奄悲鳴而斃，靚就心頭火起，順手拿烟槍迎頭一擊，不料用力過猛，打穿後腦，猴子亦當堂斃命，靚就霎時之間，斷送了兩個心愛物的性命，痛定思痛，懊悔不迭。從此以後，斜躺在烟床搓燂，不見這一雙「寵妾」陪侍左右，忽忽若有所失，有時閉目「發烟迷」，朦朧間似覺猴子和了哥，血肉模糊，悲聲訴苦，往往在夢魂中驚跳起來，大叫「亞福」、「亞旺」休走！（靚就替猴子取名「亞福」，替了哥取名「亞旺」。）他每次對人談起亞福、亞旺，禁不住流淚歔欷，比較普通人悼念寵妾，有過之而無不及。從前老倌多數落鄉演劇（其後才有「省港班」與「落鄉班」之分，省港班老倌，接班時雖聲明不落鄉，但較大鄉村的主會，和老倌有深厚交情，有力量請得軍事當局支持，多派軍隊防衛護送，充分獲得安全保障的，年中仍可能落鄉演三五台），綠林中人打單勒索，已成司空見慣，甚至在都市戲院演出，亦常受黑社會威脅，所以很多老倌，平時喜與綠林中人往還，敦友誼而重義氣，可能避免刼擄事件發生，此外，則帶槍枝自衛。

靚就未陞正印之前，便喜歡帶自衛槍枝，他底個性十分豪爽，和綠林中人很合得來，和廣州市公安局一班偵緝，也是很

要好的朋友，所以他之携槍枝，自衞的成分反爲低微，屬於「玩槍」的性質更高。他於演劇餘暇，最愛出郊外射獵，一演身手，碰着「玩槍」的同道，即拿槍枝出來，交換摩挲，這種玩意兒很是平常，類似玩古玉的人摩挲古玉一般，不過少見利器的人，常稱手槍做「鬼槍」，提到鬼自然駭怕，還帶有一種迷信心理，說鬼槍當眞有鬼，時衰運滯，可能給鬼魂拉去做伴侶，這種無稽之談，慣玩槍枝如靚就，絕對不會介懷。恰巧這一天，有位玩槍的同道朋友，到他底「鋪位」（伶人在戲院後台，或戲班紅船的住所，所佔位置有限，習慣稱爲「鋪位」），靚就從烟床起身，拿枕畔新購買的左輪，表示機掣靈活有力，十分好用，親自試給朋友看。他先將槍膛的子彈卸下來，然後攀機，大凡玩槍的人物，都知道這種禁忌，尤其是對於偵緝或綠林好漢，平時靠槍桿生活的人，萬不能以槍口相向，因爲對方不知道你是否預伏殺機，即使是朋友，難免反面無情，乘勢襲擊，對手爲自衞起見，可能先發制人，往往一時誤會，弄成悲劇。靚就不是初哥，當知趨避，所以攀機之際，斜對自己身軀，誰知轟然一聲，當堂中彈倒地，傷及胸腹要害地方，未曾昇入醫院救治，經已斃命，原來他大意不察，槍膛尚留下一顆子彈，以致造成一件夢想不到的意外事件。當時戲班中人，恰巧於這一日清晨，曾聽靚就說過：昨晚又見猴子「亞福」及了哥「亞旺」，出現烟床，痴纏不肯離開，迷信之徒，便認定靚就之死，一定和猴子、了哥鬼魂有關，特來邀他共赴黃泉，永遠做伴侶，否則，靚就是玩槍老手，決不會這樣失魂喪魄的。這等無稽讕言，姑妄言之，姑妄聽之好了。還有一件最爲巧合的事，靚就意外身亡，往昔戲班以一年爲一屆，老倌全年定實，除非中途「花門」（伶人不踐約做足原定的期間，離開戲班他

適，叫做「花門」，是一件很不道德的事情），否則很少在未散班之前，改就別班之聘。靚就的繼任人選，班主煞費躊躇，在省港班或落鄉班挑選老倌固不可能，由外埠定聘，往返蹉商，亦為時間所不許可，祇有就地取材。因戲班通盤打算，不能損失一個老倌，宣佈解散，甚且不能停頓台期，令到戲院也要遭受損失，蓋戲院和戲班，老早度定院期，當時的二幫小武是靚達，武藝子倒還不錯，可是面貌不揚，像個「古老石山」，決定不會受異性歡迎。班主為着迎合女顧客的心理，破例拔陞三幫小武靚元坤做正印，預支一筆本錢，添置私伙衣服，靚元坤年少貌美，努力學習戲場，果然「受落」，保持旺台盛況。班主笑逐顏開，私慶眼光如炬。靚元坤意外成名，不覺趾高氣揚，私生活絕不檢點，紮起不夠六個月，就在和興西街口附近，被兇徒狙擊斃命，身上有金相盒，中嵌歌者梅影小照，雖不一定和梅影有關，牽涉桃色事件，卻是無可否認的事實，估不到靚就的繼任人選，亦和靚就同一命運，死於非命。

「就瓜」之稱呼，因靚就排行第四，粵俗對數目字另有一種隱語，稱「四」為「瓜」，「五」為「渣」，「六」為「鬧」（讀上聲），「九」為「彎」，故班中人習慣叫他「就瓜」。靚就既有聲於舞台，自然顛倒了不少「蓆嘜」，塘西阿姑多有觀劇的嗜好，姑勿論是否有做蓆嘜的企圖，或者想做蓆而沒有門路，不夠資格，看到某位飲客，酷肖某一名伶，便不免推屋烏之愛，作慰情聊勝於無之舉，三番老四就是沾靚就之光。

三番老四生得體格魁梧，舉動裝束，都極力摹仿戲班佬：腮邊髮鬢特別留長，這是戲人的習慣，原始不是貪美觀，實際上幫助面部化裝。浮薄少年，不知底細，意圖「影射」，不顧旁人齒

冷。往昔伶人不大盛行着西裝，亦有些老倌簡直「不敢」穿，因爲當日一般伶人的知識水準，讀書識字者遠不及現時的普遍，恐怕人家譏笑他不懂西文，也學人着西裝。記得紅極一時的少武靚少華，和一位摩登太太結合，趨尚時髦，「派」其西裝，說也湊巧，偶然在中環碰着一位西人向他問路，他瞠目結舌不能答，嗣後深覺慚愧，立刻把西裝束之高閣。其次有等伶人，故作怪裝異服，吸引異性的注意力，覺得西裝不能任意改變花樣，祇好從唐裝方面着想。舉色澤和花欵爲例：全黑色的長衫，（當時很少男人着全黑色衣服的，通行細花的絲髮），或則大個壽字大團花的軟緞長衫，短衫袪作上海裝，「復古運動」紮其袪腳，（這時紮袪腳已在淘汰之列，偏要「無個樣整個樣」），諸如此類，「引人入勝」。

三番老四原是世家子，剛巧接受一筆數目可觀的遺產，年少多金，已值得阿姑垂涎，不待借光於「就瓜」，不過他所召喚的妓女，長樂雪紅，是很有名的紅牌阿姑，拜倒石榴裙下的濶少，實繁有徒，等閒不易垂青顧盼，雪紅獨死溫老四，寧可得失其他恩客。她底知心傭婦柳姐，曾經私下細叩芳心：「四少雖是一擲千金，毫無吝色，不是窮措大，自然足夠溫佬資格，但南北行少東的口天七少，洋行大班的雙口六少，正是旗鼓相當，工力悉敵，爲甚麼你不肯正眼兒覷視他們呢？」雪紅很簡單地答覆這句話：「亞柳，你有所不知，我愛四郎似就瓜呀。」

雪紅之死溫老四，除愛他似就瓜之外，可能尚有一個原因。雪紅是當時紅牌阿姑中，趨尚摩登風氣的先進人物，懂得跳舞，正如天一蘇影，倚紅金龍（上海花國總統）以及素梅，盼盼，肖容等，以阿姑而兼嫻舞術，開風氣之先，煊赫一時。老四也屬於

「新派」紈袴子，喜歡「撚」私家汽車，學習駕駛術，不要司機之「阻手阻脚」，親自司機和老契兜風，環遊香島一週，雪紅爲好奇心所驅使，要老四教她駛車，她亦心靈手敏，大有「畢業」資格。後來竟發生一件極不愉快的事件，當汽車駛至大道西「龜背」附近，因閃避途人，駛過行人路，撞傷街邊苦力，後因傷斃命，有人說是女人司機，但老四自認司機，具保出外候審，不久聽到苦力死訊，曾偕雪紅赴滬躲避一個時期。事隔多年，回來時雖遭拘捕，舊案重訊，因欠缺人證，幸得恢復自由。

第貳集

第廿五節：烟局・汽車・名妓散一副身家

　　在新舊時代過渡時期——那就是說：脫離專制羈絆，建立民國，十多年來，雖是內戰頻仍，民生塗炭，但政治，學術，思想，以至日常的生活，俱已迎合新潮流，有急激的改變。社會上有閒階級的「二世祖」，自然也沒有例外，大致亦可分為：「舊式二世祖」和「新式二世祖」。

　　「舊式二世祖」，可以拿「西關濶少」作代表，正是舊式二世祖典型人物，作風趨向「頹廢派」，幾進深的大屋，一榻橫陳，吞雲吐霧，置世事於不聞不問，「枕戈待旦」，睡至日上三竿，仍未轉側，或改古人詩句相贈：「萬事不如槍在手，一生幾見日當頭」，甚是貼切。如見紅日初昇，除非通宵不寐，晨光熹微，帶幾籠雀兒，上高樓與撚雀的朋友，高談雄辯，鬥唱口，爭豪強，其次則於秋高氣爽之日，競鬥蟋蟀，才可以一瞻濶少顏色。亦有人見事論事，秉公批評：假如他肯將侍奉雀仔、蟋蟀的手段，拿一半放在老人家身上，他便可以繼「廿四孝」之後，列名第廿五位孝子了。

　　「新式二世祖」的銜頭，可以奉贈「香港少爺」，歐風東漸，美雨西來，服裝注重西派，不比「西關濶少」，不衫不履，名士風流，或拖其燕尾之鞋，無拘無束。因此性格上也潛移默化，起居飲食服御，多少帶點洋味，化「頹廢」為「摩登」：撚汽車，

養洋狗，銀燈蠟板，攬腰狐步，凌晨駕車去淺水灣飲早茶，「嘆」其下午茶於聰明人餐室，茶舞時間，在大酒店天台跳幾拍舞，優哉遊哉，五十斤柴，一樂也。至於「電燈着，鬼揢腳」，徵歌選色，買醉尋芳，玩女人，戀名妓，「少年不嘗試，老大徒傷悲」，不論「新式二世祖」與「舊式二世祖」，同樣陷身迷香洞裏，「頹廢」、「摩登」，殊途而同歸。記得有位世伯新翁，他是省港船買辦的老前輩，連續任買辦廿八年，開廳登艇，了無虛夕，他常時坦率地教訓子弟，以至世侄輩亦多聆清誨：「你們少年時代，應該去行攬，總比老年人優勝一籌，但你們須緊記我這句話：出來攬不妨，攬到翻天覆地也無妨，但要攬得堂堂正正，瀾瀾綽綽，切不可做衰仔，辱沒瀾少的名堂！」

本篇主人翁老五，就是上文似「就瓜」的三番老四的弟弟，他本身是名符其實的「香港少爺」，讀西文的時候，闊閥名家，尚未盛行以私家汽車接送少爺返學放學，他却具有體育精神，買架電單車，駕駛馳騁於半山區，不失起起武夫氣概。估不到他以「新式二世祖」資格，接收父親遺產之後，搖身一變而爲「舊式二世祖」，花錢介乎新舊之間，以烟局，汽車，名妓，三件頭散清一副身家。本來這「三件頭」都是奢侈品，是但沾染一項，積年累月，花銷十餘萬，並不算十分稀奇。不過老五以全副精神，放在一套烟局，汽車掉換過兩三部，而所戀妓女僅有一名 —— 一見鍾情，馬上宣佈同居 —— 前後不過五六年間，床頭金盡，大有鳳去樓空之感，未免有點可惜，而他的花錢方式，也是塘西瀾少別開生面的一個。

三番老五的先人，經營金山庄起家，金山方面亦有很多叔伯，故鄉人注重子息，出生「做紙」，以備將來有機會過埠掘金。

假如子嗣遲遲不來，收買螟蛉視如己出，鄉間習俗，恬不以爲怪。（有等鄉村，却不習慣買仔，祠堂可能不予以承認。）聽說老四原是螟蛉子，過了十年後才誕生老五，但家長方面，認爲他帶引得一個親生兒子來臨，慶幸熊羆之兆，沒有存歧視心理，仍分給一份家財，數達十萬，老五自然倍蓰其數。老四年長於老五十年有奇，老五達到法定年齡，承受遺產之際，老四名下所得的一份，早已化爲烏有，一日三餐，再加兩餐黑米，轉要靠弟弟全部支持，老五大權在握，脫不掉青年人本色：有花堪折直須折，莫待無花空折枝。他底性情，有點孤芳自賞，不大喜歡交朋結友，他原是學界體育明星，尤擅長打網球，這是貴介子弟的消遣品，又愛駕駛電單車，小不免晉陞有車階級，當時塘西飲客，坐私家「勃勃車」，正如寮口嫂話齋：「潤潤聲確不同凡响」。照理那時的汽車價格，極其量一萬八千，潤少芸芸，原非了不起的排塲，不過我們首先必得明白一點：除非門前掛白，夾萬得匙，無人阻擋，否則家長在堂，老人家繫念創業艱難，誰也希冀子弟守成節約，重視金錢，派其潤潤車，這還了得！舉一個例：金老大已是社會名流，老太爺又是經濟界權威人物，審情度理，買架汽車代步，亦不算「過態」，知父莫若子，金老大爲着維持家庭信用，遲遲不敢實行，後來由一位富家子朋友劃策，作爲是他個人的禮物，老人家自然沒有反對的理由。這妙策果然行得通，老太爺初時確不反對，有時還趁趁興，兜一輪圈子，頻稱爽快。幾個月後，無意中看到月終電油站的賬單，馬上跳起來，叫兒子快把「禮物」送還朋友，並說朋友一番美意，固值得感激，可是「執條襪帶累身家」，（按：這是粵諺，意謂執條襪帶，反而要添置鞋襪服裝，所費不貲，得不償失，因小失大。）等如人家出鷄，你

出豉油，亦會點乾，朋友送汽車，不消說頻頻應酬親友，環繞香江（那時坐汽車環繞香島一週，亦算是一件「盛舉」），月中虛耗電油不少，小數怕長計，不要做這等「敗家子」的勾當呀。

老五對汽車感覺濃厚的興趣，喜歡自己駕駛，先要找位師父教授，那師父就是他底司機，寧可高興時親自動手，但司機不能不備。他雖是紈袴子弟，却不比其他好鬧排塲的公子哥兒，分清楚老板與僱員的階級，加之初初「畢業」，興高彩烈，樂得再進一步，研究駕駛術，以是每晚買醉塘西，除老四及另一位堂兄弟之外，飲友便是他底司機，兼邀司機的朋友，高談潤論，大都有關駕車的經驗。老四以過來人資格，覺得這樣飲法，浪費而單調，倒不如自己設立一間小型俱樂部，請厨師撚兩味，溫老契更甜蜜，朋友亦可乘興而來，盡興而返，即使不靠打牌「抽水」，月中開銷有限。老五深以爲然，在和合街租一層樓，設立倚虹俱樂部。

這時「四大天王」的詠觴妓院，恰巧改換東家，易名「倚紅」，雖然「虹」「紅」不同字，但完全同音，於是有人戲稱老五是「倚紅事頭」——即龜公的代名詞。老五又想改爲「見虹」，老四告知他有間「劍虹」俱樂部，是一班「少壯派」名流的起居室，和「耆老派」名流耍樂，富有歷史性的「文苑」，並駕齊驅，有聲於時。凡是這「一老一少」兩間俱樂部的館友，龜鴇、寮口、阿姑、傭婦輩，都爲之刮目相看，若用「見虹」實恐有影射之嫌，均之是個人消遣的俱樂部，「不求聞達於花叢」，何必惹起別人誤會，譏爲「冒牌」。老五初出茅廬，確是不知道外間一切事物，聽老四這樣說，祗好作罷，仍用「倚虹」名字，因此許多寮口及阿姑，初時也鬧出笑話，「倚紅妓院」與「倚虹俱樂部」之間，常

會弄錯。還有一件趣事：紅伶老五曾有幾次應老友之約，到倚虹坐談，順便「消夜」，阿姑輩輾轉相傳，以爲三番老五就是紅伶老五，她們認爲大有「按圖索驥」的機會。到了晚上十一二時左右，預料戲院散場後不久便來，首先賣弄殷勤，爲將來「做蓆」的先聲，叫心腹寮口或傭婦送一竹籃名貴生菓給五少潤吻，這個「來使」自然說出送禮物的阿姑芳名，但俱樂部座上客，誰也很少理，大嚼一頓，「多謝」沒有一句。如果紅伶老五到來、或許循例給他一個「知」字，祗知道有人送生菓，直受不辭，送禮物的阿姑是誰，一概不知！

　　老五在酒樓開廳的時候，朋友所介紹的老契，以及本人所看到的嬰嬰婉婉之流，大都是庸脂俗粉，無一屬意，爲甚麼老五眼高於頂呢？這裏可能提供一點理由：老五年僅廿一，尚未娶妻，離開學校還不到一年，平時駕駛電單車，往來馳騁半山區，各校女生，沿途絡繹不絕，閨秀淑媛，以至小家碧玉，受過學校教育，總帶點高貴俊秀風度，而塘西阿姑，就算怎樣「紅牌」，多賴人工修飾，製造「天仙化人」，其中儘有很少數「琵琶仔」，或出身名家，厄於種種環境，被謫風塵的良家子，保持「閨秀」或「女學生」風格，像天一蘇影、長樂雪紅之儔，正如披荊採蘭，偶或一遭，可遇而不可求。老五涉足花叢未久，求之不得，環顧粉白黛綠，俗不可耐，殊不符合本人選美的目標。說也湊巧，自從「坐館」之後，由朋友介紹召喚長樂紅玫瑰，好比西廂記張生之於崔鶯鶯，驀然見五百年前冤孽，正中下懷，一見鍾情。甚麼理由呢？說起來也很簡單：紅玫瑰原是良家女，又是某著名女校的高材生，可能醉心自由戀愛，不肯遵從古老禮教，奉父母之命，聽媒妁之言，履行「盲婚」條件，永遠廝守一個絕無學識，

四淫俱齊的紈袴子，三十六着，走爲上着，最後的途徑，被迫走上青樓。一個初出校門的男生，一個是剛拋下書包的女生，自然情投意合，如水乳交融，每晚在俱樂部溫存了好一會，到了晨光熹微，便由老五親自駕車，環繞香島半週，呼吸清新空氣，接着去淺水灣酒店飲早茶，生活蠻寫意，也是「摩登二世祖」的新玩意兒。

接着老五和紅玫瑰正式賦其同居之愛，以他一個「青頭仔」姑不論對方是否「紅花細女」，有情人終成眷屬。假如繼續其「新式二世祖」的玩意兒，撚三幾部汽車，帶一位名妓埋街，所費亦有限度，決不致短暫時期，便傾家蕩產。最不幸的是：老五兼有「舊式二世祖」的不良嗜好，吸鴉片成癖，由「摩登派」變了「頹廢派」。但假如老五祇是玩幾錢烟，以偌大財產，月中收租收息，亦可以敷支有餘，四五十年前，廣州內地的大地主或大股戶，估計年中收益，雖全家丁口浩繁，亦一生吃着不盡，祇求後代能夠守業，不希冀子孫求進取，家主們很多「強迫」子弟吸烟成癖，使他們功候精深，不和人爭勝鬥強，不大喜歡和女人交接，最掉忌是豪於賭博，可以一夜之間，輸了一條街的物業，鴉片烟却有個限度，「任食唔嬲」，有數得計，決不會有傾家蕩產之虞。

然而老五怎樣爲一副烟局而花散大部分財產呢？說起來不能不要痛罵這個發明用烟局抽大烟的人：「始作俑者，其無後乎！」躺在床上「嘆世界」輕燂慢撚，逸致閒情，正好集昔人詩句奉贈：「重簾不捲留香久，短笛無腔信口吹。」個中人語云：「假如有大副身家，隱逸過活，無求於世，抽大烟確是唯一的享樂，可以永遠做『長眠』人，不須出房門半步。」同時，抽烟的工具，加意講究，「金木水火土」五行，缺一不可，此中並包涵

「科學」、「物理學」、「力學」各種原理，可惜玩物喪志，用非其道，如果拿這種研究精神，發明有益社會國家的器械，相信原子物理，也不會落後於人呢！茲舉烟托爲例：

「烟托」祗是燂烟的小工具，單用鐵綫或銅條，便可適合用途，但遜清時代的佛山鍾凌，於此道三折其肱，能夠挑起一個秤鉈，亦不斷不曲。遜清大吏，大都深染烟癖，佛山「五斗司」「分府」等下僚，定製烟托孝敬上司，他所定價值的等第，最爲有趣：一支托能挑起四兩重量，自然以不屈不折爲原則，價值十五元；八兩重的二十元，十二兩重的廿五元，照此類推。在四五十年前，一對烟托值銀數十元，當然駭人聽聞，鍾凌原是仕子出身，他製烟托的時候，放下蚊帳，不許家人徒弟窺視，馳譽一時的佛山「五其昌」，算是他的首徒，亦祗授以「攢水」工夫，其他失傳，以現代科學眼光觀察，實在不出「力學」和「物理學」原理，不過當時一般人沒有科學頭腦，即使發明人鍾凌自己，亦知其然不知其所以然罷了。每對烟托的上端，雕刻猴子，仙桃，宮燈等吉祥物品，以檀香或象牙盒裝貯，確是名貴無倫。此外，如烟屎鈎刀這一類無足輕重的工具，同樣要講「名堂」，潘大千出品，是個中表表者，他亦承認五其昌的烟托，雖不逮乃師「力學」的準繩，聲明挑起若干重量，但不斷不折，早已膾炙人口，價錢亦有上等下等之分。

其他烟槍烟斗，名家輩出，指不勝屈，三番老五廣事搜羅，無巧不備，有美皆臻，單是烟具一項，已耗費五六萬元，日吸公烟一兩，（包括三兄弟及烟客在內）所費不貲，就這樣幾年之間，散清一副身家，躭誤了大好青春，惜哉！

第廿六節：女侍班頭花占紅

說到塘西阿姑的出身，種類浩繁，而「落河」的因素，若非環境所迫，便是貪慕虛榮，希望高攀門第，一女嫁豪門，「全家食豬肉」，姑勿論做三奶四奶，以至沒有名義的外室，最低限度，在物質上的享受，經已傲視儕輩，所以養成「笑貧不笑娼」的風氣。這也難怪，往昔婚嫁論門第，所謂：「竹門配竹門，木門配木門」，鴻溝一綫，儼如界限，小家碧玉想嫁個貴游子弟，差不多和一位公主，下嫁平民「白丁」，同樣困難。反為墮青樓之後，濶佬量珠十斛，出孟家蟬於平康里，不特沒有階級之分，兼且抬高聲價，親友嘖嘖稱羨：「某翁所納新寵，是石塘咀的琵琶仔呀！」或者說：「她是石塘咀的紅牌阿姑，許多濶佬在追求，某翁捷足先登，真好艷福！」

基此理由，大多數的阿姑，都屬於龜鴇之流，從小挑選面貌姣好的女子，作「糟豬花」式訓練，倚作搖錢樹，亦有貪慕虛榮的父母，使親生女兒當娼 —— 自然以母親居多，父親畢竟是堂堂男子，總有些血性，不想接受「 —— 一二三四五六七 ——『忘八』——『孝悌忠信禮義廉』——『無恥』—— 的聯語，永遠遭人譏諷做『龜公』」。此外，亦有誤解自由，喪失貞操，不容於家庭的「自由女」；廣田自荒，雨露不均的冷宮姜侍，或富室棄妾；或者埋街食井水，食唔夠錢八銀米的「翻剃」妓女。（按：這是

花叢流行語，妓女作歸家娘，謂之「埋街食井水」——這句話可能與「河下人」的名詞有連帶關係，做妓女叫做「落河」，被稱爲「河下人」，隨客人「上街」，往昔未有自來水喉之設備，每個家庭差不多都鑿井而飲，故有「食井水」之稱。至於錢八銀米一語，錢八銀即銀幣二毫半，涵意是譏諷青樓妓女，水性楊花，沒有定性，不會相處太久，食唔夠錢八銀米，就可能逃之夭夭了。）除上述種類之外，自然尚有一些「特別人物」，例如凡心未淨的師姑，塘西也有一個，襲用「小宛」的名字，懸牌應徵，大家都知道「董小宛出家」故事，就此表明身份，原是遁跡空門的尼姑，搖身一變而高張艷幟於塘西，初時戴假髮應徵，頭髮未曾留長，已禁不住濶少們競爭攘奪，很快便食井水去了。其次則爲本文所述的女侍班頭花占紅，大抵物罕爲奇，師姑和女侍，在花叢地面尚屬罕見的人物，消息播傳，立刻就成爲「搶手貨」，當然很有理由。

女侍即現在酒樓茶室女職工，本來一個人尋求生活，無論男女都很應該找份職業，而職業更無高低之分，可是當時社會人士的眼光，對於「職業女性」，別有會心，更以「不肖之心待人」。女侍俗稱「女招待」，或將「待」字減去一撇，叫「女招侍」，甚至稱爲「茶花」，等如理髮姑娘被稱爲「髮花」，普遍作花枝一例看，多少含有侮辱心理。這也難怪，時代不同，眼光自有差異，古老人的頑固頭腦，怎及現代人的開明，男女平等，職業亦平等，茶花這個名詞，早已趨淘汰之列，不在話下。其實初時酒樓，用女工，也是一種正當的職位，絕對不是用作「花瓶」僅中看不中用的。

據酒樓業老前輩江蘇酒家老板袁見成君談起女招待之來

源，最初確是名符其實的女職工，由於省港大罷工之役，酒樓男工友，大部分遣返內地，人手不敷，祗好僱用女工，所担當的工作，洗碗碟，掃樓梯地板，及其他工作事，接着穿回整潔的衣服，協助男工，兼提壺洗杯，招待客人。所以初期的女職工，十分循規蹈矩，其後風氣所趨，變本加厲，酒樓以業務關係，不能不迎合顧客心理，花枝招展，作爲茶餘飯後的點綴品。

　　花占紅原是香江餐室的女招待，名喚四妹，生得嬌小玲瓏，體態苗條，面貌娟秀，吐談風雅，頗惹人喜愛。香江餐室位於大道中和大道西的交界處，即水坑口附近，隔隣尚有一間東園支店餐室。那時高陞戲院長期演出粵劇名班，以地點適中，這兩間餐室的顧客，不少是梨園子弟，佳人有約，闢室談心，倒是慣見的現象，因此又有「優人俱樂部」之稱。長期顧客中，還有一班報界記者，其中有位公社的書記，渾號「老和尚」，他本來年齡並不算老，但頭髮有點斑白，屬於「未老先白頭」類型人物。他嗜茶成癖，每日早午晚三餐，都在餐室消遣光陰，並約會朋友，有人說香江餐室，便是他底私人辦公廳。他認識了一位初縶的名伶，有一天他上午抵埗，座無虛設，那名伶闢室與女朋友欵欵深談，見了老和尚，起身讓座，且介紹女友，說是未婚妻甲姑娘，說完之後，拍拖而去。到了下午，老和尚又碰着那名伶，另外偕同一位妙齡女郎，淺斟低酌，見老和尚找不到座位，亦同樣讓座，亦同樣介紹是他底未婚，老和尚暗中覺得好笑，上午和下午，就變換了兩名愛人。事有湊巧，晚飯之際，顧客如雲，老和尚覓座位不得，呆立以候，那名伶叫四妹埋單找數，見了老和尚，更欣然招呼，以廂座相讓，座上女郎鼻架金絲眼鏡，正式女學生打扮，不消說又替老友介紹了，却是第三名未婚妻！老和尚

初時覺得這個大老倌，真是秦叔寶沒有心肝，未婚妻早午晚「時價不同」，雖是閣下之事，與鄙人無關，但不應該欺騙老友，須知老友並不健忘，更不會眼花繚亂，難道一日間看過三個姑娘，轉瞬間便會忘記嗎？後來回心一想，他絕對不是欺騙老友，而是欺騙他底女友，一則表示海誓山盟，永遠承認她是未婚妻身份，即使和別個女人來往，也是普通女友，幸勿介意；二則當着老友面前，亦公然介紹，更證明地位沒有改變。一個老友聽了起疑心，有甚麼要緊？三個女人聽了這些話，每個人都覺得心甜，就收到美滿的效果了。老和尚逢人便告訴這故事，並表示很佩服這位「新紮師兄」，應付女人面面俱圓，頭頭是道，見微知著，難怪他三幾年之間，即一躍而為紅伶了。

四妹以職務關係，自然很多機會和梨園子弟接近，有人說她耳濡目染，想做「蓆嗉」，苦無資格，於是把心一橫，決定隸籍青樓，賺取金錢和地位，以冀達到目的，改名花占紅。

花占紅艷幟方張，喜歡新鮮刺激的尋芳客，互相傳播：「她就是香江餐室的女招待四妹呀！」口頭宣傳，有時比筆墨宣傳更收效果，何況塘西一隅之地，濶少類皆好事之徒，「散一塊錢，看看她底模樣！」許多塘西阿姑，就是在這種狀態之下，一晚走十多廿台──台脚。阿姑的目標當然「志不在揩」，希望從中碰到四方辮頂，拿穩不放，同樣濶佬散一塊錢揩銀，也不單純陪酒侍筵，醉翁之意不在酒，而在乎山水之間，可能對眼姻緣，做埋老契。

僥倖得很，花占紅初踏「台板」，（老倌初出台演戲叫做「初踏台板」，這裏的「台」字借用作「台脚」解。）首夕即碰到一位濶佬大肚老二──面圓圓，腹便便，是銀業界的老行尊，也是

「如假包換」的濶佬。爲甚麼他是「眞濶佬」呢？因爲普通的濶佬行爲，尤其是在爭强鬥勝的花叢地面，大多數是「石罅米」——祇有鷄啄——「烏鷄白鳳丸」——祇有女人可食，換句話說，這個濶佬所用的金錢，完全放在女人身上，唯有女人才可以使他大破慳囊，男人沒有份兒。假如濶佬高興，樂助朋友的話，也是女人發生連帶關係的場合。例如：無錢叫妓女陪酒，人皆有「后土」，你獨淒淒涼涼，減低熱鬧的氣氛。也好，借給你一塊，免你「身後蕭條」。又如：濶佬喜歡打牌，三缺一，掃興之極，也好，借給你一注賭本湊湊趣。此外則至愛親朋，賒借免問，餓死老婆瘟臭屋，甚至死人兼塌屋，此乃閣下之事，與鄙人無關，今夕只可談風月，擾人淸聽的消息，掃興之至，無趣之極，免開尊口爲佳。

大肚老二的豪爽性格，與普通濶佬完全相反，手段的濶綽，對待老契與朋友沒有差別，平均計數，朋友受惠的更多，其實稍知人情味的人物，當然會明白這個很簡單的道理：有永久的朋友，沒有永久的老契，人生在世，全靠朋友互助，所謂互助之道，並不單純講金錢，有時朋友箴規一句金石良言，比金錢的價值尤勝百倍。老二喜歡結交戲班佬，有人戲稱他底銀號，無形中成爲「伶人外庫」，不論鼎鼎大名的老倌，新紮師兄，以至將紮而未紮起的戲人，有求必應，舊債未還，再添新債，亦毫不計較，這當然屬於私人借欵，並不是開過戶口「透支」，更不是「放班賬」，貪圖利息，所以戲班中人，談起老二名字，無不肅然起敬，讚揚其義氣。他底俱樂部「愛平」，也成爲優人薈萃之所，亦可稱爲「伶人外庫」的總賬房，隨時可以找到老二商量，甫一開聲，他便打開夾萬，花花綠綠的鈔票，一帙一帙地炫耀眼簾，

非常大方地「隨君所欲」，予取予携。世界事很奇怪，越是大方潤綽，對方越知自重人格，羞愧不敢奢求，祗是借取需求的數目。反之，越是吝嗇鬼，平時對朋友沒有半點好處，如果有機會碰到夾萬打開的時候，就會「飛擒大咬」作其一筆了。（戰後老二環境大差，往日受過他恩惠的戲班朋友，雖然多半已成為過氣老倌，加以戲班業務亦甚衰，不比往昔一屆班以年薪計算，有固定的入息，環境同樣惡劣，仍然竭盡綿力，陸繼資助老二，這完全憑良心上的主張，出於自動，而不是老二窮人思舊債，索還舊欠，以老二這樣性格豪爽的人，借錢朋友從不記舊賬，亦從不開口叫朋友還錢。

大肚老二在「愛平」俱樂部召喚花占紅未幾，一見鍾情，花占紅在芸芸飲客中，對於「愛平」的花紙，必定首先「掛號」，逗留的時間也特別長久，別處客人催促「埋席」，她一概不管，有例應老二之邀，同在一起「消夜」。據「心水清」的人推斷，花占紅看重老二，可說推屋烏之愛，因為「愛平」俱樂部的客人，每晚總有許多個戲班佬到來消遣，當然不盡是借錢，而是「賭沙賭石」，輸乾輸淨時，有主人家照寶，可以再接再厲，「磨穿席」也不要緊。賭博不過是一般人的天生嗜好，尤其是戲班中人，越有胆量輸到連戲箱都被人扣押，越有縶起為紅伶的機會，翻開一部戲班歷史，歷驗不爽。

姑勿論這「推斷」是否正確，但不久花占紅與老二賦同居之愛，却不正式「埋街」，而是屬於「包月」性質。普通人的「包月」和「外室」畧有不同，外室可能因家庭不許可正式「入宮」，名分與妾侍無殊。「包月」則比較「化學」一點，按月供給家費及用度，祗能算是短期「霧水姻緣」，雙方合則留，不合則去，沒有

時間上的規定，一個月無妨，一年也可以。普通人的「包月」，無形中這個月的行動自由，要受到限制，株守家庭，杜門謝客，但花占紅和老二同居，却附帶條件，准許她仍舊懸牌應邀，出局侑觴，但她保證絕不滅燭留髡，每晚必定回家渡宿。老二性情豪邁，胸懷灑落，兒女之私，視作等閒，散多少錢替老契「包月」，作為幫助一個朋友，不算得甚麼一回事，「包月」足有年餘，聽說花占紅在俱樂部時，認識了一位戲班佬，相見日久，情感滋生，後來老二同意，解除「包月」關係，花占紅和這個心愛人熱戀了一個時期，床頭金盡，乃轉移陣地，樹幟於廣州陳塘。

　　花占紅這名字改得不錯，名符其實，花運很快走紅，事實上也真湊巧，移植未久，即隨雷老撬作歸家娘，排名第四妾侍。說起老撬的祖父雷翁，是香港三四十年前的著名「人瑞」，經營南北行，支號遍設，由華南、華中以至華北，蔚為商界巨擘，兒孫六代同堂，蘭桂騰芳，蕃衍逾百數，大有郭子儀「問安惟點頷」之慨，享壽期頤，無疾而終，執紼者逾千人。俗有「香港發三家」之諺語，撬家是其中之一，闢埠初期，鴉片由商人組織公司承辦，其後始由政府專賣，稱為「公烟」，這種「虎頭牌」生意，自然生意興隆，不少巨賈殷富，俱是該公司股東，故往昔「發達之人」，小不免帶點「偏門」性質，撬賭撬烟起家，倒不算得詫異，獨是這位雷翁，可以清心直說，完全靠做正項生意發達，尤覺難能可貴。老撬承祖父餘蔭，大權在握，偶然在廣州考察商務，逗留一年半載，晚上到陳塘作花酒應酬，在酒席筵前，一見花占紅，驚為天人，可是同席的朋友，都說她十分高竇，不容易接近，但是奇怪得很，花占紅和老撬傾談之下，甚是投機。不知是老撬紅運當頭，還是花占紅吉星供照，剛剛做成老契，老撬平日

最愛買舖票，這一會居然「聯榜」獨得，彩銀二萬多，錦上添花，更造就帶花占紅埋街的機會。老撓已有妻妾三人，花占紅號稱「四娘」，過了一年餘，卒不安於位，這次要過埠還其花債了，結果如何，沒有下文。

第廿七節：宜樂柳眉的「賤丈夫」

「毛巾，拖鞋，水烟帶」，開廳登艇，自是潤佬所為。穿「燕尾鞋」，「食拖鞋飯」，妾侍落河翻剃，還是冤魂不息，以普通飲客身份，循例補張花紙，返寨「打水圍」過夜，解決「黑米」問題，兼圖片刻歡娛，這是「賤丈夫」所為，講究面子排塲的塘西花酒塲中，更屬罕見的怪現象。因為揮金公子，走馬王孫，帶妓女埋街，妓女水性楊花，食唔夠錢八銀米，再度翻剃，可說「大萬三千」；同樣的墮落二世祖，床頭金盡，壯士無顏，任由鸚鵡脫籠，重操賣笑生涯，亦是「大萬三千」，司空見慣。但不論甚麼翻剃的理由，大好情緣，多數一刀兩斷，各奔前程，即使雙方死心不息，仍作藕斷絲連之想，也祇好在外間秘密偷歡，從來不肯明目張胆，在寨裏效牛郎織女相會故事，有玷潤少的面子！稱為「賤丈夫」，誰曰不宜？

這位「賤丈夫」，燕人老四，原不是等閒人物，先代在安南經商，靠米業及洋務起家。經營米業，不消說資本雄厚，自設米絞，單是機械裝備，已抵相當價值。長袖善舞，多財善賈，是中外古今不易之理，一個發達之人，富有財產，自然趨向潮流，兼營洋務，這裏所指「洋務」，是拿一筆保證金，或相等數量的產業，担任外國商行的「買辦」。在三幾十年前，做買辦是很時髦和很聲價的職位，聽說上海方面，有等鄉人視買辦為無上光榮，

一旦榮陞買辦階級，等如遜清時代的科舉功名，衣錦榮歸，謁祠祭祖，祠堂門口立刻多添幾對高腳牌，演劇酬神，熱烈慶祝。燕人老四的祖父，以米業致富，到了父親一代，醉心洋務，做兩間洋行買辦，本身業務繁忙，不能多所兼顧，叫老四代攝買辦職務，其實做買辦是商場上最優閒而輕可的工作，洋行業務的發展，有洋人「大班」負其全責，買辦固不能越俎代庖，兼且無權過問，買辦的利益，是抽收「辦房佣」，有一利當然有一弊，假如經手的客人撻賬，就要買辦抵償，這便是買辦放貯保證金或物業的理由，作爲洋行方面遇有損失的保障。

　　燕人老四藉祖父餘蔭，年才弱冠，奄有買辦榮銜，少年得意，小不免講究排場，坐長班車仔，不夠派頭，必須「嘆」其勃勃車，乃顯出「濶濶」聲威。在三四十年前，弱冠少年，成爲「有車階級」，比較榮陞買辦，更爲膾炙人口，何況在安南，華僑多數知慳識儉，等閒不肯示濶，假如老四底尊人，是白手興家的創業者，知道創業艱難，可能加以阻止，但他本人亦是二世祖出身，愛慕虛榮，所以注重洋務，洋人「大班」有汽車出入，何妨並駕齊驅，一附驥尾。估不到因鬧一鬧勃勃車的排場，竟攪出了軒然大波！

　　原來做外國商行的買辦，英國商人與別國商行相較，頗有若干差別。英國佬富有保守性，注重階級而不歧視種族，對於買辦倚畀良殷，誼屬同事，禮貌上頗爲尊重，以香港而言，曾經有位匹頭行的老前輩，以經紀身份，擢陞爲買辦，並打破開埠以來的洋行老例，不需保證金或任何物業作抵押品，完全以人格作保證。因他爲人忠厚，客路又多，大班另眼相看，他不懂得英語，這是往昔商場老前輩慣見的現象，祗識得幾句「鹹水話」，所以

鬧出一件膾炙人口的笑話。

這位匹頭經紀老前輩，名喚賀老丁，洋人大班名喚戴璧侯，有一晚，在洋行的春茗盛會，賓主之間，飲得興高彩烈，賀老丁帶着幾分酒意，盛稱他們兩人幾十年來互相倚畀之情，甚是相得，他說出兩句半鹹淡英語，表達衷曲。他說：「戴璧侯小心提防賀老丁，賀老丁亦小心提防戴璧侯」，座上識英語的賓客，一聽之下，相顧愕然。原來他誤會英語「留心」這個字，作「關照」解，其實是含有「小心提防」之意，原不是「好字眼」。懂英語的人自是深感訝異，戴璧侯反為明瞭他底意義所在，拍拍他底肩膀，按照他底話複說一遍，表示沒有錯，以後更拿這兩句話逢人便道，商場中至今播為美談。

但燕人老四這一洋行的大班，和這位璧侯先生，便有霄壤之別，他不是英國人，尤其是在安南的洋人，眼高於頂。一間洋行的「大班」，等如一個殖民地的統治者，蔑視東方民族，雖以「買辦」地位之高貴身份，亦像「僕歐」一般看待，召喚買辦入經理室談話，同樣的按電鈴，永遠沒說一個「請」字，燕人老四少年氣盛，初上場的時候，開宗明義第一章，便和大班辦交涉：以後邀入經理室有事商談，不能直接按買辦座位（買辦沒有另闢房間的待遇）的電鈴，可以先叫僕歐傳達。洋人大班初時不肯答應，認為何必多費一番「無謂」的手續，虛耗寶貴的光陰。燕人老四堅執要維持「面子問題」，甚至以去就力爭，洋人大班看在金錢份上，姑且答應照辦。

及至燕人老四一躍而為有車階級，和洋人大班並駕齊驅，洋人大班覺得有點「眼紅」，以他一個買辦的地位，居然和大班「鬥其濶濶車」，情有不甘，憤無可洩，於是故態復萌，繼續按電鈴

召喚，經過燕人老四激烈提出反對，他才停止一個時期，碰着高興的時候，還是亂按一通。燕人老四氣憤之極，和父親商量，想實行放棄這個買辦不幹，可是他父親再四思維，一者經手生意頗多，利潤殊不菲；二則客人定單浩繁，辦理手續亦需相當時間，倒不如看在金錢份上，暫且隱忍不較。燕人老四雖是接納父親忠言，勉強戀棧不行，有時看到大班的驕橫手段，咄咄逼人的面孔，忍耐不住，也得頂撞幾句，以是詬誶之聲，常有所聞。

　　說也奇怪，燕人老四底父親，一方面追上時代，兼營「洋務」，另一方面，仍不改其頑固頭腦，以為產業數量之多，一生吃着不盡，傳子代孫，俱不虞缺乏，為着兒子好鬧閑氣，莫如叫他「學道升仙」。貪逸惡勞，原是燕人老四的天性，即如做買辦的職務，也不外簽簽字，和顧客作花酒應酬，抽大烟已屬日常生活之一，現在父親有意放縱他，越覺「百無禁忌」。凡是立心「嘆烟」的富有人家，大多數有一種心理：「工欲善其事，必先利其器」，如果烟具不精良，怎能夠襯托得起潤人的氣氛，玩家的閑情逸致？安南也是著名產土的地方，公開掛正招牌，何妨精益求精，玩一個痛快淋漓，香烟美人，互相輝映？

　　普通人沉淪黑籍，其上癮的動機，大致有兩種：第一種人花天酒地，或者不喜歡賭錢，老契又珊珊來遲，「戀鶴」一名，莫如躺在羅漢床上，與徒侶枕着「二四角」（即兩人分臥兩邊之意），以搓燂為消遣工具，其次返妓院「打水圍」，有例開其烟局，以調劑其和諧的氣氛，鴉片是提神的麻醉藥劑，眼倦整其幾名（幾名即幾口），確有無上的功用，日積月累，不知不覺間就成為「癮君子」了。這是「玩上癮」的君子，戒脫較為容易，最不妥是另一種「道友」，耽於酒色，旦旦而伐，體力不勝，為着

獻媚對方，不失丈夫氣概，借助靈丹，作持久消耗戰，在未上癮之前，頗有百試百靈，意想不到的成果，可是吸毒日深，敗壞血氣，萎靡不振，反使對方憎恨，前後判若兩人，可說廢人一個。此外或因某種症候（如氣痛肺病之類），作為治療藥劑，雖可治標於一時，實際永墮苦海，無法自拔，所以任何一位癮君子，都感覺吸毒成癖，自怨自艾，恨錯難翻，無怪前人說過這句話：「如果和某人有仇怨，不須用暗殺或其他毒辣手段，最好引導他底兒子升仙，甚麼十世冤仇都報復了。」可知鴉片害人的程度，深為社會人士所深惡痛絕。

但燕人老四的心理，獨與普通人迥然不同，標奇立異，偉論驚人，他極力推崇發明這個方式抽大烟的「始祖」，可惜名字漫不可稽攷，否則應該仿照每一行頭紀念先師的辦法，例如：學生拜孔夫子，三行拜魯班，梨園子弟拜華光之類，奉祀香火，成為「道友」的老祖師，因為這個「偉大」的發明家，教人躺在床上「嘆世界」，如果不上癮的話，是世界第一風流快活的消遣品，況且構造精緻，公輸子之巧亦望塵不及，包括「科學頭腦」，金木水火土五行，缺一不可！「金」，烟托，燈座等是金屬品；「木」，最主要的烟槍，便是屬於木材類；「水」，煮烟與抹斗，皆不能欠缺；「火」，吹、煮、點燈，全憑火候；「土」，烟斗與烟土，同屬土類。

燕人老四傳誦一時的論調，強調「道友」有五德：仁、義、禮、智、信，他並作如下的解釋：對於未上癮的青年，必定諄諄告誡，祗可玩烟，切勿為烟所玩，受其束縛，此藹然「仁」者之言；碰到同道中人「吊烟癮」，仗「義」以烟泡相贈，打好烟荷，必先遞與對方，何等有「禮」？「打荷」技術，花樣翻新，「佛肚

臍」,「烟蛇」,以至「牛屎荷」,非有相當機「智」,曷克臻此?最後的「信」字更為重要,每日依時依候,風雨不改,永不背約,正是「信人」所為。

因此燕人老四不吝巨資,搜羅名貴烟具,先說「烟槍」,自然以崖州竹為上品,此外有犀角槍,據說清涼可口,一股涼氣透入丹田。有支槍用化州橘紅製造,化痰止咳,無以尚之。還有「蔗」,「檸檬」與「陳皮」,均是精心結構之作,以一塊塊零碎果壳,居然砌成一支槍,有如天衣無縫,雖巧手工匠,亦佩服其精巧。另有一支「蛇總管」,原是植物種類,據說能治心氣痛,用刀刮小許和酒吞服,很有功效。欲試其真偽,以火炙熱,印於紙上,發現猩紅似血絲,便是真品。

至於名家「烟斗」,層出不窮,最著名如「五花氏」,「雙溪」,「譚元記」,「雙吉」……等,其好處在乎「吹奏」起來,音韻悠揚,不獨「居居」作响,高唱入雲,更且講究「音韻學」,五個斗一套,奏出「宮」「商」「角」「徵」「羽」五音——即是每個斗一種音。其次每個斗俱有名家手筆的雕刻,琴,棋,書,畫,名貴精緻絕倫。此外尚有一種「擺斗」,顧名思義,便知道屬於陳列品。(這個「擺」字俗音,作「陳列」解。)往昔所謂「嘆家」(嘆字亦是俗音,含有「享樂」意味,「嘆惜」的「嘆」字,剛巧意義相反)烟局陳設十分講究,有古香古色的小骨董,有黃金白銀的烟托架,有象牙犀角及金烟盒,特製酸枝架放置「擺斗」,以供摩挲欣賞。「擺斗」既屬於陳列品,並非用以吸烟,所以多數不鑲斗眼,或且不開斗眼,而注重式樣美觀,或像生作動物之狀,如「蟹斗」之類,手工栩栩如生。故老相傳的「烟斗」,最有趣故事,便是「香娘」與「青草」。據說香娘原是大家閨秀,不幸中年

孀守，家無恒產，幸賴賦性冰雪聰明，製烟斗出售，撫孤守節，因構造精巧玲瓏，大受道友輩歡迎，「香娘」名字，常掛齒頰間。後來兒子狀元及第，自然迎養這位太夫人，克盡孝道，香娘養尊處優，席豐履厚，不在話下。可是道友輩初不知香娘是誰，更不知道是新科狀元郎的太夫人，祇知品評烟斗，常時說出「沒有香娘唔得過癮」一語，輾轉傳入狀元郎耳朵，以道友此言太過侮辱母親，非常憤恨，但他們可能出自無心，豈可恃勢加罪百姓，最後惟有想出一個辦法，暗中着人搜購所有的香娘斗，不吝高價，務求絕迹市面，自不會貽人口實了。他雖是一片苦心，顧惜太夫人令譽，奈因往日靠此維持生活，流傳甚廣，富有之家，對於心愛物，非金錢所能收買，無法使香娘斗絕迹市面，這句話始終傳播，狀元郎也為之束手乏術。畢竟香娘子夠聰明，想出個「報復」妙計，照樣製造一大批烟斗，與原日的香娘斗質地式樣一般無二，卻命名「青草」，青草是牛嚼的東西，簡直視道友如牛，道友還蒙昧不知，讚為珍品，有「家無青草斗，不是食烟人」一語，互相炫耀。同時香娘斗漸告絕迹，「無香娘不過癮」這句話，亦消滅於無形，一般人皆佩服香娘的機智。

燕人老四不特與芙蓉仙子結不解緣，更嗜色如命，年未三十，妻妾已有四名之多，第三房姜侍，原是安南堤岸的名妓柳眉，寵擅專房。老四父親去世，前後不及八年，所有米絞生意，全盤出頂，兩間洋行的辦房，先後宣佈退出，保證金亦花散殆盡，在安南已無立足地，沒奈何隨妻子返香港。因為老四的太太外家頗為富裕，膝下沒有兒女，兩口子的生活費用，儘可無憂無慮，不過他底太太卻附帶一個條件：三名姜侍，下堂求去的已有兩名，柳眉雖肯同甘共苦，追隨不捨，但外家養女兼養女婿，

猶有可說，萬不能再叫外家負担妾侍費用。燕人老四已是落魄王孫，沒奈何請求柳眉自找出路，柳眉沒奈何惟有再墮青樓，隸籍宜樂，老四仍以飲客身份揮箋相召，返寨打水圍，解決「黑米」問題，不久爲龜鴇知悉淵源，叫柳眉加以拒絕，以免影响「客路」。柳眉年齡將屆三十，不久亦擇人而事了。

第廿八節：賣油郎難佔花魁女

長樂妙顏一往情深，因個郎移情別向，在歡得寨廳跳樓自殺，造成塘西駭人聽聞的悲劇，雖然僥倖有手車放在門前，墜在車篷之上，然後反跌在手車伕身上，得以不死，但舁入醫院以後，同寨姊妹，不知傷勢如何，備極關懷，其中和妙顏感情最好的飄紅，傷心大慟，報章上揭載她底名字，引起不少飲客注意，飄紅無形中借仗報章宣傳的力量，酒局爲之十分暢旺。因爲一般飲客，大都爲好奇心所驅使，很想從飄紅口中知悉，妙顏爲着甚麼原因自殺？深愛的溫客究是何人？作爲酒後茶餘的談話資料。

飄紅芳齡，已逾廿四番花訊，在當時的飲客眼光中，已列入「準老藕」之列，可是飄紅生得身段苗條，雅擅修飾，雖是眼角畧現鷄尾皺紋，仍得掩飾過去，加以態度落落大方，閱世經驗頗深，比較一般沒有定性的「鷄仔」，大有上下床之別，所以極能博得中年飲客的眷顧。飄紅早已厭倦風塵，原想擇人而事，可是却有一個最難解決的問題：原來飄紅曾經一度隨某氏子作上爐香，歸家娘，首尾不過三年，居然「三年抱兩」，誕下一男一女，接着丈夫染病去世，沒奈何，重墮勾欄 —— 翻制。照世俗人的傳說，妓女很少有生育兒女的機會，所以老一輩重視子嗣的富人，以太太抵死不作繭，不孝有三，無後爲大，急想納妾生子，

繼續香燈，寧可物色侍婢，或收侍婢作妾媵，亦不願意帶妓女埋街。據說龜鴇輩靠妓女做搖錢樹，如果容易懷孕，豈不是阻誤前程，因此在落寨之前，給以「斷種藥」服食，以資防範。話雖如此說，塘西妓女埋街後，誕兒育女的大不乏人，在寨裏和客人發生關係而懷有身孕的，亦所在多有，或許有孕之後，龜鴇及妓女本身，認爲影响業務，或者「經手人」並不肯負擔責任，才出到「墮胎」下策，也說不定。飄紅承認自己是容易受孕的女人，不過她決不幹墮胎的勾當，翻刺之後，亦誕生過兩個女兒，妓院中人，常時背後稱她做「多仔婆」或「好命婆」。

追求飄紅的客人，最有趣的一個，名喚「通天曉」。他本身姓牛，原是世家子弟，因父兄不懂得教育原理，祇知道叫兒子學習商賈，繼承先人基業，財源廣進，便算是光耀門楣，克盡父兄的責任。通天曉少年得志，掌握大權，躊躇滿志，可惜學識缺乏，甚至普通常識，他亦茫然無知，但他並不肯認輸，不論新舊文學以至外國科學，他俱誇示大有心得，這便是「通天曉」的花名所由來。他本人雖懂不得甚麼，爲着增加貧乏的知識起見，最喜歡聽別人談天說地，縱談世事，默誌於心，往往拿別人的話柄，作爲自己博覽羣書，大發議論，旁若無人。甚至一時高談雄辯之餘，忘記從某甲方面聽來的「新聞」，竟「據爲己有」，向某甲發揮偉論，聽者每爲之掩口胡盧，而「通天曉」尚欣欣然自鳴得意。他最愛吸雪茄烟，逢人誇示，他的雪茄烟是外國特製品，爲王族中人及王公巨卿所享受，名貴絕倫，非普通平民所能嘗試，是他特別向外國烟廠定購的。

朋儕中見「通天曉」誇示其雪茄烟，荒謬絕倫，有意向他開玩笑。有一晚，他們在閒談之間，通天曉施施然從外來，坐在一

旁，聽他們說到外國風土人情，津津有味，這是通天曉的一向作風，最好拾取別人牙慧，到了某適當的場合，便盡量搬出來，作爲本人的智識。朋儕中有一位河陽生，剛由美洲返國幾個月，說完外國奇風異俗之後，漸漸談到雪茄烟，他故意莊容正色地說道：「估不到外國的雪茄烟，以含有西婦尿味的一種，最是名貴……」座中各人皆忍着笑，瞧也不瞧通天曉，其中一個便請河陽生解釋理由，河陽生接口說道：「理由十分簡單：雪茄烟最值錢的就是烟葉，上等烟葉論片計價，每片通常值美金幾角，雪茄烟廠僱用西婦，用手工製造上等雪茄烟。我們首先要明白這一點：外國雖以機器馳名，但出品粗劣，凡是矜貴出品，必標明『手製』字樣，雪茄烟當然不能例外。由於烟葉太過矜貴，恐怕女工夾帶出外，所以全班女工，俱關閉在工作室內，不許越室外一步，甚至小便也不准去洗手間，除非時屆放工。女工深恨廠長刻薄，但人有三急，是可忍，孰不可忍，急不暇擇，射在貯烟葉的器具內，可是又怕廠長發覺，相約嚴守秘密，用大堆烟葉浸着，廠長初時茫無所知，其後接到各代理方面的來信，盛讚這批出品特別優良，謂顧客稱其別有異樣的氣味，要求繼續以此種化學原料製造，務求保持同樣的品質，不要改變，寧可提高價錢。廠長莫名其妙，因爲所用原料有一定的分量，完全沒有變更辦法，這種異樣氣味從何而來？第一步，當然詢問化學師，化學師亦不能加以解剖，祇好詢問各女工，各女工面面相看，更不敢透露其中秘密。到底廠長爲人精明，暗中窺視化學師所用原料，及女工製造的過程，不久乃發現女工的「加料」實際情況，這才恍然大悟，認爲這是獨得之秘，連化學師也不告訴，對於女工更特別優待，每日例外供給名貴飲料，俾能繼續加添『化學劑』，保

持芬芳馥郁的氣味，雪茄烟亦不消說增加售價，烟廠業務更非常發達。這個製烟的秘訣，是由烟廠的兒子公開的，現在好幾間製造名貴雪茄烟的烟廠，都懂得採取這一個辦法，所以，凡是名貴雪茄烟，要含有西婦尿味的一種，才算是矜貴絕倫。」

河陽生說完，座上朋友偷窺「通天曉」神色，凝神靜聽，似感到相當興趣，其中一位朋友故意表示不大相信的樣子，質問河陽生道：「這個獨得之秘，造成這間烟廠業務發達，爲甚麼那個廠長的兒子，肯公開秘密，給行家仿效呢？」河陽生點點頭，嘆息說道：「敗家兒子，中外也是一樣，此人正是四淫齊之流，當然不能繼任廠長之職，爲着沒錢花散，不惜出賣父親獨得之秘，聽說代價爲美金五千元哩。」於是一班人亦隨聲附和，大嘆敗家兒子沒用，通天曉小不免發揮議論。過了一星期，通天曉向一班朋友面前，誇示其雪茄烟的價值不貲，並說出這種烟含有西婦尿味，接續源源本本地複述這件故事，以資證明。其中有一位也是河陽生的朋友，知道河陽生有意將他捉弄，輾轉相傳，引爲話柄，傳入飄紅耳朵裏，深惡其爲人，一口拒絕他帶她埋街的要求。

除「通天曉」之外，追求飄紅最力的，有個賣油郎穆老八。這個賣油郎，當然不像「今古奇觀」故事中獨佔花魁女的那個，挑油上街販賣，因顛倒花魁女，日積月累，湊足十兩銀，又要輪流等候，才有機會接近芳顏。他是一間大油廠的東主，年紀四十許，其貌不揚，以是召飄紅侑酒前後三個年頭，過時過節，執寨廳，賞賜「白水」，凡是飲客應有的「規矩」，他一概做到十足，但始終未蒙飄紅青盼，不特沒有滅燭留髠，甚至親暱地口對口兒，接一個香吻，也不給以一個優先的機會。

有一晚，飄紅因爲家中兩個孩子，一個出痘，一個出痲，這

兩種病症，醫務當局俱列爲最可怕的傳染病，一經發覺，必要强制執行，送入傳染病房料理，並將全屋燻過硫磺，以免再傳染別人。飄紅心中煩悶達於頂點，最急需解決的便是醫藥問題，這種病纏綿床第，日子悠久，所費定屬不貲，她雖是台脚暢旺，而恩客有限，普通「酒局」人客，沒有理由大刀濶斧猛砍，如果不擇手段，客人惟有「托刀」而逃，反爲連每晚的幾台「現揸」都消失了。除此以外，她可能向「事頭婆」開口求借，不過數目並不會多，況且可一不可再，終非善策，再四思維，頭頭不是路，悶極無可發洩，借酒澆愁，飲至沉沉大醉。穆老八宴於酒樓，見花箋去後，不見飄紅到廳掛號，也不見她到來埋席，乃返寨打水圍，一觀究竟，雙足剛踏入香巢，耳畔聽到嗚嗚抽咽聲，發覺飄紅伏枕痛哭，兩眼紅腫如桃，穆老八連忙坐近床沿，陰聲細氣，問她爲着甚麼事，今晚竟不出局？飄紅給他一個不瞅不睬，穆老八不厭求詳，繼續詢問，表示大可「分憂」之意。誰知飄紅絕不理會，匆匆披上外衣，說一聲「對不住，返住家有事」，揚長而去。穆老八雖覺得索然無味，但見她神色大異，恐怕她效法她底好姊妹妙顏故事，自尋短見，便問她底傭婦阿鳳。由於穆老八是幾年長的熟客，平時返寨打水圍的生菓錢，及歲時節令，俱算有規有矩，頗爲優厚，所以阿鳳亦頗歡喜穆老八之爲人，阿姑不喜歡却是另一問題，當下便將飄紅家事，向穆老八告訴，這位「賣油郎」覷着這個機會，賣弄心事，立刻交百元紙幣三張，叫阿鳳帶返飄紅住家，替孩子醫病，隨即起身告別，並不逗留。飄紅初時頗惱阿鳳多事，說出底蘊，到底三百元可以暫救燃眉之急，無形中亦拜阿鳳「多事」之賜。

次晚，飄紅應穆老八之召，不能不向他道謝一聲，穆老八謙

遜之後，殷殷垂詢小孩子病狀，並介紹她一位擅醫麻痘的中醫師，所有醫藥俱由穆老八一力肩承，不須飄紅破鈔。過了一星期，穆老八再給飄紅三百元，作孩子們調攝身體之需，直至孩子痊癒，穆老八還是竭誠「報効」，合計前後「大解善囊」，差不多一千元，比較三年來擲錦纏頭的數目，僅佔五分之一強，居然打動飄紅心弦，認爲這個「賣油郎」，不愧「患難知己」，「孩子恩人」。俗語說得好，人心肉造，燒酒米造，就在孩子痊癒，恢復食飯這一天，穆老八置酒爲飄紅慶祝，酒乃色媒人，飲罷共返香巢，半推半就之間，成其好事。

飄紅這一個「多仔婆」倒也名符其實，和「賣油郎」穆老八，一度春風，便結下珠胎。這一個責任，當然由穆老八負起，他雖然家內有好幾個兒女，並不稀罕飄紅腹中一塊肉，但他是一向鍾情飄紅的，追求三年多，若不是飄紅因孩子出麻痘，急需醫藥費，還沒有良好的機會，達至最終的目標，所以，他亦樂得一力擔承，照顧一切費用，初時要求飄紅脫離青樓，返回住家，直至分娩之後，是否繼續落寨，再作第二步打算。可是飄紅並不同意這個辦法，最大的原因，便是飄紅實際上不喜歡穆老八這個人，任他如何俠骨柔腸，救苦救難，是另外一回事，「雖無過犯，面目可憎」，却是阿姑最不「開胃」的問題。假如在住家等待瓜熟蒂落，由他負擔家費，無形中他就成爲家中主人，這幾個月內的「花魁女」，豈不是爲「賣油郎」所獨佔？飄紅決意表示拒絕，理由是：她尚欠下長樂事頭婆一筆債，必得再出局幾個月，以本人局票分賬所得，陸續償還，這是她一貫的作風，數目從來清楚，不肯拖泥帶水。另一個理由是：她最怕在家苦悶，日夕枯坐深閨，無可排遣，倒不如每晚應酬幾個酒局，既不覺得勞頓，也使

日子容易得過，至於身子不方便，她又不是初次孕育孩子，並不視作甚麼一回事，尤其是歷來經驗，或許由於體格關係，雖是荳蔻含胎，用衣服善爲掩飾，懷孕六七個月，亦不容易爲人發覺，世俗許多婦女，都有這種「優點」，六七個月身孕，也能夠「收藏」得好，可以掩飾普人耳目的，飄紅就是有這種「優點」的女人。

飄紅繼續應紙出局，而大部分費用，由穆老八按月負責開支，照情理上言，等如「包月」，飄紅整個身軀，當然屬於穆老八所有，不能再接別個客人，雖是雙方沒有附帶條件聲明，但站在「道義」立場，飄紅也不應該「向外發展」。可是俗語說得好：「情人眼裏出西施」，女人方面亦同樣「情人眼裏出范蠡」，飄紅在妙顏跳樓之後，看中了一個文大郎，這個文大郎也是看到妙顏跳樓的報章報道：姊妹羣中皆爲之惋惜，以飄紅哭之最慟，覺得這個人如許有情，渴想省識春風一面。

異性間的相戀，有如磁石的吸引，飄紅對於穆老八，追求三年始勉強一償素願，對文大郎剛巧完全相反，揮箋相召不過浹旬，居然滅燭留髡，打破塘西大寨的慣例：非是經過相當時日的熟客，即使有心做「大局」老契，亦要「行遠一步」，寧可去酒店開房，以免爲姊妹所訕笑，或龜鴇中人所齒冷，詆爲「賤格」。飄紅一者屬於「自己身」，不受事頭婆約束；二者她在姊妹羣中，是「老雀」一名，自有應付方針；三者她深愛文大郎的溫文爾雅，青年倜儻，姐兒愛俏，生怕稍縱即逝，因此急不暇擇。

兩美旣合，久假不歸，文大郎每晚俱返寨打水圍，溫存至天明始去，飄紅祗好藉詞拒絕穆老八，不是說精神欠佳，便是說返住家有事，叫他不要來。久而久之，穆老八漸起疑忌，有一晚，陪朋友在別間寨打完水圍之後，於天色微曙之際，撞入飄紅香巢

內，但見一對鴛鴦，交頸而睡，快快而退。他這一怒非同小可，聲言不再負擔費用，但結果禁不住美人魔力，仍要維持分娩後的一個月，才宣佈終止。飄紅後來雖不是和文大郎結合良緣，隨另一個恩客埋街，這個「賣油郎」想獨佔花魁女的念頭，終成畫餅。據飄紅對文大郎說，她討厭穆老八語言無味，面目可憎，燕婉之私，視同「鬼簀」，從不肯和他親吻。

第廿九節：奇花「女狀元」鬧大風波

　　煤炭咕喱大鬧寨廳故事，在塘西花國中，自是大煞風景，但奇花「女狀元」潤蘭所掀起軒然大波，相信爲塘西有史以來最駭人聞聽的事實，所有龜鴇，阿姑，寮口嫂，傭婦以至豆粉水之流，皆談虎色變，因爲潤蘭攪出這一塲大風波，牽涉到秘密社會的首腦人物。如所週知：當時的秘密會社，宗旨却還不錯，扶弱鋤强，行俠仗義，頗有燕趙俠客遺風，亦有幾分類似歐西中古時代的武士，保護婦女，以護花使者爲己任，一經負起責任，眞是赴湯蹈火不辭。這一次幾乎弄到大規模「開片」，假如雙方火併的話，死傷人數當屬不少，「開片」未成，也弄到滿天神佛，其中經過情形的曲折離奇，可作爲一篇小說看。

　　潤蘭之被稱爲「女狀元」，是一般飲客代擬的「花名」，而不是經過「選美」手續得來。遠在這個時期，本港經已發起「選美」這一種玩意兒，當時跑馬地的「愉園」遊樂塲設立未幾（香港最初有遊樂塲，是西環的「太白樓」即現在太白台、青蓮台故址，愉園故址即今之養和園，其後則有北角的「名園」，及東區的「利園」），爲着慈善事業籌欵，選舉狀元，分爲「聲榜」、「色榜」、「藝榜」，色榜狀元爲宴花花卉奪得，宴花原是塘西的「大半私明」妓院，並不是大寨，這個狀元頭銜不屬於大寨阿姑，大家俱嘖嘖稱奇，其實說起來也很尋常，花卉碰到一個「四方辮頂」，是著名

的「地皮友」，替花卉捧塲，個人買選票幾千元，其他阿姑沒有這麼的大壽頭，自然瞠乎其後了。潤蘭之得名「女狀元」，因她天生體格，像今日的「珍羅素型」，時人雖愛「瀟湘妃子」的病態美，美色當前，肉感豐富，覺得萬綠叢中一點紅，別創一格。潤蘭樣子很美麗，態度尤其風騷，且天賦異稟，更有一種特長，從小得異人傳授，六韜三畧，爛熟於胸，多少「銀樣蠟槍頭」的「正規軍」，望風披靡，宣告無條件投降。潤蘭亦常時向人前誇稱：老娘的馬奇諾防綫，等閒不易越雷池半步，渺小丈夫，奉勸毋勞光顧，以免乘興而來，雙方掃興而返。因此潤蘭手下敗將，受過教訓之後，逢人便道，力讚其能，稱爲奇花寨「女狀元」，亦號「武狀元」，希望世間儘有懷才不遇的英雄，將她一舉擊敗，替男子漢吐回一口氣。

可是潤蘭樹幟奇花兩年，她這個「擂台」，始終沒有人打破紀錄，說她閨閣稱雄，躊躇滿志也可，說她「長嘆短嘆」難尋匹偶，比較更爲貼切。風聲所播，飲客皆知有「女狀元」潤蘭其人，不知自量之徒，小不免躍躍欲試，揮箋相召，希冀進一步作入幕之賓，領教其好身手，所以號召力勝人一籌，台脚暢旺，大有應接不暇之勢。但芸芸飲客中，竟永遠沒有一個人，能夠彌補其缺陷，使她感到心滿意足，有一晚出乎意料，驀然見五百年前孽冤！

這個人正是「正字頭」秘密社會首領大哥仁，生得體幹結實，面團團如富家翁，爲人極有義氣，且性情和藹，絕對不肯生事，祇有大事化爲小，小事化爲無，常時阻止兄弟們「開片」，以免擾亂社會秩序安寧。他在一個偶然的場合中，和潤蘭認識，由普通「酒局老契」，進一步爲「大局老契」，誰知較量之下，「棋

逢敵手，將遇良才」，大家都感覺相當愉快，尤其是潤蘭方面，平時引爲生平唯一缺陷的，現在居然找到一位如意郎君，加以塡補，更覺如魚得水，大有不可一夕無此君之慨。

可是在大哥仁方面，他旣是天賦獨厚，又肯廣結交遊，自然很獲得女子垂青，因此外寵特別多，好比專制時代的帝王，六宮三院的妃嬪，等閒不易一沾雨露之恩，關於這一點，潤蘭未免感到美中不足，雖欲委身相事，白頭偕老，在環境上不容許，何況大哥仁家中的仁嫂，是一頭很著名的河東獅子，察察爲明，大吼起來，大哥仁也要讓她七八分，平時拈花惹草，外室藏嬌，俱出於偷偷摸摸的行爲，不敢公然「行差踏錯」。

基此原因，潤蘭雖「死追」大哥仁，大哥仁亦熱戀這個「女狀元」，極其量每個星期，撥出兩三晚時間，抽空溫存片刻，整晚流連粧閣，每星期祇有最寶貴的一宵，「春宵一刻值千金」這句詩，大堪持贈潤蘭。除此之外，潤蘭仍操其侑酒生涯，敷衍芸芸飲客，生涯暢旺，「廳客」亦着實不少。

有一晚，有位「廳客」原是「陳季常後身」，懼內成癖，習慣飲早局，晚飯後返寨打水圍，溫存一會，匆匆告別，潤蘭雖不滿其碌碌庸才，却歡迎其纍纍黃白物，施展其一貫的「市橋蠟燭」——手段，信步送出神廳，造夢也想不到掀起軒然巨波。恰巧另一間强有力的秘密會社「乙字頭」的首領靚仔興經過，和潤蘭打一個照面。這位靚仔興並不是眞正「靚仔」，天公鍾意，密密加圈，面龐兒可圈可點，正是麻雀友習慣打出來的「九筒」，「靚仔」却是完全相反的形容詞。靚仔興瞥見美色當前，成個「珍羅素型」，刺眼刺鼻，不覺手之舞之，足之蹈之，出其不意，施以「空襲」比較安祿山之爪尤其猖狂。在當時的塘西大寨阿姑，

即使最親愛的熟客，也不喜歡在人前「雞手鴨腳」必得尊重幾分大寨阿姑的身份，同時大寨阿姑亦要保留一些規矩，以免給別的飲客看見，譏爲「賤格」，任何男人上下其手。潤蘭雖然不熟識靚仔興，亦知道其人。本不應批其逆鱗，忍氣吞聲了事，一者潤蘭身爲大寨阿姑，正當大走紅運，何堪當眾受辱；二者大哥仁也是個中表表人物，豈懼惡勢力的壓迫？於是氣憤塡膺，嚴詞厲色直斥靚仔興：「賤格下流」，不齒於人類！俗語說得好：「相嗌不好口，相打不好手」，說話間小不免過火一點，兩下頂撞起來，靚仔興當然不是善男信女，圍觀者如堵，給一個妓女如此羞辱，當堂爲之撞火，連摑潤蘭兩巴掌，粉頰平添了兩個胭脂印，撲身上前，和靚仔興糾纏，卒由龜鴇輩從中排解，並婉勸靚仔興離場。

靚仔興原想痛毆潤蘭一頓洩憤，因圍觀者眾，恐怕引起警察干涉，沒奈何悻悻然離開奇花寨，潤蘭無辜被摑，很不服氣，馬上叫「豆粉水」找大哥仁到來，哭着嚷着叫道：「靚仔興這廝，旣將我侮辱，還打我兩巴掌，他簡直立心剃你眼眉！」大哥仁做事很有分寸，善言解釋，含笑說道：「他可能不知道你是我的老契，因爲你的額頭，沒有標明『大哥仁老契』等字樣，難怪他輕舉妄動。我相信他事過情遷，也知道行爲魯莽，必會向我道歉的。」潤蘭估不到大哥仁這樣說法，任由別人侮辱自己，情實不甘，依然想激起大哥仁一股怒氣，向靚仔興提出交涉，挽回自己的面子，誰知大哥仁反爲勸告潤蘭：「你現在尚要出來撈，我打翻靚仔興替你洩憤，只是舉手之勞，或者說出半句話，便有一班兄弟們代我出力，但是深想一層，他們必定向你報復，我不能長時期追隨你的左右，竭力保護，吃眼前虧的是你，又何苦來由哉？」大哥仁說完之後，勸解潤蘭一番，即離開奇花寨。

大哥仁對於這件事，雖不想多生枝節，可是他底「軍師」渾號劉伯溫的，生得面口尖長，雙顴瘦削，有幾分類似明太祖朱洪武的圖像，為人性如烈火，足智多謀，因此，兄弟們比擬他為明朝開國元勳的軍師劉伯溫，早已聽到這個消息，非常氣憤，立刻召集「甲字頭」一班高級人物，開臨時緊急會議。根據劉伯溫的論調：「任何人都知道潤蘭是大哥仁老契，靚仔興決沒有不知道之理，明知故犯，太不賞面，殺人可恕，情理難容！」因此各人會議的結果，決定替大哥仁報仇，找靚仔興晦氣！

　　劉伯溫替大哥仁「報仇」洩憤之事，大哥仁剛別過潤蘭之後，返回外室和別個女人溫存，茫無所知，消息反為傳入靚仔興耳朵裏。探馬報道：劉伯溫和一班兄弟們，經已會議決定找我們晦氣，祇等候大哥仁返會社下命令，即向我們進攻。靚仔興聞訊，不敢怠慢，亦召集「乙字頭」首腦們開會，說自己一時酒後糊塗，調戲潤蘭，摑她兩巴掌，極其量向大哥仁道歉兩句，大事化小，小事化無，劉伯溫不應小題大做，從中挑撥，不得不加以提防，有備無患，隨即通告會友，任何人出街，三人一隊，不可單獨出行，如對方襲擊，迅速報告，「班馬」抵禦。

　　靚仔興採取防禦步驟，「甲字頭」的「馬仔」，又報告給劉伯溫知悉，劉伯溫勃然大怒，謂對方得罪我們大哥，我們尚未動手，居然想先下手為強，是可忍，孰不可忍！於是漏夜四出找尋大哥仁，徵詢主意，並催促下命令和靚仔興實行火拼，一決高低，以免長他人志氣，滅自己威風。大哥仁仍是堅持忍耐態度，並解釋理由，雙方的會友們，必經過對方的界綫，每日放工，最少兩次，如果一經發作，互相仇視，逢人襲擊，惹起了火頭，不容易收拾，勸告不得輕舉妄動。

大哥仁雖阻止兄弟們，不許風潮擴大，不料又突然發生一件意外事；某貨倉長工苦力，照規矩五時收工，適值所存的白米，客人趕着出貨，過時仍未關倉，苦力輩忙於托米落盤艇，這班苦力，大都有力如虎，肩負一包一百八十斤庄的米，經過海旁搭着盤艇的跳板，健步如飛，其中有個大隻章，更爲個中佼佼人物，且深懂拳術，動輒與人搏鬥，所向披靡，素有「打交王」之稱。這一天，當他肩荷米包落盤艇之際，突然有個青年，手持利刃，向他腰部直刺，大隻章是慣於打交的人，見刀光閃耀，便知來意不善，連忙想卸下米包，捉拿兇徒，可是米包過重，不能立刻放卸，脅骨已被刺一刀，血流如注，各苦力同事，一方面用藥代他療傷，另一方面將兇徒追捕，但追過幾條街位，給他兔脫。

　　大隻章原是「甲字頭」的會員，軍師劉伯溫即派出「馬仔」四出訪查，是何方神聖，這等「百厭」，不消十五分鐘，已偵悉這青年正是靚仔興「乙字頭」旗幟下人物，顯然有心先燃火頭。劉伯溫這一怒非同小可，認爲抵觸會社規章，旣已調戲「義嫂」，更復逞兇傷人，道理太過講不通，於是不等大哥仁的命令，也不向大哥仁請示，自覺理直氣壯，效法「關二哥單刀會魯肅」的氣慨，親自到「乙字頭」會社大開交涉。到達會社的時候，靚仔興正在審問那個青年，聲色俱厲，責他不應妄自行刺別人，照規矩應該通知對方，下「哀的美敦書」，互相準備「開片」，明刀明槍的搏鬥，不宜施放暗箭，有壞江湖上義氣，不是正人君子所爲。劉伯溫聞言，本來怒氣已降下幾分，但此來負有辦交涉的任務，不能單聽靚仔興責成那青年一頓，便低首下心的回去報告，對於那個無辜被刺傷的手足大隻章，如何交代？他當下少不免質問靚仔興，爲何派人出此暗算手段，行爲太過卑鄙，言語之間，指

摘靚仔興假惺惺作態，特意在他面前斥責自己手足一番，以資掩飾其暗算陰謀。彼此既有「心病」，不自覺兩下頂撞起來，說話更不好聽。靚仔興身爲「大哥」豈甘在會社給對方奚落，有玷聲威，不禁勃然大怒，雙方確定「開片」日期，打算來一次「龍虎鬥」，以決雌雄。大哥仁以「軍師」已和對方訂約，雖不想鬧翻，但自己兄弟大隻章確是無辜被刺傷，萬不能袖手旁觀，長別人志氣，滅自己威風，且不難影响會務前途，兄弟心灰意冷，大有衰落離散之可能，迫得部署作戰計劃，雙方密鑼緊鼓，一觸即發。這件事很快便傳入「劉禪」耳中，「劉禪」是一老前輩的渾號，也是當時秘密會社中第一把交椅人物，他立即召集大哥仁與靚仔興，到他家裏傾談，以「老頭子」資格，阻止他們輕舉妄動，影响社會秩序安寧，首先取消「開片」的行動，誰是誰非，以談判方式解決，由他出作仲裁人。大哥仁與靚仔興，碍於「老頭子」情面，祇好唯唯答應，返回會社，吩咐兄弟們暫時不要動手，等候「老頭子」未來的訓示。

這場風波原可寢息，不料一波未平，一波又起，身遭侮辱掌摑的潤蘭，以所歡大哥仁不肯代她出頭洩憤，心殊不甘，另找途徑發展。因爲她久欲擇人而事，更認定大哥仁是理想中的伴侶，想趁此機會，逃出火坑，作正式入宮的冀圖。

她知道奇花寨寮口嫂阿銀，和大哥仁的正室仁嫂很合得來，叫阿銀去見仁嫂，將這件事和盤託出，並說事情擴大，不如准許潤蘭入宮，平息風波。仁嫂平時並不知道丈夫有許多「住家」，因爲大哥仁頗懼怕太太打破醋罈，家庭無日安寧，所以平時飭令手下嚴守秘密，不得洩漏半點風聲，仁嫂尚墮入五里霧中，以爲夫婿循規蹈矩，一旦聽說他熱戀烟花妓女，這還了得，馬上叫人

找大哥仁回家算賬。大哥仁從來人口中，誤會妻子特意派寮口嫂阿銀做「第五縱隊」，偵查自己行動，現在春光已洩，不免面青起來，邀請「軍師」劉伯溫商量應付之方，他料想不到這是潤蘭所擺佈的計策。

　　「軍師」劉伯溫不慌不忙，搓捏兩隻手指，慢條斯理說道：「爲今之計，祇有收潤蘭爲妾，一通百通……」大哥仁不等他說完，搖頭說道：「這條計斷斷行不通，就算我應承，仁嫂必定提出強烈的抗議。」劉伯溫笑道：「我這個軍師，不消說負責玉成其事，仁嫂方面，我自有辦法疏通，使她不會反對的。」正在討論之際，大哥仁的醋娘子，正想質問潤蘭之事，見丈夫遲遲尚未回家，忍不住親自跑去會社，當面指責。劉伯溫見她抵埗，心想這是難得的機會，不宜錯過，故意加重語調說道：「仁嫂，你來得正好，我們爲着潤蘭的事大傷腦筋，相信你也知道風聲，潤蘭被靚仔興掌摑，必得替她報仇，方能維持本會聲譽，因爲我們『護花有責』，旣然接受她們的『孝敬』，若袖手旁觀不理，今後便不須我們保護，影响入息非輕；若因被摑私怨，攪出風潮，影响大眾安寧，亦未免小題大做，這件事却也煞費躊躇！」仁嫂自然明瞭秘密會社的勾當，連忙問軍師有何妙計？劉伯溫沉吟說道：「我經已想到一條計策，最好殺却潤蘭，一了百了，可是問題又有困難，一者殺人填命，最低限度也要累到一個兄弟『走路』；二者潤蘭在我們保護之列，旣不能負護花責任，更且殺死自己人，秘密終竟揭穿，可能敗壞本會聲譽，影响新會員裹足不前。現在惟有希望挑撥對方，借刀殺人，使靚仔興下手殺死潤蘭，我們藉口大興問罪之師，理直氣壯，即使不和他們『開片』，他們亦不能搏取各會社兄弟們的同情，這是一弓射兩箭的良

謀。」劉伯溫說到這裏，笑口吟吟道：「還有一層，代仁嫂拔除眼中釘，不致仁哥迷戀下去，相信你必定感到心滿意足的了。」

仁嫂為人，雖是醋味很重，心地極是仁慈，兼且生平信佛虔誠，連忙擺手說道：「軍師，這條計萬萬使不得，我絕對不主張，如果要殺潤蘭，傷殘人命，我成世念阿彌陀佛，也不能贖還這種罪過，你快些想過其他計策。」劉伯溫知她決不肯讚同，用激將的口吻，說道：「除此之外，尚有一計，我恐怕仁嫂未必答應哩。」仁嫂忙問計將安出，劉伯溫說道：「除非收納潤蘭為妾侍，這是唯一辦法，此外，就非犧牲潤蘭不可！」仁嫂當時拘泥於世俗之見：殘花入宅衰三年，她脫不掉迷信觀念，說她要去求神問卜，倘菩薩贊成，她可以接受納妾的主張。這句話反為使劉伯溫為之發怔，因為問卜是「撞手神」的，求到不吉之卦，豈不是好事成空？

但仁嫂迷信觀念很深，求神問卜，沒法加以阻止，劉伯溫不愧是個足智多謀的軍師，靈機一觸，慨然說道：「很好，隨你的便，如果菩薩贊成，你就要允許收潤蘭為妾侍了。」仁嫂點頭道：「當然哩，問過好籤，我決無反悔之理。」

劉伯溫俟仁嫂去後，立刻調動「馬仔」，並親自出發，所有西環以至上中環的占卦先生，其中多有認識仁嫂的，因她迷信占卦算命之說，自然常有光顧，不必描述樣貌，其他則詳細叮囑，倘有這個模樣的婦人，拿卦籤詢問納妾情事，必須告知「大吉大利」。廟宇方面，由石塘咀南里的花粉夫人廟，以至上環的文武廟，包公廟，觀音廟……甚至北角的二伯公廟（按：二伯公不知是何許人，習慣迷信的龜鴇、妓女、寮口嫂們，甚為信仰，常時去拜二伯公，除照例上香油之外，帶去拜二伯公的物品，大多數買定「公烟」一盅，可能是廟祝公愛抽大烟，揚言二伯公生平

最嗜鴉片，投其所好，一定有求必應，輾轉傳說，所以她們特別準備公烟，以表示其虔誠，希望二伯公庇佑，從心所欲，亦趣聞也），都聯絡妥當。更精細的是：特備一個籤筒，凡是不吉不利的卦籤，俱用幼細鐵綫扣於筒底，俾她搖不出來，搖出來的都是好卦。劉伯溫的計算，真是無微不至，大家等候佳音，認為水到渠成，潤蘭入宮有望了。

誰知仁嫂也很狡獪，見得劉伯溫這班人，行為鬼鬼祟祟，平時又知道各間廟的廟祝，及街邊擺卦先生之流，大多數和秘密會社有聯絡的，乃撇開香港這個地頭，跑去九龍深水埗的觀音廟，求神問卜。說也好笑，所求得的竟是下籤，解籤先生沒有人關照在先，當然「依籤直說」，這個妾侍如果准許入宮的話，可能攪到全家雞犬不寧。仁嫂一聞之下，即返回社通知劉伯溫，反對潤蘭入宮，但同時亦提出警告：不准殺害潤蘭。劉伯溫和大哥仁俱敬畏仁嫂幾分，不敢違背「閫令」，只有面面相看，一時無計可施，姑徐徐再作後圖。

這消息傳至靚仔興那一邊，認為大哥仁決定納潤蘭為妾，是「借刀殺人」的詭計，完全由劉伯溫主使，因為潤蘭既嫁了大哥仁，名義上就是「義嫂」，按照秘密會社的規矩，絕不容許有調戲侮辱或毆打「義嫂」的行為，大興問罪之師，理由十分充分，若果潤蘭仍是妓女身份，所謂「老舉眾人妻，人客水流柴」，靚仔興就算調戲她，掌摑她，也可以推諉不知道是大哥仁老契，不見得有甚麼罪過。靚仔興於是指謫劉伯溫存心挑釁，尖酸刻毒，終有決裂之一日，做事勿吃眼前虧，非先下手不可，會議結果：翌日上午十一時實行搗亂所有大哥仁「保護」的妓院，先給他一個下馬威。

翌日上午九時許，劉伯溫和大哥仁才聽知這個消息，大吃一驚，事起倉卒，所有好勇鬥狠的兄弟們，全部已返了工，他們職務所關，不能臨時召集回來應敵，但妓院必須力盡保護之責，如之何則可？結果，由劉伯溫想出孔明的「空城計」來。

到了上午十時許，靚仔興到了塘西，各兄弟們亦分批結隊，準備依時行事，乘虛突擊，忽然聽到街談巷議，盛稱奇花潤蘭即日脫籍，隨大哥仁作歸家娘，仁嫂居然不信占卦先生之言，破例准許潤蘭入宮。靚仔興聞言猛吃一驚，因為潤蘭如果跟大哥仁「埋街」，納寵之喜，眾兄弟們必定參加這個慶典，人數眾多，想乘虛搗亂各妓院，可能發生一場遭遇戰，不容易暢所欲為。靚仔興無精打采，行至奇花寨門前，一看情形，但全寨靜幽幽地，像平時一樣，寨中人似尚酣眠未起，心想該寨若有妓女「隨客上街」，門前即不懸掛生花綵門，寮口嫂及姊妹等輩，總會熱鬧烘烘，遵例賀喜「送嫁」，斷不致冷清清若此。他越想越覺不對，向附近的街坊詢問，多說知道有其事。有間生菓店夥記細佬祥，更說得口沫橫飛，證實消息沒有錯：潤蘭定十一時身動，由大哥仁肩輿接返家裏，正午十二時斟茶改名。靚仔興這時疑信參半，覺得大哥仁方面，無形中已有準備，未必突擊成功，剛在沉吟不決，想下令散隊，從長計議。他底心腹急先鋒胡椒仔在旁睹狀，知道靚仔興有所疑忌，一口氣斷定潤蘭埋街之事，全屬子虛，可能是劉伯溫故佈疑陣，「擺空城計」，以掩飾其實力的空虛。

胡椒仔最後提出一個有力的證明，他昨晚在奇花寨打通天水圍，不聞有人講潤蘭「埋街」的事情，如果她當真今日「埋街」，寨中姊妹，不論親疏厚薄，小不免準備送禮，互相傳說。如所週知：潤佬帶阿姑「埋街」，阿姑對於姊妹送福，為表示所

歡手段瀾綽起見，不特「投桃報李」，兼且「報以瓊琚」，例如姊妹的禮物價值十元，則答還二十元的「利是」，姊妹輩大都「有利可圖」，所以一個妓女埋街，差不多全寨妓女都十分高興，商量送禮問題（按：妓女埋街，姊妹送禮，雖是加倍答還「利是」，普通姊妹都恐怕有「圖利」之譏，非是平時畧有交情的，也不肯隨便送禮致賀，其次當時送禮的價值，不過三幾元之譜，較相好的姊妹，則送三幾十元禮物亦很尋常），最低限度也會談談這個姊妹跟埋街的人客，是甚麼人，瀾綽與否，結果如何，好事者更會來一個「預測」，以資佐談。同時，潤蘭的房間，昨晚尚有人客「過夜」，假如她決定今日埋街，當然推却所有客人，有所準備，看此情形，潤蘭埋街的消息，絕對不可靠，切勿受劉伯溫所愚，如不動手，事後為他們知悉，一定引為笑談，還譏諷我們不濟於事。

當下急先鋒胡椒仔，說服靚仔興，一馬當先，入奇花寨探聽真假，胡椒仔這人，性如烈火，人細鬼大，「胡椒仔」的渾號，可見其手段「夠辣」，他藉口入寨刺探消息，實際上作「搞亂」行為，入到每個房間，便將阿姑扯起身，並摩頭捏面。所有妓院的阿姑們，大都捱更抵夜，有時客人打通宵水圍，天色放曙，才有機會入夢，這個時候，正是夢入黑甜，睡息蘇蘇，相當舒暢，突然給人驚醒，睡眼惺忪，個個發出鶯嗔燕叱之聲。胡椒仔的目標，自然是潤蘭一人，因此闖入潤蘭房間，有心和她為難，上下其手之外，還加上兩巴掌，潤蘭見勢色不對，順手拿四桶櫃上面的花瓶，向胡椒仔擲過去。

潤蘭的花瓶，擲胡椒仔不中，墜下街心，這無形中是一種「警號」，表示報警。因為大哥仁和劉伯溫，以倉卒無法應付勁

敵，擺下「空城計」，想嚇退靚仔興這個「司馬懿」，但對方既立心搗亂，不能不要準備「保護」的責任，那班得力「打手」，雖是大部分返工，仍須召集「投閒置散」的一羣，在附近逤巡，三兩結隊，遙爲呼應，當下見花瓶從樓上擲下來，知道情形有些不妙，立刻馳援，縱非正式「開片」，亦已打作一團。

在混戰中，靚仔興新收的一個「門生」，渾號「斬崩刀」（附誌：「斬崩刀」這種渾號，在秘密社會很爲普遍，前後合計也有好幾個，大都因爲與人鬥毆，受過刀創，面上或身上留下疤痕，便有這個「花名」，本文所講這一位「斬崩刀」，經已逝世多年），年紀很輕，精於拳術，視打交如家常便飯，提起打交則龍精虎猛，滿面刀創瘢疤，代表他底「光榮的戰蹟」。當下奮勇向前，逢人便打，湊巧對方的英勇鬥士，多數以職業關係，在工作當中，不能抽身助陣，臨時號召的俱是平凡之輩，敵不住「斬崩刀」有力如虎，加上有拳術根底，自然抵擋不住，給他打到頭崩額裂，皮破血流，有好幾個人經已受傷倒地不起，這時的「斬崩刀」，很像梁山泊好漢刧完法場後的黑旋風李逵，運拳如風，當時披靡，紛紛跌在溝渠邊。

「斬崩刀」殺得性起，不管三七二十一，幾乎連帶旁觀者，不是「甲字頭」的會友，也要痛打一頓。正在此時，突然有一位年紀五十許的老叟，口銜烟管，十足鄉愚模樣，上前攔阻「斬崩刀」，以責成的口吻說道：「好一個勇敢的後生哥！你知否這是法治之區，打傷人要坐監，殺死人要填命的！」「斬崩刀」見這人壽頭壽腦，以爲是商店管店之流，惱他多管閑事，火氣陡發，也不答話，一刀便砍過去，那老叟不慌不忙，順手將旱烟管一隔，成把刀飛去七八尺之遙。「斬崩刀」知逢勁敵，向街邊小販檔口，

取扁担杆反擊，以毒蛇打霧的棍法，從老叟身上一掃，老叟見他手段毒辣，俯伏閃避來勢，隨即用旱烟管擊他右手「虎口」，「斬崩刀」疼痛難忍，扁杆亦墜地，老叟使用「袖裏藏花」方式，破他馬步，順手推倒在地上，一脚踏着他底胸膛，厲聲斥問：「是何方神聖，爲甚麼連我也敢打？可謂虎頭釘虱，向太歲頭上動土！」老叟的語氣，完全是老叔父訓示後輩，義正詞嚴。

沒有錯，這老叟是「如假包換」的老叔父，也就是當時港九秘密會社坐第一把交椅的「劉禪」。這時靚仔興的爪牙，目擊情形，「斬崩刀」因初入門，有眼不識泰山，居然毆打「老頭子」闖禍可不少，連忙奔報靚仔興。靚仔興聞訊，這一驚非同小可，立刻跑到劉禪跟前，替「斬崩刀」請罪，並斥責斬崩刀，要他叩頭認錯。大哥仁亦聽說驚動老頭子親自出馬，不敢怠慢，趨前接受老頭子訓示，劉禪叫他們首先「停火」，有事返會商量，以免擾亂社會安寧秩序。結果，因事出誤會，由老頭子調停，冰釋前嫌，重修舊好。

糾紛結束之後，奇花寨不再見潤蘭芳踪，有人說她和大哥仁秘密同居，有人說跟別個客人埋街。但大哥仁逝世之日，潤蘭身披重孝，以妾侍禮送終，這時仁嫂已逝世多年，潤蘭可能正式和大哥仁同居。

第卅節：因爭風鬧出打單綁票活劇

　　花天酒地，爭雄鬥勝，爭風吃醋活劇，極其量大撒金錢，拆房鬧廳，從未有出到「打單信」這一槓，因爲這樣的玩笑開得太大，牽涉社會秩序安寧，本身很可能墮入法網──飽嘗鐵窗風味。這是四十多年前震動一時的潺仔油「傑作」，初由一間酒樓的司理接到一封打單信而起，妙趣橫生，奇峰突出，比一部富有傳奇性的偵探小說更好看，最後劇情「揭盅」，原來爲着宴花妓女少芳而爭風，也憤恨酒樓司理目中無人，說出幾句輕蔑說話，不能明爭，祗好暗中搞鬼，給他最「傑」的一煲，攪出滿天神佛。無怪當時的老前輩教訓子弟：花叢不特是散錢地方，也是朝夕可攪風攪雨的是非圈，一言一語，一舉一動，稍爲不知檢點，隨時有出乎意料的打擊，作當頭棒喝，尋芳變了尋煩惱，買笑成爲買難受，相信任何燈紅酒綠的歡塲，皆同一例，近日的「火山孝子」，何獨不然？

　　五十年前被稱爲老字號的塘西「花筵館」，除「香江」、「陶園」、「共和」幾家之外，洞庭酒樓亦算赫赫有名，地點適中，烹調講究，所以業務甚翅，與上述三家酒樓並駕齊驅。司理苗老大，年紀四十餘，手腕玲瓏，招徠有術，他原是酒樓行業的老行尊，亦是洞庭酒樓的股東。大凡「花筵館」的司理爲着業務起見，小不免和客人作花酒應酬，「近水樓台先得月」，和阿姑們發生

情愫，總比較普通客人優勝一籌，「準老契」或「契女」之流，眞是屈指難數，而龜鴇阿姑們亦樂得「巴結」，作業務上的聯絡。苗老大交遊甚廣，每晚總有幾班熟客，規定一個「梗廳」作局，從前的殷實商人，雖是同樣飲花酒，不比紈袴子弟，爭取無謂的面子，每晚都以自己做東家佬爲榮，其實飲花酒等如抗戰時期的「持久消耗戰」，揮金如土，豈能維持久遠，往往曇花一現，徒留佳話在花間，人面不知何處去，這等人祇能博得「火水罐」或「四方辮頂之上加個箍」的銜頭，爲有識者所哂笑。殷實商人則不然，除喜筵或生日酒之外，大都作「田雞局」照數科派，在酒樓規定一個廳，廳不必太大，視人數多寡而定，若果廳大人疏疏落落，花叢中人有句口頭禪，叫做「泡茶」，反不如密密實實之爲愈。正是：室雅何須大，花香不在多。在「飲者留名」的玻璃架上，亦規定一個名字，如「樂也」、「新記」……或單用一個「福」字之類，俾「圍內」朋友按圖索驥，可能斟些生意。同時妓女對於某一個名字的飲客，如果是潤綽殷實的話，便互相傳說，另眼相看，相反地，如果是「拆爛污」的客人，不消說亦透露風聲，大家視爲畏途了。苗老大的手段相當高明，他對於每一班熟客的飲局，俱參加一份，逐個廳應酬一下，不論在哪一個廳消夜（酒樓本身，規矩也開設消夜，肴饌自然比普通商店爲佳），亦照會友一分子派數，每月結算一次。他底目的不是志在招徠花酒生意，而是聯絡這幾班朋友的感情，遇有喜筵亦必定樂於光顧，甚至親戚擺酒，亦會介紹所稔熟的酒樓，這也是洞庭酒樓業務蓬勃的主要因素，東家方面對苗老大更爲倚重，年終所分的花紅也特別多。有一天，苗老大忽然接到一封「打單信」。

打單信的內容，不外千篇一律，語多恐嚇，索欵一千元，限

於某日交欵，放在一別亭對面的垃圾堆裏（按：一別亭在西環屠場附近，三四十年前殷富人家出喪，親友大多數送至一別亭辭靈，將近拆卸時期，另外在薄扶林建築一所「永別亭」，比較一別亭的設備又好得多，一別亭遂淪爲廢址），信末署名「滑頭朋友」。

苗老大看完打單信之後，心裏在想：自己在這個「地頭」，經營酒樓行業，已有悠久歷史，所有秘密會社的首領們，俱是很相好的朋友，從來沒有發生絲毫磨擦，也沒有任何人提出甚麼要求，況且本人正是規行矩步的殷實商人，與人無忤，與物無憎，審情度理，決不是尋仇結怨。說到「敲竹槓」這一層，一班首領旣是老友，手下人自然知悉清楚，賞臉幾分，可證明不是當地人開這個玩笑，一定是外來人初到貴境，才敢貿貿然幹此勾當。但旣有此事，「可大可小」，必得召開股東會議商量應付方針。

股東方面，大致分爲兩派主張，一派贊成息事寧人，理由是酒樓這一行業，富客常臨，一旦發生意外，即使是小小騷擾性質，也會影響顧客裹足不前，反爲「因小失大」，一千元數目雖不算小，近年來生意暢旺，獲利不菲，每位股東，亦損失有限，不如依言交欵，作爲「買怕」好了。另一派則贊成去報案，一千元固然不算多，但這等匪徒，以爲狡計得售，勒索完一次又一次，弄到不堪其擾，無以善後，結果還是要報案的。贊成「買怕」的一派，認爲到了不堪其擾的時候，才去報案，曲在彼方，揆之理由，我們振振有詞，任何冥頑不靈的匪徒，也會講些道理，若果第一次「托手睜」，兼且報案查辦，恐怕惹出禍根，難以收拾，還是犧牲千元爲是。

最後由苗老大自己決定，先去和老大哥劉襌商量，這位劉

禪便是前文調處「甲字頭」和「乙字頭」爭端的「老頭子」，他是港九兩方面秘密會社的首領人物，任何人也十分敬服，不敢道半個「不」字。劉禪和苗老大，不特是老友，也有師生之誼，門生接打單信，他當然負起責任，派人出外調查這個「滑頭朋友」是誰？次日劉禪非常悠閒地對苗老大說道：「我經已調查清楚了，這個『滑頭朋友』就是『潺仔油』的化名，潺仔油原是後進人物，年紀很輕，爲人頗有機智，但也有一種怪癖，從來單拳獨馬做事，不找兄弟幫手，正惟如此，一個人任你是七手八臂，也不會幹出大事，勢力孤單，無足畏懼，斷不致發生大波折，你祗管派兩三個人，或者派一個更好，免他疑忌，在垃圾堆附近等候，如果見他行近垃圾堆旁邊，目的想取欵，便上前說出我劉禪的名字，約他一談，他知道是我出頭，自然沒事了。」

苗老大以劉禪既查出其人是誰，又肯負責「撻朵」，當會冰消瓦解，便將這個意思，報告一班股東，坦然不以爲意。股東仍恐計劃不周全，既不是滿足他的需求，就應想個良策，爲將來應付地步，究不如用爛報紙作銀紙，放在垃圾堆，引誘他前來取欵之際，合力將他拘拿，縱使給他兔脫，亦可認識其廬山眞面目，威脅他不敢再來。同時出動酒樓心腹夥記，有些氣力的，由朝至暮，輪班等候。

到了「打單信」約定交欵的一天，洞庭酒樓的重要職員，由司理苗老大以至什役，還有幾位股東，凌晨便集合酒樓賬房，如臨大敵，遣將調兵，安排甘餌釣金鰲，包得似模似樣，作爲千元紙幣，擲入一別亭對面的垃圾堆內，五條大漢分開五個部位，窺伺四週，等待潺仔油到來取欵。第一批人員，由晨早七時輪候至正午時分，即由第二批五名大漢換班，繼續候至下午五時，再由

第一批接替,分配停當,聽候消息。

當第二班人輪值的時候,過了下午三時許,還沒有發現可疑人物,更沒有人行近垃圾堆旁邊,但各人仍不敢怠慢,堅守自己的崗位,其中有個是酒樓的打雜渾名「老實頭」,外表雖似鄉愚,實際懂得幾下拳腳,當下探手入懷,拿熟烟出來,捲「針喽」吸了兩口,忽然覺得袋口蠕蠕而動,回首一望,有個面色蒼白的青年,似動手想打荷包,可是這人手術相當拙劣,立刻被「老實頭」發覺,氣憤之餘,一手將他拿住,大聲道:「你這新雀,手術尚未學得高明,便胆敢想打老子的荷包,非打不可!」說完之後,順手打了他一巴掌,一同輪值的四條大漢,聽說有人向自己夥記打荷包,不期然的蜂湧上前包圍,防他兔脫。那個青年哀懇求情,並否認打荷包,而是想向他借火吸烟,不料觸着袋口,以致發生誤會。各人可憐他是個「新雀」,既沒有損失,又是有「任務」在身,不必驚官動府,算他一場造化,斥責幾句,揮之使去。

那個「小手」抱頭鼠竄而去之後,各人重守崗位,「老實頭」順步行近垃圾堆旁邊,一看這包「銀紙」,忽然發現紙包經已拆開,還附有一張字條,有好幾行字,「老實頭」本來不大「識黑」,連忙拿返酒樓,交給苗老大。苗老大看完之後,不禁大為震顫,原來這張字條是潺仔油解開紙包放下的,大意責成苗老大付歀與否,不成問題,但不應拿爛紙作銀紙將他愚弄,現在決不干休,再寬限三天,不過要「起價」了,一天代價一千元,寬限三天必得照交三千元,少一文也不收納,依然放在撒撸堆裏。信末還附帶聲明:通知劉禪一樣要做,他是天不怕地不怕的人,如果這一次再將他戲侮,不特酒樓要搗亂,苗老大性命堪虞,甚至苗老大全家大小也成問題,勿怪言之不先。

苗老大立刻拿字條往見劉禪，備極徬徨，劉禪派手下人四出調查潺仔油的行踪，探悉其住家所在，詢問其家人。潺仔油的妻子，坦白說丈夫行踪飄忽，平時連家人也不告訴的。偵查的結果，祇知道那個偽作手術拙劣的「泡友」，却是潺仔油的妻舅，故意移開各人的視綫，以便他放下那字條，這張字條當然是預早叫人寫好，因爲他亦探悉由劉禪出頭，用舊報紙作銀紙引誘他落網的計劃。劉禪仍認爲潺仔油單拳獨馬，不會作得甚麼大事，一方面叫苗老大暫勿報案，也不必照交三千元。另一方面，吩咐各會社兄弟，四出找尋潺仔油，如果碰見了他，不消動手，祇說劉禪請他一談，可以談判圓滿解決。

到了第三日，下午六時許，苗老大在酒樓突然接到家人電話，報告兒子失踪。

他一聽之下，吃驚非同小可，這是苗老大最幼的孩兒，年僅七歲，名喚阿寧。往昔風氣，尚未通行幼稚園，對於女兒仍多保持「女子無才便是德」的觀念，不大注重學校教育，男孩子大都按照「紅皮書」這句話兒：七歲應神童，沿習例「開冬學」，請老師宿儒代爲「開筆」之後，返私塾（那時兒童讀中文，很少有學校之設，大都是私塾制度，老師以有遜清功名爲上選，最低限度有個「秀才」銜頭，才獲得學父信仰，稱爲「ＸＸＸ館」或「ＸＸ書屋」之類），循例讀書三幾天，算是「解館」──放年假──到明年春始正式上課，列爲「丙班」學生（從前私塾的班級，分甲乙丙或丁班，以「甲班」爲最高班），阿寧「開冬學」後，剛巧讀完這一天，打算便休假，不料竟宣告失踪。私塾與住家相隔祇有半條街位，最初兩天有傭婦陪伴，兼且在私塾內逗留一個時期，免孩子感覺地方陌生而驚惶失措，因爲往昔的老師宿儒，

扳起一副莊嚴面孔，兒童也遠不及現代孩子的「夠志氣」小小心靈，看到這些「恐怖的陌生環境」，有些兒害怕，甚至號哭起來，不肯上學，家長們特着傭婦入內奉陪，私塾不比現在的「校規」，是特別通融的。阿寧算是較有「志氣」的孩子，第三天便欣然自己出門，聲明不用人相陪，和隣居的孩子阿康同行，出入有伴，這是幽靜的住宅區，沒有來往車輛，家長自然放心。這一天放學時間已過了許久，尚未見阿寧返家，苗太太以為兒子探訪隣居同學阿康，他們平時慣常過從，漫不以為意。直至家裏開晚膳，仍不見阿寧回來，才着傭婦到阿康家裏詢問，阿康說阿寧出私塾門口，已有一個男子等候，說是酒樓夥記，他爸爸吩咐帶他去酒樓食飯，阿寧歡天喜地的，和他一道兒去了。苗太太聆言之下，很是狐疑，苗老大叫孩子們出酒樓食飯，並不算稀罕之事，但不論任何夥記，必定先到住家告知她，由她打發出門，沒有理由在學塾門前接孩子去，懷疑阿康這孩子可能聽不清楚，於是吩咐各人在附近搜索一回，看看阿寧是否和隣居兒童嬉戲，樂而忘返。搜索了一會，踪跡渺然，苗太太這才大起恐慌，打電話詢問苗老大，果然沒有派夥記接阿寧去酒樓食飯之事，不消說是給歹徒藉苗老大名義，將阿寧拐帶去了。丈夫愛憐少子，阿寧是他心裏最疼愛的一個，聽完了電話，呆若木雞，半晌不能言語。

　　酒樓司櫃老徐，見苗老大聽完家人電話之後，神色有異，定知家裏發生甚麼要事，不便啓齒詢問，偶然一望櫃面算盤放下一封信，信面寫着苗老大名字親啓的，不禁驚呼起來。他記起剛才有客定廳，拿算盤打菜單的價錢，尚未發現甚麼函件，相隔不過幾分鐘時間，也沒有送信之人到埗，這封信從何而來？立刻遞交苗老大。苗老大拆開一看，更添多一層煩惱，原來這封信又是潦

仔油的「傑作」，指謫沒有踐約交欵，所以拿他的愛子作「人質」，並且又要「起價」了，這一回加至五千元的數目，交欵地方，仍是一別亭對面的垃圾堆，限五天為期。苗老大看完信，愁眉雙鎖，顫聲問老徐，這封信突如其來，可有見到送信人的面貌？

老徐和其他櫃面職員，都說未有見到有人送信入來，也不是放在門前，由店伴交到櫃面的，老徐並記憶十分清楚，剛才拿算盤打菜單的時候，的確沒有見過任何函件，相距不過數分鐘的時間，瞥見有封信放在算盤邊，儼似從天外飛來──亦覺得十分驚訝，苗老大聆言之後，心裏倍加恐懼，潯仔油這人，手段如此高強，正不知如何想辦法應付。

老徐沉思了一會，忽然恍然大悟，對苗老大說道：「一定是剛才定廳的那個人！」苗老大忙問這人是誰？老徐告訴十分鐘之前，有個兩撇鬍子的「伯父」，穿長衣，戴「朴帽」（往日盛行中國禮帽），手拿「士的」，狀類殷實商家，說出某間著名南北行字號，明晚定兩個廳請客，預定三桌，吩咐開一張菜單給他看……）苗老大不待老徐言畢，馬上打電話這間南北行，是否派人到來定廳，明晚請客，對方很巧妙地回答：「小號是貴酒樓的常年主顧，請客定廳，祇消打電話你苗老大，你自然會替我們擬好菜單，難道怕你高抬價格，要派人和你磋商嗎？你一定給人愚弄了，我們絕無請客情事，你快些取消了這兩個廳，留給別位顧客吧。」苗老大收綫之後，頓足說道：「豈有此理，這個定廳的伯父，若不是潯仔油本人化裝，就是派遣親友，偽作定廳打菜單的顧客，瞞人不覺，放下書函，還冒認這家南北行字號，可惜我們一時不察，正如這間字號所講，他們歷向定廳，祇是打個電話便行，何必派人到來接洽？早知如此，齊手合力將這個人拘拿，

即使不是潺仔油本人，亦可追究潺仔油的下落，棋差一着，尚有何言！」

苗老大越想越氣，又駭又怕，因爲這次擄去兒子勒贖，無形中單獨牽涉本人身上，這筆錢沒有理由要酒樓股東負責，五千元偌大數目，照數支付，未免太過不值，若果靳而不與，兒子性命堪虞，進退兩難，心煩意亂，姑且和各股東商量。股東方面，覺得這次激惱潺仔油，有幾分是某股東擺計錯誤，不應用「爛報紙作銀紙」戲弄他，所以，一致同意「開銷公欵」不須苗老大自解私囊。但苗老大以潺仔油乘機起價，由一千增至五千，簡直目中無人，和劉禪商量，金錢拚之損失，必得一洩心頭之火，劉禪亦覺得此人過分乖張，連「老頭子」也不賞給半點薄面，非施以懲戒不可！會商結束：銀紙照交，暗中與警方聯絡，抄下銀紙號碼，仍依來函所囑，放在攤撬堆裏，苗老大爲着兒子安全，要求警方人物不要露面，以免打草驚蛇，甚焉者橫施辣手，作「撕票」之舉，派酒樓夥記，也怕潺仔油認識，不敢下手取欵，另外邀請幾位舉止較爲斯文的親友，伺伏於攤撬堆附近，將他拘拿，勒令他交還兒子，一併控訴他擄參勒贖罪名。

銀紙放在攤撬堆之後，第一天候至黃昏，仍不見有人拿取，原封不動，祗好拈返酒樓，明日照樣放下。第二天，依然原璧歸趙。第三天可不同了，這包銀紙經已給人拆開，銀紙完全沒有動移，但又發現潺仔油一封信。

苗老大拆開信一看，比前倍加驚惶，張口結舌，內容大致斥責苗老大「包藏禍心」，安排香餌釣金鰲，既向警署報案，又將銀紙寫下暗碼，他一概盡知，決不肯上當，所以銀紙原封不動，完璧歸趙，但他已下大決心，一不做，二不休，必定奮鬥到底，

同時照例又要「起價」，多限七天，一天代價一千元，這一回非繳交七千元不可，短缺一文錢也不要。寫下號碼，或者暗加符號的銀紙也不要，如敢開玩笑，先割下令公郎阿寧一隻耳朵，永遠留下紀念，再進一步，還有好戲在後頭，勿謂辣手無情……苗老大看完之後，差不多暈一陣，渾身發抖，連手上這封信亦墜下地來。

當下目擊苗老大驚惶情狀的洞庭酒樓股東和職員，拾起信來一讀，大家都相顧愕然，一致承認潺仔油的行徑和手段，神出鬼沒，機智勝人一籌，使人難以捉摸。現在「起價」達七千元之巨，如果不依言照辦，多延幾天，他屢次聲言，多一天多一千元，拖延下去，豈不是越加越多，加到萬元以上？假如他不是擄去阿寧，還可以出入戒備，由警方多派幹探保護這個人，及環繞酒樓四週，嚴密監視，沒奈何顧着孩子性命要緊，投鼠忌器，不敢完全使用武力對付，必得想個妥善辦法轉圜。

苗老大驚魂稍定，首先研究潺仔油這封信所自來，在眾目睽睽之下，何以不能看見有人行擸撞堆，解開紙包插這封信？幾個負責看守的親戚，思索了一回，才訝然失笑，這回又中了「伯爺婆」之計了。原來這一日下午，突來一個「伯爺婆」年紀總有六七十歲，雞皮鶴髮，面上滿佈皺紋，但她底裝束非常怪異，插得滿頭珠翠，厚塗脂塗，身穿時髦衣服，扭頭捏頸，「週身潮氣」，有一班頑童尾隨其後，拍掌嘩笑，叫她做神經婆，她一概不理，和孩子們作「打情罵俏」之狀，引起途人圍觀如堵，說她一定「發花癲」，互相追逐了一回，直至那「伯爺婆」向海旁欹擺而去，這一幕活劇，方才宣佈結束。奉命看守潺仔油的幾個人，目睹這個怪現狀，不期然而然的忘記了本身的任務，轉移了目

標，任由潺仔油予取予攜，賣弄手腳，竟絲毫沒有人加以注意。後來苗老大詢問秘密會社中人，知道潺仔油有個母親，年紀亦是六七十歲，因婆媳間不大相得，另在九龍方面租賃一間房，和幼女同居，潺仔油做事既不肯叫兄弟們幫助，這一次可能利用年邁的母親，「粉墨登場」，主演這一幕怪劇。

苗老大徬徨無主，祇好拿這封信再見「老頭子」，劉禪氣惱之餘，多方考慮善後之策，他雖然主張以武力對付武力，聯合警方及秘密會社的力量，即使潺仔油個人有七手八臂，未必敵他不過。可是苗老大「投鼠忌器」，情願息事寧人，繳欸贖還心愛的孩子，但求欵項減低，照七千交五折 —— 三千五百元 —— 他亦肯雙手奉獻，並不咎既往，更不向警方報告這件事。劉禪乃親自到潺仔油住家，面見其妻子洪氏，劈頭第一句，便用威脅的口吻說道：「義嫂，我特來告訴你一聲，阿油將要遞解出境！」

洪氏忙問甚麼事？劉禪先將潺仔油投函打單，擄去苗老大兒子，勒贖之欵，數目加至七千元的事情，源源本本說出來，最後叫她警告潺仔油，事情愈弄愈大，無可收拾，警方決不容許有這等人，擾亂社會安寧，勢將有遞解出境之虞。洪氏搖頭嘆息道：「阿油這人，性情十分古怪，在外邊不論幹些甚麼，絲毫不肯透露半點風聲。行踪飄忽，通常離家三五天，甚至一月浹旬，亦不肯對妻子說出去向。我常時也很担心，家姑六七十歲人，風燭殘年，一旦溘然長逝，想找他做『喪主』就很困難了。可是有一事真奇，連我本人亦不明白，他雖然很久沒有返家，似乎對家中消息十分靈通。不消找人尋覓，他自會回來。有一次，他沒有回家已有四天，突然家姑染着急病，延醫診治，醫生認爲尚未渡過危險時期，老年人隨時可以逝世，理應準備後事，正在担

心不知何處尋覓這個『孝子』，但這一晚潺仔油突如其來，說他聽到母親急症的消息……」劉禪插口說：「義嫂，閒話休提了，現在苗老大願意送給他三千五百元，從前事一筆勾銷，永不追究，這些銀紙，我劉禪可以保證，絕對未有通知警方，也沒有寫下暗碼，你大可放心收下，認真婉轉相勸丈夫，叫他得罷休時且罷休，切不可迫人太甚，得些好意須回首，馬上放還苗老大的兒子，更不可因為欵項僅得一半，割去他一隻耳朵，或損傷他的身體，如果這樣不賞臉我，我劉禪決不肯和他干休！」

出乎劉禪的意外，洪氏極端尊重老人家的主意，承認潺仔油做事太過「狼胎」，她必定婉轉勸諫丈夫，叫他接納老人家教訓，但她始終不肯接受這三千五百元的欵項。據她的解釋：潺仔油這人，說得到做得到，他平時警告妻子，一不得干涉丈夫的行動，並不許開口詢問一聲；二不得隨便接受任何人的財物，凡是不明瞭來歷的東西，非經他吩咐在先，一文錢亦不能沾手，如敢違抗，嚴懲不貸。因此她請劉禪先將銀紙帶回，她決定負責勸告丈夫，平息這一場風暴，以免將來在香港無立足之地，同時徵求他同意之後，才接納這筆錢。劉禪沉吟道：「苗老大懸念着失踪兒子的安全，日夕焦急，你要徵求他同意，他現在行踪飄忽，未有回家，不知等候若干日子，難為孩子的父母，倚門倚閭掛望哩。」洪氏微笑道：「我剛才不是說過嗎？阿油這厮，消息十分靈通，他可能知你到過我們這裏，說不定今晚便會歸來，我相信兩天之內，儘可以給你覆音，雖然他肯不肯接受金石良言，我本人也沒有十分把握，但消息是不會隔膜的。」劉禪乃約定第三天再來，見洪氏堅決不允收錢，沒奈何將銀紙放還袋裏，臨行時叮嚀致囑洪氏，必須想法子「勸妥當」潺仔油為止。

到了第三天清晨，劉禪再到瀦仔油家裏，洪氏滿面笑容，迎接劉禪，長吁一口氣說道：「阿油這厮，真是冥頑不靈，昨晚經我勸告了一夜，仍要堅持七千元的數目，他說過欠缺一文錢也不要，男人大丈夫，說得出決不『反口』，後來經我多方譬解，曉以利害，說到我舌敝唇焦，直至天明，剛才七點鐘才算答應了。」劉禪忙問道：「他昨晚回來渡宿嗎？他現在可在家，我很想和他一談。」

洪氏搖頭道：「他昨夜並沒有返家渡宿，晚上十時許，突然寫張字條，着『鹿角酒店』的侍役到來，叫我去酒店和他相會，費了我一番唇舌，到今晨七時，才算說服了他。剛才由酒店回家，吃了一碗粥，兩孖『油炸檜』（油條），打算登床就寢，可憐我整夜還沒有入睡哩。」

劉禪聽說洪氏忠告丈夫已告成功，自己亦覺可以完成任務，歡天喜地，從身上拿一帙銀紙出來，全數三千五百元，叫洪氏點收。可是第二次出乎劉禪意料之外，洪氏依然拒絕不肯受，劉禪忙問甚麼緣故？洪氏答道：「阿油這厮，品性倔強，爭雄好勝，他說過放在攙擔堆裏，由他自己去取，決定踐守諾言，要你們依舊擺放於攙擔堆，他自己去拿，才顯出他的本領。他並且鄭重聲明，你老人家既是保證願意和解，化干戈為玉帛，他表示絕對信心，但恐怕人心不測，可能將他『撚化』，在他拿取銀紙的時候，暗佈天羅地網也未可料。他既有胆出來攪事，自然不會畏懼，不過弄出事來，休怪他辣手無情，苗老大兒子的性命，難免先遭殃，今後酒樓的生意影響，以及苗老大全家大小的安全，他却不敢向老頭子提出保證，這一點你老頭子要原諒，幸勿怪責他不賞臉。」

潺仔油這番話，劉禪當然很明白其用意所在：英雄主義色彩相當濃厚，爭取「第一」，話明當眾收歇，說得出做得到，顯示手段高強，先聲奪人。另一方面，威脅劉禪和苗老大，不敢向警方請求協助，以免鬥爭下去，兩敗俱傷，雖有孩子「人質」，最低限度要吃眼前虧。劉禪拍拍胸膛，叫洪氏轉告潺仔油，一切條件由他負責答應，保證沒有意外事件發生，同時並提出一個「反要求」：照他最後所開的「價錢」七千元，祇交三千五百元，雙方情願，潺仔油不得再藉口未收足原定的數目，橫生枝節，又攪出一件新事件來，那時節就弄得沒有收科，可能用最劇烈的手段對付了。洪氏說她底丈夫雖是頑强不受羈勒，做事還顧口齒，請他放心。劉禪和洪氏相約，定明日交歇，仍放在一別亭對面的攛撬堆，瀕行時叮嚀致囑，叫潺仔油歇項收訖，立刻放還苗老大的孩子阿寧。

劉禪別過洪氏，返洞庭酒樓通知苗老大將紙幣三千五百元，包裹妥當，劉禪為隆重其事起見，夾附一封信，大致忠告他「得些好意須回首」，現在交上三千五百元，雙方情願，不得反悔……到了次日，劉禪和苗老大商量，固然踐守諾言，不通知警方，不出動兄弟們伺伏，連酒樓夥記也不派遣，但銀紙放在攛撬堆，沒有人看視未免太過「危險」，因為有等專向攛撬堆討生活的人，在攛撬堆檢拾有用的東西，難保見了包裹不順手拾取，豈不是「兩頭不受中間受」？更惹起潺仔油誤會，以為置諸不理，爽約食言，不肯答應他的要求，勢將攪出風波，可能招致雙重的損失。如果派遣多人，又怕潺仔油有藉口，像以前一樣，既不拿取，還要「起價」。結果，由苗老大邀請他的岳丈田翁幫忙，這位岳丈年紀六十餘，精神矍鑠，是「打武家」出身，精於技擊，

等閒三幾個身强力壯的青年，也不是他的對手，由他担任守衛銀紙，他亦很佩服潺仔油的「英雄舉動」，看看是甚麼人物。

這一日田翁手拿一支旱烟管，在一別亭對面一間雜貨店門前等候，店主是和洞庭酒樓有來往的，認識苗老大，特意借給田翁一張木椅，坐過門口一邊，田翁祇說等候一位朋友，當然沒有透露內幕。由上午八時候至下午六時，除飲過早茶之後，差不多食過三餐——早晚兩餐着人送飯，中午送點心——尚沒有見到潺仔油的踪影。中午時分，雖然有個「敬惜字紙」的老人（從前風俗醇樸，老成人常告誡青年人「敬惜字紙」，不可隨地亂拋，有等流浪無依的老年人，常在街邊檢拾字紙，一者是「敬惜字紙」之意；二者這種種紙張，可作爲製造土紙的原料，交去雜架店，獲得低微的代價，無形中也就成爲老年人的一種賺錢職業了），行近擸擸堆一看，想檢拾有用的紙張，田翁認識這老人的面貌，通常以「敬惜字紙」爲業，絕對不是潺仔油的化裝。他立刻跑近身旁，給他五分銀幣一個（俗稱「三分六」）揮之使去，阻止他「大發橫財」，拾去這一包三千五百元的銀紙。除却這個老人之外，沒有第二個人行近擸擸堆，亦未有發現甚麼形迹可疑的人物。

黃昏近晚，夜幕低垂，時維冬令，未屆七句鐘，經已景色昏黯，加以西環偏僻之區，行人逐漸稀疏，越顯出荒涼景象，雜貨店主人以田翁守候終日，日以繼夜，尚未見他所約會的朋友來臨，他雖然不會下逐客之令，却替田翁十分難過，忍不住開口問他一聲，這位朋友也太不夠朋友了，令到老人家呆候一整天，何其珊珊來遲，到底是甚麼朋友？田翁祇好含糊以應，不便告訴事實，看內壁上時鐘，剛巧鐘鳴七下，心想潺仔油這厮不知又存着甚麼疑忌心理，突然變卦，可能不來取歙了。剛想緩步帶回洞

庭酒樓，瞥見一條人影，閃電般飛至攔擡堆邊，伸手拾取一件東西，即轉身飛遁。田翁見他身手敏捷，料想必是潺仔油這厮，可惜天色昏黑，不能辨認那人的廬山眞面目，連忙上前一看攔擡堆，那包銀紙已宣告失踪，同時這個人向山邊方面逃跑，轉瞬之間，亦消失其所在。田翁不禁咄咄稱奇，很佩服潺仔油智勇雙全，機警矯勁之極，但很不明白自己女婿苗老大，爲甚麼會開罪這個人，否則他決不致單獨向苗老大「打單」，論酒樓生意，還有好幾間比洞庭酒樓業務蓬勃的，却未蒙光顧，這一點綫索値得根查，假如嫌隙未能冰釋，和他相持下去，苗老大總會有多少吃虧。

潺仔油拿取三千五百元「紙包」的時候，大約是七時十分鐘。說也奇怪，七時三十分鐘左右，苗老大的兒子阿寧，已安抵家門。家人皆驚喜，問他如何被擄，怎樣回來？阿寧說那日放學，有人自認是酒樓夥記，奉爹的命令，帶他去酒樓食飯。當他行近家門口，想入內告訴母親一聲，那人說爹和媽已在街口等候，催促他快行幾步，轉過街口，地方稍爲偏僻一點，那人不由分說，將他抱起，用手緊掩他的口部，大踏步而行，出路旁，見有架汽車，司機開了車門，那人登車後，即用手帕縛他雙眼，到了一間木屋，解開手帕，但又改縛其口，並恐嚇不許聲張。每日三餐，飯菜殊不俗，日夜由另一個少年看守，少年常說有趣的故事給他聽，消遣時日。

阿寧繼續縷述剛才釋放的情形，那個刦擄他的人再次出現，含笑對他說道：「你都夠精乖，不啼不哭，今日送你回家和爹媽團叙了。」說完給他一大個紅封包，內有拾元紙幣一張，那人非常柔和地，輕輕用手帕縛他雙眼，還在他耳邊說了幾句笑話：

「現在是弄戲法，比大笪地的戲法更加好看，不久就騰雲駕霧，學孫悟空打個勋斗十萬八千里，轉瞬間就到達家門了。」邊說邊抱他出門，似乎登上汽車，風馳電掣而去，果然很快便覺得那人抱他出車門，放在地上，解開手帕，叫他自己拍門，那人也就大踏步飛遁了。

　　苗老大夫婦，見心愛的兒子，安然無恙，雖是損失三千五百元，──酒樓股東決議全部負担，苗老大終覺過意不去，自願負担一半──算作「破財擋災」。苗太太恐怕兒子飽受虛驚，一邊叫人「還神」，一邊詢問阿寧，有否受到苛虐或毆打？阿寧說初時那個刦擄他的人，拿利刃將他恐嚇，警告他不要聲張，不聽話則置諸死地，接着婉轉解釋，直認擄人勒贖，錢財到手，馬上送回家裏。他相信爹媽必定出錢贖回的，又知道這地點是薄扶林荒僻地方，大聲叫救命，亦沒有人聽聞，反為斷送了性命，索性閉口不作聲，靜耳聽故事好了。苗老大夫婦，以孩子小小年紀，居然懂得利害，臨事不懼，心裏頗服其機智，相視一笑。阿寧又告訴雙親，被擄之後，每日均有個青年婦人送飯給他們吃，態度也十分和藹，並買許多糖果來，和那個講故事的青年，低聲耳語，不知談些甚麼，有時皺起眉頭，有時眉舒色笑。後來查悉那婦人是潺仔油的妻子洪氏，那青年是他的妻舅，洪氏雖不贊成丈夫幹這些勾當，可是，既成事實，不能袖手旁觀，使丈夫落網，所以亦盡力協助。她做事機警幹練，像名伶演劇，十分逼真，實際上潺仔油「打單」之後，並不是萍踪無定，祗是躲藏於地庫廁所後邊的一個小房間，這是「秘竇」，外人從不知悉，潺仔油有這兩個得力而心腹的助手，因此出來做事，單人匹馬，不消邀請兄弟們拍檔。祗有「搜集情報」要靠兄弟通聲氣，這一點亦由妻

舅負責，絕不用本人拋頭露面。他有一個結義弟兄，是秘密會社的首腦人物，以故劉禪和苗老大所商議的計策，如何對付，消息靈通，盡知虛實。

潺仔油奏凱而還，本來可以告一段落了，可是潺仔油這人眞頑皮，更來一段很有趣的插曲：阿寧釋放返家的第三天，恰巧是老大生日，兒子「合浦珠還」，本人懸弧令旦，正是「雙料高慶」，親友亦紛紛贈送禮物，苗老大不假外求，就在洞庭酒樓肆筵設席，「闔府統請」，親眷中笑說這一回兼替小孩子阿寧「置酒壓驚」，又讚他精乖伶俐，「履險如夷」。正在歡樂之際，突有一架救傷車，在酒樓門前戛然而止，車上救護員，直入櫃圍前，問苗老大何在，到底患甚麼急症，剛才有人打電話，說他中風，叫我們快來，舁他入醫院救治。司櫃連說幾句「大吉利是」，他在樓上請生日酒，哪有這一回事，定是有人惡作劇，婉詞推却救傷人員，將救傷車駛回去。（聽說由這一次「惡作劇」之後，凡有人打電話叫救傷車，必定問清楚電話號數，接着覆一個電話認爲無訛，才駛車出發。）

當救傷車抵達洞庭酒樓門口，好事之徒，圍觀如堵，聲音嘈雜，驚動樓上廳客，憑欄而觀，苗老大剛和親友應酬，聽說門口有一輛救傷車，亦急步下樓詢問究竟，這時司櫃經已用斬釘截鐵的口吻，婉轉而迅速地將救傷車遣去，以免閒人越聚越多，有碍營業。苗老大忙問剛才發生甚麼事，救傷車舁去甚麼人，司櫃起初不好意思說出口，因爲這一天是他「紅日當頭」的好日子，說他中風，眞「大吉利是」，但又不能不講，祗好照直告訴，不知是誰惡作劇，弄出這一幕把戲。苗老大低頭一想，立刻「心知肚明」，除了潺仔油這廝，更有那個貔貅？他想深一層，倍添煩惱，

這一晚劉禪也是座上嘉賓，苗老大返廳之後，即邀劉禪出露台談話，愁眉雙鎖，顫聲說道：「禪叔，我當真不明白，和潺仔油結下甚麼冤仇，初時接到打單信，以為他窮極無聊，志在勒索一筆錢，及後見他越弄越兇，不斷『起價』，由一千元漲至七千元，這種行徑，超乎一般打單匪徒的手段，顯然帶有幾分戲弄報復性質。現在總算由你禪叔出頭，憑你的面子，減其半數，聲明兩相情願，不得再作無厭之求，可是言猶在耳，事隔兩三天，他雖不是勒索金錢，或有其他不軌行動，偏要選擇我的快樂生辰，打電話叫救傷車來，說我中風，開這個不大不小的玩笑。既沒有真憑實據，也奈何他不得，他自然矢口不承認，想質問也質問不來，徒費唇舌。這個潺仔油是何等樣人，我從來沒有和他認識，當不致會開罪他，為甚麼他至今時今日，還要和我作對呢？我恐怕他雖然收了三千五百元，尚不表示滿意的樣子，何難再來『一煲傑野』……。」劉禪見他慌張的狀態，插口解釋道：「你不要杯弓蛇影，自起猜疑，今晚的事情，或許不是潺仔油所為，也未可料。」苗老大嘆口氣說道：「我平生與人無忤，與物無憎，除卻這一次潺仔油和我過不去之外，從來未有人向我惡作劇，因此可以聯想到，不是他更是誰人？我現時最着緊的，就是想查明真相，有甚麼和他過不去，或許無意中開罪了他，俾我知悉清楚之後，消除誤會，以免怨隙越結越深。」劉禪一口答應，代他調查這件事。

另一方面，苗太太從「糠頭」──酒樓每一層樓的「廳長」──口中，知道救傷車到來，說丈夫「中風」，頻呼「大吉利是」，連吐唾沫，以祓除不祥。親友聆言，深表驚訝，亦爭着詢問苗老大夫婦，是誰人這般惡作劇。苗老大不便逢人說出潺仔油事情，祗好含糊以應，坦白承認自己莫名其妙，各親友以生日

良辰，高慶擺酒，盡主人之歡，立刻撇開這件事不談。

　　到底苗老大怎樣開罪潺仔油呢？說起來也是出人意表，任何人都夢想不到在花叢地方，會因幾句不檢的話兒，攪出一場大風波。原來苗老大和潺仔油俱是宴花少芳的「老契」，有一晚，潺仔油先在少芳房間打水圍，苗老大來遲一步，借隔鄰姊妹房招呼。苗老大飲醉幾杯，定要少芳這一晚陪伴他，少芳說她已答應了潺仔油，苗老大自恃老板身份，大聲說道：「你為甚麼遷就他，乾煎他一晚好了！我們去酒店開房。如果你貪圖他的金錢，他出一百，我出二百，他出一千，我出二千！」少芳低聲道：「隔牆須有耳，他是手段強橫的『惡人』，你不要和他碰。」苗老大自恃有「老頭子」做護符，更暴跳如雷，嗤之以鼻道：「如果你說出某個富紳豪賈，我還退讓三分，區區是個『惡人』，我何足懼怕，看他能比劉禪更強嗎？」誰知這句話傳入潺仔油耳朵裏，這一晚自動退讓，打完水圍便行。過了一天，苗老大就接到打單信了。

　　至於潺仔油不靠兄弟幫手，完全出動家裏人：年邁的母親，年青的妻子和妻舅，加上他本人素肯研究的「化裝術」。那個假扮「泡友」，以及看守阿寧的少年，便是妻舅洪德安；「花癲婆」由母親飾演；去洞庭定廳的南北行老板，是他本人的化裝。他所藏匿的地方，便是家裏的一個秘密地牢，妻子完全依照他的命令行事。洪德全和阿斗的一位心腹「先鋒」是結義兄弟，因為潺仔油初到這個地頭「撈」，大家都不知道洪德全和他是郎舅之親，所以阿斗和苗老大所定的計策，無形中洩漏出來，完全給潺仔油知道，處處佔其先着，比較福爾摩斯和俠盜阿森羅鬥法，更為好看！

第卅一節：「廳躉」麗君「寮口」柳姐

　　俗語說得好：「妻不如妾，妾不如妓，妓不如偷，偷不如偷不得。」描寫好色男兒的心理，可說「入木三分」。糟糠之妻，不若專房之寵，這一點理由，自不待註釋。尤其是四五十年前，社會風氣盛行盲婚制度，有錢人家，大都早日遂其向平之願，希望「三十二歲拖孫過橋」，留傳「好命公」佳話（相傳有一段故事：這個人十五歲初春結婚，是冬誕生兒子，到了兒子那一代，亦同樣早婚早生子，年紀三十二歲，適值本鄉出會景，鄉人叫他「拖孫過橋」作先導，成爲會景中難能可貴的一景，傳誦遐邇，以後「三十二歲拖孫過橋」一語，無形中是「好命公」的代名詞）。所以，兒子甫屆十五六歲，便由父母做主，代爲完婚，假如本人提出反對盲婚，長輩總是拿這番話安慰：「娶妻祇求淑女，貌醜何妨，娶妾侍才要選擇如花似玉的美人」。暗示如不滿意，將來大可納寵，妾侍由自己訪艷，不消說勝過盲婚的太太了。妾不如妓，理由也很簡單，妓女是受過訓練，細意熨貼男人的「職業女性」，打情罵俏工夫，妻妾均是住家人，閱歷旣不廣，同時更要保持「住家人」身份，稍爲猥褻香艷一點，也沒有胆量去幹。妓不如偷，偷不如偷不得，偷情滋味，當可想像得之，妓女雖是自高聲價，不容許任何人問津，到底仍是懸牌應徵的「眾人妻」，可遠觀亦可褻玩，總不似去「偷」一個不是明買明賣的個中人。

所以，當時的廳躉，寮口嫂以至阿姑的近身，稍為「標青」的人物，常會令到濶佬「起痰」，賞識於牝牡驪黃之外，實行想法子去「偷」，熟讀孫武子兵法：虛者實之，實者虛之；效法鄧艾伐蜀戎機：明修棧道，暗渡陳倉——表面是替阿姑執寨廳，暗中是向這間寨廳廳躉着着進攻。塘西花叢規矩和習慣，祇有替阿姑執寨廳，從來沒有替廳躉執寨廳的，不能答應這個要求，同時亦恐怕阿姑譏諷，說她「撈過界」。本來她既有如許尋芳客追求，大可以立刻依照手續，領牌公開接客，為甚麼不願意這樣做呢？這就是「妓不如偷，偷不如偷不得」的秘訣，明買明賣，便覺得不高貴了。本文所講的廳躉麗君，出身原是妓女，靈機一觸，由阿姑轉做廳躉，顛倒芸芸飲客，像車輪般定廳，她可說知機善變，採得驪龍頷下珠，自然不會再次領牌公開接客，貶抑自己的聲價了。

本來一間寨的廳躉，必須手腕玲瓏，拉攏人客經驗豐富，非有相當閱歷，難勝重任。故歷來的廳躉，大都是上了年紀的人，如賽花的薀嫂，已是四十許人，年老而貌寢，看起來極不「開胃」，但她另有她的一套，指導阿姑適應每個濶佬的個性，甚能搏取濶佬的歡心。

所以賽花的「寨廳」，在「四大天王」中較別間為暢旺，可說是薀嫂的汗馬功勞。薀嫂以老成練達見長，詠花八姨則以面孔美麗，手腕玲瓏取勝，在廳躉羣中，八姨後來居上，詠花寨廳業務蓬勃乎駸駸駕賽花而上之。不久，麗君異軍突起，由阿姑搖身一變而成為廳躉，詠樂寨廳大有應接不暇之勢，差不多要「輪班等候」，任何一個熟客，想執一晚寨廳，必須等候一個月時間以外，方能輪到他的份兒。

麗君本來是詠樂的阿姑，原名「楚君」，顧客戲將「楚君」的名字，作「楚軍」解法，叫她做「湖南兵」。她生得身段苗條，面貌姣好，修短合度，穠纖得中。因此，酒局生涯，殊不寂寞。她和詠樂事頭婆，帶有多少親戚關係，即是世俗所謂「大姨媽一支人馬」，恰巧有一晚，有位濶佬代彩蘭執廳，原日廳躉六姨，也是個中表表人物，很能搏得一班熟客的歡心，常時和她開玩笑，不叫六姨而叫她做「五姨個妹」（當時的飲客，習慣拿「六姨」名調和朋儕笑謔，因爲很多印度警察，世俗習慣稱爲「摩囉叉」又稱「紅頭綠衣」——有個時期印警紮紅頭巾，穿綠色衣服，故稱「綠衣」甚至稱「差館」爲「綠衣樓」——「五姨個妹」便是「六姨」，「六姨」與「綠衣」諧音，此外，又調侃飲友的老契是「印冰」或「有蘇」——有鬚），突然這一日遍體發燒，不能起床。事頭婆頗爲着急，不知叫誰人替代，能夠獲得廳客滿意，雖然廳躉的工作，妓院有不少寮口嫂之流，亦能勝任愉快，同時濶佬爲阿姑執寨廳，和廳躉原不發生直接關係，派遣任何人也不致影响業務，但往昔的妓院事頭，凡事都要迎合濶佬的心理，稍有濶佬認爲不滿意的地方，俱值得小心考慮。正在躊躇不決之際，適值楚君問候六姨病狀，向事頭婆商量廳躉人選問題，她一向性情活潑，不假思索，沖口而出，笑口吟吟說道：「待我來客串一晚廳躉如何？」她並且以誇炫的口吻，保證廳客一定滿意，不會「拆爛污」。事頭婆初時覺得她以阿姑身份，改做廳躉，恐怕廳客發生反感，認爲寨裏沒有人才，廳躉有病，竟以一個阿姑「濫竽充數」，跡近「欺台」，即使工夫做得十足，濶佬亦可能大發脾氣，說寨方事前不和他磋商，簡直不將他放在眼裏。事關「出來行攪」的濶佬，種種色色，甚麼人物都有，濶佬脾氣眞是瞬息百變，早

午晚時價不同，往往很微瑣渺小的事情，亦會開罪潤少於不知不覺之間。所以，事頭婆雖很相信楚君的精明能幹，手腕八面玲瓏，自然勝任有餘，但廳客能否諒解，卻值得研究一下。

　　楚君沉思了一會，欣然有所得，向事頭婆和六姨說了幾句話，事頭婆和六姨且聽且笑，連聲讚好。於是，楚君淡掃娥眉，畧施脂粉，換穿一套「攞命烏」的衣服，這是六姨新近添置的，她和六姨的身材恰巧相差不遠，穿起來覺得十分稱身，寮口嫂和姊妹們皆大讚楚君這個化裝，十足一個「銷魂媽姐」，追死許多愛食土鯪魚的男主人。楚君對鏡自照，不自覺顧影自憐，沾沾自喜，認為很有把握應付這一晚的廳客。

　　這一晚的廳客是潁川一郎，追求彩蘭一年有多，最近才做成「大局老契」。因此，一個月內，連續執兩晚寨廳，這是第三次。由於楚君和彩蘭房間毗鄰，姊妹間亦頗相得，有時打水圍「借房」，彼此總算是稔熟的朋友，雖然她沒有叫過楚君的酒局。

　　麗君穿起一套「攞命烏」服裝，以廳躉的姿態，出現於寨廳，指揮「豆粉水」催阿姑上廳，像煞有介事。潁川一郎初時毫不為意，還以為是六姨，後來麗君欵擺柳腰，珊珊來前，曼聲呼喚道：「一少，有甚麼招呼不妥當，請你海量包涵。」潁川一郎注視有頃，驚訝地說道：「麗君，原來是你！為甚麼作這樣打扮？」因向她戲謔道：「這裏又不是荷池鴨道的私寨，要你扮媽姐裝呀。」（荷池鴨道是指荷李活道及鴨巴甸街，往日是私寨薈萃之所，龜婆為着適應各種各色的尋歡客心理，叫私娼穿着種種不同的裝束，有所謂「媽姐裝」，「住家裝」，「學生裝」。）麗君笑道：「我這個慣食全鴨（沒有台脚之意）的阿姑，現在要「轉行」，改做廳躉了，初演新戲，諸君見諒。」潁川一郎表示不相信的樣

子，搖頭說道：「你不要和我開玩笑，正在花運當紅，說甚麼慣食全鴨？不過你這個銷魂裝束，當真追死人，如果你改行做廳躉，我寧願追廳躉而不追阿姑呀。」這時潁川一郎的一班朋友，認識了麗君的真面目，圍攏而前，同聲讚美，大家都仿照潁川一郎的口吻說道：「是的，麗君如果做廳躉，我們寧可追廳躉而不追阿姑了。」麗君這才正式告訴他們，因為六姨突然發燒，由她暫時瓜代廳躉之職，招待各位，接着嬌聲滴滴說道：「事頭婆恐怕她們粗手粗腳，不會招呼一少，以及一少的朋友，特別『狗監貓食屎』。我雖然手腳不是細幼，比較和各位稔熟一點，如有不妥當的地方，各位總可賞面包涵。」潁川一郎笑道：「麗君，你這個人油腔滑調，有你做廳躉，我們真個值得多飲幾杯，單是秀色可餐，已送得一杯美酒。」其他的客人齊聲附和，大讚麗君「銷魂」，其中有一位富家子花老二，凝視麗君不稍瞬，邊看邊說道：「麗君，你如果當真轉行做廳躉，我定替你捧場，別人替阿姑執廳，我偏要開風氣之先，為廳躉而執廳。」座上客亦一致贊成花老二的主張，每人願意執一晚，聲明為麗君捧場而設。這一晚的廳客，有七個人答應留廳，如果麗君實行轉做廳躉的話。麗君估不到初次作大胆的嘗試，居然旗開得勝，馬到成功，衹求號召有術，事頭婆當不會難為了她，何況有客追求，同樣可以施展「丁娘十索」的手段，乃決定「轉行」。

麗君初做廳躉，即旗開得勝，原不算甚麼稀奇，大抵一般飲客的心理，都是為好奇心所驅使，同時裝束方面也很容易引人入勝，在粉白黛綠叢中，出現一隻「攞命烏」，在飲客心目中，大有「萬綠叢中一點紅」的感覺。現在再舉出一個很可笑的例子，用作旁證，就是紅伶老五和素梅相戀的故事，也是由素梅扮媽姐

而起。

　　素梅爲人十分活潑，這一晚她和寮口嫂柳姐閒談之間，她讚柳姐「銷魂」，無怪吸引許多浪蝶狂蜂，捨阿姑而追逐寮口嫂，並嘲笑柳姐撈過界，攙奪了阿姑生意，她要代表阿姑大興問罪之師，洩一口怨氣。柳姐在詞色之間，暗示她天生風韻，勝過有等呆板如木偶的紅牌阿姑，富有審美眼光的尋芳客，自然賞識於牝牡驪黃之外。素梅聽她得罪「紅牌阿姑」，雖不是指她呆板如木偶，她底嫵媚風騷的姿態，早已膾炙芸芸飲客的口唇邊，稱讚她風韻天然，冠絕儕輩，柳姐也不敢小覷她。但她以柳姐這句話有點過分，很不服輸，以一個寮口嫂，壓倒紅牌阿姑，當下對柳姐說道：「阿柳，你這種銷魂體態，確係勝過有等阿姑一籌，不過，假如我扮起媽姐來，包管有許多尋芳客『暈其大浪』，並不讓你專美於前。」阿柳有點不相信的樣子，接口說道：「素梅姑，你敢扮媽姐出局，我和你打賭，倘有飲客特別賞識你扮媽姐的裝束，我更願輸多一倍。老實說一句吧，這種裝束祇是適合我們寮口嫂或近身姐的身份，以你堂堂一位紅牌阿姑，自應穿紅着綠，扮成花枝招展一般，才搏得濶佬的喜歡，烏黑黑、藍澄澄的衣裳，你若穿着起來，濶佬必定不中意，馬上叫你恢復本來的面目。如果你不能扮足一晚媽姐中途改裝，你就要願賭服輸了。」當下雙方約定，打賭廿五元，素梅要扮媽姐裝出局一晚，不能扮足一晚便算輸。若有飲客贊成她這個裝束，因此而替他執一晚寨廳，仍舊要她以「攞命烏」的姿態，執行做「東家婆」的任務，柳姐則輸多一倍錢——五十元。

　　素梅扮媽姐出局，平日召喚的熟客，初時還以爲是寮口嫂近身傭之流，細看之下，不禁嘖嘖稱美，有些別有會心的客人，

問她是不是虢國夫人承主恩，平明騎馬入金門？「騎馬」是女人隱語，暗指月信來潮，通常的婦女，紅潮有信，便換過深沉色素的衣服，以免玷污難看。素梅聞言，嫣然一笑，巫馬期以告（巫馬期諧音「無馬騎」，借用四書一句，聊搏讀者一粲）。到了午夜十二時許，紅伶老五剛在太平戲院演畢散場，慣赴塘西金陵酒家作消夜局，打牌喚妓遣興，在電梯口見有一隻「攞命烏」，未曾真個已銷魂，他完全不知道她是紅牌阿姑的化裝，以為普通的寮口嫂或近身傭而已。因為這個時期的紅伶老五，本身是男丑，常要化裝各種各式的人物，他扮演艇妹，妓女，喃嘸先生，西班牙舞女，道學先生，俱維妙維肖，尤其是扮媽姐，手尖腳細，體態輕盈，說鳳城口音，嬌滴滴動人，許多媽姐都連聲讚好，自愧不如。紅伶老五由於職業關係，或許性之所好，對於媽姐裝束倍加留意，他首次導演「沙三少」影片，拔升乃弟老九為男主角，飾演沙三少，但飾演銀姐一角多方物色，迄未當意，他曾經嘗試好幾位女星，叫她們穿起媽姐裝束，總覺得體態和舉止之間，並不貼切劇中人身份，後來竟看中舞女瞿愛珍，以一個在電影界藉藉無名的人物，居然提拔為女主角，上海妹反為飾演沙三少的母親，屬於次要角色。瞿愛珍由此一劇成名，後來不知因何刺激，服毒自殺，香銷玉殞，至為惋惜。當下紅伶老五和素梅同上電梯，登樓之後，見素梅和他一同進入這個廳。

接着見她坐在一位朋友蕭十一郎的身旁，心裏很覺得詫異，如果寮口嫂或近身傭，決沒有做「后土」的理由。紅伶老五平時很少和蕭十一郎一同作局，所以不曾見過素梅，當下便問蕭十一郎道：「這位貴相好是哪一間寨的阿姑？」蕭十一郎照直告訴，紅伶聽說是素梅名字，聯想古老粵劇宋太祖醉斬鄭恩那個西宮

韓素梅，不禁口哼這幕劇的歌詞：「爲王酒醉桃花宮，韓素梅生來美貌容。」素梅原是一個戲迷，自然認識他就是紅伶老五，聽他唱起曲來讚美自己，芳心亦不禁爲之陶醉。紅伶老五覺得素梅確是「生來美貌容」，穿起「攞命烏裝束」，成爲「銷魂媽姐」模樣，越看越愛，越愛越看，素梅給他看得有些覥覥，低下頭來，避免視綫相觸，紅伶老五忽然嘆一口氣，對蕭十一郎說道：「老蕭，今晚我恨錯和你同席，可是我亦三生有幸，獲得這個機緣，認識了素梅姑。」

　　蕭十一郎和席上一班朋友，以至素梅本身，聽完紅伶這幾句話，都有點摸不着頭腦，大家雖然知道紅伶老五爲人，富有豐默感，當時在友儕傾談之際，出語滑稽，不愧「網巾邊」身份，初聽不覺得十分好笑，最後稍一思想，便有橄欖回甘之味。蕭十一郎忍不住質問他爲甚麼恨錯和他同席。紅伶老五像煞有介事，喃喃說道：「朋友妻，不可窺，她是十一嫂，叫我多看一陣也不敢，可是她生來這麼銷魂，好比一朵含苞待放的鮮花，不看也十分可惜。」素梅剛聽他說出「十一嫂」一語，啐他一口，「哚」一聲道：「甚麼十一嫂，是你替我做媒人的嗎？」蕭十一郎明白紅伶老五的用意，故意指天誓日說道：「我雖是叫素梅酒局有二三十台，但沒有超出酒局範圍，天日可表，鬼神共鑒，如有個紅個綠，個出個入，像你們演『六國封相』情事，保佑我『蠟燭成灰』。」蕭十一郎這幾句風趣話兒，引得座上眾人，皆嘻嘻哈哈大笑，素梅聽出弦外之音，立爲之滿面羞紅，倍添媚態。紅伶老五亦用舞台道白，作揩一把汗之狀，歡呼曰：「原來如此，謝天謝地！」

　　於是，蕭十一郎聲明「出讓老契」，問紅伶老五肯付出甚麼

條件。紅伶老五望一望素梅，用試探的口吻說道：「如果素梅姑喜歡，『爲王』的性命也可以斷送，甚麼條件，有甚麼問題，祇怕阿姑不答應。」素梅低下頭來，沒有表示反對，顯然是「默許」之意。

或許有人以爲，妓女眾人妻，任何人都可以召喚，蕭十一郎既然和素梅未成爲「大局老契」，又聲明願意出讓，紅伶老五又何必多此一問呢？我們必得明瞭當時的環境，塘西飲客比較廣州和澳門，特別歧視伶人，阿姑中涉有「薦嘜」的嫌疑，常會引起恩客的反感，認爲老契溫戀戲子，難免「倒貼」，丁娘十索，大刀濶斧，「打刮紅毛鬼，進貢法蘭西」，自然心有不甘，寧可毅然「割薦」，對阿姑台腳，十分影响，因此許多阿姑不敢應伶人之召，伶人亦知道阿姑的處境和心理，通常在路上相逢，雖是朋友的老契，也不敢打招呼。

紅伶老五也曾碰過一次釘，以後誓願不向阿姑先打招呼，除非阿姑招呼在先，他當然亦還禮，不會使人難堪。因爲有一次他在南唐酒家（華人行頂樓，即今之大華）和友人午餐，碰着豫章一郎的老契金容，他和一郎是挺要好的朋友，出雙入對，同到塘西飲花酒，和金容當然十分稔熟，迎面而來，小不免打個招呼。誰知金容竟給他一個不瞅不睬，還冷笑藐唇，態度十分難看，他這一氣非同小可，即晚告訴一郎，要他教訓金容幾句，並誓願從此以後，不向阿姑先打招呼。同時他爲着避免「抬亭」起見，即使在花叢地方，亦不詢問阿姑名字，通常在酒地花天，羣鶯亂飛，飲客在路上碰到可意的阿姑，飲客大可追上前問：「甚麼芳名？哪間貴寨？」雖然有等「撚高寶」的紅牌阿姑，有傭婦隨行的，自己不開口，示意傭婦代答。如果踽踽獨行，

可能簡單先說名字，拂然不悅之容，盎於其面，要對方再追問隸屬哪一間寨，才勉強說出寨名。老飲客明瞭阿姑假惺惺作態，見有傭婦追隨左右的阿姑，多數詢問傭婦，以免碰着「作態」的姐兒，形容難看。普通飲客尚且如此，對待伶人更是裝模作樣，雖是芳心許可，或者極端喜歡和伶人親近，但恐怕貽「蓆嘜」之譏，在稠人廣座間，一樣表示冷峭的態度，除非有等「自己身」的紅牌阿姑，明目張膽的做「蓆嘜」可能例外。不過這種阿姑僅佔少數，紅伶老五不得不「謹慎行止」，以免「無端受辱」，所以這一晚朋友雖肯出讓老契，他依然不敢直接和素梅勾搭，出以旁敲側擊之法，一見素梅「默許」，慨然願請一晚寨廳為酬。座上各人皆鼓掌贊成，可是問題又來了，素梅低聲說道：「五少這樣替我捧場，我是十二分感激的，不過……」紅伶老五是聰明人，不消素梅說下去，點點頭道：「我明白了，你們事頭婆，是不大歡迎我們的戲班佬……其實我亦很諒解你們事頭婆的苦衷，妓院是營業性質，甚麼貴客一樣歡迎，戲班佬執寨廳，祇要有錢結賬單，決無拒絕之理，所擔心者便是其他澗佬的微詞，恐怕影响阿姑生意。我可以坦白說一句，執寨廳是替你捧場，等如你買票看戲替我捧場一樣，你買票之後，不一定自己臨場參觀，送給姊妹，我同樣領你盛惠。我就請恩哥代表我做東家佬，何日有廳，幾時去執，總由恩哥全權辦理。」恩哥是紅伶老五的知己老友，一聞此言，慨然答應肩負這個責任，紅伶老五立刻探懷拖出「大牛」一隻，交給恩哥手中。恩哥是一位殷富的商人，和紅伶老五交情甚厚，從來金錢來往是絕不計數的，見紅伶老五這般認真，將「大牛」交還其手中，含笑說道：「飲廳尚未定期，妓院留廳也不須定錢，何必提前付欵，一切由我代

支，將來計數好了。」紅伶老五故意說笑道：「你和我是老友，當然相信我，但素梅姑今晚與我僅有一面之緣，怕我亂指一通，所以『相金先惠』，堅其信約。」恩哥便知道紅伶老五這一幕戲，是表演給素梅看的，當下接過那張五百元紙幣，叫寮口嫂柳姐來，商訂執廳日期。紅伶老五附帶向素梅提出要求，希望她在可能範圍以媽姐姿態和他見面。他兩人由此熱戀起來，弄出不少活劇，這是後話不提。

楚君改名麗君，轉做「廳躉」，獲得一大班熟客，代她捧場，詠樂寨廳生意的暢旺，以及麗君手段的高強，原日廳躉六姨自愧不如，甘願將廳躉一席，拱手相讓，名噪一時的詠花八姨，亦大有遜色。初期的寨廳仍是熟客支撐，後來其他飲客，為好奇心所驅使，紛紛召喚詠樂妓女，為麗君而定廳，當時的熱鬧情形，真是膾炙人口，想定一晚廳，好比「輪米」一般，麗君這一口話：「對不住，尚未輪到你呀！」已成為飲客們的口頭禪，可見其「巴閉」的一斑。

準是以觀，楚君顛倒了芸芸飲客，其中自然很多潤佬，一擲千金，搏取片刻的歡娛，麗君既不是「琵琶仔」，又是慣操迎送生涯的阿姑，稍肯「緩其結束」，胥洒楊枝甘露，財源似水源，汩汩不絕，趁着美貌青春，着實幹一年半載，當可過其舒適的生活。還好有幾名潤佬情願出孟家蟬於平康里，除身價逾萬金之外，還給她一張「屋契」作「傍身利器」，雖使秋扇見捐，後半世亦可吃着不盡。但世事往往出人意表，塘西阿姑的心理，尤其是高深莫測，麗君寸寸芳心中，固不喜歡八字鬚的「塘虱」，姐兒討厭「老坑」，自是情理之常。甚至風度翩翩的美少年，有一個公子哥兒，「白辮尾，粗鎖匙」，大財在握，而「小生年方廿一，

尚未娶妻」，聲明以「大紅花轎」娶麗君爲正室，她亦搖頭不肯答應，理由是：他漂亮有餘，實力不足，未能滿足她的慾望。你估道她鍾愛於誰？原來她嗜劇如命，溫伶成癖，飲客對她賞識於牝牡驪黃之外，她亦同樣賞識一個未紮的師兄雲合風，這位未紮師兄僅是二幫角色，戰前戲班習慣，日戲除星期日假期，由大佬倌全體出齊拍演之外，普通日戲多數派二幫角色担綱，俾他們有實地練習的充分機會，打穩將來擢陞正印的基礎。雲合風所隸屬的劇團，以太平戲院爲演出的地盤，地點接近塘西，不少妓院中人光顧。麗君垂青未紮師兄，自有其一大套理由：當時得令的大老倌，蓆嗲芸芸，大有應接不暇之勢，就算達到目的，也不能夠常沾雨露之施，未紮師兄則不然，容易上手，出全力加以栽培，將來扶搖直上，總顧念其「汗馬功勞」，存始終之誼，假如這個人情深義摯的話，更有同諧白首的希望。其次雲合風担日戲，她可以日間去捧場，不會影响晚間主持寨廳的職務。麗君雖有如意算盤，可惜人算不如天算，她更不了解梨園子弟的本性，大都見異思遷，短情薄倖，雲合風似乎注定與「楚女」有緣，不愛這個「湖南兵」—— 楚軍 —— 另外移愛同班一個「湖南」花旦，名目上是「雲無心而出岫」，實際上已賦同居之愛，儼如伉儷，麗君這才後悔不迭。飯客亦因她是「蓆嗲」，先後和她「割席」，影响寨廳生意爲之一落千丈。她眼見情景不對，迫得實行過埠，在南洋的「埠仔」高張艷幟，生涯頗不惡，她鑒於個郎變心，返回香江也沒有意思，祗好擇人而事，隨一位樹膠園「阿伯」作歸家娘。

　　至於寮口嫂柳姐，就是和素梅打賭，扮媽姐裝那一個，腰肢婀娜，態度風騷，飲客俱稱她做「銷魂柳」，每屆歲時令節，許

多飲客除「打賞」之外，送給衣服和珍飾，不計其數，在塘西寮口嫂中，可算是赫赫有名的人物。後來由一位富商，出五千元身價，另以一間洋樓「揸手」，列為第五房妾侍，生活舒適，羨煞了不少同儕。

第卅二節：小鳳輕金錢重信義

　　青樓妓女多濫情，亦不少真正情種，一往情深，矢死靡他，古往今來，稗官野乘所載慧眼識英雄的俠妓，屈指難數，其著焉者如李師師，李香君，柳如是等輩，以及客途秋恨的麥秋娟，早已留為佳話。民國以還，「再造共和」的大偉人蔡鍔將軍，和小鳳仙的一段情緣，忠義雙全，尤其膾炙人口。至若「有眼無珠」杜十娘，誤識薄倖郎，以致「怒沉百寶箱」，事蹟哀感動人，搬上舞台，編為電影，亦能緊扣觀眾心弦，無不對杜十娘寄予深切的同情。塘西詠花小鳳，輕金錢，重信義，資助個郎保重前程，不要牽念兒女私情，獲得美滿的收場，曾一度為花間姊妹們所健羨，其難能可貴處，蓋亦有一記之價值。

　　小鳳年華雙十，姿首極佳，肌膚白皙，靨顏膩理，應酬客人的手段，面面俱圓。她酒量甚豪，長於「猜枚」，替東家佬主觴政，「打通關」，所向披靡，大有「關雲長過五關斬六將」之慨。此外還有天賦金嗓子，兼擅生旦喉，自己對答，唱琴唱班，雅擅勝場。（按：花間「唱腳」，有所謂「唱琴」、「唱班」之分，唱琴是自己打洋琴清唱，唱班則由八音班打響鑼鼓絃索拍和，俗稱「響局」，懂得打琴的當然可以「清唱」及「唱班」。）少鳳俱備「猜飲唱靚」的條件，所以酒局生涯，十分暢旺，她在詠花寨裏，有「好女」之稱，「好」的意義，是說她溫柔沉靜，除晚間出局之外，

日間在住宅深居簡出，既不和姊妹應酬，也不喜歡賭錢，間中碰着有著名「齣頭」，才去看戲一晚。因爲她本身「陪飲」而兼「賣歌」，有幾分含有研究曲藝性質，並不單純消遣娛樂，難怪整間詠花寨，由事頭婆以至「豆粉水」，一致公認她爲「好女」，別號「財主婆」。

爲甚麼妓院中人叫小鳳「財主婆」呢？原來她們核計小鳳的台脚，單是花箋收入，已相當可觀，還有恩客賞給的「白水」，數目不菲，而小鳳除寨裏及住家的正當開銷之外，不肯浪費一文錢，日積月累，做會生息，生生不息，息息相生，這筆錢儲蓄起來，很快就盈千過萬，豈不是足夠一個「財主婆」的資格？這時候生活程度低，普通的店員，甚至大洋行、大公司的初級文員，月薪亦不過三幾十元，過百元薪金已屬於白領階級，有三幾萬元身家，便有資格被稱爲財主佬了。事實上小鳳的私蓄，確是相當豐富，不肯浪費一文錢，也是實情，不過她生性豪爽，絕對不是守財奴之流，凡是認識她的人，遇有急難，或者從親友口中聽到某人飢寒交迫，染着重病沒有醫藥費，她隨時可以解囊幫助，由一二元以至一二百元，俱毫無吝惜，且幹過的好事，從來緘口不言，絕對沒有「施恩望報」的心理，身受其惠或目擊其事的人，皆異口同聲，禱告「小鳳姑好心必得好報」，因果報應之說，雖跡近迷信，但觀於小鳳後來收場的美滿，又似覺「信而有徵」了。

維時廣東督軍譚浩明，弛禁烟賭，有記室小孫，原是譚氏心腹幕僚，常參預機密，他鑒於烟賭貽禍桑梓，主張嚴禁到底，譚氏以餉項來源，必須大開方便之門，方能解決。往昔軍閥割據地盤，地位不穩，常有被驅逐之虞，顧不得民間痛苦，小孫性情耿介，力爭不來，憤然辭職。

他辭職來港之後，因他幼失怙恃，既無叔伯，終鮮兄弟，尚未成家立室，孑然一身，寄居客邸。友儕平素敬重其為人，邀他飲花酒以解岑寂，為之召喚小鳳，打琴演唱，小孫有周郎癖，且嫻音樂，常玩樂器拍和，尤愛聽「小青吊影」、「燕子樓」各闋，賞音知己，歡若平生，兩「小」無猜，大有相見恨晚之慨，兩美既合，備極纏綿。小孫為人耿介自持，宦囊非豐，一班知己朋友，贈送金錢，強之再三，始肯收受，朋友以他居住旅店所費不貲，乃邀請他遷居俱樂部，無形中解決食宿問題，小鳳更多獲接近機會。每日夕陽西下，小孫循例寫一張花箋，她翩然涖止，利用這個較為空閒的時候，和小孫溫存。自春徂秋，歷時半載，節令來臨，小鳳自出私蓄，代小孫清結局賬，及打賞傭僕。每屆若干時候，便換過新毛巾，故意拿紙幣映耀傭婦眼簾，說是孫大少的「白水」（按：塘西花叢習慣，出毛巾的恩客，賞給「白水」一次，即換過一條新毛巾，或則是溫心老契，到了若干時候，就從新掉換，代為「頂架」。如果用來用去都是這一條「舊」毛巾，則二人的交情平淡可知），一切替小孫「頂架」，而手段來得十分高明，局外人俱看不出破綻，反而互相傳說，很羨慕小鳳結交一個手段濶綽的「地皮友」。

　　紅顏知己，翠袖添香，小孫在廣州服官時代，地位是督軍的機要秘書，當時得令，自有很多人認識，花酒應酬，了無虛夕。陳塘、東堤，足跡殆遍，所遇妓女，大都是泛泛之交，朝秦暮楚，送舊迎新。所以，走馬看花，目中有妓，心中無妓，有時叫十晚八晚，便改換另一個，聊以點綴酒局而已。估不到初到塘西，邂逅小鳳，孤芳自賞，賦性豪爽，輕金錢而重情感，是青樓嬰婉中具有真性情者，為生平所未見，且晉接之間，勝逾琴瑟，

燕婉之私，可比擬窈窕淑女，君子好逑。小孫深感其情，高興起來，撰聯語相示，嵌「小鳳」名字作鶴頂格云：

「小」生無宋玉般才，潘安般貌；

「鳳」凰非竹實不食，梧桐不棲。

小鳳得聯大喜，請小孫以冷金箋寫就，懸諸粧閣。小孫笑問道：「不怕客人見妒，與卿割席嗎？」小鳳正色道：「此身屬君，此心更非君莫屬，何怕之有！」風雅客見聯，皆嘖嘖稱賞。小孫以鬱鬱不得志，欲赴滬謀進身之階，何奈缺乏川資，且戀戀兒女私情，不便啓齒，小鳳一夕在談話中，聆悉絃外之音，慨然贈以幾百金，代整行裝，祝其前程萬里，當守身以待。小孫感激涕零，矢誓永遠不相負，抵滬後，獲得枝棲，魚雁相通，平均每星期一次，小鳳亦踐守信諾，繼且自動除牌，不做陪飲的阿姑，祇做賣歌的唱腳。

半年後，桂系失敗，繼起執政者，素稔小孫爲人，立刻電滬召他返粵，仍委以機要秘書之職，小孫南下，首先抵港，馳赴小鳳住家，握手言歡，報告佳音，並着小鳳束裝同行，小鳳婉辭道：「奴雖不敢自詡慧眼識英雄，但知君終非池中物，故不願君誤於兒女私情，助君成行，今君初履新，不宜分散辦事精神，先公後私，有心不怕遲。」小孫更佩服她深明大義，欣然從其言。兩月後，部署停當，親自接她赴穗，正式舉行婚禮，以報紅顏知己。後誕生兒女二人，主持家務，井井有條，小孫的同僚，均承認小鳳有大家風範，除知己朋友之外，沒有知道她是風塵中人。

第卅三節：滿堂金玉兩代三琵琶

　　現代青年，當然感覺得很奇怪：許多朋友熱戀舞女，想和她們正式結婚，家長往往提出反對，或者要多費一番唇舌，有情人才可成為眷屬，為甚麼上一代買醉塘西，帶妓女「埋街」並不算得一回事？本來三四十年前風氣閉塞，社會人士注重舊禮教，妓女操侑酒生涯，生張熟魏，一律欵接，比較攬腰狐步的舞娘，未必差勝一籌，難道舞娘的身份，比不上大寨阿姑？這一個問題，我們自不能妄加解答，尤其是「一竹篙打一船人」，判斷其身份的高低。所謂：十室之邑，必有忠信，百步之內，豈無芳草？伴舞也是職業的一種，和侑酒正復相同，荊玉含寶，幽蘭懷馨，窈窕淑女，大有人在，家長歧視，却是另一問題。

　　不過事實擺在目前，濶佬帶妓女埋街，不特不算有辱門風，兼且留為佳話，例如在外國留學回來的專門人才，博士、碩士、學士的俊彥鴻儒，正式娶大寨阿姑為妻室，亦有髮妻去世，不再續絃，將二姨太的地位提高，由偏房擢陞塡房，並且隆重其事，大排筵席，公開於親友之前，舉行「正名」典禮，而這位二姨太，原來出身青樓的「琵琶仔」。不知者將認為咄咄怪事，但實際上深知內幕的尋芳客，大家都很明瞭大寨規矩的嚴謹，指導阿姑所遵守的禮節，比較一般住家人，殆未遑多讓，怪不得有等老前輩，眼看時下大談戀愛的「飛女」之流，認識「阿飛」未幾，即投

懷送抱，暢所欲爲，以視昔日大寨的阿姑，碰着「鷄手鴨脚」的飲客，屢戒不悛，可能拒絕「應紙」，以示深惡痛絕之意，其重視舊禮教，一至於此，自然有資格踏入舊禮教的家庭，不會爲家長所反對的了。

「滿堂盈金玉，兩代三琵琶」，便是一所舊禮教家庭的楹聯，以坭金箋寫就，還出自一位太史公的手筆，懸掛中堂，主人翁水老爺，古稀大年，精神矍鑠，兒孫繞膝，而性情活潑樂觀，出語幽默滑稽，他喜歡咬文嚼字，親撰這一對聯語，每逢親友到訪，輒指指點點，加以解釋：滿堂盈金玉，是家中的姬妾，恰巧有兩位芳名「珠」——「金珠」和「玉珠」——有一位名喚「玉花」，無形中切合了這一句語：「金玉滿堂」。「兩代三琵琶」的涵義更爲有趣，他本人所帶的妓女是「琵琶仔」，兩個兒子俱納青樓妓女爲正室，也是塘西大寨的「琵琶仔」，他撚鬍微笑，豎起大姆指說道：「吾家兩代，共有琵琶仔三名，相信任何一個家庭，亦不能打破這個光輝的紀錄。」他有時看到乖孫食枇杷果，忍不住拿他們取笑道：「你們是如假包換的枇杷仔（枇杷與琵琶同音，意思是：琵琶仔的兒子），居然大胆食枇杷，噬及母親，毫不忌諱，豈有此理，不怕枇杷媼責罰嗎？」聞者無不失笑，甚至他們的母親，亦說老爺「太放肆」，像飲寨廳的時候一般，樂極忘形。

以下便是水老爺的「世家贊」，滿堂盈金玉，兩代三琵琶的「列傳」，可惜塘西舊侶沒有太史公的筆法，只好記其崖畧罷了。

水家第一位入宮的琵琶仔，也就是水老爺的愛妾，名喚金珠，隸奇花寨，她本隸廣州長堤長安妓院，移植香江，亦有一段悱惻纏綿的故事。

金珠初落籍東堤長安那年，二九年華，風姿綽約，廣州花叢

自從火燒大沙頭之役，紫洞風光，點綴堤畔，東堤花事，也曾蓬勃一時，到底因地點僻處東陲，不及陳塘位置於市中心繁盛區，逐漸取東堤的地位而代之，這是後話不提。當金珠高張艷幟的時候，東堤是夜夜元宵，笙歌不輟，尤其是軍閥割據時代，軍政界的地皮友，豪賭浪飲，戀妓徵歌，視爲必修的「夜課」，儻來之物，全是民脂民膏，了無血汗，一擲千金，毫無吝色，龜鴇中人，愛鈔是唯一目的，自然倒屣歡迎。可是，這一羣「老粗」，恃勢橫行，稍爲拂逆，輒拔槍相向，大鬧青樓，掌摑阿姑有如家常便飯，「拆房」之事，常有所聞，以故殷實怕事的商人，不想「貼錢買難受」的尋芳客，大都裹足不前，而移駕於陳塘南。

維時有一位崔秘書，原是某軍閥的姨甥，書記翩翩，皎如玉樹臨風前，在這一羣「老粗」中儼如鶴立鷄羣，加之他又是督軍親信人物，有權有勢，炙手可熱，眞是到處有人巴結，愛俏的姐兒，更如蟻赴羶，不論在廳上，在房間，包圍如肉屏風，羨煞同飲的糾糾武夫，皆稱呼他爲「老舉湯丸」，顧名思義，可想而知：湯丸的製法，必須經人搓捏，表示他這個人，是「老舉」最喜歡搓捏的東西。但崔秘書之於女色，眼高於頂，一般庸脂俗粉，認爲無足留戀，酒局應酬，等於「年晚煎堆」，人有我有而已。

有一夕，崔秘書隨一班同僚去長安寨打水圍，在「冷巷」中和金珠碰頭，好比西廂記的張生驚艷，靈魂兒飛上半天，估不到脂粉叢中，有此窈窕淑女，饒有大家風度，明艷照人。次夕揮箋相召，傾談之下，覺得她吐屬文雅，整夜欵欵深談，絕對未有說過「哫，衰，潮，鬼，病」一個字眼（按哫，衰，潮，鬼，病，是從前飲客嘲諷妓女的名詞，因爲普通妓女的說話間，總不離其中一個「助語詞」，例如：哫過你……衰衰咁……病病咁……語調

確是粗俗，難登大雅之堂）。彼此說話投機，逐漸吐露身世，生於貧士家庭，從幼喪母，七歲喪父，無以爲殮，毅然賣身完成後事，從此剝奪了一切自由權，迎新送舊，具由假母操縱。幸而她出局未幾，還是以「琵琶仔」的身份應徵，尚未至正式接客，但假母既倚爲搖錢樹，「琵琶仔」無異警告飲客：未許滅燭留髡。因此，爲普通飲客所不喜。假母爲着這一點理由，剛物色一位濶佬，代她梳櫳——俗稱「擺房」——梳櫳之後，變爲「老舉」。可以多多接客，搏取相當代價，財源自然汩汩其來。

但物色濶佬「擺房」，也不是一件容易的事，除非是這兩種飲客：第一種已有相當年紀，迷信「素女經」一類的說法，處女至寶，對本身大有裨補，等如買人參、尾鹿靶服食；第二種是公子哥兒，既不惜千金買笑，便何妨千金擺房，嘗試另一種滋味。除此以外，普通飲客的心理，以爲所付代價太昂，歡娛的日子並不長久，好比鑿開井給人飲水，本身所享受的不過一勺之微，殊不合化算。因爲通常替一個琵琶仔擺房，姿首稍佳，身價當在千元以上，還要循例送一些珍飾及衣服作「紀念品」，在塘西更要執晚寨廳，以示隆重其事。東堤與陳塘，雖不盛行執寨廳的排場，仍不免請飲兩晚助慶，總而言之，要付出一大筆金錢，最不值得的，尚要將自己作「死人」看待。

原來和琵琶仔「擺房」，龜鴇中人，不知根據何經何典，造成一種「不可思議」的奇異習俗，擺房的外表形式，有幾分類似新婚，「洞房」的前夕，新嫁娘例有「上頭」之舉，可能請喃嘸先生主持這個典禮。（舊式婚姻，新郎哥必經這階段，由家長上「字架」，舉行「命名」大禮，即古人所謂「冠禮」，以示「成爲大人」之意，這個「上頭」的名字，習俗叫做「大名」，往昔經過正式成

親的男子，必有一個「大名」，以及新婚之夕，和新娘「食暖堂飯」。曾一度在塘西以豪賭著名的「江夏一番」，出身撈家，妻子全是姘頭賦同居之愛，世俗稱爲「住埋」，未經正當結婚手續，及後「發迹」，俱樂部朋友，在閒談中戲笑他「未食過暖堂飯」，他這時已四十許人，定要嘗試「食暖堂飯」滋味，差遣蜂媒蝶使，物色一個「老女」，實行以花轎迎娶過門，一切依循舊式婚禮，以免朋友拿作話柄譏笑。）客人擺房所付出高昂的代價，除初夜作新郎之外，還不及普通新郎哥，可以享受「蜜月」光陰，大概祇有十天八天光景，此身屬君所有，不陪伴別人，日子久暫各有不同，由客人和龜婆協定，大都視代價多寡爲斷。塘西或東堤、陳塘的大寨阿姑，擺房代價動輒千元以上，最低限度由龜婆自己良心上主張，亦會叫雛兒多陪伴十天八天，但同時期有等私寶的雛兒，亦不肯放棄這筆權利，即使其貌不揚，也有專一「揀飲擇食」的客人，由於地位或家庭關係，嗜好拈花惹草，向外發展，又恐怕傳染性病，擺房的雛兒，則可無「內顧」之憂，破鈔多一些在所不計，樂意光顧，代價大約一二百元，乾手淨脚，沒有「執廳」、「送衣物」等附帶條件。他所享受的甜蜜光陰，亦祇有三幾晚。以後揮箋相召，一切毛巾、白水等應有的支銷，仍舊與普通恩客一樣，沒有甚麼優先權利。

有一件事最令擺房人客夢想不到的，相信他們預早知道，又是生性迷信的話，可能宣佈退休，敬謝不敏。原來龜婆們在阿姑和某個客人擺房之後，功德圓滿之日，代他在辮尾或鬢邊結束藍頭繩，作爲「戴孝」的樣子。據龜鴇們的解釋，阿姑的擺房，等如新娘子出閣，按照世俗規矩，那個擺房客人亦等如夫婿，若果夫婿健存，再和別個男子發生關係，勾三搭四，爲禮教所不容，

鄉黨所不齒，除非丈夫去世，身爲寡婦，才可以正式嫁人，所以要辦理這一番手續，作爲這個擺房佬經已「過身」，將來再接別個客人也說得通。這雖然是一種秘密的形式，亦可見舊禮教的餘孽，對於婦女的桎梏，同時這種形式亦是秘密舉行，兼且爲期甚暫。況且妓女「戴孝」很是尋常，她可以亂指一通，替任何人「着服」。起初許多人都不知有這一樁事，但久而久之，已成爲公開的秘密了。

崔秘書和金珠可算一見鍾情，金珠在芸芸飲客中，亦單獨鍾愛崔秘書一人，熱戀的程度，姊妹花戲說他們「爆裂寒暑表」，可是由於金珠是「琵琶仔」，假母監視極嚴，以免一顆紅丸，爲狸奴盜去，故他們雖是倚玉偎香，無所不至，惟不及於亂。崔秘書爲着想聯肌膚之親，特意和假母磋商，替金珠「擺房」，假母開價二千元，另外送首飾衣物，則任由崔秘書自己打主意，多少不拘，合計大約要銷費三千元之譜。

在崔秘書當時的地位和環境，入息如「豬籠落水」，尚未成家立室，不須負責家庭開銷，三幾千元替金珠擺房，算不得甚麼一回事，他更想進一步出孟家蟬於平康里，娶作正式妻子，如果家長肯特別通融的話，因爲崔秘書也是閥閱世家，父親以捐務致富，和某督軍又是連襟之誼。

崔秘書和假母磋商之後，安排日期，涓吉成親，誰知事有湊巧，某督軍的女公子阿媚，也就是崔秘書的表妹，她熱戀這位風流瀟洒的表兄，但崔秘書的態度若即若離，初時仍然虛與委蛇，自從認識金珠之後，神氣殊不相屬，阿媚深覺訝異，派人刺探，始知崔秘書鍾情一個青樓妓女，認爲他以公子哥兒身份，戀愛「下乘烟花」，紆尊降貴，這還了得！她是某督軍的掌上明珠，

一向十分溺愛，至是哭訴於父親之前，堅要父親驅逐金珠出境，以杜絕崔秘書的念頭。往昔軍閥割據時代，督軍一言，無異「聖旨」，限期二十四小時內，立刻離開廣州，假母帶着金珠，纍纍如喪家之狗，移植於塘西奇花寨，仍用金珠名字應徵。

金珠在奇花高張艷幟，一樣保持「琵琶仔」的身份，飲客從龜鴇們口中，知道金珠和崔秘書的一段情史，弄到督軍的女公子，靠父親出頭，驅逐出境，輾轉相傳，更覺得她明艷動人，孤芳自賞，怪底崔秘書別垂青眼，高貴如督軍的千金小姐，亦願意自動放棄，經過這一番口頭的宣傳，金珠台腳倍暢旺，大有應接不暇之勢。當時有不少揮鞭公子，濶綽富翁，和假母商量，替金珠「擺房」，其中以水老爺出價最高，單是身價就出三千元，另外執寨廳三晚，送鑽石戒指一枚，衣服五襲，合計爲擺房而開銷的數目，不下五千元。但金珠堅決不從，向假母陳訴衷曲，她深信崔秘書不會對她忘情，可能擺脫督軍女公子的束縛，來港重修舊好，她經已密函懇託心腹的長安寨姊妹，設法報訊與崔秘書，期等一年，如果逾期不來，她才肯宣佈絕望，答應任何人的擺房要求。同時更希望這位擺房人客，一併帶她埋街，俾她從一而終，不再僕僕風塵，早作落葉歸根之計。過了半載有奇，金珠終獲得長安寨心腸姊妹的情報，證實崔秘書不堪雙方家長的壓力，以功名前途爲重，結果迎娶了督軍女公子，不許再涉足花叢。她傷心之極，痛哭一塲，踐守諾言，此身任由假母支配，水老爺嘉其志向，及宗旨堅定，耗資七八千，爲之脫籍，寵擅專房。

五年之後，水老爺的嫡室兒子老大老二，年逾弱冠，任某洋行正副買辦，少年得志，商塲習慣，小不免作花酒應酬。眞是無巧不成話，老二老三俱召奇花「琵琶仔」，老二的溫心老契，芳

名玉珠，豐容盛鬋，珠圓玉潤，朋儕戲稱爲「奶奶相」，旺夫益子宜男，兼具大家風度，慫恿他不可錯過機會，免爲別人捷足先得，寧可「未娶妻先納妾」。但老大却老實聲明，旣是「福相」，大可位以正室，何必屈居偏房？接着老二亦帶玉花作歸家娘，玉花年才月滿，貌頗可人，花間姊妹，變爲嬸姆，倍覺親切。翌年皆誕生男孩，水老爺弄孫，樂不可支，彌月良辰，設宴塘西酒家，着人抱孩子去奇花寨，聲言歸寧外婆家，向事頭婆索取「利是」，並參加湯餅之會。水老爺常向飲友誇稱：兩代三父子俱做奇花姑爺，同樣創造光輝紀錄，聞者皆大笑。

第卅四節：富有傳奇性的拈酸吃醋悲劇

　　前記洞庭酒樓主人苗老大，因輕侮潺仔油，以致連續發生打單勒索，擄去兒子等惡作劇事件，雖是飽受虛驚，猶幸安然無恙，成爲塘西有史以來爭風吃醋的驚人大事。本文叙述「本地」老細龐十二，不幸遭人狙擊斃命，在外表上看來，可能由於罷工潮所影响，但骨子裏有人說附帶酸素作用，姑勿論主因如何，這一件悲劇的橋段，十分曲折，也可以作小說看。

　　這是秋末冬初季節，金風簫瑟，細雨迷濛，時鐘已報三响，正是大被酣眠，鴛衾溫暖的良宵，不論如花美眷，以至獨身漢子，都夢入華胥，找尋周公去了。唯一例外的人物，便是鷄鳴狗盜之徒，利用這個迷人的天氣，不可多得的機會，幹其妙手空空兒的勾當，這時半山區的龐公館，也蒙賊大哥光顧。這人年紀三十餘，身手敏捷，轉瞬之間，由後門的水槽，攀登二樓，閃電般竄入厨房，如入無人之境，直進主家的寢室。他發現唯一目標物 —— 一個大夾萬 —— 巍然放置於室之左角，他原想施其故智，以百合匙打開，便可予取予携，滿載榮歸，誰知睜眼一看，當堂爲之懊喪，原來這是新式夾萬，扭動之際，發出鐘鳴之聲，無異向主人報警。他仍不肯就此罷手，拿百合匙嘗試，出盡方法，知道這種新式機械鎖，百合匙全不適手，非偷取鎖匙不可。他發覺桌上有鬧鐘，心生一計，將鬧鐘的指針，撥遲半小時响

動，然後靜悄悄蛇伏而行，見銅床之上，羅帳半垂，男女主人，有如交頸鴛鴦，他輕輕揭起鶴茸被，探索男主人的袂頭，因為普通人多數將夾萬匙吊在袂頭帶的，可是空無所有，他心想一定放在枕頭底了，但男女同睡，如何下手？畢竟是：賊公計，狀元才，天時寒冷，雙手如冰，他將雙手插入袋裏取暖，到了若干時刻，以手輕推女主人，另一方面則向男主人攪動，大家都以為是對方的意思，不知有第三者操縱其間，男主人徐徐起身，賊大哥的拏雲手，經已從枕頭底拿去夾萬鎖匙了。他望一望鬧鐘，尚有十分鐘，他非常忍耐地等候着。到了九分鐘左右，他施展迅速的手段開夾萬，警鐘剛响動，但鬧鐘的鬧聲更大，雖然响徹床上男女主人的耳朵，他們正是「歡娛嫌夜短」，仰視窗外天空，夜色未闌，沒有放曙的景象，可能是校錯鬧鐘，置之不理，亦懶得起身。這位賊大哥的態度却也鎮靜，選取夾萬裏的東西，不要大額紙幣，怕主人記下號碼，難以使用，祗是取小額紙幣，貴重首飾，尤其是多取美金（從前富有人家，喜歡收藏美金，有所謂「大金」及「二一金」，面積和「銀圓」及「半圓」差不多）。心滿意足之餘，順手在房間拿一個小籐篋收藏，按照原來的路綫，依舊沿水槽而下。男主人在有意無意之間，視綫觸及室隅的夾萬，似乎門扇打開，連忙下床跑上前一看，大聲叫有賊，家人皆驚，接口呼叫，當值的警察聞聲，吹起警笛，其他警察馳至，一方面登樓查問，打電話報告警察，一方面包圍龐公館附近街道，搜索賊踪。由於公館主人醒覺得快，適有警察在附近當值，採大包圍的態勢，那個賊大哥尚未有機會遠走高飛，一見勢色不對，先躲後巷，暫時逃避一回，但處境十分危險，假如警察搜索入來，便要束手就捕了。

這個「賊大哥」原是「老雀」一名，非常機警，忖度形勢，由後巷竄至隔隣街，仍從後門的水槽，攀登天台，將「贓物」放在旱厠的後邊（那時尚未盛行水厠），由別一處樓梯下來，冷眼旁觀，警察四尋不獲，收隊而返，那個妙手空空兒，才慢條斯理地，登天台取回「贓物」，逕返寶德街宴安俱樂部。這是酒樓、茶室公會的支部，「老頭子」劉禪和一班手足，早已等候多時，見他回來，拿出美金、紙幣、首飾各物，估價可值二三千元，不禁極口誇讚道：「大隻英，果然名不虛傳，完成任務，酒樓罷工夥記的家屬，短期內可以維持生活了。」

　　那大隻英是雞鳴狗盜之雄，在鄉間被稱爲「再世時遷」，手段高強，後因犯案纍纍，不容於閭里，才樸被來港，仍幹無本生涯，在西環一帶出沒，自然要拜「老頭子」劉禪之門，但他本身的勾當，和酒樓職工沒有直接關係，爲甚麼肯冒險偷竊東西，接濟罷工夥記的家屬呢？且聽小子從頭道來：

　　那個失竊貴重品物的龐公館主人，也就是塘西「本地酒樓」的主人龐十二，爲人「滋愼」異常，管理之術甚工，舉例如下：歷向酒樓的「雜碎」——雞頭、雞脚等物——是歸夥記「下欄」的，龐十二認爲沒有理由，因爲雞鴨由老板出錢買來，不過是用剩之物，撥歸老板才是。夥記爲着職位問題，不敢抗辯力爭，白白斷送權利。龐十二覺得夥記眞「好相與」，可以挽回漏巵，再進一步，客人宴罷，夥記收拾「菜脚」，每日有人收買，入息作「樓面」下欄均分，由厨房以至侍役，俱沾其利。龐十二又擺出大條道理：客人擺酒是老板方面兜接得來的生意，客人光顧，自然是賞面老板，而不是賞面你們夥記，何得均分？於是宣佈取消此例。夥記以龐十二明察秋毫，諸多計較，心裏很不妥，可是爲

着職位問題，仍極力隱忍，敢怒而不敢言。到了龐十二最後提出一項：「所有客人打賞的『貼士』，老板要佔兩份」，這是打破酒樓有史以來的紀錄。客人打賞「貼士」與夥記，身為老板，有甚麼理由「紆尊降貴」，與夥記同分呢？

上述三個問題，逐漸引起職工不良的反感，尤其是最後所提出的一項：「貼士」要佔取兩份。雖然老板付出偌大資金，經營一間酒樓，自應入息如「豬籠入水」，但酒樓夥記的工金，比任何一種行業低微，時間最悠長，工作最繁瑣，伺候濶佬顏色，動不動「炒蝦拆蟹」，磨拳擦掌，一晚幾百個「人來」！全靠客人的「貼士」，才可維持家計，如今老板提出這個條件，大家覺得不能再忍受下去，投訴宴安俱樂部，叫工會派代表和老板交涉，要求收回成命。工會代表面見龐十二，初時龐十二要夥記自己派代表前來，不肯接見甚麼工會代表，後來亦姑且傳入司理室，並不等待代表們開口發言，面如鐵色，冷笑道：「你們工會有甚麼權利，干涉我們東家的行政！你們不須多講，總而言之，你們有人不愁沒有工作，我們有錢也不愁沒有人請，合則留，不合則去好了。」

工會代表回報一班工友，大家都十分憤激，因為此風不可長，本地酒樓一創新例，其他酒樓當會接踵實行，影响全行工友，是可忍，孰不可忍。結果一致議決：向龐十二致「最後通牒」，限二十四小時內答覆，收回成命，否則「本地酒樓」全體職工決定罷工。龐十二坦然若無其事，也沒有答覆工會，工友初時猶以為龐十二「濶佬懶理」，可能拼之暫時「關門大吉」，不開門營業，表示不受工會威脅，寧可自招損失，因為酒樓、茶室、茶居工友，雖是同一行業，同樣隸屬工會的範圍，但分清楚界綫。

如果酒樓工友罷工，茶室、茶居的工友，想替工亦爲環境所不許，所以他們很有理由相信，龐十二既不答應工友的條件，自然沒有人願意替他來開工，非暫停營業不可！

誰知龐十二這位「智多星」，接到工會方面的「哀的美敦書」，就利用二十四小時的時間，馬上去廣州聘請工友，由「厨房」以至「樓面」，班齊人馬，浩浩蕩蕩前來。往昔省港交通相當利便，有輪船火車，不消二十四個鐘頭，即已部署就緒。他不特照常開張，兼大吹大擂，特聘廣州著名厨師，妙製羊城食譜，以飽顧客朵頤之福，這一種別開生面的宣傳，果然收到意想不到的效果。凡是粵人，尤其是老饕之流，食在廣州的口頭禪，早已掛在齒頰間，聽說「本地酒家」由廣州的名厨師主理庖厨，甚至平時不飲花酒的食客，亦翩然蒞止。以故生意滔滔，大有應接不暇之勢，龐十二戰勝罷工工友，立爲之笑逐顏開，自鳴得意。工友方面既宣告失敗，目前當急之務，便是想辦法撥欵，維持個人家庭生活。各工友經已盡其力量，捐欵幫助，可是杯水車薪，無濟於事，單靠工友幫忙，亦非長久之計，必得籌得一筆巨欵，最低限度要維持三幾個月的開銷，才不致徬徨。因爲大家看此情形，罷工工友非有三幾個月不能另謀出路，個人生活則工會可以維持，家庭生活確屬難以負担，大家出於無奈，派代表面見老頭子劉禪，懇求他見義勇爲，想個辦法。本來劉禪是黑社會的首領人物，工會自工會，黑社會自黑社會，並不發生直接關係，沒有請求劉禪援助的理由，恰巧劉禪的一位心腹弟兄，和龐十二爲着爭老契事件，弄得劉禪十分難過，心裏極不愉快。劉禪素重義氣，鑒於工友罷工，家計困苦，很值得同情，同時亦覺得龐十二心計太工，剝削工友的條件，也氣憤不平，罷工潮既由他一個人所造

成，正好以其人之道，還治其人之身，從他身上取一筆欵資助工友，是「天公地道」的事。於是派出大隻英，施展妙手空空兒手段，夜探龐公館，竊得美金、紙幣、首飾各件，合計可值三幾千元，可以維持罷工工友幾個月的銷費。大隻英這人，雖是雞鳴狗盜之雄，所幹的又是不可告人之事，但「仗義每多屠狗輩」，拼之飽嘗鐵窗滋味，慨然答應老頭子的要求，「助人為快樂之本」，却富濟貧，所得贓欵，全部捐贈出來，老頭子叫他取回一部分做酬勞，他亦拒絕不受。

到底龐十二和甚麼人爭老契？其經過情形，下文自有分曉。以一位心計彌工的智多星，能夠克服罷工工友們，竟不能跳出色字關頭，妒雨酸風，造成悲劇，色字從刀，信然。

龐十二所爭的老契，是載花彩英，本來載花是一間「大半私明寨」，但彩英天生媚態，眉目姣好，腰肢婀娜，從外表看來，並不視大寨阿姑為遜色，而其內媚之佳，非過來人不能道其隻字。否則以龐十二為人，身為本地酒樓東家，已享盡天時地利，粉白黛綠，穿梭往來，列屋閑居，已有三房妾侍，彩英若無「獨步單方」，龐十二亦不需賞識於牝牡驪黃之外，出於意氣之爭，定要羅致於龐公館旗幟之下，進位五姨太，以傲視同儕，而終老於溫柔鄉中。

可是口之於味，雅有同嗜。技術人才，亦為廠家所必爭，無名小卒不必講，單說那個南北行的勁敵。大間南北行，三代單傳，獨生此子，當時提起南北行三個字，做管店或買賣手，都已經先聲奪人，何況是太子爺？生意如春意，財源似水源，從小為父親溺愛，金錢儻來之物，予取予携，不予瑕疵，祇怕本少爺不喜歡。更担心的是：單薄的貴體，弱不勝衣，難過顏子關，特許

他多服「福壽膏」，和芙蓉仙子結不解緣。靚仔玉的花名，却也名符其實：宗之瀟洒美少年，皎如玉樹臨風前，正合着姐兒愛俏的心理，有「老舉湯丸」之稱。靚仔玉年才十八歲，已奉嚴命受室，希望早日抱乖孫，延宗嗣，不孝有三，無後為大，這是封建家庭的一件大事，不容疏忽，所挑選的媳婦，短度潤封，豐乳鳧臀，任何人一望而恭維她是宜男之相，旺夫益子，「敢寫包單」。誰知世事往往出人意表，人生總有一些兒缺陷，有錢人越想生子，而孩子偏不肯投胎，相反地窮苦人家，想盡辦法節育，而一索得男，再索得女，徒搏得「好命公」之稱，實際加重了幾條担杆，壓迫得幾乎喘不過氣來。靚仔玉舉家期望天降麟兒，若大旱之望雲霓，期以一年，一年未見影子，期以兩年，兩年未有屁痂，三年不來，期以五年，五年不來，當真不肯來，修整爐灶，依然米不成炊，守株待兔，終非善策，靚仔玉乃有「奉旨裝艇」之舉，（裝艇是納妾的代名詞）商量人選問題。據靚仔玉的意見：小家碧玉雖是性情溫淑，態度不夠大方，有時朋友到訪，瑟縮口慄，不知應付；大家侍婢，深解應對禮節，自非竈下婢可比，本來適合做妾侍，但到底身份低微，名稱不雅，將來誕生孩子之後，世世代代，皆知道神主牌的「先妣」，有個是「妹仔」出身，辱沒煞人；至於大家閨秀，即使量珠十斛下聘，也不肯忝居妾媵之列，這一條路更不消提。除此以外，最適當的妾侍人選，莫如帶妓女埋街，好規矩，夠大方，善伺人意，雅擅應酬，如要「裝艇」，必得「由此路進」。靚仔玉提出彩英，家長初時頗不贊成，一者彩英不是大寨阿姑，其次不是「琵琶仔」，恐怕不能完成「嗣續香燈」的任務，不過靚仔玉情有獨鍾，除彩英之外，更沒有人可愜情懷，家長沒奈何一口答應了。

拿靚仔玉和龐十二比較，龐十二自然瞠乎其後。論年齡，靚仔玉年方二十三歲，龐十二年長一倍有奇，行年五十三；論面貌，一個小白臉，一個是小白髮；論家財，大間南北行少東，總不弱於大間酒樓的主人，還有一種優勝處，跟靚仔玉祇是做二奶，跟龐十二便要排名五奶，相差太遠了，但彩英本人對於這兩名濶佬，俱不合意。

　　跟龐十二，位列第五房姨太太，彩英不合意猶有可說，靚仔玉正是愛俏、愛金姐兒輩中最受歡迎的人物——年少貌美多金，爲甚麼亦不把他放在眼裏呢？理由也很簡單：一個女人的生理構造，有時非漂亮的面孔，花綠的銀紙，能夠慰藉其饑渴之情，何況彩英又是著名的「技術人才」，位置於一間設備不全的「製造廠」，勤力工作，增加出品既不可能，遊手好閑，鎮日怠工，白支薪水也沒有意思，空負一身本事，而英雄無用武之地，這便是彩英不願意跟靚仔玉埋街的解釋。龐十二的「製造廠」，雖然比靚仔玉優良得多，但最抱憾的是：生意滔滔，支店太多，使他分身不暇，不能單獨發展這間廠的業務，亦同樣辜負這個大好的「技術人才」了。基此種種的原因，難怪彩英要替自身打算，好比渭水訪賢，安邦治國，結果碰到了理想的姜太公。

　　彩英底「理想的姜太公」是誰？他並非別人，就是曾經稱雄一時的撈家肥水，故老流傳有這句話：香港發三家——客家，撈家，蛋家。這當然是半世紀以前的說話，所謂「撈家」，範圍至爲廣濶，凡是偏門生意，爲世人所熟悉的如烟、如賭，俱是偏門生意中的表表者，如所週知；往昔鴉片公賣，寄運外洋，例所不禁，五兩一罐的「金山庄」，尤其是膾炙人口，這間販烟的公司，股東不少是知名之士，生意既然發達，所以撈家被稱

爲「發家」之一。但撈家的品流至爲複雜，未必「逢撈必發」，得心應手，稍爲不妥，就變成「撈不撈，煲不煲」之流。肥水和彩英認識的時候，經已「撈到水尾」，不過他在黑社會中，仍具有一部潛勢力，撻起個「朵」來，兄弟們也尊重幾分，孝敬多少，因爲肥水爲人，素重義氣，性格又老實，雖是環境大不如前，依然安分守己，不肯越出本身事業的範圍，蠻幹橫行，欺凌弱小，反之，他時常好打不平，見義勇爲，赴湯蹈火，在所不恤。彩英對他死心塌地，有兩個主要的因素：有一次，彩英到西營盤電車路一間俱樂部出局，（按：塘西阿姑的出局範圍，並不單獨限於石塘咀，上中環的俱樂部，揮花箋相召，她一樣「應紙」），出門口時，爲爛崽兩名，拿利劍威嚇，要她傾囊所有紙幣交出來，並要除下首飾，雖有傭婦隨後，也同樣嚇至花容失色，噤不能聲。恰巧肥水路經此地，見狀上前勸告，叫他們不要破壞良好的「會章」，恃強欺弱，並「撻朵」表示同道中人，希望賞臉一下，高抬貴手。誰知他們反質問肥水一句：知不知她底芳名是誰？是不是她的「包爺」？事實上肥水尚未認識彩英，這兩個人又是初到貴境的「新雀」，既不懂得肥水的大名，更因「趕注」「打火因」——吹烟的代名詞——要緊，嗔怪肥水多事，揮手想插肥水一劍，肥水精通技擊，等閒十個八個人也不是他的敵人，三兩度工夫，已將這兩人擊敗，並護送彩英返寨。在奮鬥中，手肘亦受劍鋒刺傷，彩英親自代他裹紮，事頭婆加意招呼，設烟局，叫生菓，作客人欵待，並謝其維護之德。

　　肥水自從這一次做了護花鈴，勇救佳人之後，不消說很容易搏得美人垂青，沒有多大時光，且成爲入幕之賓，和他「同行同攬」的朋友，一致叫他做「陸義雄」——這是朱次伯主演「夜吊

白芙蓉」一劇中的劇中人名字，同時風氣所趨，差不多一套劇本的橋段，脫不掉「救佳人終成眷屬」的排場。彩英初時感謝他「捨身相救」，不致遭受損失，又見他雖是「撈家」人物，生得儀表非俗，舉止溫文瀟灑，絕不像「老粗」之徒，故「委身相報」。估不到締交之後，正是棋逢敵手，將遇良材，是她底芸芸恩客中，沒有人能望其肩背的，大有相見恨晚之慨，不自覺傾心熱戀。竊願「委身相事」。還有一點：彩英雖是墮溷的花朵，生性很率真，絕對不喜歡鬧虛架子的「空心老倌」，肥水正是「撈家仔」的表表人物，重義氣，說老實話，尤其是在彩英面前，有碗話碗，有碟話碟，差不多家中有幾多粒米，亦照直告訴彩英。他並承認生平未有食過暖堂飯，祇和一個姘婦同居了一年，現在斷絕關係一年多，如果彩英不嫌棄的話，他打算用大紅花轎，正式迎娶她為妻，白頭偕老。這是彩英最稱心適意的一事，因為當時有許多塘西阿姑，醉心一夫一妻主義，寧可清茶淡飯，過其正常家庭生活，不願意穿金戴銀，做人妾媵，要伺候大婦，以及和其他「姊妹輩」爭擅專房之寵，拈酸吃醋，迄無寧日，彩英就是屬於所謂「大婆癮重」的一派，「大婆」是「大婦」的別稱，表示不甘作妾的意思。

　　彩英雖是一心一德，甘願食貧，想嫁肥水做正室，但可惜的是：她從小由龜婆收養，屬於「事頭婆身」，不比「自己身」的阿姑，可以自己執主意，暢所欲為。肥水慣在塘西行擸，很明瞭個中狀況，彩英是「半私明寨」阿姑，身價當較大寨阿姑低廉一點，但龜鴇的字典中，祇有金錢兩字，不管阿姑如何一往情深，或者具有如何淵源情誼，甚至「救命恩人」也沒有例外，同樣要補償一筆錢，極其量人家出一千，你出八百，稍為割價平沽，決

不能一手抹過。肥水往日聲勢顯赫是一件事，現在手頭拮据却是實情，恰巧如世俗通行的這句話：失運遇情人。他爲着急需帶彩英埋街，必得籌措三幾千，除身價銀之外，新置「家」的費用，亦非有一千幾百不辦。他固然認識好幾個「撈錢上岸」的弟兄，開口告貸三幾千，未嘗沒有可能，不過他是老實的人，覺得向弟兄們借錢帶妓女，實在惹人譏笑，永遠傳爲話柄，此路已行不通，退而思其次，祇有和「老頭子」劉禪商量：「急者治其標」，要求老頭子允許他「做一單生意」，搏取三幾千，完成目標之後，依舊安分守己，洗手不再幹。所謂「做一單生意」，不消說就是「無本生涯」，不合法的勾當，劉禪向來和治安當局有密切聯絡，通常以「老頭子」地位，阻止手下兄弟們做事過分，影响治安，聞言之下，首先表示不贊成，叫他不可輕舉妄動。話雖如此說，他總得替「手足」想個辦法，不能單憑自己的聲望和勢力，壓抑弟兄們，而不諒解其苦衷，置之不理。因爲黑社會的「老頭子」，能夠獲得羣眾擁護，就是秉公辦事，仗義幫助，解決困難，旣有威，復有恩，恩威並濟，才可以成爲羣眾的偶像，凡事一言立決，現在對於肥水和彩英的問題，當然也要傷點腦筋。

「老頭子」劉禪仔細思量之後，認爲他和彩英的事頭婆，平素亦有深厚的交誼，總會賞面他幾分。他想出一個兩全之策，由他直接疏通事頭婆，將彩英的身價盡量減低，數目如果不越過一千元，他可以出面通知港九兩方面秘密會社的高級「職員」，每人送給一份豐厚的賀儀與肥水，「做人情」作賀禮，實行「干折」——「收現金」的意思——人數眾多，集腋成裘，肥水可以循例請梅酌，肴饌不必像賀儀的豐厚，甚至自己備辦酒席，單是「燒肉雞」幾碗頭也不成問題。總而言之，因利乘便，仿效前清

官僚「打抽豐」的手法，除擺酒之外，尚撈其一筆。（前清官僚，不論縣官、道台，以至軍政大員，常靠「紅白二事」打抽豐，老太爺或老太太壽誕，收受賀儀自很合理，甚至拿「拜陰壽」作話題，大敲特詐，成爲官場中膾炙人口的笑話。）

出乎劉禪的意料，當他和事頭婆代表肥水「斟盆」的時候，事頭婆竟透露兩個「暗盆」的消息，連彩英亦茫無所知。事頭婆眉飛色舞，口沫橫飛，一條氣說下去：「老頭子，實不相瞞對你說，彩英這個女孩子，委實人見人愛，樣貌好，性情好，熨貼手段更好，現在想帶她埋街的恩客很多，競爭最劇烈的，就是『本地』酒家主人龐十二少以及南北行太子爺玉少爺。你是知道的，他們兩位都毫不計較身價銀，志在必得，多少不拘，我正在傷透腦筋，不叫彩英跟哪一個好？這是『暗盆』，最近他們兩位才分別向我放聲氣，我還未曾和彩英商量哩。」劉禪聽得很不耐煩，冷嘲熱諷地說道：「彩英不是自由身，一切是你事頭婆做主，你叫她嫁豬，她就要嫁豬，你叫她嫁狗，她當然沒有胆量嫁豬，你何必假惺惺作態和她商量？簡直多此一舉，徒然使彩英惱亂心腸！」事頭婆在老頭子劉禪面前表示「慈悲大士」心情，侃侃然說道：「大老頭，你是知道的，我這個事頭婆，不比別人，多少替女兒着想，老實說一句，做龜做鴇，如果說不貪圖金錢，全是欺人自欺的話兒，但關於『埋街』問題，我仍須徵求她本人同意，這是關係她終身幸福，縱使不是我親生女兒，她嫁得安樂，也會感念我的好處，永遠有來有往，甚至年老絕無積蓄，也有所倚靠。撇開依賴女兒的問題不談，她獲得良好歸宿，不至重墮風塵，心理上亦覺得安慰，自己的阿姑一再『翻剃』，難道很好聽的嗎？」劉禪聽到這裏，突然靈機一觸，先讚她幾句，含笑說

道：「事頭婆，你說的沒有錯，做龜婆總要有些良心才有好報應，天有不測風雲，人有霎時禍福，誰保得永遠安樂，錢財不散，一旦窮病交迫，舉目無親，求死不能，求生不得，世俗勸人『要顧住收尾兩年』，確是任何人都要警惕的，向來知道你待彩英很不錯，即如有客人想帶她埋街，你都不肯自把自爲，向她徵求同意，這一番美意，經已勝過許多龜婆了……」劉禪改變「激將」的口吻說道：「但是你徒然整色整水，何必多此一舉呢？假如彩英喜歡太子玉，比較年青貌美，而龐十二却比較肯出多一點身價銀，你當然祗有叫彩英跟龐十二，還有甚麼商量的餘地，不是反教彩英懊惱情懷嗎？」事頭婆一時說得高興，絕不小心玫慮，信口答道：「這個未必盡然，如果彩英中意太子玉，身價銀縱使較龐十二爲少，我大可以學阿蘭賣豬，一千唔賣賣八百呀。」劉禪不覺笑將起來，心理在想：「不怕你這個食人精，今次可中了山人的妙計了。」

「老頭子」劉禪，笑口吟吟說道：「事頭婆，你當眞體貼兒女，做人夠義氣，祗要彩英喜歡這個客，肯學『阿蘭賣豬』，一千唔賣賣八百，相信我所認識的龜婆之中，沒有一個比得上你，但不知你是不是一時口爽，說得出不知能否做得到呢？」事頭婆到了這個時候，自然「頂硬上」答道：「我是牙齒當金使的人，說得出的話，幾時都可以做得到的，你老頭子何曾見過我不顧口齒呢？」劉禪點點頭說道：「沒有錯，很好，我現在請問你一句，假如彩英喜歡肥水，但肥水所出的身價銀，比太子玉爲少，比龐十二當然更少之又少，你肯不肯學『阿蘭賣豬』，允許彩英嫁肥水？我相信你是慣講義氣的人，必定會玉成他們的好事。」

事頭婆估不到劉禪提出這個問題，碍於「老頭子」情面，不

能翻悔，更不敢一口拒絕，祇好以旁敲側擊的方法，表示不大贊成，沉吟地說道：「據我所知，並且觀察彩英的心理，她自然嫌棄龐十二少年紀老，妾侍多，排名『五奶』，不大喜歡跟他，似乎屬意玉少爺，貪他『靚仔』，祇做『二奶』，位尊多金，也是我理想中的對象。至於水少爺，不是我看他不起，他近年來環境大不如前，恐怕我肯一千唔賣賣八百，假如玉少爺出一千，他亦未必出得八百，叫他過分吃力籌措金錢，又何苦來由？大家是自己人，我不妨大胆多講一句，帶阿姑埋街，並不是一件嘻嘻哈哈的事，即使身價銀有着落，我本人不斤斤計較，還有許多錢『跟尾』哩，依我看……」劉禪越聽越不耐，憤然說道：「你何必要替人担心！理他怎樣籌措金錢，或許彩英死心塌地，肯跟他沿門托砵做乞兒，這是他們的事。你現在是答覆我一句：如果彩英鍾意肥水的話，你是否肯不計較身價銀，比較別個恩客相宜？」事頭婆到了這個田地，儡於老頭子的威勢，沒奈何慨然答應道：「我說過的話，自然不會反悔，如果彩英當眞喜歡肥水，我願意成就這段姻緣。」

事頭婆一方面答應了老頭子劉禪，另外還想法子說服彩英，叫她在龐十二和靚仔玉之間，挑選一個，尤其是主張她跟靚仔玉，因他比較年青漂亮，和肥水比較，有過之而無不及，他不像龐十二自己「撈長世界」，靠父親出錢帶妓女埋街，數目太奢，亦會貽親友譏諷，自然敵不過龐十二的濶綽，但迫彩英跟龐十二，她當然不甘願，可能把心一橫，寧可跟肥水去捱世界了。因爲目前的形勢，關鍵全在彩英身上，「解鈴還須繫鈴人」，她所答應老頭子劉禪的要求，是彩英「當眞喜歡」肥水的話，如彩英肯放棄其目標，自然打消原議，所以，她鼓其如簧之舌，首先指

摘肥水是「撈家仔」，不比正當商人可靠，入息「望天打卦」，生意是「左道旁門」，隨時有出境的危險，對於家庭絕無保障，兼且這等人習慣出來「行纜」，勾三搭四，見異思遷，實在用情不專，難以落葉歸根，恐怕過了不多時，便要「翻剃」，那就聲名狼籍了，最後事頭婆叫她小心考慮一下，再行決定也不遲。

在這個「真空」時期，彩英雖是真心愛肥水，但事頭婆不贊成，姑且考慮一下。另一方面，劉禪既已說服事頭婆，和肥水進行籌措金錢，有多少着落，再和事頭婆磋商身價銀，因此外表上十分沉寂，但熱情如火的彩英，又想出如意算盤。

原來事頭婆的「暗盤」── 龐十二和靚仔玉俱商量帶彩英埋街 ── 彩英事前確不知道，現在因老頭子代肥水說項，事頭婆和盤托出，這消息才傳入彩英耳朵。彩英聆悉之後，初時倍覺驚惶，這是事頭婆的佳音，而是彩英的剋星！理由很簡單：如果沒有人競爭，事頭婆還可通融一點，答應肥水的要求，有人競爭，便大不相同了，奇貨可居，反為製造她發展的機會，增加她和肥水完成好事的困難。她越想越覺悲觀，午夜思量，禁不住嚶嚶啜泣，感懷身世，長嗟短嘆之聲，常為隣房姊妹所聞。

和彩英比隣房間的姊妹，有個芳名梅影，花信年華，風騷極點，論人材，原不算很差，可是台脚冷淡，常有「食全鴨」之嘆。據個中人語云：梅影出身「一點頭」，最為飲客的大忌，這便是她台脚冷淡的主要因素。所謂「一點頭」，是私娼的代名詞，因為世俗叫私娼做「車貨」，車字的寫法是一點頭的。影响所及，「出車」兩字，對女人而言，是侮辱的名詞，即私娼出來賺錢之謂。梅影見彩英形成「四角戀愛」，三個恩客熱烈追求她，其中兩個是著名的濶佬：本地酒家主人龐十二，和南北行少東靚仔

玉，表示非常健羨的樣子。有一晚，夜深人靜，彩英食其全鴨，沒精打彩，睡又不得，坐立又不安，祗好和一兩個同樣無人過問的「籮底橙」，倚凭冷巷，光顧賣鹵味的小販吳蘇記，整一隻燒鴨頭，一隻雞翼，大快朶頤。吳蘇記靠阿姑做主顧客仔，任何一位阿姑俱可以記賬，除非她舊欠屢催不還，再賒新數，才會托她手踭（托手踭即推却之意）。這是塘西花叢繁華排塲與孤寒狀況的對照，紅牌阿姑鴻運當頭，濶佬爭着請她消夜，大有分身不暇之勢，反顧這等食全鴨的籮底橙，在冷巷整其鹵味、燒味三兩件，還要靠賒、靠借。同是執寨廳飲响局，鶯聲燕語，主客交歡，塲面何等熱鬧堂皇，及至酒闌燈炧，羣雌粥粥，有主歸主，無主歸廟，祗賸下無所歸宿的寥寥幾丁人，冷清清的冷港床位，但聞小販登樓喚賣聲；盲公打叮噹之聲，及盲公竹簌簌聲，失望的阿姑，可能叫他占支卦，測驗溫客是否變心，惡作劇的濶少，可能邀他唱支不堪入耳的「陳二叔」，還聲明加多一塊錢「肉鬆」，以打破青樓岑寂的氣氛。此情此景，無異反映炎涼盛衰的世界，顯出社會光明與黑暗的片面，歡塲中人，正可作如是觀，不能例外。

梅影目睹龐十二入去彩英房間打水圍，鐘鳴四下，又見龐十二從房間欹擺出來，滿面春風，還向冷巷食鹵味的幾個阿姑開玩笑，叫她們請食一隻燒鴨腿，接着又說他今晚「請客」，吩咐吳蘇記一概入他的數，去本地酒家收錢，這是龐十二高興的表示。這一類的「請客」，並不是創舉，單是梅影個人經已領其盛惠兩次，她最記得清楚，頭一次就是他和彩英定情之夕，大有「請客」的興趣，今晚出來時滿面春風，可見其內心的歡忭了。

可是，當龐十二出門之後，梅影忽然聽到嚶嚶啜泣之聲，出

自彩英房間，房間沒有別個姊妹，除彩英啼泣之外更有誰人？龐十二這般興高采烈，爲甚麼彩英弄到傷心流淚，好教梅影一頭霧水，眞忍不住闖入房間一看。

　　但見彩英伏在床上，雙肩聳動，由嚶嚶啜泣，變爲泣不成聲，梅影連忙挽她起身，低聲問道：「彩英，爲甚麼你這樣傷心？剛才龐十二少出來，笑口欣欣，還請我們吃鹵味，一定是十分高興，你剛巧和他相反，哭成這個樣子，到底有甚麼難以解決的心事？我和你是心腹姊妹，不妨告訴我一聲，或許我能夠替你分憂解愁，也未可料哩。」

　　彩英見是梅影，她確不愧是自己的心腹姊妹，在花叢中磨煉不少時日，經驗湛深，好幾次全憑她代爲解決難題，當下徐徐起身，揭開房門簾一望，含悲嗚咽說道：「梅影姊，實不相瞞告訴你，我現在心緒煩亂，正不知如何是好？事頭婆的賺錢手段，守口如瓶，自把自爲的一貫作風，相信你也知道的，原來龐十二和靚仔玉都爭着要帶我埋街，她當然贊成我跟龐十二，大刀濶斧，貪圖他不吝嗇金錢，可是龐十二此人，視女人如玩品，喜歡的時候，多多『上倉』，玩得膩了，棄如敝屣，目前打入冷宮的姜侍，已有三個，最後的一個『四奶』，跟他不過年餘，現時又斟我做五奶了，還不是一兩年的『貨式』嗎？靚仔玉本來年貌相當，家財豐阜，娶我入門，祇是一大一小，容易相處，他是幾代單傳的獨子，若僥倖生下男兒，母憑子貴，眞是一生吃着不盡，可是身子太孱弱，恐亦徒勞幻想。事頭婆叫我在這兩個人之中，是但選擇一個，問本心說一句，我始終鍾意肥水一人，雖然他家無恒產，近年經濟情形十分拮据，遠不如前，但他年富力強，『能欺白鬚公，莫欺少年窮』，誰敢輕視他將來不會發達？我歷向

主張，反對做妾侍，實行一夫一妻制度，祇要郎情妾意，永遠厮守，甚至公一份，婆一份，要我拋頭露面，做女工或傭婦維持家用，大家掟世界，我也情願。聽說事頭婆口頭上答應過老頭子劉禪，如果我本人喜歡肥水的話，她可能減低我的身價銀，話是這樣說，她絕對不是『見錢嫌腥』的龜婆，一方面口甜舌滑，滿不在乎的樣子，另一方面用『旁敲側擊』的方法，向我施展壓力，暗中壓迫我就範。」彩英說到這裏，感懷身世，淚如雨下，喑啞不成聲，梅影頓有所觸，接口說道：「我剛才見龐十二由房間出來，滿面春風，聲明『請客』，請我們大吃鹵味，看情形定有異樣愉快的事，到底是甚麼，我早就想向你詢問了。」彩英嘆一口氣說道：「這可能是事頭婆對我施展壓力的一種方針，也就是我越想越傷心的理由，龐十二今晚返寨打水圍，一團高興，說事頭婆贊成我跟他埋街，又說我本人亦很願意，如果他不相信，可以直接問我，當知所言不妄。梅影姊，你試想想，任何人在這個時間，都不會這樣『掘情』，坦白聲明不愛他，極其量微舒笑臉，緘口不言，誰知龐十二竟『監人賴厚』，呵呵大笑，說我不脫女兒家的羞澀態度，怕醜不便表示，願嫁如意郎君，默認就是贊成。既然我不反對，他定於日間和事頭婆斟妥身價問題，打算隆重其事，築金屋貯阿嬌，不與大婦及其他妾侍同居，以示優待，他一口氣說過不停，簡直使我無置喙的餘地，我當然不敢插口反對，令他太掃興，可能大發脾氣，攪出事來，祇好唯唯否否，說這件事慢慢商量。他似乎置若罔聞，最後講一句：『一言爲定』，就歡天喜地跑出房間，不由我發表意見，叫我有甚麼辦法呢？」

梅影邊聽邊想，突然靈機一觸，拍拍彩英的香肩，大聲說道：「彩英，你不用愁煩，我有辦法！」彩英連忙追問，叫她低聲

一點，以免隔牆有耳，洩漏秘密，梅影點點頭，一口氣說下去：「他們爭雄鬧勝，正是你的大好機會，逐個敲竹槓，每人敲其一筆，獲得相當數目之後，你便效紅拂女私奔故事，遠走高飛，和肥水雙宿雙棲，他們有甚麼辦法追究呢？」彩英沉吟道：「你這條計策，雖是高明，但他們知道我是事頭婆身，一切身價銀自然交付事頭婆手中，怎肯和我私相授受，豈不是白費心機，枉作小人？」梅影笑道：「枉你是風塵中人，經歷了幾個年頭，沒有一些兒算計，可惜我花運不濟，碰不着半個『有聲氣』的溫客，如果有的話，我揮動大刀闊斧，担保殺得他焦頭爛額而回。你當然明白『妻不如妾，妾不如妓』的道理，男子眷戀我們，無非因爲我們懂得熨貼工夫，弄得他們欲仙欲死，要甚麼他們都雙手奉送，不敢怠慢。現在你必須在龐十二及靚仔玉之間，加意貼戀痴纏，表示必定跟他埋街的樣子，同時有意無意之間，透露口風，指出對方太孤寒，叫他送些首飾支撐塲面也不肯，將來做他的歸家娘也沒有意思，所以實行拒絕他，諸如此類，運用之妙，全在一心，隨機應變，不一而足，你不是愚蠢的鄉下女兒，自會話頭醒尾了。」

　　一言驚醒夢中人，彩英覺得梅彩的擺計，果然不錯，但不知自己能否運用圓滑，收到美滿效果，姑且實驗一下，選擇何人首先開刀呢？她利用龐十二一團高興的當兒，自己以未來的「龐家人」自居，熨貼入微，無微不至，枕邊喁喁私語之際，泛論一般龜婆，大都沒有良心，像「吸血鬼」般貪得無厭，最後說到自己幾年來替事頭婆所賺的金錢，不可以數字計，照計起來，何祇一本萬利，如果稍有良心的話，見到女兒有美滿的歸宿，不應諸多敲索身價銀才是。弦外之音，叫龐十二不要答應事頭婆無厭

之求，她旣是龐家人，龐家的財富她亦有一份，決不肯擲黃金於虛牝。龐十二聽了彩英這番話，不期然心花怒放，認定彩英袒護未來的「主人公」，不願吃虧於事頭婆，純粹替自己打算，忠實可嘉。接着彩英捏造一個姊妹的名字，盛讚她的機謀眞不錯，她和一位恩客情投意合，實行跟他埋街，那恩客富有金錢，性情慷慨，多少金錢，毫不吝嗇，龜婆索取三千元，她叫恩客祇付半數，寧可將其餘的半數代她添置首飾，在排場上旣好看，事實上她將來作歸家娘，首飾還是她家之物，爲恩客打算，可謂心細如髮。龐十二聞言，亦誇讚不絕口，彩英嫣然一笑道：「你旣是贊成這個辦法，我決定依樣葫蘆，顧住你個荷包，龜婆從來沒本心，即使你堆金砌玉，她都永遠沒有滿足之一日，何苦要便宜了她？」最後彩英說出那個姊妹，有一對金錢鈪十分好式樣，就是那個恩客送贈，作爲埋街的紀念品，她一邊說，一邊舉起纖纖玉手，帶戲帶笑說道：「可惜我雙手生得粗糙，戴起金錢鈪來，也不像樣，可不是嗎？」龐十二撫摩她底手腕，用讚嘆的語調說道：「你手如柔荑，當然有資格戴金錢鈪，戴起來保證很好看，也罷，我送給你一對！」

翌日，龐十二果然帶彩英去中環一間著名的金舖，定製一對金錢鈪，這是當時很盛行的首飾，價值二三百元之譜。彩英的初步計劃已成功，又進行第二步計劃。

金錢鈪戴在手中，彩英對龐十二的態度倍覺親暱，龐十二欣賞不置，笑口吟吟道：「班主也讚好戲，你手如柔荑，戴起來當眞好看。」其實龐十二暗中好笑，心裏在想：「我花費了三二百塊錢，便搏得你歡喜一場，你將來旣是龐家的人，始終還是我龐家之物，我是永遠不會吃虧的呀。」

可是事頭婆看到彩英戴上金錢鈪，知道是龐十二的贈品，一則以喜，一則以懼。喜者何？覺得彩英回心轉意，和龐十二大溫特溫，與前判若兩人，定是願意跟龐十二埋街，可能放棄肥水。懼者何？她恐懼彩英受龐十二物質的引誘，將來商議身價銀的時候，可能偏袒未來的主人公，不肯叫龐十二過度地破鈔。當事頭婆開口詢問之際，彩英自然很明瞭她底旨趣，笑欣欣說道：「龐十二和靚仔玉兩人，既是要爭着帶我埋街，我們應該擇肥而噬，看哪一個肯不吝嗇金錢，作為選擇的標準。我首先採取第一個步驟，就是叫他們送贈首飾或衣服之類，探誰個手段濶綽，真誠愛我。」接着她故作十分心腹的樣子，慷慨地說道：「我無論如何都希望你多賺一筆錢，始終要顧住你的。老實說一句，我對於他們兩個，俱不是真心相愛，這一點大家必得嚴守秘密，以免洩漏風聲，他們便不上釣了。現在我的宗旨，就是看他們誰肯駛錢，誰人出得更高的身價銀，我便跟他，你不妨學雙門底古董商：『開天撒價』，任由他們『落地還錢』，價高者得，奇貨可居，均之我不是深愛他們，亦樂得做個順水人情，和他們『分身家』也好。」事頭婆越聽越高興，夢想不到彩英這樣一片熱忱，處處為她打算，養女不必多，一個好女兒，足夠下半世享其舒適生活，有一二萬元，真是一生吃着不盡了。其實彩英的說話，理由亦充分，他們有偌大的財富，千金難買一個好字，心裏愛好的人物和東西，破費一二萬元，簡直無傷大雅，即使分其身家，亦不外百分之五，或百分之十，區區之數，何足掛齒？事頭婆心花怒放之餘，不禁大讚彩英夠聰明，好算計，不枉從小養育她一場，平時亦承認她極有本心，生成敦厚之相，福澤綿長，將來必是享福到底，難怪許多濶佬爭着要帶她埋街了。彩英聽事頭婆一輪

「高帽」，滿口油腔滑調，不改龜婆一貫「軟硬兼施」的作風，高興的時候，好話說盡，稍爲拂逆其主張，「反轉豬肚便是屎」，不自覺笑將起來，連忙收斂笑容，謙遜地說道：「人心肉造，受人恩惠，定當圖報，才是做人的要素。我們旣已命運不濟，生出來要還花債，折墮已達極點，若還不積些陰德，眞個拖盲妹的日子也會來臨呀。」事頭婆點點頭，很讚許彩英的話兒，她原是龜鴇中的老前輩，心計彌工，狡猾似狐狸，見彩英突然改變態度，不覺頓起狐疑，佯若無事，帶笑問道：「彩英，你不是熱戀肥水的嗎？龐十二和靚仔玉兩個不是你喜歡上街的意中人，爲甚麼會變卦起來？」彩英早已成竹在胸，不慌不忙嘆口氣道：「我雖是喜歡肥水，奈何他經濟拮据，即使你肯遷就他，身價銀不斤斤計較，但帶一個阿姑埋街，談何容易，並不單祇一筆身價銀這般簡單，姊妹『贈慶』，答禮的數目，實屬不貲（塘西習慣：妓女「埋街」，姊妹送禮，通常加倍答謝，例如做十元「人情」，封回廿元「利是」，以示濶綽，故妓女埋街不愁沒有人送禮，因爲「有利可圖」—— 自然亦有很多姊妹，不志在賺錢），將來的生活，也大有問題，我經已想通想透，決定放棄了肥水，以免誤己誤人呀。」

彩英這一番話，合情合理，當堂打破了事頭婆的疑團，並進行下一個步驟。有一晚，彩英向龐十二僞稱身子不方便，打算返住家休息，意思是阻止龐十二返寨打水圍，另一方面卻通知靚仔玉，飲完後單獨自己返寨坐，不可偕同朋友來，靚仔玉當即欣然答應。彩英準備好烟局，生菓，公烟，香烟，應有盡有，等候玉郎駕臨，正是：安排香餌釣金鰲。靚仔玉剛踏入粧閣，彩英親自代他解鈕寬衣，讓他躺在床上，拿烟托燂烟，撚其「佛肚臍」烟荷，這是彩英拿手好戲，吸來居居有聲，爽脆異常。靚仔玉問她

有甚麼事商量，彩英知道靚仔玉烟癖甚深，「年晚錢，飯後烟」，必得俟他吸足幾口，才好說話，否則他可能左耳入，右耳出，不容易打入心坎，當下隨口應道：「沒有甚麼事，等你吹足幾口再談吧。」彩英在輕燀慢撚之際，故意高舉手腕，將金錢鈪炫耀靚仔玉眼簾，靚仔玉初時漫不經意，彩英便將金錢玉鈪除下來，放在烟盤之上，靚仔玉運用丹田，高唱入雲，精神煥發，果然問道：「這對金錢鈪價值幾何，是你自己定製的嗎？欵式很不錯，和我那位老婆大人那一對差不多。」

　　彩英好比舞台的小旦一般，七情上面，突然變色說道：「提起這對『衰人鈪』，真教我七竅生烟！這是龐十二送給我的東西，這個人簡直荒謬絕倫！我雖是命運不好，出世尅死父母，以至賣落青樓，到底仍保持我的人格，不比豬狗禽獸，你就算帶我埋街，也不應出言侮辱，兼辱及他人，辱我猶自可，辱及他人，我便不能忍受得住……」彩英竟然婉轉啼哭起來，靚仔玉聽到一頭霧水，有如丈八金剛，摸不着頭腦，茫然問道：「你一連串東拉西扯，說些甚麼，我完全不明白，你且停止啼哭，清楚了利告訴我吧。」彩英像煞有介事，憤然說道：「龐十二這廝，幾十歲人，幾頭住家，還是不知自量，聲明尚要娶妾侍，湊足九奶之數，他有的是錢，有錢自有人願嫁，莫說娶九奶，十二金釵何足為奇，我可不管他，但要我跟他埋街，我寧願吊頸投河，死也不肯。他可能和事頭婆商量條件，叫我做上爐香，歸家娘，但事頭婆一日未曾徵求我同意，我自然不算數，我雖是事頭婆身，這是另外一回事。緣因跟佬埋街，關係我終身幸福，萬不能任由她擺佈，老實說一句，別個阿姑沒有客人爭一口氣，定要屈服於事頭婆淫威之下，勉強亦要答應，我自問邀天之幸，賴菩薩託福，不是我誇

口，有能力出得相當身價銀的，儘有三幾個，最低限度也有一兩位，未必單靠你龐十二一人。前兩日他送給我這一對金錢鈪，我初時以爲普通恩客贈送東西，事極平常，順手受落，他還賣弄心事，代我戴在手腕，我祗好循例說一句多謝。誰知昨晚他返寨打水圍，指着金錢鈪，問我是否喜歡這一件上街的紀念品，並說明他已和事頭婆訂妥條件了。我一聞之下，儼如晴天霹靂，忍不住大罵事頭婆獨斷獨行，絕不和我商量，我決不承認，他便當堂翻臉，冷嘲熱諷，詆毀我貪溫靚仔，厭棄他偌大年紀，口不擇言，硬指靚仔沒本心，全是空心老倌，失匙夾萬，相信叫他送一對金錢鈪也沒有資格，所謂『靚仔』，正式『衰仔一名』！」

靚仔玉聽到「靚仔正式衰仔一名」這句話，因爲自己別號「靚仔玉」，龐十二顯然直接向自己挑戰，剛吸完一口烟，憤然將烟槍擲在烟盆，起坐於床，戟指罵道：「別個人我不敢估低其身家，你龐十二這廝，猛極不過一間酒樓東家，我總不信我這間南北行鬥你不住。彩英，你大可傳達我這番說話，叫他即管和我鬥瀾綽，大家競賽現金也好，競賽物業也好。如果他不嫌煩瑣，最好競賽現金，規定幾多個時辰之內，盡量拿出現金來，好比賭博一般，多者佔勝，少者算敗，勝者盡取所有，姑勿論是他本人的財富，抑或向親友挪轉，俱算他的本事，祗求調動得來，便可以拿來比賽……」彩英知道靚仔玉已中計，心裏覺得好笑，但依然怒容滿面，插口說道：「他這樣荒謬絕倫，我老早忍耐不得，當堂頂撞他幾句，替你爭回體面了。」靚仔玉欣欣然有喜色，連忙問道：「你怎樣頂撞他，替我爭回面子？」彩英侃侃然說道：「我自然有我充分理由，我加以反駁：『你不能一竹篙打一船人』，未必靚仔就無本心，更未必靚仔便是空心老倌，正式衰仔，相信我這

個靚仔，不祇有資格送金錢鈪，甚至送珍珠鑽石鈪也綽有裕餘，休要輕視人家！」我當堂駁到龐十二這廝，老羞成怒，一口咬定我貪溫靚仔，諸事替你遮瞞，他居然肆意謾罵，詆毀你是失匙夾萬，雖然你是這間南北行少東，實際上經已喪失了信用，因為你駛長舖頭一萬八千，你父親吩咐掌櫃先生，每次掛借不能超過五十元，我又忍不住反駁他，說你的銀包，隨時都有三五百元，豈有限制掛借五十元之理？他見我始終對你維護，竟然大發脾氣，聲言無論如何，必定要帶我埋街，並不肯落在你手中。」

　　彩英說到這裏，嬌啼婉轉嗚咽說道：「看他這樣情形，帶我埋街，一定不懷好意，將來乘勢拿我刻薄，以報復這一點仇恨，所以我今晚約你單獨回來打水圍，就是和你密斟，希望你救我出火坑，寧死亦不願跟龐十二的呀！」靚仔玉不堪彩英一激，自拍其大腿說道：「龐十二說我父親祇限制我支取五十元，待我給他看看父親對我的信用，不特夾萬內金錢，任由予取予携，甚至索取一萬八千，帶妓女埋街，祇要本少爺喜歡，他也不會反對，誰不知道我是父親的『獨子』，他視我如珠如寶，姑息溺愛，無所不至。彩英，你放心吧，不論事頭婆開口要幾多身價錢，或者龐十二肯出幾多，我都要比他多一點，不達目的不休！」彩英低聲說道：「請你不要高聲，給別人聽入耳朵，告知事頭婆，她越覺奇貨可居了。你這樣愛護我，人非草木，誰不知感，但事頭婆貪得無厭，我既是跟你埋街，生是你家人，死是你家鬼，你的財富，我當然也有關係，決不肯要你為着我的身份，擲黃金於虛牝，為今之計，你表面上不要過分競爭，以免事頭婆趁勢打刼，開天撒價，不過目前最重要的一件事，就是懇求你爭啖氣，無形中亦要你自己爭回面子……」彩英說至此，截然中止，靚仔玉追

問甚麼事,彩英沉吟道:「說起來似乎我向你『敲竹槓』,實際因為我頂撞過龐十二這厮,說靚仔未必沒有資格送金錢鈪,送珍珠鑽石鈪也可以,我希望你當真送給我一隻珍珠鑽石鈪,塞塞龐十二把口!」

彩英一邊說珍珠鑽石鈪,一邊注視靚仔玉神色,雖不至「談虎色變」,但神氣不大開朗,馬上加以解釋道:「祇要是珍珠鑽石鈪,一隻也可以,不必購一對,通常大戶人家,多數戴一隻,用來陪襯其他的首飾,我曾經問過幾間金飾店,價值七八百的亦有,千元左右的很過得去了。這件事從表面上看來,似不必多此一舉,究其實,這口氣不能不爭,這體面不能不顧,完全是反擊龐十二這厮,打他一巴掌,挫折他的銳氣,教訓他以後不要旁若無人。同時我將來既是你家的人,珍珠鑽石鈪始終也是你家之物,我才敢提出這個奢求,反為事頭婆開口多索身價一文錢,我亦不肯答應呀。」靚仔玉聽她說得入情入理,頻頻點頭,心想:現在龐十二和自己競賽,爭帶彩英埋街,可能搶高身價錢,彩英既是喜歡自己,維護自己,將身價錢盡量減低,隨便可以慳回一二千,單是這筆錢,已足夠買珍珠鑽石鈪了。何況她將來又是自家人,東西始終保存在自己家裏,不是屬於事頭婆或任何人所有,通常帶妓女作歸家娘,都要循例贈送首飾,支撐場面,一舉數得,又何樂而不為?於是慨然首肯,答應選購價值千元的珍珠鑽石鈪,還說物有所值,七八百元的必定不夠看頭,除非不送,送則非價值千元以上不可,並且表示「靚仔絕對不是衰仔一名」,立意打倒龐十二,給他丟一次臉,塞塞他的一把口,休要拿三幾百元的金錢鈪,驕其老契,和珍珠鈪比較,無異小巫見大巫。

珍珠鑽石鈪的鑲造花樣,經過那間金舖的巧手匠人,運用

心思，果然與別不同，價值一千二百五十元，彩英戴在手腕，自然「大有文章」了。對於出錢送禮的「四方辮頂」，不消說，蝴蝶戀花，乳燕投懷，製造更痴纏的愛情，俾對方搏得一個「妥」字，千金買笑，物有所值。另一方面，對於那個「情場勁敵」龐十二，有心剃其眼眉，採取「激將」戰畧。當龐十二看到彩英手腕上光芒耀眼的珍珠鑽石鈪的時候，經已「週身不開胃」，因爲他所贈送的金錢鈪，雖然一併戴上柔荑玉手，沒有改變，但小不免相形見絀了。龐十二生平好勝爭強，假如他認第二，便不肯別人認第一，但世界上祗有一個「第一」，不比世運會有兩個冠軍，也不同戲班的老倌，「不分正副」，同握正印，照龐十二的性格而言，就算允許有「不分正副」之例，他亦勢所必爭，同握正印，也得爭取排名先後，觀於他底「本地酒樓」工友罷工，他寧可破費一筆錢，從廣州聘請廚師和職工遞補，決不肯屈服，定要爭回「第一」的面子，以免人家嘲諷他「第九」，敵不過工友，成間酒樓要「關門大吉」。他當時冷眼旁觀一下，以半開玩笑的口吻問道：「彩英，你是不是拿珍珠鑽石鈪嚇我，是眞品還是贗鼎呀？」彩英悠閒地答道：「我自己完全不識貨的，叫我拿出一千二百五十元，買這一隻平平無奇的鈪，除非中了山票或舖票（按：當時最盛行的彩票是山票或舖票，普通人還不知買馬票這種玩意兒），才捨得大破慳囊，否則我也覺得有點肉刺，所以，我親眼見着靚仔玉拿出兩張『大牛』，兩隻『牛仔』，另外五十元紙幣一張，換來區區一隻鈪，心裏都讚許他夠濶綽……」龐十二聽得很不耐煩，極不高興插口說道：「當眞是靚仔玉這厮，送你的嗎？」

彩英點點頭說道：「靚仔玉這厮，雖然送給我這麼大禮，

忒也荒唐，他說一對金錢鈪的價值，還不及一隻珍珠鑽石鈪的『零頭』……」龐十二聽完這話，咆哮如雷，大聲叫道：「價值一千二百餘元的珍珠鑽石鈪有甚麼稀罕！止是細顆珍珠殘餘鑽石砌成，不過用黃金托鑲襯起來才可以入眼，如果逐顆零售，簡直不抵幾許錢，較晶瑩、較大夥的珍珠或火鑽，單一顆就不祗價值千餘元了。可笑他眼光如豆，似這樣的鑽石鈪，也夠胆驕人，枉費他是堂哉皇哉一間南北行少東！我敢保證他家裏沒蒐藏珍貴的首飾。所以見識不廣，笑話成籮。這也難怪，他家不外多幾個臭銅，到底出身市儈，俗不可耐，祗知道金銀珠寶鑽石做首飾，夠威夠勢，可哂之至！我家世代簪纓，不是我誇口，賤視金銀如沙坭，普通的珍珠鑽石，都難登大雅之堂，怎及得翡翠青葱可愛，品質名貴。所以我歷來蒐藏玉器，無美不臻，無物不屬珍品。哪個不曉得我的二姨太，有『翡翠玉』的徽號，因爲她芳名阿玉，手上所帶那一隻翡翠玉鈪，珍貴絕倫，見者皆爲之摩挲不忍釋，就以『翡翠玉』相稱呼。」彩英迎合他底意思，滿口恭維語調，面有欲炙之色，高仰蟻首問道：「二姨太當眞是有福氣的，有這樣珍貴的翡翠玉鈪帶在手腕，恨煞了奴奴，誰叫我手粗肉糙，有甚麼資格戴上呢？」彩英說完之後，倒身在龐十二懷中，唉聲嘆氣道：「同人不同命，同遮不同柄，即使我有資格做你底五姨太，也沒有資格帶翡翠玉鈪，不要再提了。」

龐十二輕輕撫摸彩英的手腕，讚美地說：「老實說一句，你這一對纖纖玉手，比較二娘還柔滑細膩得多，當然有資格帶玉鈪，同時，凡是我龐家的寵妾，俱有帶玉鈪的資格，你何必嘆氣？」彩英僞作滿面春風之狀，忽又愁眉深鎖，喃喃自語道：「其實帶不帶翡翠玉鈪，沒有甚麼關係，或者遲帶早帶，更沒有

問題。聽你這樣說，自然少不了我這份兒，凡是龐家人，都有玉鈪做裝飾，才顯出龐家的威風，這是你的體面，比我更加緊要，我倒不消憂慮。但我祗是不舒服靚仔玉這廝，拿一隻珍珠鑽石鈪嚇人，目空一切，最使我氣惱的，便是他說你送給我的那對金錢鈪，其價值不及一隻珍珠鑽石鈪的零頭，雖然論起價值也是實情，不過做人應該謙厚一點，萬不能單憑一件禮物，就出口傷人呀……」龐十二當堂怒火重燃，氣吁吁然，聲呼呼然，他是有名的「大聲公」，像雷霆般說道：「很好，待我拿二娘的翡翠玉鈪給你戴，俾他開一開眼界，知道玉器的可貴，珍珠和鑽石，有如小巫之見大巫。這一隻玉鈪購入門的時候，因物主需欵周轉，初時索價二千五百元，奈何我以『濶佬懶理』的態度對付，『你緊我唔要』，這是『收買便宜貨』的秘訣。結果，以二千五百元成交，實際足上抵五千元的價值。不久，就有珠石經紀逖聽風聲，要求我相讓，出價四千，他說我一轉手之間，即有盈利一千五百元，應該心滿意足，可笑他還不知道我是玉器專家，比他更爲識貨，何況我是蒐藏家而不是珠石販家，怎肯割愛哩。你如果不信，我明日帶給你看，保證你心花怒放，摩挲不忍釋手……」彩英不等他說完，連忙搖頭道：「你不要帶給我看，我怕惹麻煩呀！」

　　龐十二覺得很奇怪，反問她一句：「爲什你叫我不要帶出來給你看？」彩英薄發嬌嗔道：「帶給我看有甚麼用？就算送給我戴我亦怕惹麻煩，因爲這是你底二娘的心愛物，價值復超過五千元以上，萬一爲匪徒垂涎，連我隻手也會被人斷送，性命攸關。即使沒有這般奇巧，又怕飲客見得青葱可愛，叫我除下來給他們欣賞，輾轉傳觀，偶一不愼，墜地粉碎，或者我本人一時錯手弄破裂了，怎能夠對得二娘住，最低限度也要和你吵鬧一塲，叫我

問心也過意不去。何況我的目標，不外想打打靚仔玉這廝的咀巴，教訓他一頓，挫折他的豪氣罷了，但求勝過他的珍珠鑽石鈪一籌，價值在一千五百元以上，二千元以下，最是恰當。」為甚麼彩英這般心滿意足，四五千元價值的玉鈪竟推辭不要，而求其次？理由很易明瞭：龐十二聲明這是二姨太之物，是借來戴的，而不是贈品，將來無法「吞沒」，有首尾跟；其次價值太高，龐十二自然特別關懷，可能隨時收回，「吞沒」後他亦不甘損失慘重，小不免徹底根查，或可能誣告「棍騙」的罪名。

　　龐十二摸不着彩英的頭腦，剛在沉吟之際，彩英偽作欣慰之狀，附龐十二耳邊說道：「十二少，我們不妨出一次『老千』，你肯和我拍檔嗎？」龐十二十分驚訝地問道：「出老千？你這是甚麼意見？」彩英雙手枕着龐十二的肩膀，帶講帶笑道：「你不要忙，我不是教你設局騙人，蹈陷法網，而是一種『拋磚引玉』之計，你試想想：最初你送給我一對金錢鈪，無意中引靚仔玉那一隻珍珠鑽石鈪，現在你不妨買給我一隻翡翠玉鈪，包管又引得靚仔玉性發，看他如何爭雄鬥勝，送我甚麼東西？我刻下想一出條妙計：你去珠寶石店買一只玉鈪給我，價值不宜太高昂，大約一千五百元左右便夠了……」龐十二忍不住插口問道：「你何必一定叫我去珠石店購買，難道現成的物件不妥？我底二娘的翡翠玉鈪，確值四五千元，莫非你當真不相信我的話兒？祗要返家一轉，立刻便可以拿出來，用不着多費一番手續去買。」彩英故作神秘的笑容，低聲說道：「十二少，你有所不知，去珠石店買，有發貨單為憑，單上可以寫上我的名字，俾靚仔玉相信是你送給我的東西，證明我不是向人借用，或者用你在家裏向姨太借出來，支撐塲面的，這一點做作是十分要緊的。」龐十二點點頭，

接着又問道:「爲甚麼價值不要太昂,大約一千五百元便夠,何以不買貴一些,均之拋磚引玉,倒不如拋玉引……」彩英笑嘻嘻說道:「引甚麼?你不是說過,翡翠玉石最是名貴,還引出甚麼更寶貴的東西?老實說一句,靚仔玉雖是南北行少東,上有父親在堂,就算他不是『失匙夾萬』,父親因他是幾代單傳的獨子,姑息驕縱,夾萬打開,予取予携,不予瑕疵,到底有個限度,不比你自己一手創起偌大身家,怎樣花散錢財,沒有人拘管。我底步驟,正是按步就班,有條不紊,祗求翡翠玉鈪,比較他的珍珠鑽石鈪高少許,他不肯服輸,跟着和你競賽,要破費多三幾百,另買一件東西送給我,只消出二千元就行,他不覺得十分肉刺,若要他付出四五千元的數目,和你爭這個第一,他可能會知難而退,這豈不是功虧一簣嗎?」

龐十二鼓掌稱妙,答應翌日和彩英去買翡翠玉鈪。歇了一會,忽又低首沉思,彩英恐怕他變卦,一再鄭重聲明她底衷曲,生是龐家人,死是龐家鬼,所有她身上的東西,等如放在他底夾萬裏,保證不會損失,將來連人帶物,俱載返龐家,還有甚麼不放心呢?龐十二於是下大決心,接納彩英的意見,以一千五百元的代價,買一只翡翠玉鈪給彩英,以冀完成其「拋磚引玉」的機謀。

這一次彩英利用這一隻翡翠玉鈪,又向靚仔玉鼓其如簧之舌,盡量搬弄是非,加鹽加醋,將龐十二誹謗他是市儈的話兒,和盤託出,靚仔玉一聽之下,自然十分氣惱,反問彩英有何妙計,加以還擊?彩英不消說又是「鄭重聲明」,以身相許,不出「拋磚引玉」這一套法寶,叫靚仔玉再拿出千餘元至二千元,掉換一隻更有價值的珍珠鑽石鈪,比較龐十二的翡翠玉鈪再勝一

籌，看龐十二又出那一套？最後她對靚仔玉說，掉換完珍珠鑽石玉鈪之後，固然希望龐十二鬥勝爭雄，照辦煮一碗，又換一隻價值四五千元的玉鈪，然後囊刮而去，但無論如何，亦要迅速和事頭婆磋商埋街條件，因為她早已厭倦風塵，尤其是怕龐十二苦苦糾纏，不如「趁勢收兵」，作歸家娘，並要求靚仔玉早日和「大少奶」商量，允許她埋街後立刻「入宮」，名正言順的做二奶。為着靚仔玉「荷包」起見，不願另築金屋貯阿嬌，多多浪費，實屬無謂。靚仔玉聽她這番話，好比醍醐灌頂，滿心歡喜，覺得彩英此人，當真可靠，處處顧惜自己，不像普通青樓妓女，寧可做外室無拘無束，聲明不入宮和大婦同居，優劣之判顯然。他果然不負彩英的期望，再拿一千七百五十元，掉換一隻價值三千元的珍珠鑽石鈪，所謂「一分錢一分貨」，龐十二的翡翠玉鈪，比較之下，真是相形見絀，黯然失色了。

　　龐十二和靚仔玉鬥勝爭雄的消息，很快便傳遍全妓院，以至別間妓院的阿姑，亦引為話柄，暗中竊笑這兩個「四方辮頂」，繼「銀紙煲綠豆沙」之後，又演出一幕花叢活劇。（按：銀紙煲綠豆沙的故事久已膾炙人口，相傳是水坑口時代 —— 一說是妓院初由水坑口遷至石塘咀時期，兩個濶佬爭雄鬥富，其中有一位金山客，腰纏十萬貫，初由黃金國回來，為着爭取某名妓，就在執寨廳之夕，拿出花花綠綠的銀紙作「燃料」，叫廚子在廳上煲綠豆沙，直至煲夠火路為止，以對抗另一個濶佬，整晚用銀紙作「紙條」，吸食水烟帶。煲得一半，某名妓覺得有點肉刺，並且認為「沒有價值的浪費」，婉轉勸止他不要這樣傻，承認他夠濶綽，將玫慮隨他作歸家娘。聽說後來當真跟他埋街，但不久「翻剃」，重墮花叢。理由很簡單，浪費太過離譜，很快散盡身家，難怪妓

女「食不夠錢八銀米」，就要出來「翻剷」了。）彩英的同寨姊妹，大家都知道彩英「乘勢發財」，「趁火打劫」，這兩個濶佬都不是心底愛人，將來便宜了肥水是眞，同時事頭婆方面，以彩英「敲詐」了許多珍貴的首飾，不禁垂涎三尺，但溫客送給彩英之物，不能據爲己有。

事頭婆首先詢問彩英，是否當眞置肥水於度外，由龐十二靚仔玉兩個濶佬中，物色一個作歸家娘？彩英自然稱「是」，不敢吐露衷曲，以免事頭婆洩漏風聲，功敗垂成。性情狡點的事頭婆，接着以試探的口吻問道：「他們兩個俱是大濶佬，你何必要他們鬥富爭雄，競買珍珠鑽石鈪和翡翠玉鈪？到底你這是甚麼意思？」彩英悠閒地答道：「這有甚麼難解，我也曾對你說過，看他們那一個肯爲我駛錢，便跟哪一個。」事頭婆冷笑答道：「理由全不入信，他們俱是大濶佬一名，你跟那一個埋街，都不愁沒有珍飾佩帶，犯不着要他們爭這些閒氣，因爲你將來只隨一個人作歸家娘，總會令到另一方面難過，又何苦來由呢？」彩英坦然道：「身爲妓女，向恩客施展大刀濶斧，算得甚麼稀奇？我素來知道濶佬難靠，『斬』定一些貴重東西，用作傍身之寶，將來色衰愛弛，多娶幾房妾侍，打我入冷宮，我亦不怕臨老不能過活呀！」事頭婆莊容正色地說道：「彩英，你不該看我作三歲孩童，須知我幾十歲人，經驗豐富，難道阿姑甚麼心腸我也不知道？許多阿姑都深謀遠慮，爲求下半世享受舒適生活，和恩客商量取一筆錢，用自己名義，貯在銀號收息，甚至買一間屋『揸手』，也是『大萬三千』慣見的事，很少像你這般做法，老實說句吧，你當然另有意中愛人，不要瞞騙老娘了。」彩英早已成竹在胸，預料事頭婆有此一着，強作鎭靜態度，點頭說道：「沒有錯！我一

心是戀愛着肥水，但他是窮措大一名，我如果跟他埋街，所得身價有限，徒然令你損失，但乍然和他斷絕，使他感到完全失望，你是知道的，他是撈家人物，脾氣很不好，稍一決裂，可能弄出了事，你我都不方便，倒不如給他一筆錢，叫他另圖別娶，然後我跟任何人埋街，他亦不會怪責。我就是打算賺取龐十二和靚仔玉送給我的首飾，變賣三二千，送贈肥水，聽說他和梅影近來發生情愫，均之梅影歷向台腳冷淡，早已厭倦風塵，玉成他們的好事，豈不是兩得其所？」事頭婆見得肥水這一個月來，果然召喚梅影，每晚都返寨打水圍，表面上確是十分親暱，却有幾分可信，當下祇好疑信參半。這原是梅影和彩英佈下的一個疑陣，自從梅影代彩英設計之後，爲着移轉事頭婆和龐十二靚仔玉幾個人的視綫，故意叫肥水召喚梅影，作爲溫老契的樣子，俾龐十二和靚仔玉相信彩英已和肥水斷絕關係，才肯鬥勝爭豪，競買珍飾，一心以爲鴻鵠將至，將來仍屬自己之物。

雖然經過彩英一番解釋，事頭婆依然慄慄危懼，心想時機稍縱即逝，濶佬的心理，也是一時高興，很容易意態闌珊，那時便會突然變卦，反爲不美。於是妙想天開，認爲奇貨可居，分別向龐十二和靚仔玉鼓其如簧之舌，叫他們從速帶彩英埋街。當他們反問身價銀若干，事頭婆好比吃了山楂麥芽一樣，竟索取三萬元之巨，龐十二和靚仔玉當然罵她「勢兇夾狼」，事頭婆真是機巧聰明，弦外之音，表示彩英有他們所饋贈的珍貴首飾，所值不貲，「連人帶物」，三萬元的代價並不離譜。

龐十二對彩英，志在必得，事頭婆索價三萬元，雖是嫌貴，仍未肯立時放棄，惟有稍假時日，和事頭婆慢慢磋商價錢。但靚仔玉的處境和心理，和龐十二微有不同，因爲靚仔玉和芙蓉仙

子深結不解緣，對於閨房中「甚於畫眉」的樂事，並不感覺濃厚的興趣，祇是念着「不孝有三，無後爲大」的古訓，姑且敷衍塞責，希冀開花結子而已，他雖是承父母之命，「奉旨」納妾，身價銀多多亦不計較，不過求取子嗣，自以黃花閨女爲理想人物，帶妓女當不會表示贊成，即使姑息溺愛，順從兒子的要求，身爲人子，也不宜需索過奢，動用三幾千銀，帶個妓女埋街，尚無所謂，身價三萬，附帶雜費總要添加一萬八千，以偌大代價，祇是帶一個「半私明寨」的阿姑，父母縱不責備，親友亦將譏諷自己太過「浪費」，這類型的「四方辮頂」，仔細思量，確是不好做。於是，靚仔玉下大決心，自動宣佈退出這個「競賽」集團，任由龐十二坐享其成。

靚仔玉旣宣佈放棄「競賽」，龐十二覺得「莫之與京」當不肯答應事頭婆的苛辣條件，祇允付出一萬元作身價銀，並聲明「一脚踢」，除姊妹「利是」之外，「執大房」和送衣服珍飾，通通豁免。事頭婆夢想不到靚仔玉中途退出，有如冷水澆背，本來她自問良心，彩英祇算中人之姿，又不是大寨阿姑，一萬元身價已是不算少，「鴇兒愛鈔」，仍希望假以時日，「吊高來賣」，多索一千得一千，多索五百也得五百。出乎事頭婆意料之外，靚仔玉退出之後，接着肥水又加入戰團，公然和龐十二對抗，攪到事頭婆一頭烟。因爲事頭婆曾經口頭上答應過劉禪，如果彩英本人喜歡嫁肥水的話，她可以賞面「老頭子」，不敢計較金錢。現在彩英的計劃成功，「鷸蚌相持，漁人得利」，她按照梅影的步驟，賺得珍貴首飾，可以變賣好幾千元，立刻向事頭婆「攤牌」。

梅影這一隻「老雀」，所攞的計策，委實高明過人，怪不得世俗流行這一句話：「做過三年老舉，勝過一個狀師。」（按：在

這裏附帶鄭重聲明,所謂狀師,並不指現在的大律師,而是指清朝專制時代的「狀棍」,他們拗橫折曲,專一尋求法律罅隙,代人作狀,即所謂「扭計師爺」一流人,這句話的意思,超過三年資格的妓女,手段機巧,比較扭計的狀棍更勝一籌。)她教彩英和事頭婆磋商,願以三千元贖還自由身。事頭婆一聞之下,很覺出奇,慌忙問道:「你不是答應在龐十二和靚仔玉之間選擇一個人上街嗎?」彩英悠閒地答道:「上街是一個問題,贖身又另一問題,我現在和你磋商的是贖身之事,但求還我自由身,我可能繼續操迎送生涯,亦可能選擇他們任何一個埋街也說不定。」事頭婆既疑惑,又焦慮,接口問道:「你這個意思,是否由龐十二或靚仔玉授意你這樣做,等你贖身之後,再隨他作歸家娘?如果我忖度不差,這三千元是他們付出的錢,換言之,你完全替他們着想,祇允許我收三千元身價銀,不希望我多賺一點罷了。」事頭婆說到這裏,認爲女兒經已變心,這株搖錢樹就快摧折,不禁爲金錢而傷悲,喉間哽咽有聲,要求彩英體念自幼養育之恩。

彩英心裏暗自佩服梅影好計策,故意滿堆笑臉,委婉地說道:「養育之恩,豈敢遺忘,你也知道我一向循規蹈矩,也不是忘恩負義之人,你不必多所懷疑。」事頭婆嘆一口氣道:「你向來確是對我很好,凡事皆依循我的意旨,但你近幾個月來,態度突然改變,不知受何人唆擺,這個人真是沒陰功,離間我們廿多年來母女之情,我查出這個人是誰,決定不和他干休!」彩英尚未回答,事頭婆憤然作色道:「彩英,你亦不必欺騙我,你必然捨不開肥水這廝,自己備欵贖身,隨肥水作歸家娘,我難道不知道你的個性,你完全『大婆癮重』,不甘居於妾媵之列!你時常對姊妹講:『憎鬼死的濶佬三妻四妾,我寧可嫁個担瓜賣菜仔做

正式妻室，不願意珠圍翠繞做豬奶狗奶，仰人鼻息，和丈夫睡多一晚，見多一面也有問題，何苦來由！」你不想跟龐十二做五奶，是我意料中之事，但跟靚仔玉祗是做二奶，相信你亦肯委屈一點，現在看你的情形，實際上也是不願意的，以前對我所講的一切一切，全是虛言欺騙我，一心一德還是離不掉肥水，要跟他埋街。」彩英以事頭婆發火，爲避免決裂，「弄巧反拙」，故意撚其油腔滑調，反覆地說道：「我自己贖身是一件事，跟恩客上街又另外一件事，你不必混爲一談，祗是簡單答覆我一句，肯與不肯就是。」事頭婆恐怕上當，倉卒間不便答覆，推遲她明日，準備窮一夜之力，仔細思量。

事頭婆覺得這個時候，形勢孤單，彩英無形中和肥水聯成一黨，對付自己，靚仔玉經已宣佈退出圈外，僅有龐十二一人，他確是有心帶彩英埋街的，並且答應付出身價一萬元，如果許可彩英出三千元贖身的話，倒不如嫁給龐十二，比對上賺錢更多。慣於在銅錢眼裏打觔斗的事頭婆，聽到彩英的「凶訊」，不敢怠慢，馬上去「本地酒樓」找着龐十二，特意張大其詞，半怒半激，冷笑道：「龐十二少，你今回可以慳回一萬元了，彩英決不跟你埋街！」龐十二很注意的問道：「莫不是靚仔玉這個『失匙夾萬』，有名無實的二世祖，出夠三萬元，定要和我鬥氣嗎？聽說他已知難而退，自動放棄和我追逐彩英，莫不是捲土重來？很好，假如他當眞肯出三萬，我的一萬元底價，亦可酌量提高多少，不過我總不相信靚仔玉的父親，肯付出偌大一筆錢，給兒子帶妓女作妾，一個殷實商家，必得顧慮同業訕笑，親友譏評，決沒有胆量這樣做，何況他幾代單傳，希望納妾侍生男育女，嗣續香燈，三萬元娶黃花少女，還可入信，帶個『半私明』老藕，任何一個『廿

四孝』的慈父，都不會愚蠢容縱，一至於此，你不要製造謠言，希望混水摸魚，撥草尋蛇。」事頭婆極端忍耐，等他一口氣說完，才慢條斯理地說道：「龐十二少，你經已說完你底長篇大論了嗎？其實我激惱到氣都咳，懶得將你辯駁。妓女必須上街的，她喜歡跟你固好，即不然，跟靚仔玉也還登對，身價銀猶在其次，龜婆雖愛鈔，仍替女兒落葉歸根着想，跟你兩位，最低限度過着舒適的生活，不愁做翻剗豬。無奈彩英這個衰女，偏喜愛跟肥水這廝，誰都知道肥水是『爛仔』一名，但彩英竟聲言寧跟『爛仔』，亦不跟濶佬，說到濶佬一文不值，教我如何不生氣？」

龐十二不聽猶可，聽完怒火填胸，自恃錢多，憤然說道：「我偏不相信，濶佬鬥不住爛仔一名！彩英既是生性賤格，一定成世要還花債，寧可跟個爛仔，祗顧目前風流快活，不久捱窮捱不住，惟有再做翻剗豬，但我決不許可她打這個如意算盤！我現在警告你，並望你一齊通知彩英，除非你們不再在石塘咀撈世界，那就沒有話說，否則，你必須交出彩英給我做第五奶，我又不是強搶豪奪，答應你身價一萬元，這是最低限度的底價，必要時可以執晚『大房』，送些衣飾，打消『一脚踢』的原議，自問已算情至義盡，條件特別優厚。若果你們還不知趣，休怪我反面無情，我必須做到以下兩件事：第一件，彩英不跟我埋街，沒有問題，她可以繼續還其花債，做到死的一日為止，却不允許她跟任何人作歸家娘；第二件，有我在生一天，她不得嫁肥水，倘若有人不服輸，叫他到來問我，我自有辦法應付，天大事情有我龐十二少一人承當，不關你們的事。」龐十二大發牢騷之後，揮手叫事頭婆退出，瀕行時用堅決的語調，表示他的主張永遠不肯改變，任由她和彩英母女兩人，選擇其中一個途徑，除此以外，他已想不

出第三個途徑可行。

　　事頭婆碰了一鼻子灰，十分懊喪，她初時去見龐十二，原希望龐十二和她站在同一戰綫，對付彩英，拆散彩英與肥水的好事，誰知龐十二反爲提出苛刻的條件，加緊結扣，越結越緊，難以拆開，無異春蠶自縛，頗覺後悔，可是後悔已來不及了。她心想，解鈴還須繫鈴人，祇好求救「老頭子」劉禪，因爲龜鴇中人，在法治之區，雖可以安居樂業，依然畏懼黑社會的潛勢力，所謂「明槍易擋，暗箭難防」，他們暗中搞亂一下，可能影响「怕事」的濶佬，裹足不前，於業務上大大損害，所以畏忌幾分。何況這件事亦經過劉禪出頭，無形中把事情擴大了，很不容易收拾。事頭婆的意思，想懇求劉禪婉轉相勸肥水，「貧不與富敵」，龐十二旣下大決心，不達目的不休，究不如暫時饒讓他一下，事頭婆「弦外之音」，等彩英跟龐十二埋街，過了若干時日之後，濶佬心情玩得膩了，自然見異思遷，任由蟬曳殘聲過別枝，這時肥水坐享其成也不遲。可是劉禪很不贊成這個宗旨，認爲做人處世，應該有始有終，講求誠實，明人不做暗事，江湖兒女，不宜使出欺詐手段。最後，他亦答允代爲勸解肥水，叫他不必捲入漩渦，以免發生未來的意外糾紛，多一事不如少一事。

　　「老頭子」劉禪將這個意思轉告肥水的時候，出乎意料，肥水竟不以劉禪之言爲然，非常憤激地說道：「甚麼貧不與富敵？妓女眾人妻，未必單獨歸濶佬享受的。現在唯一的問題關鍵全在彩英身上，問彩英喜歡誰人？如果她不愛我，我當然不肯對她施展壓力，要她必定跟我上街，但如果她眞心愛我的話，不管弄出甚麼天大事情，我也不怕，身當命抵，任何犧牲在所不計。同時我亦胆敢說一句，龐十二不外空言恫嚇，實際上他具有甚麼權

力，要彩英做妓女做到死爲止，大言不慚，笑話之極！」劉禪將肥水不肯退讓的話兒，照實回覆事頭婆，並說當初曾經答允，如彩英本人喜歡肥水，身價銀多少不成問題，現在事情弄到這個地步，他亦束手無策，更沒有壓迫肥水屈服的理由。

事頭婆聽了「老頭子」之言，怒焉心擣，整晚焦慮苦思，迄無善策。到了次日，彩英又追問她關於贖身的事件，事頭婆靈機一觸，點頭答道：「你自願以三千元贖還自由之身，我爲着成全你的志願，可以照收，但我附帶一個條件，希望你也順從我一次。你在贖身後仍和我『打夥記』一個時期，不拘兩三年或四五年都好，你休得鰓鰓過慮，我決不會約束你的行動。在『打夥記』的時間內，你喜歡接哪位恩客，我可不管，甚至恩客打賞給你的『白水』和衣物，我亦絲毫不沾你的光，照普通妓女和事頭婆『打夥記』的辦法，局賬收入，除與妓院對分之外，二一添作五。另外人客『打水圍』賞賜的生菓錢，我依然和傭婦均分，這一點是歷來我和傭婦的協約，於你身份沒有損失，相信你決不會反對的呀。」事頭婆這個提議，利益問題猶在其次，最主要的目標，完全是遷就龐十二：如果不跟他上街，要彩英繼續還花債，做到死的一日爲止，不隨任何人作歸家娘。事頭婆希望彩英「打夥記」三兩年，暫時好向龐十二交代，濶佬性情，大都一時高興，爭取「第一」，不久便事過情遷，彩英自可爲所欲爲，即使跟肥水上街，也不成問題了。

彩英沉思有頃，不能解決，亦對事頭婆聲明，攷慮一晚，次日答覆。這一晚彩英和肥水闢室旅邸密斟，肥水認爲贖身是最重要的問題，首先打通這一個難關，其他的事自可迎刃而解，不妨答應事頭婆，「打夥記」一年半載，必要時兩三年也不要緊。

這不過是口頭上的「君子協定」，沒有法律上的根據，將來時機到臨，大可遠走高飛，鴻飛冥冥，弋人何慕？就算在港雙宿雙棲，一樣可以，難道龐十二當真叫差人拉我們坐監不成？彩英覺得肥水的說話很有道理，決定先行解決贖身問題，但談到贖身費三千元，又要和肥水仔細商量。她原定「以子之矛」，「攻子之盾」，將龐十二和靚仔玉競賽得來的珍飾變賣一筆錢，用來贖身，現在作進一步想，很覺不妥。第一點，這辦法顯然對龐十二「剃眼眉」，他自然情有不甘，可能老羞成怒，醋海興波，以較劇烈的手段對付；第二點，對於肥水的名譽也不「馨香」，將來隨他作歸家娘，人所週知，是彩英姑倒貼，有「食軟飯」之嫌疑，姊妹訕笑不打緊，給事頭婆貽爲口實，指她「賤格」，不嫁濶佬而嫁「爛仔」，傳出來也不好聽。彩英便對肥水說明衷曲，並告訴他自己私蓄尚有現金五六百元，要求肥水設法籌措二千四五百元之譜，轉個彎兒，將來上街後，即可變賣珍飾償還，肥水亦慨然答應願意這樣做，以免彩英爲難，同時顧全自己的面子，由他出錢替彩英贖身，是何等「光榮」的事呢？肥水目前雖是環境不大寬裕，到底是逞露過頭角的「大阿哥」人物，獲得黑社會中人的賞臉，「老頭子」劉襌對彩英的忠耿個性，表示深切的同情，願意玉成美舉，親自出馬向各方面的領袖人物疏通，大家都樂意解囊相助，作爲送給肥水的結婚禮物，咄嗟之間，已湊集三千多元，餽贈肥水，名義上旣是禮物，當然不消肥水負責清償，更覺寬心了許多。劉襌並答應將來彩英實行上街，代他支持筵席費，肥水和彩英以眾兄弟義氣深重，眞是感激涕零。

次日，彩英拿三千元交給事頭婆，恢復自由之身，她交歘的時候，故意帶起龐十二所贈的翡翠玉鈪，以及靚仔玉的珍珠鑽石

鈪，表示這筆欵並不是賣珍飾得來，同時更表達出自肥水身上，由他底一班手足熱情贊勸，玉成美舉。至於「打夥記」問題，她可以答應照辦，以顧全一塲母女的情誼，但不能硬性規定期限，可能一年，兩年以至三五年，亦可能一個月兩個月，這一點要看環境如何，決不敢輕易承諾，以免將來有傷感情，反爲不美。事頭婆也附帶提出條件，可說「善意的懇求」，她仍希望彩英詳細考慮一下，如果肯放棄肥水，跟龐十二上街，俾她賺取萬元的身價銀，寧可二一添作五，大家均沾其利。她打開天窗說亮話，不願意彩英嫁一個沒有穩當職業的江湖好漢，沒奈何格於老頭子劉禪的面子，未敢食言背約罷了。彩英口頭上敷衍事頭婆，她贖身是替自己前途着想，跟人客上街屬於另一問題，她依然在縝密攷慮中，並不一定要和肥水結姻緣。

彩英贖身之事，和事頭婆互相協定，絕對保持秘密，不宜洩漏風聲，同時每晚仍應紙出局，尤其是應龐十二和靚仔玉之召，更不敢怠慢，希望敷衍一天是一天。靚仔玉雖是宣佈退出圈外，不與龐十二「競賽」，帶彩英作歸家娘，到底是恩客一分子，照常揮花箋，有時還返寨打水圍，渡宿一宵，敦睦老契之誼。在一個妓女未上街之前，依然是「眾人妻」，除非妓女本身，自動不肯接客，或則和未來「主人公」商妥條件，附帶聲明這一點，否則，任何人皆不得橫加干涉。龐十二別號「老鹹虫」，可能爲彩英的床第工夫所蠱惑，胡天胡帝，欲死欲仙，認定她是生平最適意的可人兒，所以始終不肯放鬆，不惜施用種種威迫利誘的手段，務求「香車載得美人歸」。

當彩英贖身後一個星期，妓院中人，傳出消息，彩英已經恢復自由身，並諏吉下月作歸家娘，肥水答應以大紅花轎，隆重迎

娶彩英爲正室，姊妹準備賀儀，手足備辦酒席，替這一對新婚夫婦支撐排場，打算留爲塘西佳話，因爲瀾佬帶妓女埋街，甚麼瀾綽排場俱有，正式用大紅花轎迎娶，尚屬少見。理由十分簡單：大戶人家帶妓女通常都是做妾侍，舊禮教的家庭，拘泥於「帶妓女三年衰」的傳說，永遠不容許娶妓爲妻；後來雖有思想開通的世家子弟，出洋鍍過金，學成歸國，買醉青樓，情之所鍾，泯除世俗不正確的觀念，納名妓爲正室（這等世家子，也有好幾個，大都是富有學識的專門人才），亦祗有訂正其名分，或舉行「文明結婚」儀式，不會用到「大紅花轎」的。龐十二眞是「聞報失驚」，馬上叫事頭婆到「本地酒樓」私人辦公室，厲聲質問道：「你日前答應我的諾言，因何不兌現？我所提出的兩個條件：彩英如不跟我埋街，必須繼續做妓女，做到死的日子爲止，我都不拘管她；其次永遠不得去嫁肥水，現在你居然不把我放在眼內，難怪我對你不賞臉，從今以後，凡是你間寨的妓女，俱不准踏入我這間「本地酒樓」，我吩咐所有夥記，見一個驅逐一個，寧可飲客爲着不能呼喚貴寨阿姑，而光顧別間酒樓，我寧願結束生意，亦要實行抵制，決不後悔！」

事頭婆連忙分辯沒有這件事，龐十二冷笑道：「若要人不知，除非己莫爲，你已收過彩英的贖身費三千元，何得說沒有？」事頭婆解釋道：「贖身是一件事，嫁肥水是另一件事。沒有錯，她交給我三千元，恢復自由之身，但她亦應允我，完全符合你的條件，繼續出局，並和我『打夥記』，我才肯收她的贖身費，希望你不要誤信外間的謠言。她若背約嫁肥水，你海量汪涵，不加追究，我爲着利益問題，也不肯和她干休呀！」

龐十二鼻孔裏哼了一聲，扳起鐵青色的面孔，說道：「旣然

如此，很好，她既是繼續出局，我由今日起，不論大小局賬，由我包起，甚至每晚大局幾何，任你開數（按：塘西妓照當局所規定的價格，極度「相宜」，「大寨」及「半私明寨」的酒局（陪飲），俱是一元，大局（過夜）亦不過加多一台，即二元，是否滅燭留髠，必得阿姑喜歡，別人不能勉強），惟不得接客，『出局』當然亦在禁止之列，你大可以根據彩英平時台腳最旺的一晚計數，隨你本心，甚至加多一倍，我亦不和你計較。」事頭婆呆了半晌，反問道：「出局都不許可，然則你揮花箋相召，我也要禁止她出街嗎？」

龐十二沉思有頃，侃侃然說道：「我既然包起局賬，整個身軀，暫時自是屬於我的範圍，假如我想見她，可以隨時返寨打水圍，不必寫花箋召喚。但此種舉動，似乎近於野蠻，彩英或許不心悅誠服，為着通融辦理起見，我可以規定她答應誰人的花紙，除我個人之外，靚仔玉也是她底恩客，我同樣准許她周旋一下，因為靚仔玉到底是有地位有人格的客人，同時他亦自動放棄和我競賽，我絕對相信他不會攪風攪雨，其他任何一個皆不能暫取特別人情。你當然明白我的用意，完全為肥水而設，肥水的花紙，她自然不得應召，我還提防他改用別人的姓氏和別號，召喚彩英，一律禁止，也是天公地道之事。」事頭婆又問道：「酒樓出花紙，並非註冊商標，任何人俱可以亂寫一通，難保沒有人不寫你龐十二的大號，那時你一定怪責我照管不到，這個責任我不敢擔負，這件事我更求你打消原議，何必包起局賬，諸多破費——雖然你龐十二少大量金錢，非所計較，我實在受之有愧，叫我效『死人燈籠』報大數，我決做不到，叫我胡亂開一通，我同樣不願意，最大的問題，還是這個責任我不敢擔承……」龐十二不等

待她說完，憤然作色道：「我龐十二爲人，言出必行，後果如何，毫不理會，拼之犧牲我全副身家，甚至犧牲我的性命，在所不恤。我既然想得出這個辦法，一切責任自由我個人承當，不須你照顧，老實說一句，我也相信你不過。在表面上來看，絕不透露尷尬的情形，彩英每晚仍一樣裝定身，準備出局，由我派出一位監視人，同屬女性，陪伴左右，所有花紙由她看過許可之後，才可以外出。你剛才說的話很有道理，寫花紙的大號，不比註冊商標，任何人俱可以假冒，爲縝密周全着想，即使是我的花紙，或靚仔玉名義，一律由我叫寮口嫂去看過無訛，然後回來通知彩英出局，以策萬全。」事頭婆聞言，眞是暗中叫苦，估不到龐十二的手段這般苛辣。

龐十二最後聲言「包起彩英局賬」，由即晚起實行，沒有磋商地步，叫她馬上返寨，通知彩英準備一切，他不久便派這個「監視人」到寨。事頭婆想多講幾句，他亦不聽，揮手叫她快行，各做各事。事頭婆去後，龐十二沉思了一會，到底物色哪一個做監視人爲好？這個人選並不容易，年紀老邁的婦人，監視疏虞，年青人又少不更事，眞是戞戞乎其難。結果他欣然似有所得，立即去隔隣的文苑俱樂部，叫侍役阿新的母親新媽入房間。新媽原是他底老傭人的姊妹，阿新也是由他介紹在俱樂部執役，後來更僱用新媽擔任俱樂部清潔工作，母子二人俱由他一手栽培，無形中視他爲「大恩人」，凡有指使，自必奉命惟謹。新媽年事不過四十許，不算老邁，「監視人」一職，定能勝任愉快。他向新媽指示一切機宜，新媽唯唯應諾，龐十二即着阿新帶領母親，去見事頭婆，聲明奉龐十二少的命令，監視彩英姑的行動。

事頭婆見新媽像一座菩薩般，坐鎮彩英的房間，爲之目瞪

氣結，嗲口無聲。龐十二雖是說過包起彩英大小局賬，這不過是門面話，事實上他這種人蠻橫不講理由，開數太多，他又有所藉口，動輒以抵制全寨妓女進入「本地酒樓」為威脅，當然不能正面和他衝突，祗好自嘆晦氣罷了。還有一層，她一方面固要逢迎濶佬，另方面亦要應付「大哥頭」，她仔細思量，龐十二這種舉動，完全出自他本人的主張，至怕肥水不明瞭，以為她反對彩英跟他上街，和龐十二相通，合力將彩英軟禁，不許她應召，那時豈不是有冤無路訴？事頭婆越想越覺不妥，不敢怠慢，立即去看「老頭子」劉禪，告訴他一切實情，請求他轉知肥水，現在彩英經已恢復自由之身，她喜歡隨誰人作歸家娘，一概聽從她的主張，但誰人獨佔魁女，要自己施展手段，本領低微，宣佈失敗，休得埋怨事頭婆。「老頭子」劉禪聆悉消息，亦不便妄打主意，派人召肥水到「館口」，把龐十二軟禁之事，照實告知，並拈髭微笑，說道：「我祗能替你盡力的，便是彩英贖身，以及你們將來正式成親的酒席費問題，不能再替你主演『搶新娘』活劇。不過你常時自認有飛天遁地的本領，能否『遁』了老契出來，這是你老哥本事。『携來什物，貴客自理』，恕怪老夫不能越俎代庖。」肥水禁不住劉禪一激，並且「一言驚醒夢中人」，他憤恨龐十二造事太過野蠻，非用武力對付不可，乃決定實行「崑崙奴夜盜紅綃」故事。他計劃停當，這一晚深夜三時許，酒闌燈炧，妓院到了這個時候，相當沉靜，正是：「有主歸主，無主歸廟」，有客人打水圍的阿姑，自然要在房間侍奉溫存，沒人光顧的「籠底橙」，亦該返房休息，或者招邀幾個姊妹打一元一底的麻雀牌，以消遣漫漫長夜，過慣夜生活的阿姑，必須養成「捱夜」的習慣，大都攪到天色微曙，才願意就寢。神廳的「師爺」，登記局賬完

畢，也返回房間燂幾口，僅有一兩個寮口嫂或「豆粉水」之流，循例值勤，兼任司閽，接應打通宵水圍的「夜遊神」光顧。肥水昂然直進，如入無人之境，因為他們知道龐十二軟禁彩英，派人監視，也很替彩英抱不平，肥水入來，明知有事件發生，亦熟視若無覩，一切有「監視人」負責任，他們何必多管閑事呢？

出乎肥水的意料，彩英的房間沒有關鎖，靜悄悄掀門簾入內，見新媽在床邊另開一張帆布床，屈膝跌坐，大類合什念佛的老婆子，閉目養神。彩英斜靠繡枕，首如飛蓬，脂粉不施，眼眶紅暈，滿面愁容，因她覺得龐十二恃勢逞強，加以軟禁，憤憤不平，索性不梳裝出局，甚至龐十二有花紙來也不應。龐十二派人偵悉情形，倒也感覺安慰，祇要彩英不出外幽會肥水，他就認為軟禁的計劃成功，不必再理會她。同時他亦知道彩英被困繡房，既憤且恨，如果他這一晚返去打水圍，可能大發嬌嗔，哭哭啼啼，痛罵一頓，所以決定避過一兩晚，等她稍為心平氣和，再返寨溫存也未遲。

當下彩英瞥見有人影入來，失聲而呼，仔細一看，却是肥水，連忙起身下床。新媽在假寐中聞聲驚醒，見是肥水，跳下地來，大力想推肥水出門，肥水順勢一手踭將她推倒，新媽撲上前和肥水糾纏，並高聲叫：「事頭婆快來，救……」說時遲，來時快，肥水一手掩住她的口，一手拿毛巾，先將她口部縛緊，使她不能呼救。新媽受人之託，忠人之事，雖敵不過肥水一身蠻力，給肥水騎在帆布床上，拿氈被遮蓋，還大力掙扎。這時彩英慌做一團，手足震顫，不知所措。肥水叫她披回外衣，又見她足不成步，恐怕躭誤時間，將她背負，反手推掩房門，以阻止新媽纏身，飛奔下樓，寨門外已配定一架汽車，司機是自己「手足」，

打開車廂之門，肥水和彩英進入車廂，即開車風馳電掣而去。

　　新媽解開口縛，推開房門，三步疊兩步，奔跑下樓，出到寨門口，已是鴻飛冥冥，祗見到汽車的背影，向西飛馳，想叫「拉人」也來不及了。她垂頭喪氣，跑入事頭婆房間，搖醒了事頭婆，報告「噩耗」，消息轉瞬之間，已傳遍全寨，非常震動，甚至息偃在床，和老契溫存的客人，亦聞聲出來，爭着向事頭婆及寮口嫂輩問訊。因為塘西有史以來，「深夜背老契出走」的驚人事件，還是聞所未聞，無怪他們交頭接耳，議論紛紛，追究這件事的動機，推測未來的結局，或者批評有關人物誰是誰非，且按下不表。

　　目前最焦急的當然是新媽，這個「監視人」，一出馬便撞大板，辜負灠佬的委託，這還了得，她首先返俱樂部告知兒子阿新，設法向龐十二報告。恰巧這一晚，龐十二以計劃開始實施，監視得人，避免彩英或事頭婆方面，可能懇託別人求情，比平時更早一些返府邸溫顧妾侍。新媽母子遍覓不得，不便打電話騷擾，有如熱鍋上的螞蟻，奔跑不停，苦不堪言。直至翌日下午三時許，龐十二慢條斯理，循例到酒樓或俱樂部一行，新媽母子早已等待多時，一五一十的申訴，並張大其詞，說她如何和肥水搶奪彩英，無奈婦人體質雖強健，總敵不過粗暴的男子漢，給他毆打一頓，遍體瘀黑，現時尚疼痛非常。龐十二少不免斥責幾句，但憐憫她亦被人毆傷，總算寬恕她一次，叫她先回家休息，並叮囑她不要他往，如果拘獲肥水時，必得登證人台頂證，縷述他恃暴力背走彩英的情形，口供切勿輕浮，務求肥水罪名成立，判處監禁，以彌補「監守失職」的過失。新媽惟有唯唯敬諾，還有甚麼話好說。龐十二素與警探中人有聯絡，叫他們着力偵查，不出

兩天，果然在香港仔一間茅寮，拘獲肥水、彩英二人。

　　龐十二本人，對於法律亦有點常識，肥水雖是星夜背負彩英私奔，一者彩英是妓女身份，她已是贖還自由身，事頭婆不能出頭控訴，她可以在法庭作供，說她甘心情願跟肥水埋街，否認肥水「暴力劫擄」，這件事沒有充分證據，自不能使肥水罪名成立。同時，如果在法庭和盤託出，他「軟禁」彩英之事，供出來也不好聽，他必得置身事外，不要牽入漩渦，以免影响本人在社會上的地位和名譽。他最後「利誘」事頭婆，答應肥水坐監之後，彩英可能「怕事」，不願再惹麻煩，放棄了跟肥水的念頭，他亦不嫌「覆水重收」，並依照原議，雖然彩英自己經已贖身，仍肯出萬元身價帶她「埋街」。現在唯一的辦法，祇有「羅織成獄」，要肥水坐監。他出錢請律師，由事頭婆做原告，控訴肥水，未徵求她的同意，帶走彩英，威逼彩英和他同居，龐十二最「聰明」的一着，就是暗中告訴律師，注重提供肥水的「舊案底」，先證明他不是好人，是黑社會首領，非重懲不足以徹效尤，結果，法官判處肥水六個月苦工監，彩英則宣判無罪釋放。

　　肥水被判六個月「重刑」，他底一班手足，知道是龐十二弄的玄虛，非常憤激，很想替肥水「報仇雪恨」，可是再四思維，動手太快，治安當局自有蛛絲馬迹可尋，同樣陷入縲絏之中，殊屬不智，祇好隱忍不發。過了不久，適值「本地酒樓」職工，因龐十二再攙奪工友應得的利潤，全體罷工抗議。龐十二從廣州雇用一大批工人遞補，並大肆宣傳，特聘廣州名厨，製作嶺南食譜，以快朵頤之福，吸引「客似雲來」業務倍加發達，越覺志得意滿，拈髭微笑。工友第一回宣告失敗，由工會理事面懇「老頭子」劉禪，設法維持罷工工友家眷的生活。劉禪因龐十二待人接

物的手段，太過「高强」，對於「肥水」之事，他已感到不滿意，對職工一再「刮削」，亦有失東主的風度，但他鄭重聲明，絕對不牽涉罷工潮，祇是同情工友的妻兒們，嗷嗷待哺，委實值得憐憫。他立刻召集一班弟兄會議，如何想辦法資助工友家眷，如果由各人量力捐輸，能力有限，不能維持較長久的日子，因爲龐十二已從廣州方面「請人」，罷工對抗，無形中陷於僵局，短期內諒無法復工，向別處找尋工作，亦非短期內能夠達到目的，座中有位兄弟大隻英，渾號「再世時遷」，不愧「鷄鳴狗盜之雄」，自告奮勇，拼諸失手被擒，和肥水在牢獄中再做患難朋友，他決定去龐公館幹一次妙手空空的勾當，不論贓物價值若干，全部捐助工友家屬，分文不取。果然大隻英本領高强，馬到成功，這便是本文開端所縷述的過程，不必多贅。工友家屬獲得這一批意外的金錢，最低限度三幾個月，不致有成爲餓殍之虞，自然感激不置。

一波未平，一波又起，龐十二私人物業頗多，別位業主，多數雇收租人照管，自己「濶佬懶理」，可是龐十二除派人收租之外，常時親自視察，弄污牆壁窗門，可能申斥一頓。恰巧某層樓的二房東侯某，多建一個閣仔圖利，爲龐十二發覺，勒令拆去，並要將他驅遂。侯某也是黑社會有名人物，心有不甘，各層樓的住客，亦同是「手足」，聯合遷居，不久，發生火警，龐十二拘捕侯某，控告他放火罪名，幸而證據不充足獲釋。有一天，龐十二乘肩輿返府邸，爲人行刺斃命，兇手在逃不獲，侯某亦宣告失踪。肥水期滿出獄，和彩英有情人終成眷屬。

第卅五節：「煤炭咕喱」鬧寨廳之二

　　前記大文翁因龜鴇一時口不擇言，得罪潤佬，特叫一班煤炭咕喱大鬧寨廳，這是五六十年前故事，得自故老的口述，但一幕煤炭咕喱鬧歡得寨廳的活劇，却是我們在花天酒地時代所目睹的事實。湊巧得很，劇中主角大文三少，和大文翁又是同宗，可能抄襲他底「家先生」的傑作，再點綴一下塘西熱鬧的場面。同時，大文翁原是大班買辦之流，和煤炭咕喱並不直接發生關係，祇是「借用明星」主演這齣名劇，大文三少便不同，他原是一間煤炭公司的東主，「就地取材」，請得力夥記飲寨廳，也「順理成章」，不值得「大驚小怪」。至於造成他惡作劇的因素，亦不外一句話，本來是很普通的話兒，誰料潤佬發起脾氣來，一發不可收拾，無怪從前世俗的口頭禪，動輒沿用這一類的語調譏笑人，例如：「你這人這樣好脾性，真夠資格做龜公！」可見做到龜鴇這一流人，金錢雖然「好撈」，但忍氣吞聲的程度，有非尋常人所能忍受的，可能立刻收到意想不到的「後果」。

　　這件事的種因，由伍三爺請飲歡得寨廳而起，伍三爺以代理外國燃料起家，在塘西也是赫赫有名人物，他曾經帶一位名妓巧笑埋街，巧笑醉心銀幕生活，伍三爺特別為她組織一間電影公司，編製一套影片，描述清虜入關，三王內鬨，屠殺廣州城的事蹟，穿插一對愛國兒女，救國救家的英勇行為，以巧笑為片中女

主角，初上鏡頭，成績尚感滿意。尤其是巧笑天生麗質，面部輪廓，很適合鏡頭條件，真使人有「巧笑倩兮美目盼兮」之感。後來巧笑和伍三爺因意見不合，宣告仳離，她所養育的兩位女兒，亦致力藝術，視如鑽石綠玉一般珍貴，現身紅氍毹上，芳譽剛鵲起，和一位很有名的同業，戀愛成熟，結為終身伴侶，誕下兒女多人，安享其舒適愉快的生活，被稱為賢妻良母型的主婦。巧笑名義上雖然外祖母資格，也像美國女明星的葛羅莉亞，史璜生及馬蓮德烈治一樣，保持其青春體態，駐顏有術，成為上流社會貴婦們極端羨慕的「名女人」，這都是枝節之談，和本文沒有多大關係，且按下不表。

且說伍三爺請飲歡得廳，這一晚佳賓約二十餘人，開兩桌，聲明「倒捲」，即是將「消夜」的盛饌，改轉在晚飯的時候先吃，同時，每桌加多十塊錢，俾肴饌更為豐富，一快朵頤之福，伍三爺是很講究食譜的「食家」，多費三幾十塊錢，自然不放在眼底。大文三少不特是伍三爺的飲友，同是經營「燃料」業務，常有生意上的往來，他原是東區一間著名煤炭公司的老闆，業務亦相當發達。他向來應伍三爺的宴會，真是逢請必到，逢到必早，屬在知交，自然熟不拘禮，可是這一晚至十時許才抵埗，「頭度」經已食完，一班朋友笑他「珊珊來遲」，他隨意和朋友打一招呼，便與東家佬伍三爺立在圓桌邊欵欵深談。原來他與伍三爺合作一單生意經，剛才宣佈成功，大有所獲，所以一入來便欣然告訴其過程，說到興高彩烈之際，不知不覺間，將一隻皮鞋，踏在大紅緞子的椅套上。

廳躉六家，見大文三少一只皮鞋，踏在椅墊，整塊大紅緞子，已印下黑斑斑污漬，不禁有些兒肉刺，忍不住行近大文三少

身邊，委婉地說道：「三少，請你除下鞋子好不好？」大文三少和伍三爺大談生意經，正說到眉飛色舞，給六家從中阻斷，已感到相當不高興，更聽她說出這句「得罪本少爺」的話兒，越發怒不可遏，只因商談正經事，只好強忍怒火，先用一對「太師眼」（戲班的大花面，飾演奸太師，那雙眼的化裝猙獰可怖，「太師眼」是比喻一個人發怒時的「怒眼」）向六家身上掃射一下，皮鞋仍舊踏在椅墊，既不「除下」，亦不「放下」。六家慣食寨口飯，鑒貌辨色，已知道濶佬不喜歡，馬上行開不敢「干涉」，大文三少和伍三爺斟完生意經之後，和座上各位朋友照常應酬，沒有再將六家申斥。六家雖是戰戰兢兢，心裏仍以為一時沖撞，可能大事化為小，小事化為無，大文三少態度洋洋如平時，和老契一樣打情罵俏，他底老契亦是歡得阿姑，花枝招展般接踵登樓。

到了「埋尾度」的時候，大家在席上談論，歡得廳近來改變廚子之後，菜式很可口。東家佬伍三爺接口說：「沒有錯，今晚的菜式真對眼，我特別加多菜金十元，果然豐富而美味，沒有『搵丁』，值得幫襯。」座上客隨聲附和，其中有位客人說道：「既然如此，應該多執幾晚寨廳，不知座上有哪一位叫歡得阿姑？」。大家舉目四顧，伍三爺含笑說道：「遠在天邊，近在眼前，你們何須四處找尋，大文三少不是叫歡得桂蟬嗎？」各人聞言，異口同聲說道：「是的，三哥義不容辭了。」在這種場合中，廳躉聽到有客讚美她底寨廳好菜式，這是送到來生意經，自然不肯放過機會，廳躉六家立即笑口盈盈，行近大文三少身邊，足恭說道：「三少，既是各位大少都一致贊成，就請三少照顧一晚寨廳好了。」大文三少神色泰然自若，點點頭說道：「很好，執晚寨廳沒問題，不知幾時有廳呢？」廳躉六家不假思索，笑欣欣

說道：「三少，湊巧得很，最快明晚都有廳，稍遲要星期五晚才有。」因為身為廳躉，差不多單獨照顧客人定廳的情形，哪一晚有廳，自然了如指掌，這一晚是星期晚，延至星期五未免太遲，大文三少很爽快地說道：「既然各位朋友這般高興，就決定執明晚的廳吧。」廳躉六家歡天喜地，叫寮口嫂下樓告知「師爺」，大文三少留明晚的廳。大文三少亦起立向眾宣佈：「列位老友，明晚一於賞光到本寨廳，在座各位皆有份，時間迫速，恕不發帖，一言為定了。」這是塘西飲友的習慣，每晚同飲同行的一班人，遇有臨時決定的宴會，大都口頭聲明便算，不須拘執於形式上的發帖手續。

　　大文三少同行同飲的一班人，俱是同記俱樂部的館友，同記館友大多數是殷實商家，平時消遣的玩意兒，祗是叉蔴雀「抽水」維持經費，禁止雜賭，以免傷害任何一位館友，有傾家蕩產之虞——常有豪於賭的濶佬，一晚輸一座物業，或蕩產傾家的也不算奇聞——並且影响在商場的信譽，寧可「抽水」，不足之數，由各館友科派。俱樂部例有晚飯之設，晚飯後，一同去「征西」。這一晚各館友抵埗食晚飯之際，發現黑板上標貼一張「通告」。

　　由大文三少署名，請各位館友注意：「今晚歡得廳取消，請昨晚有份飲廳的老友，一律移駕到金陵酒家湖北廳歡敘，幸勿吝玉。」各館友看完通告之後，大家都莫名其妙，問俱樂部的書記余萬，據說是大文先生剛才打電話來，叫他代寫這張通告的，並叫他至緊一併口頭通知各位館友，恐怕各位館友一時疏忽，未有注意黑板的報告牌。至於如何用意，則未有說明，非等待大文先生到來，不明其真相。於是各人議論紛紛，莫衷一是，普通飲客

臨時推廳的理由，不外下列幾點：第一，是空心老倌，事前一團高興留廳，及期不能籌措這筆錢，獻醜不如藏拙，迫得「臨陣退縮」，但大文三少正式潤佬一名，三幾百塊錢執晚寨廳，算不得甚麼一回事，這點理由殊不充分；第二，當真發生重要事情，迫得宣佈取消，但這點理由亦不能成立，因為昨晚才留廳，應該知道今日有沒有要事。同時，他祇是取銷歡得，依然請飲金陵酒樓廳，可知並不是有要事羈身了。最後大家都相信僅有一個較可信的理由：大文三少可能昨晚飲完寨廳，返回桂蟬房間打水圍，兩老契臨時發生口角，衝突起來，所以一怒而取消今晚的寨廳，這是情理之常，也是一般飲客中司空見慣的事實，不過其中有幾位館友，仍覺得大文三少取消寨廳，事有蹺蹊，不會和老契「捉煲」——決裂的代名詞——之事有關，因桂蟬這個雛兒，人品甚好，性情溫婉，歷向和大文三少都很合得來，斷不會輪到恩客代她執寨廳「頂架」的時候，竟會有激惱恩客之理。這個悶葫蘆，非大文三少親自到來解釋，任何人皆不能打破。

不久，大文三少施施然自外來，舉手向各館友一揚，作招呼之狀，接着便說道：「各位想必看到黑板上的報告，今晚請至緊到金陵酒家湖北廳。」伍三爺忍不住問道：「老三，你到底葫蘆裏裝甚麼藥，昨晚興高采烈的定了歡得廳，因何今晚突然取消？我們現時正在諸多忖測，真是莫明其『炒』。」大文三少笑道：「今晚歡得廳並沒有取消，不過另請一班夥記，請各位移駕金陵罷了」。伍三爺還是滿腹狐疑，很訝異地問道：「為甚麼要請另一班夥記飲寨廳，叫我們飲酒樓？雖然我們飲寨廳和飲酒樓廳同是一樣，沒有甚麼問題，但是我們總想不出你臨時改變宗旨，却是為何？」大文三少依然作神秘之笑，說道：「我想請你們今

晚看一套『活劇』，特意假座金陵酒家的湖北廳，恰巧和歡得寨廳望衡對宇，好戲在後頭，我們到了金陵之後，很快就呈現你們底眼簾了。」伍三爺連忙詢問爲着甚麼緣故，要在歡得寨廳演一套「活劇」？大文三少憤然說道：「難道你也忘記嗎？昨晚我和你談生意經的時候，一時說到忘形，一隻皮鞋踏在大紅緞子的椅墊上，雖然是玷污了東西很不好，但這是無心之失，任何人都會原諒，何況我們到底是熟客，即使極不順眼，亦應該包涵一點，估不到六家毫不客氣，跑上前叫我將鞋子脫下，當眾給我丟臉，此種無禮舉動，非加以懲戒不可！」伍三爺沉吟道：「六家眞是太過一點，你說另外請一班夥記飲寨廳，這班夥記可是煤炭咕喱？」大文三少微笑點點頭道：「你眞聰明！」

伍三爺亦笑道：「我們聽過幾十年前，塘西發生一件煤炭咕喱大鬧寨廳的活劇，這時我們這二人，還是在兒童讀書時期，未有流連花天酒地的資格，祗是耳聞，未曾目擊，估不到你亦『照辦煮碗』，給我們一開眼界，何幸如之？據故老相傳，那個編排煤炭咕喱大鬧寨廳活劇的創作人，是煊赫一時的大文翁，和你正是本家，你今次可謂『承襲家傳』，保持家風於不墜了。」座上各位館友聞言，皆爲之拍掌呵呵大笑。有位館友更提議去金陵食晚飯，早些入座參觀這幕好戲開場。伍三爺主張採取折衷辦法，因爲俱樂部已準備好晚飯兩桌，沒人享受，未免暴殄天物，倒不如通知廚子提早開席，吃完才拉隊去征西，也可以趕及參觀這套戲的開幕。大文三少笑嘻嘻說道：「三哥的主意很不差，並不是我吝嗇這一餐晚飯，事實上主演這套戲的一班『大老倌』亦未有這般早登場，他們六點收工，雖然我吩咐他們不必回家換過飲衫，更不用洗乾淨手腳，浩浩蕩蕩殺奔歡得寨廳而去，但最快

都要黃昏近晚才到埗呀。」正說之間，徐勇爺翩然戾止，這位徐勇爺就是大文三少的舅子，世俗人習慣戲謔，見舞台上的兵卒衣服，中間有個「勇」字，而「舅」字和「勇」字相彷彿，因此戲稱「舅爺」為「勇爺」。

這位徐勇爺年少翩翩，在姊夫的煤炭公司任職司庫，無形中代表姊姊行使「財政部長」及「內政部長」職權，並任「監察院長」之職。大文三少風流自賞，性情豁達，常說「人不風流枉少年」，不論飲廳坐俱樂部，俱與舅爺同行同攪，郎舅之間，「朋比為奸」，互相遮瞞家中的黃臉婆，藉口商業上的應酬，和顧客斟生意經，顧客設宴塘西，那有不奉陪之理？做妻子的，祇求丈夫業務發達，家肥屋潤，有高度的物質享受，明知飲花酒必定召喚妓女，也祇好「隻眼開隻眼閉」罷了。

當下徐勇爺面見姊夫覆命，一切依照錦囊行事，伍三爺笑問：「大佬倌幾時登場？」徐勇爺說：「今日適值有一艘外洋船抵埗，有大批煤炭運來，趕時間落貨開行，總動員店裏的十多個長工，尚不足應付，兼請一班散工幫手，預料非六時半左右不能竣事。」伍三爺乃決定提早五時半食晚飯。到了六時一刻，晚飯食完，一齊乘車至金陵酒家，有幾位喜看熱鬧的館友，立刻出騎樓憑欄外望，這個廳對正歡得寨，見寨廳開着燈火，門口生花「開路神」，俱佈置整齊，顯示有客執廳的氣氛，但廳客尚未抵埗，情景甚是冷靜。

到了六時三刻鐘，好戲開場了。十多個煤炭咕喱，帶齊竹升籮簽等物，手腳沾滿煤屎，面似玄壇，醜如焦贊，威風凜凜，殺氣騰騰，大踏步直入歡得寨廳。神廳內「師爺」、寮口嫂之流，連忙起身阻攔，異口同聲說道：「幹嗎？你們亂撞入來，今晚已

有人定了寨廳，不要摸差門口呀！」這一班黑煤炭頭，個個拿一張請帖出來，爲首一人答覆道：「我們接到請帖，祗知道憑帖到飲。」他一邊說，一邊故意以請帖遞給「師爺」寮口嫂們面前，詐作痴呆地問道：「這是大文先生的請帖，今晚是不是大文先生請飲呢？」師爺當堂啞口無言，寮口嫂覺得情形有點不妙，正不知如何是好？煤炭咕喱的頭人，莊容正色地說道：「這是如假包換的大文先生請帖，相信你們不會懷疑我們假冒吧？」他說完之後，回顧一班黑炭頭，大聲說道：「弟兄們，我們逢請必到，逢到必早，尤其是飲寨廳，飲著名『四大天王』的歡得大寨廳，相信你們和我大隻興這份人，眞是有生以來都未曾試過的，還不登樓上廳，更待何時？」於是，大隻興領隊先行，全班黑炭頭尾隨其後，浩浩蕩蕩，威威風風，像轟天雷一般，拉隊上寨廳。神廳的師爺和寮口嫂們，爲之目瞪口呆，接着廳薑六家從寨廳下來，大家交頭接耳，議論紛紛，似是想辦法對付的樣子。

這時金陵酒家湖北廳伍三爺等一班人，眼見怪劇開塲，拍掌讚好，大文三少連忙呼喚他們入廳內，不可憑欄外窺，以免給歡得寨的龜鴇們發現，會跑入來求情，那末，這齣好戲可能快要收塲，未免太短癮了！大家皆點頭會意，大文三少隨即向徐勇爺面授機宜，徐勇爺且聽且笑，唯唯應諾而行。

徐勇爺乘升降機下樓，先在舖面向外一望，見歡得寨神廳麕集一班人，正在開緊急會議，個個聚精會神，商量大事，沒有人顧住望街，他立刻閃身轉過萬國酒家，上大馬路，再從大坑的另一邊，由詠觴這邊步至歡得門前，施施然入內，神色慌張地問道：「我班夥記可有到來？」徐勇爺一向和姐夫同行同攬，歡得寨中人，都知道他和大文三少是郎舅之親，有時大文三少的老契

桂蟬，還向他取笑，討好姊夫，遮瞞大姊哩。當下廳躉六家一見徐勇爺之面，好比天上落下寶貝一般，心想：「你來得正好，有人到來解圍了。」面上堆滿笑容，欣然問道：「十一少，三少呢？為甚麼……」徐勇爺憤然作色道：「你何必理會三少，先答覆我的問題，三少叫我招待一班得力的夥記，他們可曾抵埗？」六家似乎恍然大悟道：「是不是這一班煤炭咕喱？」徐勇爺點頭說道：「沒有錯，你當然知道，三少是經營煤炭事業的呀，他們當真到埗了。」

廳躉六家不禁皺起眉頭，沖口而出，仰頭問道：「三少當真請這班人飲寨廳嗎？」徐勇爺佯怒道：「你這句話真是豈有此理！甚麼這班人，那班人？他們是三少挺得力的夥記，就是這兩天之內，他們齊手協力，替三少在洋船起卸幾百噸煤炭，並及時交貨落船，一起一落之間，賺取純利三萬多元，所以三少特別破天荒請他們飲一晚寨廳，開開他們的眼界。因為三少平時聽他們在閒談之際，很羨慕潤老執寨廳的架勢排場，三少今晚償還他們的心願，否則三少昨晚何必要趕急定今晚的廳？難道他未曾飲過寨廳嗎？」六家明知這是大文三少的託詞，初時尚不知其用意所在，剛想向徐勇爺問一句話，徐勇爺大聲說道：「閑話休提，我們得力夥記，經已老實不客氣，上去寨廳嗎？很好，待我立刻登樓，代三哥招呼他們，以免他們初來埗到，給你們的阿姑嚇走。」徐勇爺說完之後，不顧六家，拾級登樓，六家祇好追隨其後，一看究竟。

六家不看猶可，一看之下，當堂骨痺肉刺起來，但見這班嘍囉，規規矩矩地排坐兩旁，雙手按着椅墊，好比初開學的小學生一般，正襟危坐，雙手低垂，可是沾滿煤屎的「五爪金龍」，弄得

所有大紅緞椅墊都留下大個黑印，像當時的團花文華縐一樣，紅黑相間，煞是美觀。咕喱頭大隻興，一見徐勇爺入來，連忙起身叫句「徐先生」，各苦力亦相繼起立，徐勇爺忍不住呵呵大笑道：「你們為甚麼這般客氣？三哥請你們『開廳登艇』，玩阿姑，抽大烟，不久八音到來，開其響局，轟獨轟獨轟獨澄，打其『六國大封相』，三哥破費幾百元，俾你們盡情快樂，以酬謝你們一班兄弟功勞，你們何以拘執成這個樣子，不是怪責我招待怠慢嗎？其實三哥叫我親自帶領你們到這裏的，不過適值有事，返家一行，回去店裏，不見你們踪跡，相信你們自己會起程，特意趕急到來一看，才覺安心。我還有些家事未做完，陪伴你們一些時間，又要暫時離開，片刻就回來，你們各適其適，各樂其樂，切勿辜負三哥一番盛意呀。」大隻興口震震說道：「我們雖然接到老闆的請帖，請我們飲寨廳，相信『有帖為憑』，『携帖入座』，不致會撞大板，到底是『亞初哥』，說起來真是慚愧，見了神廳一班寨口大嬸，經過層層樓又有寨口大嬸成羣，眼光光向我們掃射，已有幾分驚怯，入到寨廳這裏，各位夥記打量我們身上，好像看相先生，向我們看個全相，有甚麼辦法不胆震心離？祗好乖乖地坐下兩旁，等候你老哥或老闆命令，叫我們行就行，坐就坐，卧就卧，飲就飲，食就食。」大隻興一連串說下去，一邊扮鬼臉，整色水，引得廳薑六家亦忍笑不住，徐勇爺接口說道：「來吧，你們喜歡卧就卧，有大張羅漢床，一兩公烟，橫床直竹，輪流吹到夠喉為止，打三星四星也無妨，叫他們排多幾張酸枝椅，地方已夠寬潤，總勝過你們館口裏的碌架床呀。」大隻興故意說道：「老闆叫我們收工即到寨廳食晚飯，不用沖涼，我們週身辣撻，酸枝椅墊全是大紅緞子，經我們坐過之後，不怕玷污了嗎？」徐勇爺

一聞此言，認為是發揮文章的好機會，望一望廳薑六家。

廳薑六家見了這班黑炭頭，弄到椅墊上的大紅緞子，變了枯布模樣，已如萬箭穿心，聽說徐勇爺要代他們移酸枝椅，拍貼羅漢床，開烟局，打三星，（三人同睡一張床抽大烟，叫做「打三星」，四個人叫做「打四星」，）這樣子下去，整個寨廳尚成何樣子？她正在百思不解，為甚麼大文三少定要惡作劇，到底有何事過不去？莫不是和老契桂蟬鬧意氣，城門失火，殃及池魚，牽累寨方？看情形絕對不似，桂蟬品性一向遷就飲客，和大文三少始終保持融洽的氣氛，何況今晚的執寨廳，完全昨晚在席上談起本寨廚子烹調美味，由朋友慫恿，並非由桂蟬開口懇求，可見今晚的惡作劇，和桂蟬絲毫沒有關係，六家正在懷疑不決之際，徐勇爺答覆大隻興的話兒，目顧六家，揚聲說道：「玷污椅墊打甚麼緊？六家海量汪涵，昨晚老板一腳踏在椅墊上，弄到大紅緞子一團糟，六家也沒有叫老板賠償哩。」

六家這才恍然大悟，知道今晚惡作劇，由於自己說錯一句話而起，昨晚見他一腳踏在椅墊上，覺得玷污大紅緞子，未免可惜，不知不覺間叫他「除下鞋子」，這句話雖是有點沖撞，可是，一見他眼厲厲回望自己，經已立刻行開，不敢多言，照情理也不應該執怪，事後他亦坦然若無其事，以為這等小意思，小事化無，何致放在心裏，誰知他在席上一口答應今晚的執廳，就已存心惡作劇了。為今之計，有甚麼辦法善其後呢，他心想：「解鈴還是繫鈴人」，連忙向徐勇爺問道：「十一少，請你告訴我，三少現時在哪裏，在公司還是在俱樂部，抑或在府上？……」徐勇爺不等她說完，故作不豫之色，複述她這番話兒，反問道：「六家，請你告訴我，三少現時在哪裏？在公司還是在俱樂部，抑或在府

上，你眞正笑話，難道我負責替你看管三少的嗎，渾賬之極！」
六家哀懇地說道：「十一少，請你不要挖苦我，求你代我打個電
話給三少，請他到這裏來，我有幾句要緊的話，想和他商量。」
徐勇爺笑道：「你問得眞湊巧，本來這個時候，他離開公司之後，
不是到俱樂部晚飯，就返家裏和我底姊姊『撑枱脚』，但今晚適
值有個親戚請飲梅酌（按：往昔舊式婚禮，男家請親友，赴酒家
飲喜酒，所謂『擺梅酌』，例在第二天晚上，很少在結婚第一晚
舉行。第一天的喜酒稱爲『荇酌』，多在府邸宴請至親戚友，因
爲從前富貴人家辦喜事，很多親戚被邀請擠集助興，排日俱有宴
會，由『三朝』以至四、五、六朝，更有所謂『燒公道』，將按兄
弟『反新婦』的罰歁開銷，晚上多延聲姬度曲，親友玩牌消遣，
差不多通宵達旦，情形確是熱鬧，普通人家很少特別設『荇酌』，
祇是請飲梅酌，但依然盛行『頭尾兩度』——晚飯及消夜），親
戚居住對海，席設油蔴地大觀酒樓，（當時的『大觀』，是對海首
屈一指的酒樓，全甍樓宇，專爲經營酒樓而建築，其宏偉堂皇
處，堪與塘西的『金陵』相比擬），飲完可能被主家『拉夫』，回
府邸『反新婦』，你找他甚麼事？」六家大爲着急，顫聲說道：
「十一少，你是不是和我開玩笑？三少當眞過海飲喜酒，今晚不
返來這裏埋席嗎，他去飲梅酌不會這樣早，勞煩你代我找着他
吧！」

　　徐勇爺見廳躉六家着急成這個樣子，越覺洋洋得意，這是
當時一般飲客的普遍心理，凡是挖苦龜鴇中人，對方越是狼狽，
心情越是爽快，從局外人眼中看來，一定會批評，未免「幸災樂
禍」，不是「仁人君子」的所爲。但深知內幕者言：「飲客和龜鴇，
無形中處於『敵對』地位，好比大偵探福爾摩斯，和俠盜亞森羅

蘋，雙雄鬥智，龜鴇暗中主使阿姑施展大刀濶斧，向飲客亂『斬』一通，往往『斬』到鮮血淋漓，假如效周倉『托刀而逃』，便詆爲『鼻折（避節）大少』或『空心老倌』，床頭金盡，立刻白眼相加，即使從前爲着這個阿姑，散盡成副身家，也是閣下之事，和老身無關，那一種刻薄冷峭的態度，委實難以抵受，雖非本人身受其辱，有時旁觀亦覺憤不能平，所以碰着機會，便盡情發洩了。當下徐勇爺注視六家，鼻裏哼然作聲，撚其西關「削屎亞官」的牙音說道：「爲甚麽你定要迫我立刻找着三哥？難道我沒有資格代表三哥做東家佬？你可是怕我沒有幾百塊錢結廳單？十一少有的是錢，你喜歡『細牛』（百元紙幣）甚至『大牛』（五百元紙幣），我都有在這裏。」徐勇爺邊說邊拿銀包出來，拿出一帙花花綠綠的銀紙，其中確有『大牛』一頭，『細牛』幾隻，可是，奇怪得很，六家連望也不敢望，打躬作揖地哀告道：「十一少，你千祈不要這樣說，我阿六倘有如此心腸，天誅地滅！十一少，你當然明白，不須再聽我多咀，但我必得向你解釋，今晚三少請這一班貴伴飲寨廳，實因我昨晚一時失檢，千不該，萬不該，見三少和伍三爺傾談之際，一脚踏在椅墊，我把哀口沒有遮攔，請三少除下鞋子，說話剛出口，我經已知錯，不敢多說半句，連忙跑開，我亦自知得罪三少，萬望三少大人有大量，大人不怪小人之過，所以，我急於找着他，向他請罪，萬望十一少體念我的苦衷，轉達我底意思，無論三少想怎樣懲罰，我都願意接受。」六家說出這番話，聲音嗚咽，眼水滴滴流下來，徐勇爺聽罷，亦不禁動其惻隱之心，表面上仍僞作不知之狀，訝然說道：「原來有此事，我完全不知道三哥的用意。既然如此，我設法代你找尋三哥，希望他還在家未去飲梅酌，可能邀他到來，如果他經已起程過海，那

我就沒有辦法了。」接着，徐勇爺吩咐大隻興等一班煤炭咕喱，各適其適，隨便抽大烟，推牌九，打十五湖，不要客氣，他返家一會，便回來奉陪。

　　徐勇爺轉一個彎，返回金陵酒家湖北廳，向姊丈大文三少報告廳薹六家「悔罪」的情形，伍三爺認爲適可而止，大家商量「懲戒」的辦法，以儆效尤，而洩回一口氣。辦法決定之後，馬上以大文三少的名義，揮花箋召桂蟬，這無異告訴歡得寨中人：大文三少現時在金陵酒家湖北廳。全寨上下人等，正爲着廳上一班黑炭頭，弄到枱圍椅墊污糟辣撻，引領翹望那個「繫鈴人」，快些「解鈴」，師爺一唱出「大文三少」名字，甚於「萬歲爺駕到」，通知廳薹六家，立刻偕同桂蟬，同去湖北廳懇切求情。大文三少當然「作狀」了好一會，才由這班朋友「做好做醜」，提出懲罰條件：向大文三少叩頭斟茶認錯，並請三晚寨廳謝罪。六家祇好遵命叩頭之後，由大文三少叫徐勇爺遣散這班黑炭頭：每人一張五元紙幣，九毫子的六分庄鴉片烟一盅。各人歡天喜地而去，再由大文三少拉隊去飲寨廳。

第卅六節：花雲仙淪落爲傭

　　談起花雲仙的名字，相信許多不是飲友，亦記起其名字，因爲當時報章上發表過一段首頁新聞，大致說有一班軍政要員，消遣假期，偕同陳塘嬰嬰婉婉之流，乘坐幾部汽車，浩浩蕩蕩，去遊從化溫泉，途中經過某鄉村地方，忽然一輪機關槍，從樹林中掃射出來，不知是「政敵」施展暗殺手段，抑或是綠林中人報仇雪恨，明火打刧。幾個軍政要員的汽車，僥倖風馳電掣，「輕舟已過萬重山」，最不幸的是「誤中副車」，陳塘妓女遭池魚之殃，全車毀壞，紅極一時的名妓花雲仙，首當其衝，第一個做了替死鬼，其他同車的幾個姊妹，祇受輕傷。這個「替死鬼」花雲仙，是陳塘的名妓，但同一時期，塘西天一寨有個花雲仙，已作歸家娘，爲着家庭間的誤會，脫離家庭出來，不好意思在塘西翻剗，遷地爲良，高張艷幟於陳塘，亦大走紅，顚倒不少軍政界人物。因此，噩耗傳來，塘西飲客，誤會就是她，曾經和她結杯酒緣的，少不免咨嗟嘆息，曾結合體緣的前度劉郎，更可能同聲一哭，事後仔細偵查，才知道另有其人。這裏講述花雲仙淪落爲傭的故事，特別要附帶聲明幾句：這個是塘西天一的花雲仙，而不是陳塘那個「替死鬼」的花雲仙，幸勿誤會爲盼。

　　花雲仙隸屬天一寨，可說「兩朝元老」，這句話甚麼解釋呢？因爲天一寨在塘西有悠久歷史，有「新」、「舊」天一之分，雖然

同在大道西，舊址可以叫做「石塘咀頭」，即現在金陵酒家隔隣，統通是舊式樓宇，一起拆卸。新天一在「石塘咀尾」，是當時塘西罕有的石屎樓，樓高四層，與「方醪」同是新建築物，並稱「一時瑜亮」。工於鑽營錢眼的事頭婆，揣摩濶佬心理，貪新厭舊，所謂「新厠所也有三日旺」頒佈新猷，宏開駿業，特別抬高「執寨廳」的價值，誇張羣雌粥粥，比其他任何一間大寨爲多，「號稱」八十名。並根據這一點理由：從前普通大寨，祇有阿姑六十至七十名，所以執寨廳「單一桌」，有例召喚本寨阿姑的半數，定額爲三十二位，「雙桌」則盡喚全寨阿姑六十四名。現在情形可不同了，本寨阿姑八十人，今後執業廳「單一桌」，要起碼叫四十個阿姑，「雙桌」不消說是八十名了。天一「頒行新例」於先，方醪規模相等，當然不會「執輸」，她們亦明知執寨廳的濶佬，決不斤斤計較十元八塊的數目，一個阿姑局賬一元，其實「相宜」之至，極其量譏笑她們「搵丁」，想從濶佬身上，搏回一筆新樓的建築費而已。

　　花雲仙被稱爲「兩朝元老」，就是她由「舊天一」以至「新天一」，俱有她的分兒，同時在「進伙大吉」的時候，亦有幾個濶佬爭着替她執寨廳捧塲，最著名的兩位，是小生細倫和太子卓。

　　花雲仙絕對不是「蔗喽」，爲甚麽有小生細倫和太子卓替她捧塲呢？原來這個所謂小生細倫，實際上是「花叢老雀」的淡如二少，因他生得面孔漂亮，舉止風流瀟灑，有點像當時的環球樂名小生新細倫，一班飲友常在阿姑面前，說他是小生新細倫，後來覺得新細倫三字太累贅，減去「新」字，稱爲「小生細倫」。還有一件趣事：淡如老二的介弟老三，天生一副小白臉，爾雅溫文，服裝骨子，驟然看來，有好幾分類似著名「靚仔」小生白玉

堂，同樣又是排行第三，同行同攪的飲友，順口稱呼一句「白老三」。他們兩兄弟同在一起飲花酒，飲友故意在一羣阿姑面前，指指點點，說這個是小生新細倫，那個是小生白玉堂，惹得阿姑輩目灼灼似賊，面有欲炙之色，恨不能一口水吞下肚裏，這是當時塘西阿姑很普遍的現象，聽說是戲班大老倌，禁不住爲好奇心所驅使，平時入廳「掛號」坐下片刻，席尚未暖，即翩若驚鴻的消逝，有大老倌在座便不同了，流連不忍去，甚至傭婦三番兩次，催促她去別處「掛號」或「埋席」，亦置之不理。其實理由也十分簡單：她們多數是「戲迷」，許多「戲迷」都人同此心，心同此理，在舞台慣見老倌穿戲裝演劇，很少機會看到他們卸裝後的廬山眞面目，甚至有等「戲迷」，在散場後擠擁於後台門口，專候老倌出來看個究竟，於今「送上門來」，坐在廳內，對口對面，怎會不飽飽眼福呢？和「小生細倫」在「冷戰」中「和平共存」的「太子卓」，也不是舞台名伶，而是世家子弟花老七。他底小名叫「阿卓」，是一間很著名金山庄的「太子爺」，因此一班飲友順口稱爲「太子卓」—— 太子卓亦是當時煊赫舞台的小生，歌喉响亮，身段軒昂，老七倒也和他有幾分相像。

淡如二少和花老七，雙方俱出全力爭取花雲仙。論金錢，花老七是很有名堂的太子爺，淡如二少僅是一位商店的高級職員，雖是世家子弟，財源並不虞缺乏，但無論如何，都不及花老七的充足，一擲千金，毫無吝色，論理花雲仙很應該跟花老七埋街的，事實上卻絕對不然。

因爲花雲仙在芸芸飲客之中，祇看中小生細倫，和太子卓，列入溫心老契之林，介乎兩人之間，她認爲各有所長，亦各有所短。論面貌俊俏，可算不分軒輊，小生細倫性情溫藹，心細如

髮，是其所長；太子卓獲得父兄餘蔭，資財豐富，比較小生細倫似乎優勝一籌，不過豪於賭，視金錢如泥沙，這一點最爲花雲仙所不滿。本來她初時立心跟太子卓作歸家娘的，就是爲着他嗜賭成癖，每晚賭沙賭石，輸三幾萬元，面不改色，就是家有銅山金穴，也很快輸清光，她鑒於許多富豪，一夜傾家蕩產的比比皆是，越想越心寒，決定不跟太子卓。

　　她既放棄太子卓，小生細倫遂成爲花雲仙理想中的「良人」，他底財富雖有不逮，但他性情溫藹，面孔漂亮，深解憐香惜玉之道，先已配合「姐兒愛俏」的條件。其次最值得花雲仙注意的，便是小生細倫固然是舊家風子弟，生長於舊禮敎家庭，不過家長們思想開通，沒有一種歧視妓女的心理，這情形，在當時的社會風氣中，算是一種難能可貴之事。恰巧有一次，小生細倫的五姐四十初度生辰，殷富人家，少不免邀請一班男女戚友，參加宴會。小生細倫這時和花雲仙的熱度，已達至沸點，大有爆裂寒暑表之勢。他先一日送禮物給五姊的時候，五姊偶然和他開玩笑，聽說他鍾情一位名妓花雲仙，甚至在辦公桌上，也用玻璃相架裝貯美人倩影，朝夕相視，畫圖省識春風面，果然是個標緻女兒，能否介紹她相識這個未來的小弟婦？本來小生細倫早已娶妻，因她囿於鄉間陋習，爲姊妹輩所壓迫，堅持「不落家」主義，結婚未幾即「大歸」，所以小生細倫還是「寡佬」一名，家長輩對他表示同情，爲着抱孫心切，更催促他早日立妾，希冀誕生孩子，嗣續香燈，這是舊式家庭第一大事：不孝有三，無後爲大。小生細倫覺得小家碧玉，不夠大方，寧願帶妓女埋街做妾侍，家長輩雖然不大贊成，恐怕妓女不能夠生兒育女，結果經過小生細倫多方的解釋，並舉出許多事實證明，妓女生兒育女的指不勝屈，家

長們也就不再提出反對。當下小生細倫含笑回答他底五姊，想見花雲仙易如反掌，如果不怕「失禮」親友的話，大可以叫她參加明日生日宴會，更可以趁這個機會，俾各位親戚見面一下，秉公批評，是否具有住家人態度，而沒有青樓氣習？五姊夫適在旁邊一聞此言，不等待太太答覆，馬上舉起雙手，聲明「贊成」，原來這位五姊夫姚彎九，亦是風月場中的老雀，廣州的陳塘南，香港的石塘咀，以及馬交的福隆新街，俱有帶過阿姑作歸家娘，和小生細倫名義上是郎舅之親，實際上又是同行同攬的朋友，自然沒有歧視妓女的觀念。五姊以丈夫爲一家之主，都欣然答應，更樂得乘機一見她底未來的小弟婦了。

花雲仙自從參加姚府這一次生日宴會之後，覺得小生細倫的家長，通情達理，親戚亦非富則貴，排塲濶綽，加上小生細倫對待自己，一往情深，名目上雖是「二娘」，實際沒有大婦，和正室沒有差異，於是，決定作歸家娘，花雲仙旣是「自由身」，沒有龜鴇約束，一切事都順利進行。

花雲仙方面，雖然不需要付出身價，但小生細倫仍然名正言順的遵例行事，所花費的金錢，不過不失，執寨廳歡宴朋友，答謝姊妹的送禮「利是」，自不必說。花雲仙「上街」的前夕，太子卓聆悉這個消息，仍苦苦追求，詢問她爲甚麼不肯隨他作妾？花雲仙不便說出理由，祇好含糊以應。

花雲仙隨小生細倫——作歸家娘，和家長同居於「大屋」之內，所謂「大屋」，即是「大家庭」之意。往昔詩禮傳家，認爲兄弟聚居，才是欣欣向榮氣象，「分居」乃不祥之兆，有老頭子在堂，大都不敢提出要求，組織小家庭。假如婚後向雙親請求，父親或許可能通融，心胸狹窄的母親，不難當堂吊下淚來，嗚咽

而言：「飲完一杯新婦茶，便斷送了一個兒子」，却不明瞭「相見好，同住難」的道理，見面的時間少，相見時感情倍為融洽。小生細倫關於同居問題，事前曾經向花雲仙徵求同意，花雲仙在五姑奶生日宴會裏，見過家中大部分親戚，個個溫藹而有禮貌，認為很容易相處，欣然一口答應。其次他聽說太子卓在花雲仙上街的前夕，仍苦苦向她追求，乃正式對花雲仙聲明：「你是知道的，我並不是甚麼大濶佬，或二世祖如太子卓之流，這是我和你做老契以來的衷心話，率直相告，旣非謙抑，亦非『詐諦』。如果你希望埋街之後，穿綾羅錦綉，戴珠鑽金飾，食珍饈百味，你便大差特差，必定感到失望了。不過你肯淡泊自甘的話，粗茶淡飯地過活，我可保證生活安定，不須憂慮徬徨，你還是認眞攷慮才好，以免將來感到不滿足，食不完錢八錢米，再次翻剃，大家都名譽不好。趁現時尚未舉行『脫籍』儀式，仍可作最後一次的決定，極其量明晚同樣執寨廳，但聲明上街問題，押候一些時間，也不要緊，勝過將來鬧出笑話呀。」花雲仙用纖纖玉掌，輕輕搥了小生細倫一下，撒嬌撒痴地說道：「個個都說林黛玉善病多愁，你這個人可謂善忌多愁，我是一心一德，喜愛你而顛倒你，才毅然決然跟你作上爐香，歸家娘。難道我不知太子卓比你更多錢，更可能享受奢華的生活？但是花箋夜夜，侍宴頻頻，久謫風塵，久已心存厭倦，落葉歸根，希望找個良好的歸宿地，老實說句，我雖不算紅極一時的名妓，台脚始終暢旺不衰，正所謂飽飫膏粱，慣穿羅綺，亦戴過寶貴的首飾，自然返璞歸眞，不作虛榮之想，祗求良人者可以寄托終身，不致秋扇見捐，便覺心滿意足了，其他尚復何求？」

根據花雲仙這一番議論，確是十分「生性」，不像是拿小生

細倫做「過渡」的狡猾阿姑 —— 這是當時塘西很普遍的現象，許多愛俏姐兒，鍾愛空心老倌的「白板仔」，為着解決金錢問題，祇好隨便跟個「八萬」或「九筒」，作為「過渡」性質，到了若干時日，乘勢溜走，和那「白板仔」同居。這種阿姑大都是屬於「事頭婆身」的人物，花雲仙是自己身，決不曾立心「搣化」小生細倫，同時小生細倫老早「聲明在案」，他絕對不是大富翁二世祖之流，花雲仙又是「無條件」跟他埋街的，「過渡」的理由毫不充分，然到為甚麼花雲仙後來感到不滿意呢？說起來也是簡單得很：花雲仙習慣於青樓生活，深夜不寐，每日睡至日上三竿，才徐徐起身，興之所至，去公司買點東西，是但找個恩客陪伴，順便食晚飯，或者看一晚大戲，看完才出局陪飲。

她過慣如此類的逍遙自在生活，一旦和尊長輩同居，早眠早起，用膳的時間：「朝九晚五」。晚飯開五點還不成問題，可是早餐要九時「入席」，她真感到頭痛萬分，因為她習慣夜眠，即使全樓熄了電燈，她底房間的燈光依然放亮，藉詞等待二少宴罷回來，不想驚動工人深夜起身開門，別人「坐以待旦」，她却「坐以待生」 —— 小生細倫也 —— 理由也算得充分，且搏得「體恤工人」的美名。因小生細倫雖是帶了心愛的妓女埋街，依舊作花酒應酬，這是當時一般飲客的「大題目」，去飲花酒是為着應酬朋友，商量生意，許多規行矩步的殷實商人，尤其妻子們更反對這種論調，以為藉端「行攪」。但深知內幕者言：「摸滑酒杯底的朋友，祇須三言兩語，便可斟成一單生意經，比較在其他的『正經』塲合，確是少費一番唇舌，也是無可否認的事實。同時小生細倫是長於社交的漂亮人物，溫戀愛妾是一件事，應酬朋友又是另一件事，且不願意貽人笑柄，說他心目中祇知有愛妾，完全忘

記了「摸滑杯底」的一班老友記，甚且譏諷他新染「懼內」癖，一致對他採取「杯葛」政策。因此小生細倫——淡如二少——不獨照常去飲，並且一樣揮箋召妓，所喚的又是天一阿姑，是花雲仙很合得來的姊妹，無形中對花雲仙，提出保證，表示沒有「向外發展」、「得隴望蜀」的野心，這種策畧，也是一般老雀「安內而不攘外」的妙計，最低限度可以減低「新姨太」的疑忌心理。大家都知道，塘西飲客和阿姑，大都還保持一種「道德觀念」：凡是同行同攬朋友的老契，不敢想入非非，講義氣的阿姑，也不肯接這個人客，何況這客人是姊妹新埋街的愛婿，更不敢作「鑿牆脚」之想。

由於習慣「夜眠晏起」之故，花雲仙認爲「起早身」是一件極端苦事，工人催促好幾次才勉强起床，匆匆洗面盥口，總是超過九點鐘的時間。舊禮教家庭，向來注重儀式，花雲仙雖是妾侍地位，爲着尊重少主人起見，不能不重視二娘幾分，如果依時進食不理會她，任由她食桌上殘餘，顯然會招致他們的反感，惟有全家人就席之後，等待這位珊珊來遲的二娘。

花雲仙看到這種情形，心裏自是十分難過，面容羞赧，緋紅雙頰，口中頻說：「眞對不住，你們請先食，不須等候我呀。」她雖是請各人先食，但全家人等，由上至下，俱保持大家人風度，每餐還是一樣等她出來才起筷。俗語說得好：江山易改，品性難移，往往很微小的習慣，俱「習慣成自然」，牢結不能改，花雲仙明知這種不良習慣太難爲情，好幾次下大決心，提早一些起身，依時依候侍奉老人家食早膳。可是她雖「瀝起心肝」，早起三兩天，結果還是故態復萌，懶洋洋不願起床，因爲天將放亮才就寢，僅睡了三幾個鐘頭，睡眠時間不足，精神困倦已極，事實

上勉強支撐不來，並不是存心輕蔑老人家。她有時感覺爲時已晏，索性不起來，藉口頭刺肚痛，叫工人出廳報告她有病不吃早飯，使老人家初時不知原委，以爲她當眞精神不適，望孫心切的老人家，異想天開，誤會是懷孕的象徵，延醫替她診治。後來發現她睡至日上三竿，起來之後，精神奕奕，到了晚間，越夜越覺精神，才知道是習慣使然，祇好任由她自消自滅，但表面上仍一樣對她十分客氣。花雲仙見得老人家如此禮重，加倍小心維護她，從來沒有半句微詞，反爲自己問良心很過不去。其次淡如二少的弟婦，又是出身大家閨秀，依循一切舊家庭的規矩去做，例如晨早起身，親自倒水給老人家洗面，奉茶一杯，裝水煙筒，不假手於傭婦，飯後奉茶遞烟，殷勤服侍，和花雲仙比較之下，眞是相形見絀。即使老人家海量包涵，其他親戚妯娌也看不過眼，花雲仙鑒貌辨色，自然耿耿不安。她曾經和淡如二少商量，想遷出「大屋」，另外組織小家庭，淡如二少一者以「埋街」的時候，花雲仙欣然和老人家同居，一旦宣佈分居的話，恐怕老人家誤會，以爲他偏聽愛妾一面之詞，更可能妄指老人家有虐待情事，才作遷居的主張，將會破壞家庭未來的和諧氣氛，不宜輕於造次；二者以花雲仙近來態度逐漸改變，不比初入門時的謹守規矩，似有「不安於室」的趨勢，如果答應她遷居之議，何異給予鸚鵡出籠的機會，倒不如稍加束縛，因此隨口敷衍，聲言已託人物色房屋，一俟有適當的地方，便實行組織小家庭計劃。花雲仙初不知淡如二少藉詞推宕，爲着早日遷居，恢復夜眠晏起，無拘無束的生活，非常活躍，親自去找房子，並託其姊妹代爲物色，雖然每次出街，都着傭婦偕行，表示「光明正大」之意。

　　過了三個月有奇，花雲仙覺得組織小家庭的計劃，尚未實

施，淡如二少固然未有去找房子，甚至她認爲適合的地方，淡如二少看過之後，總是不大表示滿意，不是說屋租太貴，便是說居址離店址太遠，每日返工極不方便，知道一種推託之詞，有點心灰意冷，自己作最後打算，說她底父親七秩開一壽辰，初次拜大壽，女兒僅有她一個，必須赴馬交一行，因爲花雲仙自幼在馬交生長，父親是一間娛樂塲所的職員，平時她亦有「返外家」的，淡如二少絕不懷疑，並答應她的要求，給她三百塊錢備辦賀禮，他本人因商務覊身，不能同行。

　　花雲仙赴馬交逗留一星期，仍返回淡如二少家裏，態度似很樂觀，沒提出遷居之議，淡如二少當然不再提。過了兩天，花雲仙叫淡如二少給她二百元買東西，淡如二少照數付給。不及一星期，花雲仙聲言做衣服，又向淡如二少索取二百元，淡如二少覺得她近來舉動超越常軌，小不免給錢之後，告誡幾句：「你自從赴馬交替父親拜大壽之日起，以迄於今，爲時不夠兩星期，已向我索取了七百元之巨，我的環境，你當然很清楚，祇是小康之家，並不是大富翁二世祖之流，像你這樣揮霍，我的確應付不來。我自你近幾個月來，頻頻催逼我遷居，是否因我不願意另組小家庭，你便作鸚鵡出籠之想？如果你當眞不甘淡泊，何妨坦率直言，彼此來得光明，去得光明，阿姑上街，中途變志他適，也是『大萬三千』之事，不算得甚麼稀奇，我的希望，自然是有始有終，以免親友鬧出笑話，同時爲着你自己着想，你亦應該三思而後行，不是我存心嚇你，妓女翻剗得多，固不是好名譽，亦不會有甚麼好結局的，關於這一點，相信你比我更清楚，不須我累贅多言了。」花雲仙支吾以對，口聲聲仍矢言沒有異心，祇是想添購些首飾衣服，支撑塲面而已。

翌日，淡如二少照常返商店辦公，花雲仙叫傭婦阿六陪她去公司買衣料，到了公司之後，花雲仙忽然又着阿六回家，請十姑娘來，一同挑選花式。十姑娘是淡如二少的第十妹，平時在家裏，花雲仙和她最合攏得來，阿六毫不懷疑，領命而去。及至十姑娘偕阿六抵埗公司，竟不見了花雲仙的踪跡，整間公司找尋殆遍，也沒有影兒。十姑娘和阿六慌張起來，恐怕淡如二少見怪，立刻打電話報告此事，叫他想法子找尋，淡如二少一聽之下，冷然說道：「你們不要介意，順其自然好了。如果她偶然因事離開公司，彼此碰頭不着，不久便回家；如果不返家的話，也不必派人尋覓，多此一舉了。」結果花雲仙去如黃鶴，淡如二少早已料到她有變志的傾向，事已到此，放開懷抱，索性置諸度外，並沒有派人探聽消息，也不視作甚麼一回事。

花雲仙脫離淡如二少之後，暫時在酒店開房，她以為從前許多恩客，爭着要帶她「埋街」，其中以太子卓 —— 花老七對她備極顛倒，乃打電話約他到酒店一談。太子卓初時接聽花雲仙的電話，推却不肯來，說她已是上爐香，歸家娘，在酒店相會，瓜田李下，事避嫌疑。後經花雲仙對他解釋，她經已脫離淡如二少的家庭，特自約他見面，有事和他商量。太子卓本來一度和淡如二少作劇烈的競爭，想帶她埋街，但花雲仙却認為淡如二少風流倜儻，殷實可靠，不計較金錢，寧願跟淡如二少，太子卓自然感到十分失望。

現在聽說花雲仙已脫離淡如二少的家庭，出來住酒店，打電話約晤，太子卓聆悉佳音，欣然答應赴約。他踏入房間，四顧無人，端詳花雲仙上下，笑口吟吟說道：「阿仙，我看你花容瘦損，必定滿懷心事，可能告訴我麼？」花雲仙黯然說道：「心情

耿耿不安，有甚麼辦法肥胖？」太子卓很注意地問道：「你剛才在電話對我說，經已脫離淡如二少之家，我才夠膽前來，相會佳人……」花雲仙以說笑的口吻，插言道：「難道你怕我『捉黃脚雞』，敲你一次『大竹槓』不成？」太子卓含笑道：「屬在知心老契，我當然絕對相信你，同時也很相信淡如二少是個殷實商人，雖然我和他並沒有直接發生友誼關係，我從親戚口中也很清楚他爲人，和他底家庭，假如用算盤打起來，還有一些遠親關係呢。因爲我稔熟他底家世之故，接完電話之後，心裏覺得十分訝異，你跟他上街不過三兩個年頭，爲甚麼突然作出籠鸚鵡，到底打的是甚麼主意？我料他不會將你難爲吧？」

花雲仙首先嘆了一口氣，接着莊容正色說道：「坦白說一句，絕對不是爲着這個問題，他始終沒有難爲我半點，甚至他底家中上下人等，亦對我很好。」太子卓更覺得奇怪，接口說道：「旣然如此，你爲甚麼要脫離他家？莫不是當眞花債未還完，要再出來抛頭露面做翻剎豬？」太子卓這一句話，令到花雲仙當堂面紅耳熱，心裏覺得這次突然變志，實在沒有特殊理由，被迫出走，這樣做法，少不免有水性楊花之譏。她本來想揑造一些不得已的苦衷，替自己洗刷，但她聽太子卓和淡如二少還帶點遠親關係，終竟水落石出，證明自己撒下瞞天大謊，反爲不美，祇好赧顏說道：「你是知道的，我向來個性好動，不能屈處閨中，尤其他們是舊禮敎家庭，動輒講禮法家規，早眠早起，諸多束縛，想出街探望往日的姊妹，或者買點東西，俱有傭婦相隨，唯一消遣辦法，在家裏和老人家打幾圈小蔴雀，打得又遲又緩，輸贏數目有限，我生平最怕陪自己人打牌的，輸起來想發洩一下脾氣也不敢。二少每晚仍作花酒應酬，非深夜二時不回家，早晨九時便返

店裏辦公，直至下午五六時，才返家食晚飯，飯後穿上外衣，又匆匆的去了。」太子卓忍不住笑將起來，搖頭太息道：「怪不得世俗嘲諷你們阿姑，食不夠錢八銀米，便要再做翻剃豬。照你所講的理由，簡直不應該跑出來的，我相信任何一個住家人的生活和規矩，都和淡如二少的家庭一般，入鄉隨俗，出水隨灣，怎能夠學你在青樓地方，過着無拘無束的生活，像是無掩雞籠，自出自入。」花雲仙聽太子卓說出這幾句話，越覺羞愧不堪，祇好勉強說道：「這一點我初時很明瞭，我知道彼此合攏不來，曾經叫二少設法組織小家庭，暫時搬出大屋，過了相當時期，等自己修心養性，厭倦這種狂放不羈行為，然後再返大屋同住，自會循規蹈矩，可是二少不贊成我主張，遲遲不肯去找房子，我親自找過幾間，總是推三推四，顯然反對我的分居計劃。其次我向來喜歡添置東西的，他又不肯多給我零用錢，雖然我開口索取，他亦不會推辭，但叫我常常開口，我便覺得沒有甚麼意思了。」

太子卓認為花雲仙這一番話，簡直是「不入耳之言」，完全沒有半點理由，便離開家庭跑出來，正是一般水性楊花婦女所為，絕對不能表示同情，於是不想多問，直截了當的說道：「你和淡如二少的事，我不願意多管，現在你叫我到酒店，到底有甚麼事磋商，請你快一點對我說，因為你這一次脫離家庭，我事前絕不知道，到底我和淡如二少帶點遠親關係，誠恐別人窺見，誤會我和你在此間開房，必定懷疑我從中搗鬼，唆使你效紅拂私奔，事關我曾經一度和他作劇烈的競爭，想帶你埋街的呀！」花雲仙硬着頭皮，趁勢開口說道：「我約你到此間磋商，就是想舊事重提，我悔恨當時誤聽別人一面之詞，不會通盤打算，以至多此一舉，含羞忍恥，向你提出這個問題。」太子卓當時，很想知

道當初她不肯跟自己埋街的主要因素，很注意地問道：「你誤聽別人一面之詞，到底別人將我如何詆誹，叫你千萬不可隨我做歸家娘呢？」

花雲仙嘆息道：「我並不是聽別人一面之詞，也不是有人將你詆誹，事實上我見你賭沙賭石，每晚輸贏上落，通常一萬八千，最少亦要三二千，我最不能忘記的，有一晚你不是輸了七八萬元嗎？同時我從許多客人口中，聽到琴霓俱樂部一班富家子豪賭的情形，以及因賭博而一晚傾家蕩產的故事，越聽越心寒，看你每晚沉迷賭博，禁不住越看越膽震，因此對於跟你埋街的心情，少不免打個折扣了。」太子卓呵呵大笑道：「原來你因爲我賭興甚豪，怕我會一晚傾家蕩產，你就不敢作落葉歸根之想，寧願捨棄我而跟淡如二少，當眞有這等事？抑或是你一種託詞，解釋這次找我的理由？」花雲仙正色說道：「千眞萬確，我肯當天發誓，如有別情，保佑我出街爲汽車輾斃！」太子卓一聞之下，不自覺長嘆一聲，徐徐說道：「你爲着這個原因，移情別戀淡如二少，可謂『冤哉枉也』，爲甚麼你心裏有所疑慮，不會坦誠對我說知？假如你是眞心愛我的話，站在『老契』地位，很應該向我忠告幾句，勸我不可『賭沙賭石』，我自然對你揭穿內幕，不致發生這宗不大不小的誤會。老實說一句，我是十分愛你的，的確立心帶你作歸家娘，還打算金屋藏嬌，在我們的『公家』物業中，收回一層樓，組織一個小家庭和你同居。因爲我很明白我們的舊禮教家庭，輕視青樓妓女幾分，尤其是我的兩個老人家，不比淡如二少的尊長思想開通，帶阿姑埋街，認爲『邪花入宅』，大非吉利之兆。我有個堂叔，初由禪鎮來港，單戀一個紅牌阿姑，變賣了名下兩間物業，所以家長引爲大戒，一再向我們

提出警告，不論誰個子弟違反教訓，決定登報聲明，脫離父子關係，言出必行，以警效尤。爲着這個問題，我當不敢帶你入宮，你旣是生性不羈，正好過其無拘無束的生活，正是『兩得其平』，各適其適，可能不至弄到今日這般田地。現在大家都感到遺憾，有甚麼話好說呢？」花雲仙訝然問道：「你剛才說『揭穿內幕』，難道你們一班館友賭錢，完全玩耍性質，像小孩子『打手板』的，而不是有金錢上的往來嗎？」

太子卓忍不住又呵呵大笑道：「館友都是大個人，用籌碼賭錢，不過想避免抵觸警例，犯賭博之嫌，捉將官裏去，罰多少錢不要緊，完全爲着面子問題，當然不會『打手板』，要照籌碼計數，贏輸不論多少，即晚以籌碼兌現，或簽署支票，並無花假……」花雲仙插口問道：「然則你剛才說『揭穿內幕』，到底有甚麼內幕呢？」太子卓帶笑說道：「你想是看見我們來往的籌碼，紅色一個，代表一千元，黃色一個，代表一百元，藍色一個，代表十元，黑色一個，代表一元，例如打撲克牌，起碼擲在桌面的『拍』錢，就是黑籌碼一個（打撲克每人要擲『拍錢』，起碼一元，照當時的幣值，殊屬不菲），通常一晚上落三五七千，無怪你暗裏震驚我們的豪賭，我現在告訴你吧，我們是大大打個折扣的，大家館友完全有默契，實際上贏輸的數目祇是十分之一，換而言之，紅籌碼表面上是一千，其實是一百，其他號碼照此類推，你當然明白了。因爲彼此館友，都感到賭博之害，大之可以傾家蕩產，小之可以損傷感情，所以想出這個辦法。」花雲仙聞言之後，表示非常懊喪的樣子，搖頭說道：「原來你們有這段內幕，若不揭穿出來，局外人怎會知道呢？這是任何人夢想不到的事情，我只覺得嫖賭飲吹，四大門頭各有所嗜，一經成癖，即使忠

言相勸，也是逆耳之詞，尤其是你們濶佬，更不喜歡我們阿姑饒舌，怎敢開口多問一句，估不到因此而躭誤我們的好事，可謂出於天意，尚復何言！」花雲仙說到這裏，很奇怪的問道：「據我所知，塘西飲客，有不少『空心老倌』，『荷包丁憂』，少不免在阿姑面前頂架。我還記得有個酒局客人，生得滿面豆皮，身上不名一錢，追隨一班朋友買醉秦樓楚館，祗是做『菠蘿雞』── 靠黐之意 ── 他却在羣雌粥粥面前，自認是『娛樂大王』的女婿，可惜他娶這個女兒，婚後未及一年，即因『月難』逝世（婦女因生產孩子致死，叫做『月難』），弄到他喪失了大好發財機會。『娛樂大王』雖答應給予亡女一份遺產，但要等候她底孩子達到法定年齡，才許可全盤承受，現在惟有眼巴巴望孩子快高長大，就可以大財在握了，聞者無不失笑。空心老倌『拋浪頭』頂架，以免阿姑白眼相加，司空見慣，毫不足爲奇，你們一班館友，俱是『如假包換』的濶佬，個個都賴父兄餘蔭，養尊處優。我們龜鴇中人，對於每個飲客的家庭背景，本身職業，差不多都消息靈通，知得很清楚，越是濶佬，越想認窮，以避免阿姑大刀濶斧『斬』過來。你們即使不認『低威』也不致靠賭博爲題，誇張自己的濶綽，到底你們這一舉動，是何居心？」太子卓說道：「本來我們這樣做法，並不是立心『頂架』的。偶然有一次，一班館友打撲克牌，順手拿蔴雀牌的籌碼替代現金，籌碼是天九牌的『天』、『地』、『人』、『鵝』，原定一隻鵝牌代表一毫，人牌代表一元，地牌代表十元，天牌代表百元。館友褚十三的老契銀嬌，問起各種籌碼，是代表若干銀碼，褚十三順口拋一拋老契浪頭，謂一隻天牌等於一千元，地牌等於一百，銀嬌立時爲之咋舌驚嘆，說我們賭沙賭石，比較琴霓館友更豪。

如所週知，琴霓俱樂部的會友，盡是大紳巨賈，公子王孫，龜鴇阿姑輩對於琴霓館友的召喚，真是另眼相看。當下褚十三聽銀嬌驚嘆健羨的口吻，俟銀嬌去後，臨時動議：「一者避免老契嘲他『車大炮』；二者可以誇耀財富，和琴霓館並駕齊驅，不如『將錯就錯』，今後所有籌碼代表的銀碼數目，俱『增加一級』，例如一百『號稱』一千，彼此心照不宣，口頭上說：今晚輸給你三千七百五十元，實際上是付出三百七十五元。大家俱認為此舉『無傷大雅』，不妨照這個辦法實行，同時大家更聲明保持秘密，不要說給局外人知悉，雖至親如溫心老契，也不得吐露真情，以免一班人都丟面子，反為『求榮反辱』，惹人笑柄。基此原因，我當然不會無端端揭穿內幕，想不到你當初不肯跟我埋街，竟會為着這一點簡單的事情，發生誤會，枉我多擲冤枉的金錢，和淡如二少作劇烈的競爭了。」

花雲仙接口說道：「前事不計，後事不提，你既然喜歡，有心不怕遲。」花雲仙弦外之音，表示她可能和太子卓賦同居之愛，可是濶佬帶妓女作歸家娘，大都是出於一時高興，並不是真心相愛，到了興致闌珊的時候，即使無條件同居，他亦要認真考慮一下。尤其是花雲仙這件事，更是環境特殊，太子卓縱然真心愛她，也不敢造次，他寧可當他和淡如二少劇烈競爭之際，不吝嗇金錢，奪取美人過來，但估不到花雲仙因些微的誤會，已隨淡如二少作歸家娘。現在從淡如二少家裏再「行」出來，假如重拾墜歡，金屋藏嬌，這種曖昧不明的態度，決不是講究排場的濶佬所為，一個當行當攪的濶佬，死於大海，不願死於小涌。知道內幕的，是花雲仙不安於室，自打主意求他援手，不知道的，還以為他唆擺花雲仙脫離淡如二少，彼此既帶有多少遠親關係，難免

親友貽爲口實，絕對不是一件「馨香」的勾當。因此他最後決定婉詞推却花雲仙，雖然和她在酒店廝混幾天，仍送給她五百元，算是割斷了這一段情緣。

花雲仙失望之餘，覺得塘西往日恩客，沒有甚麼可作理想中終身伴侶，祇好再還花債，「翻剿」畢竟以遷地爲良，乃赴廣州隸籍陳塘的紅樓，艷幟高張。以花雲仙的容貌姣媚，加上手段高明，對付客人頗能面面俱圓，不久居然大大走紅，每晚台脚，不下二三十台之多，大有應接不暇之勢。過了半年光陰，報紙發表一項消息：廣州軍政人員，挾陳塘妓女幾名，乘汽車出發，遊從化溫泉中途遇伏，爲歹徒以機關槍掃射，不幸誤中副車，中間一輛的幾名妓女完全受傷，其中一位名妓花雲仙傷勢最重，當堂玉殞香銷，其他已送入醫院救治，可無性命之虞。當時塘西飲客，閱悉報章，頗爲惋惜，淡如二少到底和花雲仙有過一段霧水姻緣，鬱鬱不安者累日，後來查悉這個花雲仙是另有其人，往日枕邊愛侶，經已隨某富家子享唱隨之樂，心裏爲之安慰。

相隔多年，直至香港淪陷之年，淡如二少偶然經過橫街窄巷，發現花雲仙在一家門前抱着孩子，衣服陳舊不堪，他不便和她打招呼。戰後他底十妹探訪六姊，同居的李太，剛和一個傭婦講工，已告成事，出門時碰見這位十姑娘，面紅耳熱，打完招呼即行，次日不來上工，原來這傭婦就是花雲仙！

至於她爲何淪落爲傭，却非局外人所知了。

第卅七節：雙重人格的「神化濶少」

　　四大天王有「孖仔」寨廳的賽花事頭婆兼廳薑蓋嫂（四大天王即歡得，賽花，詠樂，詠觴四間大寨，祗有賽花「孖」多一座──即兩間──俗稱「孖仔」，其他三間僅佔一座，故云。）有一天，感慨萬端，對人說道：「老身今年平頭五十歲，做寨口卅多年，盈盈十五破瓜初，即跟隨姨媽姑爹之流，在『錦繡堂』供奔走之役，正式原班出身，由打雜，使婆，寮口以至廳薑，逐級擢升，由打工仔做到事頭婆，從水坑口遷至石塘咀，十年人事幾番新，所見芸芸飲客，堂堂濶少，紅牌阿姑，發霉蘿底橙，種種色色人物之多，大話怕計數，世俗口頭禪的『大萬三千』一句話，相信沒有一個事頭婆敢和我比較。單以飲客而論，濶嘜衰牌，亦『大萬三千』，從來未有比得上嚴十一少這般『神化』，可說具有『雙重人格』。俗諺又有一句：『好女十八變』，嚴十一更隨時隨地，可以作一百八十度的轉變。他生性最豪濶，但有時手段最衰牌，他在夾萬鎖匙到手的時候，連續執一個多月寨廳，過了若干時期之後，他竟甘心做『衰仔』，執寨廳出完『空頭晨』（不能兌現的支票），丟架一次，事所常有，他居然夠胆接二連三，間中就光顧我一回。我說到這裏，必定有人笑我大懵，或者話我扯謊，花叢地方，等如賭博，上場無父子，和他非親非故，他這樣靠撚，何必同他客氣？打官司太『臭當』，你不想做，猶有可

說，纏上差館丟他的臉也很應該，就算經官動府怕麻煩，最低限度他在執廳那一晚，叫他『相金先惠』，或者對於他底荷包『格外留神』，最有力的利器，就是要求他底『東家婆』合作，暗中刺探虛實。任何阿姑都不願意自己『廳客』做『衰牌』，樂得做『第五縱隊』，宜未雨而綢繆，毋臨渴而掘井，那有接二連三，自招損失之理？你們如果這樣質問我，簡直是『羊牯』，完全不懂得『做龜』的困難。有許多狡黠的飲客，故弄玄虛，亦有等專鬧脾氣的濶佬，好似志在『揚名聲，顯父母』一般，做成『臭牌』、『惡爺』的樣子，直接使龜婆害怕，間接迫阿姑就範。即如兩次煤炭咕喱大鬧寨廳的故事，起因微乎其微，風潮可能擴大到不可收拾的地步，豈不教人談虎色變，聞報失驚？我對於嚴十一的特殊優待，極端容忍，當然有許多苦衷。一者見他在賽花已散過不少錢，可算是長年主顧；其次亦自認『計窮力竭』。一個三十多年經驗的老龜婆，敵不過變化多端的『花靚仔』。例如他在第一次出『空頭支票』，拖欠了一張『廳單』之後，相隔差不多一兩年，方才再度出現。崔護重來，神氣十足，手段濶綽，照樣幫襯執廳，『水頭』充足，這也是很普通的現象。人有三衰六旺，物極必反，否極泰來，老主顧繼續關照，自然『舊事免提』，以免濶少羞惱。誰知到了相當時候，他依然『爛尾』，結數時聲言次日去舖頭收銀，還給他的『老嫖頭』父親諷刺，引用俗語：『父欠子還，子欠父不知』，還叫我去錢債衙門，控訴他的兒子，真是氣上加氣，苦上加苦。到了第三次，相距亦有兩三年，他一樣捲土重來，濶綽如昔，到了執廳之夕，我暗示『相金先惠，格外留神』，他也眉精眼企，先交老契『大牛』一張，聲明結廳單連『白水』在內。嗣後雖非『先惠』，上廳即開場賭博，拿大帙『紅底』紙出來，當

然不會拖欠，順利找結廳單。

到了最後一次，嚴十一同樣賭錢，同樣『演』銀紙，這次他放在桌上的銀紙特別多，不祗『紅底』五張，更拖『大牛』兩隻。結果，他連戰皆北，全軍盡墨，非常懊喪，食完老契所夾的一碗翅之外，無心起筷，有意買醉，帶着幾分酒氣，背地裏和老契作秘密談話，懷疑賭客中那個陌生人，是朋友帶他來飲廳的，可能和朋友串同『出老千』合計輸去一千五百元有奇，這一等朋友真要『搭飛樣相與』！這一晚的廳單暫時拖欠，明天拿來，理由充分，祗有表示同情，沒有推却之理，難道要剝光他的衣服嗎？就算剝光身上所有，也不夠支結一張廳單呀。誰知『過骨』之後，嚴十一的蹤跡，亦不再出現於塘西，後來他底老契，偶然碰到當晚飲廳的幾個朋友，訴說嚴十一做事太過『離譜』，執廳『爛尾』，幸而她和他並沒有進一步的關係，這晚廳亦不是她提出要求，代她『頂架』而是他返寨打水圍的時候，和薀嫂大講大笑，直接斟妥的，雖然不需要她負担甚麼責任，但何必這樣撚化人，真教人百思不得其解？那幾個朋友才透露個中真相，原來嚴十一執廳之夕，事前關照這幾個有錢的朋友，趁趁高興，助助聲威，拿幾千塊錢出來，放在桌面賭撲克牌，贏輸不計數。並且鄭重聲明，他到收尾必定『輸清』所有，全數原璧歸趙，同時解釋此舉別無其他用意，不外覺得執寨廳『百花齊放』，阿姑雲集，單是橫床直竹，顧曲聆歌，叉幾圈麻雀，和老契細聲講，大聲笑，不夠熱鬧，沒有甚麼興趣，最好『賭沙賭石』，以花花綠綠的銀紙，炫耀阿姑眼簾，所以出此『示威』行動。彼此誼屬飲友，不費之惠，都認爲『義不容辭』，事實上他們亦不知道嚴十一會『飲大胆廳』的，見他近來亦常有請廳，手段像往時一樣潤綽，夢想不到他

『故態復萌』，又鬧一次活劇。如果事前稍有懷疑，就算用『四人伕轎』相請，亦不肯命駕而來，因爲慣於行擺的朋友，飲寨廳絕不算是了不得的事情，東家佬拖欠廳單，有份參加飲廳的朋友，也顯出不夠光輝，誰願意陪他『丟架』呢？」

蘊嫂說完嚴十一執廳的「神化」新聞之後，繼續描述嚴十一的「神化」性情，以及他底「神化」行爲。她說：「嚴十一最初光顧賽花，是召喚三樓頭房的慕卿，相信許多貴介公子，都認識慕卿、慕貞這一對姊妹花，姊姊體態苗條，眼波流媚，見者無不爲之色授魂與，妹妹恰巧和姊姊相反，生得豐容盛鬋，具有楊玉環的風度，梨渦一笑，爛漫天眞，不脫青春少女的嬌憨。嚴十一顛倒備至，他知道慕卿是『琵琶仔』，又見她正正經經，語不涉邪，更尊重她有如神聖不可侵犯，他雖然爲慕卿執過好幾次廳，從來不敢向她接一個吻，他坦直說出自己婚姻不如意，和妻子無緣分，他終有『休妻』之一日，要求慕卿嫁他，將以大紅花轎迎娶，他甚至向慕卿叩頭求懇，祇要慕卿答應，他立刻辦理離婚手續。他在老契面前，時常痛哭流涕，吐露衷曲，對待阿姑，充滿憐香惜玉的情緒，可是，他突然翻起臉來，甚麼煮鶴焚琴的手段，也敢幹出來，他曾經仗義給錢朋友帶妓女埋街，俾脫離龜鴇的魔掌。」

嚴十一仗義出錢，代朋友的老契脫籍，救青蓮於火坑，俾有情人終成眷屬，也曾經成爲塘西膾炙人口的故事。那個脫離龜鴇魔爪的苦命女，感激涕零之餘，甚至供奉嚴十一的長生祿位，朝夕焚香祝禱他長生不老，永遠健康，這是古昔迷信時代的一種可笑的習慣，可能中了武俠小說的「遺毒」，俠士路見不平，拯救了弱者，施恩不望報，或者沒有留下名字，但身受大恩的人，

無可圖報，惟有供奉恩公的長生祿位，朝夕焚香膜拜，以表寸衷，永誌不忘。這個青樓弱質，受盡折磨，一旦超出生天，自覺無可報答大恩於萬一，亦師襲這個故智，她畢竟未有受過教育，思想幼稚，雖是愚昧可笑，心地純厚，頗足嘉尚。嚴十一後來造訪她們新組織的小家庭，看到這個情形，除表示鑒領她底心事之外，並叫她馬上取消了這個長生祿位，決不要這樣做，他解釋這是區區小事，破鈔三二千也是戔戔小數，不值得這般隆重，以免他「折福」，拜到他「頭暈眼花」！這件事情的經過是這樣的：

賽花美卿，破瓜年華，貌頗可人，別個「鷄仔沒定性」，但美卿却是「生性」非常，說起來真是十二分可憐。窮家人女，父親染肺病經年，從前醫藥遠不及現代的進步，肺癆惟有「等死」，母親胼手胝足，出外傭工，怎能維持三個兒女的衣食，還加上丈夫的醫藥費。美卿年居長，尚未滿十歲，自然不能做工作賺錢，往昔社會風氣，重男輕女，已成定例，祇好將長女賣給人家，保全兩個弟弟的小生命。賣給人家做甚麼？當然不會做「千金小姐」，不消說為奴為婢，當妓當娼。「娼妓」兩個字眼的分別，在當時習慣而言，「妓」是名正言順領牌接客，「娼」是荷池鴨道「貨式」，即私娼的別名。前者接客有自由權，本姑娘不喜歡，休想效「楚子問鼎」；後者一度春風，代價兩塊錢，不論生張熟魏，「九筒八萬」，「鬼簀攤屍」，無可避免。美卿却碰着一個最兇悍的鴇母肥婆八姑，若論身價幾何，僅敷父親的殯殮費，她真個配稱「賣身葬父」的「孝女」了。肥婆八姑專一「乘人之危」，以廉價收買面目姣好的窮家女兒，入門一星期之內，必定先施下馬威，稍為不服從教訓，最普通的「刑具」是：用香烟蒂炙肌膚，揀大腿的部位着手，她當然不會毀損花容，喪失這一株「搖錢樹」

的本錢；以繡花針刺腳趾甲，常常深入一二分；拿鐵鉗鉗手指，往往變成瘀黑色，久久尚未復元……刑具太多，不能盡錄。拳腳交加，夏楚橫施，更是司空見慣，幾成爲日常的功課，較慘酷的一項：打貓不打人，這是龜鴇「亙古相沿」的「家教」，是打擊女孩子頂可怕的「示威運動」。美卿雖然未受過這種教訓，惟已目擊實情，心存戒懼，一切俱帖然就範，馴伏如羔羊。

到了美卿十五歲那年 —— 其實僅足十三歲 —— 肥婆八姑見她「早熟」，雖是五短身材，經已發育豐滿，代她「上牌」，隸籍賽花，以「琵琶仔」的身份應徵。如所週知：飲友對於「琵琶仔」，有蛋家雞見水不得飲之感，塘西濶少，固然不像油蔴地的尋芳客，願意「即晚封相」，「乾屍收殮」，但正如亞乜話齋：去石塘咀難道想中狀元，求功名？不消說是鬧酒貪花，大溫特溫老契的了。大多數人對琵琶仔殊不感覺興趣，注重「現實主義」的肥婆八姑，希望快些找個壽頭「擺房」，開完井自有人飲水，一日五丁未鑿，這個名勝山川，始終「路不通行」，使遊客裹足不前。可是世界裏，針無兩頭利，你肥婆八姑有個算盤，飲客好像生意佬一般，那個密實算盤比你更厲害，除非他是四方辮頂，顛倒這個阿姑備至，死心塌地，祗求銷魂眞個，春風一度，浪擲纏頭，毫無吝嗇。其次則有等「衛生家」，研究補身之道，覺得「童子雞」比「太爺雞」有益萬倍，勝過食參食茸，這才樂意斟盤成交，否則任何人都不肯開井給人飲水這般笨。基此原因，肥婆八姑放聲氣叫人客代美卿擺房，許久都沒有人答應，無人做壽頭的理由，亦有幾分爲着肥婆開天撒價，條件旣苛，待遇更不優厚，例如「限期三天」之類，以幾千元的代價，僅能相處三晝夜，便要返寨應徵，未免有一刻千金之感想。雖則擺房後仍算是大局老

契，繼續維繫這一種交情，但這交情，這代價早已「貨銀兩訖」，再次交易，另外又要掛賬，待遇和普通恩客一般，絕對沒有甚麼優先的權利，濶少不比「雙門底賣古董」的顧客，店主「開天撒價」，他決不願「落地還錢」，以低貶自己的身份。因為花叢是爭雄鬥勝的地方，「講價」就不是濶少的所為，寧可推說「本少爺不喜歡，冇得斟。」相信讀者諸君看到這裏，一定感覺「理由不通」，所謂「擺房」，等如將這個雛妓的整個芳軀，送給這位「擺房佬」，身子已非完璧，何必「限期三天」，三星期以至三十天，不是一樣的嗎？為甚麼肥婆八姑不肯慷慨一點，俾得早日成交呢？原來這等工於心計的鴇母，另有其如意算盤，她視雛妓如鮮花，珍重保存，不想問柳尋花的哥兒，過度摧殘。同時她在第一度「擺房」之後，繼續「放聲氣」找一位「第二度郎君」，就算她沒有這樣做，她依然可以「大言不慚」：這雌兒嬌嫩如昔，擺房不過三天光景，大堪證明，事實具在，自有另外一種客人，可能是「懼內大家」，亦可能是「揀飲擇食」的專家，最掉忌身子沾染性病，為太太識破拈花惹草行為，同時影响健康，寧願破鈔多幾倍，總求以「穩陣」為條件，這類主顧比「擺房客」為多，洞達人情世故的肥婆八姑，一舉一動，非財不行，無往不利。

「擺房客」的人選，雖是物色困難，由於美卿貌美如花，驟然看來「霎眼嬌」，仔細欣賞也帶有天然風韻，不像「蠟頭公仔木美人」，着實顛倒不少公子王孫，皆欲一聯肌膚之親，沒奈何，肥婆八姑的條件太苛，祇可遠觀而不可褻玩。其中有個股商「靚仔九少」，其欲逐逐，實行和肥婆八姑「斟盤」。

這個靚仔九少，並不是美少年，而是滿面爛豆皮的「靚仔」，行年五十有六，經已含飴弄孫多時，早了向平之願，難禁寡人

之好，視色如命，愛美（美卿）入心。他慨然答應肥婆八姑的條件，預算破鈔五千元，包括執寨廳，送衣飾在內。可是，美卿却鍾情美少年「水汪汪」，這人姓水，朋友都叫他「水汪汪」，在一間猶太人開設的洋行，充當「寫字」。這等「推鋼筆」的小職員，入息自然不會多，雖然他底母親有一兩座物業，但家教極嚴，從不容許兒子濫支一文錢，除非她逝世之後，白辮尾，大鎖匙，他才有資格承受這筆財產。但失望得很：老人家越老越健，越老越精神矍鑠，看情形，決不像在短期內，就會刊登訃聞：不孝罪孽深重，禍延先妣，愴地呼天，號救莫及的。水汪汪雖是財政緊縮，追隨嚴十一等一班當時得令的二世祖做「波蘿雞」，利用他天生漂亮的面孔，軒昂的身材，喜歡粉墨登場，參加「叮噹慈善社」劇團做「筆貼式」，扮相起來，不愧一個威風凜凜，火氣騰騰的小武。許多塘西阿姑，醉心名伶，甘願作「蓆嘜」，可惜不足夠「蓆嘜」資格，沒有大量金錢，沒有可靠門路，沒有相當手段，等閒不易博得名伶青睞，求大老倌不得，退而思其次，凡是現身紅氍毹上的人物，都值得依戀，慰情聊勝於無。因此，「水汪汪」馳騁花叢，夠漂亮，夠年青，識做戲，懂得談情說愛，盡可以彌補「水頭不充足」的缺陷，不少阿姑向他追逐，美卿便是最傾心的一個。美卿的戀愛水汪汪，並不是爲着他現身說法，優孟衣冠，有做「蓆嘜」的企圖，事實上美卿在肥婆八姑的重重淫威壓迫之下，發夢也不敢想做「蓆嘜」，她熱戀「水汪汪」，完全是「溫心」，年少貌美尚屬次要問題，最主要的因素，是「水汪汪」尚未成家立室。他常時讚許美卿具有大家閨秀風度，和她「拍拖」出街，沒有人敢說她是青樓中人，配稱如花美眷，羨煞許多人目灼灼似賊，驚嘆個兒郎眞好艷福，正如花叢隱語所謂「十個

九個」──這是當時塘西很流行的口頭禪，意思是「十個龜公九個彩」之類，多少帶點惡作劇的意味。水汪汪也曾親口許可，他將竭盡所能，帶美卿作歸家娘，待以正室之禮，如果能成事實，決定請一位知己朋友幫忙，承認美卿做「堂妹」，正式對親家，文定納采，以大紅花轎迎娶，以掩飾母親耳目，知母莫若子，他當然知道母親思想頑固，決不充許兒子「引邪花入宅」，不能不要轉一個大圈，「過骨」之後，即使母親洞悉內幕，但經已擺酒請親友參加婚禮，難道要將媳婦驅逐出門不成？祇好得過且過罷了。

　　水汪汪的理想雖然高超，理想自理想，事實自事實，俗語說得好：「有錢駛得鬼推車」，「沒錢同鬼講」，美卿屬於「事頭婆身」，而這個龜婆肥婆八姑，又是心地惡狠狠的女人，除金錢之外，沒有情感可言。她並未徵求美卿同意，即答應靚仔九少代她「擺房」，循例告訴她一聲，叫她這幾日在酒局筵前，小心搏取靚仔九少歡心，不要打斷這一條財路，寧可擺房賺得一注本錢，將來稍稍放寬，給她較廣泛的自由權。

　　美卿乍聆「噩耗」，恍如晴天霹靂，這個滿面爛豆皮的靚仔九少，要和他親密相處三晝夜，貢獻給他自己最寶貴的貞操，本來在別個阿姑的眼中看來，誰叫你生成命醜，屈身作妓，這是任何一個阿姑必經的過程，祇好當「鬼簀」，緊閉雙目，咬實牙關，任他摧殘好了。但美卿的心理大不相同，處境亦與別個阿姑懸殊，她有個心愛人水汪汪，經已邀請知己朋友幫忙，偽冒是她的堂兄，名正言順，答允娶她為妻室，豈能不守身如玉，報答愛郎恩義？她屈指計算日期，前後僅餘五天，事機迫切，稍縱即逝，一生幸福與厄運，全在此舉。她乘着侍宴之便，馬上通知水

汪汪，哭哭啼啼，懇求他迅速設法解救，事出倉卒，除金錢以外無他途。假如和肥婆八姑商量「贖身」，最低限度也要五千元的數目，才可以達到目的，因爲肥婆八姑接納靚仔九少「擺房」的要求，靚仔九少預算破鈔五千元，雖然是「一脚踢」，包括執寨廳，送衣飾在內，但她個人實受其惠的不下四千元，沒有五千元她怎肯答應？何況妓女贖身，等如損失一株搖錢樹，相信五千元這個數目，她還會嫌少，未必一口答允，小不免尚要鼓其如簧之舌，把她說服哩！慨然願意與美卿做兄妹的知己朋友，就是嚴十一，這種「不大名譽」的事情，非有俠骨柔腸的人，也不肯担此干係，嚴十一一者和水汪汪是老友，願意玉成好事；二者從美卿口中，知悉肥婆八姑的兇殘手段，對她表示深切的同情。水汪汪和美卿在露台欷欷深談，一個長吁短嘆，一個淚痕滿面，有如楚囚相對，片晌無言，嚴十一看在眼底，忍不住踱出露台，笑問道：「你們兩老契，日日見面，又不是任何人有遠行，看情形你們很像舞台上演出『西廂記』，張生和崔鶯鶯長亭惜別的樣子，紅娘插口催促：『有甚麼離情說話，講多幾句，就此要分離了』。」

　　美卿一聞此言，觸起滿懷心事，禁不住放聲大哭，且哭且訴：「十一少，這回不能不求你替我們援手，尤其是救我出生天，終身感戴大德，永矢不忘。」說到悲哀之處，哭不成聲，竟不能畢續其詞。水汪汪將這件事的源源本本，告訴嚴十一，請他仗義幫忙，玉成他們的好事，假如倉卒之間，錢財未便，難以替美卿贖身，亦希望他另外找尋途徑，首先渡過難關，阻止肥婆八姑壓迫美卿「擺房」，保持貞操，徐徐再想辦法。嚴十一尚未聽完，咆哮如雷，怒不可遏，大聲叫道：「此間乃法治之區，旣不准賣良爲娼，也不得虐待雛妓，肥婆八姑經已抵觸法例，不過沒有人

肯出頭提出控訴罷了！我嚴十一向來以護花使者自居，除非不知道此事猶自可，現在目擊情形，怎肯見死不救！你們請放心，我嚴十一自有辦法對待狼毒的龜婆！」美卿初時擔憂的，恐怕「佳人已屬沙叱利，義士今無古押衙」，現在聽嚴十一慨然負起責任，當堂收淚，充滿希望的心情，可是她多年來在肥婆八姑淫威壓迫之下，心裏依然惴惴危懼，囁嚅地說道：「十一少，我很感激你慨然答應救助，但肥婆八姑此人，亦有多少手腕，她雖然觸犯法例，畢竟她是用過一筆錢買我入門的，你和她蠻幹，搶奪我出火坑，她必定不肯干休的呀！」

　　嚴十一少笑道：「美卿，你放心吧，我並不和她蠻幹，完全以文明手段對付。我根據法律和理由，和她開談判，贖身費我必定照付，人心肉造，她確是用過一筆錢買你入門，幾年來的伙食和衣着，也得耗費一些，自然你亦替她出局賺回多少本錢，我當會計算一下，不會叫她吃虧，做蝕本生意，不過想學『華秀隻狗』這樣『狼胎』，開口索價五六千，我就不肯答應了，寧可出錢請律師，和她對簿公庭，由法官判決，如果法官宣佈美卿身價值得一萬，我嚴十一回家賣去妻子，也替你們籌足一萬。」水汪汪亦笑道：「法官明鏡高懸，斷不會偏袒龜婆的。同時龜婆亦最掉忌見官，可能指證她賣良為娼，虐待未成年女子，罪名成立，要判處她監禁，相信肥婆八姑聽說要去法庭，她就馬上宣佈無條件投降，假如肯給她一二千，她亦要勉強答應，可惜我手頭上沒有這筆錢。否則，我也打算和她據理力爭，交涉成功，便不須驚動你十一哥，更累到美卿哭哭啼啼，要生要死了。現在幸蒙十一哥仗義扶助，我們採取甚麼步驟，應付肥婆八姑呢？」嚴十一沉思有頃，對美卿說道：「靚仔九少擺房之期，雖有幾天，我料肥婆八

姑這幾日來，必定對你加緊嚴密監視態度，幸而我平時最憎恨龜鴇中人，曾經『頒佈命令』，不准許寮口傭婦之流，無故闖入廳，並不得在廳外鬼鬼祟祟，偷窺廳內動靜。如果等候阿姑出來，陪伴去別處出飲，大可以在樓梯口外邊。剛才出廳如廁小解，發現你那個傭婦阿燕，在升降機口的櫃圍邊，和『廳長』（酒樓行叫做『糠頭』，管理該層樓的『廳面』）談話，我還與他們開玩笑，問他們欵欵深談，是否談情說愛。看此情形，阿燕可能方才聽不到你的哭聲，好在你又出來露台，掩閉窗門，廳內蔴雀聲響，相信廳內我們的朋友也不注意，否則消息洩漏，肥婆八姑可能在這幾天內，阻止你出局，拼之每晚犧牲十台八台酒局錢，或許她更有藉口，向靚仔九少索還，一直等到『擺房』之日為止。話雖如此說，狡猾的龜婆詭計多端，我們仍要想個萬全之策，預定她會行此一着，我決意在這幾天內，除到塘西飲宴之外，返回天外天酒店我所開的房間三零一號，於必要時，你可以立刻到酒店找我，再由我派人邀肥婆八姑到來開談判。但你無論如何，保持鎮靜態度，不要露出破綻，最好能夠收拾多少細軟，猝出不意，邀請肥婆八姑到酒店商量。如果她不肯答應的話，橫施毒辣手段，你不必害怕，大可以高聲叫『救命』，甚且糾纏她同去警署，這是你的最後關頭，未來的幸福與悲慘命運，全在此舉，切勿受她的淫威所恐嚇，亦不可聽她底甘言所誘惑，墮入其彀中，這一點你切記切記。」美卿微笑點頭道：「當然哩，從前孤掌難鳴，沒有辦法不畏懼她幾分，現在有你十一少做主，我自然和她鬥爭到底，決不肯屈服，以犧牲終身的幸福。」

嚴十一決定步驟，美卿感覺計劃周詳，滿心歡喜，笑孜孜去別處掛號及埋席，有諸內必形諸外，許多客人見到美卿春風滿

面，笑容可掬，和平時的愁眉苦臉，大不相同，有等客人向她取笑是否飲了「門官茶」？美卿亦笑而不答。

過了一日，黃昏近晚，美卿照常化裝準備出局，肥婆八姑忽然笑嘻嘻行近身旁，用撫慰的口吻說道：「由今晚起，你不必出局了，休息幾天吧，九少就快替你『擺房』，你休養一下精神才好。」美卿乍聞此言，無異給她一個意外的打擊，看外表，肥婆八姑雖似一團和氣，充滿好意，但可能影响嚴十一底全盤計劃。果然不出嚴十一所料，她不禁惶恐起來，震顫地說：「八姑……」肥婆八姑以為美卿害怕「擺房」這件事，不俟她說畢，依然笑孜孜插口道：「傻女，擺房怎值得你這樣張惶，你沒有看過許多出嫁女嗎？初時以為洞房第一宵，不知要感受如何痛楚，誰知到了三朝回門的時候，她差不多要勸姊妹早日出嫁，領畧閨房樂趣哩。『擺房』的情景正復相同，你將來知道我八姑不會將你欺騙的了。」美卿這時當真錯愕無言可答，悄然自思，她今晚必須「出局」會晤水汪汪及嚴十一這班人，大家想辦法，應付肥婆八姑這個步驟，是否今晚乘機溜夜出走，叫肥婆八姑去酒店談判贖身問題？但肥婆八姑一番好意吩咐休息，任何阿姑都樂得「放假」，即使不許可出外看戲消遣，最低限度可在寨裏和姊妹叉多幾圈蔴雀，誰願意僕僕長途，東奔西跑呢？目前最難解決的問題，就是憑甚麼理由自告奮勇去出局，最好的藉口當然是巴結「擺房佬」靚仔九少，表示情深一往，大有「君非我不歡，我無君不樂」，「一日不見，如隔三秋」之概。可是肥婆八姑絕對不是三歲小孩，明知自己對靚仔九少絕無好感，突然因為捨不得他，今晚一定要出局和他見面，肥婆不特不相信，更引起她的疑惑，暗中派人密切注視自己的行動，給她識穿袖裏機關，特別防範，寸步不離，

那就真正弄巧反拙，棋子差一着，全盤皆落索了。於是美卿決定
這一晚遵命不出局，故意在肥婆八姑面前滿面春風，跑上跑落，
聲明今晚放假，找幾個「籮底橙」阿姑，打十六圈「蔴雀仔」。同
樓的寮口傭婦之流，知道她過幾晚和靚仔九少「擺房」情事，聽
她說「放假」，有心和她開玩笑，說她正式是「嫁期」——嫁假
諧音——有位姊妹未免謔而近虐，戲說她不祇「碰白板」（靚仔）
兼且開降「九筒」（蔴子的別稱）因靚仔九少是如假包換的九筒。
這句話本來刺心刺肝，別人設身處地，可能感到十分難受，但美
卿心知肚明，這個「九筒」屬於過渡性質，沒有給她「開降比」的
機會（北字像個「比」字，大腿俗稱「大髀」，比髀諧音，「開降比」
是花叢戲語，即「叠股」之意，亦有「溫甩髀」的口頭禪），當下
坦然若無其事，湊足「四隻脚」作看竹之戲。其實美卿之打牌，
祇是用來掩飾自己緊張的情緒，以免肥婆八姑疑忌，表面上雖是
言笑自若，芳心暗自盤算：今晚不出局，又沒有辦法和水汪汪，
嚴十一這班人通聲氣，不知他們可有甚麼準備？照情理來看，他
們都是眉精眼企的老雀，見她突然不應紙，必定會想到自己的處
境如何，而採取進行的步驟。幸而他們早已部署在先，這幾天他
們除到塘西買醉之外，集中在天外天酒店三零一號房，吩咐必要
時跑去酒店找他們援助。

　　不過有一點又令到美卿耿耿不安，肥婆八姑似是「步步爲
營」的樣子，美卿打牌，她喜孜孜坐在後邊觀戰，美卿去廁所，
她亦起身說剛剛內急，結伴同行，寸步不離，這一晚亦和她大被
同眠。肥婆八姑這一突然的措施，美卿真的擔驚受怕，似這樣監
視綦嚴，叫她有甚麼辦法效紅拂私奔呢，美卿是晚在床上輾轉反
側，直至天光大白，仍不能入夢，始終也想不出一個好辦法來。

次晨，全寨忽然鬧哄哄的嚷着看新婦，大家驚訝地歡呼有燒豬回門，個個跑出「騎樓」憑欄遙望，似看會景的一般熱鬧，肥婆八姑這個好事的婦人，自然不能少却她一份。原來斜對面財記雜貨店的千金阿嬌，前天出閣，是日三朝回門，阿嬌生得體態輕盈，面孔漂亮，冶蕩之氣迫人，常時和店伴打情罵俏，舉止十分風騷，因此傳說她和店裏小廝阿生有染，在形式上，她和阿生確也親暱異常。店主夫婦以女大不中留，選擇隔隣生菓店的掌櫃青年小張爲東床快婿，遣嫁女兒，於是引起街坊人士注意，看看三朝回門有沒有燒豬，以及燒豬有沒有「豬尾」，這是粵俗注意貞操的特徵，女家唯一體面的東西，便是金豬回門，世俗有「食不得燒豬」一語，表示新娘不貞，或者有燒豬而割去「豬尾」，亦暗示「並非完璧」，女家引以爲奇恥大辱。亦有等惡作劇的男家，以新婦非處子，氣憤之餘，以燒鴨代替燒豬，聊資點綴，所以世俗也有「她食燒鴨不食燒豬」之語，同樣是不名譽的事情。阿嬌有燒豬回門，豬尾亦安然無恙，特別引起三姑六婆們的興趣，寨中人議論紛紛，肥婆八姑更自作聰明，說阿嬌父母暗中已和新郎小張簽署「君子協定」，聲明在案，阿嬌雖然食不得燒豬，但回門時仍要金豬幾隻，以顧全體面，寧可不接受小張的聘金。小張本是窮措大一名，也樂得娶個美貌嬌妻，吃虧一點何妨。不然的話，以阿嬌的身份和樣貌，很應該竹門對竹門，木門對木門，最低限度匹配一間商店的少東，爲甚麼挑選一個小夥記做嬌客呢？

正當肥婆八姑議論滔滔，說得口沫橫飛之際，全寨好事之徒，亦包圍着肥婆八姑，「靜耳聽龜音」，大多數同聲附和，認爲她對於阿嬌食得燒豬的情形，了如指掌，深信小張是「食死貓」

的新郎。八姑見眾人都贊成她的判斷眼光，越加眉飛色舞，引經據典，複述某人某人的故事，與阿嬌正復相同，適應環境，從權辦理，毫不足怪。她侃侃而談，歷時半句鐘有奇，說到舌敝唇乾，才踱返房間，打算飲杯茶潤潤口吻，繼續講完「上文這段因果」，可是當她踏入房門，為之目瞪口呆，剛才床上睡息穌穌的美卿，芳蹤渺然，連忙踏勘整個房間，又使她暫時安心一下。肥婆八姑最安心的主要因素，便是房間完全沒有絲毫變動，所有箱籠抽屜，沒有打開的跡象，好在鎖匙纏在身上，未有隨處安放，美卿祗穿「洗水衫」，沒有換過衣服，當然不會出街，大抵入廁所大解罷了。她飲完一杯茶，仍然放心不下，親自入廚房，視察廁所，廁內有人，但不是美卿，肥婆八姑這才猛吃一驚。

肥婆八姑最後的一綫希望：或許本樓廁所有人佔據，美卿可能在樓上或樓下的廁所大解，難為了肥婆八姑跑上跑下，滿頭大汗，查問清楚，已證實美卿失了蹤。最後眼眶充滿淚痕，訊問全寨上下人等，除高臥未起的阿姑之外，大家都異口同聲，說她們祗留心看阿嬌的回門燒豬，並沒有注意美卿是否出外。肥婆八姑接着跑過隔鄰的歡得寨，向她的結義金蘭姊妹寮口四嫂訴苦，平白損失了這一株挺苗生長的搖錢樹，目前就有一筆「擺房」錢，竟不到手，最是不值。她是從來不肯認輸，跌倒也要執一撅沙的人，誇示自己已有先見之明，料到美卿有異志，特別叫她由昨晚起不要出局，和她寸步不離，估不到今晨因大家鬧哄哄嚷着看阿嬌三朝回門，以致驚醒了美卿，給她一個私逃的機會。於是，肥婆八姑又破口大罵阿嬌，累人累物，寮口四嫂祗好善言撫慰，推測美卿或許不滿意靚仔九少和她「擺房」，暫時在一位姊妹家裏躲過這個「良時吉日」，便會自動回來。接着寮口四嫂亦

責成肥婆八姑幾句，不應該頭一個「擺房客」，便選擇這個滿面爛豆皮的「九筒」，神高神大，像執寨廳在門前擺列的「開路神」一般，以一個嬌花嫩蕊的好女兒，突然被「鬼簪」，已是十分心慌，何況還被「神簪」，有甚麼不作鸚鵡出籠之想？肥婆八姑頻頻頓足搥胸，飲泣嗚咽，自怨自艾道：「唉！美卿，你既然不喜歡這個『九筒』，大可以開心見誠，對阿姑講一聲，以你的人才出眾，何愁沒有人肯出錢替你『擺房』，祗要你說一句，阿姑便不會再勉強你去做，因何出此下策呢？」寮口四嫂雖是和肥婆八姑義結金蘭，平時也很不值她的慘酷行為，冷笑道：「八家，不是我現在挑剔你，以你平日的鐵青面孔，美卿怎敢道過『不』字，不怕你『打貓不打人嗎』？」肥婆八姑當堂為之語塞，寮口四嫂恐她難過，說完她幾句之後，依然安慰她，說美卿可能寄居姊妹之家，過三五七天便可重歸懷抱，肥婆八姑半信半疑，沉吟說道：「美卿性情沉默寡言，平時和同寨的阿姑，沒有一兩個心腹姊妹，相信同寨姊妹也沒有人膽敢收留她，惹事上身，別間寨她更沒有相好的姊妹哩。」寮口四嫂又問道：「然則飲客方面，有那幾個和她很合得來？」肥婆八姑想了一會，雖覺得美卿平日和水汪汪頗為投契，但「水汪汪」似乎沒有帶美卿上街的力量，亦不致肯收留美卿，負起這個重大的責任。除水汪汪之外，再想不出有誰個客人足夠資格，引誘美卿效紅拂私奔，因為美卿以「琵琶仔」應徵，普通客人都是「君子之交」，其淡如水，沒有一個發生超「酒局」的關係，其甜似蜜，事前既沒有默契，誰肯接納一個突如其來的「琵琶仔」，如果手續弄得不妥當，很可能牽涉官司。龜婆八姑正在和寮口四嫂討論這個問題，另一位寮口阿六剛巧入來，聽她們談起美卿，插口說道：「剛才我見美卿從寨裏

出來，穿一套『洗水衫』的舊夾布衣服，雲鬢蓬鬆，脂粉不施，雙眼朦朧，似乎猶未睡足，經過我們寨門前，我問她去何處，她含笑回答，替阿姑買香烟，我當時不以爲意，又顧着要看新娘回門，事後才覺得有點訝異，你何致要叫她出外買香烟哩。」

肥婆八姑頓足嘆氣道：「阿六，你爲甚麼不在這個時候，馬上走來告訴我，或許可以截她回來。」寮口阿六亦表示懊悔的樣子，點點頭說道：「這是我一時的疏忽，本來見她這個情形，就知道事有蹺蹊，寨裏有許多工人，即使阿燕外出，隨便叫任何一位，都可以代你去買香烟，怎會叫堂堂一個阿姑，拋頭露面，着洗水衫袂出街，低貶聲價，太沒有理由呀。」寮口四嫂接口說道：「已過去的事情，悔恨無益，現在我們要研究美卿的去處，或許可能想辦法補救也未可料。照六姐的說法，美卿經過寨門口，出去電車路，而不是上大馬路，她是不是搭電車上環呢？上環可能找人客，而不會寄居姊妹處，到底找哪個人客呢？」肥婆八姑忍不住又問阿六道：「美卿是否空身出外，手上可有携帶任何物件？」阿六笑道：「如果她携帶一小包東西，我亦會觸起『挾帶私逃』這個念頭，覺得大有可疑，不會相信她代你買香烟，可能爲好奇心所驅使，尾隨着她，看她到底去甚麼地方，最低限度我亦會馬上通知你，不致給她兔脫了。」肥婆八姑一聞之下，一言不發，祗是長吁短嘆，寮口四嫂突然之間，頓有所觸，不禁失聲叫道：「八家，不是我嚇你！我看這個情形，越想越兒嬉，照你所講，美卿平時沒有幾個溫心的人客，你底心目中，也沒有任何人肯收留她，然則美卿空身一條，前路茫茫，何處是歸宿之地？我看美卿爲人，品性孤僻，既不肯接納醜惡的人『擺房』，倉卒間也沒有人加以援手，左右思量，無可爲計，最後可能想到

『自尋短見』的下策，由電車路出去便是海傍，我很担心她會投海自殺呀。」寮口阿六亦覺得這個推測不錯，提議跑出海傍一看究竟，海傍上落貨的苦力甚多，艇家也不少，希望他們看見女人投水，自然不會見死不救，很可能拯援她上岸，挽回性命。肥婆八姑如夢初覺，覺得此言有理，遂邀請寮口四嫂陪伴她，一齊下樓，打算出海傍，去探聽消息。

當肥婆八姑步出歡得寨門前，她底傭婦阿燕，氣吁吁跑近身前，斷斷續續地說道：「八姑，有好消息……正在找你哩……美卿……美卿姑現時在天外天酒店……請你去傾談呀！」肥婆八姑且喜且驚，且驚且訝，連忙追問道：「美卿叫我去天外天酒店？她這樣不梳不洗，不穿外衣，當真坐電車去了天外天酒店嗎？你怎麼會知道？」阿燕遞給肥婆八姑一封信，喜孜孜說道：「剛才有個酒店夥記帶來，聲明是美卿姑交給她底母親八姑的，初時要『面交』，我不知你在這裏，便對他解釋，我就是八姑和美卿姑的工人阿燕，他乃放心交給我。八姑，你還不知我焦急欲死，適值今早身子不方便，在住家遲滯了好一會，適才返寨，聽各人說起美卿姑失蹤，心裏耿耿不安。如果多我一個人在寨裏陪伴監視，我是向來不喜歡看熱鬧的，可能不會跑出『騎樓』看阿嬌三朝回門，美卿姑就無隙可乘了。」肥婆八姑沒有閒心聽阿燕賣弄唇舌，拿來信反覆審視，她雖然未入過學堂，但平時愛讀木魚書，唱班本，總識得多少普通字句，信封和信箋俱有天外天酒店字樣，封面寫着：即送石塘咀賽花寨美卿姑房間八姑開拆。

函內寥寥數語：「八姑母親：見字請即到天外天酒店三零一號房一叙，有要事勿誤——女美卿字稟。」肥婆八姑認得這是美卿的筆跡，心想她如果獨個兒去酒店開房，可能是為着靚仔

九少「擺房」問題，她誓死不從，以出走爲要挾，和自己磋商打消原議，尚不致發生嚴重事件，倘有別個客人代她出頭，就會弄出大事了。肥婆八姑一邊想，一邊匆匆穿好衣服，立刻乘電車上環，到了天外天酒店，找着三零一號房，輕輕敲門兩下，門開處，迎面就見美卿，亭亭玉立。左右顧盼，瞥見水汪汪及嚴十一俱在座，倒使肥婆八姑十分驚訝，這兩個人能夠在怱遽的時間，便和美卿在一起，顯然早有預謀，不自禁心驚胆震，祇好強作鎮靜的態度。

水汪汪叫肥婆八姑就座，美卿仍執禮甚恭，親自斟一杯茶遞給「母親」，肥婆八姑低聲問美卿道：「乖女，你叫我到這裏有甚麼事？本來有事大可以在寨裏商量，如果寨裏不方便，你大可以請水少爺到住家，從長計議。看你這個樣子：頭不梳，面不洗，着件洗水衫便去搭電車，拋頭露面，碰着熟客，眞是失禮死人，有失石塘咀大寨阿姑的資格呀。」肥婆八姑剛說完這幾句話兒，猛不提防嚴十一突然氣冲冲行近她的身邊，大力敲案子幾下，把她吃一大驚，連帶美卿亦嚇了一跳。嚴十一大聲道：「你還說甚麼石塘咀大寨阿姑，難道美卿永遠要墮落火坑，成世都操侍宴生涯，替你出賣皮肉，搏取金錢的嗎？由今日起，美卿姑已正式宣佈爲『住家人』，你休要誤會，我嚴十一縱橫花國十多年，從來轟轟烈烈，不做坭水佬鑿牆脚，她不是隨我作歸家娘，而是新陞我位老友水大哥的嫂嫂。你聽到這個消息，一定覺得頭痛兼頭刺，因爲你們龜鴇人家，刺探客人的家世，猛過福爾摩斯，你當然知道水大少爺雖然不是窮措大，却是『失匙夾萬』一名，怎能夠倉卒之間，帶一個石塘咀大寨姑埋街？豈不是唆使美卿效紅拂女私奔，立意逃撻她這一筆身價銀？你必定怨聲載道，逢

人告訴，倚賴美卿這筆身價銀做『棺材本』，若果當眞逃撻了，的確是『冇陰功』。但你儘可放心，假如他們有這種企圖，今日不會請你來磋商，在磋商之前，我不妨首先向你坦率聲明，水大少爺確是『失匙夾萬』，倉卒間拿不出若干現金，代美卿姑贖身，是我看在老友面上，自動解囊相助，一者玉成老友一段好姻緣，免他孤枕獨眠雙脚凍；二者出青蓮於火坑，免她永淪苦海；除贈金老友帶老契埋街之外，我也不怕你笑話，尚要屈身做『龜爪之流』，冒認是美卿的堂兄弟 —— 或者乾脆說一句，認做你的姪兒，代表作女家的主婚人，以抬高美卿的地位，不致給家姑輕視。八姑，你不會控訴我假冒名義，認做你的姪兒嗎？」肥婆八姑給嚴十一這麼一說，不禁笑將起來，美卿和水汪汪自然更眉飛色舞，笑個不停，剛才緊張的氣氛，亦爲之鬆弛了許多，肥婆八姑不改龜婆的口吻，阿諛奉承，諾諾連聲道：「十一少這樣待朋友，眞是義薄雲天，在花叢地方多找一兩個也難，美卿得其所哉，可謂遇着貴人了。」

嚴十二笑道：「八姑，你不必製造高帽給我戴，我生平做事，祗是主持正義，好比綠林俠盜，刦富濟貧，鋤強扶弱，花散多少錢，幫忙一個朋友，挽救一個弱女子，有甚麼要緊？我相信你八姑亦是明白事理的人，見我幫忙老友，你自然亦要幫忙我一下，不會趁火打刦，乘機起價，現在你旣然明瞭我的宗旨，請你老實開個價錢，換句話說：我帶美卿上街，你需要幾多錢贖身？」嚴十一這番話，剛柔相濟，而十一平時在賽花行徑，肥婆八姑常有所聞，心裏也有幾分畏懼，倉卒之間，叫她不知開若干價錢才算符合雙方的理想？因爲開得太多，必遭嚴十一斥駁，未必肯答應，若索價太少，自己未免太吃虧，最難解決的便是靚仔九少的

擺房問題，靚仔九少已答應付出五千元的數目，除執寨廳送紀念物之外，本人仍可實收四千元之譜，是不是照開四千元，或加或減，一時確難決定，低首沉吟，莫知所對。嚴十一和水汪汪很耐心地等待着，過了五分鐘有奇，美卿見嚴十一面色有些改變，恐怕他大發脾氣，低聲催促肥婆八姑道：「阿姑，你隨便開個數目吧，粉牌字，合則要，不合則抹去再寫過也無妨。」肥婆八姑聽美卿這幾句話，誤會美卿給她一個「暗示」，不妨開天撒價，既然是「粉牌字」，大可抹去再寫，當下堆滿笑臉，帶講帶笑道：「承蒙兩位大少幫忙美卿，我當然不敢需索過奢，好在有例可援，恰巧這幾天九少答應替美卿『擺房』，聲明『一脚踢』五千元，可否就照這個數目，或者減少幾百也不成問題，算我買件衣物送給美卿做紀念，以表示我們十多年母女之情，美卿這人真不錯，天性純厚，她雖不是我親生的女兒，但歷向對於我是十分依憐的，很應該送給她一件相當價值的禮物，慶祝她落葉歸根，脫籍青樓……」肥婆八姑一口氣說下去，其「作狀」處使到嚴十一和水汪汪爲之笑不可仰，美卿想極力咬着口唇，亦禁不住撲嗤的一聲笑將起來，嚴十一亦「作狀」問道：「是的，八姑待女兒很不錯，美卿常時對着我們歌功頌德，現在美卿埋街，又自動要送給一件相當價值的禮物，五千元減幾百，就算減足一千，五千減一千等如四千，我很想知道，這數目是不是作爲嫁女的聘金，包括全副嫁粧，有廳面枱椅及房間枱椅呢？」

　　肥婆八姑初時尚不知道嚴十一故意「扮傻」惡作劇，大大的和她開一次玩笑，聞言之下，十分錯愕說道：「十一少，從來阿姑上街，永遠沒有這個規例，和普通人家嫁女絕對不同，那有包括粧奩之理？何況搬到全副嫁粧的話，尚要支撑其他門面，

破鈔一萬也似，八千也似，區區四五千，豈不是要我學『盲佬貼符』—— 倒貼？十一少恕怪我不能辦到了。老實講一句，九少提出五千元這個數目，本來要依足的，現在兩位尊意，『收順』一點，不減幾百元這般瑣碎，齊頭減夠一千，即四千不能再減，這四千是美卿的身價銀，我半文錢也不能貼補了，甚麼衣物也不能添置，因爲已減去一千元了。不過美卿平時所穿的衣服，甚至往日所置的金鈪及金戒指，我亦一概相送，不像其他錙銖計較的龜婆，女兒上街，不管身價銀若干，僅是吉身一條，任何衣物不得携帶，理由是：『濶少帶阿姑，全部新裝置，亦滿不在乎』。」

嚴十一鼻孔裏哼了一聲，冷笑道：「八姑，你剛才是不是食完山渣麥芽，這麼開胃！如果我出得四千元偌大數目，儘可以和你在寨裏開談判，何苦多此一舉，請你到酒店來？」肥婆八姑尚不解嚴十一這幾句話的弦外之音，磨利舌劍唇槍，拿出她所認爲的「大條道理」，向嚴十一少分析道：「十一少，不是我食完山渣麥芽，開天撒價，這是有例可援的。九少替她『擺房』，我祇規定他幾晚光陰，便要付出這個代價，擺房後美卿接客所賺的金錢，眞正無可估計。我爲着成全她和水大少的好事，俾她終身有靠，未來的數目，我已經不斤斤計較了，現在整個身軀送你，還不值擺房這個價錢嗎？十一少，人心肉造，希望你也替我設想一下，必得像『泥水匠開門口』—— 過得你亦過得人正好。」嚴十一聽到最後一句話，有點冒火，剛想發作，水汪汪已搶先說道：「八姑，你必須認清楚這一點：付出四五千元身價，帶一位阿姑埋街，在嚴十一少的身份而論，不特不會嫌多，兼且會嫌少，因爲濶少帶個大寨阿姑，非駛一萬八千，也不夠聲價，但是可惜之極，可惜這位美卿姑，絕對不是給嚴十一少賞識，而是

『不夠運』碰着我水汪汪，正式窮光蛋一名，簡直沒有帶妓女的資格，祇靠朋友仗義幫忙。同時這位義氣朋友，除付出阿姑的身價銀之外，尚要一手經理，代我們組織一個小家庭，數目殊屬不菲，正如你剛才說：『人心肉造』，要我累朋友破鈔一萬八千，完成這件事，問良心也過不去，所以迫得請你到酒店磋商。十一哥待朋友夠義氣，希望你對待女兒也講些義氣，把身價銀減到最低限度，在塘西花國中，創一頁『義氣龜婆』的光榮紀錄，大家『義氣搏義氣』，不是『義氣搏兒嬉』，我們絕對不願意效其他『不顧義氣』的客人，唆使老契『走路』在塘西留下一個臭名，永遠不夠馨香。」

肥婆八姑聽出口風，情知不妙，當堂面如土色，口唇震顫，正想開聲問水汪汪還價幾許，嚴十一改變嚴厲的態度，故意問肥婆八姑道：「你知否美卿爲甚麼理由拋頭露面，不顧大寨阿姑身份，着件『洗水衫』，就搭電車『遁』上環，到酒店，然後再寫信約你移駕一談？」肥婆八姑猛搖頭表示不知，嚴十一哂笑道：「八姑，你今回當眞是幾十歲老婆婆，倒繃孩兒了。這一次你雖然心思縝密，提防『走雞』，猝出不意，阻止美卿出局，幸而山人自有妙計，比你棋高一着，老早關照美卿來開定個房間，叫她於必要時，馬上遁走出來，找着我們。她却要萬分感謝對門女兒阿嬌，三朝回門有燒豬，引起你們多管閒事的興頭，給予她一千載難逢的機會，竟能作出籠的鸚鵡。我現在不妨老實告訴你，我們選擇這間酒店，利用地點接近『華民署』，署內『發牌』的某某師爺，以及律師樓最有名的某某師爺，俱是我們的飲友，相信你也見過他們，和我摩滑酒杯底，有事總可以義務幫忙，何況拯救一個荏弱可憐的好女兒，有誰人不表示深切的同情，出青蓮於火坑呢？」

肥婆八姑一聽到某某師爺的名字,當堂面色突變,很着急地問道:「十一少,你當真驚動某某師爺了?有事慢慢商量,何必驚動官府呢?」嚴十一笑道:「你不要忙,我當然先禮而後兵,坦率說句,我經已和他們擬定你所犯的罪名:『賣良為娼』,如果沒有充分證據,則控告『壓迫及虐待未成年女子當娼』。假如在『華民署』未能解決,則由某某師爺,延聘律師在法庭起訴,總而言之,我底宗旨是:『寧可花費三二千元打官司,也不甘心情願多給你一千八百』。」

肥婆八姑聞言之後,手足發抖,顫聲說道:「十一少,請你千萬體諒我,耗費偌大心血養育一個女兒,『成本』也需要相當的數目,幸勿使我血本無歸呀!」嚴十一點頭說道:「很好,我經已用算盤打過,度過,算過,你買入美卿的時候,不是二百元嗎?」美卿忍不住突然出涕道:「苦哉!提起這件事,真是一眶眼淚,這筆賣身錢,除了僅夠爸爸殯葬費之外,多一文錢也沒有,當時阿媽懇求八姑多出五十塊錢,養育我兩個弟弟,八姑不肯答應,說我年紀又細,面貌並不十分標青,尚要落許多本錢,才可以撫養成人,還未知能否搏得人客歡喜,可能是『蝕本貨』也未可料哩。」水汪汪含笑說道:「照現在的情形看來,美卿可能真是蝕本貨呀。」肥婆八姑大起恐慌,淒然說道:「你兩位少爺,難道真的要我蝕本?照她的賣身錢加多少……」嚴十一插口說道:「八姑請放心,我當然不會令你蝕本,不過你想『一本萬利』,我決定不能辦到。賣身錢二百,我增加一倍,共成四百元,另外你養育她許多個年頭,再加四百元米飯錢,合計八百大元,你感覺滿意吧?」肥婆八姑當堂跳起來,眼淚、鼻涕一齊來,作乞憐之狀,嗚咽而言道:「沒陰功哉!十一少,人心肉造,試想

我用幾許心血，才能栽培一個阿姑，不要說金錢，單是用足全副精神，比較窮家慈母養大女兒，更費心機，區區八百元，怎能說是代價呢？」

嚴十一笑道：「八姑，你說得一點也沒有錯，栽培一個阿姑，用足全副精神，比較一般窮家慈母養大女兒更費心機，兼且更費氣力，有時打貓不打人，加倍犯氣，真是食多一斤高麗參，也不易賠補哩。」肥婆八姑哭喪着臉，望着美卿說道：「十一少，我視美卿如珠如寶，大聲罵一句也捨不得，沒有用過『打貓不打人』的手段對付過她，如不相信，請你當堂問一聲美卿，便知實情了。」美卿鼓起腮兒說道：「我確未曾嘗試過這種滋味，其他兩個『荷包女』，卻身罹苦難，嚇得我心胆震裂，迫住要循規蹈矩，難道尚要慘受酷刑嗎？不過除此以外，別種折磨也夠滋味了。」肥婆八姑見美卿不肯袒護她，祗好再向嚴十一求情道：「十一少，你是花叢老雀，當然很明瞭阿姑領牌的手續，以及全套『出局』的裝備，費用不貲，計起來八百元也不敷支，你祗給我八百元，這數目未免太離譜了，手段潤綽如十一少，相信你決不會出手太低的呀。」肥婆八姑打算磨利舌鋒，充滿甜言蜜語，奉承嚴十一，希望他大解善囊，取消原議，誰知嚴十一識穿她的伎倆，駁斥道：「八姑你不要亂給高帽我戴，我是不受巴結的。沒有錯，你替美卿『上牌』，確要落一筆大錢，但美卿陪飲的局票錢，以及你教她效丁娘十索，所得『白水』統通撥入你的荷囊，甚至人客『打水圍』的生菓錢，本來是傭婦獨享的，你亦和傭婦聲明，均分一份，正如豬籠跌落水，週圍有入息，進、支比對，早已大有盈餘了。」

肥婆八姑仍苦苦哀求：「十一少，請你無論如何，作為特別

體恤，恭祝你添丁發財，大添特添，八百元這個數目，我當真要餡本的，十一少既然仗義幫忙朋友，懇求你大筆淋漓，大解善囊，算為救濟我八姑好了。」嚴十一冷笑道：「我的確大解善囊，幫助朋友，為人為到底，送佛送到西，我除以『兄長』身份，担任做美卿『主婚人』之外，更要替水大少組織小家庭，暫時不返『大屋』居住，以免姑媳間氣味不相投，可能發生惡感，識穿底蘊。錢是規定數目開銷的，與其救濟你八姑，倒不如救濟我老友，你方面佔數目太多，他們就所得有限，你方面僅有一個人，他們却是兩個，論理他們亦應該佔多一分。也罷，三一三十一，逢三進一，我預算幫助朋友三千的，你們三個，逢三進一，我就加多二百，齊頭數一千。這是我最慷慨的讓步，其實多給一文錢，我都認為多做點孽，加多二百元，等如夠你買多一個養女，害多一個可憐的女性，問良心實在耿耿不安。你若果不願意的話，時間尚早，地方又近，我和你去『華民署』，不去猶自可，去則和你鬥到底，一文錢也不給你。我可能不見某某師爺，直接拉你見『華民司』，連帶你家裏兩個養女，一齊宣佈『解放』，使我多積一點陰隲！」肥婆八姑一聽這句話，魂飛天外，魄散九霄，但她依然想多一百得一百，靜悄悄央求美卿道：「彼此一場母女情分，一千元的數目太少，我希望你講講情，懇請十一少加增五百元，其實我也願意你找到如意郎君，位列正室，勝過做富家妾侍，將大家仍舊可以往來，你大可作『返外家』一般，保持十多年來的情誼，祇要你肯代我一言，十一少沒有不答應之理。」

美卿受了十多年的冤屈氣，平時受壓於種種淫威之下，極端啞忍，已是痛苦不勝，現在獲得機會，正好趁機大發牢騷，冷笑一聲說道：「八姑，恕我不叫阿姑而叫八姑，因為由今時今日起，

我們已脫離母女的情分了，既然母女情分經已脫離，自然沒有福分返外家，也不敢希望再與你來往。你叫我懇求嚴十一少加多五百元，我確沒有這份膽量，問良心更不敢開口。你試想想，人家既仗義疏財，幫助朋友，又拯救我出火坑，依照正式手續，拿錢替我贖身，出一千元已是感激萬分，尚敢作無厭之求嗎？八姑我勸你打消這個念頭吧！相信你亦知道十一少的品性，反起臉來，絕不講情，他可能纏你去『華民署』解決，不特損失了這一千元，還要牽涉家裏阿娟、阿妙兩位妹妹。」美卿說到這裏，故意附八姑耳邊說道：「她們兩個都嘗過『打貓不打人』的滋味，身上的貓爪疤痕，尚未泯滅，我怕聲張起來，對你有些不便哩。」肥婆八姑知道事情到了這個地步，得些好意須回首，否則可能惹禍上身，沒奈何靦顏上前，答應嚴十一的數目，嚴十一從銀包裏拿出兩張「大牛」紙幣，起草字據，聲明是美卿的贖身費，交給肥婆八姑看，並唸給她聽，叫她簽字，如不識寫名字，畫個十字替代，總求是她的字跡，便可發生效力（按：從前「文盲」很多，不祗婦女，男人也有不識簽名的，大都打指模或畫十字便算），嚴十一交紙幣的時候，依然嚴詞厲色，向肥婆八姑鄭重聲明：「我給你這一千元，完全是賞臉給美卿，本來想和你鬧官司解決，不給你一文錢，以免你作孽更多。因為你拿這一千元，可以多買幾個女兒，無形中『陰功』在我的身上。現在我特別和你作口頭上協定，你不能拿我這筆錢來買女兒，以彌補美卿的缺額，我若查出有此事，定不肯與你干休。你肯答應我這個條件，才好接受我這筆錢，聲明在案，將來勿怪我反面無情呀。」肥婆八姑唯唯諾諾滿口應承，勉強說句「多謝十一少」，循例祝賀水大少與美卿好事和諧，幸福無量，然後大踏步出門。水汪汪睹狀，禁

不住拍掌歡笑，美卿倏忽之間，跪在地下，向嚴十一叩個响頭，嚴十一想阻止已來不及，慌忙將她扶起，連聲說道：「使不得，使不得，美卿你這是甚麼意思，我倒給你嚇煞，還以爲你昏倒在地哩。」美卿淚承於睫，凄酸地說道：「阿儂不幸，生成苦命，從幼賣給八姑爲育女。據我所知，有許多和我同樣身世凄涼的女孩，賣身與人，亦有十分幸運的，例如賣與媽姐『撚女』——糟豬花，打扮和閨女一般，供書教學，雖然最終的目標，仍是貪圖龐大數目的身價銀，做富室妾侍，但最低限度在幼年時代，身驕肉貴，不捨得大力撫摸一下，只要肯聽教聽話，一切遵循意旨而行。賣給八姑就有天淵之別了，她準備養大育女操皮肉生涯，她生性比任何龜婆兇狼，動輒鞭撻，施其下馬威，我見過她的『打貓不打人』手段，膽震心寒，好幾月寢食不寧，從夢中驚號起來，自忖今生今世，都永遠沒有重見天日的希望，此次幸得十一少仗義幫忙，跳出火坑，恩重如山，正是叩一百個响頭，亦不能表達我底寸衷謝悃呀。」嚴十一再三勸慰，美卿才收淚拜謝。

　　嚴十一貫徹「爲人爲到底，送佛送到西」的宗旨，當真以美卿「阿哥」的身份，作女家主婚人，拿二十元給美卿辦粧奩，組織小家庭，叫「水汪汪」用正三書六禮，娶美卿爲妻。水汪汪底母親，本來有私人物業，現金私蓄也不少，不過老人家生性吝嗇，主張娶媳婦服侍自己，必得同居一起，不願意多耗一筆錢，另組小家庭，所以初時反對這一頭婚事。後來聽說嚴十一嫁妹，由女家負責費用，不贊成也勉強答應，因爲水汪汪受職那間猶太人洋行，辦房是嚴十一底父親做「保家」的，「水汪汪」雖然任職於寫字樓，不是隸屬辦房範圍，到底也有密切關係，要賞臉幾分。嚴十一素稔水汪汪的母親，是個精細幹練的婦人，恐怕美

卿和她同居一起，日夕相見，經她盤詰之下，幼稚忠實如美卿，很容易露出破綻，弄得家庭間發生不愉快的事件，豈不是「愛之適足以害之」嗎！故不惜多費一筆錢。這是嚴十一仗義幫忙朋友的好處，無怪這件事當時聳動塘西花叢，許多飽受龜婆煎熬的阿姑，皆羨慕美卿好福氣，想一覘嚴十一的顏色，傾其孺慕之忱，可是龜婆們却掉忌嚴十一這個人，諸多阻止和詆誹，說他這種舉動，屬於「違法」勾當，領牌做妓女是經過官廳手續，怎能夠由他從中干預，剝奪做龜婆的權利？不過肥婆八姑「太膿包」，不濟事又怕事，「如果我老身設身處地，拼之和他打一場官司呀！」振振有詞，用以威嚇其「荷包女」，不要受人擺弄。同時偵知女兒應嚴十一及其朋友之召，有嚴十一在場，特別密切注意，以免再蹈美卿的故轍。至於美卿和水汪汪成爲眷屬之後，水母常到新居探望媳婦，美卿自然亦到故居侍奉家姑，她既是出身大寨的阿姑，頗能迎合老人家的意旨，婆媳間的情感，漸如水乳交融，十分相得。過了半載有奇，肥婆八姑知道美卿的住址，又聽說她懷有身孕，特來問訊，帶有禮物前來，並說她年輕，不曉得充分準備做新母親的物事，自告奮勇，代她辦理。美卿雖曾聲明不願意和她往還，但見她盛事拳拳，自然不好推却，泯除芥蒂，恢復「母女」情誼。嗣是以後，肥婆八姑隔十天八天便來一次，殷勤賣弄心事。在這個時候，抱孫心切的水母，不消說常時枉顧，竟和肥婆八姑碰頭。水母是精細婦人，眼光犀利，一望便懷疑肥婆八姑「成個龜婆」模樣，又聽她以美卿的母親身份自居，口口聲聲自己女兒少不更事，多勞「奶奶」指教。忍不住等她去後，質問美卿和水汪汪，此人不像嚴十一少的叔嬸或伯母，到底是甚麼來歷！美卿知道此事不能隱藏，祇好和盤託出，完全推在嚴

十一身上，說是出自他的主張，並仗義幫忙金錢，挽救火坑中的青蓮，最後表示本人是貞操自葆的「琵琶仔」，和普通妓女不同，懇求海量包涵。水母以米已成炊，雖是憤恨兒媳賈欺，薄責幾句作了。幸而美卿不久誕生麟兒，活潑可愛，老人家喜得乖孫，滿腔怒氣化爲雲烟，又以嚴十一破鈔玉成好事，璧還三千元，嚴十一强而後受，封「大牛」紙幣一張，作孩子彌月「利是」。但肥婆八姑自從見過水母之後，即絕迹不到，薑酌也不參加，一般人懷疑八姑有心「靠害」報復，幸水母不墮縠中。

塘西花月痕

羅灃銘 著

《塘西花月痕》（全二卷）

作　　者：羅澧銘

責任編輯：何阿三

封面設計：涂　慧

出　　版：商務印書館 (香港) 有限公司
　　　　　香港筲箕灣耀興道 3 號東滙廣場 8 樓
　　　　　http://www.commercialpress.com.hk

發　　行：香港聯合書刊物流有限公司
　　　　　香港新界荃灣德士古道 220-248 號荃灣工業中心 16 樓

印　　刷：美雅印刷製本有限公司
　　　　　九龍觀塘榮業街 6 號海濱工業大廈 4 樓 A 室

版　　次：2023 年 11 月第 1 版第 2 次印刷
　　　　　© 2020 商務印書館 (香港) 有限公司
　　　　　ISBN 978 962 07 5848 5
　　　　　Printed in Hong Kong

目　錄

下卷

羅澧銘（塘西舊侶）著

塘西花月痕

（全二卷）

第叁集

第卅八節：仇公子打賭一個月花五十萬元

一個月花五十萬元 —— 相信讀者看了這個標題，必定想查問一句：是甚麼年份？在甚麼地方？五十萬元：是不是廣州淪陷時期的「儲備券」？抑或是香港淪陷後期的「軍票」？雖然這等「鈔票」不大值錢，如果在娛樂區，一個月花五十萬，平均每日萬餘元，計算起來，亦殊屬不菲。但這位仇公子一個月花五十萬元，正是塘西花月的黃金時代，距今大約三十五年前的事。嘩，這還了得！卅五年前的五十萬，比較現時的幣制，何祇十倍，差不多可抵一千幾百萬，何物仇公子，如此花費，未免跡近荒唐了。荒唐嗎？沒有錯，說起來幾使人不堪置信，原來他花這筆錢，祇是和朋友打賭，如果他「賭勝」，朋友做東道主，請飲一餐。大家試想想，請飲一餐，在當時不外花費一百幾十元，甚至「執寨廳」花費幾百，也犯不着破鈔五十萬，搏他一餐，豈不是太無稽嗎？讀者諸君：你們或許不知道「敗家子」之敗家，好像對於父兄的血汗錢，「報仇」似的揮霍，說句「迷信」的話，多少帶點「因果報應」，所謂「貨悖而入者悖而出」，刻薄成家，理無久享，不由你不信！因為仇公子天生「敗家子」一名，即使沒有朋友和他賭賽，他亦一樣「洗脚不抹脚」。即如我有一位老友孟公子，心裏想買醉塘西，表面上也要「累」朋友破鈔，聲明你「請坐汽車」去塘西，他一於「請飲」，那時候在中環叫汽車去塘西，

名喚「一送」，代價不過一元左右。初時汽車較少，一送的代價，由元半至二元，其後八毫子亦有人肯接載。如果幾個朋友合共科銀一元，他請飲就得花費幾十元，試問這是甚麼「數學」？怪不得許多老前輩警告子弟：「你要自量，切不可和某某公子之流，花天酒地，人家出雞，你出豉油，亦將你『點』乾呀！」這是至理名言，像仇公子的豪富，朋友請飲一晚，他居然拿五十萬元去「博」，豈不是荒天下的大唐？還有一層，朋友和他「賭簧」：一個月花費五十萬元，要附帶條件，聲明這五十萬元的確在塘西秦樓楚館，倚翠偎紅，散在阿姑身上，絕不能「送贈」，必須是「駛用」淨盡，才算勝利。朋友提出這個條件，亦大有理由，因爲「送贈」東西，花錢最易，你可以買一座洋樓，及珍珠、鑽石、翡翠首飾，送與「溫心老契」，休說五十萬，一百萬亦不算多，一星期內可以到手輒盡，何須一個月之久？但如果聲明祇許「駛用」，不得「送贈」，一個月花五十萬，確也煞費躊躇。若不是聰明智慧的敗家子，相信亦有可能自願服輸。我們在未「揭盅」之前，不妨想一想：三十五年前的物價如許低廉，普通在酒樓飲一晚，不過幾十塊錢，飲寨廳就算包括豐厚的「貼士」，極其量千餘元，甚至幾千元。一個月花五十萬，等如平均一日要花萬多元，請問如何「駛」法？我相信大家都承認這個「答案」殊不容易。但仇公子不消一個月，前後廿三日，便將五十萬元開銷淨盡了，他底「散錢」本領，在塘西確是首屈一指，不由你不佩服！

　　仇公子在短短的廿三天，居然開銷「半百萬」之數，在塘西花史的「敗家子列傳」中，他應該獨佔鰲頭，如果仿效司馬遷作「史記」，小不免要替他寫一篇「世家讚」，署爲叙述其先人的「興家」，庶幾明瞭其子弟的「敗家」，殆有因果報應之說存焉。仇公

子的尊人，不必詳其大號，稱爲仇翁 —— 翁也者，富翁之別稱，亦善長仁翁之謂，有子克紹箕裘，「救濟」塘西火坑中的青蓮，稱「翁」亦殊恰當。仇翁以經營顏料起家，如所週知：德國出品的顏料，暢銷世界市場，仇翁初任一間德國商行的買辦，第一次世界大戰爆發，德國人一律奉命離境，當然貨物不能帶走，由辦房承受。第一次大戰，戰火蔓延歐洲，亞洲完全未嗅到火藥味，凡是躉存歐洲貨物的商家，無不平地起家，單是靠顏料致富的商人，已不計其數。仇翁的發達，確具有遠大的眼光，玲瓏的手腕，深刻的心計，歐戰爆發，他除屯積自己商行的顏料，更四出搜購，市場幾爲之一空，然後求善價而沽，按步就班，小量放出，他相信戰事越延長，價格當繼續飛漲，不愁無人搶購。同時，他更有一位很得力的助手，名喚呂七叔，勸他向我國西南各省展拓銷塲，因爲顏料是工業界的主要原料，內地需求甚殷，當仇翁宣佈這個展拓的計劃，認爲非集合人力物力，不能爭取優越的地位，個人財力有限，乃允許一班夥伴共同投資合作，當首先集資本搜購市面的顏料，然後由各股東分別負責：入內地，由廣東，湖南，以至雲南，貴州各省，幾於無遠弗屆，雖是跋山涉水，僕僕長途，但越是遙遠的地區，越有優厚的利潤 —— 通盤計算，平均的溢利，亦有二十倍。難得這班夥記兼股東，冒險深入各大小市鎮，奏凱而回，當時風俗淳樸，人心忠直，個個除清合理的旅費之外，本利全部交還。可是這次的意外收穫，完全超出想像之外，俗語說得好：眼睛是黑色，銀是白色，他心裏在想：十人養一人肥，大家每人分少的，爲數有限，其餘撥歸「阿公」，那數目就相當可觀了。於是仇翁聲明先「歸本」，利潤「分一個開」，經已對本對利，其餘「十九個開」，暫歸「公家」，將來

再謀發展，「慢慢計數」。初時一班夥記，以為這椿生意，由他帶挈，對本對利，暫時亦感到滿足，好在將來仍「有數得計」，有甚問題？到了歐戰結束，仇翁亦不做買辦而做大班，自己經營一間洋行，業務範圍廣泛，甚麼生意也做。這班夥記如睡在夢中，「幻想」這間洋行的資金，他們多少佔些兒股份，後見情形不對，全體歡宴呂七叔，要求他做「總代表」，請示仇翁：舊日的顏料數目，何時可以核計清楚？誰知所得的答覆，祗是寥寥數語：「笑話之極，數目不是早已核計清楚嗎？個蜆個肉，對本對利，尚復何求？如果尚有盈餘，我亦老早清發，豈有等到今時今日！」各人聞言，面面相看，要求呂七叔再想辦法，但呂七叔一口拒絕。

原來呂七叔雖是「智多星」，替仇翁運籌帷幄，決勝千里，可惜他是「窮措大」一名，自己沒有資金，仇翁給他「雙倍」利潤，他為人存心忠厚，自然對東家盡忠効勞，加以仇翁開設這間洋行，委任他為副經理，絕對信任，一般人的處世方針，大都「跟紅頂白」，呂七叔又豈能例外？因此他除左偏袒東家之外，更婉勸這班夥記：「凡事得過且過，做生意有『對本對利』，總算心滿意足了，彼此賓主之間，何必『因財失義』？現在東家既然繼續請你們幫忙，我以為還是『免提舊事』為佳，希望將來生意發展，再分『花紅』好了。」這班夥記為着飯碗問題，沒奈何忍氣吞聲，但不平則鳴，自然之理，仇翁憑這個機會，一躍而為百萬富翁，同業中人，偶然談起仇翁的發富，碰着這班夥記中之一員，在塲討論，必定傲然插口說道：「有甚麼『架勢』？這些身家，大部分是我們的。」甚至有人刻薄地說：「這是我們一班人『施捨』給他的！」俗語說得好：欲要人不知，除非己莫為，

仇翁的發達史，不脛而走，這番話很快亦傳入耳朵，他起初赫然震怒，很想將說話的人馬上開除，既而回心一想，自己既對人不住，若果再施壓力，難免犯眾怒，弄到事情更張揚，反為不美，不若「笑罵由他笑罵，富翁我自為之」。湊巧當時有位富豪，被人狙擊斃命，聽說也是由於「小股埋大股」，溢利「幾十個開」，此人更沒良心，一手抹過，連「對本對利」也沒有分給這班小股東，想問一聲也無機會，眾怒難犯，以致釀成巨變。這也難怪，因為小股東不少是傭婦，小職員等輩，罄其半生的積蓄，投資這種近於「偏門」的生意，一旦血本無歸，不啻「宣佈死刑」，索性「同歸於盡」，買兇行刺。仇翁恐蹈其覆轍，乃聽從呂七叔之勸，做些「假仁假義」，到年終生意賺大錢，稍為多給夥記一筆「花紅」，以彌補他的罪過。據其中的一位夥計口述：仇翁肯這樣「優待」這班夥記，除「怕死」之外，還有「喪明」之痛，也是造成他「懺悔」的主要因素。原來仇翁很早便結婚，而艱於子嗣，婚後七年，太太始「開懷」（世俗叫「懷孕」為「開懷」）。長子阿恩，呱呱墮地，財源順遂，添丁發財，其喜可知。仇翁夫婦更認阿恩「好腳頭」，帶挈父親發達，彌月薑酌，筵開六七十席，極一時之盛，可惜阿恩這個小孩子，或許是世人傳說的「討債鬼」，報「恩」而來，討「債」而去，出世半載，便嗚呼哀哉，染「慢驚」而夭折。仇翁鑒於長子阿恩，不幸短命死了，聽信星相家言，恐怕太太不是「宜男之相」，所生兒女，難免有「虛花」之嘆 —— 不能「結果實」—— 乃娶個「二奶」。事有湊巧，二奶入門甫一年，居然生子，仇翁滿心高興，表面上不敢「珍之重之」，取個賤名阿豬，甚且不擺薑酌，依隨婦人之見，拜一個菩薩做「契爺」，叫一個老傭婦收為「誼子」，以「降低」其身份，庶幾「賤生賤養」可以

「快高長大」。這位第二公子，名雖「阿猪」，資質極爲聰明，「七歲應神童」，循例請一位嚴老師替他「開筆」，儀式極爲隆重。這位嚴老師是「翰林公」，因仇翁本人受過中英文教育，特別注重子弟的學業，不惜重金禮聘宿儒，「專家」教習，並敦囑老師嚴厲管教，幸勿姑息溺愛。從前的師尊，具有一種道德觀念：「悞人子弟，男盜女娼」，給家長譏諷一兩句話，即感到莫大恥辱，並不比今日那些「學店」店主人，祇知飽私囊，充排場，簡直在「做生意」，不知「教育」爲何物，言之殊堪痛心！嚴老師管教特嚴，以這孩子夠聰明，希望他在三年間，讀畢四書五經，以誇耀於「學父」之前，可惜阿猪體質單薄，不像肥蠢健康的「猪仔」，在師長與家長鼓勵讚美之下，努力用功。不料用功過度，憊憊成病，爲着搏取長輩歡心，阿猪仍然孜孜不倦地，在病中亦喃喃唸了幾篇「詩經」，直到嚴老師讚美他幾句，命令他「住口」，他才肯閉目養神。如是者纏綿床笫，達十三個月之久，病入膏肓，終告不治，享年僅十三歲！仇翁遭遇這個重大打擊，開始流連花酒，連娶幾個妾侍，帶兩個「琵琶仔」上街，希望多生子嗣。畢竟事與願違，妻妾皆「弄瓦」而不「弄璋」，有「瓦窰公」之稱，尤其是這班夥記，感到無限的快慰，譏諷他「週身外父相」，從前辦顏料賺錢太多，現在應該做多幾批「蝕本貨」，正是天眼昭昭，報應不爽。他們估不到更有一個「大報應」：當阿猪去世的第二年，正室誕生第三公子，就是本篇的主角：一個月花五十萬的仇公子。

這個仇公子，不必詳其大名，好在是仇翁「獨一無二」的苗裔，「本號祇此一間，並無分支別店」，雖不「註冊」，亦不怕有偽冒「商標」之嫌。仇翁以大公子阿恩太過「矜貴」，而無福消受

偌大身家，二公子阿猪因讀書用功過度，而「不食廣東米」，前車可鑒，覆轍堪虞，對於這位仇公子，一切都取「放任主義」，聽其自然發展，絕不稍加約束，但仇公子讀書比哥哥阿猪的用功，雖是望塵不及，資質聰明，則比阿猪遠勝，肄業小學，每試輒冠其曹。仇翁見兒子「幼時了了」，成績優異，滿心歡喜，認爲佳子弟便是佳子弟，不必多管，相反地越加放縱，甚至仇公子年方十二，每日可吸廿支庄的「綠包兒」香烟，仇翁亦不加勸阻，反認爲提神醒腦，助長文思，成績當更斐然可觀。仇公子越弄越猖狂，一切起居飲食，俱崇尚豪華，讀「小學」時期，每月已開銷二百元有奇，每星期在洋行提支五十元，習以爲常，有時還不止此數，藉口大宴同學。四十年前物價低廉，普通商店的掌櫃先生，月薪十元八塊，勉強可以養妻活兒，「白領階級」的月薪，亦不過三幾十元，入息「過百」，當屬於「大寫」階級。至於一般小學生，食飽三餐，放午學父母給「一個仙」，可購買許多種零食，那時的幣制尚有「銅錢」使用，「一個仙炒幾味」，已是小康人家的兒童，才有這樣享受。仇公子是「百萬富翁」的兒子，自然與眾不同，但勤儉持家的呂七叔，見得這位小主人如此浪費，少不免通知仇翁一聲，弦外之音，頗有諷諫之意，仇翁只是付諸一笑，甚至說出幾句很「驚人」的話：「他生得『好命水』，獨一無二，沒有人和他相爭，將來的身家，也是他獨個兒享受，遲早也是給他花散，算了罷！」最後似乎自覺出言太過荒唐，解嘲地說道：「我看這孩子倒很聰明，頗能讀書，希望他有本事『散錢』，也有本事『賺錢』，亦自無妨。這孩子確夠精，祇要他不『精歸左』才好！我生平最服膺這句話：『寧生敗家子，莫生蠢鈍兒』，有時看見有等蠢仔，蠢到無藥可醫，一樣敗去身家，

究不如生個精乖子弟，敗起來也是爽快的呀！」七叔以東翁「議論風生」，嗣後不敢過問小主人的行動，有位夥記親聆偉論，「存心靠害」，並想討好少主，一五一十，具實以告，仇公子從此更爲縱橫，「有恃無恐」了。仇公子升入中學之後，「學問」和「駛錢」的進步，與日俱增，本領的高強，方法的巧妙，父親不恃「予取予攜，不予瑕疵」，反爲逢人讚他「好學」不倦，將來必定出洋留學，保管獲得「博士」榮銜以歸 —— 最低限度亦有「碩士」資格。到底他如何「好學」，怎樣「駛錢」呢？舉其一斑，以例其餘。有一次仇翁和朋友談話之間，表示弟子將來選習專科，最好「學醫」，據說他聞人言，醫生具有普通市民較爲難得的「特權」，例如領取「自衛槍」，凡是醫生資格，即獲批准，因爲醫生時常深夜應病人之召，到偏僻地區診症，提防歹徒襲擊，非有自衛槍不可，其次醫生的汽車，隨處通行無阻，因爲救命要緊。

　　仇公子聽說父親贊成子弟學醫，靈機一觸，一者迎合老人家心理；二則多闢一條財路，聲明他本人亦有學醫的旨趣，但醫藥名詞，按照傳統習慣，用拉丁文，即醫生處方亦然。他乃利用此機會，揚言先學拉丁文，爲將來「學醫」的地步。他物色一位拉丁文教師，學費每小時十元，每星期學習三天，每次一小時，所費有限，但他大有題目支錢，更多買些參攷書。仇翁以爲兒子當眞「好學」，尤其是研究醫藥，了不得的高興，一擲千百金，毫無吝色，因爲他亦知道醫藥書籍代價高昂，祗求兒子感覺興趣，他怎會斤斤計較呢？仇公子「撚化」父親的聰明智慧，率多類此，何況他讀書亦確有幾分聰明，成績常在七名前，年方弱冠，便攷入高等學堂，在宿舍居住，更肆無忌憚，和外間朋友，每晚買醉塘西，花天酒地，一躍而爲「騎牆派」領袖。

甚麼叫做「騎牆派」呢？

原來這間「宿舍」有個體操場，牆高不過五六尺，「騎牆」出入，並不感覺困難，祗要有人做「內應」。宿舍的規矩：每晚七時至九時，學生在大堂「自修」，由教師輪流作監堂，以備學生諮詢功課，九時後即休息，任由學生返回自己的房間，遊戲也可（無傷大雅小玩意，如「奕棋」、「橋牌」之類），看書也可，睡覺也可，到了十時半左右，舍監便循例巡視宿舍一週，視察各學生的狀況。這是高等學校的學生，年紀多數在二十歲以上，受過相當教育，大家都自知檢點，循規蹈矩，不比小學生的頑劣，所以舍監的巡視，亦祗是例行公事而已。偏巧其中有個仇公子，所作所為，簡直超羣軼倫，不特喜歡「社交」，更喜歡「花天酒地」！塘西的夜生活，公子王孫，到晚上九時之後，才命駕而來，仇公子每晚下課返房，便懇求同學的張生關照：他購買一個外國「橡皮模特兒」，尺寸和「真人」差不多，有男有女，據說外國人家居或旅行，不慣孤枕獨眠的生活，但又不想拈花惹草，乃利用模特兒作臨時伴侶，這種模特兒以橡皮製，平時可什籠而藏，沒人知覺，使用時則加以「吹脹」，如吹皮球然。仇公子倚翠偎紅，不需要這等「湯婆子」之流，慰其寂聊，而是借重此物作「替身」，他「吹脹」橡皮模特兒，安放在床上，以被蒙頭，床下另放一對拖鞋，驟然看來，十足是睡覺的模樣，當然不會懷疑。湊巧同房的張生，是有名的「刨友」，學生界的口頭禪，用心攻書叫做「刨書」，勤懇讀書的人叫做「刨友」，也是一個正人君子，一者誼屬同窗，不便揭穿別人的秘密，太傷感情；二則仇公子對他多方巴結，常有饋贈，已成為最要好的朋友，初時曾盡朋友有過相規的義務，後來他說是「代表父親斟生意」，題目重大，怎敢勸阻，

祗好代爲遮瞞。好在舍監見到床上情形，以爲仇公子經已睡覺，亦很少過問，同時舍監每晚巡房，總是看到張生在燈下「刨書」，不便騷擾，匆匆便行，所以更「便宜」了仇公子。第一個「僞裝」的政策雖是成功，但是重要關頭，是想甚麼方法，可以「出入平安」呢？初期仇公子賄通司閽人阿叉，每晚靜悄悄開門放他外出，到了夜深飲罷歸來，亦一樣開門接應他。過了幾個月，阿叉爲着飯碗問題，覺得由正門出入，未免太過猖狂，恐怕給學校當局或其他學生窺見，非同小可。畢竟仇公子心竅玲瓏，想到轉一個「大圈」比較妥當，他端詳地勢，以宿舍的操塲多種樹木，樹影婆娑，容易遮掩視綫。其次地點偏僻，晚上路人稀少，而圍牆的高度，不過五六呎左右，祗要有人在內接應，便可以騎牆出入。湊巧厠所在操塲的一角，每晚九時許，阿叉即在另一角等候，仇公子以「騎膊馬」方式，足踏阿叉肩膊，跳過牆頭，牆外另外有人期待，其初是仇公子和飲友約定時間，後來以飲友買醉塘西，可能「暈其大浪」，忘記踐約，索性「收買」街邊一個苦力，負責這件工作，仍是騎膊馬落地。

到了飲罷歸來，不論三更半夜也好，天色微曙也好，仇公子先在大門叫醒阿叉，再由阿叉返入操塲的牆邊等候，這時候街邊苦力雖然仍用得着，但仇公子儘有飲友陪伴，或者邀請汽車的司機幫忙，容許他一「騎膊馬」，扒上牆頭——他這時尚未購置「私家車」。

仇公子有的是錢，手段又相當闊綽，誰不樂意替他做事？即如司閽人阿叉，仇公子規定月支「薪金」一百元，另外「打賞」，有時碰着「老契聽話」，公子高興，或者「手氣大佳」，賭博勝利，打賞一百幾十，絕不皺眉斬眼。據估計阿叉最多入息的一個月，

達五百元有奇，甚麼「買辦」、「大寫」的普通月薪，亦不外如是，比較阿叉的「正當」薪水，超過十倍以上，怕甚麼「冒險」行事？何況仇公子慫恿他効勞的時候，曾經口頭上聲明：如果事情揭穿，學校當局將他解雇，決不會「難爲」了他，除補償他一筆之外，尚可以在自己的洋行，安插他一個位置，又何樂而不爲呢？所以仇公子流連花酒，「行動自由」，初時有消息傳入仇翁耳朵，仇翁向來過度信任自己的兒子，付之一笑，以爲此人必定眼花，錯認馮京作馬涼。

仇公子寄宿學校，宿舍規矩甚嚴，人所共知，身無彩鳳雙飛翼，豈能跳出高牆去石塘？其後適值有個星期六晚上，呂七叔和一班夥記，赴宴酒家，應酬顧客斟生意經，「冤家路窄」，在升降機碰頭。仇公子棋高一着，「先入爲主」，即晚飲完，返家渡宿——宿舍規矩，所有寄宿生，逢星期六晚容許學生返家，叙天倫之樂，仇公子利用這個機會，在外「過夜」，和「老契」溫存，仇翁以爲他喜歡住「宿舍」，渡週末，這也是情理之常，宿舍同學多，比較在家裏更高興，絕對沒有懷疑他有軌外行動。他首先告訴父親：一班同學科錢請飲，或提前，或押後，通常選擇週末舉行，可以例外夜一些返宿舍，如果太夜亦可返家歇宿。到了星期一日，呂七叔在有意無意之間，告知仇翁，星期六晚在酒家碰見仇公子，但仇翁已笑口吟吟說道：「是的，他們一班同學，請教師飲生日酒呀。」七叔見東翁已經知悉，乃不便多言。同時，仇公子這幾個月來，每月支取四五千元之巨，他當然看過賬部的支數，也沒有表示反對，自己是外人，怎敢妄置一詞，有離間人家父子之嫌。

仇公子以一個「學生哥」，每月花散四五千元，數目亦殊驚

人，但在塘西追求一個著名「高寶」的紅牌阿姑，一兩個月的短短期間，開銷一萬八千，仍未有資格作入幕之賓，殊不乏其人，仇公子算不得「初哥」。他雖是初涉花叢，缺乏經驗，但有優厚的條件：年少貌美多金——鴇兒愛鈔，姐兒愛俏，正是鴇兒、姐兒的理想人物，當然很佔便宜，所以初期徵歌選色，十分順利，湊巧他所召喚的姐兒，俱是中人之姿，一個月內，破鈔一千幾百，即成爲「老契」。不過仇公子此人，正是「二世祖」的典型，「牙簽大少」的代表，一經得手，便覺味同嚼蠟，又顧而之他，五個月來，三易其「枕邊人」。有一晚，他踏入酒樓門口，迎面而來的一位阿姑：桃腮鳳眼，玉骨冰肌，靆眼嬌態，使人不可逼視，隨行的近身，亦是年輕貌美，所謂「名花冶葉」，十分登對。他驚艷之餘，尾隨其後，追問：「這位阿姑，叫何名字？」出乎仇公子的意料，這位阿姑目不斜視，望也不望他一眼，指着身旁的傭婦，祇是簡單地答覆三個字：「你問她！」說完之後，昂昂然急足而行，惟恐若侮，那一種驕矜之態，似乎嗔怪你唐突西施，大有「本姑娘不屑，或不配直接答覆你」之慨！仇公子勉强啞忍，詢問隨行的俏傭，才知道她芳名彩姬，隸屬詠花。仇公子氣憤之餘，立刻揮箋相召，想看清楚她美麗到甚麼程度，胆敢態度傲慢，拒人於千里之外。誰知花箋去後，一時復一時，望穿秋水，還不見美人駕到，焦灼情形，甚於張君瑞在西廂待月。直至「催人埋席」，何祇三催三請，延至將近散席，彩姬才珊珊其來遲。同席的朋友忍不住譏諷她幾句：「好大牌的阿姑，夠紅牌的阿姑，掛號兼埋席！」彩姬聞言，粲齒一笑，說聲「對不住」，立刻笑容頓斂，尤其使人反感的，便是她前後祇答覆過仇公子三個「是」字，程序大致是這樣：仇公子問：「是彩姬姑嗎？」她答：

「是」。仇公子再問：「台脚很忙？」她答：「是」。仇公子三問：「趕着去別處埋席嗎？」彩姬又答一個「是」。仇公子見她高自涯岸，目中無人，心中十分氣憤，但他禁不住美色誘惑，索性作一次驚人的舉動。仇公子向來喜歡在人前「晒銀紙」，拿一帙「大紙」出來，檢取「紅底」一張，摺叠爲「一角」，佔紙幣面積的四分一，塞在彩姬掌握中。

到了第二晚，仇公子揮箋相召，彩姬亦有循例到來「掛號」，但是時間並不算得早，大約花箋去後，過了兩個鐘頭，才珊珊其來，談話之間，雖不衹答覆仇公子三個「是」字，亦不外有問有答，並不穿插甚麼花枝，增加談話的資料。仇公子覺得她吐談風雅，儀態萬千，偶然亦聽她說出一句英文，相信她可能是名門閨秀，決不是小家碧玉出身，益爲顛倒。以仇公子的揮霍成性，自然不肯「失威」，第二晚仍照樣發局賬一百元，希望加緊進攻，早日克奏膚功。話休煩絮，仇公子連續一星期，以百元紙幣發「揩」，豪情勝慨，假如別個阿姑，即使有紅牌之稱，也不難作入幕之賓，因爲仇公子年少貌美而多金，不比「老物可憎」，月裏嫦娥愛少年，一見鍾情，自是意料中事。偏巧這個彩姬，特殊高寶，仇公子仍死心不息，加緊向彩姬進攻，一個月之內，替她執兩晚寨廳——當然選擇星期六晚，不須返宿舍「騎牆」。雖然彩姬尚未許他染指於鼎，但表面上的形迹，頗爲親暱，不知者都以爲仇公子花散了許多金錢，已達到最終的目標。其實這種手法，也是塘西阿姑的一貫作風，表面上稍爲做些貼戀工夫，俾他可以誇示於飲友之前，自詡艷福無雙，實際上有沒有關係，衹有自己知道，此種尋芳客裝腔作勢的怪現狀，可笑亦復可憐！正當仇公子「漸入佳境」之際，晴天突起霹靂，給他一個嚴重的打擊，原

來仇公子每晚在宿舍「騎牆」的故事，逐漸爲同學發覺，初時有等學生不愛管閒事，亦有等怕事，不想傷感情，隱忍不發。

後來有一天，偶然於無意之中，有人談起政界人物，有一種「騎牆派」分子，和仇公子同房張生，戲稱仇公子爲「騎牆派領袖」，消息哄傳，資爲笑柄。可是有等嚴氣正性的學生，認爲這不是笑話，簡直影响校譽，非投訴舍監不可！舍監初聞學生的投訴，尚疑信參半，後以各學生繪影繪聲，言之鑿鑿，乃異常驚駭，決定作徹底的調查。恰巧他本人的宿舍，在最高一層，登上天台，居高臨下，可以俯瞰四週。是晚九時，大堂自修功課完畢，舍監即在天台等候，果然過了十五分鐘左右，司閽人阿叉，直入操塲的厠所，不夠一分鐘復出，行動閃縮，左顧右盼無人，即靜悄悄行近牆側，用手一揚，突有人影出現。這一天是舊曆十五日，在月光皎潔之下，一望其身材態度，便能認出此人是誰，再拿望遠鏡窺視，正是仇公子無疑。只見他身手敏捷，騎上阿叉膊頭，倏忽跳過牆頭，牆外必定有人接應，雖然高牆阻隔視綫，看不見其人的面目，接着即有一架汽車開行，相信仇公子已在車廂裏，向西疾馳。舍監本想接納部分學生的建議，派人埋伏牆內及牆外，一俟仇公子「騎牆」，立刻出來兜截，當堂拿獲，俾他啞口無詞。畢竟舍監老成持重，凡事三思而後行，覺得如此做法，事情「張揚」，彼此顏面攸關，太難下台，尤其是「影响校譽」，設不幸於拘捕之際，發生衝突，驚動警察，列入檔案，將永遠留爲笑話，寧可搜集充足證據之後，採用文明手段處置，庶幾保存全體的面子。舍監既目送仇公子啓程，立刻叫人傳阿叉入辦公室，閉門審問。阿叉初時猶欲狡辯，經過舍監將剛才目睹情形，源源本本說出來，並曉以利害：如不承認，即將他解返警局

法辦，說他破壞宿舍規矩，私放學生出外。如他肯與學校合作，和盤託出，接受指揮，可以保留他的職位，繼續幹下去，阿叉以事情既已揭穿，爲着切身利害關係，自然唯唯應命，舍監乃向他面授機宜。到了深夜三時許，仇公子宴罷歸來，照常在門前喚醒阿叉，入操塲「騎膊馬」，可是阿叉一併喚醒舍監，同去操塲，當仇公子從牆頭下來時，竟發現多一個人在身邊，非舍監更有誰人！舍監長吁一聲，請仇公子同入辦公室，作簡單的談話，大致是：「這件事做得太不好看，弄到遐邇皆知，各同學尤爲憤憤不平，認爲外間亦人言嘖嘖，影响學校及全體同學的聲譽，實在無法挽回。現在爲着彼此面子關係，請你由明日起，自動退學，免得當眾宣佈，大家都覺得難以爲情。」舍監說完這番話，很抱歉地和他握手，表示「拜拜」之意。仇公子以事變突如其來，無奈揑造事實，告訴父親說學校辦理不善，他決定乘長風破萬里浪，負笈向外國留學，將來「戴四方帽」歸來，聲價何祇百倍。仇翁向來重視這個獨子，承認他讀書聰慧過人，自己是百萬富翁，很應該送他去外國「鍍金」。「退學」之後，一樣以「出洋」爲名，藉口應酬使館人員，辦理護照及入學手續，每晚花天酒地，越覺放縱自由，常在妓院過夜，在金錢萬能原則之下，彩姬亦容許他爲入幕之賓。不過仇公子付出的代價，亦殊不菲，除送贈價值三千元的鑽石戒指，及代支麗華公司五百元服裝費之外，「執寨廳」三晚，「夾翅費」每晚賞給「大牛」一張，「毛巾」又給一千，豪情勝慨，膾炙人口。這時仇翁早已歸隱，所有整間洋行，俱授權呂七叔支配，不特業務上委任他爲總經理，財政亦由他全權掌握，從不過問。因爲呂七叔是個忠實老頭子，數目絲毫不苟，除東家規定他應得的花紅利益及薪水之外，涓滴歸公，數十年如一

日，故仇翁倚界之殷，情逾昆季，一切言聽計從。呂七叔初時聽說仇公子，自動退學，決定出洋鍍金，以辦理手續爲題，頻頻在洋行支錢，後見他越支越離譜，漸起猜疑，雖然東翁舐犢情深，並未有吩咐限制數目幾何，但他到底是老成持重的人，一者不想青年人揮霍成性，惧交損友，不知稼穡艱難，將來難以「守成」；二則眼見世姪越弄越兇，如果隱諱不言，旣對不住東家，更難免埋怨他容縱兒子，亦應該負一部分責任。湊巧他的兒子阿佳，有個同學在高等學堂肄業，星期日去宿舍探訪同學，無意中談起司閽阿叉最近被開除，種因於兩個月前，仇公子因「騎牆」外出，花天酒地，爲舍監發覺，叫他「自動退學」，繪影繪聲，資爲笑談。阿佳立刻向父親報告這段新聞，呂七叔這才明白仇公子所謂自動退學的眞相。另一方面，仇公子在塘西的豪情勝慨，很快便傳入呂七叔的耳朵。呂七叔認爲不能再忍，親自訪問仇翁於府邸，首先報告仇公子近幾個月來，已支欵逾萬元，仇翁如墮五里霧中，反問呂七叔：「這筆欵是包括出洋護照手續費，以及一個學期的留學費用？」呂七叔幾乎忍笑不住，鄭重聲明他不懂得這等手續，完全不知道其用途。最後他婉轉透露阿佳所聽到同學的新聞，並部分告訴仇公子在塘西的活躍情形。仇翁夢想不到平時自詡讀書聰明的佳子弟，居然一躍而爲「騎牆派」的領袖，爲學校當局勒令退學，勢將永遠資爲話柄，玷辱家風，這一氣非同小可，差點當堂暈倒。歇了一會，泫然欲涕，喟然嘆息道：「這個敗家仔！試想在求學時期，經已揮霍成性，將來大權在手，豈不是烟消雲散，轉眼成空？最不『爭氣』的是：那兩個哥哥不幸短命……祗有一個……」呂七叔見他傷感兩個夭折的兒子，連忙插口說道：「青年人風流放誕，事所難免，人誰無過，過而能改，

善莫大焉，所謂浪子回頭金不換，祇要他回頭是岸，目前花散三幾萬，有甚麼問題？」仇翁長吁一聲道：「世間有幾多個浪子回頭哩！我無論如何，必定痛斥一番，若果屢戒不悛，我可能登報紙和他脫離父子關係，並將全部財產建築一間紀念堂，不許他佔半點便宜！」

呂七叔又婉轉相勸，父子之間不責善，責善則離，離則不祥莫大焉，還是從長計議爲佳。仇翁似乎良心自疚，僅說出一句「活報應」，即弭口無言。經過幾晚的考慮，仇翁毅然決定，去律師樓簽署「遺囑」，以呂七叔爲「承辦人」，呂七叔深感知遇之恩，覺得這位東翁，視己如親兄弟，不以夥記相待，爲着保持偌大財產，不給仇公子花散，亦惟有這個辦法，比較穩當，因此他謙遜幾句之後，一聞仇翁責以大義，亦認爲義不容辭，慨然允諾。仇翁甚至表示誠懇的態度，大如劉備之托孤孔明，簡直視仇公子爲「阿斗」，可輔則輔，如不成材，所有洋行一切商務和財政，不許他過問，但求每月撥給充足的家用，將來於必要時交給律師樓照辦，呂七叔唯唯遵命。仇翁生平不肯過信任何人，爲甚麼對呂七叔獨具慧眼，預早指定他爲「顧命大臣」？因爲若干年來，仇翁默察，七叔個性，永不作暗室欺心之舉，有時故示漏洞，以大量財帛引誘，他完全沒有絲毫貪念。歸隱後全權委託，仍不斷作種種「考驗」，呂七叔做事，更爲清楚。另一方面，呂七叔勤儉持家，年中積蓄「花紅」，財產也相當可觀，所以仇翁倍覺放心。辦妥手續後一星期，仇翁叫仇公子入房，來一次「閉門」談話，斬釘截鐵地說道：「你這次『自動退學』，內容我已一概盡知，既往不咎，你也不須解釋。至於『出洋留學』，你亦不必多此一舉，均之我年事已老，歸隱多時，付託七叔，穩如泰山，生意順景，

無須顧慮，但七叔也有相當年紀，需要後繼有人。如果你肯循規蹈矩，追隨七叔做生意，比較遊學，更有實用。試問我在商界有此地位，何嘗出國讀書，論起學歷，你還算入過高等學堂，勝我一籌，我相信你若改過遷善，應該比我發揚光大才對。」仇公子不明瞭「父子之間不責善」的道理，以爲父親對他期望甚殷，不自覺，大言不慚，誇張地說道：「在洋行學做生意，這個辦法很好，我亦久有此心，索性取消出洋留學的計劃好了。照我平時的觀察，洋行事務，不外手攀眼見的工夫，憑我肄業高等學堂的學歷，儘可勝任愉快，不愁應付不來！」仇翁冷笑一聲，乘機教訓道：「你很聰明，我不會担心你的工夫做不妥，祇怕你聰明『偏左』，無可收拾，我希望你追隨七叔左右，惟他馬首是瞻，必定可以變做好人。甚至我將來逝世之後，你亦『視他如父』，保證你終身吃着不盡。我現在老實告訴你：一星期前我已經簽署遺囑，委七叔爲承辦人，無形中叫他替你保存我這份身家。否則，我恐怕交你接管，不出五年間，立即化爲烏有！但如果由七叔承辦，繼續主持洋行業務，身家固然穩如鐵塔，你仍然一樣可以花天酒地，不致崩大圍，因爲洋行由他接手之後，每年盈利有十多萬，豈不是夠你盡情享受嗎？」

知子莫若父，仇翁知道兒子並不是蠢鈍兒，經過自己一番教訓，所有財產委託呂七叔做承辦人，以爲仇公子在嚴格限制之下，必定要精乖地服從尊長的命令，迫他改做好人，誰知這位「佳公子」，不特不收戢氣燄，反爲變本加厲，視呂七叔如眼中釘，常思拔去而後快，結果帶累呂七叔無辜被扣留，捱苦個多月，殊非仇翁所能逆料！自從仇翁向仇公子「攤牌」之後，呂七叔以父執身份，不像從前的客氣，仇公子支錢過五百元之外，

或者頻頻支錢，呂七叔雖是照數付給，依然板起面孔，作逆耳的忠言：駛錢容易賺錢難，父親勞碌大半生，才積蓄這一副身家，數目固然龐大，但每個錢都有血汗，不是「打刼」得來 —— 就算是「打刼」也，也一樣要拿槍桿，以性命相搏，子弟當體諒父兄創業艱難，不宜過分浪費。大凡敗家子，最討厭這等老坑「阻頭阻勢」，這時仇公子經已改弦更轍，接受一班「老雀」飲客的經濟方針：坐俱樂部而不光顧酒樓。適值仇公子的舊同學金山少爺，組織「貴族」俱樂部，會友祗限五名，每人基金二千元，租一蘦樓宇，五房一廳，傢私陳設極其名貴，預算每個會員佔有一個房間，消夜時兼邀老契入席，僱用鳳城女廚子，講究家常食譜，覺得酒樓菜式，味道千篇一律，有些煩膩。會章規定：賭博要有限度；會員帶朋友到談，要保證其人格，以免「老千」插足其間。如果月中不夠皮費，則由會員科派，他們聲明俱樂部的設立，以「食」、「色」爲宗旨。仇公子樂得參加一份，既經濟，又實惠，有個房間和「老契」溫存，好在他已追求彩姬成功，不必頻頻向洋行支錢，但呂七叔諸多掣肘，仍覺憤憤不平，有一晚在俱樂部大肆咆哮，認爲萬個不值！

座上有個會友魏師爺，精研法律，平時包攬官訟，無事不敢爲，當下接口附和道：「當然哩，休說你自己覺得不值，我是旁人也很替你不平，世間豈有過百萬家財，操在別人手中之理？」仇公子長太息道：「這是父親的主意，遺囑經已簽署，信任別人，有甚麼辦法？」魏師爺故作神秘之笑，隱約其詞道：「世界上決無不能解決之事，俗語說得好：『有計食計，無計食坭』，你自認束手無策，快些準備『食坭』好了，何必多言！」仇公子不堪一激，立刻向魏師爺移樽就教，魏師爺慨然答應，看在會友份上斷

不肯就手旁觀，但聲明欲速則不達，附斷帶兩個條件：第一，所有老人家狀況，及其個性，必須隨時供給情報，不得隱瞞；第二，必須言聽計從，如果迫不得已，可能採取較「毒辣」的手段，亦毋得反悔。至於酬勞問題，彼此屬在好友，並不斤斤計較，由他自出本心。仇公子爲着達到最大目的，自然萬大應承，並矢誓事成之後，重重酬報，不是忘恩負義之流。由這個時期開始，仇公子和魏師爺的關係，分外密切，每晚在俱樂部的房間，一燈相對，娓娓交談，內容如何，局外人當無從知悉。事有湊巧，三個月後，仇翁染着一個「半身不遂」症，初時祗是不良於行，後來左邊手足癱瘓，臥床不起，中西名醫，以至手術按摩，亦無效果。但奇怪得很，仇公子自從父親臥病以來，似十分關懷老人家的病況，除晚上抽出四五個鐘頭去塘西消遣之外，大部分時間隨侍在側，很小心地和醫生研究治療方式，甚至有時「禱告上蒼」，「願以身代」，由侍婢或傭婦，於有意無意之間，告知仇翁，俾這個岌岌垂危的老人，知道有個「二十四孝」的兒子，死亦瞑目。同時仇公子每次在父親面前，總是愁眉蹙額，或者眼眶紅暈，殷殷詢問有何痛苦，幾至掉下淚來，仇翁睹狀，內心頗爲感動，暗自歡喜：家山有福，浪子回頭，不肖兒居然「轉性」了！呂七叔每星期總有兩三天，到府問病，兼報告洋行業務，一樣蓬勃，大可安心無慮，從他的口中，知道仇公子近來支錢，較有節制，不像從前的浪費。仇翁又說他頗知思家，殷勤伺候。兩個老人家都感覺快慰，以爲仇公子回頭是岸，知慳識儉！他們完全不知道仇公子「慳儉」的原因：一則坐俱樂部，慳回每晚的酒樓「消夜」費，會友俱是富家子弟，並知道仇公子的「家底」，朋友有通財之誼，常時可以挪轉三幾千，不用返洋行「籌欵」，要伺候呂七

叔顏色；二則公子索有「牙籤大少」之稱，彩姬經已到手，不大感興趣，彩姬也是著名「高寶阿姑」，自有其他富客光顧，不靠仇公子供給金錢，祗是表面上維持「老契」關係。

這時魏師爺已積極代仇公子設計「奪產」，等候機會 —— 突然機會來臨。

原來呂七叔很注意發展內地生意，洋行代理的德國顏料，在廣東四鄉十分暢銷，呂七叔親力親為，每月必去廣州一兩次，逗留三五天不等。當呂七叔起程的翌日，仇公子接受魏師爺的「錦囊妙計」，像煞有介事地，由外歸家，坐在父親病榻旁，故作神色不寧之狀，欲言又止者再。仇翁看出情形有異，問他有何事，如許慌張？仇公子從衣袋裏，拈一份昨日的廣州報紙出來，遞給父親看「本市新聞」的首段，用大字標題：偽美鈔案嫌疑主犯落網。內容大致說：昨日公安局破獲的偽造美鈔機關，當塲拘捕多人，俱自認受雇傭工，不知內幕。今晨警探接獲綫報，在省港輪船碼頭守候，輪船抵埗時，登輪拘捕一個呂姓的中年男子，據說是香港商人，聞是偽美鈔的嫌疑主犯云……仇翁看完之後道：「這段新聞有甚麼關係？你以為港商呂某，就是呂七叔，以七叔一生謹慎，家境很過得去，說他是製造『假銀紙』的嫌疑主犯，我寧死也不相信！」仇公子莊容正色說道：「這件事完全出乎我們意料之外，剛才有個起起武夫，到洋行找尋主事人或東主，我見他舉動神秘，問他何事，他取出證件給我看，是廣州公安局派駐香港的偵緝，因為破獲偽美鈔案的主犯呂某一名，自認是貴洋行的司理人，特叫他到來查究等語，隨即將這份報紙給我看，我祗好推說東家有病，並說本行的司理雖然姓呂，但一向循規蹈矩，是個殷實商人，決不會製造『假銀紙』，或許出於誤會，

亦未可料。他以我守口如瓶，不得要領，瀕行時還譏笑我太過老實，這個世界，『知人口面不知心』，『人心隔肚皮』，不容易推測，畢竟事不離實……」仇翁不等他說完，驚愕地贅問一句道：「七叔當真製假銀紙？我死也不信！」仇公子很有條理地說道：「如果不是見過那個『偵緝』，單憑這張報紙，我也不相信，甚至不會想到他身上，因爲『港商呂某』沒有名字，有很多姓呂的中年人，發夢亦夢不到呂七叔哩。不過那偵緝去後，我又聽到許多謠言，有人說七叔的身家，比我們更富有，發達如許的快速，非正當生意所能，除非『撈偏門』。有人說他對洋行的確絲毫不苟，事實上單是利用洋行的聲譽地位，謀別項生意，已經一躍而成爲百萬富翁，何必稀罕洋行的利益？」仇翁一邊聽，一邊低首沉吟，始終表示半信半疑的態度，但心裏異常焦灼，自己癱瘓於床，好像任人擺佈，無能爲力，否則他親自調查，很快便可能洞悉其眞僞。仇公子祇要父親有多少相信的心理，就可以按照其計劃，發揮其文章，曉以利害，危言聳聽，於是一口氣繼續說下去：「本來七叔利用洋行的地位，做甚麼生意發達，我們亦不能加以干涉，如果他不是『犯法』的話。但現在他已經落網，被指控是『偽美鈔案』的主犯，此事可大可小，縱然不拖累洋行損失，最低限度也影响我們的聲譽。依我的意見……」

　　仇翁之於呂七叔，有幾分類似「曾參殺人」的曾母，初時聽見兒子殺人，全不相信，至再至三，小不免驚惶起來，投梭而走。現在仇翁見兒子言之鑿鑿，心理有點動搖，接口問道：「依你的意見如何？」仇公子趁勢說道：「在事件未『揭盅』之前，應該分開兩個步驟辦理：洋行業務一向由他操縱，對外國的關係，以及此間的客路，俱信任他一個人，倉卒換掉，影响前途，我以

爲暫時仍要保留他底『司理』職權。但你委任他做『承辦人』，我現在絕對不放心，若果證據確鑿他當眞是『僞美鈔案』的主犯，貪官污吏少不免多方敲詐，破產還不肯罷休。試想一個人於失敗之餘，財產蕩然，尚有甚麼誠實可言？我恐怕他利用承辦人的權力，等如目前的利用洋行地位，再接再厲，幹其他投機生意，危險的程度，我眞個不敢想像下去！」仇翁到底舐犢情深，初時恐怕他敗家，才委託一個「老臣子」做承辦人，現在懷疑「老臣子」不可靠，攞白良心講句：如果給外人敗去身家財產，不如給自己的兒子花散了！但不知兒子的情報是否屬實，正在攷慮之際，仇公子不容許他攷慮周全，立刻補充一段話：「姑勿論七叔是否『僞美鈔案』的主犯，我們既然接到消息，很應該馬上取消他底承辦人資格，以免受到株連，寧可將來水落石出，再恢復他的名字，才是高明的措施，否則，棋差一着，自己吃虧，太不值得呀！」仇翁默默無言，心裏還是盤算着，加上健康日壞，思前想後，禁不住頻頻嘆氣。仇公子知道大功將近告成，即跑去塘西俱樂部，和魏師爺磋商。原來這個「突如其來」的計劃，是魏師爺「靈機一觸」的結構，他偶然拿起一張廣州報紙，看到公安局拘獲「僞美鈔案」嫌疑主犯呂某，是香港商人，從仇公子口中，他知道呂七叔恰巧同時間乘坐這艘輪船到廣州，乃決定「指鹿爲馬」，「張冠李戴」，硬指這個呂某就是呂七叔。另一方面，叫仇公子編造故事，僞稱有個廣州駐港偵緝，到洋行要見主事人，說起來有層有次，不由仇翁不信，因爲仇翁臥病在床，不能行動，倉卒間無法調查其中的眞相。魏師爺聽完仇公子的報告，滿心歡喜，向他耳邊說幾句話，認爲時機不可失，必須採取迅雷不及掩耳的手段，保證馬到功成，並指示機宜，仇公子唯唯應諾。爲

着幹大事要緊，仇公子不敢多留俱樂部，和魏師爺擬定計劃之後，即返家侍奉父親，以博取父親的歡心和信任。湊巧仇翁自聆悉呂七叔是「偽美鈔案」嫌疑主犯的消息，雖然半信半疑，未能立刻證實，但此事可大可小，不幸事果屬實，可能影响自己全家的幸福，包括家產和洋行前途，聯想所及，兒子既不長進，老臣子亦不可靠，莫不是悖入悖出，眞有此報應？大凡病人最不堪刺激，仇翁夜不能入寐，病情突趨惡化，上午醫生診視後，下午魏師爺即偕賈律師抵埗。

這時仇翁神思昏迷，賈律師已做妥一張遺囑，叫他簽字，仇翁注視賈律師，不知是誰，仇公子經已迅速解釋道：「你昨日對我說過，改換承辦人，所以我今日邀請賈律師到來辦手續……」當下不由分說，不理會仇翁是否同意，和魏師爺齊手合力，拿遺囑放在前面，塞毛筆在他掌握中，「強迫」他簽字，仇翁糊裏糊塗，任人擺佈，寫得一個「仇」字，由仇公子握着他的手，一揮而就，但求是他的筆跡便行。根據法律的觀點，不論一個人簽署幾多張「遺囑」，以最後日子的一張爲有效，因爲許多富翁，亦往往在簽立遺囑之後，發覺「承辦人」不妥，在最後的一刻改變宗旨，事很平常，賈律師不消說由魏師爺聘請，祗是告訴他有個富翁，病狀垂危，訂立遺囑，交兒子爲承辦人，賈律師當然遵照手續辦理。仇公子收回「承辦權」，大功告成，異常感激魏師爺，聲明將來財權在握，以十萬元爲酬，希望他爲人爲到底，再指示第二個機謀，收回洋行的大權，因洋行是有限公司組織，仇翁在「註冊」時候，登記呂七叔的名字，爲「永遠董事經理」，除非「作弊」傷害公司的利益或虧空公欵，否則終其一生，俱不能掉換。魏師爺面有得色，慨然說道：「屬在好友，講錢失感情，

你給我十萬，我向來爲人注重友誼，減收一半——祇收你五萬元，更請你飲一晚『寨廳』，作慶功宴。老實說一句：據估計令尊有二三百萬元身家，你爭回承辦人的地位，經已達到目的，何必尚要收回洋行的大權？照你所講，洋行年中溢利十多萬，由呂七叔照數點交，你坐享其成，何樂不爲？況且十多廿年來，外國關係及此間客路，俱是七叔一手經理，何苦掉換別人？」仇公子正色說道：「你有所不知，這間洋行是父親創辦，是唯一的東主，大家都是『賞面』父親，七叔有甚麼關係？你試想想，年中溢利十多萬，是他用完用剩交給父親，尚且有此龐大的數目，若果由我接手主持，相信溢利不祇多一倍，做生意注重老字號，我掛起父親的招牌，豈有追不上七叔之理？我自問做生意，飲花酒，對付老契都很有把握，但扭計獨攬大權，萬不及你，非移樽就教不可！」魏師爺開玩笑地道：「既蒙過獎，我當鼎力效勞，凡事按步就班，欲速則不達，等你榮升『孝子』之後，大權在握，我再替你運用機謀也不遲。」魏師爺偷天換日，水到渠成，他不特不向仇公子索取酬金，更勸他在父親棄世之前，不宜再向洋行支錢，以免引起父親回光反照的一刻，事情揭穿，又改遺囑，反爲不美，自願暫時接濟金錢。有時仇公子需欵太多，魏師爺寧可介紹他借「太子賬」——門前掛白，本利清還，仇公子亦毫不計較，但求父親「死得早」，大財到手，借一千，還一萬，有甚麼辦法，誰叫你需款使用呢！

　　世間事無巧不成話，俗語說得好：「善惡到頭終有報，祇爭來早與來遲。」仇翁的身家大部分是不義之財，揆之因果報應的道理，應該悖入悖出，由仇公子做劉海仙，替他大洒金錢。否則仇公子雖然使用詭計，迫他改立遺囑，如果他精神爽利，呂七叔

亦由廣州趕及回來，問起情由，便知道「僞美鈔案」的嫌疑主犯呂某，實在另有其人，仇公子的詭計終不得逞。可是這次呂七叔逗留廣州，因爲生意「斟盤」特別多，一再延期啓程，直至一星期後來，而大事已去！及至呂七叔抵埗，仇翁經已病態垂危，見了這個數十年來肝膽相照的老拍檔，口中喃喃有詞，但舌根倔強，全不能聽出甚麼句語。呂七叔估不到一別旬日，東翁的病突趨惡化，至於此極，他知道東翁振振有詞，必定想囑咐他甚麼後事，乃含悲咽淚，再問他有何話說。仇公子了然於胸，知道父親必定關懷僞美鈔案，意思想問他這件案的眞相，或者問他是否置身事外，無罪釋放之類，幸而聲音暗啞，全不露字，呂七叔自然莫名其妙。聰明伶俐的仇公子，首先向父親撫慰這幾句話：「爹，七叔已經無恙歸來，你不用担心。」接着又對呂七叔籠統地說道：「阿爹這幾天病勢突趨沉重，見你在廣州許久不回來，很記掛着你，怕你發生甚麼意外哩。」呂七叔不知袖裏機關，以爲仇翁眞個担心他有意外，越覺感激萬分，向他解釋此次廣州之行，如何忙於斟生意，以致一再延誤歸期。正是牛頭不對馬咀，仇翁口雖不能言，但心裏還很清楚，頻頻搖頭擺手，表示他並不是談及這個問題，喉嚨間曾極力想吐出，假銀紙幾個字，可惜痰涎壅塞，相信除仇公子之外，沒有一個人會意。仇公子暗中覺得好笑，知道父親危在旦夕，縱有華陀再世，亦難藥到回春，索性多請幾個中西名醫，藥石紛投，並與呂七叔研究父親的病症要緊，其他的事一概不提。如是者過了一個星期，仇翁溘然長逝，時在深夜三時許，呂七叔未有在塲送終，仇公子一見父親棄世，即以承辦人及家主的身份，告誡各庶母：「父親的財產，是我們一家人的利益，與外人無關，不應該領教別人。我身爲一家之主，自

然公道分配，如果不服從我的命令，休怪我不理她！」因為仇公子的嫡母已經去世，唯我獨尊，故意向各庶母「示威」，以免她們向呂七叔領教，並揭穿其秘密。

翌晨，呂七叔剛返洋行，即接到仇翁的「噩耗」，馬上跑到喪居，辦理東翁的後事，只見仇公子愁眉蹙額之中，不掩其趾高氣揚之態，首先嘆一口氣，報道父親半夜突然逝世，並擺白良心說句話：這幾年來，他臥病在床，半身不遂，動輒苦口苦臉，可想見其痛苦之一斑，中西醫生，早已斷定是不治之症，不是我做兒子的黑心，事實上早日得大解脫，勝過纏綿床席，捱災捱難！呂七叔祗好隨聲附和，行近老東翁遺體之旁，作最後的瞻仰，幾十年賓主之情，小不免一掬傷心之淚，瞻仰良久，才繼續與仇公子談話。他剛想循例討論遺產稅事項，仇公子恐怕他茫無所知，鬧出承辦人「雙包案」，又嘆第二口氣，源源本本地告訴道：「阿爹近一個月來的舉動，有點乖僻，我已担心他變死性，即如一週前 —— 大概在你赴廣州的第二天，忽然改立遺囑，叫我做承辦人，由賈律師辦手續。你幸勿悞會，他並不是信你一過，或許神經失常，一時心血來潮，才作此最後決定，亦未可料……」呂七叔恍如晴天霹靂，插口問道：「他叫你做承辦人！」仇公子以勝利在握，面有得色，泰然說道：「沒有錯，這是他的主意，連我也不知他為甚麼變卦，你若不信，可以詢問賈律師。」呂七叔聽他弦外之音，似乎懷疑自己「強霸」承辦人的名份，想從中漁利，不覺憤然作色道：「你是他底唯一的兒子，全部財產應該由你承受，你一夜花清光，亦是閣下之事，我是外人，有甚麼權力過問？即使由我承辦，亦不外做一個『黃巢坑土地』—— 替人看管而已！」呂七叔經此一激，絕對不過問仇翁的遺產，以表示自

己清白，沒有覬覦心理，誰不知因此更種壞仇公子，盡情揮霍，無人忠告，不然的話，他雖不能恢復承辦人的地位，從中監督一下，仇公子還多少有點顧忌，直至後來從仇翁的第三姜口中，知悉改立遺囑的眞相，家財已散去十之八九，徒呼荷荷，說者謂仇翁「不義之財」，悖入悖出，應有此報，理或然歟？仇公子樂得無人干涉，由魏師爺全權總理，多多酬勞，自不必說，遺產稅的手續，亦代爲辦妥，單是「遺產稅」一項，數達一百五十萬元以上，可見仇翁生平的聚歛手段，如何高明了。

這一晚，仇公子在俱樂部設慶功宴，有個會友廿八郎的溫心老契芳名桃影，聽說遺產稅繳納一百五十萬之鉅，非常健羨地，吐吐舌頭說道：「如果送給我的話，我不需要一百萬之多，單是『零頭』（即五十萬）我經已心滿意足，一生吃着不盡了。」仇公子嗤之以鼻，傲然說道：「區區五十萬，怎值得大驚小怪？還說一生吃着不盡，除非你一日三餐，每餐都食腐乳，一世穿衣服，永遠不着綾羅綢緞，否則五十萬的『開銷』，易如反掌，依照我的用度，在這裏花天酒地，保證一個月就可以花清光！」廿八郎見他大言不慚，忍不住駁斥道：「一個月可以花五十萬？其誰欺，欺天乎？」

這個廿八郎，也不是等閒之輩，父親是遜清時代五大巨富之一，本身是卅多個兄弟姊妹中，排行第廿八，母親是「十二金釵」中排列第九，夙有「珍珠鑽石大王」之稱，其豪富槪可想見。廿八郎在塘西花國，手段的濶綽，也曾膾炙人口。舉一個例：他替桃影執寨廳，單是生花一項，已打破從前的紀錄，門口不消說有兩個「開路神」，以桃影名字，砌一對生花對聯，另外生花由地下直至寨廳，這都不算新奇，最難能可貴的，是生花盡砌小電

燈胆，五光十色，炫耀眼簾。當時的規矩，一個電錶，祗能安裝若干燈光，超出限度，必須申請人情，多設電錶，因執寨廳要多費這一番手續，以廿八郎爲創舉，故其名字乃不脛而走。當下廿八郎便是以豪門公子的身份，及平時揮霍金錢的經驗，才敢駁斥仇公子的荒唐，侃侃然繼續說道：「大話怕計數，一個月花五十萬，平均每日開銷一萬六千元有多，就算你晚晚執寨廳，像我的豪濶，生花砌電燈，特別申請電錶，亦不過開銷一二千元，除非你猛送珍珠鑽石，好比我母親一樣，有『珍珠鑽石大王』之稱，或者送幾薑洋樓，附帶一所花園，則當然不祗此數，再多五十萬也可以。但現在我所駁斥你的，是你剛才所言：『一個月開銷五十萬元，易如反掌』，我認爲除送贈之外，單是開銷使用，無論如何亦不容易，倒要向你領教，如何開銷了。」仇公子生平「好勝」，加以財權在手，氣燄薰天，廿八郎竟在朋友和老契面前，駁到他面紅耳熱，幾無轉圜餘地。事實上他想深一層，如不准饋贈物件，一個月開銷五十萬，確不是一件容易之事，但好勝的仇公子，怎肯當堂丟臉呢？他氣憤之餘，反斥廿八郎，更以尖酸刻薄的口吻，鼻孔裏哼然有聲，冷笑道：「廿八郎，我不怕你底父親，是廣州五大富豪之一，母親亦有『珍珠鑽石大王』之號，論駛錢你還是拍馬追我不上，你當然沒有方法一個月開銷五十萬……」廿八郎亦氣憤不過，插口說道：「是的，我自認敝鄉，不及你本事，這才向你領教，請你說給我們聽聽，由各位會友、阿姑做評判員，看你的方法對不對？」仇公子在倉卒之間，無法說出來，祗好隨口亂嚷道：「單是告訴你們，有甚麼價值，我可以做給你們看，你敢和我打賭嗎？」廿八郎應聲道：「我敢和你打賭，如果你一個月能開銷五十萬，我請飲一晚，任你喜歡酒樓

也好，寨廳也好！有賞有罰，如果你考慮之後，認為辦不到的，仍照樣請我們飲一餐，最為公道，我亦不苛求。照我的意見，你還是願賭服輸！不必實行，請飲一餐作罷。」本來廿八郎這一番話，全是出於善意，但求飲一餐，彼此易於下台，不應該累朋友太過破鈔，因為他亦知道仇公子為人，縱情任性，無所不用其極，很可能幹出這種狂妄的行為。誰知仇公子誤會他輕視自己，沒有本領散錢，一定要向他挑戰，不肯放鬆！

　　仇公子囂囂然說道：「你想趁勢打退堂鼓，叫我願賭服輸，但我無論如何要吃你一餐，不論你請酒樓也好，請寨廳也好，甚至你想慳錢，在太湖擺一席酒，本少爺亦不計較，凡是座上各位，有目共擊我兩人打賭的，都一律邀請，恕不發帖！」廿八郎見他如此誇張，亦忍不住發作官仔脾氣，和他認真打賭，並出言激他一激道：「你居然替我發帖相邀，你有甚麼把握贏我一餐？如果你和我打賭，必須訂妥條件……」仇公子嘩然道：「有甚麼條件可言，但求我一個月內，能夠開銷五十萬元，便算我勝利，要你請飲一餐，彼此握手，一言為定，難道尚要去律師樓簽合約嗎？」廿八郎反駁道：「開銷兩個字，應該解釋清楚，剛才我也曾說過，贈送物業或物件，當然不算數，否則你可以在一月之內，金屋藏嬌，帶老契上街，休說五十萬，一百萬也是你家之物，怎能叫做開銷呢？」仇公子慨然說道：「任你開列條件也不妨，祇求我能在一個月內花費五十萬，使你死而無怨，請飲亦請得甘心！」廿八郎屈指開列條件道：「第一，不能送贈物業股份之類；第二，不能贈送珍貴首飾。所開銷的金錢，必須有多少工作代價，例如執寨廳，老契夾翅，你可以給她白水，但每人以二萬元為限度。如果沒有『工作』而作出代價，你大可在塘西逢人

派錢，我相信不夠一個月亦可花五十萬……」魏師爺是仇公子的文胆兼武胆，見他作此沒意義的賭博，又知他向來好勝，不便阻止，婉詞相勸道：「條件如此苛細，打賭大有困難，做公證人也不容易，倒不如取消原議，每人請飲一餐，不分勝負作了。」仇公子當然很明瞭魏師爺的衷曲，不想他浪費金錢，但他大財在握，心裏經已躍躍欲試，想找個機會揮霍，現在何妨做一件轟轟烈烈之事，於是一方面安慰魏師爺，一方面誇張自己的財富，坦然泰然道：「一個月花五十萬，有甚麼要緊，你們祗知道父親遺給我三幾百萬，還不知道我有好幾百萬尚未『開頭』，待我老實告訴你吧，我們這間洋行，任由呂七叔如何支配，正所謂『天一半地一半』。每年用完用剩，也有溢利十多萬，撥給老頭子，就算他中飽一半，已有十多萬元，若果由我自己經營，最低限度溢利有三十萬。假如我肯用些精神，盡些人事，憑父親過往的歷史，加上我本人的聰明機智，我敢担保一年有五十萬元的入息，我現在和廿八郎打賭，一個月花去五十萬，作爲替他在洋行『打一年工』，無傷大雅，何足道哉！」

　　魏師爺見他一意孤行，知道這等敗家子，不可以理喻，惟有緘口不言。廿八郎繼續開列條件，含笑說道：「如果我完全不准送贈禮物，未免太過苛辣，我應該網開一面，按照普通飲客對待阿姑，也有饋贈衣服之舉，你大可以送衣服。不過我要有個限制，你可以送給阿姑以飲衫，替她結衣服賬，仍然每人以三千元爲限，否則你送她一件「珍珠衫」，則價值三五十萬，何足爲奇，當然不算數。總而言之，一個月所花的五十萬元，是『開銷』的，是『用去』的，而不是『私相授受』的，我就寫一個服字，甘願請飲一餐！」仇公子慨然應允，和廿八郎握手，聲明一言爲定。恰

巧這一日是舊曆四月廿八日，雙方同意由五月一日開始，到了五月底，即要花散五十萬元，事實上仇公子亦「煞費躊躇」，不能不要思索兩日兩夜，才想出他底「散錢方法」哩。

到了五月初一晚，湊巧是仇公子替彩姬執詠花廳，這是兩三個月前已定下的，仇公子以羣賢畢至，名花滿座，興高彩烈之餘，在東家婆「夾翅」之後，笑口吟吟起立，類似會議中的主席致開會詞，發表其爆炸性的驚人聲明，首先用外國人尊重女性口吻：「女士們與紳士們，今晚本席利用執寨廳的機會，向列位報告一件事，由今日開始，我和廿八郎打賭，限一個月時間，開銷五十萬元 —— 請各位聽清楚，是五十萬元……是本港通用紙幣……不是德國馬克紙，更不是冥通銀行發行的紙幣……」各人聽他說出「冥通銀行」字樣，無不嘩然失笑。仇公子接着說：「還有一個難題，這五十萬元祗限於開銷，不能贈送禮物，否則，我可以帶彩姬上街，送他一座花園大廈，訂購外國摩登傢私，保證幾日之間，就可以花清光，不須等待一個月之久……」說到這裏，故作愁眉蹙額之狀，自鳴得意地說道：「我和廿八郎打賭，不外賭一餐飲，想飲這一餐要開銷五十萬元，甚於硬吞珍珠火鑽落肚，你們覺得可對？現在我不憂沒有錢，五十萬元已在掌握中，我祗擔心沒有方法開銷，今晚特別向你們各位請教，任何人能夠指示我做一場『散錢功德』，暫時做打齋鶴，度我升仙，我願意以萬元爲酬 —— 這筆錢另外由我解囊相贈，不是動用打賭的五十萬元。」各人聞言，面面相看，半信半疑，世間那有這種敗家子，和人打賭一個月花五十萬，尚要懸獎一萬元徵求「消化金銀湯」？事實上倉卒之間，的確不容易開列方子，互相交頭接耳，議論紛紛，仇公子傲然笑道：「你們沒有人應徵嗎？本少爺

成竹在胸，待我告訴你們吧！」有等客人故意和阿姑開玩笑：「相信你們『鬼簀』一年，也不容易積蓄一萬元，何不指教他一個方法？」阿姑們搖頭太息，表示「賺錢難，想駛錢也不容易。」

這時仇公子見廿八郎起身於座，口囁嚅欲言，乃擺手叫他坐下，含笑說道：「你不必反對，難道我自己沒有把握，當眞向他們領教不成？」於是仇公子宣佈其驚人「散錢」計劃：「十二金釵，古人傳爲風流韻事，但古人的十二金釵，粉白黛綠，列屋閒居，等如十二房姬妾，毫無興趣。我現在徵求十二位紅牌阿姑，陪伴我同去上海及西湖旅行，以一個月爲期，照私人秘書待遇，每人月薪二萬元，完全由我負担，不用她們破鈔一文錢。」說到這裏，故意回顧廿八郎問道：「這樣開銷，總算得一種工作上的代價，沒有破壞條件吧？」廿八郎點頭道：「這樣開銷當然適合條件……一個阿姑二萬，十二個阿姑合計廿四萬，差不多開銷一半，如果每人照送白水二萬，豈不是很快開銷五十萬元？」仇公子正色說道：「這個使不得，本少爺向來做事公道，老早聲明在案：不得送贈禮物。同時，我一併告訴各位應徵的阿姑：這二萬元『月薪』，祇是陪伴本少爺旅行的薪水，不一定和本少爺發生關係，假如彼此情投意合，成就霧水姻緣，本少爺當另外賞賜白水，但這錢由本少爺自解私囊，絕不能『開銷公歀』，以示公平。不過條件聲明，每人規定可以送衣服三千元，各位阿姑既陪伴本少爺出行，衣服當然不能夠『失威』，好吧，每人除月薪二萬元之外，另加『治裝費』三千元，爲着避免廿八郎願賭不肯服輸，藉口我破壞條件，這三千元必須光顧服裝公司，派單由我結數，庶不致有送贈禮物之嫌……」二十八郎心裏在想：三千元衣服，平均可以做一百幾十件，若果全部做齊，阿姑亦着之不盡，

況且服裝講究時髦，變了明日黃花，過時之物，反爲暴殄天物，均之這個敗家子肯大洒金錢，倒不如便宜這班阿姑，乃插口說道：「我旣然准許每人送贈衣服三千元，這筆錢你也可以直接交給她們，作爲治裝費也可，作爲脂粉費，亦無不可，總之不算你破壞條件好了，因爲每人做幾千元衣服，有十二人之多，我恐怕出動全港的『服裝專家』，也不容趕齊，阻悞你們的行程，來不及花錢，亦殊不公道呀。」仇公子笑道：「你旣肯通融辦理，當然更好，否則，單是做衣服的時間，可能需時一個月，當眞就悞我們打賭的日期哩。」二十八郎屈指計算，喃喃自語道：「十二位阿姑，每位二萬元，合計二十四萬元，加上每位治裝費三千，合計三萬六千元，嘩！單是阿姑方面，已開銷二十七萬六千元，差不多三十萬，這還了得！」旣而笑嘻嘻說道：「雖然如此，尚有二十多萬，看你如何開銷？我相信你亦煞費躊躇！」仇公子悠閑地說道：「請你不必替我担憂，我還有許多花樣，且聽我道來也可！」

此時座上的朋友及阿姑們，細聽仇公子的散錢計劃，方法巧妙，思想高超，無不感到濃厚的興趣，傾耳而聽。仇公子見舉座聚精會神，視綫集中他個人身上，益覺洋洋自得，侃侃大言道：「旣有十二朵『名花』，陪伴本少爺，旅途當不虞寂寞，但上海花叢流行一句話：名花冶葉……花花相對，葉葉相當，有名花而沒有冶葉，好比牡丹雖好，未有綠葉扶持，況且僕僕長途，舟車勞頓，阿姑在在需人陪伴或扶持，難道要本少爺做觀音兵，小心侍奉不成？因此我認爲十二位『名花』，必須有十二位『冶葉』陪襯，我現在一併徵求十二個年青貌美的近身僕，一樣發給薪金，亦以一個月爲期，每人支薪三千元。」各人聞言，無不咋

舌驚嘆，廿八郎也很佩服他底散錢本領，大有自愧不如之感。

最後仇公子乃作一段「總結束」的話兒：「所有名花冶葉，公開徵求，由今晚起，至端午節止截『報名』，大約定五月初十左右起程，一律乘坐『皇后船』—— 本少爺和十二位阿姑坐頭等，近身坐二等或三等，這不是我有階級之分，而是恐怕她們不懂得『大枱客』的儀注，鬧出笑話，有失體統，令到我們中國人丟臉。至於阿姑方面，不獨是現在的老契，凡屬從前有過交情的阿姑，不拘美醜，俱有『優先權』取錄，以示本少爺為人念舊，所謂一夜夫妻百夜恩，多少帶點恩情，雖然斷絕關係，仍送給她一筆二萬元的『贍養費』，如果她厭倦風塵，亦可得過其舒適的日子。其他則在『報名』止截之後，由本少爺揮箋相召，秉公辦理，『親自挑選』，不幸落選的阿姑，送給『精神獎』二十元，作為一台『酒局』。老實說一句：本少爺挑選的目標，自然以面貌美麗為原則，尤其是希望紅牌阿姑參加，但我知道紅牌阿姑具有其自尊心，不肯冒昧應徵，恐怕名落孫山，未免丟架，本少爺有鑒及此，也有一個『通融辦法』：由鴇母、寮口嫂或傭婦代為『報名』，一概歡迎。這辦法等如介紹叫局，合則留，不合則照規矩『發揸』，當選與否，無傷大雅。至於近身傭，不能揮箋相召，仍可採取『介紹』方式，由介紹人事先通知，叫她隨某一位阿姑出局，便可一覘其顏色，決定棄取。此外尚有一個辦法：由當選的阿姑，自己選擇，但求年紀不過二十四五，面貌過得去，便可取錄。如果有人介紹，本少爺於必要時，可以紆尊降貴，效法范大夫，親去苧蘿村訪艷，也是風流韻事，本少爺亦義不容辭。這等近身姐，是『冶葉』不是『名花』，論理不能採折，但如果雙方同意，本少爺亦可兼收並蓄，一樣照例賞賜『白水』……」仇公子風流自賞，

說得高興起來，笑聲嘻嘻哈哈，不絕於耳，恰巧有個阿姑金容的近身，名喚阿柳，上寨廳通知阿姑出局。她是魏師爺平時所追求的「冶葉」，忍不住插口叫道：「這個『銷魂柳』，儘可入選吧！」

仇公子一見這個阿柳，果然銷魂，欣然應道：「得之至，得之至！未選名花，先選冶葉，她第一個入選！」魏師爺趨前，緊握她底柔荑玉手，乘勢大獻殷勤道：「柳姐，恭喜發財，仇公子看中你，立刻有三千元入息，不用『入城標會』，但你切不可『出城買妹』呀。」（按：「入城標會，出城買妹」——「妹」字讀上平，世俗叫「婢女」為「妹仔」—— 是往昔廣州傭婦慣常的活動）。阿柳是雙十年華的少女，自梳不嫁，以為仇公子看中她，是楚子問鼎之意，緋紅雙頰，大力掙脫魏師爺的巨靈之掌，嬌嗔地吐出鳳城口吻：「我唔制！」魏師爺伸張雙手阻攔，以免她兔脫，阿柳果然不敢突圍，恐怕魏師爺順手有照。仇公子覺得她嬌羞欲滴，分外可愛，希望她應徵，乃將徵求的緣起，源源本本告訴，換言之：月薪三千元，請她陪阿姑遊埠，並不壓迫她聯肌膚之親。阿柳半信半疑，望一望魏師爺，又望她底主人金容一眼，魏師爺極力保證仇公子是正人君子，況且二十多人同行，何妨一趁熱鬧？魏師爺之討好阿柳，自然別有會心，他本人沒有力量一擲千金，正好利用仇公子這壽頭給她一筆，慷他人之慨，以搏取她底芳心。阿柳靈機一觸，含笑問道：「你叫我陪太子讀書，遊埠一個月之久，我是傭人，豈能長期告假？除非我底金容姑，亦有份參加，我才肯答應。請你先問金容姑一聲，如果她也肯去，我個人則沒有問題。反之，她祇是允許我請一個月假，並不參加遊埠，恕怪我失陪，理由是：我若單人匹馬，陪客人作遠行，青樓中人，可能輩短流長，說我壞話，追隨自己阿姑在一起，便完全

不同了，可以表示我清白無私呀！」本來金容姿首平庸，儀態欠佳，不特沒有資格入選十二金釵之列，就算免費帶她遊埠，相信仇公子亦一口拒絕，可是仇公子存心賞拔阿柳，一者是附帶的條件；二者見她措詞得體，值得遷就，乃親自徵求金容同意，反為恐她不答應，聲明相金先惠：月薪二萬元及治裝費三千，一併付訖；阿柳的月薪三千元，亦支上期……仇公子飲了幾杯，高興起來，「臨時動議」：近身亦賞「治裝費」五百元 —— 這是「特別賞臉」阿柳的，便宜了其他十一位近身姐，多一筆入息。金容和阿柳耳語有頃初時以為世間那有如許大隻蛤乸隨街跳：姑妄言之，姑妄聽之，姑妄應承之，誰知仇公子當真拿個支票簿出來，即席揮毫，照他所答應的數目，每人簽署銀晨一張。金容真想不到，自顧蒲柳之姿，竟然博得濶少垂青，請遊埠兼賞賜二萬三千元，不啻發一注橫財，擺白良心講句：完全拜阿柳之賜！

次日金容和阿柳，拿支票去銀行，真個兌得這筆鉅欵，歡忭之情，如中彩票，消息立刻不脛而走，傳播整個塘西，互相探聽門路，登記名字應徵，希望入選，打算「遊埠」之後，脫離平康，亦可過其舒適的生活。第二晚，仇公子平時消遣的俱樂部，問訊的人，川流不息，幾於戶限為穿。反為令到仇公子大傷腦筋，叫幾個知己朋友，如魏師爺之流，代他挑選，很快便決定。除往日和仇公子有過關係的四個舊老契之外，其他俱是「一百零一晚的老契」。說也奇怪，她們亦不盡是十分紅牌的阿姑，大抵當時的紅牌阿姑，總保持多少身份，不肯隨便隨人遊埠，怕將來不知引致甚麼後果，她們既然走紅，自有其恩客及豪客，何必作冒險的嘗試？舉一個現成的例子：仇公子於初一晚替她執寨廳的彩姬，到了端午節，喬老六執廳之夕，一併宣佈帶她作歸家娘，所以不

能相偕遊埠。仇公子認爲彩姬此次上街，事前沒有坦懷相告，初一晚尚替她執寨廳，初五晚突然宣佈，跡近剃眼眉。如果爲着喬老六的金錢，他出身價五萬，本人大可加一倍出十萬，儘可彼此磋商，不該給以無情的打擊，惹人笑話，說自己雖能一個月花五十萬，亦不能帶一個彩姬，豈不是太過失威！事實上彩姬是個受過教育的女子，鑒於仇公子紈袴氣習不改，拈花惹草，貪新厭舊，一擲千金，理無久享，這種人決不能委託終身。她事前不告訴仇公子，正怕他歪纏，賣弄財富，反爲難以推却，索性守口如瓶，仇公子祗知金錢萬能，不知愛情價值，寧不可笑。仇公子於失威及失望之餘，端午節的一夜，雖然咆哮如雷，大罵彩姬是不中抬舉的賤人，可是他賦性善忘，轉瞬間見了別個心愛的阿姑，胸中塊壘全消，何況他正進行其遊埠「選美大會」，名花冶葉，評頭品足，何等暢快，區區一個彩姬，怎值得少爺掛齒？由於仇公子此番「豪舉」，打破塘西花國有史以來的紀錄，除却一部分飲客，知道這位公子哥兒的脾氣，並相信他是百萬富翁的獨子，確有資格做四方辮頂之外，大多數人仍是半信半疑，甚至流行一種「謠言」，盛傳這是大規模的「賣豬仔」勾當，故意放下厚餌，釣取金鼇，將這班女人，賣去南洋當娼，因爲當時許多男人，爲着生活困難，情願「賣豬仔」做苦工，引起這種悞會，也是意料中事。話雖如此說，大利當前，兼且相金先惠，正是千載一時的機會，誰肯放過，不出三天之內，十二金釵，十二俏傭，經已選妥，原因是應徵者紛至沓來，大有花多眼亂之慨，仇公子亦不耐煩，索性早日宣佈止截。列位看官，或許想知道這廿四位美人的名單，一者恕怪我不耐煩逐個題名；二則事實上仇公子此番旅行，無法消受艷福，犯不着替他寫一篇「南部烟花記」。甚麼

理由呢？從表面上看來，仇公子年少貌美多金，每個阿姑月薪二萬，俏近身月薪三千，還聲明發生進一步的關係，另奉白水，難道廿四個女人之中，沒有一個是拜金主義者，最低限度也有幾個舊老契，曾結霧水姻緣，何以在此次「蜜月旅行」當中，沒有人肯投懷送抱，辜負公子多情？一言以蔽之：嬰嬰婉婉者流，「非不為也」，多情的仇公子，「是不能耳」！

原來事有湊巧，仇公子於一個星期前，偶然訪友於酒店，發現有個女「住客」，天生麗質，鈎魂攝魄，斜倚房門，一瞥即逝，詢諸酒店侍役，據說是「富室寵妾」，和大婦爭閒氣，故意跑來酒店開房，一舒胸臆。仇公子央求侍役介紹，如能真個銷魂，願以三百元為酬，侍役初有難色，仇公子自動加添二百，務求達到目的，侍役答應姑且嘗試，未敢必得。

俄延一會，侍役返報：那「富室寵姬」，祇允片晌幽歡，以後恕不招呼，雙方嚴守秘密，才肯答應，仇公子自然唯唯遵命。俗語說得好：妻不如妾，妾不如妓，妓不如偷，偷不如偷不得，仇公子初初嘗試偷情滋味，雖是春宵一刻，自覺足抵半千金。次日崔護重來，房在人空，詢諸介紹的侍役，據說富室主人，親自請她返家，仇公子徒呼荷荷，細味這一段情緣。實則仇公子入世未深，閱歷太淺，他祇知溷跡塘西花國，公開徵歌選色，完全不知道這等大酒店，有等高等私娼，賃房居住，託名家眷，和侍役勾結，手段因人而施，價格亦因人而異，那個所謂富室寵姬，便是「個中人」，見仇公子壽頭壽腦，故意於續交之後，遷去別層樓，諉稱返家，如果他劇烈追求，肯出高價，始許他再度相會，仇公子又烏從而知之。還有一層，酒店流娼，越美麗越多人光顧，越濫交越容易生病，這是自然之理，仇公子平時習慣「征

西」，如所週知：塘西大寨阿姑，大都講究派頭，恪守規矩，不能隨便滅燭留髡，即使有幾個溫客，亦分日迎送，斷不會像酒店的私娼，一日廿四小時內，可以「接」幾個，甚至十幾個客人，花間有句口頭禪：「三人成毒」，不知不覺間就傳染「性病」，通常的發作日期，在宿娼後的四五天到一星期，據說毒性潛伏到兩三星期之後發作也有，情形更為嚴重。仇公子不是花叢老雀，茫無所知，事前沒有預防，事後亦不知補救，自然難免於「撞板」了。直至舊曆五月初十日那一天，他率領嬰婉廿四人，浩浩蕩蕩，乘坐「皇后船」起程，俱樂部會友，以及龜鴇姊妹之流，在江干送行，倒也十分熱鬧。落船後，仇公子覺得精神疲乏，入房睡覺一會，睡來如廁小解，突覺刺痛異常，「個中人」語云：「推倒度牆」，眼中掉淚，如見三代祖宗，描寫患性病的苦況，可謂繪影繪聲。仇公子雖未經此苦，平時習聞人言，亦畧知一二，現在親歷其境，恍然大悟，一定是拜酒店那個「富室寵姬」之賜。他既羞還帶恨，悔亦無及，祗怪早不發作，或者遲些發作也好，偏巧在落船之後，船在大海中，萬難駛返碼頭，如之何則可？幸而仇公子出身閥閱家庭，普通常識，知道船上有醫生替搭客療治疾病，雖然丟臉，畢竟醜婦要見家翁，何況自己是大枱客，理它甚麼病症，如要診金，乃可照付，本少爺有的是錢，這個病又是有錢行攪得來，怕甚麼！於是按鈴召喚侍役，叫他代請船上醫生，並聲明照付醫藥費，說完之後，先給侍役十元貼士，侍役當然遵命唯謹。未幾一位姓楊的醫生入來，一見仇公子，稍為注視，欣然說道：「原來就是你，果不出所料！我剛才聽船上的管事說，有個仇公子，帶領十二金釵，坐頭等，另外十二個俏傭，坐三等，去上海遊埠，已猜出九成是你。這種豪侈舉動，捨你

更有誰！」這位楊醫生，便是仇公子肄業高等學堂時代的同學，仇公子以老友重逢，倍覺歡喜，不禁喟然嘆道：「隔別幾年，你畢業醫科，充當船上醫生，如果我不是『騎牆分子』，可能亦『戴四方帽』了，今日相見，不勝慚愧之至！」楊醫生笑道：「你帶佳人遊埠，我在驚濤骸浪中，捱其驢仔，不勝羨慕之至！……閒話休提，剛才管事說你召喚醫生，暈浪嗎？千金之子，不慣乘船……」仇公子插口道：「說起來又添慚愧，我患的是不可告人的病！」楊醫生幽默地答道：「風流人物，才有此病，有老友在，担保你不妨事。」於是楊醫生熟不拘禮，親自解去老友的袪子，檢視一會，帶笑說道：「兩針『六〇六』，保證你解除痛苦，但你仍須珍重自愛，暫勿作非非之想，這個病越想越痛，越痛越想，還是清心寡慾爲佳！」邊說邊打開藥囊，取出一大筒藥劑，徐徐替仇公子注射，這是當時的「性病」特效藥，注射藥水頗多，不比後來經過改良的「九一四」，藥水減少，注射方便。仇公子初嘗滋味，注射後頗有不良的反應，加以臥病在船，總不及家裏舒適，暈眩嘔吐，痛苦加劇，雖有老友隨侍在側，小心照料，仇公子仍然悔恨此次苦悶的旅行，大煞風景，禁不住咒罵兩個人：其一是和他打賭的廿八郎，另一個是冒認「富室寵姿」的酒店私娼，種成孽果。好容易捱過兩天，注射兩針之後，痛苦稍煞，可以起床行步，同行的十二金釵，鑒貌辨色，已知其病源，雖不敢和他親暱，看在月薪二萬元份上，穿梭般入房內「問安」，較有人情味的幾個阿姑，細意慰貼，侍奉這位「僱主」，慰情聊勝於無！最可惜的是：仇公子的病狀，正如楊醫生所批斷，勿作非非之想，越想越痛，有時突然之間，嘩然一聲「哎唷」叫起來，弄到有等阿姑莫名其妙 —— 祇有少數有經驗的阿姑，明白底蘊，

作會心的微笑。在此環境之下，仇公子惟有接納楊醫生的忠告：清心寡慾，自然無事。及至輪船泊岸，楊醫生俯念友誼，以醫生身份，保護「病人」，指揮佚役，親自送仇公子一程，廿四個「美人」浩浩蕩蕩，直抵卡爾登酒店 —— 這是仇公子老早打電報定下的十二個上等「雙人房」：一個阿姑和一個近身住一間。他本人所住的「特別房」，每日房租一百五十元！大家試想想：三十多年前住酒店，一百五十元一天房租，相信以上海的「卡爾登」為創舉，香港還是瞠乎其後，因上海被稱為遠東第二商埠，別號「小巴黎」，文明風氣，繁華氣象，甚至時髦服裝，亦由上海盛行於先，香港接踵於後；所以「上海裝」這個名詞，很為吃香。以酒店而論，除外國人居停的「大酒店」之外，新開張的「皇后酒店」（即現在的「新光」），有所謂「皇后房」，每天房租三十元，經已聳動一時，卡爾登五倍其值，豈不令人咋舌？據說粵人遊滬，住過這個「矜貴」房間，仇公子算是第二名。

第一位是有名軍閥劉振寰，他雖是桂人，但在廣東做官，不知公幹還是私幹，前赴上海，居停卡爾登酒店的「貴族房」，連續一個時期，於是引起當時僑滬粵人紛紛議論：這位劉將軍，長住一百五十元一天房租的酒店，舉止豪濶，正不知剷去廣東幾許「地皮」了。由此可見仇公子列名第二，同樣惹人注意，加以隨行嬰婉，一行廿四眾，粉白黛綠，共佔十二個房間，起居飲食，一切俱臻上乘。出外遊覽，以汽車代步：每日招搖過市，或逛公司購物，每次都滿載而歸，見者無不側目而視，口角流涎，羨慕這位翩翩濁世佳公子，名花冶葉，兼收並蓄，艷福無雙 —— 雖然他本人貴體違和，坐對羣芳，可遠觀不可褻玩，甚至不敢作非非之想，有如啞子吃黃蓮，有苦自家知。在上海消遣幾天，遊興

已闌，按照原定計劃，去遊西湖。這是我國著名風景區，仇公子率領廿四個美人，平添無限景色，所到之處，盡情觀光，盡情揮霍，不消贅述。這一天是舊曆五月廿三日，仇公子核計「打賭」的五十萬元，僅餘一千五百餘元，覺得此行興致索然，最大的理由，當然爲着「抱病在身」，苦中尋樂，樂趣毫無，乃宣佈買棹言旋。俱樂部一班會友，即晚替他接風，叫他報告旅程的經過，仇公子大嘆倒霉，說到落船之後，性病突然發作，聽者皆爲之忍俊不禁。廿八郎願賭服輸，實行請飲，由他指定日期。阿諛奉承的魏師爺，屈指計算打賭日期，雖由五月初一開始，事實上起程去上海，遊西湖，尚不夠半個月，仇公子已用完五十萬元，現在返港，尚差幾天才屆期滿，打破任何濶佬「駛錢」的紀錄，將來「留名千古」，成爲塘西佳話，想多找一個人「奉陪」也很難！廿八郎亦讚他聰明絕頂，能夠想這出個駛錢花樣，爲交遊增光寵，自動請多一餐，以示拜服之意。可惜美中不足，醫生仍要叫仇公子「戒口」不能食蝦蟹之屬，直至一個月之後，廿八郎方能履行請飲之約。仇公子一個月花費五十萬的豪舉，不特傳播塘西，社會人士亦資爲話柄，背地裏稱呼他爲「報仇」的敗家子，凡是知道仇翁的身家，最低限度有百多萬元，是不義之財，更認爲因果報應，悖入悖出，絲毫不爽，無不鼓掌稱快，特別是舊日附股經營顏料的一班夥記，冷嘲熱諷，說出這幾句話：「可笑仇翁，當初吞沒我們的錢財，遺給這個敗家子，累他讀書不成三大害，揸更抵夜，惡疾纏身，仇翁泉下有知，一定深悔枉費心機了！」這消息傳入呂七叔耳朵，很替已去世的老東翁不值，久欲稍盡世交之誼，着實忠告仇公子一番——明知這等紈袴子，多言無益，惟有希望仇翁在天之靈，庇佑他回頭是岸，迷信的講句：看看家

山是否有福罷了。可是仇公子歸來，即在俱樂部養疴，完全沒有返洋行一瞧，因爲父親的遺產尚未花清光，不須問呂七叔拿錢使用，懶得勞動玉趾。

呂七叔以仇公子如此揮霍金錢，縱有鄧氏銅山，亦不難消化淨盡，事勢危急，不容稍緩，乃不顧掉忌，親去俱樂部找仇公子，侍役以他是陌生人，又是老成人，不敢接納，問過姓甚名誰，入內稟告，接着又秉承仇公子的命令，問明到訪何事，是否重要，當堂氣到呂七叔七竅生烟，祇因看在「死鬼」東家份上，沒奈何忍氣吞聲，說是報告生意狀況，才不致饗以閉門之羹。侍役引導呂七叔入房間，只見仇公子斜臥床上，穿一套花綢睡衣，中間放一副烟局，床沿坐着一個美麗的女子，另用一盞套藍色的烟燈「打荷」。他平時見了這位父執，尚帶幾分禮貌，理由是：伸開手討錢。現在他已大權在握，洋行亦是「唯一東主」，雖然註冊有限公司時，呂七叔指定是永遠董事經理，但如果發現作弊有據，仍有撤換的可能。基於這個觀點，仇公子接見呂七叔，大模大樣，見他踏入房，循例欠身而起，說幾句話：「屬在世好，恕不客氣，我近來沒有返洋行，因爲去遊上海及西湖，去了一個多月，刻下尚在養病中，請躺下傾談吧。」呂七叔希望找個機會，貢獻金石良言，不能不對燈共話，陪伴這個少主人，作「橫床直竹」之戲。仇公子順口詢問洋行的業務狀況，呂七叔故意皺起眉頭說道：「近半年來，生意比較從前難做，因爲德國牌子的顏料，紛紛推出市場競爭，質料和本行代理的出品差不多，而價格特平，不能不要割價爭取顧客，影响所及，利潤大減。往年本行平均計算，除皮費外，儘可溢利十五萬之譜，今年若照上年的業務來推斷，我恐怕溢利不會超過十萬元，或許不及上年的半

數。我見此情形，不能不告訴你一聲，事關十多年來，承老東翁委託，洋行一向由我經理，每年俱大有利可圖，這可能是藉賴老東翁洪福，現在老東翁逝世，生意頓呈變化之狀，想出古人有兩句成語：將軍一去，大樹飄零，不由我不恐慌……」仇公子似乎很有把握地，泰然說道：「失之東隅，收之桑榆，上半年生意畧有遜色，焉知下半年不能彌補，何必效杞人憂天？若說是父親洪福，更為迷信可笑……」

呂七叔以仇公子不知稼穡艱難，不想俄延時刻，直截了當地說道：「我此次找你商量，除約署報告洋行業務之外，尚有事和你傾談。」仇公子問他何事，呂七叔雙目注視側身坐着床沿「打荷」的雛妓，仇公子會意，聲言「自己玩」，雛妓亦通氣，放下「烟托」，微笑步出房間。呂七叔見沒有第三者在座，劈頭第一句便道：「世姪，聽說你最近帶十二個阿姑遊埠，除阿姑之外，還帶十二個俏傭，一個月花費五十萬，可有是事？」仇公子以父親生前，每次支錢，都要看呂七叔面色，甚至受他挾持，常在父親面前講閒話，現在正好稍抒一肚皮悶氣，故意吐氣揚眉地說道：「沒有錯，我和人『打賭』，他欺負我不能以一個月時間，開銷半百萬，事實上我還不夠一個月，前後不過廿三四天，五十萬經已花散無零，不由他不甘服，所以聲明賭一餐，他亦自動請飲兩餐……」呂七叔越聽越火起，憤然問道：「世姪，你知否去世的老人家，賺五十萬元，要花費幾許精神心血，日積月累，要經過幾許時間，才可以儲蓄這個數目？」出乎呂七叔的意料，仇公子居然輕描淡寫，答覆寥寥十幾句話：「我認為大富由天，小富由儉，如果小康之家，積蓄一萬八千，也不容易，大凡超過百萬身家的富翁，全憑運氣，大可不勞而獲，所謂：人找錢難，錢找人

易，便是這個道理。」呂七叔聽到氣憤填膺，心想如此敗家子，生隻雞蛋還可充飢一頓，現在他花散父親許多錢，尚講便宜說話，恨不能摑他兩巴掌，摑醒了他，無奈他並不是自己的子姪，當然不敢造次，惟有吞咽一口氣，再貢芻蕘之獻，婉轉措詞道：「姑勿論金錢的來源，容易也好，艱難也好，我以為一個聰明伶俐的子弟，花錢總要有多少價值，有多少意義，最低限度對於社會福利公益事業，有所裨助，庶幾不致辜負老人家奮鬥一生，遺下偌大血汗錢，替他做一件功德，永遠留為紀念，以慰老人家在天之靈，總勝過你帶廿多個女人遊埠，不及一個月，五十萬元烟消雲散，贏得青樓『壽仔』名！試問你可對得起去世的老人家？」

生平第一「好勝」的仇公子，聽呂七叔以「壽頭」相加，強詞解嘲，微笑道：「人過留名，雁過留聲，我雖是花散幾十萬，塘西永遠留為佳話，世間最難得者是第一，散錢而做到『第一壽頭』，殊不容易，我相信自從水坑口以至塘西，這個有名的銷金窩，傾家蕩產，花散一百幾十萬的濶少，也不佔少數，極其量像花生桂的出毛巾，繫以金鈴，抹面時叮噹作響，以及『載魚翅帽』，辣手摧花，前者只是阿姑的傑作，沒有人知道籌頭是誰，後者簡直是煮鶴焚琴手段，遺臭萬載，怎能和我相比？你倒說得不錯：一個聰明伶俐子弟，花錢亦要有多少價值才對……」仇公子有心挖苦呂七叔，以報復他平時的老氣橫秋，諸多教訓，現在見他面如土色，好比孔明三氣周瑜，經已氣到他半死，姑且留有餘地步，掉轉詞鋒，柔和地說道：「你叫我替老人家留名紀念，亦很應該，我本身既已贏得青樓壽仔名，雖是遺臭萬年，亦何妨拿他老人家遺下的金錢，撥出一部分使到他『留芳百世』？很好，我就尊重你意見，看看有甚麼慈善機關，確是值得幫忙的，

我必定捐一筆錢……」呂七叔連忙問道:「你想捐的數目若干?若果紀念老人家,祇捐一萬八千,未免辱沒他老人家的名字,誰不知道他是幾百萬身家的大富豪,單是遺產稅已抽百多萬元!」仇公子以這個老頭子,甚於他底管家,甚至管到他捐欵做善事,不禁憤然作色道:「當然哩,我能夠一個月花五十萬元,帶女人遊埠,難道肯薄待棄世的父親?總而言之,我捐欵的數目,可以永遠紀念父親便算,不勞你老費心!至於洋行業務,過幾天俟我身子妥當,一定返行視察,想辦法擴展,你也不消憂慮,我看你幾十歲人,還是少憂勞為佳。」仇公子這番話,不特下逐客之令,更似東家訓令夥記的口吻,呂七叔細想仇翁生平,對他相當尊重,從未有這樣訓令,現在給這個後生小子,如此無禮相待,亦覺得不可須臾留,揚長而去,仇公子目逆而送之,自鳴得意,認為大丈夫不可一日無權,小丈夫不可一日無錢,今日又有權又有錢,正是大丈夫吐氣揚眉之時,何快如之?呂七叔出門未久,魏師爺挽雛妓入來,繼續替他打荷,仇公子將剛才的快意事,告訴魏師爺,這個打齋鶴,自然大拍馬屁,讚他折磨得好,接着談到捐錢做善舉,魏師爺建議:最近有個新組織的治療團體,凡是市民猝遭意外,該團體立刻「救急」,然後代為送去醫院,切實為人羣服務,辦理很不錯,捐助者十分踴躍,如果捐欵十萬元,建築一所大堂,可用捐欵人的名字,永留紀念。仇公子對於魏師爺的建議,正是言聽計從,立刻簽署一張十萬元的支票,送交這個治療機構,建築一所「仇翁紀念堂」,至今仇翁和仇公子的大名,尚永垂不朽,雖然子孫已告凋零,有等後人甚至貧乏不能自存。聽說有個孫輩,目擊「紀念堂」依然無恙,頗埋怨其先人浪擲黃金,作此無益之舉,如果將這筆錢購置物業,到現在物業漲

價何祗十倍，可抵幾百萬，實際庇蔭兒孫，何必貪慕此虛名，弄到兒孫沒有一椽一瓦？但他完全不知道他底先人 —— 仇公子，不過四五年間，便將幾百萬財產花散淨盡，這區區十萬元，就算購置物業，一樣變賣，烟消雲散，轉瞬遺忘，反不如留下這間紀念堂，名字永垂不朽，最低限度得個「知」字，縱然不知道這個仇翁是何許人，亦曉得他是富豪一名，更難得有位公子，如此「孝心」，出錢替他建築紀念堂，豈不漪歟休哉？閒話且撇過不提。仇公子捐欵後，故意將收條交給呂七叔一看，表示他言出必行，使父親永垂不朽。呂七叔這位老實人，祗知站在道義立場，盡忠於東家，完全不了解公子哥兒的大忌，每見一次面，總是忠告一番話，幾至於聲淚俱下，希望浪子回頭，保存大部分身家，庶幾殁存均感，誰知仇公子老羞成怒，見利忘義，也可說忘恩負義，幾乎置呂七叔於死地，事情曲折，很值得爲之一述，更可見一個敗家子的倒行逆施，往往超出一般人的想像！仇公子初時承辦父親的龐大遺產，一月花五十萬元，大有洗脚不抹脚之慨，以爲洋行已奠下穩固基礎，不啻銅山金穴，永不窮竭，有恃無恐。湊巧這年的年結，業務稍差，溢利僅有八萬餘元 —— 在別個公子哥兒的眼中看來，這個數字亦大有可觀，但仇公子旣浪費復豪於賭，自然覺得很失望。加以他向來懷疑呂七叔中飽，自從呂七叔幾番勸告之後，他更惧會呂七叔和他搞㗎，或者立意吞沒利潤的大半，以警惕他從事撙節，並乘機大飽私囊。他本人雖自誇聰明智慧，沒奈何公司註冊，永遠規定呂七叔是董事經理，全權支配業務及財政，除非證明作弊或犯法，否則不能更換其職位，因此頻頻和魏師爺磋商，如何收回自管。魏師爺亦覺得法例所載，難以推翻，祗有叫仇公子查核洋行賬目，或其他舞弊情事，若能

執其「痛腳」，便容易措手，甚至講法律，要他坐牢也有可能，因為有限公司的規矩，相當嚴厲，不得有半點糊塗。仇公子依言照辦，施突擊檢查方式，常時返洋行檢閱一切單據及檔案，希望發現秘密，如是者幾個月，白費心機，一無所得，事實上呂七叔為人，確是誠實君子，一心一德，報答老東家，數目絲毫不苟，況且單靠本人應得的薪水和花紅，以及和朋友做生意的入息，已成殷富之家，何必幹此昧心行為？仇公子惟有再向魏師爺求救，魏師爺忽然計上心頭。

原來仇公子於兩三日前，在俱樂部歡宴一位同鄉的長官，名喚田謀，同是「河北」人氏。這河北地區，雖屬邊區僻壤，但出產饒富，中央當局列為特區之一，田謀在軍政界有悠久歷史，和軍政大員具有深厚淵源，所以任命為河北特區行政長官。這田謀原是公子哥兒出身，也是著名的風流種子，每次道經香港，即有親友假座塘西酒家或寨廳，接風洗塵，倚翠偎紅，大有樂不思蜀之慨。他和仇翁是同鄉兼老友，父交子往，自然與仇公子更為親切，況且彼此俱是豪爽漂亮人物，性情相近，倍覺投機，每經香港，必定提前約仇公子，買醉石塘，作平原十日之飲。俗語說得好：「朝內有人好做官」，一則他恃有雄厚的背景，地位越高，政務越清閒，例行公事，由他底心腹而精明能幹的總務科長代拆代行，必要時可用電報請示辦理；二則這個特區從事開發富源，歡迎海外僑胞投資，他確有號召海外資本的力量，在港應酬股戶，亦是公幹之一，當不怕同僚抨擊。魏師爺見了田謀，觸動機心，在他身上打主意，向仇公子獻計：如此這般，何愁呂七叔不將洋行全權交出？仇公子大讚好極，決定依計行事。他不敢怠慢，打電話酒店，找着田謀，問他何時上廣州，是否照原定計劃，即晚

搭夜船？田謀答覆已購船票，準備就道，但含笑問他有何盛會，如果請飲寨廳，隨便改期也不要緊。仇公子莊容正色，說他有件重要事情請求幫忙，希望移玉步到俱樂部面敘。和易可親的田謀，果然展緩行旌，到俱樂部就教，仇公子來一次閉門會議，橫床直竹，欵欵深談。仇公子首先編造一番話，說呂七叔如何老奸巨猾，搏取父親信用，如何霸佔整間洋行，註冊為永遠董事經理，年中溢利，父親去世之後，即刻減少半數，總而言之，隻手遮天，欺負孤兒寡婦，可惜沒有充足的證據，加以撤換，收回自己主持。田謀祇聽一面之詞，以為呂七叔太過對人不住，憤然替他鳴不平，自願拔刀相助，但求有所差遣，義不容辭。仇公子以初步反應良佳，竊竊私喜，乃說到呂七叔每月必到廣州一兩次，同時懷疑他對於「偽美鈔案」也有關係，姑勿論是否屬實，可以利用這個嫌疑罪名，將他扣留，直至他肯自動交出洋行大權，免受株連，便不已甚，可以恢復其自由。田謀是個性情爽快的人，毫不思索，毅然答應照辦，並彼此部署聯絡方式，逖聽消息，遵命行事。這一晚杯酒談心，盡歡而散，自不必說。次日田謀決定先返廣州，等待仇公子指示呂七叔的行踪，保證一上碼頭，便命軍警將他扣留，仇公子連聲感謝，聲言事體成功，恩有重報，田謀謙詞遜謝：忝屬世交，區區小事，何必言酬勞兩字。但仇公子是個聰明子弟，深知金錢功能，親自送行，瀕別時放下程儀一大封，內有港幣一萬元，伏維心照不宣。

　　過了數天，呂七叔果然因事赴廣州，仇公子除以約定的密碼打電報田謀之外，並派魏師爺負担這個重大的使命。魏師爺和呂七叔有幾面之緣，算是「點頭朋友」——彼此在船上相逢，以為恰巧不期而遇，循例互相問訊，赴廣州有何任務？呂七叔當

然說是斟生意，魏師爺則藉口飲喜酒，呂七叔造夢也想不到這個飲喜酒的新相識，竟負責「點相」的任務——「點相」是黑社會中人的隱語，指點某人的相貌，俾黨徒認識下手對付，以免錯認別人。登岸之際，魏師爺故意和呂七叔且行且語，託詞去西關，匆匆道別，呂七叔習慣開房於亞洲酒店，多數在三樓，因為三樓僅有一部分地方，作酒店之用，房間不多，面積廣敞，幽靜雅致，自成一國，不像其他各層樓，喧闐熱鬧，有時流鶯穿梭往來，殊覺討厭。風流倜儻的田橫，通常亦喜歡在這層樓開房，約會愛人，貪其靜局。呂七叔行裝甫卸，入浴室沖個涼，覺得遍身爽快，正在斟茶自飲，忽聞拍門之聲甚厲，不類朋友到訪，當是警探「查房」——這是廣州司空見慣的事，本人既非「窩娼」，房內亦無「聚賭」，正是：平生不做虧心事，半夜敲門也不驚，何況在光天化日之下，更怕他甚麼？於是不慌不忙，開門一看，為首一個兇神惡煞的便衣警探，率領警員幾名，先說出呂七叔的姓名，呂七叔點頭承認之後，那警探即出示手令，然後擺起客氣而粗魯的態度，請他返公安局一行。呂七叔大驚失色，連忙解釋：「本人是香港殷實商人，一生從未犯過刑事，永遠不入公門，此次到廣州斟生意，有平常交易的顧客為證，如不相信，還可問沙面的洋商……」那警探的猙獰面孔，配合其油腔滑調，彬彬有禮地說道：「我知道老先生是正大君子，但上命所差，『憑帖請人』，我亦不知是甚麼事，和我多說亦無益，徒然就悮時間。如果自問清白，返局解釋清楚，自然恢復自由了。」呂七叔沒奈何，要求他們勿以犯人看待，相偕乘警車返局。當值一位官員，吩咐扣押於一個單人房，雖然地方不寬廣，尚堪容膝，比較所見的羈留所，一間大房容納幾十名嫌疑犯，狀如罐頭沙甸魚，已勝過百

倍。呂七叔如坐針毡，盼望官員問話，希望水落石出，立刻宣佈釋放。誰知等候了大半天，才有個書記官模樣的人入來，錄取口供，先問姓名，年齡，籍貫，職業，接着突然問他在港有沒有物業？呂七叔見問得太突兀，以爲想乘機勒索，搖首說沒有。誰知那書記冷笑一聲，竟能說出他名下的兩間屋，在甚麼地點，呂七叔祇好承認。那書記問得更離奇：「買屋的錢從何而來？」

呂七叔見這個書記問口供，旣不似官府審案，也不像朋友開玩笑，自恃理直氣壯，憤然作色道：「我呂某人一向在香港經營洋行，有二三十年的悠久歷史，誰不知道我做生意賺錢，難道我走私漏稅，幹犯法的勾當嗎？」那書記突然面轉鐵色，盛氣呵斥道：「走私漏稅，猶在其次，製造偽鈔，擾亂金融，更屬罪大惡極。實不相瞞對你講：現在有人控告你，是『偽美鈔案』的主犯！」呂七叔一聞此言，頓憶報章刊登過一頁新聞，廣州市破獲一宗偽美鈔案，嫌疑主犯也是姓呂⋯⋯不禁大驚失色，他們居然張冠李戴，悞以馮京作馬涼，連忙申辯道：「我也曾看過報紙，有件偽美鈔案的嫌疑主犯，與我同姓，但天下同姓者多，我和他完全風馬牛不相及，你們怎會懷疑在我身上？」那書記大有自得之色，冷笑一聲道：「原來你亦知道主犯姓呂的嗎？空穴來風，豈盡無因，蛛絲馬迹，定可跟尋，我們有所見而云然，決不會以耳作眼。如果你不肯承認，祇好屈駕幾天，待我們偵查水落石出，自然將你恢復自由⋯⋯」呂七叔悻悻然說道：「我生平不作虧心事，沒有幹過的事情，誓死不承，自信身家清白，一任你們如何偵查也不要緊！」在呂七叔之意，以爲自己行得正，立得正，怕甚麼？一經調查，自會水落石出，他們旣聲明屈駕幾天，極其量三幾天就可釋放了，姑且咬牙忍受，等待他們昭雪不白

之冤。誰知扣留了一星期，完全沒有人審問，向獄卒催促轉達上司，也不得要領，猶幸身上有錢使用，每日起居飲食，尚覺舒適，有個獄吏答應替他寄信返香港，約畧報告這件事，並着家人在外邊想辦法，查究此事的眞相及其來歷。其實在呂七叔扣留那一天，在廣州做內應的魏師爺，經已揮函通知仇公子，偽稱他居停亞洲酒店四樓，恰巧呂七叔住三樓，突然發現軍警如臨大敵，將呂七叔拘捕，情勢嚴重，不知所犯何罪，容查續報……等語。仇公子故作着急之狀，返洋行告訴各同事，自己以東主資格，暫爲代拆代行。另一方面，他更以世好身份，親自拜訪呂太太及其公子呂頌，報告消息。呂太太出身於閥閱名家，知書識禮，循規蹈矩，最服古老人的信條：生不入官門，死不入地獄，提起官司兩字便害怕，一旦聽說丈夫犯官非，兼且情勢嚴重，又不知所犯何罪，這一驚非同小可，當堂暈倒在地，經過一番施救，才漸漸甦醒。到底呂頌有多少知識，他肄業於高等學堂，適值放暑假，乃向母親撫慰，決定親赴廣州一行，以營救父親。但呂太太又放心不下，不知丈夫抵觸甚麼法例，恐怕兒子受株連，父子同遭幽禁，豈不是更慘？這時洋行的高級職員，亦來家裏慰問，呂太太問他們呂七叔究因何事上廣州，他們異口同聲，都說推銷顏料生意，一月去一兩次，習以爲常，並無別事。呂頌插口說道：「論理父親是正當商人，顏料也不是違禁品，有甚麼理由將他扣留？我必親自上廣州一行，調查其中眞相！」仇公子畢竟是紈袴子弟，做事輕佻浮躁，不能嚴守秘密，當大家研究呂七叔所犯何罪之際，忍不住洩漏一句話：「聽說他這次被拘留，和一件『偽美鈔案』有關……」太太一聞丈夫受嫌疑製造假銀紙，大驚失色，口震聲顫，說：道：「他……他……他怎會幹出此等犯

法的事……」回顧兒子說道：「你……你……我看你暫時不宜去廣州……調查清楚，然後起程，免受株連。」俗語說得好：知父莫若子，呂頌毫不思索，慨然毅然說道：「我無論如何，甚至拿我去槍決，我寧死也不相信父親幹這等勾當！父親生平為人，淡泊自甘，年來生意順境，已積蓄多少錢，儘堪溫飽，何必尚要製造假銀紙？老實講一句：如果父親肯作弊，當初仇世伯任他予取予携，不予瑕疵，單是洋行方面，十多年來的溢利，多賺幾十萬易如反掌，何必甘蹈法網，賺此不義之財？」說到這裏，注視仇公子，目光炯炯如電，提出質問：「請問世兄，這消息從何得來？」仇公子平時欺負呂頌是個莘莘學子，入世未深，大堪玩弄指掌之間，估不到他如許精明能幹，突然質詢，誠恐露出破綻，乃勉強掩飾道：「這件偽美鈔案，震動一時，報章亦有記載，省港人士無不知悉，不久之前，曾經拘捕一嫌疑主犯，是姓呂的。廣州治安當局，自然耳目靈通，他們可能懷疑七叔與此有關，故將他扣留研訊，亦未可料，你我俱是局外人，怎知道其中的奧妙呢？」呂頌聽仇公子弦外之音，亦懷疑父親作此最不名譽的犯法行為，跡近侮辱，憤然作色道：「世兄！你不能這樣侮辱我底父親，我雖是局外人，但我可決定廣州當局，必是悞接虛偽的情報，使父親蒙不白之冤，我更要親赴廣州一行，替父親昭雪冤枉！」太太見兒子如此有志氣，當然亦深信丈夫遭人誣捏，沒奈何任由兒子動程。誰知呂頌這一舉措，反招仇公子之忌，暗中和田謀聯絡，授意拘留所人員，盡可能阻止呂頌探監，即使容許他們兩父子見面，亦祇可簡單說幾句話，不能娓娓長談，並派人監視，細聽其談話的內容，作詳細的報告。於是呂七叔不知不覺之間，被扣留一個多月，雖然請律師代表辯護，祇是宣佈押候，

在調查中。日子越是拖延，案情越覺嚴重，呂七叔家人，多方請託，淩有力者代爲央求主辦這件案的長官，希望早日昭雪，任何條件都可答應。同時「相金先惠」——先交茶資一二千，聲明隨時恢復自由，立即再付二三千，但請託仍無結果，他們對於這宗案，似有難言之隱，非金錢所能爲力。呂七叔一家人，見此情形，愈覺心焦，又找不到甚麼門徑，可以打破這個僵局。直至有一天，仇公子的第三庶母——三娘，可憐呂七叔這個老人家，無辜受累，心裏十分難過，親去廣州探監，這才透露一綫曙光。

呂七叔見三娘突如其來，頗爲驚訝，因爲彼此雖屬通家之好，遭遇官司，自是關懷備至，但不辭跋涉之勞，由香港親到廣州探監，斷非尋常可比。論理這個責任該放在仇公子身上，一者呂七叔屬於世叔伯輩，患難中乃見眞情；二則他又是洋行的全權經理，自己是東主，一旦這個老忠僕被扣留，對於洋行業務上的手續，必須詢問一下，才覺安心，相反地仇公子除向其家人問訊之外，差不多完全置七叔於腦後。呂七叔經已覺得離奇，他是個認眞負責的老成人，盼望仇公子到來探問，他將告訴洋行業務上較重要的事件，俾代拆代行，誰知望穿秋水，不見大駕貴臨，現在出乎意料，來者竟是三娘，旣感且慚，長吁一聲道：「三太你眞有心，勞動你老人家……這次的官司，可算飛來橫禍，牽涉一宗僞美鈔案，連我自己也想不到，你三娘認識我幾十年，過世的大哥（指仇翁）和我情逾手足，諸般過信，我自問亦不敢行差踏錯，試想我一生謹愼，環境也過得去，怎肯到了垂暮之年，幹此不法之勾當，豈不是禍從天上來嗎？」三娘四顧左右，無人監視，嘆一口氣，低聲說道：「我本來身子很不妥，最怕遠行，此次特自到來，見你一面，就是爲着這件所謂僞美鈔案！我首先問

你一句：你知否過世老人家，爲甚麼取消你承辦人的資格？」呂七叔以三娘突然提起舊事，殊爲錯愕，坦率說道：「我當然不知道，也不便查根問底，別人或許隔膜不明瞭，你三太很清楚我底個性。關於大哥遺囑的承辦人，完全出於大哥的本意，他叫我做，我不敢推辭，他旣是改訂遺囑，交託自己的兒子，自是千該萬該的事，我也喜歡他這樣辦，以免別人悞會我覷覦這筆龐大的遺產，從中取利，所以我爲着避免嫌疑起見，連問也不敢多問一聲。」三娘搖頭太息道：「說起改訂遺囑，我至今猶有餘憤，其實這件事由大少爺（指仇公子）强制執行，先一日他拿一份廣州報紙給父親看，大致說廣州破獲一宗僞美鈔案，拘捕一個姓呂的嫌疑主犯，剛由香港抵埗，他硬指這個人就是你，並危言聳聽，叫老人家更改承辦人，以免將來牽累財產。於是他不管老人家是否答應，次日偕同魏師爺和賈律師到來，遺囑已經做妥，迫使老人家簽字，其實這個時候，老人家是病狀垂危，我懷疑他經已神智不清，甚至寫字也不知撇劃，結果由大少爺執其手，草草簽妥。最可惜的是：當老人家最後和你見面，我見他口中震顫有聲，但聽不出他在說甚麼，相信他一定想問你關於這件僞美鈔案，沒奈何病已彌留，若果你們有機會談一次話，事情揭穿，不特保留舊日那張遺囑，也不會弄出今日這件意外。當時我因爲不明其中眞相，這個狡猾的大少爺，又鼓其如簧之舌，聲言他對於父親的遺產，必定公平分配，不偏不倚，事實上完全相反。」三娘說到這裏，淚承於睫，嗚咽地繼續說道：「這位大少爺生性善忘，口惠而實不至，自從父親去世，承辦遺產之後，每個庶母，祇是一次過交給一千元，聲明將來『再有一筆』，但至今尚無着落。本來老人家在生時，也曾口頭說過，不論我們有沒有兒

女，最低限度每人撥給一萬元，可以在對海買間舊式屋宇收租過活，有兒子當然不同，因為兒子有份身家，母憑子貴，但可惜我們俱不爭氣，要仰人鼻息，命也復可言！最近聽說他不夠一個月，花去五十萬，不由我們不大起恐慌，似這樣洗腳不抹腳，就算父親是『黃百萬』，亦很快傾家蕩產，正不知將來如何生活。我不幸做人妾侍，生平不為主人公信任，遺囑一字不提，有甚麼話說？最淒涼的是『大少奶』，自從嫁了這位大少爺，眼尾也不瞧，簡直視她如贅瘤，我相信一年三百六十日，返家歇宿不夠十夜——在家的時間，祇是因為身子不妥，不能出外應酬，沒奈何休養精神，一樣躲在書房，休說沒有夫婦情分，還要發官仔脾氣，大罵妻子侍奉不週到，真是可痛可恨！」呂七叔見她絮絮談家事，忍不住插口說道：「這是大哥一生最錯誤的事，弄到這位大少爺，藉口盲婚為題，棄妻子如敝屣，這是既成的事實，迷信的講句：前生冤孽，無話可說了。但你此番到來見我，有甚麼見告，如有關係我的事情，希望你不必隱諱，祇求我早日恢復自由，甚至叫我付出家財的一半，我亦不敢推辭，以免長繫牢籠，漫無了期！」三娘頻頻點頭說道：「你說得對，我就是前晚聽到消息，覺得事有蹺蹊，寧可信其有，不可信其無，所以不辭舟車之勞，跑來這裏探訪你老人家，從長計議一下……」呂七叔着急問道：「到底是甚麼事情，請你爽快直言，不必忌諱。」三娘沉吟地說道：「我雖是聽到風聲，但是否屬實，尚未敢斷定，因為他對我沒有鮮明的表示，我一時不夠急智，未有問清楚他，待我告訴你，由你自己參詳吧。這是前日的事：我們這一位大少爺，突返家換衣服，照平時的習慣，換完衣服即行，極其量挑逗他底心愛小孩子一下，即揚長而去。這一天他見我們家裏幾個婦

女，討論你這件官司，不知因何事故，扣留許久時期，沒有正式提出審訊，祇是藉口調查內幕，太過沒有理由，究不知要調查到幾時？大少爺竟然冷笑幾聲，說出這幾句離奇的說話：『七叔幾十歲，真正老懵懂，自己是偽美鈔案的嫌疑主犯，很容易牽累別人。幸而我廣交遊，多識廣州軍政大員，他們個個都知道洋行的唯一東主是我，七叔不過是受薪的司理，頗擔憂七叔這件案，拖累洋行。如果七叔是夠精乖的話，簽字聲明脫離洋行的關係，憑我的面子，大可以疏通廣州的軍政大員，馬上將他釋放，風水先生十年八年，這件事我担保即日見功。』……我初時不解其用意，沒有多問，後來越想越覺離奇……」

呂七叔不等她說完，很着急地問道：「你們大少爺，當真說過這一番話？」三娘氣憤憤說道：「我可誓願！他說完之後，趕着赴宴，整裝起程，我們幾個女人，雖是知識淺薄，亦聽出他底弦外之音，顯然這件官司由他操縱，祇要你肯放棄洋行權利，就可以恢復自由。我們幾個女流商量的結果，大家認為我年齡最長，和你最老友，公推我到來告訴你一聲，論理這件事很難啓齒，不知者以為我們和大少爺蛇鼠一窩，壓迫你退出洋行，或者受大少爺差使，做他的說客，無論怎樣也不妥，但我想深一層，你經已扣押月餘，難保不變成冤獄，你幾十歲人，何堪刺激，設有不測，如何對得你住？何況大少爺平時對我們刻薄寡恩，我們的性格是好是壞，你七叔當然很了解，斷不致發生悞會。還有，我們祇聽到風聲，不加不減，照實奉告，大少爺是否有此心腸，我們女流之輩，不敢妄加推測，一概供給你七叔參玫 —— 我希望我們推測錯誤，大少爺不是這樣狼心狗肺的人，對世叔伯恩將仇報！」七叔且聽且沉思，最後恍然大悟，感慨地說道：「你

們所推測的意見，百分之百的對，半點沒有錯悞！我首先要感謝你們，雖然你是女流之輩，知識高超，義氣深重，這可能是大哥在天之靈，實式憑之……」呂七叔想起去世的老友仇翁，生平栽培的恩德，以至現在這位世姪，因爲企圖收回洋行的全權，竟不惜串通政客，陰謀構陷，甚至將別人的偽美鈔案，牽涉在內，無怪他底庶母，亦叫他做狼心狗肺的人，想到這裏，禁不住老淚縱橫，氣咻咻說道：「我做夢也料不到他出此毒辣的手段，他應該知道我這個世叔，賦性淡泊自甘，近來正感覺做生意困難，不勝繁劇，如非念在過世大哥的情誼，我早已卸下仔肩。他既然想收回自管，祇要他開句聲，我立刻雙手奉回，今後洋行任何利益，我一概不受，彼此世好，儘可開心見誠磋商，何必借助於有勢力者？須知求人做這等昧天良的事，酬報不輕，花費冤枉錢，又何苦來由？」三娘以七叔如許傷感，思前想後，亦不禁悲從中來，相對汍瀾，有如楚囚，她恐怕呂七叔傷心過度，勉強解釋道：「這件事或是我們的臆斷，未必屬實，等待將來水落石出，才可知眞相。」呂七叔低聲說道：「我認爲珍珠一樣眞，絲毫沒錯誤，蛛絲馬跡，大有可尋。最近我聽說他喜歡結交有潛勢力的政客，初時以爲富家公子，愛充官場，也是尋常之事，現在事情發作，顯然早有預謀了。我此次上廣州，和魏師爺同船，初以爲偶然巧合，及今思之，他此行一定負帶任務，誰人不知魏師爺就是他的軍師呢？就以目前的情形而論，益覺信而有徵，因爲往日我底兒子探監，有人從旁監視，不許欵欵深談，現在容許你例外逗留，可能知道此事可以解決，故不加禁阻。」三娘嘆口氣道：「如果大少爺爲着想收回洋行的大權，這樣構陷世叔伯，未免太過小題大做了。家門不幸，人丁單薄，偏生獨一無二的敗家子，我恐怕

由他主持洋行，不夠兩年，便要關門大吉，枉費他爸爸平生一番心血，難道他爸爸這份家財，當眞正如外間所傳：不義之財，理無久享嗎？」呂七叔自從仇公子一個月花費五十萬元之後，心裏已發生一種感想：貨悖而入者悖而出，仇翁生平吞沒夥記的利潤，數目過百萬元，因果報應，就在兒子身上，報應之速，殊屬可怕，現在三娘提出這個問題，他不便宣揚知己老友的惡行，祗好含糊應道：「幾十年過去的事，不必再提了。」不久七叔的兒子呂頌，循例來探監，聽到三娘所報導的消息，非常氣憤，聲言要返港找仇公子晦氣，代父親報仇。呂七叔連忙婉勸道：「青年人處世，幸勿意氣用事，以免弄巧反拙。一者這件官司尚未明眞相，亦未能證實由他主使，你若果正面提出質問，他當然否認，口角相爭，無補實際；二則他既有力量主使軍政大員，無辜將我扣留一個多月，何難再進一步，置我於死地？你若質問得緊，他老羞成怒，很可能叫人暗施毒手，斷送了我這條老命，那時節他更可以名正言順，接收洋行，不須多費一番手續，因爲註冊章程，雖是規定我是永遠董事經理，極其量終其一身，不能掉換別人，但沒有註明傳子代孫，永久由我家掌握大權，事實上他是仇翁的合法子嗣，是洋行的唯一東主，我死之後，不消說由他支配了。這件事祗能用柔軟手段，和他硬拼反爲不美。」於是呂七叔經過攷慮一番時間，向兒子面授機宜，如此這般，不出三天之內，定可知其端倪，是否由仇公子主使，如不成功，看情形如何，再想辦法應付。呂頌唯唯受教，不敢怠慢，立即乘快車返香港，爲着顧全父親性命要緊，忍氣吞聲，彬彬有禮，親去俱樂部拜訪仇公子。適值仇公子夜來飲寨廳，通宵達旦之後，偕同一班飲友及阿姑，乘汽車兜風，駛去淺水灣酒店飲早茶，返俱樂部

就寢未幾，侍役不敢驚寢，惟有開聲擋駕，吩咐呂頌晚飯時候再來。可憐這個一片孝心的兒子，恨不能見了這個繫鈴人，快快替父親解鈴，偏是急驚風碰着慢郎中，真個焦灼欲死，奈何侍役不瞅不睬，他又秉承父命，未便大發脾氣，祗好垂頭喪氣而去。到了黃昏挨晚，呂頌以為這是最適當的晚飯時間，拜訪當不會摸門釘，誰知侍役又告訴他：仇公子剛起床，趕緊頂癮，即使父親「番生」想見面，亦要等候一陣。但仇公子問知是這位世兄弟到訪，經已特別通融，不饗以閉門羹，吩咐他在客廳稍坐片時。可憐心急如焚的呂頌，以為稍候片時，極其量是半個鐘頭，儘可恢復精神，誰知俯視手錶及仰視時計十次八次，尚未有傳見的命令，幾番陪小心詢問侍役，所得的答案奇怪得很：你還不知道仇公子的脾氣，起身未曾「上電」，就算美麗如楊貴妃的女人，想入去和他說幾句話，他可能一烟槍迎頭痛擊，這不算是新聞，單是在這裏俱樂部，已有兩個阿姑身受其殃，兩老契當堂掟煲，他心愛的女人尚且如此，奚落男朋友，更不消擇日子了。呂頌是一個純潔無瑕的青年，一聞之下，不勝浩嘆，好容易捱到鐘鳴八下，目擊房門開處，有兩個態度風騷的雛妓，欵擺柳腰出來，向呂頌作嫵媚之笑。可憐這位救父情切的少年，無心領畧美人恩意，木口木面，忽聞有人叫「頌哥」之聲，知道是仇公子傳喚，不等侍役引導，搴門帘入房。這時仇公子已起身坐在床沿，中間擺副烟局，燈光如豆，他隨手開着電燈，含笑說道：「世兄！對不住，勞你久候⋯⋯這叫做黑籍中人，不喜歡光亮，刺激眼簾。如果你不怕我教壞你的話，躺下傾談也好，寧生敗家子，莫生蠢鈍兒，我希望你不要學做蠢子⋯⋯」呂頌依然坐在床邊的沙發床，寧願做蠢子，不敢作橫床直竹之戲，仇公子見他拘謹可笑，

亦不便過於勉強，開口問道：「你找我甚麼事？七叔呢，他有沒有釋放的日期？我很覺得擔憂，雖然我認識許多軍政大員，但他們似乎不想沾手此案，據說案情嚴重，非同小可。」呂頌見他口蜜腹劍，笑裏藏刀陷害年邁的父親，無辜坐牢個多月，恨不能撲殺此獠，無奈生命操在他的手中，祇好低首下心，央求道：「素仰世兄廣交遊，夠面子，這件事非由你想個辦法解救，不能脫老父於厄，懇求你俯念兩代的交情，但求救得父親出來，不論任何酬報，悉聽尊便。」仇公子微微一笑道：「酬報嗎？彼此世交，舉口之勞，亦要講酬報兩字，未免太不近人情了。」呂頌以為他藉口推辭，立刻慌張起來，接口說道：「世兄，不是這等講，如果你能夠恢復老父的自由，身受大恩大德，當然要圖報於萬一，斷沒有一手抹煞之理。」仇公子鑒貌辨色，知道時機接近，不宜錯過，乃莊容正色地說道：「屬在世交，酬報二字，實在說不通，既然你認為要這樣做，我亦不妨附帶一個條件……不過這個條件，在表面上看來，似乎十分毒辣，我恐怕七叔不容易辦得到哩。」呂頌為着急於挽救父親，同時奉過父親的命令，一切都應承，不假思索，坦率地答道：「實不相瞞，父親經過這一次的打擊，覺得世途險惡，人心叵測，無緣無故，牽涉一件風馬牛不相及的偽美鈔案，打算恢復自由之後，決意歸隱，淡泊自甘，甚麼生意也不幹，甚至洋行的職務，亦想交還世兄……」仇公子聽到這裏，當堂眉飛色舞，很興奮地問道：「七叔當真對你說過這幾句話？他肯完全放棄洋行的一切權利嗎？」呂頌毅然道：「千真萬真，世兄大可以馬上進行合法的手續，着人赴廣州交給父親簽字，聲明洋行的永久董事經理職位，以及今後洋行的一切權利，俱交還世兄負責，但我們唯一希望，便是請求世兄保證，代向

軍政要人疏通，以釋放我父親爲條件。」仇公子樂極忘形，自拍
其胸膛說道：「這件事包在我身上，七叔一經簽字，立刻恢復自
由！」說到這裏，他自知失言，連忙掩飾道：「實不相瞞，我們
的同鄉田謀，是父親的老友，很清楚洋行創辦的經過，他恐怕七
叔這件僞美鈔案，事果屬實，不難牽累全間洋行，最低限度影响
十年來的歷史和聲譽，如果七叔肯脫離洋行的關係，不致拖累仇
家，他願意挺身說項，要求軍政大員暫將七叔假釋，隨傳隨到。
因此之故，我還向你附帶聲明，希望七叔假釋返港之後，如果廣
州方面需要傳他問話，他必得抽身一行，以免連累這個保證人才
好。」呂頌明知道這是多餘的話兒，所謂作僞心勞日絀，欲蓋彌
彰，任是三歲孩童，也不會相信，何況呂頌是讀書明理的人，那
有不曉得之理，爲着救父要緊，祗好視作「聊齋誌異」一例看，
姑妄聽之，亦姑妄應承之可也。次日，賈律師立刻擬妥正式文
件，仇公子本想欣然命駕赴廣州，因公帶私，重溫陳塘舊夢，流
連東堤畫舫，慶祝大功告成，兼且目擊呂七叔簽字，但魏師爺此
時經已返港多時，他極力反對仇公子和呂七叔會晤，一者誼屬世
好，迫他下台，未免太難爲情；尤其是此次藉口僞美鈔案，不啻
一石兩鳥政策，僥倖成功，兩番給予七叔致命的打擊，簡直是夢
想不到之事，至怕見面時，談話間露出破綻，反而不美，究不如
暫時以不露面爲上策。仇公子一向對於這位扭計師爺，言聽計
從，乃特派魏師爺爲專使，負担這個重要的任務，叮囑他小心在
意，此行祗許成功，不許失敗，魏師爺是這個陰謀的策劃人，正
是成竹在胸，穩操勝券，瀕行之際，大言炎炎，叫他預定寨廳，
作慶功之宴。果然不出所料，呂頌和仇公子商談之後，翌晨乘火
車趕返廣州，面見父親報告消息 —— 這消息在別人看來，是一

個傷心的噩耗，但呂七叔反爲認作佳音，因爲他鑒於這位世姪，爲着權利問題，能夠幹出這樣狼心狗肺的事件，將來和他相處下去，稍爲激惱大少爺，何難做出謀財害命的勾當？所以呂七叔一聞之下，爲之展顏一笑。呂頌向來善體親心，以爲父親強作歡顏，事實上任何豁達的人，面臨這個打擊，都不會看得開的，因爲這間洋行，數十年來，由自己一手慘淡經營，躋於華人洋行中崇高的地位，和外國人經營的大洋行，駸駸乎並駕齊驅，老東家另眼相看，註冊爲永遠董事經理，掌握全權，一旦爲二世祖無辜構陷，威迫脫離關係，絲毫沒有補償，數十年的心血付諸流水，是可忍，孰不可忍！而呂七叔竟似甘之如飴，毫不介意，呂頌反爲恐怕父親刺激過度，氣憤憤代鳴不平。呂七叔不俟兒子開口，心平氣和地說道：「青年人，少安毋躁，這件事正是你們將來立身處世的一個好教訓，你必須明瞭這一點：世間的敗家子，當他需求金錢的急迫心情，甚於潦水高漲，非任何堤防所能遏止，如果貿貿然想加以壓抑，等於燈蛾撲火，惹禍上身。此次我無辜被扣留月餘，能夠找到綫索，有恢復自由的希望，已算是不幸中的大幸。」

　　翌日，魏師爺拿文件笑嘻嘻入來，剛說幾句冠冕堂皇的說話，解釋叫他簽字的原因，但嫉惡如仇的呂七叔，深恨這等打齋鶴、「伴魂」之流，唯一的任務，就是唆擺富家子弟，做運財童子，心想仇翁前世一定和他結下血海冤仇，今生報仇唯恐不足，非累到仇公子傾家蕩產不止！當下他氣憤之餘，懶得與這種衰人應酬，爽快地首先開聲說道：「叫我簽字脫離洋行關係嗎？不必多講了，拿文件過來，待我馬上簽！」說完即接過文件，迅速簽字之後，本來順手交還，但回心一想，這等扭計祖宗，比「荒

唐鏡」、「陳夢吉」更爲兇狼，必須細心看清楚內容，至怕一方面聲明脫離關係，另方面要清算從前的賬目，所有華洋轇轕，認爲有不妥當的地方，仍要負責賠償損失，那就非走路不可，幸而仇公子所企求的，祇是收回洋行的全權，由呂七叔自願解除永遠董事經理的名義，放棄一切應得的權益，今後洋行的盈虧亦與他無涉，呂七叔看過沒有字虱可捉，仍將文件交回魏師爺手中。魏師爺如獲至寶，連聲道謝，並安慰他一句話：假釋的手續，刻下在辦理中，不久當可恢復自由了，話剛說完，笑口吟吟，揚長而去，快慰之情，甚於前綫士卒，高奏凱歌而還。說也奇怪：魏師爺一言重於九鼎，呂七叔簽字後不夠十五分鐘，即有書記模樣的官吏入來 —— 亦拿文件請呂七叔簽字，而執禮甚恭，含笑解釋這是官樣文章，文書內所謂假釋隨傳隨到，不過是例行公事，照簽可也，簽完後可馬上返港了。這一回呂七叔已明瞭所謂假釋文書，便是恢復自由的代名詞，望也不望，揮毫落紙如雲烟，果然簽字後立刻放人。

呂七叔無辜被扣四十一天，一旦恢復自由，即與呂頌赴亞洲酒店取回行李，恰巧趕及下午車返港，馬上離開廣州，連飯也不吃，寧可在車上吃，並誓過願永遠不到這個烏烟瘴氣的廣州！這也難怪，因爲這是民國初期的事，正是軍閥割據時代，內戰頻仍，政治未上軌道，類此情形，殊屬司空見慣，直至十年之後，政治修明，建設進步，呂七叔才取消其誓言，還在廣州東山置有物業，作隱居之所，這些都是後話，表過不提。且說呂七叔安然返港，家人悲喜交集，親友置酒壓驚，大家俱知這一次冤獄的內幕，憤然代鳴不平甚至有人願仗義幫忙，出錢叫他在港打官司，搜集證據，控告仇公子迫簽及構陷，爭回洋行應得的權益，呂七

叔雖感謝他們盛意拳拳，但宅心忠厚，始終顧念亡友仇翁的情誼，不特不肯這樣做，更於返港之翌日，親自到洋行向仇公子辦理手續，指點外國廠家及當地顧客的交易狀況，今後繼續密切聯絡，並和仇公子握手，祝其業務欣欣向榮，做一個「守成的令主」，發揚光大先人的基業，如有諮詢，他隨時以顧問地位，世交資格，義務贊勤。仇公子夢想不到這位世叔以德報怨，初時尚以為七叔老實頭子，不知道自己將他陷害，還可能多謝自己代向猛人說項，救他出獄，這才一片好心，諸多指點哩。事實上這一樁驚人的案件，此間商界中人，早已互相傳播，若要人不知，徐非己莫為，仇公子這樣對待呂七叔，不論識與不識，皆破口大罵，說他因諫成仇，恩將仇報，與謀財害命無異，將來決無好結果！有等商界朋友，見呂七叔情至義盡，辦妥交代手續，既值得同情，更值得敬仰，紛紛要求七叔爭回一啖氣，他不仁，我不義，他壓迫我脫離洋行關係，我何妨自己開設一間！根據洋行的習慣，與外國廠家函件往還，向例由經理、司理或董事簽名，這個簽字人就是這間洋行的負責人，若果彼此交易日子悠久，情感隨而增加，外國廠家無形中信任這個簽字人，認為貨品的暢銷，端賴他指導有方，經營得法。每年聖誕節，互相饋贈禮物，寄送咭片，有時外國廠家派代表遊歷遠東，擴展業務，抵港後不消說接風洗塵，聯絡感情，湊巧洋行所代理的德國顏料，廠家的東主到過香港，和呂七叔酬酢甚歡，同時外國廠家常向銀行及同業，調查某行及某經理人的信用如何，呂七叔在這一行業中，有數十年的悠久歷史，自然「信用昭著」，為外國各廠家所知悉，一旦由他簽字寫封公函，通知所有外國廠家，自己設立這間新洋行，除非從前的代理合約，未過期限，否則代理權有把握移交新行接

辦，或者等待期滿後即移交。至於此間的客路，亦一向和呂七叔交易，祇要呂七叔另起爐灶，生意定可搶回百分之九十八以上。呂七叔亦相信朋友的美意，全屬實情，但他感念亡友生平的照拂，不願打擊仇公子，且拭目以覘其後。仇公子對於生意門路，完全不懂，尤其是外國廠家，他以為循例通知呂七叔年老退休，辭總經理之職，由他繼承其缺，他自恃是洋行唯一東主，洋行又有幾十年的信譽，當不致有隕越之虞。這一想法當然沒有錯，如果他能保持往日的貿易數字，特別是維持一向信用，銀期沒有拖欠，外國廠家自不理會，代理商行的人事調動，等如一個國家，不敢干預別國的內政。但仇公子措施失當，自取滅亡，第一：此間的顧客，大部分同情七叔被誣陷及排擠，對仇公子實行杯葛主義，寧可採用別個牌子的顏料及其他貨品，生意已有一落千丈之勢；第二：往日經營洋行，頗為有利，外國廠家很優待代理商，通常付貨後有三十天或六十天銀期，雖然此間顧客亦有賒數，但比較之下，已佔便宜。仇公子祇知擺出「大班」架子，全不担心何時要開信用票，支付某一廠家貨欵。有時花天酒地，需欵過節或執寨廳或給老契白水，便不顧一切，甚至顧客結賬，他亦挪轉一用，以應急需。久而久之，信用日漸消失，外國廠家可能暗中調查其狀況，知道其腐敗情形，正當商人自感不滿。凡是外國著名出品，差不多隨時都有商行寫信廠家，要求給以代理權，並保證生意如何有把握，勝別人一籌，廠家俱將函件列入檔案，現在發覺生意大不如前，信用狀常時拖欠，非函催多次不匯欵，可以指為破壞合約，取消其代理權，物色別間有名譽地位的洋行接辦了。因此仇公子上場不夠一年，五間外國著名廠家的代理權，均先後被宣告取消。往年洋行每年賺錢十多萬，全賴這幾間廠的

出品暢銷，應得的代理佣，數目相當可觀，取消後不消說就要虧本了，尤其是仇公子初登寶座，以爲有金山可掘，一般同行同攪的豬朋狗友，紛紛請求「大班」照拂，樓以一枝，仇公子義不容辭，來者不拒，洋行旣充滿飯桶，倒難爲這個米飯班主，巧婦難爲無米之炊！到了這個時候，他才知道做生意的困難，想起呂七叔去年賺錢不夠十萬，當屬實情，不是他中飽私囊，欺騙東家，轉覺得呂七叔是個忠僕，也是好人，乃親自命駕，踵門求教，相信這位忠厚長者，必定俯念數十年世誼，旣往不咎，指示南針。呂七叔雖然不會幸災樂禍，但到了這個田地，亦愛莫能助，惟有目擊這間慘淡經營的洋行，前後不及五年，由敗家子斷送。仇翁生平巧取豪奪的全部財產，同時化爲烏有。仇公子性病入骨，年四十許，便溘然長逝，幾無以爲殮，由呂七叔代爲執拾，遺下一個痴呆的兒子，也賴呂七叔維持教育費。說起來跡近迷信，自私害人的仇翁公子，結局固可悲，設計害人的魏師爺，竟變了「本地狀元」── 發瘋。田謀則性病墜腳，成世做跛子。賈律師不是主謀，還算壽終正寢，祇是半身不遂八年。善有善報的呂七叔，四個兒女，三個畢業大學，地位崇高，帶挈七叔做「老太爺」！

第卅九節：新煥勝「賊女」桂生

　　人愛艷陽，居錦繡萬花之谷；天開色界，聚楞嚴十種之仙。這四句話描寫塘西花國的阿姑與人客，可謂貼切之極。先說人客吧，林林總總，高低窮富，不一而足，白板老坑，美醜兼備，包括紳士，股戶，富商，二世祖，空心老倌，花心蘿蔔，大班，買辦，寫字，經紀，教書先生，以至「打開人工簿不見了幾個月」的小店員，應有盡有（當時有人編幾句「韻語」，調侃小店員，亦學人尋花問柳：收工忙於征西，似「流星趕月」，花箋已去，蓮步未來，似「犀牛望月」，老契見面，備極纏綿，何等「風花雪月」，青樓夢醒，匆忙返店工作，「打開人工簿，不見了幾個月！」〔工金也〕）。再說阿姑，品流複雜，若問出身，則亦貴賤不同，高下不一，計開：千金小姐，小家碧玉，富家姬妾，悞解自由學生，身世可憐的婢女，由良家女以至高等私娼，由俏近身以至「尼姑」（塘西曾出現一個「戴頭笠」的尼姑，芳名「小宛」，但不久便為富家兒郎量珠聘去，先賃屋居住，俟蓄髮長成，始正式入宮），種類浩繁，不勝枚舉。最奇怪的是：有一年「新煥勝」寨來了一個新阿姑，芳名桂生，忽然之間，寨中寮口嫂傳出驚人的消息，竟說桂生是「賊女」，飲客一聞之下，既驚且駭，由害怕而起戒心，因為當時內地「標參」的風氣相當盛行，飲客非富則貴，除少數「打開人工簿不見幾個月」的小店員之外，差不多個個都

有做「土木人參」的資格，和賊女廝混，這還了得，不怕她引誘人客打水圍，燃着悶香，實行迷擄的手段嗎？（當時社會人士，對於綠林中人的行徑，知識很是薄弱，讀過坊間所售小說，以爲綠林中人有種悶烟，一般採花賊用以迷姦婦女，聯想所及，惧會劫羊牯亦可能用悶烟，使人神智昏迷，然後帶去藏參的地點。）雖然塘西全盛時期，也曾出現兩個「賊婆」，但尋芳客全然不怕，反爲趨之若鶩，很快就成爲紅牌阿姑。最著名的一個，便是翠樂的容仔，相傳她曾一度爲九江著匪吳三鏡的「壓寨夫人」。據說三鏡雖是殺人不眨眼的魔君，像張良一樣，生得姣好如女子，風流瀟洒，驟然看來，似個紈袴子，沒人可以想像他是個橫行無忌的大盜。他有妻妾幾人，也有劫擄得來，也有用金錢買來，明媒正娶，蓋鄉間有等窮家女，父母貪錢，或迫於環境，任教「卿本佳人」，沒奈何「從賊」，容仔就是吳氏的寵妾。其後吳三鏡伏法，樹倒猢猻散，妻妾相繼下堂，容仔隸籍塘西，初時諱莫如深，其後消息洩漏，飲客爲着好奇心所驅使，揮箋相召，想一看這個著匪的下堂妾，美麗到甚麼程度，居然寵擅專房？因爲她底主人公經已棄世，旣不怕有標參，尋仇情事，況且妓女是公開的眾人妻，有一塊錢便有召喚的資格，一廣眼界，庸何傷？

容仔生得豐容盛鬋，紫棠色面皮，貌僅中姿，而風韻殊佳，這便是女人魅力，迷人端在風韻。另外一樣對顧客的吸引力量，說起來却很有趣，是她左手腕所戴的翡翠玉釧，玉色菁葱，任何不識寶的人，都越看越愛。相傳這隻玉釧還附帶一頁有血有淚的故事，是當時另一個悍盜，明火打刧某鄉的富戶，財物細軟，固已洗刧一空，瀕行時，見富戶的老太太手戴翡翠玉釧，如許矜貴，立刻叫她脫下來，老太太唯唯應命，但向他解釋，恐怕脫不

出，她本人前三年娶媳婦，想將這個家傳之物，交給下一代，誰知用盡方法也不能夠，因玉鈪也是青年時代家姑所貽，那時身體消瘦，其後身子日益肥胖，不知不覺戴了二十多年，竟無法脫掉，又不敢過分勉強，恐怕損壞玉質。在悍盜監視下，用盡所有番梘、刨花等滑溜東西，弄到老太太皺眉流淚，雪雪呼痛，仍不能脫離手腕。若果任何人見此情形，知道老太太並不是不肯施捨，事實上手腕肥胖不爭氣，有甚麼辦法呢？祇好割愛。可是這個悍匪但知愛寶，不顧人道，居然全沒心肝，做出一幕「割愛」慘劇 —— 手揮利刃，「割」去老太太的手腕，拿走心「愛」的玉鈪 —— 可憐這個老太太，痛極暈倒於地，醫治經年，雖告痊癒，但愈後不到五年，便溘然長逝，可能是斷手時流血過多，驚慌過度，身子日就衰弱所致。後來悍匪因與吳三鏡交換一條土木人參，這一隻翡翠玉鈪是附屬品之一，容仔寵擅專房，所以玉鈪落在她的手中。她亦視如心肝蒂，不忍須臾離，自言窮極也不願變賣，據說這是唯一遺留的紀念物，用以紀念夫君生前的恩愛，信不信由你。姑勿論容仔是否「言出由衷」，單憑吳三鏡的「招牌」，以及名貴無倫的翡翠玉鈪，已足夠口頭宣傳，使容仔的芳名，不脛而走。加以她本人飽歷風霜，甜酸苦辣，滋味備嘗，和年高德劭的紳商傾談，固然彼此投機，娓娓忘倦，甚至和年輕小伙子在一起，亦像「三娘教子」一般，說得他們俯首帖耳，願造不侵不犯之臣，甘隸粧台伺眼波 —— 這等公子王孫，大都少不更事，幾曾聽過綠林中的實際生活，由她現身說法，繪影繪聲，個個聽到目瞪口呆，最後她必定帶一段勸世文，叫他們不可浪費父兄的身家，繁華一夢，值得警惕。天下事越是高寶，越是多人奉承，這是自然之理，她越「教」他們不宜過分和她接近，他們更對她

熱烈追求，容仔在塘西紅牌阿姑中，另有其一套作風，別具一種手腕，尤其是不脫江湖兒女的豪爽氣派，所以她底顧客，範圍廣泛，各種各色人物俱有，特別是私梟撈家之流，倍覺臭味相投，當時的「首席紅伶」老伍，旣喜其性格爽直，又同情其身世可憐，完全出於自動，慨然送贈她鑽石戒指一枚，長班手車一輛，立刻震動整個塘西！

如所週知，花間嬰婉，追逐伶人，不惜悉索敝賦，多所投贈，務求搏取伶人的垂青，這種阿姑，飲客號爲「蓆嘜」，大都毅然「割席」，以免丁娘十索之後，轉送與她底情郎享受。但老伍不比普通名伶，他具有藝術天才，創造粵劇界破天荒的新紀錄，不特舞台藝術富有「創作性」，對於私人生活，亦提高伶人的地位，試舉例而言：兩夫婦同去大酒店天台，飲下午茶，跳交際舞，慶祝生辰；在大酒店聚餐開「舞會」，中外嘉賓，濟濟一堂，他用英語致詞；是戲人中第一位「有車階級」，還懂得司機，他排行第五，不惜出盡人事，換得五十號車牌。總而言之，他成名之後，力爭上游，以身作則，打破往日社會人士輕蔑伶人的觀念。名流貴婦，亦樂與交遊，替伶人爭回一口氣。他買醉塘西，「消夜」的時間，討論劇情，斟酌「提綱」，手段相當潤綽，定價一元的局票，起碼發五元或十元，看阿姑的態度如何而定 —— 有等阿姑心裏喜歡伶人召喚，表面上故作冷寞的神情，更有等阿姑最是無理取鬧，或許她有幾個可靠的溫客，隨時可以斬其白水，恐怕一經應伶人之召，溫客懷疑她是蓆嘜之流，特別矯揉造作，藐唇藐舌，以示不屑之意。平情而論，妓女是有名的眾人妻，由紳士以至煤炭苦力，祇要有一塊錢，便可以揮箋相召，何必存心歧視某一種人客？老伍爲着此事，極端憤憤不平，他饋贈

容仔一架長班手車，及一枚鑽石戒指，也含有爭氣的表示，以老伍的豪潤，爲爭氣而出此，自然不算甚麼一回事。現在且撇開「賊婆」容仔不提，書歸正傳。說起這個新煥勝「賊女」桂生，也有一頁可泣可歌的血淚史，非任何人所能想像！

單是「賊女」兩個字，便有一番解釋，因爲這個「賊女」桂生，沒有錯，父親雖然是「賊」，但母親絕對不是「賊婆」，相反地，她還深惡痛恨這個「賊阿爸」，幾欲置之死地，自己亦痛不欲生，沒奈何身上懷有這個「賊女」，不忍傷害無辜的小生命。換言之，桂生面臨這個溷濁的世界，其來也突然，來乎其不得不來，既非父親所意料，更非母親所願望——事實上母親是個守節多年的寡婦，一旦荳蔻含胎，以從前鄉間的傳統貞節觀念，其不浸豬籠者幾稀，而鄉人不特不浸死她，反爲婉勸她，勿萌短見，養大這個女孩，由此可以推測，這個女的身世，怎樣值得可憐，她底母親，又怎樣獲得鄉人的同情了。這賊女的來源，牽涉一段標參的故事，且聽我從頭告訴也可：當時西江有一股土匪，堂口叫做「西義堂」——綠林勒收行水，擄人勒贖，照例有個「堂口」，等如商店的「招牌」，俾人有所認識，其首領兇悍嗜殺，商民提起堂口便不寒而慄。又綠林中人，開口講義氣，閉口講忠義，差不多每個堂口都不離一個「義」字，譬諸社會上有等「假君子」，滿口仁義道德，是否名符其實呢？祇有天曉得！首領姓馮名煥，綽號「先生煥」，爲人倒有幾分義氣。他本來是鄉間教館先生出身，苜蓿生涯，相當清苦，尤其是在鄉村開設訓蒙館，做猢猻王，不比現在開「學店」，可以面團團作富家翁，昔人有這一句話：「不窮不教學」，好像教書先生，注定就是窮人，其窮苦可知。先生煥亦有幾分類似另一著匪「先生端」，初

時替賊黨寫打單信，撈些筆金，後來索性入了夥。先生煥到底讀過書，有些理智，待人接物，比較和平，雖然他底性格亦十分剛強，言出必行，毫不畏縮，但做事公正，絕無偏私，所以首領被人槍殺之後，由一班兄弟擁護他為首領。先生煥以這班嘍囉，殊不易駕馭，尤其是他們蠻不講理，殺人不眨眼，有乖江湖義氣，他一口拒絕。眾人再三央他領導，一致聲明拱手聽候驅策，先生煥告以盜亦有道，如果手段兇殘，將來定無好果，最後和他們約法三章：（一）要財不得要命。（二）刮財不得刮色。（三）不吃「禾邊草」，撈世界行遠一步，不得光顧本鄉兄弟，以免犯眾憎。至於標參亦有三個信條：（一）不得「撕票」——除非此人是刻薄成家的守財奴，死有餘辜。（二）不得虐待被擄的羊牯，更不得傷害其肢體——例如「割耳朵」，「劏腳踭」，「切手指」之類。（三）不「標」鰥寡孤獨，及江湖子弟——如伶人，江湖賣解，賣武之徒。由於先生煥宗旨尚屬「純正」，凡是西義堂名義勒收行水，各渡船皆樂得繳納保護費，以安行旅。每次綁票，均視其人身家之有無，而定其打單的多寡，大概勒索十分之一二，例如有一萬元家財，則索取一二千元，務求對方容易接受條件，交易而退，各得其所。

有一次，先生煥打刦隣村，臨行時擄去六人，其一中個少婦黎廖氏，和她底大伯黎老慶，一同被擄。黎老慶是村中的富戶，有田畝，有耕牛，有雜貨，有搾油機，有三幾「方」財富（數十年前世俗俚語，以「方」字代表「萬」，可能因減筆「萬」字與「方」相似），不祇是小康之家，簡直稱富翁，怎不惹起賊匪垂涎？湊巧黎老慶晚年喪偶，非人不暖，憑媒介紹，娶個中年再醮婦李氏為妾，先生煥的手下一時不察，右先鋒大口祺，認得黎老慶，親

自上前綑縛這一枝土木人參，左先鋒黑面桂，見家裏有個頗爲漂亮的婦人，以爲就是他底新寵，順手牽羊，揚長而去，完全不知道這個黎廖氏，祇是黎老慶的弟婦。李氏則幸運之極，機警之極，賊刦時躲在柴房，用幾堆大柴遮蓋着身子，因她生得嬌小玲瓏，掩護得法，賊匪入過柴房張望，光綫昏沉，竟給她瞞過。李氏人甚幹練，以主人公被綁票，六十歲衰翁，過其羊牯生活，如何抵受，且稔悉他生性鄙吝，要他多出錢，甚於割他一塊肉，他雖有兒媳在香港經商，但遠水不能救近火，倘有不測，自己責任非輕。她一方面打電報通知兒子，另一方面收到打單信之後，即派人和先生煥講數，開價一萬五千元，卒以一萬成交。至於黎廖氏，賊黨初時以爲是「高麗參」，索價五千元，事實上她却是不抵錢的「石柱」，李氏以主人公正一孤寒財主，叫他取贖一萬元，大有要錢不要命之慨，如果再要他拿幾千元贖取弟婦，他可能趕走妾侍，說她敗家，所以李氏對於黎廖氏，暫時不敢談這一筆，等待黎老慶贖出來再算。果然不出所料，黎老慶得命思財，埋怨李氏用錢太多，一萬元還加上開門利是五百元，未免昂貴，其實一萬元大可一脚踢——包括開門利是也行，這五百元是多餘的浪費。並說他在「薑參屋」內，聽到風聲甚緊，軍隊有圍剿消息，若果稍假時日，講價有減哩。李氏見他愚不可及，正色說道：「你幾十歲人，我怕你在賊巢多鎖一天，多受苦一天，弄壞你底身子，我會受人怪責呀！」黎老慶笑道：「你完全過慮了，其實我們好食好住，晨早食粥，早餐煲猪肉湯，晚餐劏鷄殺鴨，消夜任由我們喜歡，或食飯，或炒粉，或甜品，起居十分舒適。我們一起被擄六個人，俱困在隔隣村的『薑參屋』，五個男人在前廳，女人似在屋後的柴房，祇是用麻繩綁脚，幾人相連，想逃走比較

困難，兩名年青賊匪，分班看守。『薹參屋』接近村邊河濱，有時見我們久困苦悶，帶出外散步一回，或叫我們在小河沖涼。先生煥寫好打單信，親自交給我們一看，吩咐我們簽個字，態度和藹，他見我嫌一萬五千太多，含笑回答：『講價有減。』」

黎老慶說到這裏，憶起一件事，啞然失笑道：「最有趣的是：打單信所蓋的圖章，不是石印，也不是木印，而是用番薯製造，先生煥自鳴得意，說西義堂三個字，由他一手雕刻，又說他懂得刻石章及木章，不過見許多綠林好漢，習慣用番薯造，姑且入鄉隨俗，出水隨灣罷了（按：賊黨用番薯造印，在四五十年前，曾一度相沿成習，理由大致不外有兩種：第一，賊匪雖是身爲首領，多數不識字，從前社會人士的習慣，不大注重簽字，通常蓋印章，畢竟打單屬於犯法的勾當，不便出外求人，因利乘便，拿番薯刻個印章算數；第二，除市鎮之外，窮鄉僻壤，很少刻圖章的檔口，旣不想拋頭露面，惹起別人注意，索性刻個番薯圖章，差不多用完之後，即加以消滅，寧可再用時又刻一個。但往昔賊黨的打單信，不單純限於「標參」，打單各鄉輪渡爲主要買賣，俗稱勒收行水，即征收輪渡的保護費。如果圖章用番薯雕刻，每次字跡不同，輪渡大有藉口：圖章的堂口名字，與前次打單信的字跡不同，究不知是眞是僞，不敢亂交。賊黨仍然沿用習慣，蓋番薯印，由於某著名悍匪失手被擒，就地正法，完全因官方探悉他派人去圖章檔口，雕刻新堂口的木印，立刻拘捕圖章檔口的夥伴，跟尋顧客是誰，憑此線索直搗賊巢，一網成擒。嗣是以後，許多賊黨存有戒心，不敢隨便叫人刻印，照舊用番薯云）。李氏見他說得口沫橫飛，完全將弟婦拋置於腦後，忍不住插口說道：「你現在安然無恙歸來，正所謂破財擋災，值得劏雞還神，

但二嬸（指黎廖氏）這件事必得想個辦法，可憐她是個寡嬸，除你這個大伯之外，無人無物，無兒無女，豈能叫她長困賊巢？老實說一句：賊公優待你，看在你的錢份上，希望一本萬利，何妨一日五餐，劏雞殺鴨，但二嬸却完全不同，你若不出錢取贖，難道他們肯長養一個乞食婆？縱不撕票，亦將飽受痛苦，試問你於心何忍！」黎老慶提起這個弟婦，便緊皺雙眉，因為他的二弟阿祝在生的時候，四大門頭的不良嗜好，件件皆齊，日與無賴為伍，不務正業，不顧家室，已不知拖累哥哥幾多錢。黎老慶這副身家，由自己奮鬥得來，不是先人遺下，礙於手足之情，忍痛供他揮霍，這是從前風俗醇樸，人情厚道，祇好歸咎上蒼，及家山不好，誰叫你和他做兄弟呢？直至五年之前，老二阿祝悞交匪徒，為官兵一併拘獲，扣留月餘，調查其底蘊，雖經黎老慶設法營救，亦因他底子太差，不准恢復自由，結果庾死獄中。黎廖氏是個守舊的女性，遇人不淑，惟有怨命，嫁了兩年未有所出，論理年紀尚輕，應該再嫁，但她決心守寡。悠悠五六年，黎廖氏替大伯料理家務，工作勤勞，祇是博取兩餐，黎老慶見她安分守己，做事不辭勞苦，勝過雇用一個傭婦，也不及她的慳儉，所以亦樂得贍養這個閒人。及至李氏入門之後，對於她的硜硜自守，貞節可敬，和藹可親，更寄予莫大的同情心，妯娌之間，異常相得，常時私自津貼她一些零用錢。此次黎廖氏不幸被擄，她本人雖然不敢妄作主張，和賊人講價取贖，可是主人公甫經釋放，她即提議贖回二嬸，黎老慶皺眉蹙額，長吁一聲說道：「論起二嬸為人，既可憐，又值得敬愛，我當然不能袖手旁觀，但想起二弟生前，包括替他成家立室，已用去我五千有奇，不幸短命死了，還要代他贍養妻子。這些已鑄成大錯，注定破財，不必再講，現

在先生煥開價五千元，自然講價有減，最少也要一二千，頗費躊躇，你經手籌欵，當明白我的現金不多，籌完我這筆一萬元，又籌一二千，我恐怕非借不可！」李氏微笑道：「祇要你肯開聲，隨處挪借一二千元，也很容易。」黎老慶咬牙切齒說道：「這班賊公簡直眼盲！就算我是土木人參，值得一萬八千，將我標去勒贖，尚有理由，他們明知二嬸依靠我家，一文錢也沒有，竟一併將她擄去，勒索五千元，若果我決意不贖，他們豈不是白費心機嗎？」李氏正色說道：「你當眞不知道其中的奧妙，還是詐傻？他們自然知道二嬸一文錢也沒有，但他們的目標，完全想將我標參，不料匆忙之間認錯，順手牽羊，擄去二嬸，換句話說：二嬸做了我的替死鬼。我誠幸運，有人替我擋災，若二嬸不幸而發生甚麼意外，眞教我終身抱憾，寢食難安了！」黎老慶以李氏言之成理，問心有愧，事實上黎廖氏被擄，完全是自己牽累了她，豈能坐視不救？乃派人和先生煥講數，解釋黎廖氏的身世，確沒有錢財，願以五百元爲籌，要求首領高抬貴手，恢復她的自由。正在磋商當中，湊巧風聲緊急，官兵準備圍剿蠆參屋，大有實行以武力起參之勢，因爲這一次刼擄的六個人，除黎老慶和兩支稍爲富有的（高麗參）先後備價贖回之外，尚餘兩男一女，其中一個馮姓的男子和黎廖氏，雖然本身沒有力量，還有多少聲氣，由親屬派人討價還價。可是另一個姓陳青年，叔父是連長，雖然駐防的地點，不同縣分，他在赫然震怒之下，呈報長官，加派官兵進剿，希望起回姪兒。往昔民眾對於士兵，殊不好感，稱爲「丘八」—— 將「兵」字拆開。尤其是龍濟光部下的「濟軍」，目無法紀，恃勢欺壓平民，「濟軍」一個名詞，已成爲很普遍的口頭禪，代表野蠻不講理的人物，甚至勾欄中人，對於粗野不羈的阿姑，

亦稱爲「濟軍」。這也難怪，當時的士兵，大都由行伍出身，未有正式受過軍事教育，多數是市井無賴，勉強投軍，以解決生活，世俗乃有「好男不當兵」一語，其人格可知。

因此許多鄉民，對士兵極不歡迎，怕他們下鄉剿匪，弄到雞犬不寧，反不及有義氣的綠林大哥，秋毫無犯。先生煥旣是「不吃禾邊草」的好漢，自然搏得鄉人的接護，聽說官兵有圍剿起參的消息，馬上通知先生煥，將薑參屋的兩男一女，遷返山上的賊巢，地勢險峻，易守難攻，官兵沒如之何。但官兵雖不能長驅直入，凡是交通孔道，都嚴密監視，無形中與外間交通隔絕，想派人講數贖參也困難，成爲僵持的局面。幸而先生煥的老巢，平時儲備糧草充足，必要時還可攀援峯巒，繞出後山，仍有一綫生路，採購食糧，極其量數米爲炊，計口受糧，節制飲食，尚不致面臨食人肉的慘劇。這慘劇發生於虎兜山，如所週知，虎兜山橫亘幾縣地方，幾股最兇悍的匪黨，利用形勢險峻，官兵不敢正眼兒相覷，爲患行旅，擄人勒贖，稍不如意，動輒撕票，甚至被擄之後，主家已派人講數，仍一樣使用種種酷刑，或則慘殺沒錢取贖的羊牯 —— 稱爲劏羊，以威脅主家，快些備價贖回。僑居金山及南洋的五邑同鄉，愛鄉情切，聽說桑梓匪氛猖獗，激於義憤慨然解囊，當下籌募數十萬元，呈請軍事當局，進行虎兜山勦匪計劃，以香翰屏將軍的十二師爲主力，出動空軍協助，將虎兜山大舉包圍，並採取燃燒策畧。首先派飛機偵察，凡見有炊烟上升的地方，知道賊人在此煮食，定是糧食儲藏之所，即投下火種，加以消滅，其他交通孔道，俱派兵駐守，不准鄉民出入，以免接濟糧食。賊匪糧食斷絕，被困山中，無路可通，自然弱肉強食，互相火併，到後來饑餓難忍，惟有冒險突圍而出，官兵即迎頭

痛擊。吾粵最著名之虎兜山「匪窟」，經過香翰屏將軍的蓋籌碩劃，空軍的鼎力合作，五邑僑胞的財政支撐，歷時垂兩年，才算完全肅清，佔吾粵剿匪光榮歷史之一頁。在剿匪當中，最不幸的是被擄的人參，亦玉石俱焚，尤其悽慘的是「劏羊而食」，最矜貴的「土木」，也成為俎上之肉，任人宰割。蓋官兵既已包圍，消息完全隔絕，而空軍火燒糧倉，有絕糧之嘆，兇悍的賊魁，乃下令「劏羊」，先將窮困的「石柱參」作食料，接着土木人參，亦所難免。當時有個小童，名喚阿茂，不知官兵圍剿，照常入山採樵，為匪黨拘去，後來糧食告罄，煮食人肉時，叫他擔任燒火工作。這個茂叔今仍健存，回溯當日情形，歷歷如繪，據說他初時見此慘狀，小孩子畢竟膽怯，害怕不敢下咽，各匪徒吃得津津有味，擇肥而噬，後來日子既久，飢餓難抵，祇好勉強果腹，曑為下箸，幸不久官兵搗破賊巢，廉悉其情，加以釋放云。

先生煥的巢穴，糧草充足，不致劏羊而食，同時先生煥也不是吃人的悍匪，對待羊牯尚算良好，但兩男一女，久久被困，和外間消息隔絕，倍覺心焦。整個賊巢都沒有住家，僅有黎廖氏一個女性，另外困在柴房，循例用麻繩縛其雙足，每日派人送飯給她吃，有時衣服破爛，叫她代為縫補，上下人等，總算對她別垂青眼。她由薑參屋遷入賊巢之後，先生煥曾經入柴房和她談話一次，問及其身世，以至家庭狀況，知道她完全倚賴大伯，一身以外無長物，乃口頭答應：黎老慶如派人講數，不拘多少錢，亦將她釋放，現在外間風聲緊急，不能互通音訊，過一些時再算。除先生煥之外，「左先鋒」黑面桂，「右先鋒」大口祺，亦常入柴房傾談，特別是黑面桂，差不多每日必入來一次，有時早晚兩餐，都由他親自送飯。他見了黎廖氏，總是依開笑口，甚於孝

子侍奉父母：晨昏定省，噓寒問暖。有一天，黑面桂表示對黎廖氏遇人不淑，代抱不平，氣憤憤說道：「我剛才聽說你的死鬼丈夫阿祝，極不長進，賭輸回家趕注，將你拳打腳踢，平時亦視你如奴婢。這樣的丈夫，死兩個作一雙，他既沒有財產遺下，可以養你過世，你也沒有兒女，值得替他守寡，爲甚麼他棄世四五年之久，你仍然不肯再嫁，是不是想守到老？你知否無人無物，無兒無女，現在所靠者，祇是一個風燭殘年的大伯，一旦他壽終正寢，試問有誰人憐憫？即使家人繼續將你收容，試問成世靠人，有甚麼趣味？趁現在青春年少，應該早日找個頭主，人選問題，切勿貪圖富貴，屈身作妾，最好選擇一個青年人，一夫一妻，共同過活，清茶淡飯，粗衣麻布，但求夫妻恩愛，勝過有名無實，即如你從前的死鬼丈夫一樣，則難怪你不想再嫁了。不過以你的人才，以你的品格樣貌，何愁沒有好人家，我敢寫包單：如果你放聲氣肯嫁人，馬上即有許多人向你熱烈追求……。」黎廖氏正式是十八世紀時代女性的典型，聽到夫妻恩愛，再嫁等字樣，羞赧不勝，滿面通紅，低頭不敢仰視，若在其他地方，她可能將黑面桂痛斥一頓，最低限度亦不顧而去，可是這地方是賊巢，對話的人是兇悍有勢力的左先鋒，而本人在被擄之列，性命仍是岌岌可危中，怎敢再批其逆鱗，惟有敢怒而不敢言。可笑一身牛氣的黑面桂，廿多歲人，雖然曾經問柳尋花，和壞女人廝混過，從來未有機會，接近住家女人，現在發現這個年輕孀婦，一種嬌羞之態，飽孕風情，嘆爲得未曾有，越看越愛，越愛越注視欣賞，憐香惜玉多情緒，不自覺手之蹈之，足之舞之，竟效毛遂自荐，侃侃然說道：「我保證有許多人追求你，或許你不相信吧？別人且不講，遠在天邊，近在眼前，單是這裏就有兩個：除我之外，

尚有大口祺，你知道嗎？」

　　黑面桂突然發覺自己一時口快失言，不應該告訴大口祺給她知道，大口祺雖然口大，勝過自己面黑，兼且年輕貌美，說話溫柔，如果黎廖氏看中了他，豈不是替他造紅娘，完成好事，這還了得！連忙補充說道：「大口祺此人，有名花心蘿蔔，凡是初見一個女人，必定垂涎，得手後必定棄如舊鞋，我見他這幾天不停借端入來，鬼鬼祟祟，立心不軌，你切勿受他所愚。老實說一句：他不比我為人忠直，對女人如桃榔樹，一條心！」黎廖氏以他自作多情，雖在極端苦悶中，也不禁笑將起來，黑面桂見她被擄以來，最初在「薑酢屋」的幾天，日夕哭哭啼啼，以眼淚洗面，幾致食不下咽；遷返「賊巢」，經過先生煥的勸告，已減少啼哭的次數，仍是苦口苦臉，愁眉不展，現在居然開顏。以為她當真鑒領自己的衷誠，垂青相愛，倍加賣弄殷勤。這時黎廖氏靈機一觸，心裏在想：先生煥雖肯仗義幫忙，親口答應，不論大伯出幾多錢，都釋放自己，但賊公標參，斷沒有嫌錢腥之理，最少也要三五百，大伯已不幸破鈔萬餘元，再要他負擔這一筆錢，未免問心不安，事實上去世的丈夫，已負累他好幾千，本身還要靠他贍養，這區區三五百元，他雖勉強亦肯支付，但能夠不要他解囊，當然更好，何不趁此機會，利用黑面桂想想辦法？於是長嘆一聲說：「自身難保，歸家無期，有甚麼心機談婚論嫁，不是徒費唇舌嗎？」黑面桂想起她從前守口如瓶，祇是一問一答，現在破例傾談，非常高興，一口氣說下去：「我們的大哥煥，一諾千金，他經已答應你不計較金錢，恢復你的自由，一俟外間風聲不大緊，便將你釋放，屆時我必負責送你歸家，保障你的安全，因為附近堂口很多，如果無人保護，很容易落在別個好漢手中，

照我的意思，地方不安靖，你不如在這裏長住……」黑面桂希望黎廖氏和他共賦同居之愛，後來想過行不通，解釋地說道：「這個辦法使不得，我們的大哥煥，是綠林中講義氣的漢子，造事正派，他永遠不容許眾兄弟犯色戒，你是被擄的婦人，雖然正式嫁我爲妻，他亦認爲手續不妥，恐怕江湖好漢慍會，以爲我們威迫成婚。我想深一層，還是先送你歸家團聚，手續交代清楚，那時明媒正娶，大家都好看，相信你底大伯亦無異議，論理你年紀青春，家無恒產，膝下並無兒女，再醮當然不成問題。如果他野蠻反對，我黑面桂不是善男信女，定要和他搏命呀！」黎廖氏見他目露兇光，害怕幾分，隨口說道：「俗語說得好，初嫁由雙親，再嫁由本身，這是將來的事，見一步行一步，慢慢打算也不遲，單是目前的身子尚不能自由，東拉西扯，有甚麼興趣？不必多談了。」

黑面桂不堪一激，慨然答應黎廖氏，在先生煥面前，替她想辦法，容許她自由行動。果然在黑面桂婉轉陳述之下，先生煥亦覺得整個賊巢，沒有住家，祗得黎廖氏一人，眾兄弟要輪流看守她，諸多不便，究不如暫時將他解除束縛，叫她煮飯煲茶，作傭婦一般待遇，旣可減輕兄弟們的工作，亦可免日夜監視的麻煩，就算她將來是否備欵取贖，也不致白養一個閒人。於是循例與眾兄弟商量，一致同意，將黎廖氏釋放，叫她權充傭婦，黎廖氏見各人對她如許優待，自然勤懇効勞，希望官兵不久取消包圍，要求這個善心的大爺，無條件允許她恢復自由。可是目前有一件事最令她傷腦筋，每當她煮飯之際，左先鋒黑面桂，右先鋒大口祺，總是不離左右，無形中變了她自己個人的左右先鋒，表面上幫忙她工作，實際上大獻殷勤，時常入以游詞，和她說笑，雖

然她凜若冰霜，絕不假以詞色。最討厭的：任何人入來，必定講對方的壞話，似乎防止捷足先登，看情形這兩個情敵，勾心鬥角，希冀達到目的，尤其是黑面桂，自逞功勞，全憑他代向先生煥說項，才准許她自由行動，並以保護人自居。其實他們完全不知道黎廖氏這個頭腦頑固的婦人，提起賊公兩字，便深惡痛絕，怎肯明知故犯，嫁這樣的無賴子？去世的丈夫，與無賴爲伍，弄得如此收場，一悞於前，豈容再悞於後，嫁個左先鋒，有甚麼面目見人？但寄人籬下，靠人扶持，祇好勉強敷衍罷了。有一日，是農曆的初二，往昔社會習慣，每逢月之初二，稱爲禡日，不論商店及住宅，多數加料，飽餐一頓。綠林中人，也像其他江湖子弟一樣，生活迷信，敬事鬼神，希望做世界得心應手，所以禡日相當隆重。先生煥的賊巢，粮食充足，種菜幾畦，養豬幾頭，鷄鵝鴨成羣，藏有美酒幾十瓶，但平時嚴禁飲酒，恐怕醉酒累事，這日他破例歡宴各兄弟，吩咐劏鷄殺鴨，煲豬肉湯，蒸肥鵝，盡一日之歡。因爲上次禡日——十六，正當官兵大舉包圍，風聲鶴唳，草木皆驚，先生煥恐怕發生意外，雖然做禡，禁止飲酒，戒備森嚴。現在鑒於官兵漫無紀律，上下鬆懈，徒然握守據點，封鎖交通孔道，並沒有採取攻勢，大家都輕舒一口氣，先生煥吩咐各兄弟大杯酒，大塊肉，食一餐安樂茶飯，連帶被擄的兩名羊牯，由羊牯暗充煮飯婆的黎廖氏，亦解除束縛，飲個痛快淋漓。黎廖氏平時滴酒不沾唇，禁不住先生煥和左右兩先鋒，每人勸她飲一小酒杯，皺眉蹙額，如灌砒霜，勉強吞下腹中，立刻滿面通紅，支持不住，東倒西歪，先生煥叫她先返房休息，她懶洋洋倒身床上，估不到此一醉鑄成大錯！

黎廖氏入厨弄膳，勞碌竟日，又破例飲了幾杯酒，倍覺睡

夢酣暢，已不知睡到甚麼時候，忽覺身子有異，睜眼一看，眼花撩亂，在斜月孤星之下，隱約發現身邊多了一個人，情形的怪異，爲四五年來所未有。她初時醉態模糊，懷疑自己發夢——與丈夫夢魂相會。但酒醉三分醒，她心裏豁然開朗，這不是夢中人，說時遲，那時快，此人似已感到十分滿足，徐徐起身，裂唇而笑，黎廖氏亦騰身而起，注目一看，誰知不看猶可，看完之後，顫聲叫道：「你……你……你不是黑面桂！你……你污辱了我……。」她越想越眞，哇然一聲，抱頭痛哭，黑面桂連忙以手掩其口，附耳邊說道：「米已成炊，你哭亦無益，況且我也曾答應過你，將來保護你返家，明媒正娶，遲早都是我家人，遲早有什問題。」言猶未畢，黎廖氏掌摑其面頰，至再至三，且摑且罵道：「鬼是你家人！」邊罵邊哭，黑面桂以更深人靜，聲浪容易傳播，若驚醒先生煥，此事非同小可，乃再三央求道：「算我對你不住，有事明天再談，休要驚醒大哥，他脾氣不好，生性拘執，最憎恨三更半夜的哭聲，可能取你性命！」黑面桂以性命作威脅，希望暫時嚇止黎廖氏的號哭，不料更引起黎廖氏的氣憤，戟指大罵道：「你這個禽獸，我又不是你前世的殺父仇人，你要破壞我一生的貞節！我守寡四五年，沒有行差踏錯半步，人所共知，大伯和細姆，也曾叫人徵求我的意見，說我青春年少，不妨再醮，並鄭重解釋，他們絕對不是嫌棄我纍贅，我肯厮守下去，自然更喜歡維持我的衣食。假若我立心再嫁，早已嫁了多時，也輪不到你這賊子！現在我給你這個衰賊病賊陷害，死也死得不乾淨，不死更無面目見人，偷生何益……。」黎廖氏衰賊病賊般罵，說到憤激之處，大力以頭撞門，幸而柴房的門以舊杉木枱面改造，半已腐爛，黑面桂亦及時阻攔，不致撞傷。黑面桂估不

到她拼死殉節，痛哭不休，必定驚動眾兄弟，尤其是大口祺垂涎已久，一旦見自己捷足先登，很可能慫恿先生煥實行懲罰，因先生煥約法三章之一，是刮財不准刮色，他更認爲綠林好漢，最掉忌犯色戒，決無好結果，湊巧目前正在官兵包圍之下，設不幸發生意外傷亡，眾兄弟亦將逼使先生煥破除不祥：大則槍決，最低限度亦要驅逐。他越想越覺心寒，恐怕黎廖氏再度縱聲痛哭，士急馬行田，想過別無善法，强硬旣不能，惟有用軟索，連忙雙膝跪地，並摸索利刀一柄，雙手奉呈，這是他帶在身邊，順手放於柴堆，準備施强暴之際，她若叫喊，即持刀恐嚇。黎廖氏見黑面桂下跪，遞上小刀子，以爲他想迫她自殺，冷笑一聲道：「也好，你怕我撞門不死，叫我用刀刎頸吧？不要緊，我均之拼了一死，刎頸死得爽爽快快……。」邊說邊伸手奪刀，黑面桂連忙將她撥開，懇切地解釋道：「你切勿悞會，我不特不敢傷害你，還痛恨自己有眼無珠，不認識你是一個節烈的女人。我現在十分悔恨，不該侵犯了你，我自問抵死有餘，情願死在你手中，俾你稍抒氣憤。我遞上這一張刀，跪在地上，是希望你殺我，以補償你的貞操，絕對不是迫你自殺，請你親自動手吧！」說完之後，以刀柄的一方，遞上黎廖氏的面前，並仰首說道：「這張刀十分鋒利，就請你大力一揮，割斷我底喉嚨，使我死得爽快一點，切不可手軟，殺得我半死……」黎廖氏到底是軟心腸的婦人，被侮辱之始，氣憤塡膺，恨不能一刀揮爲兩段，當她逐漸恢復理智，見黑面桂跪地哀求，自願請死於她手中，她反爲沒有勇氣操刀而割，更沒有胆量殺人，最怕這班賊公悞會她行兇，難免殺死她償命，冤冤相報，何時得了？黎廖氏長嘆一聲，背轉身不理會他，黑面桂知道她有些心軟，乃趁勢懇求道：「今晚的事，是我

一時酒後糊塗，才鑄成大錯，希望你海量包涵，暫時大家嚴守秘密，不要給大哥知道，因他生性剛強，任何兄弟不准刮色，犯者必死，我死不足惜，但我一定冤魂不息，緊緊追隨左右，反爲累你寢食不安，同時我既然對你不住，將來也得想個辦法善後，以補償你的損失，或者你想提出甚麼條件，我勿論如何吃苦，也要答應，請你告訴我吧！」黎廖氏憤然說道：「你死你賤，我有我事，從今以後，你不得向我侵犯，我亦永遠不想見你！」黑面桂見她如此決絕，知道她在極端氣憤之下，沒有解釋的餘地，祗好順口應道：「今晚我一時酒後糊塗，才有鑄成大錯，清醒白醒，當然不敢侵犯你，請你息怒。」說完立起來，張目四顧。此時天作魚肚白色，黑面桂恐怕眾兄弟將快起身，靜悄悄閃出柴房。是日黎廖氏入厨煮飯，黑面桂照常入來協助，她一見黑面桂之面，想起宵來情景，又氣惱又羞赧，剛欲張口大罵，恰巧大口祺亦與幾個兄弟，在塲動手工作，她不好意思罵出聲，祗好勉強容忍。說起來倒也有趣，整個賊巢全屬男性，異性僅有黎廖氏一人，他們如蟻赴羶，個個視黎廖氏如蜜糖，用以調劑精神，因此黎廖氏成爲大眾的朋友，不像被擄的羊牯，無不對她特別優待，爭相動手幫忙，兼且有說有笑，如一家親。如是者過了兩個多月，黎廖氏發現生理上突生變化，終日懶洋洋，似乎提不起精神，同時食慾加強，她雖然嫁後未曾生育過孩子，但常聞老人家的訓話，以及所見姊妹的狀態，很懷疑自己荳蔻含胎，可是她又覺得一度春風，未必這般巧合？黎廖氏忽然想起世俗有「洞房花」一語，意思是：洞房之夕，一索得男，世間類此巧合的事正多，同時事實擺在目前，月信沒有來潮，經有兩月，平日從未愆期，現在生理變態，非懷孕而何？她越想越驚惶，心裏十分着急，恨不能立刻

找個醫生診斷，事果屬實，無論如何要想辦法墮胎。湊巧這個時候，官兵包圍的風聲，再度緊急起來，更覺走頭無路，惟有勉強忍耐一些時。過了一個月，黎廖氏發現肚皮逐漸膨脹，身體變化的徵象，已證實荳蔻含胎，殆無疑義，她念到將來的後果，有何面目見人，不禁悲從中來，放聲大哭。黑面桂忽然聽到婦人的哭聲，像是黎廖氏，事實上整個賊巢，僅有她一人是女性，除她之外更有誰人？惜玉憐香之念，油然而生，循聲追踪，直入柴房一覘究竟，因爲黑面桂的目心中，認定大口祺是他底情敵，他還懷疑大口祺恃強欺侮自己的愛人。黎廖氏剛在痛心之際，瞥見黑面桂施施從外來，當堂七竅生烟，無明火起三千丈，黑面桂才問得一句：「爲甚麼你要哭，有誰欺負你？」黎廖氏憤無可洩，也不答話，一手緊握黑面桂的臂膀，大力咬他一口，咬得黑面桂嘩然呼叫，幾經挣扎始能挣開，臂膀上已深深印下一排牙齒痕，深處有血絲迸出，紅腫可怖。他一邊雪雪呼痛，一邊輕輕撫摸傷痕，埋怨地說道：「你爲甚麼突然咬我一啖，險些連皮肉也咬下來！我自問對你一片忠心，絕對服從，你說過不許我親近，我至今未有第二次侵犯你，雖然我心癢難熬，夢魂顛倒，好幾次想向你訴苦，要求你鑑領我的心事，但我一樣壓抑自己，不敢造次。現在你爲甚麼咬我……」黎氏嚶嚶啜泣，聽到這裏，含悲咽淚，厲聲申斥道：「你還問我爲甚麼咬你？我看你又不是眼盲……弄成我這個樣子……」她邊說邊指着自己的肚子：「這個衰肚極不爭氣，日益膨脹，無法掩飾，叫我將來出去，有甚麼面目見人。」黑面桂發夢也想不到有此湊巧的事，平時從未聽過黎廖氏有任何表示，亦永遠沒有注意她底身段，現在突然受到黎廖氏的斥責，順目一看，覺得她底肚子的確有點異樣，恍如晴天霹靂，大驚失

色，口震顫說道：「當眞有此事？春風一度，荳蔻含胎，眞個如此湊巧？」黎廖氏惧會他不認賬，憤不可遏，又哭又罵道：「還想圖賴嗎？這幾個月來，我沒有到過別處地方，除你之外，亦沒有別人將我侵犯，不由你卸責狡辯呀！」黑面桂連忙解釋道：「你休要動輒發火，罵到我狗血淋頭，幾不知如何是好。大丈夫一人做事一人當，何況我們綠林好漢，說一是一，說二是二，絕不肯卸責，也不會狡辯。我老早就對你聲明，將來護送你歸家之後，正式行聘，娶你爲妻，現在更有腹中一塊肉，是我的親骨肉，我那有推託之理？」黎廖氏鼻孔裏哼然有聲道：「你休要妄想！我永遠不會嫁你！」黑面桂驚訝地問道：「你既有身孕，將來孩子誕生，必得有個父親認頭，否則變了私生子，成世受人歧視，難道你不替孩子打算？你雖然惱我恨我，永遠不肯嫁我，但你已經有幾個月身紀，試問別二個男人，誰肯娶一個有孕的妻子，請你平心靜氣，還是接納我一片衷誠爲佳。」黎廖氏破口大罵道：「我矢誓不嫁──任何人都不嫁，你快走，休要惹得我性起，我又將你咬個半死！」黑面桂知道這等頭腦頑固的鄉下婦人，在她氣憤之下，決不可理喻，事實上懷有身孕，那有不嫁人之理，尤其是鄉下人注重禮教，豈容村裏有個野生孩兒？但她既然氣惱，祇好暫時退出柴房，將來再作打算。黎廖氏見黑面桂出去之後，悄然自思：黑面桂此人，強姦成孕，自己不甘心情願嫁他，可是身爲寡婦，平時以貞操自矢，被擄入賊巢幾月，一旦釋放出來，鄉人發現腹大便便，如何作圓滿的解釋？知我者原諒是環境所迫，至怕村夫村婦無知，更不相信一度春風造成的孽果，難免硬指本人淫蕩成性，自甘同流合污，和一班賊子廝混，這腹中一塊肉，正不知經手人是誰？那時節雖傾西江之水，亦不能洗刷一生的

耻辱。另一方面，誕生這個孽障，決不爲鄉人所容，又不知怎樣安置是好？黎廖氏想到心亂如麻，迄難解決，越想越悲，與其將來遭人侮辱而死，不如早日了結殘生，反爲得個清白名譽，想到無可奈何之處，不覺自萌短見，在柴房尋得一根小繩索，試過也夠堅韌，實行懸樑自縊。一個人非到十分絕望之際，任誰都不想犧牲，到了最後關頭，仍不免依戀人世，思前想後，平日受恩深重的人，或者感情融洽的妯娌，未能見面訣別，說幾句衷曲話，少不免悲從中來，放聲大哭一回。黎廖氏分外淒涼，竟傳入忠義堂 —— 這是賊巢的大廳，先生煥剛與左先鋒，躺在烟床上，明燈斗爽，輕燀慢撚，磋商如何應付官兵，被包圍幾個月，應該突圍而出，抑或將羊牯放還，作爲和平解決的條件 —— 他們已探悉此次官兵大舉包圍，目的在起參。黑面桂被黎廖氏趕出柴房，已是垂頭喪氣，沒精打彩，忽聽到哭聲刺耳，心裏大起恐慌，又不敢起身出外，以免引起首領注意，反爲不妥。誰知先生煥已有所聞，立刻坐起身，側耳細聽，喃喃自語：「這是女人的哭聲，爲甚麼如許淒涼？這裏祇有一個黎廖氏，我們並沒有難爲她，沒有理由哭成這個樣子？」黑面桂害怕先生煥前往柴房，問起情由，知道刼色非同小可，連忙插口道：「我看她一定思家，所以忍不住放聲大哭，這是女人的慣技……」先生煥不等他說完，經已落床穿鞋，隨口說道：「我們去看看也好！」黑面桂不敢攔阻，勉强尾隨其後，右先鋒大口祺，自然不離左右，到了柴房，柴扉緊閉，手推不開，先生煥覺得情形有異，大力一推，門開處，瞥見黎廖氏拿繩索欲上吊。

先生煥眼明手快，先搶去繩索，抱黎廖氏下來，很奇怪地問道：「爲甚麼你突然之間，自尋短見？目前雖被官兵包圍，但我

正打算將你們三個人，完全釋放，豈不能忍耐一些時？你在這裏雖不算得甚麼優待，要替我們煮飯洗衣，但我已吩咐眾兄弟，不許將你虐待，是誰迫你上吊？你如有苦衷，不妨對我講，切勿隱瞞，快些告訴我吧，我力量所及，必替你解決！」黑面桂恐黎廖氏和盤託出，忙向她遞眼色，誰知黎廖氏瞧也不瞧，相反地悲憤填胸，趁勢將幾個月來抑鬱不平之氣，且哭且嚷道：「你的確優待我，縱容你的左先鋒，欺凌一個弱質婦人，借酒行兇，強姦成孕！試想我身為寡婦，自從丈夫棄世，四五年來，我從來未有行差踏錯半點，一旦被擄幾個月，放出來便懷有幾個月身孕，叫我怎樣向大伯解釋？不死何待！」先生煥不聽猶可，聽了之後，有如晴天霹靂，先望了一望黎廖氏的腰腹部分，確有點隆然高聳之狀，再注視黑面桂不瞬，目露兇光，厲聲問道：「是你幹出好事！」黑面桂以首領赫然震怒，當堂手足發抖，聲震顫說道：「是我一時之錯，不該於做禡的一晚，醉後糊塗，幹過一次壞事，但我經已發誓不敢再次侵犯，估不到竟惹出這筆冤孽障，我真抵死！」先生煥冷笑一聲，氣咻咻說道：「幹好事一千次不為多，幹壞事一件已夠，須知我們身為大盜，盜亦有道，方能立足於世，得人信服。當初你們一番好意，公舉我做領袖，我老早和你們約法三章：要錢不要命；刮財不刮色；不吃『禾邊草』。你們當然不會忘記，我生平最憎恨綠林好漢，做採花賊。沒有錯，食色性也，人之常情，金錢和女人，任誰也喜歡，但你們大可以名正言順，成家立室，如果沒有家，亦可名正言順，尋花問柳，在娼寮地方，揮金買笑，等如我們標參勒贖，交易而退，各得其所。現在既已將人擄去，尚在討價還價當中，你就不該輕舉妄動，即算她聲明沒有能力取贖，亦不能侵佔她的身體，你有權可

以侵佔，難道我肯放棄權利？大口祺定要爭回一份，眾弟兄又如何？這樣做法，簡直破壞江湖義氣，完全不合人道，法無可恕，情理難容，好在你自己認抵死，我向來做事公正，不敢護短，因為你是我的心腹左先鋒，我更不能袒庇，所謂大義滅親，不斬王親令不行，我也不想自作主張，由眾兄弟付表決，看他們能否寬恕你……。」先生煥既是讀書人出身，平時最喜歡看「水滸傳」、「三國誌」故事，想起及時雨宋江，諫阻矮腳王英搶奪命婦；又想起孔明含淚斬馬謖，不禁百感交集，淚承於睫。黑面桂一向知道這位首領，紀律嚴明，他底約法三章，眾兄弟俱凜遵無違，特別是刮色，是他最痛恨的一件，「不斬王親令不行」，他很可能言出必行，黑面桂雖是兇悍的左先鋒，殺人不眨眼，但眾怒難犯，不由他不股慄。先生煥立刻吩咐右先鋒大口祺，召集眾兄弟會議。

接着先生煥和顏悅色，邀請黎廖氏列席旁聽，黎廖氏氣惱之餘，亦想看看眾兄弟如何懲罰黑面桂，是否盜亦有道，主持正義，一洩多月來胸中抑鬱不平之氣。當先生煥陪伴黎廖氏，同到忠義堂，黑面桂尾隨其後，垂頭喪氣，不敢說半句求情話，他知道多說亦無益，先生煥既宣佈當眾議決，決不肯徇私，惟有希望眾兄弟高抬貴手，代為求情而已。到了忠義堂，堂上關聖帝君的神像前，已燃着香燭，眾兄弟已排坐兩旁，先生煥坐在桌子的中央，左右兩先鋒分坐左右，黑面桂雖是被告，在未曾宣判罪名成立之前，仍然虛左以待。黎廖氏則另外移一張椅子給她坐，位置在大口祺之下，其他眾兄弟，多數坐長板櫈。這時氣氛相當肅穆，雖不及法庭審案的尊嚴，其緊張處有過之而無不及，因為高等法庭審訊這一類的強姦案，如果證據確鑿，罪無可逭，極其

量判處有期徒刑幾年，不比因姦致命，可以執行死刑，但先生煥這個首領與別不同，他認爲罪無可恕，氣憤之餘，可能立刻拔槍轟擊，或者割去一隻耳朵之類，以示體罰，然後逐出山寨，不比正式法院的大法官，宣佈犯人罪狀，按律懲治，仍可由律師請求上訴，暫緩執行刑罰。當下先生煥剛想宣佈開會理由，突有所觸，吩咐大口祺一併邀請被擄的兩個羊牯，列席旁聽，並解釋地說道：「爲着表示黎廖氏的清白無辜，應該多邀兩個公證人在場見證，將來於必要時，替她在大伯及鄉公所前，說句公道話，以免懷疑她淫蕩成性，戀姦成孕，因爲此事可大可小，稍爲含糊不清，很可能累出一屍兩命！所謂兩個羊牯，便是姓馮及姓陳的青年，他們以家庭環境欠佳，不能備欵取贖，被困多月，雖然先生煥體諒其苦衷，並未有虐待情事，但此次官兵包圍山寨，完全由起擄他們而起，現在聽說邀他們出忠義廳，大驚失色，以爲首領和他們算賬，直至大口祺解釋不干他們之事，心始渙然冰釋，同去忠義廳。先生煥見各人齊集，乃將黑面桂强姦黎廖氏的經過，告訴眾兄弟，叫他們秉公處斷，眾兄弟以山寨發生從來未有的怪事，不覺嘩然有聲，眼光集中在黑面桂身上，黑面桂低頭不敢仰視。他們接着轉移視綫於黎廖氏，弄到她滿面通紅，羞愧萬分，恨不能當堂將那個採花賊一口咬死。先生煥雖是做事公平，一切由眾議決，可是這班嘍囉，祇能夠隨聲附和，搖旗吶喊，沒有一人敢提出主張，何況又是懲治黑面桂 —— 他是山寨的左先鋒，不啻是副首領地位，稍一措施不當，給他懷恨在心，將來乘機報仇，不是要處，所以個個都存觀望態度，噤若寒蟬不敢出聲。倏忽之間，大口祺起身於座，開聲發言，黑面桂一見他起立，面色頓變！

因爲黑面桂心裏很明白：自從黎廖氏被擄之後，大口祺亦對她垂涎三尺，時常假意殷勤，乘機接近，換言之，他是自己唯一的情敵，一旦知道自己捷足先得，嘗其禁臠，當然憤激萬分，正好利用這個機會，公報私仇，豈有不叫首領嚴辦之理？但出乎黑面桂的意料，大口祺說話非常溫柔，很有條理地說道：「桂哥這一次，的確做錯事，破壞江湖的義氣，違背大哥約法三章中最主要的一頁，本來罪無可恕，但情有可原，我現在說出來，請眾兄弟斟酌一下，是否覺得對？第一：他犯事的動機，由於飲醉酒，一個人酒後糊塗，甚麼事也敢做，因他已完全喪失了理智，平時大哥凡是出發做世界，必定嚴禁飲酒，那一晚湊巧是禡日，大哥一時高興起來，吩咐眾兄弟破戒飲酒，估不到弄出這件大事，殊出我們意料之外……」黑面桂聽到這裏，立刻覺得有一綫生機，尤其是感激大口祺，善爲說辭，拿酒醉作辯護，無形中將這個責任推在先生煥身上，說他准許破戒飲酒，以致鬧出事來，顯然要他負一部分責任，他感動之餘，注視大口祺，眼中流淚，心照不宣。大口祺接着說道：「第二：他知錯之後，不敢再作第二次的侵犯，聽說他更向黎廖氏長跪認罪，俗語說得好：聖人也有錯，誰人敢保自己永遠不做錯事呢？過而能改，值得原諒。爲今之計，我以爲時值非常，在官兵包圍之下，不應該兄弟鬩於牆，暫將這件事擱置。我的意思，不是擱置完全不理，等如法庭審案，宣佈押候，最大的理由是，桂哥既然累了一位冰清玉潔的寡婦，腹中留下一塊肉，就算將他懲戒，甚至槍決了他，亦於事無補，一人做事一人當，他不能推卸責任，必須想個辦法善後，最低限度把黎廖氏交還她底大伯，商量妥當腹中一塊肉，如何處置，方算手續圓滿，責任清楚。這是我個人的私見，不知眾兄弟

意下如何。」他又回顧先生煥問道:「大哥你覺得可對?」先生煥對於黑面桂和大口祺,名義上是左右先鋒,不啻是心腹的弟兄,他當然不想重演孔明含淚斬馬謖的一幕,現在大口祺說得有情有理,正好趁風駛悝,乃循例問眾兄弟,是否贊成大口祺的主張:「如贊成請舉手」。各人不消說紛紛舉手贊成了。先生煥瞥見黎廖氏淚承於睫,知道她或許心心不忿,不滿意放過黑面桂,親自行近她的身旁,婉轉解釋道:「你不要悞會,以為我們祖護阿桂,不替你懲治他,事實上到了這個田地,即使將他一刀兩段,亦無益於事。我們暫時押候不辦,並不是完全寬恕他,相反地我們正要他將來負担責任,特別是腹中這個小生命,他到來投生,不是求死,我們必得想辦法照料妥當,養育成人,你切勿自萌短見,這責任保證在我身上,這是我的良心主張,絕對不是想學鬍鬚容,因挽救一個孩子,獲得良好的報應。

先生煥置身綠林,最服膺鬍鬚容為人,常時勸勉眾兄弟,盜亦有道,應該效法鬍鬚容的義俠行為。鬍鬚容是四邑有名的俠盜,生平犯案纍纍,花紅數萬(即懸賞格緝拿,每鄉若干,合計數萬,俗稱「辮尾」)卒被緝獲,其他匪首均已就地正法,論理他亦罪無可赦,結果因他救過一個孩子,母子兩人身感深恩,同向縣府懇求,並縷述當年的一段可歌可泣故事,聽者皆為之動容,改判終身監禁,雖然亦庾死於獄中,幸保首領以歿,也是一善之報,故事的經過情形是這樣:有一天,鬍鬚容率領一班弟兄,打算到某鄉做世界,那時大盜橫行,明火打刧,簡直算不得甚麼一回事,兇悍的匪首,出沒鄉曲,殊不畏忌,差不多婦人孺子,都認識他們的真面目,在他們勢力範圍之下,也沒有人敢正眼兒相覷。當他們經過田基,發現樹下有個小孩子,大約週歲左右,遍

身破衣爛布，用一方舊裯帶，束縛腰圍，繫於樹幹下，適值潦水陡漲，已淹蓋小孩子的胸部，再差幾寸，便有滅頂之虞。鬍鬚容見此情形，危險萬分，孩子鳩形菜色，遍身是骨，一望而知欠缺營養，若果水浸過久，難免發生一塲大病，何況潦水隨時泛濫，瞬息間便會浸死，不覺惻然動念，先叫左先鋒將孩子抱起。接着四週觀望，相距不遠，發現有一個婦人在田間插秧，他料定這婦人必是孩子的母親，乃大聲叫喚，揮手示意，招她來前。誰知那婦人見了這班漢子的模樣，已知道他們是綠林大哥，又見自己的心愛孩子，給一名粗眉大眼的長漢，抱在手中，竟懷疑他們將愛子標參，現在叫她上前，很可能連帶她一併擄刧，一時情急起來，不顧一切，跪在禾田，且哭且拜道：「大爺！請你高抬貴手，饒恕我這個孩子 —— 這是三代單傳的孩子！」鬍鬚容仍然揮手叫喚道：「你快些來前，我有說話問你！」那婦人可能因心驚胆震，田基是空曠地方，她聽不清楚，又見孩子仍抱在手，沒有交還之意，更不敢近前，祗是拜懇。鬍鬚容性情爽直而躁暴，不能復忍，吩咐右先鋒帶她到來。那個右先鋒也不是眉清目秀的人物，奉了首領之命，跑步而去，那婦人以爲那個大爺，下命令派人去捉她，連忙起身拔步飛跑，以一個荏弱的村婦，有氣無力，跑不上幾步，便給右先鋒拿獲，解到鬍鬚容跟前，她一樣雙膝跪地，還叩了一個响頭。鬍鬚容連忙扶她起來，指着孩子問道：「這是你底孩子嗎？」那婦人見這個大爺鬍鬚滿面，她記得有一次他在村裏經過，一位嬸娘靜悄悄對她說：此人就是橫行鄉曲的大盜鬍鬚容，但爲人頗有義氣，盜亦有道，與其他悍匪不同。心裏有個印象，稍爲安樂一點，照直回答：「沒有錯，這是我底孩子……」鬍鬚容不等她說完，氣憤憤指着孩子對她說道：

「你睜開眼一看，你這個孩子全身濕透，潦水已浸到胸膛，若果不是給我發現，我相信一瞬之間，潦水陡漲，立刻便會浸死他！你須知孩子太小，氣力薄弱，既不會叫喚，也不會掙扎，你自己是個大人，怎能夠用�‛帶綑縛他於樹幹，全不理會，跑去田間工作，這孩子的性命，不是凍過水嗎？」那個婦人聞言，觸動傷心事，兩眼垂淚，嗚咽告訴道：「大爺，我豈不知如此做法，危及小孩子的性命，無奈家境太窮，自己不出田間做苦工，母子兩人俱要餓死，家裏沒有親屬，誰肯替我看管這個苦命的小孩？」鬍鬚容接口問道：「難道你底丈夫，不能從事於田疇，要你一個荏弱的女人，既要造工又要兼顧孩子？」那婦人不禁痛哭流涕，凄然說道：「大爺，小婦人是本村陳家婦，丈夫替人作佃工，操勞過度，纏綿床席半年，這個不幸的孩子阿雄，出世不夠三個月，即變了無父的孤兒。丈夫在生時，窮病交迫，典賣淨盡，已是兩餐不繼，他死後家無長物，而六親皆同一運，既無叔伯，又無兄弟，若果我不出田間工作，便要『停手停口』，大爺可憐我這個孩子，三代單傳，我家委實貧乏不能自存，萬望你高抬貴手，將孩子放還，否則我確無錢取贖，祗有眼巴巴見他夭折，可憐他父親已三代單傳，到了他一代，真個四代單傳了……」鬍鬚容見陳氏婦始終懷疑他想將小孩子標參，婉轉哀求，甚麼三代單傳四代單傳，希望引起他的同情心，又好氣，又好笑，忍不住帶笑罵道：「蠢婦，你以為我鬍鬚容全無眼光，不擇手段，逢人就標參的嗎？單是一望你這位令郎的衣服，成件百家衣，我亦知道他生長於如何富貴的人家了（按：「百家衣」這個名詞，起緣於從前迷信人家，重男輕女，或許因男孩子一再夭折，或恐其過分矜貴，不容易養育，除命名「阿牛」、「阿猪」、「阿狗」之類，表示賤畜

生，用以禳解之外，並做一件百家衣給他穿着，所謂「百家衣」，是向隣里親屬多家，未必「一百家」，每家乞取布碎少許，東湊西夾縫製一件衫。此外又乞取幾家米，携歸煲飯給孩子吃，表示他賤如乞兒，希望他可以養大。所以當時的「老頑固」，介紹兒子給親友，亦習慣稱呼：這是乞兒仔。最掉忌親友當面問兒子今年幾多歲，通常一問一答，祗是說「今年幾多隻手指」，暗示其「年歲」，例如兩隻手指即兩歲，迷信程度之深，可發一笑）。我現在不是標你的孩子，相反地，我還替你担心，似你這樣一邊工作，一邊縛孩子於樹榦之下，完全無暇兼顧，任由自生自滅，不管他是三代單傳也好，四代單傳也好，我恐怕他想快高長大亦很難！」

陳氏婦知道鬍鬚容不是標參，經已喜出望外，連忙從左先鋒手裏，抱回孩子，親吻其枯黃的面龐兒，解去身上的濕衣，拿自己的圍裙，包裹如柴的瘦骨，嗚咽地說道：「感謝大爺一番好意，我何嘗不知這孩子難養，但誰叫他生成苦命，出世便尅死父親，家無恒產，倚靠無人，有甚麼辦法呢？」說完之後，移步欲行，鬍鬚容張手一攔道：「你且慢，我還有話對你說。」邊說邊探手入袋，拿出紙幣一峽，約有一百二三十元之譜，回顧左右先鋒問道：「你們身上有幾多錢，全數拿出來。」那兩個左右先鋒，傾囊所有，每人不過一二十元，因爲他們正準備去做世界，身上不會多帶錢。鬍鬚容接過手中，核計一下，搖頭說道：「合計還不夠一百六十元，無濟於事。」忽然靈機一觸，將衣袋的金鍊、金錶全副解下來，雙手遞交陳氏婦之前，並對她說道：「這一副錶鍊，有玉墜，有金仔，可值三百元之數。加上現欵一百五十餘，合共有五百元之譜。你可以拿來做資本，經營一些小買賣，撫養

孩子成人，也不枉你守節一生。你今後不必在田間力作，似這樣胼手胝足，如何維持你們母子的生活，做生意比較入息好，最低限度有時間料理孩子呀。」陳氏婦有生以來，從未見過許多黃金與紙幣，不特受寵若驚，更恐有甚麼附帶條件，連忙擺手推却道：「大爺，無功不受祿，我……我……我不敢受你的厚賜……」鬚鬚容聽她說出無功不受祿這句話，識透她底心事，正色說道：「你真個是蠢才，甚麼無功不受祿，受祿必有功，這是婦孺之見，以為受人恩惠，定要報答，但我鬚鬚容並不是這一流人，我雖是打家刼舍，誰不知我重視江湖義氣，刼富濟貧，盜亦有道？我現在的幫助你，完全同情你的身世可憐，特別是這個孩子，出世沒有父親，賴有你這個吃得苦的慈母，如此辛勤，更值得憐憫，所以我亦為之肅然起敬。這些物件，是我一片誠心，送給你這個賢良慈愛的母親，你直受不必推辭。」陳氏婦亦久仰鬚鬚容的大名，任俠仗義，當不致有甚麼意外，乃決定璧還金鏈等物事，接納紙幣，深深地鞠躬說道：「多謝大爺，既然大爺有命，紙幣的賞賜，我不敢推辭，但金鏈是大爺隨身佩帶之物，我以為……」鬚鬚容不等她說完，插口道：「若果我身邊有六七百，當然不會這樣麻煩，拿飾物給你變賣，因為現欵不過百餘元，不能做得一件事，我才將飾物補足相當之數，俾你可做小生意，不然的話，你拿了百餘元，無事可幹，坐食山崩，祗能維持一兩年的生活，有甚麼用處？豈不是幫助你反而累你？但你大可放心，這些飾物，是我用錢購置，看到合心水，一時買一件，作為玩品，絕對不是搶刼得來的臟物，保證你拈去變賣的時候，不會拖累你。若果有人懷疑，你坦直說是我送給你的，不信叫人來找我，如胆敢將你欺騙，待我和他算賬！」

陳氏婦見他義形於色，充滿熱誠，不便再推却，淚承於睫，雙手接受，剛想兩母子叩回三個响頭，以感謝這個莫大恩人，鬍鬚容見他受落，說完一個好字，即與左右先鋒，揚長而去，頭也不回顧，陳氏婦爲之目瞪口呆，發夢也想不到有此奇遇！她果然拿了這筆錢，去江門經營一間雜貨店，由她底堂舅父余四叔代爲策劃，業務日有起色，小孩子陳雄，亦因營養充足，快高長大。光陰荏苒，陳雄到了十七八歲，由族叔帶他去南洋，任職於一間士多店，正是千里姻緣一綫牽，店東的獨女竟垂青這個唐山青年，招贅爲婿，由普通雇員，一躍而陞爲駙馬，兼兩間士多的總經理——一在大坡，一在小坡。這時的陳雄，雖不是白手興家的富翁，最低限度已成爲小康之家，在家鄉買屋買田，陳氏婦有財主婆之稱。他生性純孝，以母親年青守寡，撫育自己成人，曾經接母親到南洋居住，晨昏定省，稍盡子職，陳氏婦眼見佳兒佳婦，十分孝順，心裏亦感到十二分的滿足，打算長住南洋，叙天倫之樂，以終其天年。誰知過了若干時期，她爲着某一種「秘密」理由，藉口捨不得家鄉風味，寧願在鄉間過其舒適的生活，陳雄見母親執拗不肯，祗好尊重老人家的意旨，親自送她返鄉，自己隔一兩年，便返唐山一行，並拜掃先人山墳，以示愼終追遠之意，這是上一代人的傳統家族觀念，嗣續香燈，相當隆重，何況他又是四代單傳的兒孫，其地位的重要，可想而知。然則陳氏婦爲着甚麼「秘密」理由，忍心割捨佳兒佳婦，返家鄉過日子呢？說起來也十分奇怪，令人不可思議，這是她私下告訴妯娌們，解釋返鄉的原因，信不信由你！據說南洋地處熱帶，可能由於氣候關係，男女皆早熟，生殖亦繁，往往在唐山未有生育的妻子，過了南洋之後，生兒育女，接續不停。她初到南洋，尚無感覺，到

了相當時期，逐漸覺得生理上發生變化，晚上於不知不覺之間，頓起非非之想，本來她已守寡廿年，兒子也有廿多歲，正是心如古井水，誓不起波瀾，同時她從來不作此想像，爲甚麼頓然發現有這種奇異的徵象？憑她爲人的操守及克制力量，決不會幹出蕩檢踰閑的事，弄到自己的千年道行一朝喪，猶在其次，連累佳兒佳婦爲之丟臉，太不應該。湊巧有一天，和隣居一個老婦人閑談，由某富豪說到他底太夫人，不敢在南洋享福，也是爲着同樣的理由，寧可返回佛山，以終其天年，聽說她年逾四九，天癸已絕，突然恢復來潮，心理亦起變化，她恐怕貽羞兒子，雖經富豪懇切挽留，但她堅決啓程，直至返唐山後才心境安泰，生理保持常態，事後始敢公開其秘密。陳氏婦返回鄉間，始終不能忘懷鬍鬚容的大恩大德，想設法圖報，尤其是陳雄每次回唐山，母子二人必定談起這位恩公，如果沒有這筆資本開店，斷不會有今日的好日子，但他是綠林大盜，如何取得聯絡呢？最感覺困難的是：這時的鬍鬚容，聲名狼籍，犯案纍纍，受其荼毒的鄉村，紛出賞格，合計懸紅幾萬，加以緝拿，因此他出沒無常，甚至同道中人，亦不容易發現他的行踪。陳氏婦陳雄母子二人，雖是立心報恩，但有甚麼辦法和他通訊？尤其是在此風頭火勢之下，即使有人可以聯絡他，最怕亦有人見利忘義，見他「辮尾」太重，貪圖這筆花紅，暗中向官兵「報密」，那時節想報恩變了報仇，不知者還悞會她們母子二人，恩將仇報，豈不是永遠水洗不清？所以陳氏婦幾經攷慮，始終不敢造次，惟有默祝恩人長生福壽而已。直至有一年，陳雄由南洋返鄉省母，湊巧清鄉督辦在各方面督促之下，大舉圍勦悍匪，鬍鬚容和幾個著名大盜，次第被擒，押返縣府核辦。其中幾名悍匪因平日殺人如麻，黨羽眾多，縣長聽說

有刦獄陰謀，馬上呈報上峯，先行就地槍決。鬍鬚容雖然比他們較有人性，不致濫殺良民，但犯案既多，花紅亦重，當局爲肅清匪氛起見，決不寬赦任何人，不久也在槍決之列，祇是時間上遲早問題。陳氏婦一聽到鬍鬚容被捕消息，立刻偕同兒子，由鄉間去縣城，賄通縣府官員及獄吏，准她們探監，以覘其究竟，是否當日恩公，抑或是同名的大盜——天下同名共姓者多，如果錯認馮京作馬涼，不特枉費心機，並且大鬧笑話了。陳氏婦一見之下，當堂認出這個鬍鬚容，就是自己暮想朝思的恩人，雖然相隔已有廿多年的悠久日子，其面部輪廓，滿頰于思，音容笑貌，依稀如舊，祇是容顏畧爲蒼老一點。她見了恩公琅璫枷鎖，忍不住觸景傷情，雙眼流淚，回顧兒子說道：「阿雄，這位就我們母子的大恩人了。」說完之後，和陳雄一齊跪下，她仍然稱呼一句：「大爺，你認得我嗎？」鬍鬚容因平時待人接物，較有理性，且家人亦肯用錢，故他在獄中的待遇，勝人一籌，他起初聽說有個陳氏婦要來見他，還帶一個青年同來，他想不出是那個親屬探訪。及至見面之後，似曾相識，又記不起是誰，瞥睹他們雙雙跪地，連忙打躬作揖還禮，連聲「請起……請起來談話。」陳氏婦立起身，指着陳雄說道：「大爺，你記否廿多年前，在田基救起的小孩子，他幾乎給潦水浸死……」鬍鬚容生平仗義援手——見孩子將被浸死，救他起來——類此事情很多，相隔廿多年，當然印象模糊，不大記憶清楚，祇好唯唯諾諾，直至陳氏婦說出他資助她一筆錢做小買賣，包括他身上的金錢、金鏈、玉墜、金仔等物，他才恍然大悟，隱約記起廿多年前曾幹過這一件事，乃含笑說道：「原來如此，難得大嫂這樣關心，今日特來一見我這個死囚徒，使我十分感謝……不知不覺之間，又是廿多年光景，

你這位乖乖長成如許，生得很英俊，前途大有作爲，我相信你們很安樂吧？」陳氏婦感激涕零，撮要告訴她如何憑這筆資本，經營小生意，孩子如何過埠，獲得東家垂青，招爲駙馬，母子二人時刻不忘大恩，如何設法圖報，無奈事與願違，想不出辦法和恩公聯絡。現在恩公雖不幸失手，她們仍決定拼諸傾家蕩產，亦要向當局呼籲，懇求例外寬赦。鬍鬚容估不到因果報應，就在目前：二十多年前幹過一件事，難得她們永遠牢記在心，口聲聲定要報答，乃長嘆一聲說道：「你們忒有心了，我不幸從小失教育，沒有長輩提携，近朱者赤，近墨者黑，幹這種殺人越貨的勾當，當然沒有良好的結果。我已自分必死，這幾年來，將大部分冤孽錢，分給一妻一妾，在港澳居住，各自嚴厲管束年齡幼稚的一子一女，供書教學，切勿誤交豬朋狗友，希望他們走上正途，並且嚴守秘密，休要洩漏父親的行徑，以免影响他們的心理，顧全他們的顏面。我本人早已置生死於度外，本來我也很想放下屠刀，立地成佛，無奈手下一班兄弟，人數太多，又是好食懶做之流，難以安置，蛇無頭而不行，我看在江湖義氣分上，祇好拼諸犧牲這條老命，聽其自然發展，除非眾兄弟准許我卸下仔肩，我才有機會歸隱於家，壽終正寢，現在既不可能，惟有聽天由命。我們綠林中人有這句話：『好漢做事一身當』，對於生死二字，從不皺眉，三十年後又一名好漢，何足介懷。你們的心事，我十分鑒領，但我個人的性命，任其自消自滅好了，到了這個田地，你們亦回天乏術，不必多勞，徒費心機與金錢，何苦呢？」陳雄以母親已痛哭失聲，即接口說道：「容大叔，我素仰你是英雄好漢，施恩不望報，可是我母子兩人，當初沒有你仗義幫忙，那有今日的日子？有恩不報，簡直不得謂之人，請你珍重自愛，聽候佳

音！我當盡其最後的努力，雖傾家蕩產，不達目的不休！」說完之後，攙扶年邁的母親，和鬍鬚容告別，並不惜金錢，首先懇託監倉上下人等，特別優待這個犯人，俗語說得好：有錢駛得鬼推車，這區區小事，當然咄嗟可辦。另一方面，陳氏婦母子二人，果然克踐諾言，雖不致傾家蕩產，亦不吝嗇賄賂，疏通一切得力人員，由鄉長約晤縣長，告訴她們身受的一頁可歌可泣、可模可範的故事，反正鬍鬚容是一個盜亦有道的綠林好漢，應該法外施仁，不與其他悍匪一例看，寬恕其罪惡，貸其一死。縣長雖已受過陳氏婦的關照，本想設法開脫鬍鬚容，但恐怕輿論沸騰，當下煞費躊躇，沉吟地說道：「這故事委實動人，以一個明火打劫的大盜，尤其是在出發做世界之際，破除迷信觀念，傾其所有，救助寡婦孤兒，難怪你們身受其惠的兩母子，永誌不忘，知恩報德，亦所應該。不過你們要想深一層，他是一個無惡不作的害民賊，標參勒索，刮盡了民脂民膏，因你私人曙受恩惠，便歌功頌德，甚至弁髦法令，定為公議所不容。」縣長說到這裏，臨時向陳氏婦母子二人建議：「鬍鬚容不管如何任俠仗義，慈悲為懷，到底是害民的蟊賊，為神人所共憤，國法所不容，多年來逍遙法外，算是他的幸運。現在罪惡貫盈，應該接受法律的裁判，你們既是受恩深重，不妨由你們替他隆重大葬，以一字千金的代價，撰一篇墓誌銘，勒石永留紀念，俾大家都知道這個鄉人皆曰可殺的大盜，生平也幹過一件好事：救濟寡婦孤兒，豈不是一舉兩得？」陳氏婦到底是個文盲，不懂得文章的價值，以及甚麼叫做輿論沸騰，祗知道受恩深重，必須圖報，除縣長之外，並向負責勦匪的軍事長官，多方央求，王道不外乎人情，結果網開一面，赦免其死刑，改為終身監禁。可惜鬍鬚容已屆風燭殘年，無福消

受陳氏的孝敬，不夠三個月即起病，還是瘐死獄中，雖然僥倖得保首領以歿。陳氏婦母子兩人，的確情至義盡，代表其家人領屍厚殮——因為鬍鬚容的妻妾及兒女，不敢返鄉，一則恐官府拘捕；二則恐鄉人報仇，乘機勒索。並覺得縣長的提議很有意義，真個物色文人代撰「墓誌銘」。她們初時禮聘一位太史公，願以萬金為酬，附帶條件，要借仗太史公署名敬撰並書，但這位太史公畢竟是讀書人，講究氣骨，無論他們如何懇求，亦不肯貪圖一萬元的筆潤，替一個大賊歌頌功德！最後仍然由縣長向她們解釋：「大賊自大賊，公道自在人心，文章寫得天花龍鳳也好，未必有人相信，你們祇求表達自己的心事，報答恩人，隨便叫人寫一篇好了，犯不着破費多金，勞動太史公落筆呀。」陳雄亦以為然，最後請一位秀才代撰，筆金一百元，消息傳播之後，不少人為好奇心所驅，前往墳塲一看鬍鬚容的墓誌銘，亦趣聞也。鬍鬚容的事蹟，深深印入先生煥的腦筋，所以他常時拿鬍鬚容的故事，訓勉眾弟兄，甚至有人取笑先生煥，說他約法三章，任俠仗義，希望死後博得一篇墓誌銘，他亦不以為忤，一笑置之。

且說先生煥的賊巢，為官兵包圍，瞬經五六個月，雖然粮草充足，可以支持一年，但兩下相持，終非善策，這時馮、陳兩個青年，和先生煥相處日久，覺得他是讀書人出身，做事尚有點理智，和一般悍匪不同。後來聽說官兵包圍的目標，希望將他們起擄，乃向先生煥磋商，如果肯釋放他們，即由他們修書一封，用弓箭射出，聲明他們已無條件獲得釋放，以免官兵見有人出來，亂槍射擊。他們並答應釋放之後，要求官兵解圍，兩下和解，先生煥亦不再在附近各鄉做世界。右先鋒恐怕他們一經獲釋，不特不叫官兵「解圍」，反為加緊包抄，豈不是更糟？陳、馮兩青

年向天矢誓決不相負。先生煥慨然說道：「很好，義氣搏義氣，我可以答應你們的條件。這裏山路崎嶇，包抄也不容易，必要時，我們亦有各堂口的弟兄幫忙，怕甚麼！」

　　於是先生煥親自起草一封信稿，大致說他們已無條件釋放，將由山寨出來，請求官兵幸勿悞會，開槍射擊，信末並寫明他們所穿着的服裝及顏色，以資識別。他交給馮、陳兩青年看過，認爲滿意，即叫他們親筆多寫幾封，用弓箭射出去，希望官兵可以拾獲。那時弓箭這一玩意兒，尚未完全消滅，先生煥閒居無事，很喜歡與眾弟兄射箭練眼界，他還解釋這是古代中國讀書人的體育，禮樂射御書數，列爲六藝之一，養成文武全才，可以射箭騎馬，並不像後世的壞鬼書生，文質彬彬，同時射箭鍛鍊體格，經濟實惠，燒槍練靶，浪費子彈，殊不合化算，議論風生，聞者無不捧腹。這一幕戲劇化的「射箭傳書」，居然發生效果，有兩個崗位的官兵，執獲書信，寧可信其有，不可信其無，由司令部通知各部隊查照。過了三天，馮、陳兩青年由山寨步下山麓，與哨兵相遇，帶返司兵部辦理，他們當眞義氣搏義氣——依照先生煥所面授的錦囊，僞說這班匪幫，已獲得其他堂口通融假道，另有出路逃走，臨行時答應將他們無條件釋放，爲着保障他們的安全，並指導他們以弓箭傳書……等語。當時的官兵們，就於安逸，對於勦匪工作，向來不感興趣，祗是上官差遣，無可奈何，現在起參的任務既已完成，亦樂得奏凱而還。先生煥以官兵已告解圍，又面臨黎廖氏這個難題，不知如何處置？在黑面桂之意，原想懇求黎廖氏多住幾個月，等待瓜熟蒂落，然後歸家。一者這個胎兒，正式是他的骨肉，若果僥倖生個男孩子，正好嗣續香燈，雖然他尚未娶妻，亦不該拋棄自己的血裔；二則黎廖氏身

爲寡婦，被賊人擄去，突然荳蔻含胎，釋放未幾，即誕生孩子，的確是一件醜事，爲鄉黨所不容，究不如產子後才返鄉，大家嚴守秘密，以免張揚於外，反爲不妥。黑面桂這個建議，不敢正面提出，由大口祺婉轉告訴黎廖氏，作爲是他個人的意見，挽留她多住幾個月，誰知黎廖氏一口拒絕，絕對沒有商量的餘地。說起來也很奇怪：黎廖氏和黑面桂一度春風，雖是借酒行兇，全非出於心願，論情論理，一夜夫妻百夜恩，湊巧又種下孽根，多少帶點香火情，可是她從來不肯假以詞色，提起黑面桂三個字，猶有餘憤，見面時亦厲目相視，弄到黑面桂也害怕她幾分，不敢多望她一眼，甚至有時繞路而行，以避免和她碰頭 —— 尤其是她自縊不成的一兩星期內，黑面桂怕她甚於怕鬼。本來先生煥也很贊成這個辦法，聽說她反對，有點莫測高深，忍不住獨個兒跑去柴房，低聲問道：「剛才大口祺告訴我，你不肯答應我們的要求，繼續居留山寨，本來這辦法很不錯，也是我本人的主意，等待孩子出世然後返鄉，神不知，鬼不覺，豈不是十分妥當嗎？」

黎廖氏冷笑一聲，憤然說道：「若要人不知，除非己莫爲，何況這件冤孽障，雖可暫守秘密，將來傳爲笑柄，四下張揚，反爲更加醜死，均之出醜，遲早也是一樣 —— 趁早解決更好。還有一層，你以爲沒有人知，我相信現在大伯一家人，已經比你知悉更清楚……」先生煥見她像煞有介事，不禁笑起來，插口說道：「你又太過自作聰明了，你們大伯一家人，和這裏相距很遠，怎會知悉清楚呢？」黎廖氏亦含笑應道：「大爺，你雖是英雄好漢，但有時做事或思索一件事，總不及我們婦人家心水清！你或許一時忘記：最近馮、陳兩青年經已釋放，試想他們返鄉之後，是否替我嚴守秘密，抑或將此事一五一十，告訴鄉人？我當

然亦希望他們將你們會議的情形，和盤託出，他們正是我底唯一見證人，可以證明我清白無辜，完全被人迫姦，即使荳蔻含胎，也是一度春風的孽果，並沒有第二次的接觸，絕對沒有和姦的行爲……」先生煥且聽且點頭，讚嘆不絕口。黎廖氏接續說道：「若果他們釋放後許多個月，我才返家，小不免人言嘖嘖，悞會我藕斷絲連，捨不得割捨，豈不是冤哉枉也！」先生煥沉吟地說道：「我看你腹大便便，怎樣向你底大伯解釋呢？我叫你分娩後回去，便是這個意思，你幸勿悞會我存心偏袒我的手足，强迫你長期勾留。」黎廖氏毅然決然，毫不攷慮地說道：「醜婦終須要見家翁，我但求問良心無愧，證明我是清白無辜的婦人，其他任何形跡，我都不必理會，俗語說得好：除死無大害，如果他們不諒解的話，我惟有一死以見志！」說時態度慷慨激昂，先生煥知道她品性堅强，恐怕她自萌短見，乃婉轉開解道：「鄉人無知，信口雌黃，全不負責任，甚麼話也說得出來，你切不可因爲這等無價值的謠言，犧牲自己的性命，必須想深一層，腹中的孩兒，是到來求生，不是求死，你祇可歸咎這是前生的冤孽債，由今世償還，非一死所能了結的呀。」黎廖氏聽了長嘆一聲，默然無語，心想腹中一塊肉，來得這般奇突，若非前生冤孽債，何以無端被擄，爲賊子强姦，一度春風，珠胎暗結？──這種迷信觀念，在數十年前的鄉間婦人，知識未開，思想頑固，除此以外，更沒有解釋的理由，祇可能作如是觀。先生煥雖是一個讀壞書的先生，常自認投身綠林，是被迫上梁山，他生平旣服膺鬚鬚容的爲人，任俠仗義，爲人爲到底，送佛送到西，對於護送黎廖氏返鄉，認爲義不容辭，責無旁貸，但亦煞費躊躇。黑面桂自告奮勇，想親身護送，必要時他還可以面見黎老慶，引咎自責，甚至鄉人將他

碎屍萬段，亦所甘心，並表示他有始有終，既然對人不住，也不肯逃避責任，希望因此而減輕黎廖氏對他的憤恨。先生煥和大口祺，異口同聲，勸黑面桂不可造次，以免增加她的刺激。

先生煥又想親自護送，黑面桂與大口祺極力反對，理由是：現在風聲鶴唳，清鄉消息越來越緊，各鄉均懸紅緝拿著名堂口人物，先生煥雖不是主要的目標，畢竟身爲首領，比較惹人注意，犯不着如此輕身。最後徵求得黎廖氏同意，由右先鋒大口祺陪行 —— 不論趁鄉渡或徒步，各行各的路，大口祺離遠暗中保護，彼此不打招呼，並不許有拍拖的形式。抵達家鄉之後，大口祺另外寄居於一位親戚之家，探聽她底大伯老慶的反响如何，於必要時，才由大口祺出頭，向他解釋這件悲劇的眞相，免致寃屈這位硜硜自守的弟婦。商議停當，拿歷書一看，明日「出門大吉」 —— 利行人，這也是先生煥的一片誠心，他認爲黎廖氏此次出行，如果是普通羊牯釋放回家，固無須選擇吉日，但實際上她的情形特殊，可大可小，大伯稍不諒解，黎廖氏很可能懸樑投井，變了一屍兩命，豈不是陰功積在他身上？先生煥的迷信觀念，亦和其他江湖好漢差不多。擇完日子，送給她一筆盤費，早餐劏雞殺鴨，表示餞行之意，黎廖氏估不到這位賊公如此義氣，爲之感激涕零，聲言將來若有好日子，決不敢忘恩負義。同時，她看在先生煥面份，不反對黑面桂同桌食飯，惟始終不和他攀談，眼光也不瞧他一下，弄到黑面桂耿耿不安，面紅耳熱，低頭不敢仰視。黎廖氏祇是吉身一個，沒有行李，吃完早飯，才是凌晨七時，和大口祺一齊下山，先生煥與黑面桂親自送到山腳，揮手道別，黎廖氏同樣不瞧黑面桂一眼，旁若無人，黑面桂目逆而送之，直至不見了愛人的影子，始長嘆一聲，返回山寨。先生煥

對他又同情，又惋惜，湊巧碰着這個冤家，意志剛強而貞烈，他亦覺得愛莫能助，不便置一辭。由山寨到黎廖氏的鄉村，要搭鄉渡，大口祺雖然也是深愛黎廖氏，鑒於黑面桂所受的教訓，自不敢撩撥她，並凜遵諾言，一出行人路，便離遠尾隨其後，始終沒有打招呼。在渡船吃過午飯，登岸時已是下午三時許，幸而步行半小時，即返抵村口，大口祺目擊黎廖氏入屋，算是任務完成，自去親戚家裏居停，探聽消息。黎廖氏剛踏入門口，恰巧李氏準備出門去雜貨店買東西，彼此打個照面。李氏驚喜交集，叫道：「二嬸，你脫險回來了！我今早用膳的時候，正和你底大伯談論你，預料你早晚間必然抵埗，果然日間不可講人……」她想起下句晚間不可講鬼，覺得語意不祥，恐怕弟婦悑會，連忙改口道：「你身子可安樂嗎？聽說……」李氏尚未說完，黎廖氏經已嗚嗚痛哭起來，李氏亦忍不住和她抱頭痛哭一場。

兩嬸姆哭了半個時辰，黎廖氏才收淚問道：「我相信你們都已知道我這件事了？」李氏點頭應道：「是的，前幾天那個姓馮的青年，從賊巢釋放出來，詳細敘述先生煥大審黑面桂的情形，還大讚你堅貞不屈，恨不能食其肉而寢其皮！」黎廖氏禁不住悲從中來，又流淚說道：「說甚麼堅貞兩字，此身已是被污，雖馨西江之水，亦不能洗滌此番的奇恥大辱。我所以忍恥須臾，無非想和你們相見一面，交代清楚，俾你們知道我是被迫所致，絕對不是我性情淫蕩，敗壞門風，我才死得瞑目！」李氏十分同情地說道：「俗語說得好：相信在平日，你嬸守幾年以來，行得正，企得正，誰人不知？那個敢說你淫蕩？何況寡婦再醮，法例所不禁，家長所許可，你又沒有兒女，為着環境所迫，即使你去改嫁，也是名正言順，有誰阻止？就舉我本人為例：不幸守望門

寡，父母在堂，尚可勉強養我過活，及後父母相繼去世，我見得兄嫂生活困苦，不能夠永遠養我這個老姑婆，湊巧有媒人替你底大伯執柯，他既不以爲嫌，我亦找到歸宿之所……」黎廖氏插口問道：「大爺對於我這件事，有甚麼意見？」李氏照直告訴道：「這一次你給賊公擄去，人所共知，是替我遭殃，所以他贖出來之後，一方面聽我的勸告，另一方面亦覺得你無辜受累，萬不能袖手旁觀，正在托人講數，適值官兵有圍捕消息，你們已遷出薑參屋，中間斷絕了音訊幾個月，不消說大家都很焦心……」說到這裏，瞥睹有人入門，欣然說道：「他回來了。」黎廖氏見是大伯，連忙起身叫喚一聲大爺，黎老慶隨口答應，不知不覺之間，望望弟婦的腹部，黎廖氏於羞愧之餘，掩面嗚嗚咽咽而哭，李氏乃從中勸解道：「事已到此，哭亦無益，還是保重身子要緊。我剛才不是對你說過嗎，這件事你是無辜受累，並非你自作之孽，大爺哪有不原諒之理？」黎老慶嘆口氣說道：「這不是你自己做出來的罪惡，我當然不會怪你，最担心的是一部分鄉人，知道你守寡多年，突然由賊巢釋放歸來，懷有幾個月身孕，不久誕生孩子，一定議論沸騰，我又不能逐個告知他們這件事實的眞相，人言嘖嘖，名譽攸關，眞不知如何是好？」接着沉吟地說道：「可惜我不知你釋放的日子，如果事前打聽清楚，我必定派人接你，安置你在別處居住，直至瓜熟蒂落之後，庶幾可以掩飾鄉人耳目。現在你看……腹部隆然，鄉人生性好事，有等事前已聽到風聲，更爲推波助瀾，見你既然返鄉，又復銷聲匿跡，難免謠言熾盛，越說越不像樣了。」黎廖氏聽了這一番話，悔恨初時不接納先生煥的提議：在山寨多住幾個月，等待孩子呱呱墜地，比較乾手淨脚，自己爲着表示清白，急於返家和眾人見面，估不到大伯

亦有此責難之詞。正當她追悔無及之際，大伯又說出刺心刺肺的話兒！

　　黎老慶衹知道權衡利害，並不理會弟婦如何難過，一口氣說下去：「還有個難題：這個冤孽障，不知是男是女？若果生個女兒，比較容易安置，可以帶她出廣州，送入嬰堂，賭賭她自己的命運。我最担心的是：誕下男孩子，那時節真個取捨艱難，論理這是你的親生骨肉，亡弟沒有遺繼下兒女，正好繼承香燈，但想深一層，這簡直是笑話，拿賊公的血裔，迫死鬼戴綠頭巾，此事萬不能辦得到，即使三代單傳，沒有後繼人，亦不能這樣胡混，為鄉黨所不容。同時，我也曾經過幾番考慮，不管生男生女，其姓氏大有問題，我們決不能容許他姓黎 —— 我又不知道黑面桂那廝姓甚麼，但我認為無論如何，不應該依隨他的姓氏，以免醜事欲蓋彌彰！」黎老慶說這番話的時候，雖是十分氣憤，說完之後，衹是搖頭嘆息，沒有甚麼難堪的表示，仍吩咐劏雞煲豬肉湯，俾弟婦飽餐一頓，大抵他覺得弟婦被困賊巢幾個月，縱不捱飢抵餓，當不會營養充足，叫她多吃一些也好。其次說他一番美意，替弟婦置酒壓驚，亦未嘗不可，因為他殷勤勸飲，明知弟婦平時是滴酒不沾唇的。誰知黎廖氏飲完兩杯酒，返回房間睡覺，意態模糊，輾轉反側，已過三更，猶不能入寐，感觸萬端，思潮起伏，聯想所及，由那一晚山寨做禍，因為酒量太淺，爛醉如坭，完全沒有抵抗力量，以致為黑面桂借酒行兇，鑄成大錯種下孽根，又想到大伯的憤激，決不允許腹中一塊肉姓黎，將來孩子誕生，必定弄出許多醜惡的事情，不特玷污自己的氣節，更敗懷黎氏的家聲。還有一層，世間那有無姓氏的兒女，就算快高長，亦成一個來歷不明的人。永遠受到輕視污辱，竊竊私議，試問

他做人有甚麼意義？有甚麼趣味？與其生下來「獻世」，究不如趁早同歸於盡，以免一世眼冤。她初時也曾有過自私觀念，效法世俗相傳的墮胎方式，往熟藥店購買某幾味藥劑，一瀉無遺，乾手淨腳。既又轉念，孩子到來投生，不是求死，這樣做未免太陰隲，除非自己一併犧牲，才可以對得孩子住，天理良心，亦不會自疚。黎廖氏畢竟是封建時代的村婦，她不懂這樣的自殺，不啻傷殘兩條人命，是一種罪孽兼罪過，她想到無可開解之際，又不離懸樑自縊這個念頭，跑入廚房，尋覓繩索。大凡人類，當有理性，一般愚夫愚婦，自經於溝瀆，祗是一時刺激，或不可遏抑的氣憤，才想到這條路，事實上任何人都貪生怕死，臨死的時候，還是依依不捨，猶豫不決，黎廖氏自然不能例外，她捨不得永遠離開塵世，少不免痛哭一塲，更深人靜，聲音分外刺耳。李氏驀然驚醒，認出這是黎廖氏的哭聲，知道事情不妙，一骨碌地縱身落床，連外衣也不穿，直入後面的房間一看，發現黎廖氏剛剛上吊，嚇得李氏當堂手軟，一邊抱起他，一邊大呼救命。

黎老慶聞聲跑入來，見李氏及時解救了黎廖氏，暗捏一把汗，嘆口氣說道：「二嫂，你爲甚麼這樣想不開？今晚吃飯的時候，我還是勸慰你，並沒有責成你，這件事完全出於意外，與你無關，你何必自尋短見呢？」黎廖氏以第二度自殺不成，自嘆命宮磨蝎，進退兩難，惟有嗚嗚痛哭不置。李氏比較心水清，低聲問道：「你是否因爲大爺談到孩子的未來姓氏問題，不容許他姓黎，所以鰓鰓過慮，感觸萬端？」一語說破她的心事，廖黎氏雖不便承認，亦不否認，而哭聲更哀，李氏乃向黎老慶埋怨道：「這未來渺茫的事，你何須大發議論，亂說一通？其實吃晚飯時，我聽你說得口沫橫飛，好像拒人於千里之外，我也覺得很難過，但

我以爲二嫂不會計較……」回顧黎廖氏說道：「你又太過認真，事實上孩子姓甚麼簡直不成問題，他既不容許孩子姓黎，大可以隨母姓廖，如果誕生男孩子，尚值得攷慮，女孩子則實行跟隨母親的姓氏，你犯不着爲此事而操心……」黎老慶造夢也想不到，弟婦因不滿意這個問題而尋死，心裏很不安樂，連忙解釋道：「我雖是一時口快，暢所欲言，實在胸無城府，並不是一定阻止你，我祇是担心鄉人提出反對罷了。將來孩子出世之後，你喜歡如何便如何，我決不怪責，你切勿思前想後，顧住身體要緊。」他說完幾句話，不便久留，退出房間，吩咐李氏陪伴弟婦過夜。李氏怕她再萌死念，不敢離開左右，整晚多方開解，勸她打消這個愚蠢的念頭。次日，黎老慶和李氏從長計議，以黎廖氏性情剛烈，鄉人中不少滋事之徒，難免信口雌黃，或且當面侮辱，黎廖氏氣憤不過，很可能造成悲劇，迫她自殺收科，究不如遷地爲良。最後他們乃徵求黎廖氏的同意，叫她暫時離開本村，遷去廣州市的河南，這是城市地方，不比鄉村一掌之地，某一家人的行動，都惹起全村男女老幼注意，城市中人，大都各家打理門前雪，不管他人瓦上霜，即使誕生孩子，也沒有人查問父親是誰 —— 大可藉口父親遠赴南洋，或是航海客，並無不可。李氏選擇河南，因她有位「外家」親戚四婆，從前打住家工，年老歸隱，爲人有義氣，所居是兩邊過的古老大屋，地方綽有餘裕，租賃一個房間，托她照料，相信不成問題。黎老慶恐怕黎廖氏悞會這一措施，是設計將她放逐，特別對她鄭重聲明：將來孩子誕生之後，她仍可以返鄉居住，孩子則托人撫養，但無論住在何方，一切生活費俱由他供給。至於孩子的姓氏問題，他更沒有成見，任由她喜歡選擇姓甚名誰，他絕不反對，盡可能代守秘密。黎廖

氏估不到大伯如此委曲求全，感激涕零，唯唯答應。

李氏以事不宜遲，即陪伴她趁鄉渡赴廣州，在河南找到四婆，果然不出所料，四婆慨然答應幫忙，收拾一個房間，安置黎廖氏。李氏以四婆是自己外家的至親，將這一頁前世冤孽史，和盤託出，四婆為之肅然起敬，寄予深切的同情，祇是循例收回多少膳宿費。李氏見寄託有人，逗留幾天，便告別返鄉，瀕行時敦囑黎廖氏善自珍攝，切勿胡思亂想，她將默計將近「臨蓐」的日子，再來看視，廖氏亦覺主人情真義摯，起居舒適，叫她不要掛念。光陰荏苒，轉瞬便屆瓜熟蒂落之期，誕下一個女嬰孩，肥白可愛，李氏及時趕到，代為照料一切，眼見大小平安，好比心裏放下一塊石頭。有一晚，在夜深人靜之際，兩妯娌傾吐心事，李氏想試探她對於孩子如何處置，往昔社會風氣，重男輕女，如果是男孩，雖然來歷不明，關係不正當，仍希望養育成人，後半世有所倚賴，所謂養兒防老，積穀防飢，許多人自己沒有所出，養個螟蛉子慰情亦勝於無，女孩子則又當別論。但黎廖氏自從這個女嬰孩出世之後，日復一日，越看越愛，有如心肝蒂，不能捨割，當下注視小孩子一會，嘆了一口氣，對李氏坦率地說道：「這個冤孽障，我打算誕生女孩，便送入嬰堂，任她自消自滅，無謂惹人饒舌，可是你看她這個模樣：雙眼晶瑩，望着我盈盈欲笑。最奇怪的是，她出世後很少啼哭，吃完牛奶便睡，睡醒不給她牛奶吃，她一樣眼晶晶望着人。當然哩，她應該知道生來命苦，若還不生性，我祇有送她入嬰堂去，不理她，作賤她。現在她既然『生性』的話，叫我怎捨得割愛？因為她到底是我底親骨肉……」黎廖氏說到親骨肉三字，經已淚如雨下，喉嚨梗咽不能成聲，李氏接口說道：「你何必躊躇，也沒有人胆敢干涉你，老實說一

句：你不幸年青守寡，沒有兒女所出，買個女兒撫養，挑選一個家境過得去的女婿，聲明生養死葬，謀下半世的歸宿，也是情理之常。何況她是你底親生骨肉，姑勿論來歷如何，你亦不應該拋棄，就算做螟蛉人，養大成人，母女相依，也有多少慰藉，何以說出割愛的話兒？」黎廖氏初時恐怕旁人議論她保留這個私生女，一聽李氏表示贊成，當堂轉悲為喜，注視女孩子不稍瞬。這也難怪，骨肉之情，基於天性，父母愛子女之心，亦是天性使然，世間竟有拋棄嬰兒的父母，真不知是何居心了，在數十年前風氣閉塞時代，除非名門大戶，才隆重其事，小戶人家，隨便叫她蘇女或蘇蝦之類，如果父母開通，送她入學塾讀書，便替她改一個「書名」。黎廖氏雖是思想頑固，但對於這個女孩，居然別有會心，提議改名「桂生」。李氏初是聽說「桂生」兩字，覺得像男孩子，女孩子很少以「生」字命名，接着恍然大悟，讚嘆地道：「這名改得好！」

黎廖氏憤慨地說道：「沒有錯，我替女孩子命名『桂生』，你或許惧會我不能忘情黑面桂，誕生這個女兒，事實上我憎恨這厮，永遠紀念他造成這個罪惡，累我一生一世！如果女兒將來養尊處優，俾她知道黑面桂就是生身的父親，不妨拜他所賜，相反地，如果女兒不幸淪落街頭，流為乞丐，亦很應該咒罵黑面桂生她出來獻世！至於她底姓氏，我決定她隨我姓廖，理由是：她既不是男子，不能嗣續香燈，女兒是人家的媳婦，姓甚麼都不成問題，你的意見以為如何？」李氏極端贊成，還讚美她幾句，估不到她以一個村婦的智識，平時又且三步不出閨門，居然思想這般透切，替女兒命名，竟有深意存乎其間，不可謂非奇蹟。誰知黎廖氏答覆李氏的話，更出乎任何人的意料，她說：「見一事，

長一智，我自從嫁入黎門以來，初時渾渾噩噩不識不知，任由丈夫擺弄，不敢自作主張，他又太不長進，人窮失了三分智，祗好縮做一團，爲驢爲馬，搏取一日兩餐。經過幾年長的教訓，加上這次無端被擄，在賊巢五六個月的體驗，對於世途嶮峻，人心鬼蜮，變化多端，層出不窮，無形中增加了知識，勝過讀十年書，麻木鈍鈍的腦筋，立刻爲之開通，自信已非復從前的村婦了。現在我不妨老實奉告：我覺得寄人籬下，終非長久的計策 —— 你切勿誤會我對你們表示不滿，事實上大伯和你兩個，此番爲着我這個冤孽障，諸多袒護與愛護，可謂情至義盡，我祗有感激，那有埋怨之理？但我自問有氣有力，大可出來做工，維持母女兩人的生活費。前幾天我從四婆的口中，知道這裏有間規模宏偉的糖薑廠，常時請女工，我已關照四婆，打算過了女孩子滿月，即出外工作，不論甚麼位置都去幹，四婆亦答應我照顧孩子，並說這裏常時有人賦閒在家，日間大可代爲照拂，但求月中送回多少酬金便行。」李氏亦覺得黎廖氏這個辦法很對，並殷殷致囑，如果母女兩人的生活費維持不來，或者工作繁重，體力不能勝任，不必勉強去做，她保証大伯仍可繼續資助，必要時仍一樣可以帶女孩返鄉，說是在廣州收養，由親戚贈送的，就算鄉人知道黑面桂那一回事，他們沒有眼見孩子誕生，總可抵賴得過，不怕有甚麼意外。黎廖氏很感謝李氏的週全，將來於萬不得已時，再求她想辦法，目前則決定不歸鄉。李氏見她意志堅決，且有志氣，一塲妯娌情誼，陪伴月餘，直至黎廖氏找到工作，可以勝任，孩子有人料理，入息亦能支持母女的用度，才放心告別，瀕行時叫她於工作餘暇，不妨搭渡返鄉一行，彼此密切聯絡。黎廖氏苦笑道：「返鄉則不必，無謂給你們丟臉，我希望你和大伯爺漫遊廣

州，順便探我是真。」李氏欣然答應，妯娌二人依依不捨，洒淚而別。她返鄉之後，將此事告訴黎老慶，大家都讚嘆黎廖氏自食其力，很有志氣。過了幾天，忽有「奇事」出現。

這一天下午六時許，黎老慶尚未回家，在雜貨店料理店務，適入內小解，李氏暫代櫃面，另有小廝一名，立在櫃尾，等候使喚。突然之間，有個五十多歲，狀類耕田公的男子，于思滿頰，皮膚粗糙，手提包裹，一見了李氏，猝然問道：「你就是黎家二嫂嗎？我相信你是二嫂無疑！」邊說邊解開包裹的東西，却是雪花般的白銀，賡續其詞：「包裹是一百元，成色高，數目也不差絲毫，你點清楚……」李氏不等他說完，一口拒絕道：「老人家，你認錯人了，我並不是甚麼黎家二嫂，和你也不相識，你給我白銀一百元幹甚麼？」那人打量李氏上下，沉吟地說道：「我雖然不認識黎老慶的家人，這是黎慶記，有地址，有招牌，完全沒有錯，你不是二嫂是誰？」正在問答之際，黎老慶由店內出來，見櫃面滿堆白銀，以爲那人是顧客，想購辦貨物，連忙上前，代替了李氏的位置，李氏低聲告訴道：「這位老人家，聲明交白銀一百元給二嫂，還悮認我是二嫂哩。」那人見了黎老慶，叉開兩隻手指，指指點點說道：「黎老慶，你化了灰，我也認得你，我怎會認錯人？不過你是財主，我是窮鬼，你當然不識我 —— 我就是隔隣鄉村的老徐，也是替你們的老黎耕種，幾十歲尚要替人做牛做馬，不中用了，黎老慶，你好！」黎老慶依稀記憶他是黎福厚堂的佃農，但無法了解他交銀二嫂的理由，祗好隨口敷衍，拿「針嘜」（生切烟）相饗，叫小廝斟茶，問他有何貴幹。老徐捲好「針嘜」，就燈燃着，大力吸了一口，烟霧迷目，幾致下淚，因爲老徐一世貧困潦倒，碰着荒年歉收，兩餐亦不能吃飽，針嘜

的享受殊不容易，喉嚨飽受刺激，格格作聲，指着李氏道：「這娘子不是二嫂嗎？她是不是最近臨蓐？不知產下是男是女？」李氏見他硬指自己是二嫂，又說她臨盆產子，悻悻然申斥道：「你這個老懵懂，必是給太陽晒老了你！我已向你聲明，不是甚麼二嫂，何以你還死心不息，硬指我最近臨蓐，又問我生男生女，你想靠害麼？」黎老慶恍然大悟，接口說道：「老徐，你完全誤會了，她是我的繼室，年紀、身材和二嫂差不多——你想找尋二嫂，可是我底弟婦？」老徐笑口吟吟，自掌其頰說道：「原來我錯認大嫂做二嫂，的確是老懵懂！二嫂呢？是否在這裏，聽說她最近誕生孩子，不知是男是女？我想見她一面，並交給她這一百元薑醋金！」黎老慶和李氏聞言，相顧失色，黎老慶故意正色說道：「老徐，你是老懵懂還是開玩笑，我底二弟經已棄世幾年哩，二嫂一向在家守寡，那會誕生孩子？你和二嫂又不相識，她和你們的田主黎福厚堂，也沒有往來，爲甚麼要你送薑醋金一百元，不是大笑話嗎？」

老徐照直告訴道：「這一百元薑醋金，是黑面桂叫我送給二嫂的，你知道哩，他是先生煥的左先鋒，是個殺人不眨眼的大盜，平時有事差遣，我都不敢違拗，何況他這次給我十塊錢做力金，試問我怎敢怠慢，他祇是吩咐我送禮給黎老慶的二嫂，最好當面點交，一併問她是近是否臨盆，生下是男是女？是否仍在大伯家裏居住？如果二嫂不肯見面，交下黎慶記代轉亦可，但必須照數交妥，不得中飽一文錢，一經發覺，決不寬貸。這便是黑面桂託我辦事的事情，其他我一概不知。」黎老慶心裏在想：黑面桂強姦成孕，可能表示懺悔，叫人送薑醋金一百元，還算肯負担部分責任，但這筆錢應否接受呢？如果接受之後，他或許誤

會弟婦願意再續前緣，像冤鬼般苦苦追求，豈不是藕斷絲連，始終夾纏不清？另一方面，弟婦見他有情有義，不忍割捨，繼續往來，豈不是弄得一團糟？還是一口拒絕為佳，乃回顧老徐說道：「二嫂已在五六個月前，出廣州和親戚同住，最近雖然有封信寄回來，說她找到一份住家工，但沒有寫下住址，不知近況怎麼樣，更不知她是否有臨蓐情事，這筆薑醋金我們萬不能代收，勞煩你物歸原主！」老徐吐吐舌頭說道：「這個使不得，黑面桂的脾氣，非同小可，他吩咐我無論如何放下，如果我原物交回，他必定罵我做事不妥當，脾氣發作，當堂將我槍殺也有可能！黎老慶，這件事我斷不敢遵依，我祇可空手回覆黑面桂，照實告訴他：二嫂已出廣州打住家工，沒有寫下主人的地址，這一百元已由你代收。以你堂堂一間黎慶記，休說一百，就算一萬，他亦相信得過，寧可暫時交你代貯，如果他要收回的話，我情願再走一遭。」黎老慶是殷戶一名，被擄勒贖一萬元，有如驚弓之鳥，猶有餘悸，和賊公交易，決無好結果，萬一黑面桂這廝，乘機圖賴，一百元詐一千，這等人不是好惹的。李氏見他態度猶豫，似乎明白他底心理，細聽老徐的話兒，如他不代收，很害怕黑面桂反臉，頗覺左右為難。畢竟她有幾分聰明，靈機一觸，叫黎老慶不妨代為儲蓄，並簽署一張收條，作為收到老徐白銀一百元，訂明隨時取回，既寫老徐的名字，又寫明銀數若干，自不怕黑面桂圖賴，更証明老徐沒有中飽，一舉兩得。黎老慶和老徐，俱很贊成李氏的提議，這件事才算告一段落。過了一個月，李氏見老徐沒有再來，乃和黎老慶磋商，由她親自到廣州一行，面告這件奇事，並將這一百元薑醋金交還。黎廖氏初時聽說是黑面桂所賜，又氣惱，又羞慚，更認為此人做賊，這等不義之財，必定陰

功得來，想拒絕不受，但李氏再三解釋，他既然自知罪過，用錢贖罪，大可受之無愧，何必推辭？

黎廖氏沉思有頃，毅然說道：「很好，我雖然是義氣兒女，自食其力，不靠他贍養，但他養孩子也很應該。我暫時收下這筆錢，凡是孩子的衣食，及請人看顧，我都拿來開銷，直至用完爲止，才由我繼續出錢。」李氏笑道：「他破壞你底貞操，更拖累你十月懷胎，就算由他負担你母女兩人的生活費，也是天公地道之事，你何必斤斤計較呢？」黎廖氏頻頻搖手說道：「我決不受他一文錢，我個人絕對不需要他負担，你切不可告訴我這裏的地址，以免他冤鬼般向我糾纏！」李氏正色說道：「你不要學杞人憂天，我亦不是愚蠢的婦人，那有隨便告訴地址之理？我相信他就算知道你的住址，也不敢苦苦追求，因爲你底正大性格，剛烈脾氣，他經已在賊巢領教過你的滋味，豈不怕你纏他『上區』（警察署），揭穿他底身份，他是先生煥的左先鋒，或許還有花紅可領哩。我料他縱有甕缸般大胆，也不敢惹你，這一點你儘可放心。」黎廖氏覺得有理，才肯接受黑面桂的金錢，同時她當眞言出必行，所有桂生出世後用過的欵項，不拘多少，俱邀請四婆的契女阿娟，替她記數，阿娟問她何故這樣瑣碎認眞，她祇是笑而不言。過了半年左右，老徐又奉黑面桂之命，交給黎老慶白銀一百元轉致二嫂，亦循例詢問二嫂的住址，黎老慶當然沒有告訴，老徐也沒有表示甚麼，更沒有叫他寫收條，並含笑說道：「桂哥聲明，很相信我不敢數目糊塗，叫我不必勞煩你寫收據，他同樣深信你身爲大伯，又是殷戶，斷不會中飽弟婦的區區一百元。黎它慶收銀後，仍叫李氏親去廣州，轉交弟婦，他們在閑談之際，頗稱讚黑面桂的爲人，總算得有情有義，有始有終，兼勇

於悔過，幹錯一件事，居然負起責任。最難能可貴的是：弟婦永遠沒有假以詞色，完全沒有再見過面，他仍暗中照顧母女兩人的贍養費。可惜他是一名強盜，又是強姦成孕，而弟婦亦矢志不肯再嫁，不然的話，這倒是一段美滿的姻緣哩。這一次黎廖氏不再客氣，直受不辭，一樣請阿娟代為登記賬目，並拿數簿給李氏看，上次的一百元，尚餘三十餘元。李氏見她這般高興，帶笑將她和大伯的閑談，告訴了她，黎廖氏面紅耳熱，坦率地說道：「論理我亦不想桂生成為無父的孤兒，寡婦再醮，為法例所不禁，我嫁亦不成問題，但我恨他無禮在先，未嫁懷孕，太過羞家，同時他底職業永遠不能公開，嫁個賊公，不知者以為我賤格，甘做賊婆，叫我有何面目見人？」李氏點頭稱善。事隔五月，突然有一天，黑面桂親身到訪，黎老慶嘗過標參滋味，認得他就是先生煥的左先鋒，頗為驚訝，勉強起身打招呼，黑面桂低頭說道：「請你容許我入內和你有些密斟，但你不要張惶，我決不會傷害你！」

　　黎老慶怕吃眼前虧，當然不敢推辭，帶他入後座傾談，正準備茶烟奉客，黑面桂頻頻擺手說道：「黎老慶，不用客氣了。我此次冒險見你，想和你商量一件事。我也不必隱瞞，你慶哥當然知得很清楚，就是你底弟婦的事情，我不該一時衝動，侵犯了她一次——鬼神明鑒，我敢發誓，祇是一次——誰料種下孽根，懷有身孕，最近我才聽說她誕生一個女兒，並且遷去廣州，辛苦傭工。我知道她非常恨我，從來未有和我見過面，我惟有託老徐代交一筆錢，給她用度，合計兩次，每次一百元，由你代收，你自然明白，不消多贅。」黎老慶點頭說道：「沒有錯，我每次收欵之後，即照數交妥，沒有短欠絲毫……」黑面桂帶笑說道：

「慶哥，難道信你不過嗎？我今日拜訪，不是爲着這個問題，而是從長計議，希望你鼎力幫忙，成全我們這件好事。我不妨坦白告訴你：我現年二十八，未曾娶妻，自從和你底弟婦，做了一夜夫妻，不知如何，死心不息，夢魂顛倒，始終想娶她做正室，我絕對不會嫌棄她是再醮婦，一者我很敬重她的爲人，嚴氣正性，很可能導我入正軌，我早已立心改邪歸正；二則她旣替我誕生孩子，我很應該負起責任，以彌補我的罪過。我雖久有此心，無奈力量微薄，最低限度可以組織一個家庭，過着舒適日子，我才有膽量向她提出這個要求，否則她亦不肯嫁我。試問我這等大食懶，如果洗手不幹，做得甚麼職業，憑甚麼本錢養妻活兒，這便是我遲遲不敢開口的原因。現在天從人願，實不相瞞，最近打刦鄉渡，我個人分得七八千元，所以我特別到來找你商量，請你仗義幫忙，派人疏通弟婦，和我正式結婚，我自願將全部歎項交她收執，相偕去香港或澳門，轉行做小生意。你是她底大伯，亦當希望她落葉歸根，減少你的負擔，事實上她年紀尚輕，又沒有兒女，很應該再嫁，相信你亦不會反對吧？」黎老慶心理本來贊成這件事，乃順口答道：「這事關係她個人終身幸福，祗要她不反對，我沒有理由堅持，待我向她徵求同意，再回你話。」黑面桂非常隆重地，拱手說道：「慶哥，多多拜託，事成不勝感謝，永遠不敢忘……」接着附耳邊說道：「慶哥，你知道的，我們打刦鄉渡之後，風聲甚緊，官兵追緝不遺餘力，我的行踪也相當詭秘，不便隨處拋頭露面，希望你儘速和她商妥，這十天八天之內，我再來討回音 —— 如果我不能來，仍派老徐做代表，你通知他便妥當了。」黎老慶唯唯答應，黑面桂即揚長而去。黎老慶先與李氏商量，大家都認爲黑面桂如許情長，加上誕生了一個女

孩，正式成爲眷屬，旣可免孩子變了無父的孤兒，且有七八千元在掌握中，最低限度，亦有生活的保障，誠屬一舉兩得，叫弟婦嫁他也無妨。

於是李氏親去廣州走一遭，將黑面桂冒險到訪的情形，告訴黎廖氏，弦外之音，並表示大伯的意思，不會反對，但亦不敢勉強她改嫁，以免誤會大伯不想負担她底生活費。黎廖氏經過一日一夜的攷慮，結果爲着女兒的前途，以免人譏笑她來歷不明，跟隨母姓，不知道生身的父親姓甚名誰，因爲截到目前爲止，連她本人也不知黑面桂姓甚麼。她寧可委屈一點，答應再醮，惟黑面桂必須履行下列幾個條件：第一：正式娶她爲妻，將來不得藉口她是再醮婦，再娶妾侍；第二：最低限度給她五千元，作爲保障她們母女兩人的生活，以防不測，例如他不甘寂寞，重操綠林生涯，或見異思遷，移愛別個婦人；第三：他立刻改邪歸正，離開這個地頭，去別處做正當生意或職業。李氏亦認爲這幾個條件很好，相信黑面桂必能答應，叫她等候佳音。旋即趁鄉渡返家，報告黎老慶，以爲這幾天之內，黑面桂縱不能親身到來，將派老徐做「代表」，傳達消息。誰知過了一星期，完全沒有音訊，黎老慶和李氏互相疑訝，看黑面桂此次造訪的神態，十分懇切，何以突然變卦，莫不是發生甚麼意外？直至十天之後，才聽到一段聾人視聽的新聞：清鄉司令以匪黨猖獗，打刼輪渡，決定肅清匪患，以安行旅，旬日前經已加緊圍剿，擊潰悍匪多股，頃悉某某幾個堂口已全部殲滅，匪首或當堂擊斃，或受傷被擒。最近包圍先生煥老巢，官兵奮不顧身，前仆後繼，血戰一晝夜，先生煥負隅頑抗，由後山兔脫，其黨羽說他身受重傷，料難漏網，遺屍纍纍，面目多已模糊不易辨，左先鋒黑面桂，及右先鋒大口祺，

可能亦在其內。生擒者五名，聞其中有兩人，是無錢取贖的被擄村民，查明屬實，當即護送回鄉去。黎老慶才明白黑面桂失約的原因，仍叫李氏赴廣州通知黎廖氏，以免她懸念。黎廖氏聽說黑面桂死訊，絕無半點悲戚之容，憤慨地說道：「這等剋財剋色的匪徒，應有此報，死不足恤。老實說一句：這種不義的強盜，我簡直不願意嫁他，不過初時見他極表懺悔，你們所列舉的理由亦有道理，姑且應承，他既然無福消受，我亦心如古井水，誓不起波瀾，今後但憑我一雙手，何愁不能養大女兒呢？」李氏見她絕無兒女態，具有鬚眉氣慨，極表欽佩，並答應她於必要時，定必盡力幫忙，黎廖氏亦連聲道謝。從此以後，黎廖氏果然傭工養活女兒。

光陰荏苒，轉瞬過了十六個年頭，黎老慶和李氏在鄉間先後棄世。黎廖氏攜帶愛女桂生，由廣州遷居香港，因為鄉間沒有至親，而桂生又是來歷不明，索性永遠離開故鄉，以免鄉人冷嘲熱諷。此時桂生年事長成，生得眉目清秀，體態苗條，雖然從小依依膝下，沒有機會結交朋友，不免帶點羞澀態度，但她賦性聰明伶俐，聞一知二，讀過幾年小學，也識得好幾個字。黎廖氏初來香港，在高尚住宅做「打雜」，生活亦過得去。不料黎廖氏突然染病一場，病愈後頭髮半禿，無法再出來傭工，半年多的醫藥費，不特積蓄告罄，還要負債，今後的生活費也成問題。在此情形之下，有位姊妹名喚阿杏，認識娼門中人，見桂生一表人才，極力勸告黎廖氏，任由女兒落河，既可解決母女兩人將來的生活，更有機會擇人而事，並解釋笑貧不笑娼的道理，某富室太太，某官宦之家的姨太太，何嘗不是出身青樓，現在母隨女貴，養尊處優，試問有誰人說做母親的殘忍，委屈女兒操迎送生涯？

黎廖氏脫不掉迷信觀念，前生因果，當日黑面桂賊巢迫姦，一度春風，暗結珠胎，顯然是前世冤孽債，前世不好，期望今生，現在上蒼罰自己誕生這個女兒，應該正經養育她成人，選擇佳婿，嫁雞隨雞，嫁狗隨狗，聽天由命，盡了母親的責任，償還了這段孽障，自問天理良心，亦無愧悔。若果迫她墮落風塵，要兒女還花債，不啻多做一件陰功的事，今世縱不折墮，來世很可能打入畜生道，永遠受輪迴之厄，越想越覺可怕。所以阿杏再三曉陳利害，黎廖氏心事重重，秘不敢告人，祗是頻頻搖首，不肯答應。反為桂生目擊母親的慘苦，窮病交迫，後顧茫茫，除此以外，別無其他途徑可走，毅然找着阿杏商量，靜悄悄去「上牌」，辦妥了手續，才對母親說知。黎廖氏初時很不滿意，後見女兒一片孝心，完全為自己着想，況且出於她的志願，陰功亦與自己無關，連說幾句冤孽，任由阿杏代為擺佈。阿杏是塘西「新煥勝」事頭婆八姨的結拜姊妹，新煥勝雖不是大寨，也是大半私明中的表表者，因為八姨曾經在上海虹口的「廣東寨」做寮口嫂多年，認識不少外省阿姑，物以類聚，新煥勝高張艷幟之後，不少外江妹應召南來，增加號召力量，比較其他妓院，更能吸引外江客人。據阿杏的意見，她本來亦認識大寨的事頭婆，大可以介紹桂生去大寨，一者她見桂生年輕膽怯，不擅應酬，應付尋芳客不得其法，想賺錢殊不容易；二則大寨要充撐排場，首飾衣服，稍為低庄便會相形見絀，坐冷巷多於出局，徒掛大寨阿姑的名義，實際無益處；三則事頭婆是自己人，一切可以通融，兼且代為吹噓，祗消兩三個可靠的人客，便有錦繡前程。阿杏又替她先支上期三百元，除裝身用去百餘元，尚有半數交給黎廖氏作生活費。

　　桂生隸新煥勝的最初三個月，憑八姨的介紹，及同寨姊妹的

吹噓，平均每晚也有三四枱，但塘西妓女，靠客人的白水，單是「局票」收入，即晚晚「收足」每枱一元，與事頭婆「對分」，僅得五角，四枱合計二元，「收足」亦屬有限。況且桂生又是「琵琶仔」，可遠觀而不可褻玩，不為普通客人所歡迎，所以桂生懸牌應徵年餘，不特沒有機會走紅，連帶熟客也很少。黎廖氏初時以為青樓容易賺錢，忍痛允許女兒上牌，至是感到十二分的失望，祇是有一件事差堪告慰：她收到事頭婆的一筆上期銀，徐替女兒裝身之外，尚有餘錢醫理身子，病後多食補劑，半禿的頭髮逐漸復原。

她鑒於女兒花運冷淡，到了這個田地，已成墮溷之花，即使放棄酒國生涯，亦未必容易擇人而事，最後祇好徵求女兒同意，實行阿杏的擺房計劃，希望開闢一條出路，總勝過守株待兔。八姨交遊素廣，不久便替桂生物色一個擺房客，名喚周老祿，是銀號的行街，年紀已有四十七八，肥頭胖耳，正式大腹賈一名。他做人很公道，不脫商家本色：丁文食件，不拖不欠，「擺房」條件聲明一千元一腳踢；不送首飾衣物；包括執大房一晚，打賞亦在內。擺房期間，照普通以三天為期，不貪便宜。八姨頗同情黎廖氏母女的遭遇，又見桂生頗嫌周老祿肥腫如豕，大笨如象，自顧嬌小玲瓏，身輕如燕，未免有點害怕。八姨極力勸慰，叫她勿學杞人憂天崩墜，並給她們九百元，僅收回一百元，作為大房的代價，包支包結。阿杏也不收介紹費，循例封利是十元，取其吉兆之意。「擺房」之夕，周老祿玉山頹倒，一度春風，草草了事。

天下事無巧不成話，周老祿瞞着河東獅，藉口奉東家之命，赴廣州收數，打算盡情享樂三天。誰知一覺醒來，四肢疲乏無力，初時以為飲酒過量，到了黃昏近晚，病狀越覺沉重，沒奈何

延請醫生診治，醫生皺起雙眉，很担心他爆血管，成爲半身不遂之症，這是一般肥人慣見的病象，不宜忽視。周老祿吃這一驚，非同小可，這一晚面對佳人，也沒有情緒欣賞，心似轆轤千百轉，想漏夜返家，又怕引起太太的懷疑，因爲他託詞去廣州，何以不夠兩天，便染下了這個病症回來？如果給她查出擺房事件，罪狀不輕。可是到了第三天，病勢更趨惡化，迫得割愛回家。

周老祿返家的翌日，肢體才開始癱瘓，太太忙於延醫診治，以爲他當眞在廣州感覺身子不適，趕返香港，不暇細問行踪，後來周老祿半身不遂，臥床四五年，溘然長逝，擺房而發生悲劇，當時也算得一件新聞，新煥勝上下人等，異口同聲，都說便宜了桂生，的確「一刻千金」。據深知其內幕者言：周老祿在沉沉大醉之後，加以他底半身不遂病症，正醞釀發作，很有理由相信他沒有履行擺房的任務。八姨和阿杏，甚至對黎廖氏宣稱：「如果你同意的話，我們夠胆介紹桂生，再來一次擺房，不過這次的擺房代價，要四六均分 —— 你們佔六成，我們佔四成，因爲介紹人多少負點責任哩。」但黎廖氏到底是村婦出身，不及城市婦人的胆量，以女兒受過人家茶禮 —— 收過人家一筆擺房費，豈敢一女配二夫？何況那一次擺房客周老祿執大房，全寨的阿姑都知道，如果再來一次，難免洩漏風聲，一旦內幕揭穿，必定難爲女兒，反爲不美，雖然她底身份，仍可稱爲「半開玫瑰」，和普通殘花敗柳迥不相侔。同時黎廖氏的唯一希望，還是替女兒擇人而事，如能及早物色如意郎君，女兒保持這個金剛不壞之身，奉獻個郎，未嘗不是一椿好事。俗語說得好，「皇天不負有心人」，黎廖氏一生一世，一心一德，完全爲女兒謀幸福的「熱誠」，結果終能如願以償，但事情演變的奇妙不可思議，簡直非任何人所

能夢想！

　　當桂生擺房後的六個月，雖是春風一度，根本未沾雨露深恩，說也奇怪，她底體格，竟然充分發展，骨肉停勻，不特面孔比前漂亮，身段尤爲苗條，和飲客應酬，減少羞人答答之態，舉止活潑，談吐風生，不愧一株解語花，惹人憐愛，酒局生涯，亦隨之暢旺，其中追求最熱烈的有三個客人：兩老一少。兩老之中，一個是米商崔有野，其貌不揚，其手段則很濶綽，未作入幕之賓，已替桂生頂架，執了兩晚大房，他聲言隨時可以帶桂生作上爐香，身價五千，另以金屋藏嬌，岳母一併生養死葬，排名五姨太，暫時祇算外室，未許入宮。桂生和黎廖氏，俱認爲不是理想的終身伴侶，桂生嫌他貌寢，表面上雖愛他的金錢，骨子裏一見其狀貌，即覺得討厭，豈能永久同居。黎廖氏則嫌他年老，現在已是五十許人，好比風燭殘年，隨時撒手人寰，女兒不入宮始終沒有名義，決不爲家人所承認，休想分惠一些遺產，等如五千元是賣身的代價，殊不值得。另一個是汽車司機魯大貴，人很漂亮忠誠，入息也還不錯，當時司機這種職業，物罕爲貴，汽車公司亦寥寥可數，魯大貴兼任技工，故入息頗爲優厚，桂生亦喜歡其爲人。因爲魯大貴尚未續絃，一夫一妻，總勝過嫁人作妾。但黎廖氏仍認爲不符合理想，一則魯大貴年已四十六七，比桂生年長一倍，二則他是外省人，將來落葉歸根，帶返故鄉，殊不方便。除兩老之外，最近突然來了一個青年，名喚「小子盧」，皮膚黑色，但面貌殊不醜惡，眉清目秀，態度溫文，性情和藹，年紀也和桂生差不多，大約廿二三歲。他初次召喚桂生，即一見鍾情，桂生亦一見如故，談話之間，彼此十分投機，據小子盧的口述，他最近由南洋回來，在星加坡出生，父親經營咖啡室及士

多，母親亦相助爲理。小子盧召桂生侑酒還不夠兩個月，爲她而花費的金錢，已超過一千元，以新煥勝而有此手段濶綽的青年，每個月都執一晚大房，自然受到事頭婆倒屣歡迎。更有一層，小子盧返寨打水圍，起初以爲黎廖氏是普通一個傭人，祗是點頭打招呼，偶然聽到桂生叫她一句「娘」（有等鄉村，叫母親做「娘」），立刻醒悟，這不是對傭人的稱呼，詢悉原委，態度突變，推屋烏之愛，巴結老人家惟恐不及，送衣服首飾，女一份，母一份，黎廖氏不知不覺之間，對於這青年特別好感，口雖不言，心裏在想：這青年既是「南洋伯」的兒子，必定很有錢，看他年紀很輕，自認尚未娶妻，相信不會扯謊，如果他不以破甑爲嫌，肯娶桂生作正室，也算得東床快婿之選。小子盧和桂生周旋，由於少年人欠缺經驗之故，談情說愛，訥訥不能出口，兩人相對之際，只是一味發笑，緊握纖纖玉手，面紅耳熱，有如一部廿四史，不知從何說起，相反地，他對於老人家，反爲暢所欲言，有問必答，言無不盡。有時他返寨打水圍，適值桂生出局未返，黎廖氏照例開房請他坐，饗以生菓，且啖且談，娓娓不倦，大都以南洋風土人情爲話題。有一晚，黎廖氏照常陪小子盧談話，她心裏有一個問題，久欲向他發問，至是不能復忍，很親切的叫他一聲「盧仔」。

盧仔——這是桂生平時對小子盧很親暱的稱呼，小子盧見黎廖氏突然依隨女兒的口吻，稱呼他「盧仔」，大有受寵若驚之慨，傾耳而聽，黎廖氏含笑問道：「聽說南洋是熱帶地方，陽光熾烈，是不是每個男子，都像你晒得皮盧黝黑，好比阿叉一樣？」小子盧忍不住笑將起來，亦叫她一聲「娘」，頻頻搖頭說道：「你完全猜錯了。」接着面色羞赧，囁嚅地說道：「我底皮膚

黝黑，和種族有連帶關係，實不相瞞：我底母親便是華人與阿叉的混血兒……其實也不是阿叉，而是潔寧人。」（按：潔寧人是星洲的一種「土著」民族，肌膚十分黝黑，做事刻苦耐勞，碼頭上的苦力，多數由潔寧人充當，他們信奉的宗教與別不同，所建築的潔寧廟，雕塑牛鬼蛇神一類的偶像，頗為壯觀）。黎廖氏一聽之下，有點失望，以小子盧也是「混血兒」，乃接口問道：「然則你底父親，亦不是正種華人了？」小子盧正色答道：「你又猜錯了！我底父親叫造盧富，是百分百的純粹華人，並不是南洋土生，廿多歲才由唐山抵埠。我不妨將我的家事，坦白告訴你：我底外祖父名喚黃老烏，最初賣豬仔過南洋，捱騾仔卅多年，頗有積蓄，在山峇開設咖啡店，後來遷去星加坡，經營咖啡室及士多，頗有積蓄，認識隣居一個潔寧女子，迎娶為妻，誕生唯一的女兒，小字阿嬌 —— 就是我底母親。正是千里姻緣一綫牽，父親抵埠之後，湊巧賃居咖啡室的對隣，每日常到店飲咖啡，最低限度早晚一次，母親坐櫃面收銀，相見既頻，情感滋生。外祖父見他一表人材，年少有為，問他到南洋何幹，做甚麼職業，父親自認是鄉間農家子，初次出城市找尋工作，及後由叔伯輩帶他過埠，刻下正打算入埠仔的樹膠園做管工。外祖父覺得他言語坦直，生性老實，問起籍貫，更屬鄉里，乃徵求他同意，士多生意滔滔，需用人才，想請他任助手，事實上父親在鄉間與隣村械鬥，誤傷人命，逃去香港躲避，仍恐仇家追踪，這才想辦法遠赴南洋，人地陌生，旅費將次告罄，表面好像十分優游，每日來店『嘆』其咖啡，心裏實在無限徬徨，外祖父提出這個問題，正是求之不得，馬上答應。從此以後，父親和母親接觸機會越多，不消說成就了大好姻緣，招郎入舍，外祖父沒有其他兒女，所有財

產生意，自然由父親與母親繼承。」

　　黎廖氏對於小子盧的家事，似乎深感興趣，因爲她知女兒一見鍾情，心心相印，她本人亦認爲東床快婿之選，聽得津津有味，不自覺其詞贅，又問他是否雙親健存？此次他來港有甚目的？假如他所選中的女子，是青樓妓女，能否取得家庭的地位？小子盧笑道：「最後的問題，你儘可放心，因爲母親生長南洋，頭腦開通，絕對不會計較女子的身世，只要品性柔和，我個人喜歡便行，實際上媳婦是兒子的終身伴侶，兒子應有自由選擇的權利，家長有甚麼理由反對呢？至於我這次南返，出自父親的主張，老人家的鄉土觀念很深，認爲遊子遠行，仍須落葉歸根，現在離鄉別井廿多年，希望在他有生之年，帶妻兒返故鄉一行，即使將來不一定回鄉居住，最低限度知道木本水源，不致數典而忘其祖，母親亦給他說服了。湊巧母親有位結拜姊妹三姨，和姨丈返香港開設一間辦庄，我們佔一半股份，帶我同行，合作做生意，雙親打算結束所有商店，大約一年半載回來，在這裏仍開一間咖啡店，以資熟手。母親在我瀕行之際，曾經授權我選擇對象，假如女子方面，迫於長幼次序，急於出閣，不能久待，可以寫信通知，必要時請三姨和三姨丈代爲主持婚禮。黎廖氏見他說得這般情切，含笑問道：「照你的意思，是否急不及待，由三姨丈代爲主婚，抑或等待一年半載，當面稟命於雙親，才作最後的決定？」小子盧亦含笑答道：「一年半載，我還不至於急極，但我一者鑒於那個大腹賈崔有野，和賣弄殷勤的魯大貴，其欲逐逐，其心不測，桂生既是我底心上愛人，我當然不想任何人多望她一眼，何況夜夜花箋，晚晚酒局，坐人背後，迎人色笑，說我心孔太窄也好，其實我看不慣！二者父親結束商務，未必一年半

載可以竣事，一兩年也大有可能，叫我如何等待呢？」黎廖氏以小子盧坦白承認桂生是心上愛人，亦莊容正色，坦白對他說道：「盧仔，你當眞不嫌棄我底女兒，出身靑樓……」小子盧不等她說完，慨然說道：「這有甚麼關係，祗要她出淤泥而不染，理她在何處出身？況且桂生姑舉止大方，品格高尚，有閨閣風，無靑樓習，如果不知道她的底蘊，我相信任何人都不敢說她是墮溷之花。爲着避免雙親誤會，以及三姨他們造謠，破壞我們的好事，我決定暫時保持秘密，並不公開在塘西替她脫籍，首先在別處租地方居住，我正式用大紅花轎去接，以掩飾親友的耳目，寧可將來雙親回來，我才照實奉告，旣成事實，他們當沒有反對的可能 —— 我亦敢保證他們不會反對，當他們見了這個佳婦，必定笑逐顏開。」黎廖氏聽了這番說話，一方面很歡喜，另一方面也很憂懼。

於是黎廖氏索性問個清楚，首先嘆一口氣說道：「盧仔，你這樣喜歡桂生，肯用大紅花轎迎娶，我很感激你的情義，可惜你來遲一步，如果你在桂生擺房以前，有情人成爲眷屬，她亦不枉坐大紅花轎，說得更口响，即使你底雙親提出反對，我們也振振有詞……」小子盧初入花叢，不懂得擺房的意義，聽了這幾句話，反爲惧會黎廖氏突然變卦，忙問其故。黎廖氏乃詳細向他解釋桂生擺房的經過，小子盧笑將起來說道：「娘！你的思想太頑固了，我們是靑年人，尤其是我生長在南洋，對於貞操觀念，另外一種看法：但求我們衷心相愛，互訂婚約之後，彼此都要潔身自守，不再與任何人發生關係，這樣才算是貞節。兼且不特女人方面受約束，男人亦一樣不得胡爲，這是自由戀愛的眞諦，雙方是甚麼根底和家世，俱不得斤斤計較，這便是愛情至上主義。我

底唯一目標，但求桂生亦肯眞心愛我，一切都不成問題！現在你老人家如果贊成，可否迅速徵求女兒同意，早日結婚好不好？」黎廖氏早已知道女兒心事，很喜歡小子盧的爲人，他既如此開通，不以破甑爲嫌，聲明正式迎娶，女兒當然不會反對，乃亦帶笑說道：「知女莫若母，我相信桂生久已厭倦風塵，早日離開花叢更佳，但不知用甚麼方式帶她上街？」

　　小子盧聞言，面紅耳熱，囁嚅地說道：「實不相瞞，我不特不懂得帶阿姑上街的手續，其實我對於飲花酒，也是初哥，自從這間辦庄開張之後，和商界朋友應酬，才嘗試過這種風味。說起來或許你不相信，桂生便是我第一次叫陪飲的姑娘，也是我一見鍾情的女人呀！」黎廖氏點頭說桂：「我很相信你，就是桂生亦知道你是初哥，你不見她常時拿你開頑笑嗎？例如你第一晚偕朋友返寨打水圍，她親自剝生果給你吃，聲明每一碟生果要吃一件，又要你吸一支香煙，吹一口鴉片烟，你奉命唯謹，直至你底朋友輕捏她底面龐兒，說她『搵丁』，她吃吃笑個不休，你才明白她在戲弄你，到現在她還拿這件故事告訴姊妹，大讚你爲人忠實可嘉，和善易與，將來娶妻之後，定是一個聽話的丈夫呢。」小子盧回憶前事，亦爲之忍俊不禁，並沉吟地說道：「原來如此，我與桂生姑，若果有情人成爲眷屬，可謂天假之緣，因爲我第一次對她的印象，亦覺得她活潑天眞，胸懷坦率，不像一個青樓妓女，估不到她對我印象良好，還讚我忠實『聽話』，豈不是月下老人，老早已替我們赤繩繫足？現在我的意見，既然決定和她正式結婚，倘在可能範圍內，我不願意在塘西舖張『上街』的排塲，以免許多人知道她出身於『新煥勝』——祗是一間中等娼寮，又不是堂堂皇皇的大寨。」黎廖氏誤會小子盧希望桂生轉隸大寨，

然後帶她上爐香。乃告訴他轉牌手續簡便，祇消花費多少銀，立刻可以辦妥。小子盧頻頻搖頭道：「娘，你完全誤會我的意思了，同是帶妓女上街，雖然大寨比較馨香一些，但何必多此一舉，貪慕這個虛名？我底宗旨是：完全撇離塘西花叢的名義，最好首先除牌，另外在中環租賃地方，居住一個時期，另一方面找個媒人，依循世俗婚娶的手續，備足三書六禮，以大紅花轎迎娶，以掩飾外人耳目。但不如靜悄悄除牌，有沒有影响桂生姑的名譽，受人訕笑，或尚有其他問題？」黎廖氏沉吟地說道：「據我所知，花叢地面，任何一個阿姑上街，其意義的隆重，等如住家一個女兒出嫁，所以大事鋪排：執大房或假座酒樓，與妓院中人及姊妹輩餞別，送禮答禮，諸如此類，表示阿姑名正言順，隨客人上街，並不是效紅拂私奔。」小子盧接口說道：「如果爲着面子問題，我們不如花費一二千，循例點綴上街的排塲，以免人言噴噴。我原定的宗旨，想交給你一萬元：租地方，辦嫁粧，照普通人家女兒出閣的辦法。既是上街要鋪排，多花一二千也不要緊。」黎廖氏擺手說道：「這個可以不必，你雖肯出錢，我亦認爲無須多此一舉，大抵青樓龜鴇之流，鼓勵上街如何鋪排，利用阿姑們虛榮心理，切勿做衰女，效紅拂私奔，爲姊妹所不齒。桂生的環境完全不同，我是她的親生娘，她又不受事頭婆的約束，祇要對她前途和實際有利，何必理會甚麼虛名。爲今之計，但求對得住事頭婆，極其量結清楚所有客人的局賬，沒有拖欠，則正式宣佈除牌，光明正大，與正式上街有甚麼分別呢？」小子盧當然聽命於這位未來岳母，先交給她五千元，作爲租地方之用，到了新居進伙，再給她五千元辦粧奩。桂生乃向客人宣佈：不久除牌返廣州，誑稱有位親戚開設一間女子茶室，請她做掌櫃，客

人或信或不信。亦有人知道她和小子盧感情融洽，竟相信這間茶室由小子盧投資，爲將來實行同居的初步計劃。但無論如何，客人中多數是殷實商家，公平交易，有拖無欠，毫不猶豫地照單結賬，還向她取笑：若果隨心愛人「上街」，他將送禮致賀，不要撞他一餐喜酒哩。

桂生這一方面，辦妥除牌手續，另一方面小子盧亦稟命雙親，僞稱由商界朋友介紹一頭親事，是個家道中落的名門閨秀，隨母親從廣州逃離來港（那時正是軍閥爭奪政權時代，內戰頻仍，市民逃難常有所聞），必須代爲支撐門面，以免親友輕視，但才貌相當，品性賢淑，除她之外，更難找到第二個。絃外之音，表示他只喜歡這個女子，寧可資助她一筆錢，以維持雙方的體面，他亦明知膝下僅有他一個獨子，雙親自當言聽計從，果然不出所料，父親盧富覆函，不獨答應其要求，並授權他在辦庄支錢，先納聘，顧着雙方顏面要緊，不宜過分吝嗇，因爲小子盧向來是個佳子弟，做事循規蹈矩，從來不肯浪費，恐怕他不懂得駛錢，失禮那位名門閨秀呢。嫁粧將次辦妥，小子盧又寫信給父親：女家趕返廣州有事，催促早日迎娶，希望父母親大人在一個月內抵埗，主持婚禮，否則這位岳母帶女兒返廣州繼續學業，說不定要等三個年頭，索性候她畢業後才出嫁，亦未可料。盧富與太太阿嬌商量：一個月未免太速，預料結束所有商業，頭緒紛繁，非再過六七個月不能就緒，若果錯過這個機會，要等三年始能飲新娘茶，又未免太遲，耽誤抱孫的日子，究不如折衷辦理，托三姨和三姨丈代爲主婚，但求新婦入門之後，遲早回來飲茶也不要緊。老人家的意見，一一符合小子盧的神機妙算，水到渠成，擇吉迎親，倒也十分熱鬧。黎廖氏見佳婿手段豪爽，不想他

太過浪費，覺得他出錢叫自己租賃的地方，是一間新屋，又是全部新式傢俬，如果女兒出嫁，留下她和女僕同居，反為靜幽幽可怕，提議小子盧重新佈置，作為金屋藏嬌之所，由她臨時關室逆旅，遣嫁女兒之後，便可告一段落。小盧既尊重老人家的意見，更知道她們相依為命，不可須臾離，乃破除世俗的習慣，無須等待滿月，即邀請岳母返家同居。代表主婚的三姨和三姨丈，覺得這位新婦品性賢淑，禮貌週到，深感滿意，寫信通知盧富夫婦，大讚小子盧眼力不錯，物色得好妻室，將來定是一位賢內助，他們又怎知道新婦出身青樓，應酬有術，面面俱圓，豈尋常的閨女所能望其肩背！夫妻恩愛，過了半年，熊羆有夢，消息傳到星洲，兩位老人家非常歡喜，湊巧生意全部結束，買棹言旋，誰知竟演出一幕晴天霹靂的「悲喜劇」！

小子盧事前接到雙親抵埗的消息，除三姨及三姨丈當然接船之外，他亦偕同新夫人桂生，親到碼頭，一者媳婦應該迎接翁姑；二則他很明白自己父母的心理，以先覩為快，黎廖氏份屬親家母，處於平輩地位，免勞玉趾，留在家裏，順便看守門戶。盧富和妻子阿嬌，不須兒子介紹，一見這個年輕少婦，便知道是媳婦無疑，桂生雖是風塵中女子，當着兩位老人家面前，執禮甚恭，脫不掉新媳婦嬌羞之態，老人家眯其目光，越看越愛，滿面露出笑容，愛憐媳婦，人之常情，何況是獨一無二的佳婦呢？盧富高興之餘，提議先去酒樓聚餐，三姨丈指揮辦庄的夥計，會同苦力，負責送妥行李返家。在談話當中，盧富聽說親家家裏，叫小子盧請她到酒樓相見，循例會親，並歡宴親家。黎廖氏初時畏羞不想去，小子盧含笑解釋，你們誼屬姻親，世俗有請新岳母之舉，你若果今日推辭，終有一天，小不免亦要請你餐，現在大家

熟不拘禮，將來彼此繼續同居下去，也不用其拘執了。黎廖氏以女婿言之有理，乃加意打扮，小子盧習慣在塘西和黎廖氏取笑，帶笑調侃道：「你生來的樣貌，比我底母親更年青，雖然你們的年紀相差不遠，再加修飾，母親眞個望塵不及哩。」黎廖氏罵他多事，接着相偕啓程，到了酒樓，盧富夫婦鵠立大廳歡迎。當黎廖氏和盧富視綫相觸之際，大家都覺得有些面善，可是倉卒之間，記不起在何處見過面，正在搜索枯腸，禁不住阿嬌熱烈和她打招呼。在南洋出生的婦女，雖不懂得甚麼大家禮節，閥閱風範，但待人接物，充滿一片熱誠，緊握雙手不釋，頻說：「我們生長南洋，十分粗魯，不像你們如許好家教，看媳婦循規蹈矩，知書識字，可想見你平時教訓。我初次返唐山，樣樣事都不懂，尤其是不懂得招呼你，望你原諒，幸勿見怪。剛才我聽家嫂說，承你不棄，和我們在一起，今後正好利用這個機會，許多事都要請你指教呀。」阿嬌一番客氣話，絮絮不休，弄到黎廖氏唯唯否否，謙遜不迭，簡直沒有機會回顧這個親家翁，認清楚他到底是誰，爲甚麼面口這般相熟？論理小子盧說他底父親去了二十多年，從來未有返過唐山，這是首次，也是最後一次，鳥倦知還，打算作落葉歸根之計，在這裏置業做生意，不再返南洋，照此情形來看，大家俱沒有認識的理由。盧富心理正復一樣，何以這個親家母倒像似曾相識？他趁着妻子和她攀談的空間，目灼灼似賊注視不稍瞬。他越看越撩起過往的印象，越想越眞，越看越驚駭，險些兒失聲而號！黎廖氏和阿嬌應酬之後，亦很注意視察這個親家翁，瞥睹他底面龐有個「黑印」，前塵影事，當堂勾上心頭，她比較盧富更爲驚惶！黎廖氏心裏在想：這個親家翁，很像從前自己的「仇人」黑面桂，但一者事隔廿多年，模樣雖有多少

相像，未免蒼老一些，有顯著的改變；二則當時她被黑面桂一度姦污之後，不管他如何賠小心，多方認錯，她始終憎恨他，連望也不想多望他一眼，因此對他毫無印象，祇記得他底面部有黑痣而已；三者人有相似，物有相同，並不能因黑痣而斷定此人就是黑面桂，可況他現在的名字，叫做盧富，又不是桂，雖然黑面桂姓甚麼，是否姓盧，她至今尚未知悉。這時候黎廖氏胡思亂想，女親家阿嬌，殷勤招待，見黎廖氏舉止失措，似乎心不在焉的樣子，還以為初次會親，小不免感覺陌生，原不足怪，可是偶然回顧自己的丈夫，亦有點侷促不安之態，坐在一隅，低首若有所思，忍不住行近其身前，細聲問道：「你不是舟車勞頓，身子不舒服吧，為甚麼你不出來招呼親家奶奶？盧富這才如夢初覺，勉強含笑掩飾道：「我是男人，她是女親家，除寒暄數語之外，尚有甚麼話可談，你們同是女人，你陪她不是一樣嗎？」阿嬌向來承認盧富是個標準的丈夫，對異性從不發生興趣，甚至在咖啡店也很少招呼堂客，以為他真個畏羞，點點頭說道：「雖然如此，你縱不開口，也要參加一起，這是禮貌，據我所知，唐山的男人及女人，俱彬彬有禮，不比我們在南洋，脫暑形跡，彼此皆不用客氣……」盧富尚未聽完，笑將起來說道：「你估道我是南洋土生，不知唐山的風土人情，其實我是正式地道唐山子弟，祇不過一去南洋廿多年，變了半個南洋客罷了。」接着指指點點黎廖氏說道：「你看，親家母和三姨有說有笑，她們在這裏相處日久，已成稔交，和三姨丈也很合得來，還有女兒、女婿作伴，我們即使待慢一些，也不要緊。」黎廖氏口頭上雖和這班人應酬，眼光不能離開盧富的影子，現在見這一對親家突然在一起娓娓而談，心裏立刻猜忌起來，莫不是他們在談論自己？後來阿嬌帶領盧富

上前，仍是一樣客氣打招呼，才稍爲放開懷抱。可是當她暑一注視盧富之際，越覺得盧富的言語動靜，確有幾分類似當日的黑面桂，越看越覺心驚胆震，恨不能馬上向他提出質問，沒奈何座上有許多人，或許自己錯認馮京作馬涼，或許盧富隱姓埋名，亦有可能。因爲他出身綠林，當時官兵圍剿，僥倖漏網，逃去南洋，完全改變姓字，走向新生之路，以前的黑面桂算作死了，他當然不敢招認，豈不是弄到舉座驚駭，反爲不好意思？黎廖氏三思之後，不敢造次，惟有隱忍不發。到了入席的時候，盧富以主人身份，循例詢問座上佳賓，喜歡飲甚麼酒，三姨和黎廖氏吃過幾次飯，知道她嗜飲五加皮，據說有去濕的功效，吩咐侍役拿來。但主人翁則以水代酒，黎廖氏勸他飲少許，盧富忽然感喟地說道：「我生平爲飲酒累出一件大事，所以誓願不再飲酒！」盧富的座位，恰巧和黎廖氏相對，他頻頻舉杯勸飲，雙目注視這位女親家，接續說道：「我因飲醉酒，做錯一件事，使我畢生飲恨，永遠不能忘記，所以誓願滴酒不沾唇，表示懺悔，希望贖罪。」阿嬌忍不住插口說道：「這是你自己的事，事隔廿多年，說起來羞死人，不該有辱親家的清聽……」盧富靈機一觸，乘機解釋道：「我恐怕親家怪我不奉陪，必得向她解釋一下，以免她悮會我不喜客，好在你們個個都陪她飲，相信親家斷不會見怪吧。」黎廖氏一聞之下，吃驚不小，心想當日黑面桂酒後強姦，醒後始終悔過，要求自己寬恕三番四次，向大伯「求婚」，並願負全責，大伯贊成此事，本人亦勉強答應，後來風聲緊急，聽說這一股土匪已被擊潰，他一去無踪，完全沒有消息，還有人傳說他已斃命，看他的情形，定是逃去南洋無疑。現在聽他底絃外之音，仍不能忘懷當日的一段孽緣，且永遠戒酒，以示懺悔之意，然則盧富的

確是黑面桂的化身了。黎廖氏想到這裏，快箸剛夾着一件鮑片，驚惶失措之餘，幾爲之落箸，因爲盧富如果是黑面桂的話，桂生正是他的骨肉，而小子盧又是他底血裔，這一對小夫妻，豈不是同父異母的「兄妹」或「姊弟」，怎能夠結婚！黎廖氏這一驚非同小可，她必須當面問明，以免鑄成大錯，乃指着盧富，口震震說道：「你……你……」她才說完這個你字，回心一想，桂生和這個小子盧成親幾個月，就算大錯亦經鑄成，尚有甚麼辦法補救？再次環顧這對小兒女，意合情投，綢繆義切，伉儷情深，不幸晴天霹靂，給他個重大的打擊，硬繃繃將這對鴛鴦拆散，他們既羞憤，又傷心，不難會弄出同命鴛鴦的悲劇。那時節，造成兒女冤孽的兩個大人，試問於心何忍，尤其是彼此的唯一兒女，都已同歸於盡，有何興趣偷生人世，不死何待？到了這個田地，全家遭殃，也大有可能。此事決不能輕率草莽，不如留待異日有機會，單獨和盧富面談，事果屬實，兩人從長計議，比較妥當得多。於是黎廖氏立刻改變輕鬆的態度，接續說道：「你……你何必客氣，我從前也是滴酒不沾唇，後因覺得濕重，有人勸我飲五加皮，據說這是一種藥材，可以治病，姑且試飲少許，頗爲有效，乃視作藥酒，有機會則晷飲一兩杯，聊以應酬，並不是有酒癖，一定要飲。到了我想飲的時候，也可以自斟自飲，既不需要嘉肴送酒，更不必叫人陪飲呀……」她說完陪飲兩字，想起女兒桂生在塘西的陪飲生涯，望一望女兒，大家都覺得面紅耳熱，幸而這一對男女親家，俱不懂得風月場中的勾當，反爲見得親家母飲了幾杯之後，議論風生，比較未入席前更爲脫晷形迹，阿嬌特別高興，頻頻勸她乾杯，總算盡歡而散。

返家之後，黎廖氏很想找個機會，單獨和男親家傾談，

質問他是否黑面桂的化身？但初次會見，女親家殷勤陪伴，寸步不離，怎有機會和男親家單獨談心呢？這一晚黎廖氏獨臥空房——這是一廳三房的樓宇，小子盧的新房佔第一間，以尾房安置岳母，保留中間房，等待老人家由南洋回來——感慨萬端，看情形盧富很可能是黑面桂的化身。事果屬實，自己未免吃虧，給他一度摧殘之後，完全沒有半點代價，守身不再嫁人，還要替他養大女兒，甚至拋頭露面，在花叢中討生活。他現在已是面團團富家翁，早知如此，當初嫁了他同去南洋，到了今日，豈不是坐享富家太太之福——最低限度不會弄出這件「雙胞」案。既又轉念，她今日的享福，全靠阿嬌的家財，自己和他赴南洋，或許含辛茹苦，亦未可料，正是各有前因莫羨人，恨也恨不來……不過細心一想，這件事倒有因果存乎其間，他累了自己，生下女兒，湊巧女兒嫁了他底兒子，無形中亦能分沾其財產的利益，所謂天眼昭昭，報應不爽，也是對他的一種懲罰！黎廖氏越想越覺可怕，不敢再想下去，整夜仍是輾轉反側，不能成寐。過了幾天，三姨邀阿嬌去逛公司，當時「逛公司」是婦女們的一種消遣，那時先施公司落成未幾，始創有電梯，許多人未經嘗試，嘖嘖稱異。每層樓上落樓梯的中段，裝鑲各種凹凸鏡，照出奇形怪狀，或伸長，或縮短，突睇滑稽可笑。天台花園，有動物展覽，入場券似是二角，可以作為茶水的代價。黎廖氏見小子盧、桂生俱奉陪，盧富聲言懶行，留在家裏，乃認為這是千載一時的機會，先作裝身之狀，繼則佯推身子不妥，不適宜外出，彼此同屬婦女，當然沒有懷疑之理，任由她在房內休息。盧富似乎亦與黎廖氏同一心理，恨不能找個機會談談，一見空室而行，由近身傭婦追隨，祗有一個煮飯在工人房，趁勢抽空午睡，不禁怦怦心

動，輕輕一拍尾房。黎廖氏開門一望，驚惶失措，盧富向來知道他性格堅强，恐怕她誤會，首先叫一句：「親家奶奶……我……」黎廖氏已知道各人已起程，張目四顧，闃其無人，劈頭第一句便問道：「你……是不是廿年前的黑面桂？」盧富點頭答道：「沒有錯，你是不是當日的……」黎廖氏不等他說完，插口說道：「你都算累得我好慘，估不到今日更加多一重冤孽障！你知否今日的媳婦，就是你當初一手製造的女兒？」盧富唉聲嘆氣，淚承於睫，嗚咽說道：「我上岸的時候，一見了這對小夫妻，即異常快慰，阿嬌亦大讚佳兒佳婦，珠聯璧合，十分登對。及至我在酒樓初次見你，大吃一驚，仍希望人有相似，物有相同，斷不會當眞是你。這般奇巧，但後來越看越像，又覺得你似乎亦認識我，很想馬上打破悶葫蘆。旣而回心一想，如果事情揭穿，這對小夫妻不知置於何地，叫他們有何面目再見人，我們當然更難過，迫得隱忍不發，直至現在才找到機會，和你一傾衷曲。」

　　盧富指着房間說道：「今日舉家出外，剛才我見阿三在工人房睡覺，再沒有別個人，我們入去談談好不好？」黎廖氏避免瓜李之嫌，連忙說道：「旣然室內無人，我們不如出客廳，比較光明正大，最怕阿三撞出來，發現我們兩人在房內，欵欵長談，難免惹出重大的悞會哩。」盧富唯唯應諾，心想黎廖氏爲人嚴氣正性，始終不改，相信她必定孀守到底，值得欽敬，乃相偕出廳事，各坐一張沙發椅，黎廖氏首先開言道：「我向不知道你姓盧，祗知你別號黑面桂，何以你又叫阿富？如果你用盧桂的名字，當你底兒子說出家世，或許聯想所及，可能更問清楚一些，但他提起父親喚盧富，叫我發夢也想不到你，怎不鑄成大錯呢？」盧富嘆口氣說道：「我因爲走路去南洋，縱不改姓，亦要改名，我

見『桂』與『貴』同音，富貴富貴，乃捨『貴』而取『富』，希望這是將來的先兆。同時，我舊日置身綠林，過埠之後，決心過其新生活，一切舊事，對於妻兒俱諱莫如深，無論如何，你都不會想到是我。⋯⋯」盧富回溯前塵，憶及一件事，很着急地問道：「我多次叫人送錢給你底大伯，他有沒有轉交你，到底你躲在甚麼地方？」黎廖氏照實告訴，並說他最後親自到來求婚，大伯和大姆均表示贊成，她本人亦意動，誰知自此以後，完全不聞消息。盧富也將風聲緊急，逃去南洋的過程，以及後來和阿嬌結婚的內幕，一一陳述。黎廖氏並將女兒命名「桂生」，如何淪落青樓，如何被迫擺房，那個擺房客如何不濟，以至小盧如何追求，毫不隱諱。盧富不特不怪，反為嗟嘆這是自己的罪孽所造成，應有此報，還有甚麼話可說？黎廖氏悽然說道：「你雖然不怪責任何人，但事實擺在面前，阿英（小子盧的小名）與桂生，是一對同父異母的親姊弟，萬不能結婚，但他們伉儷情深，如果我們宣佈個中真相，要他們中道仳離，我恐怕他們年少無知，很可能發生空前悲劇，你覺得怎麼樣？」盧富頻頻搖頭說道：「這件事切不可造次，我亦曾經再三考慮，秘密一經揭穿，家庭慘劇難免發生。現在米已成炊，我認為言之無益，想補救亦來不及，既然無補於事，還是始終嚴守秘密為佳。」黎廖氏表示同意，並叮囑盧富：「這件事最親如太太阿嬌，亦不能透露半點風聲，一則怕她不諒解兒女私情，提出反對；二則怕她惧會我們的關係，仍屬藕斷絲連，弄出吃醋笑話。老實說一句：我雖然因你而失節，一樣砠砠自守，決心不再醮，到了這個年紀，豈肯打爛齋砵？希望今後互相尊重，不可再涉非非之想，以免給人看破，丟臉在小兒女身上，猶在其次，連帶從前做過的醜事，不免為之揭穿，可大可

小，我希望你認真檢點！」盧富聽罷悚然。從此以後，他視黎廖氏如神聖不可侵犯，叫兒子要尊敬岳母，說她少年孀守，撫養女兒，貞操可嘉，小子盧愛妻自然敬岳母，所以黎廖氏後半世享盧家之福，一似冥冥中別有主宰云。

第四十節：翻剃最快的細妹

　　四十年前塘西黃金時代，有個時期，一班心水清的飲客，曾經選出「塘西四最」，雖沒有官方公報，也不像國家舉行大選這般隆重，祗是召開幾次圓桌會議，全體一致通過，但說起來大家都作會心的微笑，點頭承認，「四最」之名，立刻膾炙人口。何謂「四最」？一曰最肥；二曰最瘦；三曰最靚；四曰翻剃之最 —— 妓女上街後再落河，叫做翻剃，比諸翻剃之豬，用意殊爲刻薄，事實上飲客對於翻剃的妓女，亦多存戒心，頗加輕視，話雖如此說，有等阿姑越翻剃越旺，這裏所謂翻剃之最，指翻剃次數最快而言。「四最」是誰？最肥是肖鳳；最瘦是小娟；最靚是千千；翻剃之最是富春紅。先說最肥的肖鳳，籍隸歡得，體重二百六十多磅，初時她底香巢在三樓，事頭婆見她步履困難，上落殊不方便，特別叫地下一位姊妹相讓，和她交換房間。那時代的男人審美眼光，並不喜歡痴肥的女人，一般飲客叫肖鳳出局，聽說她是「四最」之首，爲好奇心所驅使，花費一塊錢，開開眼界，無非拿她作消遣品罷了。還有塘西後期，也有一個最肥的阿姑，是倚紅地下的紅梅，她和肖鳳的體重，在伯仲之間，飲客多數慕名相召，並不想擇肥而噬，所以沒有幾許恩客，通常叫三幾台酒局，提不起甚麼興趣，如果生在今時今日，她可被稱爲「塘西肉感最豐富的阿姑」，不讓「馬蹄檸檬露」（瑪利蓮夢露的諧音）

專美於前，可見女人出世亦要合時，肖鳳和紅梅，都可算生不逢辰的了！不過肖鳳雖是台脚冷淡，爲人性格溫和，這大抵是一般肥胖女人的美德，或許是生理構造使然，體格越是痴肥，性格越是純厚。有位紳士安仁後人，常光顧六十元大包翅馳名的大酒家，和酒家主人雅有交誼，介紹肖鳳任女侍之職，那時女侍的工作比較輕可，身體痴肥無甚影响，入息頗爲可觀，後來嫁一位殷實的商人爲繼室，下半世過其舒適生活。有人說肖鳳之享福，可能是救人之報應，肖鳳無意中挽救了一位姊妹的性命，救人一命，勝造七級浮屠，無形中積下一點陰德，雖是跡近迷信，其故事亦值得一談。

原來歡得三樓有位阿姑芳名金嬌，與溫客十四公子有齧臂盟，最近發現公子暗中召喚小宛 —— 據說是尼姑還俗，頭髮尚未夠梳粧資格，暫時要戴頭笠應徵。金嬌提出質問：「爲甚麼要叫這個不祥的尼姑，凡心未盡，貪戀紅塵，怎值得你追求？」十四公子連忙解釋：「我和她祇是普通的朋友，不過認識已有悠久的歷史，因爲她是一間著名尼庵的阿傅（尼姑的別稱），我們的大家庭，分爲四五『宅』，親屬眾多，小不免死亡相繼，每打齋做法事，習慣光顧這間尼庵，眼見小宛由一個妙齡阿傅，依次擢升爲加持，登壇解結，表演其蘭花手，效天女散花，無不嘖嘖稱羨，許多堂客寧可暫停打牌，亦想一觀其妙技。光顧頻仍，無形中成爲老友，日前道左相逢，凄然話舊，申訴此次墮溷的原因，要求我叫她幾台酒局，特別是多多介紹殷實的客人。她和我具有深厚的淵源，又認識我所有各宅的尊長，難道我好意思和她結不解緣，我相信她亦不肯這樣做，不怕我底老人家和我底太太翻臉，責成她教壞青年人嗎？」十四公子坦白說出他和小宛有

通家之誼，以爲她可釋疑團，誰知金嬌生性善妒，聽說他們是老友，更担心他們容易勾搭上手，絮絮叨叨，用激將之法，要十四公子今後不再叫小宛出局，以表白他沒有私情。十四公子認爲她太無理取鬧，加以訓斥，兩口子發生詬誶，越來越激烈，俗語說得好：「相嗌不好口，相打不好手」，十四公子不該說出這幾句話：「我決定要叫小宛，如果你抵不住，最好去跳樓。」金嬌以爲個郎迫她去死，怒火埋沒了理智，當眞跑出騎樓攀上欄河，聳身一跳，金嬌的香巢是三樓頭房，來勢甚疾，十四公子和金嬌鬥口的時候，躺在床上，一樣氣憤塡胸，猝出不意，跑起身已來不及。說時遲，來時快，幸而中途殺出一個救星：肖鳳恰巧住二房，聽清楚他們在房內爭執情形，一聞跳樓兩字，即大踏步出騎樓，金嬌攀上欄河之際，肖鳳正好急時抱佛脚 —— 大力抱持金嬌雙足。金嬌生得玉潤珠圓，體格屬於環肥類型，她旣氣急跳樓，奮不顧身，當肖鳳拉她雙脚，她極力想掙開肖鳳雙手，事後肖鳳對人說道：「金嬌人旣大件，當時好比癲狗一般，猛力掙扎，我幾乎抵抗不住，一手鬆開，幸而我體重二百多磅，力大無窮，如果我生得嬌小玲瓏，飛燕身輕，連帶我亦給她糾纏下去，那就同歸於盡了，危哉險也！」肖鳳的話沒有誇張，十四公子亦說他聞聲馳援之時，見她們兩人糾纏之狀，猛吃大驚，直至他齊手協力，才將金嬌牽曳下來。其後十四公子以金嬌一往情深，怕她再萌短見，不敢再叫小宛出局，小宛聞悉其事，反爲肅然起敬，勸十四公子善視金嬌，不要辜負她底好意，十四公子結果納金嬌爲繼室，生兒育女。當眞大難不死，後福無窮，但她永遠不忘記肖鳳救命之恩，而肖鳳救人一命，勝造七級浮屠，冥冥中自有主宰，亦獲得美滿的收場，可謂善有善報！說完最肥的肖鳳，再說

最瘦的小娟，她亦是籍隸歡得，生得嬌小玲瓏，柳腰不盈一掬，掌上可舞，大有我見猶憐之慨，據說她後來隨富人作妾，生活尚算過得去，不必多贅。

最靚的阿姑，一致公認是賽花的千千，她的確美貌如花，妙在一對銷魂眼，當者爲之披靡，身材修短合度，穠纖適中，她喜愛留髻，垂下額頭，別饒風致，一時有「留髻大姐」之稱。她既然靚絕，品性又溫柔，應酬手段圓滑，顛倒瘟生不少，恩客常以珍飾相贈，單是價值千元以上的鑽石戒指，便有三四枚之多，但她不常戴，淡裝素服，儼如村女蛾眉，反爲更令人顛倒。千千是塘西著名鴇母七姨的育女，七姨經營醜業起家，是最富有鴇母之一，姑勿論她底家財有幾許，試看她夠供給兩個兒子讀大學，便可知其一斑，亦可見其思想的高超。她對於選擇阿姑，尤其眼光獨到，手上擁有好幾張王牌，最有名的如俏女，肖紅，肖蛾等，俱是紅極一時。舉一個例：肖蛾定期由別間寨遷來賽花，七姨偶然在酒樓門口，和翁俠士邂逅相逢，請他替肖蛾，支撐塲面，翁俠士慨然答應喬遷之夕，代她執晚寨廳。這位翁俠士，出身世家子弟，廣交遊，手段潤綽，人又風趣，廣州的軍政界人，紆尊降貴，折節下交。俗語說得好：人到無求品自高，翁俠士既不汲汲於富貴功名，更不得借仗他們的勢力造生意，祇是大家志同道合，飲食徵逐，高談風月，有時他們來香港飲花酒，由於地頭環境不同，還要依賴翁俠士作識途老馬哩。因爲那時候的軍政界叱咤風雲人物，特別是軍人，大多數出身行伍，或綠林好漢，是不識字的老粗，在陳塘、東堤恃勢橫行，焚琴煮鶴，習以爲常，一旦轉移陣地，這裏是法治之區，稍爲動粗一點，很可能被捉將官裏去。同時塘西嬰婉，亦覺得他們語言無味，面目可憎，不過

鴇母愛鈔，他們腰纏萬貫，看在銀紙份上，授意姐兒敷衍，不消說拿他們作壽頭看待，這便是他們巴結翁俠士的理由。而翁俠士的得名，間接亦和他們大有關係：如果他發現某個阿姑，對於同行同攪的朋友，施展大刀濶斧，亂斬一通，他必定拔刀相助，予以反擊，但他亦不是偏袒朋友欺壓姐兒，坦率聲明，交易而退，各得其所，適可而止，兩不相負。還有一層：如果鴇母壓迫妓女，幹出不合情理之事，雖然和他無關，他一樣代抱不平，救助脫出火坑，他會資助好幾個飲友，替阿姑脫籍，俾有情人共成眷屬，酌量補給鴇母適當的身價銀——過分苛求，則決不肯答應，據例力爭。倘對方仍然頑抗，則揚言帶她見「華民」，控告她賣良為娼，或壓迫妓女，很可能將這個妓女「打」入保良局。這是鴇母的大忌，恐怕血本無歸，無論如何也要就範，若虐待有據，體有傷痕，還要坐牢抵罪。職此之故，一般飲友及阿姑，俱代他起一個別號，叫做「花叢俠士」，簡稱「俠士」，這便是翁俠士的名字所由來。翁俠士雖然扶助弱小，對付極權的鴇母，但鴇母而有良心，善視其育女，沒有甚麼過犯，翁俠士亦一視同仁，友好相處，例如七姨碰到了他，開口要求他替肖蛾撐場面，他毫不思索，即答應執一晚寨廳，事實上他和肖蛾祇見過一面，尚未有叫她酒局，不外賞面七姨而已。翁俠士的豪情勝慨，率多類此，故不論朋友，阿姑以至鴇母，俱喜歡其人，並且極其景仰，遇有困難事件，往往得他一言，立刻解決，或者經他策劃，無不迎刃而解。他不獨擅於詞令，更且腹笥豐富，詩詞歌賦，一揮而就，執寨廳佈置生花，有等風雅士則別出心裁，將阿姑的名字，製成一副生花對聯，俾一般飲客以至路人，一望而知道是晚哪個阿姑，濶少替她執廳。翁俠士興之所至，分嵌「肖蛾」兩字，親

撰聯語，吩咐生花店，用美麗的花朵砌成，分外醒目，聯云：「肖貌乍驚逢艷影，蛾眉甘拜賀新喬。」在翁俠士之意，慶賀肖蛾喬遷之喜，是晚一班飲友，讚他對仗工整，自是雅人深致，座中有位政客，渾名「茂叔」，曾任某軍閥的「參謀長」，做過陸軍中學的訓育主任，談鋒甚健，喜作諧謔，他偏調侃翁俠士，除「賀新喬」之外，「甘拜」二字，顯然含有甘拜石榴裙的野心。實則翁俠士剛納新寵，也是煊赫一時的紅牌阿姑，已有點厭倦烟花，目中有妓，心中無妓，雖作花酒應酬，祇是流水行雲，不留痕迹。他早已吩咐七姨今晚執寨廳，花費三二百，完全為「鴇兒」而不是為「姐兒」，不必叫肖蛾出毛巾。照花叢的習慣，去飲寨廳如無毛巾老契，亦要多方設法，想找一個老契出條毛巾頂架，何況執寨廳，替這個阿姑撐場面，她出毛巾是當然的事，照最低限度的公價，不過區區五十元，執寨廳開銷過百，當不會斤斤計較及此，所謂面子攸關。但翁俠士與別不同，一者他是花叢老雀，誰個姐兒不知？二者他手段潤綽，那間寨的鴇兒不曉？他固然無須注意這等排場。七姨人很聰明，忖度他可能怕「新寵」悞會，表示他雖執寨廳，實際上沒有毛巾老契，並預料他不會吝嗇其開銷。果然結賬之後，翁俠士給肖蛾夾翅費一百元 —— 論理這數目可以包括毛巾費在內，可見他不是慳錢，同時打完水圍，未天光即離開香巢，亦證明他不是甘拜石榴裙，作滅燭留髡之想。以後翁俠士亦僅叫過肖蛾三兩次酒局，便算一場老契，單是看在鴇母面份，一夕開銷三百多元執寨廳，絕對沒有企圖，像翁俠士此種豪情潤舉，殊不可多見，由此亦可覘七姨平日善伺客意，廣結人緣之一斑。

最後談到「翻剃最多」的富春紅，籍隸詠樂，她原是上海紅

極一時的歌妓，以廣東女子，能夠遠涉重洋，在遠東第二商埠，
掙得聲名，玩弄男人於股掌之間，當然有她的一套。論起富春紅
的外貌，祇可算中人之姿，有幾分類似當時男花旦王千里駒，她
底唱工亦極力摹仿「駒腔」，而得其神髓，她唱慢中板及滾花，
跌宕搖曳，充滿情緒，聽者心醉。但她艷幟高張，縱橫湖海，並
不單純靠樣貌與歌喉，她底唯一本領，便是具有男兒氣慨，撈家
風度。她自己亦常對人說笑話：「我除開去洗手間之外，簡直視
自己如男人。」她待人很夠義氣，俗語說得好：義不長財，這也
是她「翻剃最多」的因素之一，例如她跟人上街，湊巧某人環境
惡劣，她可以盡出私蓄，助其發展，不幸挽救不來，她就被迫要
重謫風塵了。有時爲着幫忙朋友，姊妹或愛人，順情終累己，
不得不出於一走，這便是她移植塘西的原因。富春紅初出塘西
露面，憑她在上海的名氣，及應酬手段面面俱圓，顛倒不少公子
王孫，富紳豪賈，不久銷聲匿跡，有人傳說她已物色如意郎君，
賦同居之愛，可是過了一些時期，又見她重現色相，再度翻剃，
被稱爲「翻剃之最」。話雖如此說，富春紅的花運，未有因此而
影响，相反地越翻剃越旺，理由是：大家都喜愛她性情豪爽而坦
率，人客有沒有白水，一律歡迎，她需歎的時候，可能開口向你
挪轉，如果你不便的話，她亦絕不介意。照她的心理，人客不論
是否有密切關係，都是朋友，朋友有通財之義，彼此既屬知己，
挪轉歎項絕對不成問題，對方偶然無法籌措，亦情有可原，這是
她底個性突出的地方，和普通阿姑「斬」客的目標不同，動輒以
斬獲的多少，定感情的動向，大有霄壤之別。她對於「翻剃之最」
這個銜頭，也有很暢快而透闢的偉論，她嘆口氣說道：「沒有錯，
承認自己翻剃的次數不算少，但你們祇知痛罵我們的阿姑翻剃，

完全偏袒你們的男人，不會指摘他們造成我們翻剃的因素！我相信任何一位青樓可憐女子，淪落之後，無不厭倦風塵，作落葉歸根之想。正因此故，往往急不暇擇，不管精粗老少，胡亂託以終身。你知否有等男人，在未得手之前，說得天花龍鳳，萬大殺起，及至如願以償，絕不履行條件，甚且橫加壓迫，試問設身處地，如何忍受下去，不翻剃何待？有等男子『三妻四妾』，高興的時候金屋藏嬌，不久感到厭倦，又顧而之他，叫我永遠雪藏在冷宮嗎？渾鬼賬！又有等男子生性懼內，但是在封建時代，男人有娶妾侍的權利，妻子亦奈何他不得，祇好拿妾侍洩氣。帶妓女作歸家娘，聲明要入宮，斟茶改名，為着找尋美滿歸宿，認定這男子是心愛人，姑且聽他相勸，忍辱負重，以為暫時屈膝下跪，日久能和平相處，詎料大婦立心施威，想迫使妾侍自動下堂，不特日間侍奉，當夕也有限制，大家試想想，這個家庭那得長久？我曾跟過這樣一個懦夫，不夠一個月就翻剃了！此外自己眼光近視，誤揀空心老倌，跡近拆白，騙完私蓄，你不翻剃，他亦鬆人！總之言之，翻剃的理由，罄竹難書，跟人的苦處，非生花之筆所能形容，你們的男子，祇知責人不責己，怎不教奴家氣憤呢？」富春紅口若懸河，滔滔不絕，議論縱橫，却含有至理，聽者俱為之動容，表示深切的同情，可是她底倔強獨立氣慨，也不求憐憫，她不愛聽悠悠之口，妄加雌黃，憤然離開塘西，向戲曲界發展，芳名甚噪，這是後話不提。

塘西尋芳客，選出「塘西四最」之後，有等好事之徒，又列舉一個塘西「第五最」，因為他們鑒於「四最」之中，有個「翻剃之最」，意思是翻剃次數最多，聯想所及，乃選出另一個「翻剃之最」——翻剃最快的阿姑。然則快到甚麼程度呢？說起來十

分有趣：帶她上街的紳士，納寵請謝酒，朋友想見新人而不可得，因她經已逃之夭夭了！

翻剃最快的阿姑，芳名細妹，隸宜香，年僅十七，姿首甚佳，委實人見人愛，無怪那位紳士神魂顛倒，明知非其匹偶，亦不肯輕輕放過，不惜破鈔巨萬，總算享受一陣間的艷福。說起這位紳士，真個笑話成籮：他別號查大紳，不詳其名字，他出身苦力，由鄉下來港，以担磚開始，為一間辦庄的老細賞識，初做後生，旋升管店，而買賣手，而司理，而老細逝世，子孫不肖，全盤生意出讓，他以公道價錢承受，一躍而為這間著名渣華庄的全東。正是英雄莫問出處，落拓莫問根由，查大紳以苦力而發達，當然不能列入笑話之林，相反地更值得社會人士敬仰，世界上任何發達之人，都不會全靠幸運——雖然十分本事，不及一分幸福，但他總有其特長或好處。舉查大紳為例：他底特長就是一生忠厚，其好處就是飲水思源。查大紳對人，可謂童叟無欺，例如他任職買賣手的時候，有許多機會可以瞞騙東家，自飽私囊，他祇是安分守己，不肯濫取分文。及至老東家逝世，一班商界朋友鼎力支持，慫恿他另起爐灶，不要替這班紈袴子弟做馬牛，徒勞無功，他深感知遇之恩，仍一樣代辦庄賺大錢，無奈這一羣敗家子，嫡庶紛爭，沒有肯吃虧，庶子支一百，嫡子支二百，弄到全盤虧空，喪失信用，無業可營，自願出讓，查大紳除付出相當代價之外，雖然沒有附帶條件，年中溢利，撥一部分周濟這班不肖子弟，代為分配妥當，以免年長者恃強霸佔。人生於世，大致不外求名求利兩途，求利的目標已達，自然想求名，他因為生長農村，貧乏不能自存，十八九歲才由叔伯輩帶他來港，憑他天生一股牛力，身材魁梧奇偉，做苦力果然勝人一籌，可惜讀書

不多，僅識之無，普通常識十分缺乏，發達之後，長袖善舞，多財善賈，兼營許多行業，家財不下三四十萬，儼然百萬富翁了。適值當地的善堂，每年循例選舉董事，有個行頭極力慫恿查大紳充任代表，查大紳年逾耳順，生平除用在女人身上的金錢，非常豪爽，絕不思索之外，其他任何正當的用途，俱認為值得攷慮一下。那個行頭所派出的說客，鼓其如簧之舌，投其所好，作如下的措詞：「查翁，別個機關，你可以不必捐錢，但這個善堂的董事，你不能不造！因為造完一任董事，你就是紳士，在社會的地位，聲價百倍，許多人都爭着想做，可是講究資格，有幾多個配得上？你知否紳士的威風，所到之處，警察不能搜身？如果辦喜慶事，可以請警察守護；死後更盡其榮哀之能事，有開路神前導……」，說到天花龍鳳，聽到查大紳心癢癢難熬，這個董事非造不可！他造了一任善堂的董事，雖然在名單中是殿軍一名，每次舉行董事常會，他不特沒有提供任何寶貴意見，有關善堂的興利除弊事宜，甚至未有說過一句話，祇是人云亦云，倒有幾分類似郭子儀：兒孫繞膝，問安惟點頭 —— 他亦一樣點頭，隨聲附和。對內如是，對外則完全不同了，氣派堂皇，威風十足，一屆任滿，自以為取得縉紳資格，常時以「紳襟」自居，好像他在鄉下所見的紳耆父老般，頤指氣使，稍為拂逆其意，動輒要拿要鎖，幸而他平時待人接物，尚屬和藹，非激到他氣憤之際，他亦不會以紳士的面子壓人，除非在塘西則屬例外。這件事說起來也十分有趣，也是塘西花國中的花邊新聞：原來查大紳鑒於自己無甚可取，年紀六十餘，妻妾眾多，于思滿頰，容貌醜陋，一定不為阿姑輩所喜歡，祇有金錢一項，可以和別人競爭，但花叢地面，錢多不足為奇，有財有勢，才可以嚇倒龜鴇之流，迫使

姐兒就範。他乃妙想天開，和一班飲友磋商，要求他們拍檔，口口聲聲稱他紳士，既是同行同攬的朋友，當不惜舉口之勞，有位朋友存心戲弄他，認為叫紳士不夠威風，索性叫句「大紳」或「大紳士」——這便是「查大紳」的名號所由來。這班朋友雖然通氣，可是查大紳本人太不爭氣，因為他有一種毛病，就是普通談話之間，亦帶有極重的鄉音，佶骨赦牙，還夾雜許多不必要的助語詞，使人莫名其妙的鄉下口頭禪，常時弄到細妹瞠目結舌，不知所對，甚至要由朋友代為傳話！大家試想想：飲客與阿姑，言語不通，雞同鴨講，已減少「談情說愛」的機會，想製造感情更不可能（情感當然可以製造得來，有等男女初時見面，雙方絕無感情印象，但經過若干時候，聲入心通，彼此透露肺腑言詞，印象很可能逐漸改變），加以年老貌寢，細妹對他早已十二分討厭，可笑查大紳不知自量，苦苦追求。細妹既已討厭其人，藉口不懂得他的家鄉話，很少和他攀談，好在他很清楚細妹的話兒，不特識聽，還很聽話，例如細妹開刀斬白水，他俱奉命唯謹，這便是他們兩人維繫感情的因素。同時，細妹是龜婆身，不是自己身，鴇兒愛鈔，情理之常，查大紳有財有勢，細妹自然被迫和他敷衍，不過她底鴇母楊四姑，手下擁有美貌阿姑幾個，財源順遂，左宜右有，查大紳幾次提出細妹上街問題，楊四姑籍口必須徵求女兒同意，絃外之音，暗示非有高昂的身價銀，決不肯放棄這一枝可靠的搖錢樹。查大紳除與紳商應酬之外，多數在蓬室消遣，蓬室是殷實商人的俱樂部。他既鍾情細妹，曾經楊四姑自動提出條件：但求滅燭留髡，一度春風，他肯付出代價五百元，另外還執兩晚寨廳，送鑽石戒指一枚，價值不低過三百元，及衣服兩套，任由她去麗華公司選擇。換言之，他肯以千多元

的代價，償還其心願，論理千金一刻，細妹又不是琵琶仔，鴇兒愛鈔，楊四姑當然不會錯過這個機會，很可能威逼利誘，多方設法，婉勸細妹就範。湊巧楊四姑的作風，與別不同，她很尊重女兒的意思，如果女兒不喜歡這個客人，她絕對不肯勉強，她自然有她的見解：第一、母女之間，有如輔車相依，你越是看重她，她越加死心塌地替你賺錢，兼且推心置腹，全部收入，包括人客私下賞賜的白水，她俱涓滴歸公，不會自己落格；第二、女兒有如許人才，不愁沒有瘟生報効，拒絕一個，還有許多熱烈追求，見她千金一刻都不肯答應，消息傳播，聲價更為提高，何必斤斤計較目前的得失？更有一層，楊四姑手上王牌有好幾個，財路左右逢源，志不在此，樂得遷就女兒，拒絕查大紳的要求。查大紳佔不到細妹這樣難能可貴，連帶鴇兒也不愛鈔，實屬罕見，因為他碰到好幾位硬頸的阿姑，比較細妹對他尤為輕視，結果以金錢打動鴇母，一樣達到目的，這一次可謂出於例外，完全失敗。

　　偶然有一晚，查大紳去蓬室坐談，見了翁俠士，靈機一觸，知道他經驗豐富，人緣及面子俱好，如果他肯拔刀相助，向鴇母說項，或說服細妹，何患好事不諧？必要時他可以帶她作上爐香，歸家娘，條件任開。乃諸多巴結，殷殷求教，翁俠士心想：你這個人，又老又醜，細妹年華少艾，好比一朵鮮花，插在牛糞上，未免大煞風景，況且鄉音不改，語言不通，普通閒談，幾乎要請傳話，試問閨房之內，牛頭馬咀，有何趣味？這段姻緣，還是不玉成為佳，以免鑄成大錯。但彼此一場朋友，既是專誠拜託，姑且徵詢楊四姑及細妹本人意見，不妨開天撒價，隨他上街，可是他們才聽到查大紳三個字，即嗤之以鼻，相視而笑，莫逆於心。楊四姑恐怕開罪翁俠士，堆滿笑容，婉轉解釋道：「論

理查大紳有財有勢，正是有錢有面，手瓜起腬的人馬，肯看得起細妹，可說是她行運，歡迎之不暇，那敢道個不字。但細妹這妮子，從小性情乖僻，可能是我沒有家教，將她驕縱，連帶我都不能執主意，得失不少人客。她似乎嫌查大紳年紀大一些，有子有孫，一妻幾妾，家庭人口多，她恐怕自己年輕任性，相處不來，引起家人不和，反為對查大紳不住。翁大少，難得你亦看得起細妹，想替她找個美滿的歸宿，天大人情，本來細妹很應該尊重你翁大少……」楊四姑真不愧是有資格的鴇母，措詞相當圓滑，甚於口裏溜過油，說得委婉動聽，翁俠士怕她誤會自己的意思，不等她說完，插口說道：「細妹的想法很對，我亦承認查大紳太不知自量，白髮紅顏，那有美滿的結果？他雖是要求我代為試探你們的意見，我完全站在中間人立場，絕對不會偏幫任何方面，你不必因我的天大人情，而壓迫女兒就範呀。」楊四姑見翁俠士不是代查大紳作說客，心裏釋然，連聲道謝。翁俠士乃隨意敷衍查大紳幾句，以為此事當可告一段落，查大紳亦該死心塌地了，誰知情人眼裏出西施，查大紳情之所鍾，不達目的不休，他一再向楊四姑糾纏，定要帶細妹作歸家娘，他知道細妹不想入宮，同時亦自知妻妾眾多，兒孫成行，不好意思再帶一個少妾回家，差不多最年長的孫女，亦和她差不多，所以決定金屋藏嬌。至於身價問題，楊四姑以他苦苦追求，故意開天撒價，一開口便索一萬元，在當時的物價而論，一萬元這個數目殊屬不菲。況且身價之外，尚有其他雜用，最低限度在萬二三千元以上，查大紳出身苦力，不比公子哥兒，承襲父蔭，不知稼穡艱難，他當然值得攷慮一下。他到底是數口之家，工於心計，暗想貨物既能買「燕梳」，帶阿姑也應該買保險，他妙想天開，和楊四姑訂明：「這一萬元

先付現金五千元，另外五千元是銀單，寫上楊四姑的名字，以一年爲期，到期才去銀號提支。楊四姑初時不肯答應，經過查大紳一番解釋：以我查大紳和這間銀號的聲譽，區區五千元的銀單，那有不兌現之理？這筆錢等如你貯放於銀號，以一年爲期，你還可收回利息，如怕有甚麼不妥，你大可先去銀號問過，保證屆時定可兌現。爲甚麼我要這樣做法呢？我不妨坦白告訴你，相信你也很明瞭：細妹對我絕無情感，一旦迫她跟我埋街，我怕她野性難馴，食不夠錢八銀米，便會行出來，如果困得她一年時間，她逐漸心情安定，自可以繼續厮守下去，即不然，我長住溫柔鄉一年，自覺心滿意足，一萬元的代價，亦殊值得，就算她逃之夭夭，我也不追你！」楊四姑含笑說道：「查大紳，你的確設想週到，不過一年的時期太長久，改爲六個月 —— 有六個月的住家人生活，甚麼意馬心猿，都可以收歛了。」查大紳亦含笑應諾。出乎查大紳的意料，細妹居然給楊四姑說服，隨他作歸家娘，可是查大紳附帶提出要求：爲着避免家人知悉其事，太難爲情，他不想明目張胆，公開宣佈，情願另外津貼二千元，作爲執寨廳送禮物的代價，楊四姑亦樂得袋袋平安，理他公開還是秘密呢？

爲甚麼個性倔強的細妹，居然回心轉意，肯跟年老貌寢，鄉音無改的查大紳？說起來自有隱秘的因由：原來細妹另有意中人，別號小潘安，顧名思義，當知道他是小白臉之流，適合愛俏姐兒的脾胃，可是有貌無財，壯士無顏，小潘安祇是一個洋行小職員，有甚麼資格和紅牌阿姑，大談戀愛？細妹既愛他面孔漂亮，更喜他心事如塵，特別是他未有妻室，答應虛左以待，給以正室的位置。當時塘西有許多阿姑，爲一般人譏笑她們「大婆癮重」，換句話說：她一心一意要做大婆（正室）—— 不甘作妾。

這也難怪，妾侍地位低，單是「入宮」之日，跪地斟茶改名的儀式，稍有自尊心的女子，亦不願屈辱至此，何況她是紅牌阿姑，當然不敢苟同，除非在鴇母淫威之下，才沒有辦法。論理楊四姑很尊重細妹的意見，不一定迫使她跟查大紳，倒是細妹靈機一觸，想出「借艇割禾」的計策，表面上祇是向楊四姑提出條件，她希望查大紳付出的「雜費」三千元，給她做私蓄，她寧願不要他送衣服，贈首飾，楊四姑以本人實收身價銀一萬元，亦覺得心滿意足，一口答允。細妹暗中和小潘安磋商，利用這一筆錢，佈置他們同居事宜，所以細妹上街問題，急轉直下，水到渠成，頗出乎查大紳意料之外，他又怎知其中的秘密呢？查大紳靜悄悄帶細妹上街，金屋藏嬌，雖同行同攪的朋友，亦不透露風聲，晚上繼續和朋友應酬，祇是比較平時早些返家。朋友見他不叫細妹出局，曾經問及，第一晚他推說細妹有病，推紙不出飲；第二晚又說細妹有溫心老契，他實行「掟煲」（這是花叢口頭禪：即「決裂」之意，和好如初，叫做「箍煲」），以後都不再叫她！朋友半信半疑，以為他對細妹死心塌地，連日來沒有發現他掟煲的跡象，何故突然發生此事？但他們細心一想，細妹常對他不瞅不睬，他因為自己鄉音難聽，動輒要人傳話，的確沒有甚麼趣味，「斬纜」亦在意料中。到了第三晚，翁俠士在賽花門口，碰到楊四姑，問起查大紳和細妹掟煲情形，楊四姑始而愕然，既而神秘地笑一笑，翁俠士原是花叢老雀，知道事有蹺蹊，故作恍然大悟之狀，含笑說道：「你不必遮瞞，我老早逤聽風聲了。」楊四姑一者向來尊重翁俠士的為人；其次聽他的口風，似乎已揭穿秘密，乃低聲告訴道：「翁大少既然知道，我亦無謂欺騙你，沒有錯，細妹確是隨查大紳埋街……」這消息頗出翁俠士意料之外，

事實上他發夢也想不到細妹肯屈就這個六十衰翁，況且平日絕無好感，但出自楊四姑口中，當然不會虛偽，乃細問上街的代價，及其條件，楊四姑具實以告，但要求他代守秘密，切勿說她透露風聲，以免查大紳怪責，翁俠士唯唯應諾。返回俱樂部之後，翁俠士召集一班館友，開其圓桌會議，討論查大紳秘密娶七娘，瞞騙朋友，應如何處罰？其中有位朋友渾號星君七，提議每人科銀二元，作送禮之用，甚麼禮物，暫不宣佈，由他一手經理。各人知道星君七為人，必定又有甚麼新玩意，個個舉手贊成，這一晚不動聲色，和查大紳談笑如常。但消夜甫畢，查大紳即匆匆穿衣出門，星君七見他乘坐手車，乃吩咐另一手車離遠遠尾隨其後，出電車路約三四十間舖位，即下車昂然登樓。星君七趨前一看，發現他直上四樓，心裏頓有所觸，記得這是舊日一間俱樂部的故址，莫不是查大紳急不暇擇，利用其現成作金屋藏嬌之所？當下胸有成竹，記下門牌，自去行事。次日，星君七去大道中「祥和」（按：這是一間迎合西人顧客的著名商店，專售象牙，銀器，顧繡等中國物品，具有六七十年悠久的歷史，據說香港開埠未幾即成立，專做西人生意。東主是香港人瑞招翁，福祿壽齊全，六代同堂，一生忠厚，難能可貴的義舉，不勝縷述，並且被認為經營正當商業起家的殷商，絕不沾手偏門生意，因為早期鴉片公賣，有不少殷商組織公司販毒致富，罐庄的鴉片，運去金山，故有「金庄」之稱，吸毒者當然是華僑，不是外國人）購買兩隻「艇」，其一是銀製，另一是象牙雕刻品，細巧精緻，用作案頭清供，殊堪玩味。星君七別有用意，順便買紅束一張，上面寫着：「謹具象牙艇銀艇成雙，奉賀查大紳裝艇之喜」，下歀列齊做人情的館友姓名，特別用一個大紙盒裝貯。是晚查大紳抵坡蓬室，侍

役阿雄奉星君七之命，雙手以大紙盒遞呈，查大紳愕然問何物，阿雄搖首說不知，乃打開一看，發現兩件渺小的東西，仍莫名其妙，直至看完紅柬，才知道這班館友，賀他「裝艇」，有心惡作劇。這時嘩笑之聲，起於四座，查大紳面有尷尬之色，搭訕地說道：「你們休得悮會，我那有裝艇之喜，累你們破鈔？」星君七笑道：「若要人不知，除非己莫爲，大家同行同攪，你不應欺騙朋友，亂指細妹有病，又說和她斬纜，顛倒是非，你平心而論，應否處罰？」查大紳忿然作色道：「一定是楊四姑這老虔婆，向你們洩漏風聲，豈有此理！」翁俠士爲着保持諾言，不想他怪責楊四姑，故意拍掌大笑道：「查老大，不怕你精，不怕你呆，你今番中了我們之計了！不瞞你說，我們完全不知悉你帶細妹上街，因見細妹沒有出局，你又叫她的姊妹蘭英，第一晚推說她有病，第二晚更宣佈捉煲，形跡可疑。我們爲着打破疑團，特別由星君七定下計策，每人科銀兩元，購買禮物，屬於試探性質，誰知你太過忠直，立刻大罵楊四姑洩漏風聲，顯然作賊心虛，不打自招，何必遷怒楊四姑呢？」查大紳以爲自己當眞中計，徒呼荷荷，祇好聲明情願請飲，見者有份，恕不發帖，並附帶要求：「代爲嚴守秘密，以免給家人知悉，多一事不如少一事。」星君七亦含笑提出條件：「物微人意重，這一大盒禮物，必須帶返新居，給姨太過目，俾她知道一班老友，也有做人情，不是白食。」查大紳一見大盒貯兩件小東西，已忍笑不住，點頭報可。星君七問他金屋何處藏嬌？能否帶去晉謁新姨太？查大紳推說這是臨時的居停，改日佈置妥當，再請列位老友光臨。星君七接口說道：「很好，屆時我將照送一副生花對聯：『肖貌乍驚逢艷影，蛾眉甘拜賀新喬』，同樣恭賀你喬遷之喜，我相信你一定贊成吧。」這

是翁俠士替肖蛾執寨廳的聯語，賀她遷寨，星君七有心拿他開玩笑，查大紳讀書不多，識字有限，以為朋友真正送生花對聯，正式推辭道：「送對聯無地方可掛，掛在門口太張揚，客廳不夠寬敞，不必破費了。」翁俠士見他太過老實，甚至普通常識也不懂，禁不住掩口葫蘆而笑。星君七又問他在何處請飲，酒樓還是寨廳，卜吉何日？查大紳連忙說道：「執寨廳太沒有意思，除非公開宣佈『上街』才有價值，到底還是酒樓好，決定『金陵』，今日是星期三，『有局無局，全睇禮拜六』，實行本『週末』歡宴老友⋯⋯」星君七笑道：「不是請我們金陵一席酒，或廣州四圍酒吧？」（當時飲客盛行這兩句口頭禪：「一席酒」諧音「一直走」，「四圍酒」即四桌酒，諧音「四圍走」，意思是：一直走去金陵，或「去廣州四圍走」，等如酒樓雇用女侍之後，拿顧客開玩笑：樓上個伯父要湯（諧音「要劏」），樓下個靚仔要酒（諧音「要走」）同是趣談。）大家談笑了一回才作罷。

到了星五晚，查大紳在蓬室消夜後，循例去新居一行，見見新七娘。因為查大紳秘密帶細妹埋街，不想給家人知道，祇是頭一二晚竟夕流連，其餘幾晚則溫存片刻，便趕返大屋，應酬年紀尚輕的舊六娘，及其妾侍，以免引起她們的懷疑。傭婦阿彩，面對主人，口震顫說道：「大姑娘（按：許多女人，特別是青樓妓女，雖然被迫做妾侍，殊不高興，除非正式入宮，不能不按照次序，稱呼「幾奶」或「幾娘」，如果另外居住，像細妹一樣，決不容許下人叫她七娘，仍要照舊稱她大姑娘。）今日下午出街，瀕行時告訴我，今晚她或許不歸家度宿，據說你經已知悉⋯⋯」查大紳愕然道：「她說我知道她今晚不回來？那有此事！」他覺得事有蹺蹊，連忙打開抽屜一看，大部分空空如也，他吃這一驚

非同小可，質問阿彩：「何以許多衣服和細軟東西，都已不翼而飛，難道你任由她搬走嗎？」阿彩年己五十許，原是查大紳的老僕，初時女兒出嫁，女婿答應生養死葬，後因女婿環境惡劣，她才懇求舊主人照拂，湊巧查大紳有金屋藏嬌之舉，以她爲人忠實，守口如瓶，既可寄以心腹，做一個監視哨，更不怕她洩漏風聲。阿彩聽說細妹夾帶東西，嚇得面如土色，接着恍然大悟，照實說道：「我現在明白了，近幾日來，大姑娘常時拿出衣服來，又穿給我看，指摘裁縫手工不好，腰夾如何寬濶，領袖或短或長，問我對不對？我是幾十歲人，怎知道年輕人的心理，見她大發牢騷，祇好順從她底旨意，唯唯以應，她說非改不可，即刻出去打電話，叫裁縫來。未幾，果然有個青年造訪，大姑娘包好衣服，叫他抬去照改。到了明日那個裁縫又到，據說過三兩天，衣服便可改妥交回，再問清楚尺寸，以免錯中錯，大姑娘讚他做事妥當，叮囑他加意工作，寧願請他食「晏晝」（午餐），吩咐我去炒一碟麵，買幾碟點心……」查大紳不等她說完，氣憤憤說道：「這次上了大當了！那個青年人，絕對不是甚麼裁縫，必是她的漢子，藉口修改衣服，完全夾帶東西，她故意差遣你出外，最後的一批細軟，亦交那人拿走！」既又喃喃自語道：「這是我自己之錯，凡事不可強求，明知她嫌棄我年老貌寢，不該壓迫她跟我上街……好在我還算聰明，那五千元銀單，過六個月才提支，現在人已私奔，我當然和楊四姑交涉，如果細妹不能找回來，我一定通知銀號，停止支付這筆欵……」查大紳垂頭喪氣，連衣服也不解除，倒在床上，胡思亂想，直至天光大白，仍不見細妹的踪跡，沒奈何再返大屋休息。一覺醒來，已是九時許，匆匆返店辦公，是日生意特忙，暫將七姨太之事拋置腦後，及至電燈着，

鬼搵腳，又屆征西的時刻，他本來覺得是晚請喜酒，人去樓空，傷心已極，有甚麼興致？可是時間匆促，既不能通知朋友，宣佈取消，最難爲情的，便是家醜不出外傳，說出來更爲丟架，倒不如做一次雙料壽頭，作爲請朋友飲一餐，有甚麼辦法呢？身爲東道主，惟有先到酒家，循例接待這班館友。誰知惡作劇的星君七，自從那一晚尾隨查大紳之後，探悉其金屋藏嬌所在，特意於是日下午五時許，按圖索驥，打算猝出不意，探訪查大紳，使他猛吃一驚，如果查大紳不在家，則僞稱奉查大紳之命，偕同細妹去酒樓，同樣使查大紳驚訝。當他扣門之際，良久始聞應聲，阿彩從廚房奔出，以爲男主人回來，見了星君七，原本相識，乃招呼他入廳坐。星君七張目四顧，認得這間屋的間格和傢俬，確是從前俱樂部之物，問起阿彩，才知道查大紳以千餘元代價，全部承受。星君七習慣與人開玩笑，胡枝扯葉，隨口說道：「查老爺此人，太過善忘，他約我到來，偕同他和新娘去酒家，今晚他請飲喜酒呀！他沒有回來等候我，連帶新七娘也不出來拜見，豈有此理！」阿彩愕然問道：「你說查老爺約你來？相偕去塘西，今晚請喜酒？七少，我看你善忘也說不定哩。」星君七聞言。比阿彩更爲驚訝，忙問其故，阿彩是老實人，毫不隱諱地源源本本告訴，星君七這才恍然大悟，起身告別。過了一會，星君七抵達酒樓，見查大紳依然滿面春風，和朋友應酬，星君七心裏暗想：剛才去新居，情形落寞，阿彩明明說出細妹已效紅拂私奔，何以查大紳還請喜酒，神色自若，笑口吟吟，莫不是發生悮會，現在經已合浦珠還，連帶阿彩亦茫無所知，供給虛僞的情報？此時查大紳正與各館友乾杯，一見星君七入來，堅要他加入戰圍，飲到興高彩烈之際，翁俠士聲明要罰查大紳飲勝一杯，因他靜悄悄帶細

妹上街，遮瞞各位老友。星君七接着要他飲勝，預祝他明年請飲薑酌，但查大紳推辭不飲，他所持的理由，是晚飯時飲酒太多，恐怕飲醉。翁俠士不知其中隱秘，含笑說道：「身爲新郎哥，最好是帶有三分酒意，飲倒玉山頹倒，便大煞風景了，雖然這個新郎哥已不算新，今日差不多是燕爾新婚的十朝，早已飽嘗溫柔滋味，醉亦無妨，但清醒還是比糊塗的好。」查大紳默然不語，另一位館友提議：「新郎哥可以免罰，必須由新娘代替……」語未畢，又一個別號大聲公的館友，嘩然說道：「當然哩，細妹這個小妮子，太過看我們不起，她好像飛上枝頭變鳳凰，一旦榮陞查大紳七姨太，連我們這班老友瞧也不瞧！說起來大紳士也對我們不住，應該運用丈夫職權，不能容縱愛寵，藏嬌於金屋，不帶她到酒樓，須知今晚我們飲喜酌，新娘規矩要斟茶敬酒，既欺瞞我們於先，又藐視我們於後，非加倍處罰不可，快着人叫她出來酒樓！」你一言，我一語，迫到查太紳無地自容，又羞愧，又着急，想起更氣憤，祇好婉轉解釋道：「今晚細妹的確身子有病，行不得，過幾晚我保證叫她出來，去俱樂部與各位斟茶。」大聲公聲勢洶洶，駁斥道：「使不得！沒理由！我且問你一句：她患甚麼病症，不能見人。如果你不是愛惜她，就是懼怕她，所以她不肯服從你的命令。好！我假定她真正有病，可以豁免她斟茶敬酒，但必得按照戲班規矩：凡是抱病不能登台的大老倌，仍要坐在帆布床或椅上，叫人抬着過場，俾觀眾一望其病容，證明他是真病。現在我們承認細妹是大老倌，你身爲班主，請你叫她過場給我們一看，證明她沒有欺台，好在這裏不是舞台，用不着帆布床或帆布椅，大可以召喚手車，或肩輿，甚至汽車一送，俱很利便。列位館友以爲如何？」各人聞言，自然隨聲附和，查大紳

面紅耳熱，不知如何是好，瞠目不能答，大聲公以為他不賞臉，作進一步的壓迫：「大紳士如果咨啬區區車錢或轎錢，由我大聲公報効汽車一送！」當時由中環坐汽車去塘西，叫做一送，不過一元至一元五角而已。手車則照一「環」一毫計算，例如由中環至上環，照當局規定的車費是一毫，餘類推。許多手車伕，例外索取，尤其是坐車征西的飲客，面子攸關，不想和他們爭執，少不免任由他們多索一點，亦有許多飲客以人心血造，見是苦力錢，不等他們苛索，已自動加價，但人心不足蛇吞象，他們仍是唊唊不休。曾經有一次，星君七和大聲公打賭：星君七說手車伕人心無厭足，如果在上環乘車去塘西，照規矩給車費兩毫，他當然不滿意，即使你給他一元，他更以為你是「阿丁」，必定再多索一元幾角，大聲公不相信，以為未必，相約打賭明日一餐晚飯。

適值是晚去飲詠樂寨廳，大聲公由上環街市起程，到寨門口下車，給車伕一元紙幣一張，剛想回身入內，車伕初時以為他要找贖，正想借意不夠碎銀，找回四五毫算數，所以未曾開口勒索，及見大聲公掉頭不顧，知道他無須找贖，又見他尚未踏入門口，神廳內的寮口嫂之流，俱從椅上立起身，很有禮貌地，曼聲呼大少。車伕更認為時機不可失，猛出手一拉大聲公的臂膀，大聲公回顧問何事，車伕左手拿一元紙幣一揚，右手伸出一隻手指，繼復攤開手掌，故意說出不明不白的廣州話，意思是一張紙幣不夠，叫他多給一張，或者多給五毫。大聲公不聽猶可，聽完忍不住氣憤填膺，一手奪回車伕的一元紙幣，探袋取二毫子給他，車伕正想爭執，大聲公力斥其非，聲言要帶他返警署，車伕知道碰釘，憤無可洩，喃喃大罵，大聲公又好氣又好笑，指着車

伕說道:「你這個人,真個人心無厭足,如果不開聲勒索,我自動加添一元幾毫也不要緊,現在累我破費幾十元,請吃晚飯!」車伕當然莫名其妙,瞠目結舌,呆立如木雞,大聲公反為見他可憐,仍取一元紙幣給他,並教訓他一頓,叫他以後不要如此勒索人客,隨將打賭情形告訴一班寮口嫂,引得各人笑聲嘻嘻,車伕亦笑將起來,自己搥一搥頭顱,似乎表示道歉之意。且說星君七見查大紳在各館友環攻之下,幾無轉圜餘地,因他心知肚明,細妹已效紅拂私奔,他不想增加東道主人的傷心,先向翁俠士遞一個眼色,翁俠士何等聰明,知道定有蹺蹊,提議打撲克牌,無形中替查大紳暫時解了圍。星君七瞷主人不注意,便將這件故事告訴翁俠士,僅有幾個朋友傳入耳朵,翁俠士頗感嘆查大紳自取其辱,大凡男女之間,勉強結合,決無好果。說也奇怪,查大紳經過方才一番喧鬧!觸動心事,愁眉不展,判若兩人,到了埋席的時候,竟然託詞頭刺,滴酒不沾唇。翁俠士生平個性,最關懷朋友的處境,認為朋友是五倫之一,應該苦樂均沾,必要時更要拔刀相助。他既知道查大紳的隱衷,不想再和他開玩笑,整晚沒有再提細妹,直至埋席之際,酒過三巡,星君七可能飲醉兩杯,說他直搗香巢,想刦擄佳人……翁俠士剛以目示意,叫他不要惡作劇,誰知查大紳面色突變,一腔心事,如骨鯁在喉,一吐為快,接口問道:「你到過那裏,不見細妹,可不是嗎?」星君七不好意思說明,祗好點點頭。查大紳非常憤激,拍條大叫,將細妹夾帶私逃的消息,公開揭露,並用激將的方法,面對翁俠士說道:「翁老哥,你是著名的花叢俠士,替人作不平之鳴,何況我是你的朋友,你肯任由你的朋友給一個小婑子剃眼眉嗎?這件事,我希望你不要袖手旁觀,代我洩洩氣才好!」翁俠士心裏

在想：你這個人，六十多歲年紀，亦太過不知自量，年老貌寢猶自可，家裏已有五六房妻妾，還要私納這樣花枝招展的小姑娘，又明知細妹絕對不喜歡，自恃有幾個臭銅錢，勉強壓迫，任何人都知道沒有好結果，這叫做自招其咎，與人無尤。憑良心講句話，細妹不安於室，自是意料中事，也很值得同情，不過細妹的手段，未免太過辣一點，上街不夠一星期，便效紅拂私奔，最低限度也要等待這位壽頭，請完喜酌，再過若干時日，然後下堂求去，他總算玩過暢快，可能不會追究，現在擺酒不見「新人」，的確太剃眼眉。難怪他哭喪着臉，央告朋友拔刀相助了。查大紳見翁俠士沉吟不語，以為他不肯答應幫忙，又用言語再激，冷笑說道：「估不到細妹這個小孩子，手段這般高強，連帶省港馳名的花叢俠士，亦為之束手無策！」翁俠士明白他底用意，含笑應道：「說句唐突的話，此次的意外，等如一個人呆立電車路，給電車碰倒輾斃，法官開庭研訊，宣佈：『死於非命，於人無尤。』你帶細妹上街，靜悄悄惟恐朋友知道，似乎怕朋友沾光一般，早知如此，我必定勸你不要作非非之想，事實上這等雛妓的性格，非任何壓力所能就範，勉強行事，祇有自己吃虧，有甚麼辦法呢？」接着翁俠士詢問細妹上街的條件，查大紳具實以告。翁俠士笑道：「你本來也夠古靈精怪，一萬元身價，分兩期支付，那五千元要六個月方能向銀號提支，你當然可以慳番，目前所損失的，不過七八千元，你知否春宵一刻值千金，差不多夠本夠利了，還想追究？」查大紳給他說得滿面羞慚，耳朵發赤，翁俠士怕他太難為情，立刻着人呼喚楊四姑到談，楊四姑尚未知悉細妹私逃的消息，施施然從外來，她聽說是晚查大紳請喜酒，拱拱手，剛說得一句「恭喜查大少」，翁俠士連忙插口道：「四

姑，你是『攞景』還是『贈慶』？難道你不知道細妹經已私奔？」楊四姑面露驚訝之容，起初以爲翁俠士平時爲人風趣，愛說笑話，及見查大紳面如鐵色，相信不會拿私奔開玩笑，瞪目問道：「翁大少，你說細妹私奔，當眞有此事？」翁俠士故意先施下馬威，鼻孔裏哼然有聲，冷笑道：「四姑，你不須詐傻扮憒，細妹是你底育女中最鍾愛的一個，一向母女情深，無事不傾心吐胆，她立心私逃，事前那有不告訴你之理？」楊四姑極口呼冤道：「翁大少，你是最明白事理的人，切勿冤枉好人呀！」她對養女恩深情重，凡事有商有量，隨客上街的也有好幾個，從來未有發生類似的丟臉事情，此次細妹跟查大紳，雖然明知她不大喜歡，但她出於自願，聲明給她三千元作私蓄，她便肯答應，並不是壓迫她這樣做，何以突然之間，效紅拂私奔呢？楊四姑一見查大紳面挾重霜，又知他是縉紳人物，講究面子，禁不住口震震問道：「這件事太奇怪了，我記得前日下午細妹尚到我家坐談，湊巧我打麻雀，她和幾個姊妹談笑如常，大約坐了一個鐘頭即告別，完全沒有和我說些甚麼，各人留她吃晚飯，她還含笑回答：『大紳士返家吃飯也說不定，如果他不見我面，或許要出花紅尋我哩。』當時我尚聽到有名『濟軍』的桃紅，向她調侃，說她趕着回家撑枱脚，不可須臾留，一班姊妹戲耍的聲音，刺入耳鼓，有個麻雀友爲之搖頭，說她們太喧鬧。照此情形來看，她簡直沒有出走的企圖，到底此事何時發生？是否彼此弄出悞會？」查大紳憤然說：「她昨日一去不返，到現在踪跡渺然，況且她老早知道我今晚請喜酒，就算昨晚探姊妹，打通宵麻雀不歸——我知道她向來有此習慣，但今晚無論如何，亦要趕回來。」楊四姑沉吟地說道：「細妹此人，有時竹織鴨，沒心肝，她曾經有一次，打麻雀初上

癮，兩日兩夜不肯返寨出局，雖然她那時上牌未久，台腳不多，又恃寵生驕，知道我溺愛她，養成她一種任性的習慣……」翁俠士聽得不耐煩，直截了當地說道：「你不必諸多忖測了，細妹私奔已是鐵一般的事實，所有細軟東西，甚至比較值錢的衣物，都陸續夾帶出外，顯然有計劃的行動！」楊四姑聽罷，忍不住嗔罵道：「原來這個賤人，人細鬼大，早有預謀，連我也完全遮瞞，不露半點風聲！現在我想起來了。這賤人前日到我家，或許想向我告訴心事，和我磋商一下，也未可料，可能見我打麻雀，人又多，不便攀談，所以連飯也不吃。早知如此，我一聽到多少消息，必定阻止她，不許她妄作妄為，太過對人不住。老實說一句：上街不夠一星期，就一溜烟的跑去，即使你大量包涵，我四姑身為老母，其實亦放她不過！」凡是經驗豐富的鴇母，手段圓滑，心竅玲瓏，對付種種色色的人客，各有其一套，這番話措詞得體，他知道查大紳是有身份的人物，決不會為着一個逃妾，影响自己的顏面，所以恭維他海量包涵，另一方面自己聲明放他不過，以減低查大紳的憤怒，更表示懇切的同情，以免他火上加油。翁俠士旁觀者清，對於這種龜鴇的伎倆，自然一目了然，他既是幫忙朋友，必須責成楊四姑，要她負多少責任，不能置身度外，乃正色說道：「細妹夾帶私逃，任何人都說你一定知情，通同作弊，大紳士亦極度懷疑，因為你和細妹向來好感，你自己也承認母女之情，有如親生骨肉，怪不得別人諸多推測。不過我相信你四姑不是這等樣人，現在我暫時叫大紳士賞面給你，不去報案，希望你代為查究，在短期內找到她的踪跡，由我做主，和平解決，交回若干身價銀了事，否則細妹夾帶私逃，罪名非輕，追究起來，你亦不能完全脫離關係，你知道嗎？」楊四姑唯唯以

應。事實上大家都明白花叢的規矩：阿姑已經上街多日，雖然夾帶私逃，但沒有證據，證明由鴇母教唆，當然沒有理由追回身價銀，不過在查大紳面前說得漂亮一點罷了。果然不出所料，楊四姑看在翁俠士面份，不敢太過蔑視查大紳，過了兩天，跑來蓬室報告：從寮口嫂阿六口中，聽說細妹熱戀小潘安，此次可能和小潘安有密約，利用上街作過渡性質……查大紳插口問道：「那個小潘安，是否身材高瘦，鑲兩隻金牙，喜歡着絲髮長衫，說話陰聲細氣？」楊四姑畧一思索，含笑點頭道：「沒有錯，你說出他的特徵，完全相符，我當真未見過他穿西裝，莫不是你認識此人？」查大紳憤然說道：「阿彩所描述那個裁縫，正是這個模樣，顯見他們就有預謀了！」乃將細妹串通小潘安，冒認裁縫，夾帶衣物的事情，源源本本告訴楊四姑，並追問她尚有甚麼消息。楊四姑接續說道：「有個姊妹的恩客，據說星期五晚去同安公司碼頭，親眼見細妹落船，細妹行動閃縮，故意別轉面不想和他打招呼，但他沒有發現任何男子，和她偕行，或許他們預定船票，各自登輪，以避免旁人的耳目，自是意料中事。根據我本人的推測，細妹逃去廣州，也大有可能，因爲我這兩日來，四處找尋，凡是她平時有來往的姊妹及朋友，都已尋訪殆遍，全不見她底影子。」查大紳點點頭遣去楊四姑之後，對翁俠士說道：「大俠士，此次你底老友，給一個年紀細小的雛兒，當堂剃眼眉，連帶你亦失威，難道你肯袖手旁觀嗎？」翁俠士知其弦外之音，報以一笑道：「大紳士，你帶老契上街，事前沒有和我商量，又不是我做担保人，丟架是閣下之事，與我何干？現在她既遠走高飛，去了廣州，鞭長莫及，叫我有甚麼辦法？」查大紳笑道：「你肯幫忙，辦法自有多端，我素來知道你和廣州的軍政警界要人，甚有交

誼，他們來塘西消遣，全憑你做盲公竹，不怕阿姑拿他們做四方辮頂。祇要你答應，我覺情有不甘，祇是想洩一啖氣，不是希望索回這筆身價銀，但求拘拿這個賤人，監禁她三幾個月，阻止她們兩人，雙宿雙棲，安享其野鴛鴦的生活，即使盤纏送賊，在所不惜！」翁俠士雖覺細妹私逃太速，對人不住，但查大紳未免不知自量，因此對細妹頗為同情，婉勸查大紳不要去廣州追尋，費時失事耗精神。誰知查大紳詞意堅決，氣憤憤說道：「我言出必行，非找着細妹，懲戒她一下，死亦不眼閉！」翁俠士見他說得這般嚴重，惟有改變態度，和顏悅色地說道：「好吧，均之我好幾個月沒有去廣州，和你遊逛一星期，日間蕩舟荔枝灣，晚上買醉陳塘南，倒是賞心樂事，你喜歡何時啓程，我必定奉陪。」查大紳以翁俠士慨然允諾，似乎相信他很有把握，笑欣欣說道：「我決定明晚搭西安船，此次去廣州，所有上落舟車，居停酒店，早午晚三餐，一律頭等，任由你喜歡如何開銷，耗一二千亦不吝嗇。還有一層，我知道辦事非財不行，我自願出花紅五百元，緝拿細妹，你大可告訴公安局一班老友，早日拿她歸案，更有重賞！」翁俠士以查大紳小題大做，暗裏覺得好笑，表面上碍於朋友情誼，不得不虛與委蛇。第二晚，查大紳果然購備西餐房的船票，和翁俠士相偕上廣州。抵埗後，翁俠士帶他去公安局偵緝課，找着課長八叔，要求代辦這宗風流案，懸賞格五百元，緝拿夾帶私逃的妾侍。八叔端詳查大紳上下，又聽他滿口鄉音，悄然自思，看他年將就木，週身冤氣，和他同衾同枕的女人，不知幾生修到？如不走路，太無天理。可是他見翁俠士偕來報案，看在朋友份上，勉強敷衍，含笑說道：「我和翁俠士是挺好的朋友，但求吩咐一聲，無不遵命代辦，不必出花紅，我們的夥記，一樣

努力查緝，請放心吧。」查大紳決不肯收回成命，翁俠士向八叔一遞眼色，含笑說道：「既是大紳士請各位兄弟飲茶，受落也不妨。」八叔乃不推辭，循例詢問有關細妹的狀貌，身材和特徵，以及夾帶的東西，逐一登記，閒談一番，然後告別。查大紳返回酒店之後，突然靈機一觸，向翁俠士提議：「我忖測細妹和小潘安初到廣州，未必租得適當的住宅，很可能像我們一樣，以酒店作居停。可否要求八叔，派出偵緝多人，分別搜查各間酒店？」翁俠士正色說道：「這是廣州地頭，不比香港，許多猛人在酒店開房，胡天胡帝，偵緝就有甕缸一般大膽，也不敢亂敲房門，稍爲莽撞一點，本身就有扮蟹之虞。」查大紳默不作聲，祇好任由翁俠士指揮，翁俠士邀請八叔幫忙之外，日間無事，便去遊覽名勝，晚上他仍替朋友辦事。查大紳在陳塘歡宴偵緝課一班得力人，翁俠士認識陳塘不少妓院及龜鴇，吩咐代爲訪查，是否有新阿姑出局，來自塘西，名字當然改換，但年紀身材樣貌，亦詳細告訴，希望獲得若干綫索。事實上細妹立心從良，目前尚未被迫到翻剃地步，她當然絕跡於花叢，更避免和龜鴇中人接觸，祇是和小潘安雙宿雙棲，享受閨房之樂。小潘安有親戚居住於東堤附近一幢屋宇，特闢一個房間，給他們作洞房，地點既非繁盛市區，平時又深居簡出，任是福爾摩斯復生，相信也不容易找尋她底芳踪。查大紳到廣州已有三四天，但覺人海茫茫，不知芳踪何處，心裏異常焦急，既不甘就此放棄，掃興而返，又以消息渺茫，正不知勾留若干時日，方能達到目的？那一天，他感覺無聊之極，和翁俠士信步所之，見有一個檔口，寫着「左筆耕占卦最靈」，一手便挽住翁俠士入內，占一支尋人卦，那個左筆耕拿起龜壳，擲下三個銅錢，連續三次，喃喃自語，忽而笑欣欣說道：

「六爻動了，卦象大吉，你所尋的那個人，經已有出現的跡象，你去東方找尋，很可能和她見面！」查大紳問明方向之後，定要翁俠士陪他向東行，直至天字碼頭附近，完全沒有踪影，他才掃興而返。翁俠士見他太過可憐，故意調侃道：「求神問卜，是愚夫愚婦的所爲，你身爲大紳士，難道這般迷信，聽人亂指，既然你希望菩薩庇佑，何不去廟轉過大運，變了大行桃花運，豈不更好？查大紳亦覺痴呆可笑。

　　但他爲人畢竟頭腦頑固，深信六爻動之說，次日出街，仍挽着翁俠士手臂，向東方漫步。天下事無巧不成話，大約經過幾條街位，瞥見一個衣服樸素的少婦，容光煥發，由餐室出來，手上拿着兩個金山橙，查大紳給她美色所誘，不覺定睛一望，正是：踏破鐵鞋無覓處，得來全不費功夫，非細妹更有誰人！原來細妹與小潘安拍拖，入餐室吃完全餐，餐單中有生菓，每人一個金山橙，細妹帶返家裏吃。小潘安入廁所小解，她心急出門，碰着查大紳，如果她在座位等待小潘安，很可能避免這塲小風波，也說不定哩。當查大紳見了細妹，七竅生烟，雙手緊握她底衣角，不肯放鬆半點，口震顫大聲說道：「你這個賤人……夾帶私逃，找得我好苦，現在任你插翼也難飛！」他聲勢洶洶，夾雜粗獷的鄉音，引動途人圍觀如堵，小潘安踏出餐室之門，一見愛妻被糾纏，知道事情不妥，但夫妻上頭，豈能袖手旁觀？排眾而前，正想不顧一切，演一幕救佳人，細妹不想連累如意郎君，連忙遞以眼色，意思叫他廻避，小潘逃沒奈何退後幾步，觀其究竟，再作打算。細妹一見小潘安退開之後，反向查大紳大發嬌嗔，厲聲申斥道：「甚麼妾侍，甚麼夾帶私逃？你快放開手，有事慢慢講，極其量我和你去公安局理論，休得在此糾纏，顧住面子要緊！」

查大紳估不到她居然「夠胆」，自動要去公安局，心裏在想：莫不是她有老友在公安局，暗中庇護？這個妮子手腕玲瓏，識人不少，如果沒有把握，她斷不會如此鎮靜，今回當真弄巧反拙了！他越想越害怕，正不知如何是好，翁俠士見他態度痴呆，暗裏覺得好笑，心想：你這個大紳士，太不濟事，初來時風頭火勢，出花紅五百元，連夕請飲聯絡偵緝科人員，甚至求神問卜，都要尋訪，現在覿面相逢，反為徬徨無主，豈不是太笑話嗎？他見得途人越聚越多，又以細妹聲言去公安局理論，乃接口道：「你們在街上獻醜，有甚麼意思？如果大家同意，可以找個地方——或者就入去這個餐室，商量善後辦法，一了百了，否則由官廳處置，一言立決，呆立何為？」查大紳尚未回答，細妹似乎成竹在胸，慨然說道：「我們去公安局！」於是相偕起程，好在距離不遠，不用乘坐手車，查大紳恐她兔脫，在途中仍想挽着她底臂膀，細妹大力揮開其手，含怒說道：「手拉手兒，有甚麼好看，我又不是和你拍拖——你防我逃跑嗎？我雖是女流之輩，做得不怕，怕得不做，我必定和你去公安局徹底解決，以免你信口雌黃，說我夾帶私逃！」細妹口若懸河，滔滔不絕，這幾句話好像當頭棒喝，查大紳當堂為之氣奪，更以為細妹一定穩操勝券，否則說話不敢這般強硬，頗悔自己過於孟浪，但他回心一想，翁俠士和公安局的高級人員，甚有交情，好在有此護身符，諒不致公堂出醜，心裏較為釋然。未幾，到了公安局，氣象森嚴，查大紳已恐懼了幾分，這也難怪：大紳士養尊處優已慣，平生宗旨：生不到官門，死不到地獄，何況為着愛妾夾帶私逃，是一件不名譽的事，既驚且慚，連忙央求翁俠士，替他想辦法。翁俠士本來不想沾手這等絕無意義的風流案，到了這般田地，祇好找着老友，

替他疏通一下，由他熟識的嚴錄事提堂訊問。細妹年少無知，除因上牌到過衙門之外，亦和查大紳一樣，未曾對簿公庭，現在迫於環境，才頂硬上叫他去公安局解決，事實上她完全沒有甚麼人事，祗是相信自己是女流之輩，大多數男子都有點憐香惜玉情緒，小不免對她表示同情。因此她一見嚴錄事升堂，不想給原告有優先發言機會，以免他先入為主，自己吃虧，甚至對上官應有的禮貌，亦忘記一切，搶先說道：「大人！我不是他的逃妾，也沒有……」

話猶未畢，嚴錄事厲聲申斥道：「你是被告，你經已犯了事，還要咀多多，現在尚未輪到你講，快閉口！」細妹當堂面青口唇白，唯唯應諾。查大紳見嚴錄事這般態度，顯然是有意偏袒他，非翁俠士疏通之力，那會立刻見功，當下向翁俠士笑了一笑，心裏放寬許多。嚴錄事循例詢問他的姓名，籍貫，年齡，職業，以及有何要求，查大紳眉飛色舞，侃侃說道：「她名喚細妹，出身塘西青樓妓女，我用一萬元帶她上街，排列七奶，身價銀交她底鴇母楊四姑手收，我知道不是這個鴇母教唆指使，人心肉造，我也不想索回這筆身價銀……」細妹聽到這裏，忍不住又叫一句：「大人」，插口說道：「他所說的身價銀一萬元，其實楊四姑祗收過五千元，其餘五千，此人甚為狡猾，寫一張銀單，訂明六個月後，才可以向銀號提支……」嚴錄事本來想老早阻止她發言，但見查大紳年老貌寢，滿口鄉音，語無倫次，已覺幾分討厭，無形中對細妹有多少同情心，又覺得這件風流案，頗為有趣，且聽聽個中情節，多添一段趣談，等她說到這裏，才開聲止截：「我叫你閉口，還敢滔滔不絕，我立刻叫人掌咀！」細妹祗好弨口無言，乃由查大紳繼續說下去：「我雖然不追究身價銀，但這個小

賤人，上街不夠一星期，居然夾帶私逃，計有現金三千元，另外首飾衣服，也值一千幾百，據我調查所得，她事前早有預謀，和一個小白臉相約，偕來廣州，雙宿雙棲，我情實不甘，實行要追還贓物，這個小賤婦既然勾搭情人，我也不想要了，寧願雙手奉送與那個小白臉，任由他們溫死也不要緊！」查大紳氣急聲嘶，沉重的鄉音及土談，好幾次弄到嚴錄事瞠目不解所謂，由翁俠士代爲傳話，所以聽完之後，亦爲之忍俊不禁，最後宣佈暫將細妹扣押。細妹痛哭流涕，連呼冤枉，亦難免嘗試覊留所的風味。查大紳滿心歡喜，連聲多謝嚴錄事，又向翁俠士問計，應該取甚麼步驟，翁俠士坦率說道：「你初時埋怨我不肯幫忙朋友，現在第一個下馬威，經已替你洩了一口氣，倒要反問你想拿甚麼主意了。如你不爲已甚，監禁細妹若干時日，便將她釋放，贓物不再追究，這辦法當然十分容易，祗要我關照一聲便行。如果你認爲此仇不可不報，索性一不做，二不休，定要追回一筆錢，我必須另外設法，保證你可以得回半數身價銀，不致重大損失，亦無不可。」查大紳不假思索，憤然說道：「她既然撚化我太甚，我納過許多房妾侍，未試過這般奇恥大辱，索性一不做，二不休，你替我索回一筆錢，更所感激！」翁俠士笑道：「容易之極！」他馬上寫一封信，託省港船辦房，送交蓬室俱樂部的星君七，指示機宜：「找着楊四姑，告訴她細妹已在廣州被扣留，並供出此次夾帶私逃，是由她所主使，因此查大紳要向她索還五千元，五千元的銀單，屆期當然不能再到銀號支取。現在廣州當局，打算派偵緝來香港，引渡她返廣州審訊，除非她交還細妹的身價，才可以消案……等語。楊四姑雖然在花叢鬼靈精，畢竟身爲鴇母，最掉忌官司，她當真恐怕被引渡歸案，因爲她在廣州置有物業，決不

能賣斷廣州，乃委託熟識廣州情形的心腹傭婦巧姐一行，見機行事。巧姐抵埗後，先去公安局探監，翁俠士預早已囑咐嚴錄事，如果楊四姑或她派來的人，不管是誰，到來探監即暫加扣押。巧姐未見細妹，已被拘禁於一個房間，並不訊問口供，過了幾個鐘頭，翁俠士手拿一包食品，親自訪問，佯作不知她被扣押的原因，一片好心地說道：「剛才嚴錄事告訴我，奉長官的命令，將你扣留查究，我恐怕你腹飢，特意買些東西給你吃……」巧姐不等他說完，憤然作色道：「估不到他們這一班人，正式盲官黑帝，我祇是來探細妹，有甚麼理由將我扣留！」翁俠士接口說道：「我亦覺得出奇，連帶嚴錄事亦不知長官的意思，或許他們以為你是楊四姑也未可料。聽說細妹供出此次夾帶私逃，由四姑主使，照我的意思，不如你作同樣的口供，均之四姑不在廣州，他們未必不憚煩引渡四姑歸案，最低限度你在目前可以釋放，何苦替人受過？如不招供四姑，正不知扣押若干時日，太不值得了。」巧姐到底是楊四姑心腹人，初時不肯倒戈相向，一口拒絕，及後翁俠士曉以利害，並保證楊四姑決無大碍，她才答應考慮一下。當翁俠士進行此事，將達水到渠成的階段，告訴查大紳，不久楊四姑必定着急，情願息事寧人，最低限度交還一部分身價銀。誰知查大紳到了這個時候，良心發現，反為覺得不好意思，因為事實上擺在目前，細妹夾帶私逃，是細妹對他不住，楊四姑確沒有主使情事，不該冤枉好人，將來此事傳播塘西，自己顏面攸關，名譽要緊，越想越覺行不通。另一方面，查大紳的妻妾，聽到消息，知道他金屋藏嬌，暗中娶七娘之事，此次上廣州，並不是他所講的發展生意，完全是緝拿夾帶私逃的七娘。在女人的心目中，多隻香爐多隻鬼，當然不想雨露均沾，何況查大紳偌大年紀，娶

個妙齡青樓妓女，不消說都是覬覦他底財富，沒有情感可言。於是在家庭召開一次圓桌會議之後，公推六娘爲全權代表，前往廣州，叫主人公返港，損失若干財物，算爲破財擋災，不必追究，以免鬧出笑話。就在巧姊被扣留的翌晨，六娘已在東亞酒店找着查大紳——因爲六娘幾次隨查大紳上廣州遊覽，知道他喜歡住這間酒店，始則責怪他老尚多情，又納新寵，打算置她於腦後；繼則宣佈此行的任務，代表全家人請他買棹言旋，不要幹此無意識的行動。查大紳既羞且愧，點頭無語，乃向翁俠士剖陳衷曲，並將他先前答應的花紅五百元，託翁俠士轉交偵緝課飲茶，以示酬勞之意。翁俠士見他出爾反爾，非常憤怒，可是誼屬老友，原諒他做人糊塗，又見六娘千多德，萬多德，請他代爲轉圜，祇好答允善後。事實上翁俠士一向同情細妹，乃調轉槍頭，親去羈留所教給細妹口供，這時細妹已解去法院分所。開庭之日，細妹依照翁俠士的指示，否認夾帶私逃，祇因查大紳的妻妾踢寶，在家中無立足之地，迫得來廣州居住，所有衣服珍飾，俱是未上街前的贈品。查大紳雖然以原告身份出庭，沒有反駁，細妹理由充分，自然無罪釋放。這件哄動一時的風流案，估不到急轉直下，報章發表花邊新聞，譏諷老人娶少妾，應該引爲龜鑑。細妹恢復自由，偕小潘安和巧姐返港，面見楊四姑表示歉意，楊四姑但求事情了結，旣往不咎。小潘安和細妹，有情人終成眷屬，總算獲得美滿的收塲。

第肆集

第四十一節：金仔始創裝電話

　　裝電話——在現代人物的眼光看來，當然算不得甚麼一回事，但遠在卅多年前，以青樓妓女的身份安裝一個電話於妝閣，不能不稱爲異數，因此第一個有電話的阿姑，很值得爲之大書而特書！初期的電話，使用舊式機，不比近日的自動電話，自己搭綫，必須先打去電話公司，告訴號碼，由女司機生代爲駁綫，然後通話——女司機生多數是「土生」的葡萄牙女郎，俗稱「西洋妹」，除精通外國語之外，操粵語、國語十分流利，而性情和藹可親，有等愛玩笑的青年，喜歡其嚦嚦鶯聲，故意借題和她傾談，通常拿起電話，問她時刻，她俱照實回答，因爲外國有許多市民，想較準家裏的鐘錶，習慣向電話公司詢問鐘點，事屬尋常，不足爲奇。由於機械及技術上的理由，申請電話殊不容易，公司亦不想濫發，除非特別需要電話的人，如大商行及醫生之類，比較可以設法通融，有時確因綫路問題，無從答應。電話旣非十分普遍，頭腦稍爲頑固的社會人士，也不大願意安裝，一者認爲無甚用途，自己雖有，親友却無，何必多負担這筆電話費？二則恐怕給人撚化，亂打一通，豈非自招麻煩？所以除商號及高尚職業的人物，或名流公館，才安裝電話，假如那人家裏有電話的話，不啻是一種高貴的排塲，殊堪景仰，物以罕爲奇，無怪其然。電話旣如此矜貴，塘西許多大寨，也會設法申請，希望利便

客人的電召，但始終不能達到目的，直至這位阿姑開風氣之先，才有人接踵於後，然則這位阿姑芳名是誰？她就是「長樂」三樓的金仔，也是當時紅極一時的阿姑，至於她憑甚麼人事關係，在粧閣安裝電話，則署而不詳，聽說她底恩客中，有幾個中西名流，代爲申請，以底於成，自是意料中事。金仔原籍鐵城，說話帶點土音，父親經商於滬，她亦在滬誕生，後因商業失敗，父親抑鬱以終，始隨母親南返，迫於環境，淪落青樓。她生得體態健美，自幼吸收繁華都市的風氣，性情活潑，擅長跳舞，更能號召高尚的飲客，以是酒局生涯，冠絕儕輩。她底粧閣，佈置極其清雅，楹聯字畫，檀香宣爐，古色古香，撲去俗塵十斛，中西人士，返寨打水圍，多流連不忍去。金仔貌旣艷麗，應酬手腕尤爲玲瓏，所與交遊，非富則貴，恩客中有外國洋行的買辦，及外國銀行的華經理，常與西人酬酢，引起碧眼兒郎，亦涉足中國的紅燈區，一開眼界，金仔芳名，不脛而走，甚至外國人也嘖嘖稱道，其聲勢槪可想見。對金仔備極顚倒的客人，卓別麟便是其中的一個，卓別麟祇是其別號，眞姓名不詳，是一間外國銀行的華經理，手段相當豪濶，年紀雖有五十左右，面目尚不致犯人憎，本來人心肉造，金仔見他花費在自己身上，數目逾萬，很應該容許他作入幕之賓。可是金仔發現他有一種弱點，他向來有牙籤大少之稱，一經和他發生關係，他底熱情當堂冷却，即使不宣佈割席，今後想多賺他一點錢，他都掉頭不顧，迫之太甚，祇有叫他斬纜，所以卓別麟召喚金仔年餘，始終未能達到目的。另一方面，金仔對於潁川大郎，稍爲假以詞色。潁川大郎年方少壯，面孔雖不漂亮，同樣肯花錢，一擲千金，絕不吝嗇，他底父親，像金仔的父親一樣，以粵人而經商上海，開設幾間大商行，俱赫赫

有名，特派兒子為香港支行的司理人，誰知兒子養尊處優已慣，全不解稼穡艱難，創業大不容易，一旦大權在握，惧交損友，花天酒地，殆無虛夕。他一見金仔而傾心，在談話之間，聽說金仔亦在上海出生，問起肄業的書塾，彼此還算是先後的同學，更亂指一通，說他們底老人家，在商業上有往來，是通家的世好，金仔見他說得這般親切，當然不必加以反對，何況看在金錢份上，和他親切一下也無妨。站在金仔的立場，賣弄手段，殊不足怪詫，可是在卓別麟的眼中看來，覺得幾百個不順眼，他惧會金仔輕此重彼，心心不忿，決定要運用萬能金錢，非打倒這個情敵不可！恰巧潁川大郎少年氣盛，個性好勝，論身家自覺不示弱於人，加以支行的財政，由他全權掌握，以卓別麟欺人太甚，實行向他下戰書，和他鬥濶！塘西阿姑，最是歡迎這等壽頭，鷸蚌相持，漁人得利，結果弄到兩敗俱傷，殊非他們所能逆料。他們鬥勝的玩意兒，不外鬥使銀紙，你執一晚寨廳，我要蟬聯兩晚。對方不順氣，可能直落三晚；或則你送火鑽戒指，我送翡翠玉鈪；你送一套衣服，我多送兩套，諸如此類，不勝枚舉。總而言之，便宜了金仔，造成她底紅牌阿姑的地位，舉其一端，可例其餘：單是每一季她付出裁縫的人工（自己「來料」），就有七八百元之巨，其架勢慨可想見。卓別麟的破產，並不能完全歸咎金仔，因他生性豪於賭博，慘敗的是炒匯水及揸劏金，大凡屬於一個炒字，簡直與賭博無異，非常危險。卓別麟揮霍太甚，虧空銀行巨欵，迫於走路，此事曾經聳動一時，有等飲客譏笑金仔累死卓別麟，金仔極口呼冤。但潁川大郎散去父親六七萬，喪失信用，鍛羽而返，確是大部分用在金仔身上，幸而老人家總算發覺得快，見總行寄給香港支行的貨物，有貨付去，不見匯錢回來，寫

信催促，俱藉口客人欠賬，他畢竟是老行尊，認爲不堪置信，暗中派人調查，盡悉其內幕，一怒之下，立即委任別人接管生意，並聲明不許接濟金錢，任由他自消自滅。俗語說得好：床頭金盡，壯士無顏，穎川大郎子然一身，舉目無親，倘在別人，很可能流落異鄉，淪爲卑田院中人，好在他平時手段豪爽，對於蓬室俱樂部的侍役，旣多貼士，也沒有鬧官仔脾氣，所以暫在俱樂部出入，尚沒有人討厭，否則世態炎涼，人情冷暖，塘西是繁華地方，有錢則使得鬼推磨，落拓則遭人白眼，即使館友顧全友誼，單是侍役就反顏相向，教你無地容身了。加上蓬室一班會友，多數是殷戶富商，比較有人情味，像翁俠士等輩，向來任俠仗義，間中便給他多少零用錢，以免他身上不名一文，雖然侍役在俱樂部開飯，許他竊餐，晚飯及消夜，則由公款開支，不成問題。金仔每晚仍應穎川大郎之召，循例到來一坐，她從翁俠士口中，知道他因爲虧空父親數萬元，經濟斷絕來源，心裏頗爲惻然，有一晚，她問起穎川大郎家中的狀況，如果他肯返回上海，父親能否原諒，加以收容？穎川大郎感喟地說：「實不相瞞，我是嫡子，年事最長，繼母雖有幾個兒女，年紀很幼，父親向來很看重我，希望我作一臂之助，代爲照料商業，否則他不會開設支行，派我做全權司理。不料自己太過荒唐，浪費無度，事已到此，尚復何言！可惜我現時沒有盤川，返回上海，相信父子至親，他定能饒恕我一時之錯，祗要我修心養性，過了若干時期，他還肯恢復我的職權哩。坦白說一句：我底家財估計有六七十萬之多，我不過花散十分之一，尚未致影响父親的信譽，同時他老人家也是開通的人，常時發揮議論，青年人涉足社會，不妨散錢多練見識，但切不可過分，祗要一個人知過能改，不會重蹈覆轍，就是

克家之子，本來我若稍知節制，花費三幾萬，善爲彌縫，他亦不致完全削去我的大權，現在追悔無及，有甚麼話可說呢？」金仔見他說得有理，不禁引起同情之心，乃暗中給他二百元，作爲返滬的川資，不可再在花叢流戀，顧着前程要緊。潁川大郎夢想不到青樓妓女，如此義氣，怪不得稗官野史，舞台名劇，盛稱「俠妓」故事，最顯著的有「李仙刺目」，他如「賣油郎獨佔花魁女」，「杜十娘怒沉百寶箱」，俱描寫妓女情至義盡，不圖自己今日身歷其境，金仔此舉，可謂難能可貴，接錢之際，爲之感激流淚，連聲道謝。論理潁川大郎拿了這二百元，應該珍之重之，翌日即去購買船票，誰知潁川大郎此人，正式紈袴子弟，未曾認眞受過磨折，心想金仔這筆錢，不啻是意外之財，等如中舖票一般，可見自己定有好運氣，何不拿來博一博彩？希望贏得三五百，可以原璧奉還金仔，出乎她底意料，吃她一驚也好！他向來喜歡賭博，身上不名一文，亦喜作壁上觀，有時翁俠士給他零用錢，他更做其塘邊鶴，下注一博，現在有二百元在手，怎肯放過機會，一俟金仔去後，即參加打鷄——一種擲骰子遊戲，可輸七注。俗語說得不錯：財不入急門，凡是希冀賭錢救急的人，結果適得其反，潁川大郎賭到天光，經已輸去三分之二，他當然沒有辦法買船票。第二晚再接再厲，連帶三分之一亦輸乾輸淨。金仔問起船期，他無詞以對，最後祗好靦顏相告，說他希望贏錢歸還貸欵，金仔長嘆一聲，又給他二百元，諄囑他切不可冒險再博，潁川大郎唯唯答應。任何人設身處地，都應該「斬手指」切記，不能負累這個紅顏知己，但潁川大郎賭癮大發，故態復萌，他認爲打鷄手氣不佳，打撲克本人大有把握，從前多數獲得最後的勝利，不妨加入作戰，他完全忘記打撲克的法門，雖憑技巧制

勝，財雄勢大最佔重要，他以前大財在握，輸乾輸淨，大可以寫張支票，向俱樂部或會友換取現金再賭，現在則不然，區區二百元，輸了一半，心理上已發生恐慌，很容易就震清光，碰着對手一手冤家牌，惟有「蘇冷」敗陣。金仔兩次給他川資，俱不能成行，連夕不敢寫紙相召，反為金仔放心不下，見他絕無聲息，太不合情理，如果他已買了船票，行期有日，應該握手道別，於是忍不住親到俱樂部訪問，潁川大郎正效元龍高臥，一見金仔行近床邊，不覺面紅耳熱，雙手蒙頭，大抵無顏相見之意。金仔鑑貌辨色，心中了了，低聲問道：「你又輸清光了？」潁川大郎不敢對，惟以手自拳其胸，大罵自己當衰。金仔是個紅牌阿姑，所與交遊，非富則貴，習慣懂得官仔的個性，必須保持其自尊心，斷不能弄到他有嗟來食的感想，當下婉轉問道：「你是否願意返回上海？」潁川大郎點點頭。金仔又問道：「你回去上海之後，當真不會惹麻煩，為父親所不諒？」潁川大郎搖搖頭，表示沒有麻煩之事。金仔帶笑說道：「或許你自己怕去買船票，我替你去買好不好？」潁川大郎估不到這個紅顏知己，一而再，再而三，尚肯付出盤川，感激之餘，從床上跳起身，緊握其雙手，淚承於睫，祇說得一句：「此恩此德，不知何以為報！」金仔毫不介意地，答覆這幾句話：「你為我散盡許多錢，人心肉造，我豈能掉頭不顧？但求你返家團聚，奮志做人，恢復了父親的信用，於願已足，何用酬報為。」果然金仔言而有信，叫人代買一張頭等船票，啟航之日，給他一百二十元，陪他去買些應用東西，並親自送他落船，直至輪船開行，始揮巾告別，一者表示情真義摯；二則恐怕他重蹈故轍，有錢在身，不願返滬，犧牲了船票，靜悄悄登岸。

金仔兩次三番，資助潁川大郎返滬之事，很快傳遍塘西，飲客一致同聲讚美，說她做人夠義氣，芳名不脛而走，花運更爲走紅。其中尤以外國人湯信，最爲顚倒，他是一間著名洋行的「大寫」，年逾不惑，唇蓄小髭，面孔尚屬漂亮，曾經多方設計，賄賂鴇母、寮口嫂之流，祇求片刻歡娛，不吝千金代價；另一方面，他召喚金仔不過四個月，在她身上所花費的金錢，已達二三千元之巨，仍不能搏得美人稍垂青睞。這也難怪：當時一般社會風氣，尚未開通，不論閨秀與妓女，重視身份，所以對於戀愛伶人的席嘜，仍帶有鄙屑的心理存在，何況與外國人來往，更爲掉忌。即以湯信而論，他祇是叫金仔酒局，有等姊妹及飲客，知悉其事，戲稱她想「食西菜」，甚而有人稱她爲「王昭君」，因爲舞台上有「昭君和番」一齣戲，昭君代表漢朝和親，遠嫁匈奴單于，本來一心愛國，寢息干戈，但後人說到和番兩字，顯然含有鄙薄的成分，金仔見此情形，避之惟恐若浼。她甚至哭喪着臉，告訴事頭婆，想實行推紙不應召，無奈事頭婆利其金多，並曉以利害：身爲妓女，除非客人欠賬不付，否則無法推却，領牌時的規矩，特別注明，不得逃避，湯信是有地位的人物，至怕將他激怒，他向「華民」投訴，還可以根據條例，要你接客哩。金仔給事頭婆一嚇，祇好照常應紙。可是金仔雖然對湯信極力疏遠，湯信則追求甚力，他想盡方法，託盡人事，並送給金仔高貴的衣裳及鞋子，請她參加半山區別墅的舞會，據說別墅主人是外國富商，被邀的男女嘉賓，俱是中西紳士及名媛，他因爲沒有適當的舞伴，才央求她賞面。金仔認爲本身是青樓妓女，參加外國名流的跳舞會，也是一件很光榮的事情，乃答應湯信的請求，艷裝而往。抵埗之後，果然覺得排塲高貴，紅男綠女，盡是上流

人物，置身其中，面子大有光輝，湯信對她尤爲侍奉週到，遵照外國人尊重女性的作風，例如起舞及罷舞之際，由他推送椅子，諸如此類，逢迎備至。金仔高興之餘，多飲幾杯，酩酊有醉意，別墅客房甚多，主人殷殷挽留嘉賓，下榻其間，金仔乃在別墅過夜。說者謂主人是湯信的好友，徇湯信之請，不以地位爲嫌，邀請金仔參加跳舞會，並利用這個機會，俾他們兩人接近，玉成其好事。飲客知道金仔和湯信留宿別墅，嘲笑她近來喜歡食西菜，金仔面紅耳熱，矢口不承，據說湯信雖然相迫，但她堅拒甚力，拿吃餐的刀叉對抗，他無法得逞，還刺傷他底面頰，果有一度小傷痕，似乎爲手指甲抓傷，不像叉傷這般嚴重，是否屬實，除他們兩個人之外，第三者無法知悉。不過嗣是以後，金仔恐怕風聲傳播，難免影响她底酒局生涯，吩咐湯信和她疏遠，不可常時揮箋相召，另外叫別個阿姑，寧可日間上環，陪他去大酒店天台跳茶舞。金仔雖然顛倒芸芸眾生，富客常臨，她却愛俏成癖，她心底愛人，是蓬室俱樂部館友方十二，大有不可須臾離之慨。方十二年少貌美，生得唇紅齒白，風流瀟洒，愛穿絲髮唐裝，有幾分酷肖當時的名旦騷韻蘭。據一般館友的推測，方十二家祗中人之產，兼且父親管束甚嚴，錢財很少過手，但他一樣執四季寨廳，新春年初一煎糕，時節「打賞」並不示弱於人，然則金錢從何而來，很可能是金仔效盲佬貼符，替他支撐塲面，以免勢利眼光的妓院中人，輕視她底愛郎。可惜方十二鄉間已有妻子，那時候的青年，不夠胆提出離婚，另娶妓女，頑固的家長，亦不容許子弟如此胡混，金仔亦不甘作妾，以是蹉跎復蹉跎，尚未還完花債。到了香港當局決定禁娼，停止發新牌，但「歌姬」則不在禁止之列。狡點的龜鴇，花樣百出，叫阿姑臨時學唱，以歌姬的

姿態出現，其實是走牌妓女的變相。有等尚未從良的阿姑，幾個人租賃一所地方，邀客人到來打牌消遣，可以晚飯直落消夜，儼然住家人模樣，並照常去酒樓及俱樂部，作為客人請飲，不是陪飲，當然不算犯例，金仔也曾走牌一個時期。年華逝水，非復曩日風華，深嘆靚仔沒本心，私蓄逐漸告罄，急不暇擇，嫁一個中年商人作外室。直至香港淪陷日寇手中，環境大為變遷，商人祇顧自己妻孥，拋棄不顧，迫於生活，和一個「密偵」同居，自然不是理想的伴侶，不久意見鬧翻，各走各路。金仔乃赴馬交，認識舊日陳塘的名妓四姑，隨她學習推拿，好容易才捱過三年零八個月的苦悶愁慘光陰。光復後，有人說她經已從良，僦居旺角，相信光景不大好，見她穿木屐，入街市買菜，手拖一個七八歲的女孩子，不知是親生還是育女。這個紅極一時的名妓，又是塘西第一個裝置電話的阿姑，落得如此冷淡收場，任何人發夢也想不到呢！

第四十二節：彩姬上街之君子協定

　　據一般飲客的批評：塘西妓女沒有一個配稱真美人，說起來也有充分的理由，因爲妓女過慣夜生活，捱更抵夜，睡無定時，食無定時，對於身心健康，發生不良影响，墮溷日久，不知不覺之間，弄到皮黃骨瘦，血氣衰弱，全賴塗抹脂粉，在燈光掩映之下，居然一個如花似玉的美人，若果在日上三竿，睡眠剛醒的時候，脂粉蕩然無存，恢復本來面目，簡直是「九子母」、「鳩槃茶」的變相，令人不可嚮邇！這個論斷，雖不是盡人皆然，但寄籍青樓，經過四五載時光的妓女，這幾句評語，倒也沒有錯。

　　當時詠花有一位紅牌阿姑，芳名彩姬，生得雪膚花貌，帶有幾分「蘇相」——很像蘇州美女，身材適中，不高不矮，骨肉停勻，不肥不瘦，可能因爲她落河的日子尚淺，捱更抵夜未夠一年，杏臉桃腮，保持紅潤，充分表露活潑青春的少女姿態。有一班少年好事的飲客，評頭品足，認爲適合美人條件，詩翁詩伯之流，更題詠佳叶，呈奉粧閣，以誌永念，有署名「願乞春陰護海棠客」者，贈以七律云：「小住瑤台是玉妃，銷魂愛唱薛郎歸。高唐神女雲爲枕，姑射仙人雪作衣；青鳥函中情婉轉，碧桃花下夢依稀；再從翡翠簾前過，惟見紅巾貼地飛。」又七絕三首云：「羣玉山頭舊主人，何因小謫在紅塵？階前不少閒桃李，怨盡東風妒盡春。」，「玉盤珠落潯陽曲，素面朝天號國妝，底事琵琶

矜絕調，不教天上譜霓裳。」，「黃金爲屋錦爲團，小宴瓊筵花亂飛，姑射肌膚似冰雪，爲因嘗着五銖衣。」又有未央生者，一見彩姬，許爲花中之王，大讚特讚曰：「雌兒可愛，我見猶憐！」他日，贈之以詩云：「仙風吹夢五更涼，霧閣雲窗未渺茫，眼界大千皆淚海，頭銜第一是花王；金爐爐冷金蟾月，玉杵聲殘玉兔霜；種過三升紅豆子，人間天上莫相忘。」

彩姬天生麗質，見者無不色授魂與，應徵未久，即花運走紅，每晚走二三十台，掛號埋席，已算是十分賞臉，有某公子偶出戲言，說她是高竇貓兒，她憤然拂袖而行，雖埋席亦不稀罕區區局賬一塊錢。凡是本姑娘認爲不喜歡的客人，不管濶少與否，一概不應紙。大約過了一年光景，她底芳心中祗認可三個客，並且覺得都各有可取之處，配得上溫心老契的名銜。同時這三個恩客亦備極顛倒，大家俱想遂其獨佔之欲，可是彩姬却認爲三者之中，缺一不可，因爲三個人各有所長，綜合歸納起來，才配合十全十美的條件，正如水滸傳的王婆說得好：潘，驢，鄧，小，閒，五件齊全，才可以沾盡十分光。本來魚與熊掌，不可得兼，而彩姬更要兼有三個恩客，怎麼樣辦呢？恰巧這三個恩客，都提出帶她上街的要求，彩姬提出下列條件：同時跟三個客埋街，身價及家用共同負擔，時間各有規定，較好的兩個，每星期輪值三天，一個逢一三五日，一個逢二四六日，另一個則僅佔星期日的一天，各守時刻，不得拈酸吃醋。最奇怪的是：三個客人皆情願簽署「君子協定」，分日輪班，永不侵犯，最可惜的是：紅顏薄命，不及兩年，彩姬便香消玉殞了。

彩姬能夠顛倒芸芸眾生，據說她是女學生出身，貌美而談吐風雅，現在再談談飄萍，她也是一個誤解自由的女學生。攰妓

女墮溷的原因，除龜鴇之流，從小養育，訓練裝飾，用作搖錢樹之外，大都自己做壞事，不容於家庭，或無顏見父母親友，被迫淪落青樓，這種人物，以富室侍女，或小家碧玉佔多數，世家閥閱，間或有之，亦類鳳毛麟角，殊不多見，因為曩昔重視禮教，大戶人家，三步不出閨門，男女授受不親，沒有機會和男人接觸，教她從何蕩檢踰閒？飄萍原是世家女，誤解自由戀愛，一顆紅丸，為狸奴盜去，還叫她先行落寨做「老舉」，接着便名正言順，帶她埋街，有情人終成眷屬。這理由簡直荒謬絕倫，而飄萍居然甘受所愚，可謂情字累人，任是如何聰明智慧的女子，亦為之神智昏迷，成為塘西紅牌阿姑中，別開生面做老舉的一個。

飄萍隸宜樂，宜樂的前身是方醪，與天一同是「石屎樓」建築物的大寨。因為塘西初期的妓院，是舊式木樓，天一原址在現時金陵酒家隔鄰，一連幾間舊屋宇，皆拆卸改建，乃遷去大道西尾端的新洋房，同一時期開業的有方醪。說起方醪却有一段笑話：方醪初時定名方壺 —— 方壺圓嶠，乃神仙所居。以阿姑比喻仙女，以妓院譬喻仙境，尚覺有幾分貼切，而方醪的醪字，大家都知道是醇醪美酒，比喻飲客，醉翁之意不在酒，未嘗沒有理由，但方醪這名詞確有點欠解，無怪一般飲客，順口叫做「荒謬」了。然則方壺為甚麼改名方醪呢？原來當時有位頗具勢力的機關人物，名字是ＸＸ壺，亦喜飲花酒，一班朋友知道有間新妓院就快開幕，便向他取笑，有他的名字，一定是他做事頭公，換句話說，就是做龜公，這玩笑可開得太大了，他恐怕當真「以鵝傳鴨」，馬上叫龜鴇改名，龜鴇當然不敢抗命，可是事出倉卒，經已卜吉開張，祇好改過招牌，而寨廳的枱圍椅墊，仍沿用方壺二字，這位先生總算海量汪涵，不再追究。後來方醪生意不前，換

過東家，改名「宜樂」，聽說是「宜香」、「咏樂」的東家接辦。

　　飄萍隸宜樂的時候，已是第二次翻剃了，第一次屈身爲妓，是在長樂。她原是世家女，也是某校的高材生，品學和樣貌，都很不錯。在四十年前，家長頭腦頑固，更且重男輕女，認爲女子無才便是德，女子而准許入學校讀書，那個家庭總算開通。這時候男女自由戀愛之說，剛在萌芽，女學生和男朋友拍拖，被稱爲「自由女」，大家羞與爲伍。飄萍年才十六，情竇初開，沾染自由風氣，給一位富家子破壞貞操，向家長徵求婚媾，竟加以拒絕。富家子被迫不過，想出一個計策，叫飄萍屈身爲妓，然後帶她作歸家娘，據說他底幾個庶母，俱是塘西及陳塘的琵琶仔，帶妓女不算敗壞家規，定能容納。飄萍情之所鍾，悉聽個郎擺佈，誰知個郎雖踐諾言，但家長不許正式入門，且替兒子另尋佳偶，飄萍無顏見父母，乃被迫要翻剃了。在宜樂不夠半年，隨一殷商作繼室，生活舒適，總算彌補缺陷。

第四十三節：「詩妓」紫蘭花小史

　　訪艷陳塘（廣州），買醉塘西，眾香國裏，一枝穠艷，名冠羣芳，紫蘭花亦曾一度膾炙人口，顛倒眾生。紫蘭花是她樹幟陳塘時的芳名，移植塘西，改名盼盼，本身的姓氏是韓蘭素，相信稍爲涉足花叢的朋友，當不會忘記這一朵解語名花，但其人其事，可泣可歌，閱盡滄桑一婦人，脫不掉紅顏薄命的悲慘收場，使惜花人爲之洒幾點同情之淚。紫蘭花生前，最受飲客詬病的，可能因爲她喜歡與梨園子弟往還，在當時被稱爲「席嘜」，任何溫客知悉其內幕，多數醋海興波，毅然「割席」。紫蘭花情之所鍾，不顧一切，如所週知：她初時熱戀名伶司徒六郎，弄到聲名狼籍，不能立足於塘西，遠赴越南，歸來後格於環境，爲六郎所疏遠，復熱戀另一名伶梅老九，結果和梅老九賦同居之愛，及後梅老九赴金山登台，迢迢兩地，時興春樹暮雲之悲，紫蘭花不幸沾染肺病，藥石無靈，金錢缺乏，景況堪憐，由三兩知己朋友，送入廣州城西方便醫院，飲恨以終，薄命紅顏，古今同慨。平情而論，「戀愛自由」，紫蘭花因喜愛梨園子弟，爲尋芳客所不齒，復因年華遠去，病魔糾纏，以至「收場」慘淡，誠屬紫蘭花的不幸，其實她的「開塲」，亦相當可憐。她出身於富有的家庭，知書識字，受過教育，如她不是年少無知，情不自禁，爲男同學所誘惑，爲家長所不容，當不會淪落青樓。當紫蘭花初張艷幟於陳

塘，以報道花國新聞著稱的天游報，稱她爲「詩妓」，極力吹捧，媲美柳如是，李香君，吟風詠月，尋章摘句，不愧雅人深致。老實說一句，紫蘭花並不懂得「口占一絕」，「平平仄仄仄平平」，不過她「讀熟唐詩三百首，不會吟時也會偷」，她肄業「私塾」的時候，很喜歡念誦詩句，不衹「唐詩」，許多「名人詩句」，她亦「爛熟於胸」，往往沖口而出，儼如「不櫛進士」。而紫蘭花的「走紅」，有以下的幾個主要因素：第一，她生得嬌小玲瓏，飛燕身輕，掌上可舞，騷在骨子裏，最銷魂處是秋波，美目盼兮，當者披靡；第二，天賦一串嚦嚦鶯聲，旣嬌且媚，軟聲輕語，動人心坎；第三，附庸風雅，她畢竟讀過書，吐談殊不俗，同時亦很尊重文人，座上有「風雅士」，她很樂意奉陪，娓娓清談，竟夕不倦，或邀返粧閣，親剝生果，作搓燼之戲，品茗誦詞章，泛論人情世故，瀕行時殷殷握手道別，並不肯要「佳客」破鈔 —— 客人「打水圍」，照例要給「生菓錢」。職是之故，一般文人墨客，以個妮子風雅可人，投桃報李，紛紛贈以「墨寶」，所以紫蘭花的粧閣中，聯軸丹青，琳琅滿目，不像其他阿姑的房間，胭脂水粉，俗不可耐。紫蘭花旣有此文字根底，又復出身富有之家，爲甚麼淪落青樓？說起來有一段纏綿悱惻的故事。正是：一失足成千古恨，再回頭已百年身，誤解自由的青春少女，大堪引爲龜鑑！

　　紫蘭花原名韓蘭素，排行第二，上有長兄，下有弟妹，父親韓翁，家道素封，是個殷實商人，母親嚴氏，也是名門淑女，她生長於這等高尚家庭，席豐履厚，初不知憂愁爲何物。加以她天資穎悟，過目不忘，孩提之年，牙牙學語，聽大哥讀書，居然琅琅上口，兼且生得眉清目秀，眞個人見人愛，親友交口稱讚，

許爲未來的「不櫛進士」，韓翁夫婦，更愛如掌上明珠，特別叫她隨哥哥上學。往昔社會風氣，尚未十分開通，一般家長重男輕女，認爲女子無才便是德，不大放心送女兒入學校讀書，恐怕沾染「自由女」的惡習，同時，較有規模的女學校也不多見。那時有一位「舉人」，名喚賴文叔，開設一間「館」——館即「私塾」——夫子循循善誘，門下桃李甚眾。凡屬私塾，大都注重舊文學根底，經史詞章，吟詩作對，差不多列爲必修科，雖然清社已屋，科舉廢棄多年，有「功名」的學者，如「探花」、「翰林」、「舉人」以至「優貢」、「秀才」之流，在香港仍甚吃香，一般家長，替兒子選擇師資，很注重其根底。蘭素與長兄大韓，在「賴文叔館」肄業，學業很有進步，光陰荏苒，那一年大韓已是十七歲，蘭素也有十五歲，韓翁以本身的業務關係，需要英文人才，乃命長男改習英文，希望早日學成，堪作一臂之助。但蘭素是否繼續下去呢？韓翁夫婦爲着這個問題，煞費躊躇，據嚴氏的初意，旣然哥哥轉學，沒有男子陪伴，不如索性送她某著名女校，逐級而升，以至畢業。可是韓翁不知從何處聽到一個消息：這間女校的附近，有間著名男校，男女學生差不多同一時間上課，相見旣頻，日久漸生情愫，有等「大胆」男生雖不識對方姓名，居然暗遞「情書」，自我介紹，效毛遂自薦，對方如不嫌棄，按照姓名地址，互相通訊，因此製造許多「自由女」，打破禮教的藩籬，曾經發生幾件不名譽的事情，爲兩間學校的當局所聞，想辦法杜漸防微，最後乃調整上課及下課的時間，或早一刻鐘，或遲半小時，減少男女學生的碰頭機會，話雖如此說，最怕此風一開，不可遏抑。據韓翁的見解，認爲賴文叔是老師宿儒，彼此又屬在親戚，他一向管教甚嚴，學塾中的幾個女生，非親戚即故舊，好比

一家親，另闢一個小角落安置，並不是與其他男生同在課室，比較送去女校，更覺管理嚴密。韓翁是一家之主，既有此主張，三從四德的嚴氏，豈敢道半個「不」字，蘭素乃繼續在「賴文叔館」修業，這一年「平安無事」。第二年蘭素已屆破瓜年華，出落如花枝招展，眉梢眼角，隱孕風情，古人說得不錯：知好色則慕少艾，當時「甲班」的男同學，最年長的一個，名喚符圖，和賴老師的兒子少文很合得來，對蘭素尤為傾心。

符圖年已十八，被稱為甲班的高材生，蘭素在甲班的成績亦不弱，兩人常時獲得賴文叔口頭嘉獎。文叔的長子少文，與符圖年齡相若，同坐一書案，感情融洽。蘭素和少文誼屬表兄妹（她底母親嚴氏，是「賴師母」的嫡堂妹，在私人親戚關係方面，她稱呼「賴老師」為姨丈）不須避瓜李之嫌，符圖利用少文作「中介人」，獲得接近蘭素的機會。每值星期休假，符圖便邀約少文蘭素去逛公園，賴老師及蘭素的家長，以少文有份參加，當不虞有他，那時風俗淳樸，青年男女大都循規蹈矩，不敢公然「拍拖」，何況他們均是高材生，知書識字，自然守禮，豈敢作桑間濮上的行為，特別是蘭素年方十六，活潑天真，不脫小孩子嬌憨之態，未必懂得談情說愛。在一般家長的心目中，祇知道青年男女，看過「紅樓夢」，風流賈寶玉，追求表妹林黛玉，端莊流麗的薛寶釵，同樣鍾情寶哥哥，所以當時談起表兄與表妹，便不免有點那個。蘭素和少文遊花園，雙方的家長，其初尚擔心小兒女漸通情愫，接觸頻仍，很可能成就一段姻緣。不過賴老師和韓翁，尤其是他們底太太，覺得這對表兄妹，才貌也很相當，如果有情人成為眷屬，却是一頁佳話，乃隻眼開，隻眼閉，任由他們繼續出遊，並不加以阻禁，夢想不到有女懷春，吉士誘之，那個

「吉士」竟是另一高才生符圖。說起符圖的才貌，和蘭索亦算「登對」，天生一副「小白臉」，眉目清秀，加上一副「油咀」，口甜舌滑，三言兩語間，很快就打動女人心坎，正是「女人湯丸」之流，知識薄弱的懷春少女，怎不墮入轂中？少文雖與符圖同年，但生性老實，規行矩步，大有父風，機智更望塵不及，他完全不知道受人利用，符圖簡直玩弄他於指掌之間，舉一個例：他們三人，有一次同去九龍遊「宋皇台」，符圖心生一計，提議抄寫石上的題咏，不論佳叶或打油詩，亦全部抄錄，少文欣然贊成。符圖主張分頭去抄，叫少文獨個兒去「上頭」，他和蘭素在「下邊」，並聲明不可遺漏，抄得越多越好。他和蘭素努力工作，耳鬢廝磨，甚麼心事亦可盡情傾吐。結果這一次「宋皇台」之遊，兩人種下情根，盟山誓海，願「宋皇」在天之靈，鑒領寸衷，有渝此盟，神明共殛！自從兩人口頭訂婚之後，踪跡更打成一片，適值這間私塾，晚上租給一位英文教師，教習英文，符圖與蘭素，藉口兼修佉盧文字，除星期日之外，每晚俱上夜課，事實上祇是返書塾逗留半小時左右，即先後離開，在街頭等候，拍拖逛街。他們最喜歡中環海傍「皇后像」附近，景色清幽，行人稀少，並坐草茵之旁，肩兒相偎，手兒相握，偷親香吻，自所難免。有一晚，他們經過德忌利士碼頭，仰望一座巍然建築物，有「東京酒店」字樣，符圖事前已探悉這是日本人開設的酒店，任何國籍的士女光顧，一律歡迎，但普通人見其氣象森嚴，頗有貴族氣派，恐怕發生誤會，多不敢作居停，他心想正好利用地點幽靜，環境特殊，不比一般繁雜的旅邸，容易碰到熟人。將近行到酒店門口，符圖鼓其如簧之舌，誘稱雙親有意早日遂向平之願，不少蜂媒蝶使，到他家裏談婚事，為着雙方切身關係，必須找一個安全的地方，

秘密商量方法應付，蘭素年少無知，一切任從符圖擺佈。符圖手急眼快，四顧無人，即挽臂同入酒店，開個房間。這間酒店雖是日本人開設，不少華人光顧，夥記亦以華人佔多數，見是青年男女，來意不問可知，帶他們上三樓開個普通房，房租五元，傢俬陳設十分簡單：一張鐵床，一個四桶櫃，一張小桌子，兩張椅，夥記沖茶之後，順手代為掩門。蘭素年紀尚輕，初次面臨這種神秘的場合，心驚膽震，口震震詢問符圖如何應付老人家。符圖「指天篤地」，誇張這件事擔保在他身上，打算過兩天向雙親直接提出，當然不會反對，叫她大可放心，蘭素信以為真，眉梢眼角，情味盎然。孤男寡女，同處一室，個中事不足為外人道，也不必為外人道，總而言之，蘭素絕對信任她底未婚夫，遲早都是「符家人」，此身已屬愛郎，惟有任由愛郎支配！符圖色膽猖狂，想留蘭素在酒店度宿一宵，但蘭素恐怕家人懸掛，更恐怕因此惹起疑竇，為雙親察覺，反為不美，堅決要返家，符圖乃親自護送，時已半夜十二時許，幸而韓翁是夕赴友人之會，尚未歸來，她告訴母親，和同學去看粵劇，嚴氏以女兒平日循規蹈矩，不虞有他，完全沒有追問。天下事可一即可再，尤其是青年男女，色膽越弄越兇，兩人密約幽會，次數越來越多，逐漸引起家長的懷疑。

原來符圖與蘭素，初時藉口上英文「夜課」，欺瞞家長，每晚亦循例返書塾一行，並且掩飾師長耳目。自從去東京酒店開房之後，大家指定地點會晤，多見一時，親熱多一刻，懶得返書塾逗留，徒費寶貴光陰，這是一般情竇初開的男女，人同此心，心同此理，不足為怪。符圖是男子漢，下課遲一點返家，儘多託詞，不怕家長怪責，蘭素則不然，她是一個青春少女，行動稍差

池，便引起家長担憂。其初蘭素與愛人拍拖，尚堅守普通「下課」時間，大約九時許，至遲十時，即返抵家裏，及後墮入情網，唯愛人之命是聽，越弄越猖狂，非到十一時之後，不肯握手告別。如是者兩三月之久，尚未發覺，理由是：韓翁屬於「風流伯父」的典型人物，以生意應酬為題，一個月之中，差不多有廿八晚去飲花酒，但他有季常癖，為着欺瞞太太，無論深夜二三時，以至將近通宵達旦，亦必返家度宿，表示他祇是應酬顧客，打通宵麻雀，並不是在妓院過夜，這是一般飲客應付住家女人的「技巧」，因為她們最担心的，是丈夫和「壞女人」同尋鴛夢，流連忘返，如果有阿姑痴纏，他和她之間，怎肯捨割衾枕之愛，鴛夢未酣，便唱其「歸去來詞」？同時韓翁在花叢說話風騷，舉止活潑，可是踏入家門，即扳起面孔，道貌岸然，家中上下人等，俱視之如「嚴君」，連「大聲咳嗽」也不敢。蘭素利用父親的「弱點」，知道他每晚非過了二時不歸家，在十二時以前返抵家門，決不會「撞板」，母親嚴氏，正是賢妻良母的典型，每晚十時左右，習慣噢咻年幼的弟弟睡覺，有時一覺睡至父親深夜回來，聽到鈴聲自起身開門，以免驚動傭婦，這是「厚道」人家對工人的仁慈。基於上述兩個原因，更造成蘭素行動的瘋狂。她有的是錢，不惜「賄賂」傭婦，留心她底步伐聲，不須等待她按鈴，靜悄悄啓門接納，必要時還替她遮瞞母親，說她很早便回家。嚴氏雖不愧賢妻良母，未免犯了「慈母多敗兒」的弊病，她對兒女姑息溺愛，例如蘭素的夜歸，她未嘗不知道，有時循例問她一聲，蘭素飾詞以對，她竟深信不疑，在她心目中，以為自己的兒女，向來循規蹈矩，絕對沒有蕩檢踰閑，她不特不肯告訴丈夫，以嚴親的地位，提出警告，以防患於未然，甚至有一次，韓翁「例外」早歸，見

蘭素於十一時許回家，態度瑟縮。他質問嚴氏，女兒何處去？是否稟命在先？嚴氏反爲代她掩飾，說她有一位女友出閣，飲完喜酌回來。「受賄」的傭婦阿好，聽完男女主人的「對白」，暗中轉告小姐，蘭素益覺有恃無恐了。直至有一天，嚴師母生辰，嚴氏以誼屬姊妹，抽身前往道賀，並在書塾吃飯。嚴氏偶然問起賴文叔：「蘭素近幾個月來，晚上學習英文，是否用功很勤？」賴文叔非常驚訝，不等她說完，即插口說道：「她晚上讀英文？大抵這兩個月，我完全沒有見她返書塾一行，爲甚麼你會說出這句話！」

　　嚴氏聞言，這一驚非同小可，詳細詢問之下，始知道蘭素不特晚上沒有學習英文，甚至「旁聽生」也不是。此時少文行近身前，叫聲「阿姨」，嚴氏以蘭素平日與這位表哥，往還密切，青梅竹馬，兩小無猜，頗懷疑這對表兄妹，近來嚙臂盟心，乃接口道：「阿蘭最近很喜歡出夜街，是不是和你偕行？」少文連忙分辯道：「阿姨，你切勿誤會，自從兩個月前，我和表妹去過宋皇台之後，差不多沒有同行，出夜街更未曾有。況且那次同遊宋皇台，也不是單純我兩人，人所共知，符圖亦有份兒。」符圖是賴文叔的高才生，嚴氏在姊夫的生辰宴會中，見過他幾次，對他的印象亦不錯，現在提起符圖名字，恍然大悟道：「然則蘭素出夜街，單純與符圖有約？我知道你們三個人很友好，在書塾同筆硯，星期休假，亦相偕出遊，我以爲你一定有份參加？」少文哂笑道：「三個月之前，倒是實情，但遊罷宋皇台，情形大變，今時不同往日了。」說到這裏，蘭素和符圖，施施然從外來，見母親正與表哥談話，兩人上前打招呼。嚴氏細心觀察兩人的行動，眉梢眼角，不知不覺間，流露親暱的情緒，旁觀者清，她心裏暗

呼不妙，但她出身詩禮家庭，深明大義，這等事關係各方面，如果鹵莽發作起來，不獨自己家聲玷辱，甚至影响姊夫這間書塾，不須等待明年正月開課，馬上就要「關門大吉」。不久韓翁抵埗，他特別撥開其他應酬，親自到來參加這個「生日」慶典，賴文叔夫婦難得貴人賞光，倍覺高興，嚴氏見此情形，祗好暫時放開懷抱，盡主人之歡。可是中心焦灼，在眞相未明瞭之前，嚴氏仍覺牽腸掛肚，食不知味，寢不安席，暗自唉聲嘆氣，又怕丈夫識破，提出質問，正不知何詞以對？慈母愛護兒女之心，無微不至，嚴氏的處境，眞是苦不堪言！好容易捱到翌日清晨，時鐘剛打六下，嚴氏即蓬然驚醒，她想叫蘭素起身，問個明白，才覺放心，但她又恐怕爲丈夫所聞，無法掩飾，反爲不美，正在躊躇莫決之際，蘭素經已返書塾上課，沒奈何再忍耐一個時辰。直至蘭素早膳放學回家，韓翁吃完早飯返商店辦公，始有機會談話。她一見丈夫踏出門口，即呼喚女兒入房，順手掩門，劈頭第一句便說道：「我有重要事和你商量，你不必担心趕返書塾，我已決定替你告一天假！」她邊說邊端詳上下，凝眸不稍瞬，蘭素覺得母親神態有異，心裏暗自吃驚，忙問她商量甚麼事？嚴氏莊容正色地說道：「甚麼事嗎？我現在要問你，近來你常出夜街，到底與誰人同行？」

蘭素一向出街，利用少文作護符，不知不覺間，又說出表哥兩字，嚴氏憤然作色道：「阿蘭，你不要遮瞞我了，這兩個月來，你完全沒有和少文同行，日夕與符圖出雙入對，是不是？」蘭素囁嚅不能宣諸口，嚴氏續說道：「昨晚姨丈請生日酒，親友及門徒，老早齊集，我以爲你必定在座，幫忙招待來賓，誰知你竟姍姍來遲，和符圖相偕入來，事實擺在目前，不言可喻。現在你老

實答覆我一句，你是否和符圖有『私情』？」大凡富有經驗的母親，對於女兒生理上的變態，除非平時疏忽不留意，現在經過細心端詳之後，越看越覺「膽震魂離」，乃發出「最後通牒」：「你快些告訴我，有沒有『吃虧』？趁你爹尚未識穿這件事，我還可以替你彌縫，若還你不肯照直招認，你爹要將你送交醫生檢驗，那時節，我就愛莫能助了！你……你……你是否給別人佔了『便宜』？」蘭素以母親說得這般坦白，不由自己不承認，哇的一聲哭將起來，突然雙膝跪在地上，嗚咽地說道：「媽，我知錯了，懇求媽海量包涵，休要給爹知道……」嚴氏發夢也想不到女兒如許年輕，這般斗膽，初時尚以爲她祇是行行夜街，自由戀愛而已，況且大家都是讀書識字，知禮守義，是「賴文叔館」的高材生，斷不敢幹此敗壞家門的醜行。可是當她聽到女兒「認錯」，絃外之音，不啻表示經已「受人所騙」，越想越急，越急越要贅問一句：「你當眞給符圖那廝欺騙嗎？」蘭素惟有痛哭點頭，無言可對，嚴氏見女兒已承認一顆紅丸，爲狸奴盜去，恍如晴天霹靂，這一氣惱非同小可，當堂涕淚交流，手足發抖，恨不能「打殺」這個小賤人，可惜雙手柔軟無力，心靈極度創傷，又見她哭得悲哀，如帶雨梨花，楚楚可憐，畢竟自家骨肉，有點捨割不得，最後祇有長嘆一聲，喝叫她起身，痛心地說道：「你是個聰明女孩子，讀書成績，亦不落人之後，本來『書多理明』，你何致愚昧若此，難道你不懂得這件事大大吃虧，試問你如何善後，今後有甚麼面目見人？」蘭素此時，確是「悔過」，不該貪一時之快樂，貽日後的隱憂，更爲清白家聲之玷，雖然悔已無及，想起剛才母親答應替她彌縫，希望慈愛的母親，找到善後辦法，乃含悲咽淚，聲音震顫說道：「但他……他曾經發過誓，決不始

亂終棄……他經已和我私下訂婚，答應將此事稟告雙親，明媒正娶……」嚴氏聽到這裏，緊皺的眉頭，稍為舒展一下，沉吟地說道：「符圖這個人，總算一表人才，據你底姨丈說，才學也不錯，不知家世如何，父母的意見怎麼樣？」

蘭素以母親有轉圜餘地，乃放胆說道：「符圖的父親，開設一間呂宋庄，規模雖不大，生意也過得去，不過他負責的家費太重，或許環境不比我家優裕。據符圖說，他年事居長，父母平時對他很鍾愛，他保證老人家不會反對我倆的婚事，祇是担心目前拿不出許多錢鋪排婚禮，或者要籌措一個時期，換言之，大約遲一兩年才可以結婚。」嚴氏慨然說道：「我和你爹都不是勢利中人，擇婿祇選人才，並不計較其家底，如果他有本事，何難白手興家，相反地他若是一個紈袴子，縱有百萬家財，亦很容易揮霍淨盡，關於錢的問題，我倒不大介意，祇要他人品好，有始有終，大家『你好我好』，就算我資助他亦無所謂，均之我也曾對你說過：你是長女，我早已替你準備一筆粧奩費，這是已出之物，祇要維持門面，表面上應辦的嫁裝，有得『遊街』，骨子裏珍飾和箱籠衣服之類，購置少一些，拿這筆錢作其他用途，亦未嘗不可。」蘭素聽母親承認符圖為東床之選，有心玉成美舉，如此委曲求全，感激之餘，不禁流出幾點熱情之淚，同時她知道母親頗有私蓄，尤為快慰。蘭素正在「轉悲為喜」之際，嚴氏仍覺心心不忿，自念家教一向謹嚴，「賴文叔館」亦是著名書塾，滿門桃李，嚴於管教，何以有此一對男女學生，作桑間濮上之行，忍不住追究女兒：因何不顧顏面，自願吃虧？蘭素嬌羞滿面，忸怩地答道：「因為他見我和表哥很合得來，青梅竹馬，兩小無猜，懷疑我倆已有『私情』……」嚴氏插口說道：「你就是不堪一

激，自動以身相許，證明你是無瑕的白璧嗎？」蘭素含羞帶愧點點頭，心裏偷歡喜，以爲母親經已話頭醒尾，必能諒解她「失身」的苦衷，誰知嚴氏悻悻然說道：「阿蘭，你完全中計了！我曾經聽人說過類此的故事，有許多輕薄少年，目的在玩弄女性，當兩情繾綣之際，口頭『訂婚』之後，表示懷疑對方不是『處女』，年少無知的女孩子，往往不堪一激，任由他擺佈，以證明本身如白璧無瑕，結果他們『飽食遠颺』，始亂終棄，吃虧的當然是女人。你本來聰明智慧，知書識禮，因何這樣愚蠢，誤信他口甜舌滑之詞，受人所騙呢？」

蘭素聽完母親一番話，不特不慌張，反覺母親過慮，很有把握地說道：「我一時不察，亦知道做錯這件事，太過吃虧，但我相信符圖此人，非輕薄兒郎可比，當不敢始亂終棄，我曾經向他提出警告：如果他對我不住，我必定和他『搏命』！他指天誓日，決不是王魁薄倖之徒，甚至雙親反對婚事，他甘願『一死殉情』，用作『贖罪』……」嚴氏到底是舊頭腦中人，以爲女兒既已獻身於符圖，此人就是未來的東床快婿，怎捨得他去死，連忙插口道：「休說這等『不吉祥』的字句了，但求他一心一德愛你，有始有終娶你，雖然目前吃虧，還有辦法補救，首先叫他徵求雙親同意，循例選擇一個日子，約定在一個地點『相攸』，雙方家長作間接的會面，或姨丈及姨媽出頭，從中介紹，直接傾談，事情更妥，好在你兩個俱是學生，由老師及師母執柯，相信對方當不致有甚麼難題。『相攸』之後，即舉行文定，寧可訂婚，正名定分，你們往來密切些，猶可解說，最低限度有人『認頭』……不過你須切記我一言：我祇是許可你來往，絕對不是贊成你們繼續幹曖昧事情，這等事可一不可再，既已失足鑄成大錯，不能不勉強

想法子善其後，你勿以爲『過得骨』越加放縱，胆大妄爲，這樣做很容易引起家長及親友的反感，極力抨擊，破壞你們的婚事，尤其『担心』的：湊巧未迎娶之前，荳蔻含胎，雙方家長的面子，都給你丟盡，永遠貽人笑柄，你切勿視作等閒呀！」蘭素給母親說得毛骨悚然，唯唯應命。這一晚，蘭素特約符圖，和母親在餐室會晤，嚴氏先責罰他一番，斥他大胆「害死」女兒，如不是顧全雙方名譽，必定捉將官裏去，控告他誘姦未成年的閨女，最低限度要坐幾年監，符圖早已從愛人口中，知道這位慈祥的母親，大有轉圜餘地，同時又知道婦人家心軟，只要肯低頭下氣認錯，當有不可思議的功效，乃自認「千不是」，「萬不是」央求海量包涵，今後一切唯命是從。嚴氏往時雖見過符圖三兩次面，因爲他只是姊夫的學生，痛癢不相關，隨便望他一兩眼而已，現在則完全不同，他和女兒有密切關係，簡直是「半子」資格，趁此機會看個全相，覺得他眉清目秀，儀表不俗，言語玲瓏，禮貌週到，平日又聽說他很好「才學」，看樣子也是一個有爲的青年，女兒的選擇眼光，倒還不錯。當下嚴氏已改變了溫和的態度，很詳細詢問他的家世，以及雙親的性格如何，符圖逐一回答，與蘭素告訴他的話兒差不多。最後嚴氏叮囑他從速告訴雙親，依循世俗的習慣，先「相攸」，繼之「文定」辦妥「訂婚」手續，遲早迎娶不成問題。符圖口中雖唯唯應諾，但容止之間，似有難色，嚴氏以爲他得魚忘筌，到手便不肯勇於負責，很不滿意地質問道：「我看你的情形，似乎有點爲難的樣子，你是否沒有胆量和雙親商量，存心敷衍，實行不負責任嗎？」

　　符圖以嚴氏怒容滿面，連忙解釋道：「伯母，你幸勿悞會，我絕對不是這種人，就算雙親爲此事驅逐我出門，我亦要提出來

磋商。不過我認爲事情重大，如果說出來無補於事，不爲雙親所諒解，究不如從長計議，時而後言。因爲我尚在求學時期，未有自立能力，年紀亦不過十八九歲，寧可他們替我物色佳偶，這是另一問題，若果由我自己提出要求，一者怕他們責我不知羞；二則可能罵我太斗胆，尤其是他們知道我倆已有『私情』，可能更不會表示同情，連帶蘭妹也給他們輕視，將來在家裏的地位亦影响，這便是我最担憂的事情，並不是我藉端推諉，希望你平心靜氣，代我設想一下。」嚴氏見他言之成理，不特平心靜氣，且佩服他有思想，年少老成，果然攷慮週到，於是沉思了一會，欣然有所得，叫符圖不必担心，也不用直接告訴雙親，這件事將請「師母」負責斡旋，只由他從中策應便可，符圖當然極表贊成。嚴氏不敢怠慢，即日去見賴文叔夫婦，告訴這件事的「內幕」，賴老師一聞之下，恍如晴天霹靂，吃驚不小，一則蘭素是他底姨甥女；二則兩人俱是他底高材生，鬧出這幕「醜劇」影响校譽，不幸輾轉傳播誰敢派遣兒女就學？因爲當時的家長，主張老師嚴厲管教，不獨不怪責老師「殘忍」，相反地更歌功頌德，感謝老師「教好」其子弟，並廣爲介紹，所以當時一般以「嚴厲」著稱的私塾，每屆年末，放冬假之前，學生便簽滿「關書」（按：從前富有人家聘請「專家」教誨，必定送上「關書」，即「聘書」，以示尊敬，如果這位西席到年尾尚未收到關書，可能暗示明年不續館，除非東翁先用口頭挽留，聲明遲日補送，則屬例外。至於私人設立書塾，學生到來掛號便算，本無關書可言，但年長懂事的學生，爲着尊重老師起見，發起簽寫關書之舉，手續也很簡單，祇是用紅柬寫「關書」字樣，意義則十分隆重，凡是家長同意明年復館的學生，提前簽名，換言之，即是登記或掛號之意。），

當下賴師母以姨甥吃虧，尤爲憤怒，尚未等到嚴氏開口懇求，經已自告奮勇，聲言要去符家「辦交涉」！

賴文叔權衡利害，恐怕太太挾「師母」之尊，出言不遜，激惱符圖的母親符太，反爲不美，究不如由他先見符圖的父親符翁，彼此俱是男子漢，比較通達事理，表面上亦作爲老師替一對男女高材生執柯，內容則「諱莫如深」，但求對方同意，辦妥「文定納采」手續，這件事便可迎刃而解了。嚴氏以姊丈慨然幫忙，連聲道謝，並請求他早日進行，賴文叔喟然嘆道：「當然哩，這件事亦間接和我有重大關係，我怎能袖手旁觀！」於是寫一封親筆函，叫符圖放學時帶給父親，符翁以老師突然假座一間小酒樓，潔樽候教，尚以爲老師有甚麼喜慶的事，欣然赴約。抵埗時，見賴老師祇是佔據卡位的一角，旁座無人，心裏頗爲納罕，邁步上前打招呼，劈頭第一句便問：「老師見招，有何好意？師母呢？世兄呢？何不着人相請，或者兼約賤內，隨意吃餐便飯好不好？」符翁知道賴文叔不是有喜事「請飲」，自願作東道主，孝敬老師，請吃晚飯。賴文叔滿面陪笑道：「容日領情，茲有小事，擬首先和符翁商量。我知道這間酒家，隨意小酌，菜色很不錯，你又是長期顧客，特別約你到來，我們且吃且談。」符翁一口答應很好，隨即徵求賴老師同意，寫好幾個菜式，交侍役準備，他是熟客，當然暗中吩咐侍役，不想叫老師破鈔。賴文叔見他如許高興，俟他寫妥菜單之後，帶笑開口說道：「我底書塾有幾個女學生，其中一個名喚韓蘭素，你還記起這個女孩子嗎？」符翁不假思索，點點頭說道：「是的，那個姓韓的女生，幾個月前，星期休假，常時與世兄少文，到我家裏，約阿圖同去旅行，近來不知何故，很少見她的面。她的樣子和儀注，十分矜貴，聽說她的

成績很好，和阿圖也很合得來，可不是嗎？」符翁以老師無事不登三寶殿，一開口便提韓蘭素，正是聞絃歌而知雅意，故意讚她幾句，並說兒子和她相好，以探聽賴老師的口風。賴文叔見他聞一知二，乘勢打開天窗說亮話，一口氣說下去：「沒有錯，蘭素和令公郎感情很好，成績亦並駕齊驅；她又是我底姨甥女，最近『妻妹』見她年事漸長 —— 現年十七，比令公郎年輕兩歲 —— 擬替她作東床之選，我覺得她和令公郎才貌相當，可算一對璧人，一時高興起來，很想撮合良緣，同時師長替兩個門徒執柯，亦可留爲佳話。我曾經徵求舍親同意，他們俱表示贊成，現在專誠奉商，倘賢伉儷沒有反對，便可循例擇個日子『相攸』，雙方家長見面談談，即可擇吉『文定』，至於迎娶日期，遲早不成問題，這一點你不消憂慮，因爲蘭素居次，尚有長兄，未曾娶嫂嫂，小姑沒有『過頭』之理，想早嫁反不可能。」爲甚麼賴文叔說這番說話呢？在他的意料中，符翁可能害怕訂婚之後，女家催促早娶，煞費踟躕，特意說出情由，使他無可推託，勉强也要答應老師的好意。

符翁凝神傾聽，始則眉開眼笑，繼則皺眉蹙額，最後則莊容正色地答道：「老師一番美意，又蒙韓翁和韓太不以爲嫌，誠是小兒萬千之幸，得配這位名門淑女，我個人亦覺得韓姑娘才貌雙全，性格溫順，有此賢媳，尚復何求？不過俗語說得好：竹門對竹門，木門對木門，我從阿圖口中，知道韓翁家道殷富，雖然我亦知道他富而不驕，富而好禮，不會計較門第問題。實不相瞞：我經已家道中落，這間呂宋庄，沒有錯我任經理，却是股份生意，我名下佔股有限，年來生意也不見好，維持家計，很是吃力，叫我怎敢高攀？即使韓翁不索聘金，不斤斤於聘禮，我亦須

顧全親家的體面，勢必鋪張排場，事實上我的確沒有多大力量，四出張羅。」賴文叔初時以爲符翁故示謙遜，後見他詞意懇切，知道不是託詞，乃慨然說道：「如果你單純爲着這個問題，倒可不必，一者舍親祇求選擇佳婿，並不着重家底；二則『妻妹』也曾說過，她私人打算撥給女兒私蓄三五千元，這筆錢提前交女兒支配；其次男家過大禮，不拘禮物多少厚薄，一律歡迎，絕不嫌棄。」符翁聽賴老師弦外之音，不啻表示蘭素的母親，願意將私蓄間接資助女婿，看情形祇是注重東床之選，他雖然不是貪圖媳婦外家的金錢，高攀韓家，但賴文叔是個德高望重的老師，難得他親自執柯，盛情可感，當下欣然答覆：「待我返家和內人磋商，必要時在先施天台循例『相攸』，然後行文定禮，事實上彼此都已稔熟，相攸的手續，我以爲亦不必多此一舉。」賴文叔以對方答覆總算圓滿，心想符翁是一家之主，他既喜歡蘭素，相信符太也沒有十分問題，這件事如果宣佈成功，自可彌縫個中「醜史」，各方面的名譽俱可保存，快何如之？高興之餘，頻與符翁乾杯，還爭着結數，但符翁當然不肯叫老師破鈔。他們又怎知「一場歡喜一場空」呢！

　　符翁返抵家門，如獲至寶，笑欣欣將賴老師替韓蘭素執柯之事，源源本本，一字不漏，告訴符太，誰知符太邊聽邊搖頭，最後竟下一個結論：「韓蘭素這個女孩子嗎？她常時偕少文到我家，我越看越不喜歡，難爲你尚讚她才貌雙全，人品不錯，眞不知道你底眼光從何處學來？依我的看法，她雖然生得樣子很美麗，算得靈眼嬌，但可惜妖冶，不夠敦厚，兼且福薄，不是旺夫益子之相，試問命薄如桃，即使才堪詠絮，有甚麼用處？阿圖是我底長男，『頭威頭勢』娶媳婦，我要選擇一個端莊『福氣』，豐

滿『宜男』的女子……」符翁以為太太嫌蘭素嬌小玲瓏，身體瘦削，含笑說道：「女子的肥瘦，無關重要，許多骨瘦如柴的女人，結婚後生理突變化，變了一個賤肉橫生的胖婦，世俗所謂『轉飯鑊』，我相信蘭潔的體格，也有『變化』的可能。」符太嗤之以鼻，哼然說道：「我是婦人家，難道我不懂得這個道理，要待你指教？還有，我嫌棄她，並不單純側重肥瘦這般簡單，世間儘多瘦女子享洪福，我完全掉忌她是命薄之相：第一，當然怕她『尅夫』；其次，就算阿圖『命硬』夠尅制力，她本身命短逝世，我亦不想兒子悼亡，要娶多一個繼室。基此原因，天下多美婦人，何必是？」符翁細想符太這番話，亦有多少道理，蘭素這個相格，聰明太過外露，看清楚確不是載福之器，可是他仍勉強分辯道：「你平時又沒有研究相書，祗是信口批評，無甚根據，照我的看法，她很清秀，所謂秀外慧中，秀氣靈襟，不一定是命薄之相。」符太正色說道：「我雖然不懂相學，不過根據平時觀察許多親戚朋友，往往不幸而言中，雖不能作準則，但阿圖年未弱寇，我們也不是急於想了向平之願，這是關他一生一世之事，何妨物色多幾個，互相比較，才作最後的決定……」符太出身於名門望族，父親是西關有名的「二世祖」，家中長養「清客」，平均都有七八名，其中醫卜星相，九流三教，種種色色人物，兼收並蓄，一口氣散了家財大半，才撒手塵寰，符太在閨女時代，已聞知各種不同的學說，無形中增加她底「智識寶庫」，加以她為人十分機警，正是精明能幹婦人，細味丈夫所言，心底頓起疑雲，沉吟地說道：「據賴老師對你所講的一切，似乎蘭素急於要嫁阿圖，雖然他們平時往還密切，很可能情投意合，但聽說蘭素年紀，比阿圖還輕兩年，不必忙在此一時，勞動老師作伐，聽韓太的意思，

還肯資助女婿，我恐怕其中另有理由，未必如許簡單哩。」符翁頗不以太太之言爲然，但不便頂撞，祇好婉轉答道：「我看沒有其他特別理由吧，一般有錢人家，女兒到十六七歲，便要替她揀選女婿，或許他們從賴老師口中，讚許阿圖的才學，彼此又誼屬同窗，相知有素，這才邀請賴老師做媒，訂下婚約，總算了結心事，我們所攷慮的，是能否高攀，其他諒無問題。」

符太是「好爭第一」的婦人，以丈夫不同她底見解，當下無暇和他爭辯，心想找到事實反證，便可駁得他體無完膚。於是符太靈機一觸，決定向兒子身上打主意，俟符翁出街之後，叫符圖入房「密斟」，她首先表示眉飛色舞的樣子，悠閒地問道：「據你爹說，賴老師特別邀他吃晚飯，親自做媒，替你和他底甥女韓蘭素，撮合姻緣，相信你總該知道這件事吧？」符圖雖是色胆包天，母親提起婚事，仍不免帶有羞澀的態度，面紅耳熱，唯唯以應。符太接口問道：「你本人相信也很滿意吧？」符圖又點點頭。此時符太面露不悅之色，議論滔滔說道：「論理蘭素這個女孩子，才貌和品格，都過得去，難得她底父母，不以我們家道清貧爲嫌，更勞動賴老師執柯，自應一唉應承，無攷慮之可言。不過我細心一想，這頭婚事決不可行，一者她是富家女，小不免恃富生驕，頤指氣使，要你做半世粧台奴隸，我認爲無論如何，不宜高攀，一個有志氣的男子，何必貪圖妻子的財富？」符圖以母親公然反對，所提出的理由，實有解釋之必要，忍不住開聲說道：「關於這一點，我個人另有看法，不值得憂慮，因爲她的家世，沒有錯比我家優勝一籌，但不是十分豪富，她當然不敢傲，何況這次的求婚，是女家作主動，甚至由老師出頭，絕對不是我向她追求，有甚麼要緊？」符太見兒子和丈夫同一鼻孔出氣，心滋不

悅，氣憤地說道：「老實告訴你吧，我最不喜歡她底相貌！她生成一個妖冶之相，性實淫蕩，非一個丈夫所能終老，如不是楊花水性，便會尅死丈夫。因為他的相太薄，縱不尅夫，本身也是紅顏薄命，斷斷乎吃不得壽桃，似我們中等人家，娶個媳婦殊不容易，左湊右夾，或許要向親戚告貸，你亦當然不希望未屆中年，便要續絃，負担一筆老婆債，所以我選擇媳婦首先注重福厚肥胖的女子，樣貌猶在其次，只求樣子端正，不致奇醜驚人便行，娶個西施、妲己般美貌的妻室，有甚麼用處呢？」符圖以母親堅決拒絕，到底心中有事，有諸內形諸外，禁不住手足發抖，聲音震顫地，勉强帶笑說道：「媽……你……你何以相信星相學，這都是荒誕無稽之談，不足作準，我看你還是遵從賴老師的意旨，難得賴老師親自做媒，一旦加以拒絕，有甚麼好意思，不怕激惱賴老師嗎？」符太冷笑道：「笑話之極！賴老師雖是一番美意，但婚姻大事，不比買瓜買菜，可以隨便選擇，這是關係門弟子一生的幸福，很應該再三攷慮，就算不答應，身為老師，明達道理，也沒有責怪的理由……」符太說到這裏，注視符圖好一會，故意問道：「然則你本人對於蘭素，是否很喜歡？你們兩人是否經已『有情』？」符圖以事態危急，不能不承認，面紅耳熱地點點頭。符太正色說道：「我早已猜出你們經已『有情』了，現在我要問你一句：你們已是否發生肉體關係？」

符圖估不到母親突然有此一問，既怕責罰，不敢承認，又覺到隱瞞此事，於良心上對蘭素不住，正在進退維谷之際，給符太看透其隱衷，故作進一步的「試探」，放寬口面，柔和地說道：「阿圖，此事可大可小，你幹得出來，切不可瞞騙阿媽。如果你的確破壞了閨女的貞操，你不迎娶她，便是一件陰隲事，這不是

開玩笑的，你必須照實告訴我！」符圖深信母親是禮教人物，生性迷信，決不肯叫他幹此陰隲之事，祗好直認不諱。符太見兒子承認之後，仍未立刻發作脾氣，繼續用試探的口吻問道：「你兩人年紀尚輕，也真大胆，居然瞞過老師，假書塾作幽會的塲所嗎？」符圖祗好直認去東京酒店。符太又問他「苟合」幾多次？符圖不敢告訴四次之多，勉强承認僅是「初犯」。符太疑信參半，開始「發脾氣」，冷笑道：「我看你這個孩子，平時很守家規，在學塾也很用功，我發夢也想不到，你胆敢勾引年輕的女同學，去酒店開房！」符圖以母親動怒，不由驚慌起來，迅速地答道：「並不是我引誘她……」符太不等他說完，接口問道：「然則她引誘你去開房了？」符圖在母親積威之下，為着卸去自己責任，沒奈何誣揑對方一次，點頭表示沒有錯。在符圖的初意，以為母親有言在先，現在米已成炊，她斷無拒絕之理，誣揑蘭素一次也不要緊。符太問完之後，當下不露聲色，旣未答應迎娶，亦未有宣佈拒絕這段婚事，符圖暗忖婦人心軟，相信母親當不致對人不住，私自慶幸，水到渠成。誰知符太對兒子雖沒有表示，在丈夫面前則侃侃陳詞，劈頭第一句便說道：「枉你幾十歲人，完全沒有半點眼光，竟聽人家片面之言，受人欺騙也不知，幸而我夠聰明，細看來龍去脈，世間那有大隻蛤乸隨街跳！試問一個富家女郎，有才有貌，何愁沒有富貴人家，爭下鏡台之聘，要稀罕你家孩子，諸般遷就，甚至肯貼錢陪嫁，貪你阿圖甚麼好！」符翁以太太亂七八糟，一頭霧水，茫然不解，忙問其故，符太首先誇張她底機智，如何試探兒子，探出個中秘密，詳述無遺。符翁聞言，恍如晴天霹靂，半信半疑，沉吟地說道：「當真有此事？估不到阿圖這孩子胆大妄為，不特影响符韓兩家的名譽，連帶賴老師亦

為盛名之玷，湊巧一男一女，俱是他底門徒。現在米已成炊，惟有家醜不出外傳，替他們草草聯婚……」符太不等他說完，憤然說道：「渾賬！你既然喜歡這樣『好名譽』的媳婦，由你單獨主婚，我無論如何不承認！」符翁嘆一口氣說道：「先姦後娶，當然很不雅聽，但誰叫你底兒子不知好歹，敗壞了人家閨女的貞操，始亂終棄，似乎在道理上也說不通，良心上更難過呢。」符太向來對兒子護短，厲聲直斥道：「你這句話祇可在家裏說，若果和韓家『交涉』，你就吃大虧，給人捉着痛腳了！蠢才！」

　　符太更補充幾句話：「你以後要切記我的交涉方式，一口咬定是對方引誘阿圖，完全不是阿圖做主動，誰叫她自己淫蕩，勾引男子，死而無怨！」符翁還想秉公執言，符太又自作聰明，構造事實，很有見地說道：「這件事越說越覺可疑，蘭素這個『賤人』，初時偕同她底表哥少文，到我家約阿圖出遊，我一見她便不高興，斷定她生成淫蕩之相，決不是好女兒，不過我見她和少文狀甚親切，阿圖對她形跡生疏，所以我也犯不着擔憂。現在思前想後，不寒而慄，憑我的觀察，她很可能先與表哥『有情』，格於家庭的環境，或者賴老師和師母，不贊成這段婚事，於是順水推舟，拿阿圖作『壽頭』，阿圖這孩子全無經驗，懂得甚麼婦人與處子，禁不住那賤人拉拉扯扯，去酒店開房，糊裡糊塗，成其好事，一隻死貓要他吞吃，再由賴老師打圓場，以師長的名義，替兩個門徒執柯，何等『好聽』？其實身為老師，自有其尊嚴地位，誰有暇管理門弟子的私事，顯然露出馬腳了。使不得！使不得！此想下去太過心寒，現在看情形我還懷疑這賤人可能有了身孕，或許是她底表哥經手，老師不肯承認，才使阿圖張冠李戴，我底兒子一不是武大郎般貌醜；二不是無錢娶妻，為甚麼

『頭威頭勢』，我要娶一個賤人做媳婦，連累祖宗也蒙羞！」符翁以太太越說越離譜，知道暫時不可以理喻，唯有閉口不言。過了幾天，賴老師尚以爲那一晚和符翁淺斟低酌，經已談得很投機，相信此事無甚問題，乃再約符翁茗談，探聽消息。符翁不便照直告訴苦衷，勉強敷衍數句，說太太尚在考慮中，不久定有切實的答覆。返家之後，符太見他愁眉不展，知道必定爲着此事，難以爲情，當下不動聲色，親自去「賴文叔館」開談判。賴師母以符太惠然肯來，喜出望外，殷勤招待，剛想問來意，是否已擇定良時吉日，循例相攷，抑或減除無謂的麻煩，首先舉行文定手續，誰知符太斬釘截地劈頭第一句便說道：「賴老師，賴師母，今日貿然拜訪，請你恕怪我對於韓家這頭親事，不敢高攀 —— 我很自量小戶人家，不應該以木門對竹門……」賴師母猶誤會她在講謙話，這是舊禮教人家一貫相沿的口吻，就算百萬富翁想娶一個小家碧玉，亦同樣謙遜不遑，所以不等她說完，經已笑口吟吟說道：「符太不必太謙，我妹和妹夫，祗是選擇女婿人品，並不計較其他問題，這一點……」符太針鋒相對，冷笑一聲，接口說道：「這一點我很明瞭，我們娶媳婦，當然也要選擇女子的品格，不管千金小姐也可，甚至『皇帝女』也可，必須敦品勵行，熟嫻家教，潔身自愛，言笑不苟，雖然我們祗是小戶人家，亦不想娶一個淫奔之女，或者先姦後娶，恕怪我不能答應！」

賴老師和賴師母聞言相顧愕然失色，賴老師忍不住問道：「符太，你這句話是甚麼意思，我很不明瞭。」符太侃侃然說道：「老師你眞不明瞭嗎？但我知得很清楚，我可以告訴你哩。這位韓家令千金，也就是你們底姨甥女，更兼是你底才貌雙全的好學生，聽說已非原璧，實不相瞞：阿圖雖然坦白承認和她『有情』，

照我的看法：自己的兒子太愚蠢，或許交易這畝好田地，不管『上手紅契』，毅然負擔在身上，一力肩承。現在我姑且以忠厚待人，不便牽涉第二個，可是我們仍要顧全家聲，以及阿圖一世的名譽，萬不能貽人口實，甚麼先姦後娶，永遠不得馨香！」賴師母轉解釋道：「這當然不是馨香的事情，不過俗語一句：『臭屁密冚』，希望彼此不張揚，嚴守秘密，庶可掩飾外人耳目，事實上阿蘭固然不知檢點，但阿圖亦不應該，大家都有錯處，既已鑄成大錯，身爲家長，有甚麼辦法袖手旁觀，不替他們善後呢？」符太以賴師母說她的兒子不應該，竟突然反臉，鼻孔裏哼一聲說道：「如果女方不是採取主動地位，任何一個男子，俱不能引誘女人，我相信阿圖也沒有這般胆量，這完全是貴親阿蘭自作之孽，與人無尤，沒理由要我阿圖負責，强迫他食死貓！」賴老師見她越說越野蠻，氣憤憤說道：「姑勿論誰是主動，誰是被動，既然由他們兩個人幹出來，自應由他們共同負責，彌縫其事。揆之因果律，破壞女子貞操，始亂終棄，不特良心上過不去，還帶點陰騭，將來必無好果，阿圖到底是我底優秀門徒，我亦希望他……」符太聽到這裏，忍不住插口反駁道：「賴老師！你的確好教訓，教出這等優秀學生，幹其不可告人的勾當，老實說吧，你硬指阿圖破壞阿蘭貞操，請問有甚麼憑據？是不是你親眼看見他們兩個發生關係？你能否担保除阿圖之外，沒有別個男子？不瞞你說：我委實信心不過，我始終還在懷疑，阿蘭很可能已爲別人所騙，才將阿圖愚弄，關於這一點，你我都不敢担保，試問如此壞蛋女人，就算我一世沒有錢娶媳婦，兒子終身鰥居，我也不肯答應這段婚姻，請你們另想方法好了。」賴老師和賴師母，當堂給符太氣得瞪目結舌，片晌不能說出一句話來，符太認爲任

務已完，也不再客氣，起身於座，瀕行時簡單補充這段話：「對不住，賴老師和賴師母，我的意思就是這樣，請你們原諒，我們是小戶人家，難以高攀，恕怪恕怪，請了請了。」說完一溜烟地下樓，賴老師和賴師母，知道挽留無益，更不肯低首下心，向她要求，只好目逆而送之。賴老師認爲教着一個壞女生，竟給家長搶白一頓，未免太過損失尊嚴，心裏本來十分氣憤，沒奈何因爲她是姨甥女，恐怕師母難過，勉强忍氣吞聲，賴師母當然加倍傷心，打算次日痛斥符圖一番，並迫他想法子說服母親。誰知符太返家之後，勒令兒子退學，更禁止他與蘭素往來。

次日賴師母見符圖沒有「上課」，更覺氣惱，先將蘭素申斥一頓，放學時忍不住偕她一同歸家，和妹妹磋商應付之策。賴師母氣咻咻然，將符太一番反臉說話，源源本本，告訴妹子，並指責符太出言不遜，唐突自己，身爲師母，實在是她有生以來的奇恥大辱，連帶老師亦丢盡體面！嚴氏雖是疼愛女兒，一者符家有心賴賬，前途渺茫，破甑之身，今後如何嫁人？二則帶累姊丈和姊姊，俱破壞名譽，還要受人侮辱，怎樣過意得去？既羞愧，又悲憤，不禁順手打了蘭素一巴掌，打完之後，心裏覺得非常刺痛，因爲蘭素是她底一羣兒女中，最愛惜和看重的一個！蘭素從小聰明伶俐，善伺母意，尤其極有孝心，母親每有疾病，整夜侍奉，衣不解帶，其他兒女則十分大意，祗是侍立床沿，問候幾句，便分別出廳做功課，惟蘭素則熱淚盈眶，無心學習，相形之下，越顯出她的天性純孝，加以平時讀書，成績又好，師長同學，無不稱讚，親友甚至以「才女」相稱，求親者早已紛至沓來，實在捨不得女兒遣嫁，推說年齡尚幼，心目中想替她選擇個才貌雙全的佳婿，誰知突然發生這件意外，滿腔熱望，付諸流水，

心痛已極，不能不打，打後更爲心痛，聲音嗚嗚咽咽哭個不停。蘭素亦以誕生十七個年頭，慈愛的母親，從未用手大力撫摸過自己一下，現在打在兒身，痛在母心，再想起到符太如此野蠻，符圖阨於母命，甚麼海誓山盟，勢必成爲畫餅，越想越悲哀，放聲大慟。賴師母見她們哭個不可開交，屬在至親，少不免代洒一掬同情之淚，三人淚眼相看，久久不能發一言。最後還是賴師母開聲：「事已至此，哭亦無益，不如大家再想個法子，找符圖到來和他算賬，萬不能任他逍遙自在，佔盡便宜！」旣又吁聲嘆息道：「符圖這厮，今日竟然缺課，他平時有病都不肯告假的，看情形必定受到他底野蠻老母的壓力，不許他返書塾，阻止他和阿蘭來往。他在家裏不出門，有甚麼辦法着人叫他出來，背着母親和我們談話？」嚴氏帶淚指着蘭素罵道：「你已是十七歲女兒，讀書不比別人蠢，知識勝過許多人，何以完全沒有半點思想，被人一激，便斷送貞操？須知男兒薄倖，達到日的之後，便不覺得你的身份寶貴，即使沒有家長阻力，亦趁勢脫離，何況碰着這個野蠻的母親？估不到你做人如此吃虧，試問你今後嫁人的問題，將如何解決？」蘭素這個時候，才想到「悲劇」來臨，悔不該貪一時之歡，貽來日無窮之憂，平時最慈愛的母親，亦束手無策，想到這裏，非常傷感，突然之間，跪在地上，聲音凄厲地說道：「媽，我知錯了，恨不能一死以報爹娘……」話未說完，韓翁忽由外邊入來，見此情形，忙問甚麼事，嚴氏低聲喝叫蘭素起身，口囁嚅不能答。

因爲嚴氏對於女兒這件不名譽的事情，始終嚴守秘密，不想給丈夫知道，恐怕不容於家庭，希望在外邊設法，說妥符家，由賴老師執柯，正式舉行文定，便可安然隱瞞，即使將來知悉，

已由男家認頭，極其量也是先姦後娶，總算家醜不外傳。這一天韓翁原定赴友人晚飯之約，放工即去塘西酒家，所以嚴氏放膽在房間談話，誰知韓翁忘記攜帶一件禮物，返家討取，猝出不意，嚴氏驚惶之際，啞口無詞。韓翁初入房時，見賴師母在座，又見蘭素跪在地上，情形有點尷尬，再看各人雙眼紅腫，必定哭過一場，定有莫大的苦情，到底爲着何事呢？他忍不住第二次開聲問道：「你們何事哭到雙眼紅腫如桃？阿蘭爲何跪地，莫不是犯了甚麼校規，受賴老師責罰？」嚴氏是一個三從四德的典型婦人，雖是偏袒兒女，遮瞞丈夫，到了她認爲無可遮瞞的時候，便要靠夫君作主，她沒奈何委婉地將這件事的過程，向丈夫哭訴，並指摘符太太不近人情，竟不肯替兒子負點責任。符翁不聽猶可，聽到怒火遮眼，氣憤填膺，立將蘭素打了兩巴掌，戟指大罵道：「你這個敗壞家門的賤人！爲甚麼你這般淫蕩，失身於人，遭人諸般侮辱，給人說許多便宜說話，我韓氏清白家聲，從沒有這等不肖女兒，你萬不能再留我家，速去休……」蘭素估不到父親突然氣惱若此，連忙跪在地下認錯，希望父親看在骨肉情分，收回成命。嚴氏知道丈夫性情剛烈，一發不可收拾，可是他要逐去自己心肝蒂的女兒，不能不力爭一下，誰知她剛說得一句：「這件事錯在符圖，存心引誘……」韓翁暴跳如雷，厲聲呵斥道：「你身爲母親，不曉得教訓女兒，你……你沒有資格說話！」賴師母深悔此行惹出大禍，哀求妹夫暫時釋怒，這件事總有解決的方法，並表示她拼着一條老命，偕同賴老師，前往符家交涉，務求說服符太，要他家明媒正娶，以彌補兒子引誘閨女的罪過。韓翁還是不依，認爲這個賤格女兒，如果不是這般沒廉恥，何等身嬌肉貴，犯不着低首下心，監人賴厚。既已辱沒門楣，即使符家勉

强答應，亦永遠不馨香，後代兒孫也傳爲話柄，決無好果之理。這個賤人非逐出家門不可！賴師母苦苦相勸，婉轉曉以利害：「你將她逐出家門，以她一個年輕弱女，失所憑依，如果她肯眼光光餓死，則一死還算乾淨，作爲少生一個女兒，祇恐怕不能捱飢抵餓，流離浪蕩，很容易受淫媒之流所勾引，叫她爲娼爲妓，出操皮肉生涯，你在社會是有地位的商人，交遊素廣，一旦輾轉相傳，某人的女兒淪落青樓，試問你的顏面何存？不是更玷辱家風嗎？」韓翁仍不聽從賴師母的勸告，憤然說道：「她既被斥於家庭，我當然登報紙聲明，和她脫離父女關係，理她在外邊做奴做婢，爲娼爲妓，亦與我無涉！」

這時蘭素的長兄大韓，聞房內爭吵之聲，入來一看究竟，既洞悉其內幕，又見父親不肯回心轉意，他一向和蘭素兄妹情長，對符圖也是同窗好友，仍希望有轉圜的餘地，乃跪在地下向父親求情，並說他和符圖父母也很合得來，將想辦法挽回這個局勢，以免家醜外傳。嚴氏見兒子跪地哀求，禁不住亦下跪一旁，娘兒們三個，統通跪地不起，任是韓翁鐵石心腸，小不免也爲之動容，何況他平素又是最鍾愛這個長男，舐犢情深，口中說出一句：「你們快起來！我眞個眼冤，不想見你們！」他邊說邊氣，越想越恨，餘怒未息，向各人指指點點說道：「你們既然聲明有辦法，我姑且給你們三日限，負責攪妥此事，以免說我橫蠻不講情，但過了期限之後……」戟指蘭素大罵道：「你快些離開家庭，休見我面……我和你斷絕父女關係……若還賴死不走，碰着我，勿怪我手下無情，我必定打死你！」又對嚴氏發話：「你這個老不賢，平時溺愛姑息，教女無方，弄到她膽大包天，幹出這等沒廉恥的事！三天期滿，沒有好結果，我不許你再容留這個賤人在

家……我祇准你給她多少錢傍身，以二百元爲限，算爲幫助她學習一種手藝，解決生活，此外她個人的衣服及細軟首飾，我亦允准她携帶，這便是我做父親的最後一點情分，我算情至義盡……今後她在外邊做奴做婢也好，做娼做妓也好，休得提起我的名字，我已經死了這個女兒，她亦作爲死了父母……」韓翁說到這裏，心痛已極，聲音已帶點嗚咽，眼淚同時滴滿面頰，他不能畢續其詞，身爲妻子與兒女，更不忍卒聽，放聲痛哭，如喪考妣。韓翁本來赴友人宴會，返家猝遇這件意外事，早已興致索然，可是枯坐客廳，頓覺陣陣哭聲，打入心坎，反爲悶上加悶，索性外出踐約，當下沒精打彩，匆匆出門。韓翁去後，一班人再在房間來一次圓桌會議，最後仍是決定雙管齊下的方針，一方面由賴老師和賴師母，硬着頭皮，向符翁夫婦陳述苦衷，婉轉懇求，請符太收回成命，玉成這段婚姻，打算對方提出婚費問題，數目不超過五千元以外，一口予以答應，如果超出此數，仍不可當面拒絕，寧可答應後再行婉商，或盡力籌措，以免觸怒對方，功敗垂成；另一方面，則由大韓以同窗友誼責成符圖存始存終，顧全妹子的名節，勿累却妹子性命，再由少文以世兄資格，及平日三人同行的情感，曉以大義，叫符圖無論如何，說服母親 —— 看情形父親已不成問題，單是賴老師出馬，已可說服他 —— 到了最後關頭，以死爲要挾。僞作自殺模樣，父母愛子之心，無微不至，尤其是慈母，斷不會忍心看到兒子死亡，結果定能回心轉意。主意既定，分頭進行，誰知經過兩三天來的奔走，絲毫沒有頭緒，符圖竟回報母親心如鐵石，無可轉移，符太一樣以冷面孔對付賴老師和賴師母，嚴厲拒絕任何要求。

到了第三天，韓翁適參加一個重要的約會，乃向嚴氏提出

最後通牒，「今晚已屆期限，如果對方仍沒有消息，你們必須實行我的條件，休怪我無情！」說完匆匆出門。因爲嚴氏知道對方已一口拒絕，但仍然瞞着丈夫，說符太禁不住兒子以死爲威脅，似有轉圜餘地，不久定有佳音，希望拖一日是一日，延一時是一時，或許事過情遷，怒氣冰釋，畢竟是父女情分，將以不了了之。現在韓翁還是念念不忘，嚴氏認爲已宣告絕望，恐怕韓翁於宴罷歸來，問悉事情不妥，大發脾氣，勢將漏夜驅逐女兒出家門，越想越悲，躲在房間放聲大哭。賴師母亦特別到來，一觀究竟，和大韓竊竊私議，彼此皆搖頭嘆息，紅暈眼眶。蘭素見此情形，知道此事已回天乏術，乃毅然決然，跑入房間，跪在母親身旁，痛哭流涕地說道：「這件已弄成僵局，我夢想不到符圖那厮，破壞誓盟，絕對不負半點責任！我深悔有眼無珠，誤識這個薄倖郎，但事已到此，爹爹又不原諒，今晚已是最後的限期，我惟有離家出走，否則他飲罷歸來，見了我面，撩起他老人家的憤怒，激壞了他，教我於心何安？」嚴氏見女兒要離開家庭，首先扶她起身，凄聲問道：「你出走，你走去甚麼地方？平時嬌生慣養，幾乎上課下課，都要派個工人跟隨，獨自個兒，叫我怎能放心得下？」蘭素含悲咽淚說道：「媽，你也知道爹脾氣，他有言在先，不走有甚麼辦法呢？」賴師母嘆口氣道：「妹夫的脾氣太古怪，言出必行，任何人不能拂逆他底意旨，可是你以一個深閨弱女，初出家門，前路茫茫，教你媽如何放心？你今後打算作甚麼生活，也是值得我們關懷，事到臨頭，你不妨吐露衷曲，俾大家替你攷慮一下也好。」蘭素沉思了一會，說道：「暫時我想居住酒店 —— 仍住那間東京酒店，設法約符圖一談，作最後的努力，看他是否存心拋棄我，抑或迫於環境，目前確沒有挽回的

餘地，將來仍有結合的可能，我便含辛茹苦，留身以待，亦所甘心。另一方面，無論他的宗旨怎樣我都要學懂一門手藝，自食其力，不必單純依賴男子。我受過這一場教訓，很覺心灰氣沮，並深恨男子，我將自梳終身，永遠不相信一個女子定要嫁人！」嚴氏覺得女兒有此志氣，稍舒抑鬱之氣，點點頭說道：「你的想法也不錯，均之你爹聲明給你二百元，大可維持目前的生活，細軟首飾衣服，你亦可以收拾一部分去酒店，需用時我再着人送去。如果你想學甚麼手藝也可，不論學費幾何，我可以源源接濟。」賴師母認為暫時已有安置的辦法，極表贊成道：「阿蘭，你到底是個聰伶俐的女子，此次悞交符圖，正是聰明一世，愚蠢一時，現在一方面交涉，一方面尋求生活，是最好辦法。你若果循規蹈矩的話，我相信事過情遷，你爹必定回心轉意，允你歸家，自梳不嫁，侍奉父母終身，倒是一個孝女哩。」大韓亦贊許妹子的主張，並答應替她聯絡符圖，叫他去酒店開談判。

幾個人商妥辦法，當堂撥開愁雲黯霧，變了「歡天喜地」，七手八脚，替蘭素收拾行李，先取一部分細軟首飾衣服，裝置於兩個箱籠，並由嚴氏給她現欵二百元，錢財不必多帶，以免惹人垂涎，寧可需用時再討取。一行四人 —— 嚴氏，大韓，師母及蘭素 —— 浩浩蕩蕩出門，叫苦力及一個心腹女傭阿嫦，搬運行李後隨，好在韓翁居住中環電車路，距離東京酒店不遠，步行不夠十分鐘便抵達。蘭素駕輕就熟，開了房間，各人仍坐了好一會，直至子夜十二時，始含淚起身。嚴氏本來不放心女兒單身住酒店，但她見得這間酒店地方幽靜，住客稀疏，又都是高尚人物，不比普通酒店流鶯出沒，住客品流複雜，見女人如餓鬼，目灼灼似賊，垂涎三尺，甚至悞會住家人是「個中人」，態度輕狂，

所以比較安樂一點。瀕行時嚴氏還是依依不捨，吩咐愛女自己珍重，她將按日到來探視，或派大韓或派阿嫦陪伴，以解岑寂，蘭素以母親一片慈祥，深受感動，淚承於睫，不敢發出哭聲，以免惹起母親等一班人傷感，打破酒店幽靜的氣氛，很可能下逐客之令 —— 因為這酒店是東洋人開設，破壞規則，隨時受到干涉。蘭素自搬到酒店之後，每日有家人聯翩探訪，反覺得逍遙自在，同時她更希望利用這個機會，大可名正言順，和符圖重敘舊情，相信符圖一定餘情未了，欣然踐約而來。誰知大韓雖然見了幾次面，符圖總是推三推四，藉口母親監視甚嚴，不敢到酒店探訪，甚至大韓等候他出街外，堅邀他同行，他亦亂指一通，說母親暗中派人尾隨其行動，推辭過幾天一有機會，自然去酒店晤談。大韓覺得很奇怪，符圖開始聽到愛人被父親驅出家門，祗是勉強嘆息幾聲，絕無休戚之容，論理他們仍在初戀時期，碰到這件意外事情，人非草木，孰能寡情薄倖若此？即使慈命森嚴，無論如何，儘可找些時間，相見一面，若果是多情種子，更要拼諸犧牲，向母親力爭，事實上蘭素的貞操，的確斷送在他身上，現在看情形他竟漠不相關，如秦越人之視肥瘠，正不知甚麼葫蘆裝甚麼藥？大韓的猜疑沒有錯，原來符圖此人，生來桃花運夠，加以面孔漂亮，說話溫柔，正如世俗所謂女人湯丸之流，很快便博得美人青睞，湊巧那時符圖勾搭上一個有夫之婦，芳名葉彩蝶，做閨女的時候，與符圖比鄰而居，青梅竹馬，兩小無猜，直至葉彩蝶出嫁，始沒有來往。她底丈夫名喚小周，是紈袴子一名，風流自賞，見異思遷，性格和符圖正復一樣，葉彩蝶嫁後兩年，自嘆遇人不淑，小周尋花問柳，置嬌妻於不顧，偶然一日歸寧母家，與符圖路左相逢，苦悶之餘，相偕赴餐室一談，本意欲發洩

胸中不平之氣，符圖認爲有機可乘，向她底弱點進攻，閨中怨婦，禁不住司馬琴挑，始則以爲存心報復，繼則乾柴烈女，煽動情燄，遂及於亂。

　　葉彩蝶娘家有錢，夫家更有錢，大量適應符圖的需求，符圖偷情上手，已是快樂無邊，加以財色兼收，對方又是知情識趣的婦人，蘭素是個沒有經驗的少女，比較之下，相形見絀，因此他藉口母親禁阻來往，完全置蘭素於不顧，甚至相見一面也不肯，以免給她痴纏，不能和彩蝶密約偷歡。同時，符圖自從母親勒令退學，未幾即碰到這條財源，趁勢向雙親聲明：均之家計困難，父親業務銳減，供給學費殊感拮据，不如棄學另謀生計，彌補家用，雙親尚以爲此子孝順，表示贊同。符圖乃要求彩蝶，在她底丈夫的商店裏，代謀枝棲，小周以自己剛帶一個妓女上街，別營金屋，有點對妻子不住，現在見她央求位置一位舊鄰居，經過查詢岳父母，確是通家之好，乃毅然答應。符太見兒子有許多入息，尤其是有時「出店」特多，又見他祇是勤於「辦公」，完全忘記了蘭素這一邊，更認爲孺子可教，十二分喜歡，她怎會知道兒子天生桃花命，變了一隻脂粉豺狼，專吃女人呢？說起符圖這一隻「胭粉豺狼」，「女人孟賊」確值得大書特書，警惕現代青年，幸勿再蹈他的覆轍。他生就一副小白臉，爲人亦小有才，夠機智，風流艷事，到處留痕，羨煞了不少旁人，但因果報應，十分奇巧，幾乎使人不堪置信，後來也落得悲慘的收塲，親友俱異口同聲批評：這是「撚花」的果報，雖然跡近無稽，但事實具有百分百的「眞實性」，並非「空中樓閣」，故作驚人之論。筆者鑒於紫蘭花淪落花叢，後來過着愁苦慘淡的生活，以至抑鬱染肺病而終，完全是符圖所造成的罪孽，所以多贅一筆，寫寫其人的風流

冤孽債，忠告一般朋友，並緊記這兩句話：「淫人妻女笑呵呵，妻女淫人可奈何？」大足爲符圖寫照！原來符圖熱戀葉彩蝶一個時期，一者她到底是有夫之婦；二則在她底丈夫的商店做事，雖能名正言順，以職員地位到家裏坐談，可是行爲稍一不檢，秘密揭穿，罪狀不輕，心裏不免有點顧忌。事有湊巧，另一女同學鄭曼薇，也是賴文叔館的高材生，才學比韓蘭素優勝得多，懂得吟詩作對，配稱不櫛進士，性情活潑，濫交朋友，家裏相當有錢。她從小失恃，與繼母及兩個庶母都不相得，父親鄭翁，初時憐她早歲喪母，溺愛驕縱，後來常聽妻妾說她的壞話，逐漸對她不喜愛，年屆十五，禁不住枕頭狀的唆擺，指摘她與男同學嬉戲，於暑假後即勒令她退學，轉去一間女書院肄業。她離開書塾三年，偶然和符圖道左相逢，舊情復熾，符圖知道她家底豪富，一心以爲鴻鵠將至，稟命雙親，派遣媒人遊說，符太亦希望高攀，誰知鄭翁在相攸之後鑑貌辨色，一口斷定符圖是輕薄兒郎，更可能是拆白之流，祗是垂涎財富，並不是眞心相愛，力勸女兒不可嫁此人。

但鄭曼薇自家有事自家知，以爲符圖是童年交好，君子可欺以其方，到了無可奈何的時候，亦希望他可以海量包涵。因此她向父親力爭婚姻自主權，定要嫁符圖，寧可捱餓抵飢，也不肯聽從父親的主張：竹門對竹門，和一位紳士的兒子結婚。鄭翁一氣之下，聲明不給粧奩，不給私蓄，總而言之，絕不鋪張嫁女的排場。曼薇一者情之所鍾，矢死靡他，寧可忤逆父命；二則以爲父親祗是出言威脅，心想他在社會有相當地位，維持面子要緊，決不肯這樣做，毅然答覆父親：非嫁符圖不可。誰知鄭翁正是封建家庭的典型嚴君，認爲女兒大逆不道，加以幾個妻妾推

波助瀾，果然不辦粧奩，祇將曼薇平時所用的衣服，及個人的首飾，循例買幾個箱籠，送過男方，情形和和嫁「妹仔」（婢女）差不多。他亦不通知朋友，除非是家裏的至親，送來禮物或花金，才勉強受下，一併「施捨」女兒，也不設喜筵請客，喜歡則吃餐便飯，憎恨女兒的心理，即此可見一斑。可笑貪慕虛榮的符翁與符太，一心以爲與富人結親家何等榮耀，到頭來賦得「冷冷清清」四字，大有啼笑皆非之慨，雖然對方老早聲明不搬嫁粧，無須講究過大禮，破鈔有限 —— 初時尚以爲親家知道他家道平常，怕他攀陪不起，究不如彼此慳錢，估不到一寒若此！最感到萬二分失望的，特別是新郎哥符圖，他肯娶鄭曼薇完全垂涎其財富，做名流的嬌客，後來雖知悉岳丈不高興，威迫女兒嫁富家子，以不搬嫁粧爲要挾，事體演變，有如冷水澆背，猶希望父女親情，切肉不離皮，或許屆時回心轉意，未必堅持到底，最低限度他聽說曼薇的亡母，瀕死時口頭囑咐長女出嫁，撥給私蓄五千元，這筆錢是岳母之物，難道岳丈靳而不與？湊巧這個頑固的岳丈，正合毛詩兩句：我心匪石，不可轉也！這些金錢，是儻來物，大丈夫不稀罕妻子的積蓄，問題猶在其次，最令到符圖難堪的，便是洞房花燭之夕，竟發現鄭曼薇已非「完璧」，婉轉哀啼，聲聲求恕，這一怒非同小可，論理鄭曼薇的失身，遠在兩年前，合共秘密往還，亦不過兩次，每次俱如驚弓之鳥，偷偷摸摸，淺嘗輒止，不敢明目張胆，溫存至午夜才歸家，如果別個沒有經驗的新郎哥，匆遽之際，很容易給她瞞過。可是符圖這個人，年紀雖不大，卻是綺羅叢中的老雀，很快就發覺新娘子不貞，怒髮衝冠，揮拳相向，鄭曼薇自知對丈夫不住，雙膝跪在地上，含淚解釋：這是我自作之孽，尚復何言？惟有求你寬恕，我知你海量汪洋，彼此童

年相識，有悠久的情誼，或許可以原諒我一時無知，受人所騙，這便是我反抗父命，誓死要嫁你的理由。我爹爹不解女兒的苦衷，在庶母吹毛求疵之際，我當然不敢照實告訴，他迫我嫁那個紳士的兒子，我自知交人不準，叫我怎敢答應，這才引起父親的惡感，嫁女比嫁「妹仔」還不如，好教我有冤無路伸，只有希望你的諒解……

符圖尚未聽完，他不特不諒解，反為戟指大罵道：「哦，原來如此！你自知身非處子，那個紳士的兒子，你便不肯欺騙他，利用我是多年朋友，海量汪洋，便要找我做壽頭。在你的心目中，一定以為別人財雄勢大，不敢欺負，我們的家世寒微，奈何你不得，所以欺善怕惡！」鄭曼薇見他面作鐵青色，脾氣大有發作之勢，連忙接口哀懇道：「圖哥，我絕對沒有這個想法，事實上我和那個紳士的兒子絕無感情，又知他是個拈花惹草的紈袴子，無論如何也不肯嫁他，我的確一心一德愛你，如果你原諒，我固然感激萬分，即不然，就算死在你手中，我亦死得瞑目……圖哥……我違抗父命，能夠和你結婚，死也心甜……我……我決定……」她說到這裏，聲音嗚咽，不能畢續其詞，絃外之音，似乎決定去死的意思。符圖見她像一朵帶雨梨花，又是一個才貌雙全的女子，憐香惜玉之念，油然而生，怒氣半消，既而憤然問曰：「你說是受人所騙，到底那個衰人是誰，為甚麼始亂終棄，這般抵死！」他剛說到抵死兩字，想起自己和韓蘭素的一幕，不禁暗裏說聲「慚愧」！鄭曼薇含羞帶憤，說出小周的名字，符圖當堂睜大眼睛，問道：「破壞你底貞操的男子，就是小周嗎？是不是我受職那間商店的少東？」鄭曼薇點頭說道：「不是他，更有誰？他和我本是通家之好，尤其是我底生身的母親，和他底母

親義結金蘭，比同胞姊妹更好情感，恰巧兩人俱有身孕，效世俗指腹為婚，將來誕生一男一女，即訂婚約，我們從小就知道這件事，彼此童年嬉戲，一個做新郎，一個做新婦，我們底母親，相視而笑，莫逆於心，不啻已認許我們未來的身份。不幸我們兩位生母，先後逝世，首先是他爹反對，認為跡近迷信，這時代不該實行，並看中一個知己朋友姓葉的女兒名喚彩蝶，並不徵求兒子同意，舉行文定，同時我爹亦想我嫁紳士的兒子，無形中便拆散我們的姻緣。我和小周初時茫無所知，一心以為亡母既指腹為婚，當沒有變化的理由，情竇初開，一時情不自禁，竟大胆試婚兩次，直至小周與葉彩蝶，辦完文定納采手續，始驚悉其事，晴天霹靂，悔已無及，惟有斷絕往來。圖哥，這都是實在情形，如有欺騙你半句，不得善終！」鄭曼薇一口氣說下去，符圖聽到成個痴呆，半晌不能說話。曼薇完全不知道他底心事，以為這段故事，說來可歌可泣，感動了他，諒解自己，孰不知符圖正在良心自疚，覺得因果報應，委實使人可怕，不由你不信！因為他敗壞韓蘭素的貞操，始亂終棄，她將來嫁人，不啻帶給丈夫一頂綠頭巾，現在自己的妻子，亦以綠頭巾一頂奉贈，豈不是報應嗎？此其一。最奇巧不可思議的，就是報應在目前：自己竊玉偷香，熱戀有夫之婦 —— 小周的太太葉彩蝶 —— 現在的新婚妻子，竟失身於小周！正是：淫人妻子笑呵呵，妻子淫人可奈何！（按：這故事「千真萬真」，絕對不是虛構 —— 人名則「假造」，以存忠厚。）戲劇化的發展，好像冥冥中別有主宰，不由你不「怕」！

符圖聽到發呆，想到心神恍惚，口裏不停嘆氣，像啞吧子一般，不能說出半隻字，鄭曼薇還以為他憤極不能言，祗好繼續央求道：「圖哥，就算我對你不住，希望你顧全雙方的體面，特別

是替我爭回一啖氣，以免我爹及眾庶母有所藉口，更賤視我猪狗不如，如果你海量包涵，隨便你提出任何條件，我都接受，或者容許我掛個正室虛銜，你喜歡娶平妻也好，多納幾個妾侍也好，我一概不敢過問……」這幾句話正打中符圖的心坎，他暗想自己風流成性，將來小不免納妾戀妓，她既有痛腳給自己執住，大可橫行無忌，又何妨海量包涵？還有第二個願望：岳丈雖是一時執拗，反對曼薇嫁自己，但他尚未聲明斷絕父女關係，終有一天回心轉意，或將岳母的遺產發還，數目也相當可觀，何必和她鬧翻呢？乃「做作」無可奈何的態度，正色說道：「我姑且俯念多年情誼，並可憐你的處境，寬恕你這一遭，不能再有第二次。同時你自願叫我提出條件，將來任由我娶平妻，納妾侍，俱不得反對，這是你出自本心，並不是由我壓迫，你將來休得翻悔——不過人心肉造，假如你遵循蹈矩，當真做一個賢內助，我也沒有理由叫你難過，你儘可放心。」鄭曼薇完全不知道符圖的秘密內幕，聽他口甜舌滑，以為他真個諒解，反為之感激涕零哩。符圖此人，正式是王魁薄倖，李益負恩的典型人物，見異思遷是其本性，何況鄭曼薇給他執着痛腳，更奉旨行攪，婚後不夠半年，適值有親戚介紹他在機關供職——後來調去大沙頭鐵路局，居然做起技師的重要助手。此人確是聰明伶俐小有才，他未有肄業甚麼機械學校，竟懂得修整機器，雖然目前的薪水不算高，如果將來有湛深的經驗，不難借仗親戚之力，一躍而為工程師，前程遠大，符圖更覺趾高氣揚。那時廣州盛行歌壇，每個歌伶都有其裙下舅團，每晚風雨不改，寒暑無間，替心愛的歌伶捧塲，團體越大越夠威，預早霸佔歌壇的前列幾張桌子，自然越近越容易博得美人青睞，熟練世情的歌伶，面面俱圓，念他們勞苦功高，

上台落台之際，順道經過舅團桌前，打打招呼，較有交情的，則圍桌共話片刻，這種情形，個中人稱爲「拜山」，顧名思義，其刻薄可知。可笑舅團中人，一心以爲鴻鵠將至，忘記羞恥兩字如何寫法，故意在愛人面前裝模作狀，整醜弄怪，光怪陸離，不可方物，弄到眞正的顧曲周郎，反爲裹足不前，以免親友發現，懷疑他也是舅團一分子，必要時則坐遠一些，靜悄悄欣賞曲藝，羞與噲等爲伍。有等不憚煩的舅團，甚至追隨不捨，歌伶唱完一間歌壇，趕去別一間，他亦步亦趨，一晚走兩三台，習以爲常。符圖便是熱烈追求的舅團重要分子，他所顛倒的歌伶，名喚行雲，這時候祇配稱爲二等角色，因爲第一流平喉明星，以「嫦娥」爲巨擘，行雲初時乃題名新嫦娥，等如伶人的「新乜新物」，以資號召。

　　行雲的歌藝本來不錯，很快便芳名鵲起，不須利用新嫦娥的名字相標榜，亦可獨樹一幟，加以她對付舅團的手段，特別玲瓏，不久認識一位中年富商，和她賦同居之愛。那時影片尚在萌芽時期，舞台紅伶亦祇有很少數置身銀幕，有等拍過一部片，便不敢再度嘗試，因爲他們習慣舞台上的台步，與影片的純任自然，不須造作，適成反比例，所以放映之後，自己一經寓目，亦覺得難看，敬謝不敏，電影界老闆，不消說不敢領教了。恰巧這個富商，對拍片感覺興趣，提拔行雲爲女主角，與一位業餘諧角合作，演出一部「呆子娶妻」一類故事的諧片，以歌伶而從影，行雲實開風氣之先，聲譽乃蒸蒸日上，追求的舅團更多，送禮物，送錢買首飾衣服，大有應接不暇之慨。說也奇怪，行雲在芸芸大舅中，單獨垂青符圖，初時還碍着富商的面子，暗渡陳倉，繼則戀奸情熱，鳥巢鳩佔，置富商於不顧，富商以家有悍妻，恐

怕行雲暴露其秘密，反爲噤若寒蟬。大凡一個浪子出來踢索，正如王婆告訴西門慶的五個條件：潘、驢、鄧、小、閒，富商雖有鄧通的錢，其他四項俱追不上符圖，反之，符圖除欠缺一個「鄧」字，樣樣俱合格有餘。須知一個女人，除非她不愛這個男子，認爲面目可憎，那就無話可說，若果熱烈愛戀的話，她一定希望他小心愛護，並有閒工夫陪伴，那富商金屋藏嬌，沒有錯，物質上有高度享受，可是精神上常有貌合神離之弊，將屆子夜，不論如何熱烈溫存也好，一望時計，便露出失魂落魄的樣子，顯示閫令森嚴，人情紙限到半夜十二時，過鐘便閉門不納。符圖的處境，剛巧和那個富商相反，他雖然名目上有太太，但他可以日夕陪伴行雲，拋棄家庭不理，行雲益覺得他情深一往，單獨戀愛自己，不惜與妻子鬧翻，如此情郎，很難找到第二個，她又怎知他執着妻子的痛腳，奉旨出來廝混，妻子不准干涉呢？因此之故，符圖有個時期失業，完全由行雲供他的用度，並同情他一家幾口，無人照顧，月中還幫助多少家用哩。直至廣州淪陷日寇手中，符圖這種人，手腕玲瓏，小有才智，不知氣節爲何物，正是漢奸虎倀的典型，淪陷的第二年，他即投靠於日寇海軍部，担當「特務」的工作，很快便成爲活躍分子，可是忠貞之士，犧牲在他手裏，也不佔少數。天網恢恢，疏而不漏，勝利和平，符圖自然逃不過「肅奸團」的耳目，扣留半年多，捱盡苦楚，依法判處極刑，一生對女人不住，對國家不住的符圖，獲得這個悲慘的收場，堪作世人的龜鑑！

　　且說蘭素遷居東京酒店之後，最初以爲找到符圖，定有善後辦法，誰知遍尋不獲，甚且有意擋駕，雖經哥哥大韓面囑，仍是諸多推託，藉口母親監視甚嚴，欲速則不達，稍俟時日再算。及

後查悉符圖在某商店受職，全仗少老闆娘推荐之力，符太又忙於替兒子擇配，種種壞消息，使到蘭素意冷心灰，知道絕望。另一方面，韓翁自從不肖女兒脫離家庭，初時以女兒玷辱門楣，要來何用？作爲死去一般，後來怒氣漸消，畢竟父女一場，多少帶點骨肉關係，未免有些割捨不下，常在有意無意之間，問起嚴氏：「你可有見過阿蘭？」嚴氏誤會丈夫識破她們的行徑，連忙聲辯道：「那一晚她突然離家出走，聲言去找一個女同學，從此一去無踪，也沒有音訊，叫我在何處見她？」韓翁信以爲眞，長嗟短嘆，有時喃喃自語道：「她從來沒有出過門，年少無知，很容易爲人拐騙……自作孽，不可活……死不足惜！」嚴氏見他似乎對女兒猶有餘憤，更不敢置詞。過了月餘，有一天是「週末」韓翁偕同二三知己，在海傍打算叫汽車一送去塘西，瞥睹他底長公子大韓，由東京酒店閃閃縮縮出來，行動鬼鬼祟祟，甫出門，一溜烟跑出電車路。他這一驚非同小可，青年子弟，穿插酒店，決不會幹出好事，本想追上前查問究竟，無奈一班飲友，已簇擁登車而去。韓翁越想越氣憤：估不到大韓平時規行矩步，居然壞到這般田地，如果出入普通酒店，或可能探訪朋友，或可能問柳尋花，久聞這間東京酒店，是東洋人開設，他尚在求學時間，有甚麼朋友在這間酒店居停？莫不是他熱戀東洋藝妓？這還了得！韓翁聯想所及，由子及女，有其妹必有其兄，貽門戶之羞，豈有此理！想到心灰意冷，終夕鬱鬱寡歡，同席的飲友，見他突然變態，忙問其故，韓翁祗好推說偶然頭刺，叫各人不要介意。好容易捱到席散，韓翁也無興趣去打水圍，馬上返家，搖醒睡夢中的嚴氏，劈頭第一句便說道：「我不知道家山沒福，還是你和我前世不修！」嚴氏聽到一頭霧水，驚問何事，韓翁乃將他看見大韓

從東京酒店出來的鬼祟情形，逐一告訴，並懷歉兒子一定玩東洋女人。嚴氏聞言之後，輕輕抒了一口氣，因為她明瞭大韓去酒店，絕對不是尋花問柳，而是探訪妹妹，可是她又暗捏一把汗，恐怕揭穿女兒的秘密，同樣激怒丈夫，祗好含糊應道：「原來你發現大韓由東京酒店出來嗎？他並不是玩甚麼女人，……他是探訪朋友罷了，你休得悞會，我可以保證他沒有……」韓翁更覺奇怪，插口問道：「您憑甚麼保證？你說他探訪朋友，這個朋友是誰？你快說！」嚴氏欲待隱瞞，又怕引起丈夫更悞會，說出來同樣災難臨頭，心中悽惶，竟嗚嗚咽咽地哭起來，韓翁心急如焚，越要追問，嚴氏沒奈何含淚告訴道：「他不是探訪甚麼朋友，而是……看看……」韓翁鑒貌辨色，不等她說完，恍然大悟道：「是不是阿蘭這個賤人，居住東京酒店！」嚴氏點點頭，韓翁勃然大怒，戟指罵道：「原來你們蛇鼠一窩，怪底我提起這個賤人，你就詐作不知，實際上你們通同作弊，單獨欺騙我一個，正式慈母多敗兒！」

嚴氏任由韓翁痛罵一回，不敢作聲，一宿無話。翌晨七時即起床，叫醒大韓，告訴韓翁昨宵的悞會情形，恐怕他盛怒之下，斷不肯罷休，很可能去酒店——雖然在東洋人勢力之下，不敢大鬧，但見面也不妥，究不如趁他尚未睡醒，先行一步，叫阿嬋通知蘭素，馬上找地方搬遷，再作打算。阿嬋訴說事情已揭穿，情緒緊張，蘭素不知原委，以為父親當真到酒店搗亂，馬上遷去蓬萊酒店，暫避其鋒。嚴氏心頭雖放下一塊大石，仍覺風頭火勢，韓翁很可能派人監視她們母子行動，吩咐大韓亦不可探視妹子，過幾天再想辦法，在最初三天之內，阿嬋僅到過一次。這間蓬萊酒店，住客相當複雜，是高級私娼出沒之所，較之東京酒店

的高尚幽靜，絕不相同。蘭素獨個兒開房，又沒有男朋友到探，引起侍役及住客注意，不久竟給一個鴇母看中。

這個「鴇母」名號八姑，有兩個育女，所住的房間，恰巧與蘭素比鄰，她初時見蘭素獨個兒開房，樣子生得標緻，以為是「個中人」，最低限度也是約男朋友幽會，後來從侍役口中，才知道自己的推測完全不對，這裏十分納罕，個妮子畢竟是何等樣人呢？八姑一時為好奇心所驅使，頓生一計，窺伺蘭素入廁所，將次回來，首先拿定一個茶杯，見了蘭素，滿面陪笑打招呼，接着說道：「大姑娘，可否借杯茶飲？叫極侍役不來沖，小女趕着吃藥送口。」彼此同屬女人，蘭素當然不會反對，八姑斟完茶連聲道謝，並請她無事過房傾偈。自從認識之後，八姑常時藉故過來談話，蘭素以家人格於父親之命，最近不敢常時造訪，正感寂寞，難得有個朋友陪伴。八姑為人何等機智，經過幾度傾談，似乎知道傷心人別有懷抱，乃用最誠摯的態度，刺探蘭素住酒店的理由，並警告地說道：「你年紀尚輕，一旦離開家庭，置身這個萬惡的社會，人心鬼蜮，提防受人所騙，稍為不察，很可能賣你落河，永世沉淪，不能自拔！雖然和你認識的日子淺，不該交淺言深，不過我見你品性和藹純直，很容易遭人愚弄，那就太不值得了，如鯁在喉，一吐為快。」幾句話打中蘭素心坎，忍不住嘆口氣說道：「你說得很對，我的確心腸純直，被人欺騙，以致不容於家庭……」於是由頭至尾，將自己的家世和遭遇，撮要告訴，最後還向八姑求教，不知如何是好？八姑誇張地說道：「果然不出我所料，但一誤豈容再誤，為今之計，你必須自己打主意，不能單靠母親維持，因為你父親已聲明和你脫離關係，最近更禁止你媽和哥哥探訪，終有一天斷絕接濟，那時節，你將走

頭無路，非從速打算不可！」蘭素一聞之下，感慨萬端，淒然說道：「現在危機四伏，我當然很明白，今日我向你吐露心腹，便是希望借箸代籌，請你暢所欲言，不必因為相交日子短，諸多隱諱，反為不妥。我目前的處境，好比墮入萬丈深潭，急需有人援手，相信你也很明瞭吧？」八姑頻頻點頭，同情地說道：「既承不棄，以知己朋友相待，我自當布其腹心，不妨彼此斟酌一下。實不相瞞：和我同在一起的兩個育女，金容與銀容，其中金容的境遇，和你差不多，做壞事為父親逐出家門，她比你更不幸，因她沒有親娘，繼母推波助瀾，挑撥父親的怒火，絕無挽救的地步。銀容的環境更慘，她誤識一個拆白黨，冒認是哥哥，偽稱父死破產，妹妹自賣身葬父，向我借銀五百元，任由我做奴做婢，做娼做妓，也不計較。坦白良心講一句：她們用去我許多錢，甘心情願，操皮肉生涯，作為還債的代價，但我仍然很珍惜她們的身子，每日只許過夜一次，坐酒局不會傷身，則多多益善。其次挑選高尚客人，稍為粗鹵猥瑣，一概不接，如果她們本人不喜歡，我亦不敢勉強。好在酒店不比娼寮，既非『明買明賣』，應接與否，大有自由權，不怕任何人動粗，所以居停兩三月以來，都平安無事。」蘭素以為八姑鼓其如簧之舌，收買她做育女一分子，在酒店操皮肉生涯，心裏老大不高興。

八姑似乎已看出蘭素的心事，不等她開聲反對，即接續說道：「雖然如此，我仍覺得在酒店幹這種營生，殊不合化算。第一：負擔酒店房租，及三人食用，每日消費不少；第二，入息與侍役『四六分賬』，所得的六成，往往不敷皮費，只是希望客人例外賞賜而已。還有一層，這是秘密的勾當，抵觸法例，如果生意稍為好一點，自然有人眼紅，要收保護費，總而言之，前途光

景，沒有大希望。所以我最近有些灰心，打算轉向廣州發展，可惜金容與銀容，姿色平庸，恕怪我沖撞一句，假如她們像你一般的人才，我老早已在廣州高張艷幟了。」蘭素見八姑大讚自己，心裏很高興，表面上謙遜地答道：「你太過獎，愧不敢當，似我容貌醜陋，何足掛齒？你的意思，是否上廣州，一樣在酒店開房，吸引客人？」八姑搖頭說道：「我剛才說過，在酒店不合化算，到處楊梅一樣花，廣州固然不會比香港好，更有甚焉。尤其是『查棧』的呼聲，隨時嚇到失魂落魄，犯不着担驚受怕！我打算上廣州，是正式『落寨』，我有一位姊妹九姨，是陳塘『紅樓』大寨的事頭婆，她認識許多軍政要人，股商巨紳，有四五分姿色的姑娘，可以保證十足『走紅』，似你才貌雙全，又是出身高貴人家，我亦敢寫包單……」蘭素面有慍色，一口拒絕道：「正式落寨，豈不是叫我做妓女？作賤自己猶在其次，辱沒家聲，玷污父母清白之軀，這個却使不得，無論如何，我也不敢贊成！」八姑笑道：「我相信你未有聽過，也未有機會見過，此間石塘咀及廣州陳塘的大寨阿姑，以爲她們朝秦暮楚，送舊迎新，一定十分污穢，實際上你若知悉其內容，我胆敢批評：『住家人』亦不外如是。須知大寨規矩，相當嚴謹，任何阿姑，不得身穿褻衣，出現神廳。客人偕朋友打水圍，必定披回外衣見客。內衣一排鈕子十多二十粒，緊勒酥胸，絕不容許客人觸及肌膚。非經過相當日子，散過大量金錢，想滅燭留髠，休作妄想，甚至一擲千金，顛倒追求一兩年時間，始終未許達到目的，也是司空見慣之事，怪不得一般飲客，於失望之餘，詆譭她們是世界上最高寶的妓女，因爲任何一國的公娼，旣是明買明賣，沒理由不准他們染指，但省港大寨阿姑則不然，本身接客大有自由權，除非她們屬於事頭

婆身，鴇兒愛鈔，身子要受鴇母支配，又當別論。」蘭素聽到入神，半信半疑，含笑反問道：「旣然如許高貴，爲甚麼你那兩位金容、銀容姑娘，尚逗留此間，不去廣州碰碰機會呢？」八姑正色答道：「我不是對你說過嗎，她們迫於環境，已在酒店接過客，大寨阿姑很注重底子，如查出她們是出身酒店，飲客便認爲賤貨，和她割席，同時指摘該大寨以私娼充數，足以影响其聲譽，我和九姨誼屬姊妹，怎敢明知故犯，至怕引起不良的後果，何以對得住姊妹呢？」

　　蘭素乃默然無語，八姑又鼓其如簧之舌，笑嘻嘻說道：「做到大寨阿姑，接客有自由權，比較閨女選擇女婿尤爲嚴格，算不得作賤自己。至於辱沒家聲這一層，別人猶可說得去，照你所講，父親旣如許無情無義，聲明和你斷絕父女關係，還有甚麼辱沒家聲可言？」這句話無形中打入蘭素的心坎，想起父親驅逐自己出家門，說過不管自己做娼做妓，做奴做婢，都和他無涉，情義已告斷絕，何必顧忌？她想到這裏，幾欲不顧一切，一口答應了八姑，和她上廣州謀出路，可是回心一想：父親雖是無情 —— 其實父親向來喜愛自己，供書教學，像兒子一般待遇，自己做錯事，才激惱父親，這也難怪 —— 母親和哥哥，始終愛護週到，若果拋頭露面，給父親知道，小不免連累她們……八姑見她沉吟不決，知她定有多少難題，乃再曉以利害，侃侃說道：「你底家事和心事如何，我是局外人，當然不甚明瞭，也不便越俎代庖，不過當局者迷，旁觀者清，我站在第三者立塲，比較容易觀察清楚。第一，你經已離開家庭，親友皆知，斷不會歡迎你返家，即使勉強說服你底父親，恢復關係，你已是喪失面子，慚愧見人；第二，你旣然無法回家團聚，流浪在外，何時是了？母親接濟，

有日而窮，何況你爹最近知悉反對，你豈能長此以往，拖累母親？第三，你不能永遠倚賴母親及哥哥，必得自謀出路，解決生活。人不分男女，俱貴乎自立，你試想想本身有甚麼技能，最高尚當然是執教鞭，做女職員，甚至做公司賣貨員，俱要有中西文根底，及有人事推荐；其次則出為人傭，做近身，打雜抑或住年妹，我怕你雖肯低威，也沒人敢請你這位千金小姐哩。」蘭素給八姑說得面紅耳熱，自己的確要謀獨立，的確高不能攀，低不能下，除却賣笑生涯，沒有甚麼職位，適合自己的身份。八姑知她意動，附耳邊低聲說道：「依我的意見，你不妨和我上廣州一行，親自去陳塘視察情形，是否落寨，完全聽你個人喜歡，法治修明之區，當然沒有人壓迫得你，似你的聰明才智，是城市人，絕對不是鄉村女兒，有甚麼事盡可報告公安局。老實說一句：我和你一塲朋友，將來山水有相逢，無論如何也不會叫你吃虧，我底唯一目標，祗是希望你見過滿意，自己甘心情願去做，順便帶挈我這兩個『育女』，如果你認為不妥，我亦一樣陪你回來，任你如何打算也好，不關我事，但求我手續清楚罷了。」蘭素覺得八姑言之成理，頻頻點頭，心想也和香港差不多，警察隨街可見，自己又不是蠢才，難道在光天化日之下，眼光光被人拐賣？何況自己沒有收過她一文錢，亦沒有簽過甚麼契據，豈有無端端賣身之理？最後八姑復貢獻意見：暫時此事要嚴守秘密，不必告訴母親或哥哥，立心上陳塘做妓女，以免她們諸多阻礙，祗是託詞去廣州探訪一位舊同學，希望找些工作做，順便變換環境，遊覽幾天便回來。

蘭素果然依照計劃行事，瞞過母親，偕同八姑及其育女金容、銀容，往廣州一行。九姑帶她去陳塘「紅樓」，事頭婆九姨

見她人才標致，舉止大方，吐談風雅，極表歡迎，中午吃完點
心，又請她吃一頓豐富的晚餐，因為她從八姑口中，已聆悉其身
世，及此行的目標，屬於遊覽性質，合作留，不合則去。九姨久
歷滄桑，深知各種女子個性，所謂「見文王施禮樂，見桀紂逞干
戈」，因此她對待蘭素，另具一套手腕，首先滿口諛詞，讚她風
華絕代，壓倒羣芳，整間紅樓，沒有一個阿姑比得她上，最後說
到這裏的人客，相當高尚，即使軍界著名老粗，也不敢對阿姑
動粗半點，相反地浪擲金錢，帖服於石榴裙下，饗以閉門羹，也
不敢道半個「不」字，說起來十分好笑，幾使人不堪置信。九姨
舌粲蓮花，聽到蘭素津津有味，悠然神往，自願勾留一宵，實地
觀光，以定行止。大家都可以想像得到：蘭素以一個年輕的女
子，情不自禁，為同學盜去貞操，雙親不親，愛人不愛，心靈空
虛，前路茫茫，在這種環境之下，有人寄予溫藹的同情，目睹萬
花如海，酒綠燈紅，處處笙歌，個個充滿青春活力，人孰無情，
誰能遣此？好比一個少年飲友「電燈着，鬼揈脚」，口啜醇醪，
面對佳麗，「令尊翁貴姓大名」，早已拋諸腦後，何暇顧及家聲？
尤其是九姨向她披肝瀝誠，保證她接客有絕對自由權，保持她
是自己身，表示同情她的遭遇，不像別個阿姑，屬於事頭婆身，
便永遠沉淪苦海，不易自拔。現在她不特不受束縛，更可利用這
個機會，物色如意郎君。同樣可以過其少奶奶生活，並舉出幾個
顯著的例子，某鉅公太太，某醫生夫人，某要人繼室，俱是出身
青樓，躋於正室之列，到處受人景仰，說來頭頭是道，不由蘭素
不相信。事實上九姨也真是一片好心，對待蘭素，俗語說得好：
人結人緣，賊刼火灰船，一見之下，即覺得蘭素很可愛，又憐她
少年無知，誤識薄倖郎，很同情其遭遇，自願作友誼上的幫忙，

如果她肯落寨的話，一切手續自然替她辦妥，所有裝飾排場，需要若干歀項，均可答應，這筆錢祇算作借貸，任由何時交還俱可以，完全不用簽寫甚麼字據，絕不是賣身契，假如她厭倦風塵，亦隨時恢復自由之身，清還欠債固佳，賒住亦無不可。最後她對蘭素表白這幾句心腹話：「爲甚麼我似乎對你特別優待，歡迎你幫忙我呢？當然『一則爲神功，二則爲弟子』，我見你如許身世可憐，希望你能夠在芸芸潤客中，物色得一位理想伴侶，有美滿的歸宿。第二，近來本寨有位最紅的阿姑，芳名翠翠，已作歸家娘，正想物色佳麗，增加聲勢，我看你一表人材，吐談儀注，出身比她高貴得多，相信你比她更快走紅，你多人客追，我的生意亦應接不暇，正是你好我好，這也是懇切要求你幫忙的原因。翠翠客人特別多，常偕一班朋友返寨打水圍，所以她底房間加大，一個人佔兩個房，闢爲一房一廳，佈置殊不俗，這房間恰巧給你使用，排場與別不同……」九姨邊說邊帶蘭素，看視往日翠翠的房間，果然有房有廳，傢俬全部新式，與普通阿姑的房間陳設，雅俗之判顯然。九姨向她解釋：「本來所有阿姑的房間傢俬，千間一律，這是翠翠個人出錢添置的，價值在千元以上，我見她追隨一位地皮友，宦囊豐滿，單是翠翠的身價，就付出二萬元，金屋藏嬌，自不稀罕這些舊傢俬，乃要求她割讓，循例封回三百元，其實單是一張銅床，及房中的沙發椅，已不祇此數。因爲她很不滿意她底假母，太過狼貪，她計過自己這一株搖錢樹，已賺錢過萬，尚要敲索七千元身價——據說她和『地皮友』有默契，實價二萬，她打算給假母五千，但假母不肯，定要七千，無形中叫她損失多二千，所以她很不服氣，寧願半賣半送給我，也不想便宜假母。現在天造地設，正好由你享受，我相信你總感覺滿意

吧。」蘭素越看越喜歡，特別是九姨一派慈祥，簡直義不容辭，乃毅然決然，幫忙九姨一個時期，再作打算，但她恐怕母親和哥哥懸念，又由九姨代爲策劃，叫她寫信告知母親，大致說：在廣州找着舊同學，暫時居停她底家裏，她並答應介紹工作，可能在一間商行做女書記，因爲住址屬於暫時性質，一俟上工之後，租賃得永久住址，再寫信詳告……等語，以避免母親派哥哥到來找尋，揭穿內幕。九姨知蘭素誠意幫忙，決定落寨，不等她開口，先給她五百元，並不要她簽寫欠單，表示相信蘭素不會過橋抽板，將來有好處，決不會辜負她的情誼，聲言彼此義氣搏義氣，如不夠開銷，隨時可商借。蘭素是一個善於修飾的少女，從幼生長於上等家庭，見聞旣廣，對於服裝很有研究，這一次初置身脂粉叢中，希望先聲奪人，特別自出心裁，指導裁縫師的花樣，裁縫師亦心悅誠服，自愧不如。九姨覺得有此標致人才，支撐門面，自然感到十二分的快慰，一切部置已告就緒，商量採用甚麼名字，蘭素先拿紅樓的「花名冊」一看，認爲紅紅翠翠，鶯鶯燕燕，金銀艷麗等字眼，未免俗不可耐，絕不貼切本人的身份。她到底受過幾年私塾的教育，讀過古文與唐詩，比諸當時阿姑，大都出身小家碧玉，或富室侍女，或從小賣給鴇母，祇知熟習儀式規矩，未嘗挽過書包，極其量每字問，看看戲橋，唱唱木魚書，念其口簧，大多數是沒字碑之流，怎懂得命名的重要？蘭素見阿姑中較爲別致的名字，若「飄洭」，若「塵夢」，都認爲有點意義，她初時想用「無涯」或「有涯」，她記得兩句書：「吾生也有涯，而知也無涯」，頗貼切妓女的身份：「渺無涯岸」，又以「涯」字和「捱世界」的捱字諧音，本來意義頗爲深長，但九姨不贊成，恐怕太過深奧，不通俗，飲客未必了解。

蘭素細心一想，亦覺得「涯」字不雅聽，也欠吉祥，不論「有涯」與「無涯」，都想落不大妥當。她又記得看過林琴南所譯的「茶花女」，是法國名小說家小仲馬的代表作，一說是他個人的艷遇，故寫來纏綿悱惻，動人肺腑，這個巴黎名妓，經過小說家生花妙筆，足使天下後世的多情人，爲之同聲一哭，蘭素便是同情「茶花女」的一個讀者，現在面臨家庭打擊，被迫淪落青樓，頗欲以茶花女自居。九姨雖不便公然反對，但她底頭腦相當陳舊，以爲茶花女是外國妓女，未必搏得中國飲友欣賞，或許對她的名字，完全不熟識，豈不是弄巧反拙？蘭素知道她不大贊成，乃再想另一個「花名」，她平時穿着衣服，頗喜歡紫色，她記得讀書的時候，看過一部「紫蘭花片」，是袖珍小冊子，是上海名作家周瘦鵑的個人雜誌，小品文字，清新可誦，插圖也很精緻。她知道九姨喜歡花花綠綠的字眼，徵求她的同意，用「紫蘭花」三個字好不好？九姨一聽之下，不假思索，連聲贊成。至於八姑的兩個育女，金容與銀容，九姨因嫌她們是「一點頭」，還恐怕飲客揭穿內幕，影响紅樓大寨的名譽，碍於姊妹情誼，姑且給她們一個房間，名字也懶得替她們改。在九姨的心目中，認定紫蘭花是最有希望的搖錢樹，如果將來花運興隆，帶挈金容、銀容，多有幾台酒局也可以。果然不出九姨所料，紫蘭花高張艷幟之後，眞個人見人愛，叫完再叫，很少叫過一晚，便不回頭，理由十分簡單：紫蘭花姿容美麗，活潑青春，單是這一副本錢，經已勝人一籌，加以她初出茅廬，接受九姨的訓導，不論伯父與少年，九筒或白板，俱屬於顧客，應酬手段，必須面面俱圓，自然客似雲來，一躍而躋於紅牌阿姑之列，到了那時節，你便不妨高自位置，擇善而從，你越是拒絕他，他越是追求你，任何大刀濶

斧，亂斬一通，他亦會逆來順受。但在未曾走紅之前，應該稍假詞色，切不可孤芳自賞，拒人於千里之外。紫蘭花唯唯受教，她本來吐談風雅，態度大方，雖是「一百零一晚」老契，已令對方留下深刻印象，有等飲客斷定她出身於名門望族，很想試探其身世，她亦同樣得到九姨面授機宜，變化運用，詞意之間，暗示本身確是大家閨秀，無奈迫於環境，淪落風塵，雅不願說出根由，玷辱家聲，將來有機會再告訴你吧。飲客當然明瞭她不便交淺言深，反為諸多推測，以為她是富室妾侍的女兒，因母親失寵，父親去世，不為大婦或嫡子所容；又以為她因家道中落，賣笑養母，總而言之，對她不敢輕視，更不會想到她因做壞事，為父親所不容。由此一端，可見她措詞的技巧，手段的玲瓏，已具備紅牌阿姑的條件。

紫蘭花還有一種「特點」，她碰到斯文的飲客，或者與飲客同來的朋友，屬於文人墨客之流，她特別尊敬，居然咬文嚼字，別人丟書包，她却是撚「詩」包，例如對方和朋友談起，近來用錢太多，不知如何打算，她便含笑吟哦：「天生我才必有用，千金散盡還復來，有甚麼要緊呢？」她雖然不懂得吟詩，讀書時很喜歡念誦詩句，唐詩三百首爛熟於胸，往往在談話之間，詩句沖口而出。當時陳塘飲客，不少軍政界名流，其幕僚如秘書科長等輩，多是飽學之士，一旦在青樓發現一個阿姑，居然會吟幾句詩，吐屬風雅迴殊儕輩，不免另眼相看，代為吹噓，以「詩妓」相稱。當時有間「天游報」，是最暢銷的「花報」，更為之大吹大擂，常以「詩妓紫蘭花」標題，芳名益不脛而走。紫蘭花人本聰明，知道許多飲客慕名而來，是宣傳的效用，對於記者揮箋相召，特別以禮貌相待，故意不收揩銀，自甘損失，頂一次「揩」，

最低限度損失二元，蘭素坦然毫不吝惜。同時她雖然不受酬，仍恐對方悮會，說她輕視本人，無錢付局賬，所以她措詞十分圓滑，表示彼此是「朋友」感情，不是飲客與阿姑關係，斤斤計較金錢，有失朋友之道，令到對方深感滿意，希望和她做個永久的朋友。其他文人墨客，返寨打水圍，蘭素亦聲明請食生菓，不許對方破鈔，他們覺得這一朵解語名花，風雅可人，鄙屑講錢，投我以桃，報之以李，乃紛紛以墨寶相贈。紫蘭花亦珍同拱璧，裝裱妥當，懸諸粧閣，丹青字畫，琳瑯滿目，置身其中，別饒雅趣，一望而知這個粧閣的女主人，決非俗粉庸脂，大有雅人深致，「詩妓」之名，確屬不虛。紫蘭花憑這種特殊的手腕，張艷幟於陳塘，不夠三個月，已躋於「紅牌阿姑」之列，顛倒石榴裙下，固不少西關濶少，軍政紅員，甚至年紀相當的股商鉅賈，都以結交「詩妓」紫蘭花爲榮。

其中有個鄒翁，顛倒尤甚，鄒翁年已五十許，視茫茫，髮蒼蒼，齒牙搖動，而色心尚未衰退，他是沙面一間外國洋行的買辦。自從遜清末葉，賊臣誤國，外交着着失敗，被迫開放五個通商口岸之後，外商雲集，紛紛設立洋行，有所謂「辦房」制度，利用華人居間介紹，與商家交易，給以佣金半厘，數目雖少，生意龐大，聚流成海，聚米成山，入息相當可觀，初期的買辦，無不白手興家，成爲發達之人。因爲外商開始依靠人事栽培，如果有本領招徠生意，已是歡迎之不暇，並不需要甚麼担保，完全相信人格。其後利之所在，爭相逐鹿，不論是哪一個人開設的洋行，均自願以現金或物業作担保，務求取得買辦榮銜，這時期反爲便宜了外商，許多人拿個「夾必袋」到遠東，無形中就有人出資本 —— 雖然在合約上聲明生意盈虧，與担保無涉，但外國廠

家見這間洋行在銀行有現金或物業，自然表示信任，源源來貨，那時的貨欵有幾十天銀期，收客賬應付，亦綽有餘裕。有等外國洋行大班，所訂合約十分苛刻，除以現金或物業的「地紙」，俗稱屋契，作担保品之外，並要負担客戶的貨賬，倘有拖欠，要買辦抵填，理由是大班全靠買辦做耳目，絕對不知客戶是否可靠，買辦旣賺佣金，自該調查清楚，如不稍爲限制，買辦何難串通客戶，逃撻分肥？幸而那時節風俗淳樸，商場注重信用，特別是我國的殷商，牙齒當金使，不必像外國人的打合同，簽字據，數目盈千累萬，決定後從不反悔，無論賺錢與虧本，照付可也。有等大班，甚至視買辦如僕歐，的確如世俗相傳的笑話：「買辦都不叫一聲，叫阿培！」（故事的來源據說是這樣：某洋行有個侍役，去飲花酒，冒充買辦，他底老契信以爲眞，有日上中環買東西，順便探視她底「買辦」溫客，入門時見他在寫字樓外邊收發處，糊信口準備寄發，湊巧大班揚聲叫「僕歐」之聲，他覺得秘密勢將揭穿，狀甚尷尬，幸而他靈機一觸，想起自己的名字叫阿培，與英文的「僕歐」字音相似，乃自加掩飾，喃喃說道：「買辦都不叫一聲，叫阿培！」話猶未了，大班連聲大叫，他又憤然作色道：「你阿培哥在這裏，『培哥』叫一聲，培，培，培，培你個頭！非鬧不可，等我入去鬧他一頓！」原來大班叫他送信去銀行，他趁勢和老契相偕外出，直入銀行，揚言大班叫他去見銀行大班，交涉一筆錯數，像煞有介事！）不過這等大班極佔少數，而買辦在社會上有地位，很受人尊敬，聽說外省有某鄉鎮，視買辦若遜清時代的「功名人物」，祠堂豎起「高脚牌」，親友送「喜帳」，大書特書：恭賀榮陞買辦之喜，在祠堂大排筵席，熱鬧隆重的氣氛，好比「中舉入學點翰林」。粵人思想比較開通，「榮陞買辦」，

尚未致驚動祠堂，壓倒父老，但出來應酬，仍是先聲奪人，特別是花叢地方，鴇母愛鈔，對於買辦老闆等輩，自然躋於第一流飲客之林，鄒買辦手段濶綽，凡是他心愛的阿姑，千金梳櫳，毫不吝嗇，因此更受到龜鴇的歡迎。

鄒買辦見了紫蘭花，心旌搖搖，即和九姨商量，倘能真個銷魂，千金一刻，在所不計。九姨知道飲客之中，不少是酸薑竹之流（插酸薑的竹枝，吃完酸薑便隨手擲去，不會再留存，以喻客人一償大欲，即棄之如遺），予以遷就，反為損失一個客人，因為他到手之後，又顧而之他，即使勉強再叫下去，想「斬」他一些白水，甚於行乞。況且追求紫蘭花的飲客，芸芸有眾，大家爭着報効，無非想達到目的，正好以子之矛，攻子之盾，利用這個形勢，鼓勵他們展開「爭奪戰」，自願做瘟生，若果給任何一個人先占花魁，別個人便感覺心灰氣沮，不及以前的起勁了。於是她向紫蘭花面授機宜，不妨透露自己的身世，大致這樣措詞：出身高尚人家，一時意志薄弱，為同學所騙，父親不諒，脫離家庭，迫於環境，淪落青樓，父親雖不以為女，仍不想朝秦暮楚，送舊迎新，既摧殘身子，復敗壞家聲，況且一誤豈容再誤，今後祇有物色如意郎君，首先要同情諒解自己的可憐身世，即隨他作歸家娘，決定做一個典型主婦，以贖前愆。這都是事實，不是空中樓閣，紫蘭花設身處地，說到凄涼處，聲淚俱下，果然搏得一般飲客無限的同情，讚她生性，率真，品質好，一時失足，值得原諒，不特不譏諷她高竇，還自動佈施，希望獨占花魁。鄒買辦見獵心喜，暗中疏通九姨，願意帶紫蘭花上街，叫她隨便提出條件。紫蘭花正是紅運當頭，年少、貌美、多金的熟客，也有好幾個，面孔比較「不犯人憎」的中年人，亦不佔少數，「白水」左右

逢源，身子自由自在，何必要做金絲雀，被鎖入雀籠之內，穿金戴銀，亦無趣味。於是九姨代爲設計，婉轉推辭鄒買辦：紫蘭花受過青年人教訓，認爲靚仔無本心，不及「伯父」欵欵情深，心細如髮，你自從揮箋相召以來，不及三個月，在她身上差不多花了二千元。據我旁觀者清，她對你的心事，十分感領，承認你是她落寨後第一個知己，自該委身相報。不過她覺得有兩件事頗爲困難，第一：聽說你經已娶媳婦，且有乖孫，你底女兒比她尚年長兩歲，她今年才十七八歲，試問置身於家庭之內，似乎彼此都很難過；第二：你經已有一妻兩妾，無形中排名四姨太之列，照紫蘭花的意思，擇人而事，當然希望做正室，或繼室，或者極其量做二奶，同時她更希望上街之後，正經做一個住家人，獲得父親諒解，恢復父女關係，繼續往還，屈身爲妾，雙親已經不大喜歡，更做四奶，試問他們作何感想，尤其是你們翁婿見面，女婿的年紀，比岳丈還大幾歲，有甚麼好意思呢？這幾句話說得鄒買辦亦有些內愧，不自覺面紅耳赤，默不作聲，但此老對於心所愛的女人，大有不達目的不休之慨，雖然表面上沒有表示，仍是志在必得，一樣積極進行。事實上紫蘭花在這個時候，沒有把任何一個熟客放在心裏，她祇是暗中「單戀」名伶司徒六郎，日夜去看他演劇。

司徒六郎是當時的新紮師兄，扮相倜儻風流，表情細膩文靜，飾演西廂記的張生，紅樓夢的賈寶玉，堪稱獨步一時。他本是丑角出身，但完全擔綱小生角色，演富家公子，貴族王孫，那一種翩翩濁世佳公子的風度，罕有其儔，因此最受婦女輩歡迎，每晚單憑他個人的號召力，已能担「幾十張床」（按：從前戲院最名貴的座位，是「貴妃床」或「梳化床」，所謂「担幾十張床」，

換言之，有過百戲迷，必來替他捧場，大多數定梗一台戲的座位。）許多花間鶯燕，也屬於戲迷一分子，紫蘭花自幼喜歡隨母親看粵劇，這是住家人正常的消遣品，除在家打麻雀之外，出街則多數看戲，因爲電影仍未盛行，上了年紀的女人，不慣「黑沉沉」的局面，常感眼花之苦，總不及鑼鼓劇好看，香港戲院雖是男女同座，廣州則劃分男女對號位，不容混亂，故家長亦比較放心，較潤綽的家庭，還多帶一名婢僕隨侍，捧茶裝烟哩。紫蘭花耳濡目染，日久便成癖嗜，初則爲消遣而看戲，祗求名班有好角色，就訂購佳座，並不限定欣賞某一名伶的首本，落寨之後，結習難改，不少志同道合的姊妹，聯翩往觀，有時甚至邀飲客買票。本來飲客最掉忌所歡是席咾，但如果他知道自己老契單純有「戲癮」，絕對不是追求任何戲子，他反爲樂得做東道主，拍拖據座欣賞，即使兼請其姊妹，亦無所謂，有如霸王夜宴，坐擁羣芳，粉白黛綠，左右逢源，看來威風十足，又何樂而不爲？紫蘭花其始逢戲必看，人客投其所好，逢請必到，看完則拍拖同返，九姨知其事，以爲她應酬客人，毋傷大雅，況且請她看戲的多是潤客，鄒買辦亦不佔少數，更認爲是應酬手段的一種，有益無損，可是紫蘭花自從看過司徒六郎演出「寶玉哭靈」之後，夢魂顛倒，整個影子深深印入腦筋，不能自拔，嗣後任何名班名角，都覺得味同嚼蠟，不值一看，單獨追求司徒六郎一人，不論他演出甚麼戲，非看不可，尤其是希望認識這個名伶，苦無機會。

當時女人追求名伶，有種種可笑的「傳說」，最膾炙人口的一件事：有位技術高超的小武，名喚賽乾坤，演戲極有規矩，火氣十分充足──這是伶人獲得婦女輩歡迎的主要因素，她們口頭上通常作此批評：某伶演得好，眞夠火氣，反之，某伶弊在

火氣全無。這是對的，戲假情眞，無火氣等如沒有情緒，未能發揮喜怒哀樂的七情，有甚麼好看呢？由於賽乾坤擅演任俠仗義的大丈夫，首本戲大都勇救佳人，故加倍受到女人的歡迎。嬰嬰婉婉，追求者眾，其中有個富室的十三姨太，原是婢女出身，給主人公垂青拔升妾侍，畢竟身份低微，主人公其始一團高興，寵愛有加，「收起」後第二年，又復貪新厭舊，縱非完全打入冷宮，但恩承雨露，平均一個多月，才輪到她身上，她失寵之餘，祗有向梨園找刺激。因爲她出身至今，始終受人鞭撻和欺負，無人救助，一旦發現舞台上的賽乾坤，解除女人痛苦，演來眞摯動人，以爲他的爲人也是一樣，不覺備極顚倒。她雖是日夕據座觀劇，規定第三行的路邊位，偕心腹近身傭巧姐作伴，這時她已是四十許人，主人公見有女傭同在一起，亦放心任由她消遣。十三姨太以咫尺天涯，無從認識，苦思焦慮，抑鬱成病，巧姐心竅玲瓏，平日見她夢魂顚倒的狀態，已測知其八九，現在醫藥無效，仍要挾病前往觀劇，乃透露端倪，說起她曾經探過班，偷看各老倌化裝，頗爲有趣，因爲後台的守閘人肥九，是她底鄉親。十三姨太聞言，病勢已痊癒一半，掬誠相告：她當然很想去後台見識一下，可惜她並不識任何一個老倌，貿貿然入內，眾目睽睽，太難爲情。她很仰慕賽乾坤，想送他一件禮物，互相訂交，正苦沒有人夠胆入後台。巧姐慨然負担這個任務，十三姨太當堂病愈八九，欸欸深談，首先賞給她百元紙幣一張，另給五十元作疏通肥九的交際費，然後摒擋就緒，買個新漆盒，裝貯若干名貴生果，中有錦盒一個，是一個價值千多元的火油鑽石戒指（按：當時女班風靡一時，不少男班爲之減色，男女老倌爭雄鬥勝，注重排場，每個名角出場之前，先換私家顧綉門帘，使觀眾一望而知

道某伶將近出台，除正印之外，二幫角色亦要頂架，所以掉換頻仍。其次則盛行鑽戒，女花旦當然可以多戴首飾，珠光寶氣，炫耀眼簾，甚至男角色亦競尚鑽石戒指，飾演窮漢子，一樣鑽戒燦然，不顧違背劇情，男觀眾多指摘其非，但女觀眾的心目中，以為老倌而沒有鑽戒，顯然不夠派頭了。）並面授機宜，善為說辭，必須指明坐梗某個座位的十三姨太，要求他鑒領微忱，切勿推却，如果立刻沒有回音，請他隨時通知肥九，訂期後會。巧姐含笑允諾，自誇胸有成竹，決不辱命。

巧姐自恃和肥九份屬鄉親，又給他茶錢五十元，出入後台無禁，此來並非求乞，而是送禮，有價值千多元的鑽石戒指，豈有不受歡迎之理？她由肥九帶入賽乾坤鋪位（每個伶人，俱有一個鋪位，以布帳作屏障，為老倌裝身之所，若布帳落下，等如房間的閉門，任何人不得揭開，亦等如衝房之無禮，外界探班，必須知其大忌），湊巧賽乾坤化裝完畢，躺在馬扱休息，肥九引巧姐上前，巧姐吐出其嚦嚦鶯聲，自我介紹：「我叫阿巧，奉主人十三姨太之命，呈上小小禮物，她十分仰慕先生，日夕都來看戲，坐梗第三行路口位……」剛說到這裏，提塲奔跑上前，請這位大老倌出塲，巧姐不敢怠慢，放下金漆籃，含笑問道：「我在外邊等候好不好？」她見賽乾坤的面色，不大好看，似有璧回之意，連忙說道：「我不便阻碍工作，倘有消息，勞煩你通知九哥一聲。」賽乾坤似聞似不聞，趕着出台，巧姐見衣箱及其他職事人員，也有三兩個小老倌，包括大花面，目灼灼注視她而笑，更不敢逗留，低聲向肥九耳語：「費心你歇一會討取回音」。肥九希望尚有好處，唯唯答應。巧姐再入戲院，告訴十三姨太，誇張其能幹，描述她如何善為說詞，賽乾坤如何高興，看情形很有意

思想見面一談，適值有個人催促他出台，他仍聲明如有消息，通知肥九。十三姨太滿心歡喜，以爲今晚定可逖聽佳音，或許他看在鑽石戒指分上，請消夜接着去酒店……想到這裏，自覺面部發熱，心癢難熬，抬頭一望，碰到賽乾坤的眼光掃射下來，好像有意和她丟眼角一般，益信鑽戒力量偉大，引得老倌垂青，又怕自己年華老去，面皮不蝕脂粉，不知他是否嫌棄，立刻拿小鏡子在手，顧影自憐，補粉以掩其皺紋 —— 事實上十三姨太這般做作，枉費心機，台上的賽乾坤，祇顧表演劇情，有甚餘暇顧盼觀眾，雖然眼光掃射台下一遍，不過順目所至，這是形勢使然，並非與任何人丟眼角，他趕着出場，甚至未曾打開金漆籃一看，更不知有鑽石戒指一回事哩。過了半個時辰，十三姨太心急，叫巧姐去問肥九，有沒有音訊，肥九沒奈何，又帶巧姐入後台，見帳幕已落下，知道老倌在換衫，不敢冒瀆，及至帳幕掛起，賽乾坤仍躺在「馬扱」之上，閉目養神，好容易等到他開眼，肥九叫完「坤哥」，口囁嚅指指巧姐，賽乾坤不等他開聲，迅速說道：「你叫她明日來」。巧姐一聽有回音，欣然返報十三姨太，大家都推測這是喜訊，非常快慰。次日主僕二人，去看日戲，賽乾坤祇出尾塲，看到四時許，巧姐才上後台，那「衣箱」一見巧姐，即將金漆盒交還，她即揭開一看內容，瞥睹有白米一撮，莫名其妙。

巧姐細心檢視之下，發現錦盒的鑽石戒指，依然存在，最奇怪的是：好像祇拿去生菓，答還的物件很多，計有戲人化裝所用的班粉兩塊，花露水一樽，爽身粉一包，尚有一大撮「絲苗白米」，這是甚麼意思呢？照此情形看來，生果值錢有限，答回的化粧品，價值多幾倍，而鑽戒則原物璧還，莫不是他表示鑒領十三姨太的盛情，大家講情而不講錢？她詢問肥九，是否這個

意思，肥九是個粗人，當然莫名其妙，祇好隨聲附和。巧姐覺得拿個金漆盒入戲院，殊不雅觀，先將鑽石戒指放入衣袋，在附近酒家開個小房座，放下金漆盒，吩咐開茶，然後入戲院撮要告訴十三姨太，請她出來商量。十三姨太正看到「戲肉」，捨不得離開，叫巧姐不如約肥九食晚飯，集思廣益，打破這個謎，如果他有辦法，最好兼約賽乾坤，多有重酬。散場後，賽乾坤固不肯賞光，連帶肥九也不來叨惠，十三姨太雖感失望，尚以為賽乾坤他們，為着避免男女之嫌，不便貿貿然來吃晚飯，但他所答回的幾件物事，真正的意義何居？巧姐固執己見，強調賽乾坤表示講情不講錢，若果他完全沒有意思，索性原物璧返，何必多此一舉？他肯接受生菓，而答還化粧品是女人用品，所謂寶劍贈俠士，紅粉贈佳人，可見他投你所好，心細如塵。十三姨太覺得化粧品的解釋，算有道理，可是這一大撮白米，附帶於化粧品之內，不倫不類，有甚麼理由。心竅玲瓏的巧姐，滿肚文章，侃侃然說道：「這有甚麼難解？俗語有兩句話：『柴米夫妻，酒肉兄弟』，他底意思，可能暗示他願意和你做一對柴米夫妻，但柴米夫妻是窮家夫婦名詞，所以他用米而不用柴，兼且放幾枝柴亦太不好看，總而言之，他已有明顯的表示，和你成就一段姻緣……」十三姨太心裏自然希望是這個解法，可是想深一層，總覺得有點牽強，頻頻搖首，巧姐又復靈機一觸，笑口吟吟說道：「是了，我明白了，他可能聽我說過，你近來憂抑成病，他一片柔腸，送白米與化粧品，叫你強飯加衣，早日痊愈，搽脂盪粉，恢復平時狀態，俾他鑒賞。是的，一定沒有錯，白米的取義，除此以外，更沒有其他解釋，你說對不對？」，十三姨太已是心煩意亂，只好暫時相信她的話兒，慢慢叫她向肥九方面探聽消息。次日十三姨太急不

及待，再給巧姐一筆錢，作爲運動費，姑勿論白米的意義如何，但求達到最終的目標，還有重賞。誰知日復一日，肥九仍是含糊其詞，最初託詞賽乾坤近來和班主鬥氣，心情不佳，不便干擾，最後推無可推，惟有照實透露「聲氣」，原來賽乾坤的送贈化粧品和白米，意存譏諷，大致是：即使用化粧品打扮如天仙化人，「咪旨意」！「咪旨意」是俗語，即勿作此想之意，「米」與「咪」諧音，巧姐這才明瞭白米是「咪旨意」的解釋，的確匪夷所思，祇好婉勸十三姨太放棄此人，勿作此想。

十三姨太的故事，曾經傳遍一時，甚至有人說賽乾坤接受了所有禮物，包括那一枚價值逾千元的鑽石戒指，答還化粧品與白米，用意確如外間所傳，叫她「咪旨意」！但據梨園中人口述，賽乾坤當時得令，入息豐富，他既不喜歡這個人，當然不稀罕區區一枚鑽戒，實際上原璧奉回。紫蘭花顛倒司徒六郎，其初亦想賄賂戲院內生菓檔的夥記，或後台的守閘人，代爲先容，送物致意，偶然聽姊妹說起十三姨太這段笑話，覺得這等人和大老倌的關係，祇是泛泛之交，不難再照辦煮碗，獲得「白米」的待遇。她到底是讀書識字的女子，認爲男女間交結朋友，事很平常，不論是何等樣人，最要緊的是：第一次相見的時候，雙方都要留下良好的印象，切不可流於齷齪卑鄙，因此她對司徒六郎的痴想，雖然形諸夢寐，仍遲遲不敢造次。正是天假良緣，有一日，司徒六郎演完日戲，赴陳塘詠觴酒家，應同學小甄的生日宴，二三知己，下車後緩步而行，游目騁懷，瞥睹一個妙齡麗姝，迎面而來，狀甚韶秀，丰韻絕佳，較之庸脂俗粉，相去何祇霄壤之判，如果不是在陳塘相遇，當不會想到她是青樓中人。司徒六郎正在嘖嘖稱賞，眼光和紫蘭花的視綫相觸，紫蘭花一望之下，已認出

那人就是夢魂顛倒的「賈寶玉」，「張君瑞」，不期然而然的，大家都停步不行，四目對射，互相作會心的微笑，紫蘭花覺得「紅樓」已在跟前，不能不入，乘勢嫣然回顧道：「司徒先生，請入來坐！」說完之後，故意在神廳流連不去，問師爺有沒有人客叫她出早局。司徒六郎會意，但不便唐突入內，亦笑顧朋友說道：「人人識和尚，和尚不識人，她請我入去坐，我連她姓名也不知……」身旁的朋友，渾號星君七，接口說道：「這有何難。」隨即入去問師爺一聲，出來時喃喃告訴道：「紫蘭花，真好名字！紫蘭花，香艷之極！」一行四人，且笑且談，到了酒樓，廳內男女雜沓，衣香鬢影，一班朋友，俱帶太太參加，小甄及太太，見司徒六郎抵埗，認為十分賞臉，握手言笑甚歡，其他朋友的家眷，俱是戲迷，紛紛上前相見，多數與司徒六郎相識，或由主人介紹。司徒六郎是一位「摩登」老倌，中西文有根底，吐談風雅，舉止斯文，又懂得跳舞，駕駛汽車，諸般玩意，力爭上游，置身上流社會，很受士女輩歡迎。這時社會風氣已甚開通，不比從前賤視優伶，反為很重視戲劇藝術，是社會教育之利器，雖然仍有一部分人的心理，不敢使家眷和伶人相接近，恐怕不可收拾，但小甄這班人的意見恰巧相反。他們認為一般婦女對於伶人，越是隔膜越覺得神秘，多方設法，希望和他們結識，若果彼此變了朋友，司空見慣渾閒事，伶人的樣貌行動，亦不外如是，有何稀罕？同時大家認識之後，明知這是「阿嫂」，所謂朋友妻不可窺，任誰色胆包天，也不敢對朋友不住，為一班朋友齒冷，不啻是安全的保障，絕對不會有曖昧事情發生。當下小甄太太手捧文房四寶，內有花箋一帙，笑口盈盈說道：「六郎快寫花紙叫阿姑！」

司徒六郎愕然，以為小甄太太拿他開玩笑，接過文房四寶，

面色微赧，婉轉推辭道：「叫阿姑？我可沒有相熟的阿姑哩，何況今晚是桃酌，許多堂客在座，也不大好看。」小甄太太抿嘴一笑道：「估不到風流倜儻的六郎，居然拘執若此！我且問你：爲甚麼桃酌不能叫阿姑？難道阿姑祗許替你們男子漢陪飲，不陪我們？你休要看我是閥閱大家的女兒，一定規行矩步，或許視阿姑如蛇蠍，相信我去大寨打水圍的次數，比你更多，我還去飲過寨廳，信不信由你 —— 不信可問一聲小甄。」小甄在旁，含笑點頭道：「沒有錯，她是太太團中有名的『濟軍』，有一次，朋友請飲塘西『倚翠』寨廳，她定要去見識一下，弄到我們大傷腦筋。一者政府禁止住家人出入妓院，以免良莠不分，滋生事端；二則花叢地方，常有『多手』、『頑皮』的飲客，帶着幾分酒意，見女人便調戲，倘有這等事件發生，也不能怪責人，因爲規矩上不准住家人去妓院，自招其辱，於人無尤。但她不管我們爲難，反用激將法，硬指是我執寨廳，不想給她窺破秘密，沒奈何順從她，祗有約定一班朋友，簇擁着她而行，以防狂且侵襲，總算償還了她的心願了。」小甄太太驕傲地說道：「當然哩，身爲太太，必須剛柔並濟，男子漢去消遣，萬不能完全禁止，等如他們不禁止我們看戲、叉麻雀一般，不過旣有玩意兒，不妨大家共同嘗試，有我們從旁監視，正好鑒貌辨色，看他們是否十分痴迷，如果逢場作慶，小試鋒芒，也不大要緊，至怕整個人昏迷下去，樂而忘返，那就恕怪老實，小不免我要當頭棒喝了！閒話休提，六哥，快寫花紙！」司徒六郎見座上的堂客，全是住家人，遲遲不敢動筆，小甄在旁笑語，首爲之倡，强迫所有太太，最低限度有一個「后土」，越多越熱鬧，如果自己的先生沒有熟老契，或者不夠胆公開其芳名，則由「廳長」介紹，並聲明老契來時，要坐在

她們背後，表示她們一樣有阿姑陪飲，不讓丈夫獨享其權利。司徒六郎聽罷，為之笑將起來，心想：你這班太太，比男子漢更開通，同時這個辦法也夠犀利，無形中羈縻丈夫，監視丈夫，不致沉迷花叢，倒是一個最好的法子，乃在花紙迅筆疾書，寫着：六少——紫蘭花——紅樓，侍役上前接過。小甄太太笑問是否熟老契，司徒六郎回答：這是第一遭，星君七證明是剛才在路上相遇的。

說也奇怪，花箋甫去，不及十分鐘，蓮步隨來，侍役一查「名單」（每個廳有一張名單，登記某客召某妓，以便催阿姑埋席，另一方面，阿姑到來「掛號」時，由侍役問其芳名，指告或引至客人身旁，如侍役已知其名，當然不用問，或者是熟客，她亦不用指引，自會招呼了），帶到司徒六郎身邊，小甄太太嘩然說道：「你們太不老實，既是熟朋友，何必扯謊？難道星君七講大話不眨眼，還說剛才在路上相遇！試想我們所叫的老契，揮箋將近一小時，連鬼影也不見一隻，你這個六少則不然，一呼而來，豈有陌生之理？」她邊說邊望紫蘭花，極口稱讚道：「這位阿姑，是紫蘭花嗎？果然似空谷幽蘭，十分秀麗，和六哥的風流瀟灑，恰好一對兒。」紫蘭花聞言，又羞又喜，向六郎秋波曼睞，梨渦淺笑，回顧小甄太太，解釋地說道：「六少確是頭一次叫我，湊巧我去街回來，已裝好身，聽師爺說有紙召喚，我知道這時候來飲，必定是吃晚飯，不宜拖延，所以比較快一點罷了，別位姊妹單是化裝一項，已需相當時刻，自不免姍姍其來遲。」小甄太太笑道：「你說得對……明眸皓齒，吐談嫻雅，我見猶憐，好吧，你們暢談心事，我不做電燈胆了。」說完之後，左手挽司徒六郎，右手挽紫蘭花，帶他們到一個幽靜的角落，好讓他們密

尌。司徒六郎和紫蘭花，見她一番美意，不禁相視而笑，莫逆於心。其實紫蘭花對小甄太太解釋的話兒，祇有一半是對，另一半是掩飾之詞，因爲雖然已化裝，如果是陌生客人，她決不肯一呼而至，必定保持紅牌阿姑身份，姍姍來遲。這一回湊巧那個帶花紙的豆粉水，順口告訴神廳的寮口嫂之流，這個廳的客人，可能單純吃晚飯，紫蘭花人甚敏感，聽說是六少召喚，心想平時的熟客，未有六少其人，她向來知道司徒六郎在戲班老倌和朋友之間，個個稱呼他六哥，剛才覿面相逢，顯然和朋友來這裏吃晚飯，那個朋友又追問自己名字，接着便揮箋相召，甚有理由。爲着急於想索解這個問題，更希望與意中人相會，所以不顧架子，一呼而至，果然不出所料，其快慰可知。司徒六郎和紫蘭花傾談之下，覺得她吐談風雅，「詩句」與「書包」沖口而出，但說出來自然，比較有等女子矯揉做作，故意「丟書包」表示滿腹經綸的，大不相同，知她必定出身名門閨秀，油然起憐愛之念，一談就句餘鐘，大家娓娓忘倦，直至主人家邀請入席，紫蘭花亦坐到散席而後行，司徒六郎則趕返戲院登台。

自此以後，司徒六郎每在廣州演劇，必召紫蘭花陪伴，那時戲班晚晚演新戲，以迎合觀眾心理，演完齣頭，聯袂去酒樓講戲，事實上飲花酒，打麻將，祇是在消夜的時候，討論一下劇情。食華光飯的子弟，大都心竅玲瓏，加上他們已熟習各種古老排場，用些心機推陳出新，自會演出痛快淋漓。司徒六郎更是絕頂聰明，創作許多梨園新花樣，最細微如面部化裝，及裝身服飾，亦與別不同，記憶力特強，還可以一心兩用，舉一個例：他常時一邊打麻雀，一邊讀曲 —— 不是自己讀，由別人坐在身旁，讀給他聽，將劇本中他個人部分的曲詞，像讀書一般，逐句讀出

來，他自然聲入心通，到了返家之後，臨睡時自己看一遍。翌晚登台，看一場曲，演一場戲，雖是時間倉卒，演唱純熟自如，難得他記憶清楚，很少錯漏字句，同事均佩服其天才。紫蘭花便是他「讀曲」的助手，他知道她識字，便叫她担任這個「苦差」，一見她來掛號，就拿劇本交給她，指示有紅筆加圈的詞曲，照讀可也。有時紫蘭花顧着看他們打牌，疏忽漏了一行，司徒六郎竟發覺其錯悞，說她心不在焉，看清楚再讀，紫蘭花這才嘆服他當真是「讀曲」，不過由別人口中傳授，自己一樣默誦，並不是故炫神奇，嗣後亦小心在意，不敢怠慢。兩人認識不及一個月，情感如水乳交融，很快就兩情繾綣，成爲紫蘭花淪落青樓後第一個入幕之賓。她初時尚遮遮掩掩，不想給事頭婆及人客知道，以免影响其酒局生涯，但她在封建社會裏，已被稱爲「叛逆的女性」，活潑不羈，大胆行動，自覺情之所鍾，心之所嗜，理會甚麼「蓆嘜」這個名詞，爲飲客所不齒。有一晚，她接受一班朋友的慫恿，帶司徒六郎返寨打水圍，在廣州陳塘的大寨，雖然亦悼忌阿姑有蓆嘜之稱，但妓院屬於營業性質，祗要客人有錢光顧，自應表示歡迎，不像塘西妓院的事頭婆，警告阿姑，要拒絕伶人返寨，除非是有力者相偕同來打水圍，而這位阿姑不是蓆嘜，才可避免訾議。雖然如此，自從司徒六郎打過水圍，已引起人言嘖嘖，甚至有等追求不遂的恩客，以自己源源報效，仍未許滅燭留髮，原來她却是司徒六郎的「蓆」，小不免效盲佬貼符，這樣的壽頭不該做，非割蓆不可！若果別個阿姑，眼見情形不對，或許檢點一些，稍斂形迹，極力避免引起客人反感，爲盛名之玷，誰知紫蘭花爲人，個性倔强，不特不掉忌，反爲向司徒六郎大獻殷勤。她深悉愛人光顧某一間戲服店，以及服裝公司，凡是他定

製的戲服及平時穿着的衣服，一律由她結賬。因爲司徒六郎很講究服飾，常常添置，兼且自出花樣，務求名貴精緻，爲別人所無，由於他是長期主顧，差不多三兩個月才結賬，當然沒有人向他催數，紫蘭花也沒有告訴他，怕他推却，所以過了相當時候，他記起衣服數未結，一問之下始知原委。

司徒六郎見她先意承志，多所饋贈，一片柔情，諸般慰貼，常時到來掛號之後，不再離開，寧可呆坐司徒六郎後邊，看他打牌，寮口嫂三催三請，叫她去別處埋席，她亦置諸不恤，因爲廣州不比香港，每張花紙照抽花捐，不論賒揩與否，一律照填，如果確因分身不暇，妓院的一份，尚可通融。紫蘭花有意不去，自招損失，司徒六郎既廉悉其情，曾經屢次勸告：人之相知，貴相知心，何必拘泥於形跡，寸步不離？先做「客貨」，再做「家用」，豈非面面俱圓？均之你祇是看我打麻雀，我亦全神注意十三張，無暇與你談話，究不如先去埋席，工作完畢，再回來也不遲，我這裏還未埋席哩。誰知紫蘭花一意孤行，痴戀之極，她認爲司徒六郎一個月之中，半個月在廣州，半個月返香港，並不能長相叙首，寧可拚諸犧牲，損失花捐及局賬，多見一時是一時，大有不可須臾離之慨。初時司徒六郎不忍過拂其意，任由她喜歡如何便如何，後來聽到龜鴇之流嘖有煩言，說她太過任性胡爲，已引起部分飲客的反感，勢將和她訣絕，影响她的前程。最值得担心的：她平日手段濶綽，喜愛購置衣飾，賒下的貨賬，數目殊不菲，一旦得失了所有可靠的熟客，到了過節時候，大刀濶斧，揮斬不靈，那就不知如何是好。司徒六郎見此情形，不想負累了她，他知道照實相勸，她不特不了解自己出於好意，反誤會不再愛她，或許可能更與龜鴇輩鬥晦氣，偏不理會其他客人，乃暗中

和一班同飲的朋友，商量激將之法，等她約畧坐了半個鐘頭，便將她激走。辦法大致是這樣：司徒六郎全神打牌，對她不瞅不睬，湊巧手氣不佳，或大牌不能吃胡，便借題發揮，斥罵紫蘭花：成晚像「土地」般坐着不動，怪不得輸錢，快走開吧！俗語說得好：賭仔姓賴，紫蘭花雖覺得他全無理由，因他在賭博，不能見怪，她果然走開，以免觸賭仔之大忌，尤其是不想觸怒愛人，但她雖然走開，並不是拂袖而去，含怒下樓，祗是行出露台散步一回，或者立在別人背後，繼續觀戰，換言之，她一樣捨不得離開司徒六郎。座上朋友以此計不得售，乃開始發動口頭冷戰，先由一個開聲問道：「紫蘭花，爲甚麼今晚如許得閒？」另一個俯視時表，接續說道：「你來了一個鐘頭有多，還不見你去別處出局，單是一個六郎，便養得你過世嗎？」弦外之音，譏諷紫蘭花酒局冷淡，似乎除司徒六郎之外，再沒有第二台，如果普通的阿姑，一聞此言，往往面紅耳熱，拂袖而行。許多飲客新召一位阿姑，稍爲坐得耐久一些，惡作劇的朋友，便說此等話激走她，飲客叫這等朋友做趕雞棒，以資笑謔。紫蘭花居然恃熟賣熟，反激地答道：「沒有錯，我祗得六少一台，靠六少過世呀！」

　　紫蘭花痴纏司徒六郎太甚，雖揮慧劍亦不能斬斷其情絲，一般熟客次第和她割席，很快便屆冬節。大凡花叢地方，過節是最嚴重的關頭，在飲客方面而言，屆時不能清結局賬，就貽「鼻折大少」之譏。阿姑方面，所有平時賒取的東西，較大宗當然是服裝，包括所謂飲衫與穿着出街的衣服，飲衫五光十色，備極絢麗，普通出街的衣服，大都老實威，亦有喜歡服飾樸素，冒充住家人身份，最低限度想避免旁人一望而知是「河下人」，如過節不清數，以後不能再賒，信用損失，面子攸關，便很難有立足之

地了。這也難怪「過節」情形的緊張，因為一個「節」經過的時間，通常三幾個月，最長久是春節（過年）到端午節，凡五個月之久，其他便是「中秋節」及「冬節」，倘拖欠過巨，不能清償，身受者確有說不出的苦。人客拖欠阿姑的「局賬」，從來沒有「先例」，先找一部分，其餘「拖住」，留待第二個節計數，索性做鼻折大少。但阿姑拖欠商店的貨項，如果是長期主顧，交易數目亦有相當，做生意人儘可通融，先結大數，拖欠數尾，或清找一部分，未嘗不可，尤其是冬節，像紫蘭花的信用素孚，大可說一句找了過年，因為冬節相距過年，極其量再拖延一個月左右，既然由中秋節「信」到冬節，何爭在這短短時期呢？紫蘭花硬着頭皮，大模大樣地說道：「過完冬就快過年，費事找完又找，均之我再過幾天，便要添置幾套新衣，準備過年之用，一齊結數罷！」憑她過往的信用，商店自然表示歡迎，紫蘭花總算度過冬節難關。為着踐守然諾，猛充排塲，不得不光顧更名貴的服飾，無形中負担更重大的欠數，而大部分熟客，皆望望然去之。光陰荏苒，很快又過了十多天，已屆尾禡，中心焦急，難道拖到「年卅晚」才清債？事實上還是漫無把握，眼見捱至年卅一晚也沒有辦法哩！這時熟客之中，僅有鄒買辦一個，揮箋相召，了無虛夕，並採取冷眼旁觀態度。

　　鄒買辦是陳塘有名的好客之一，過年過節，必定照足規矩結數，無拖無欠，特別是下人的賞賜，額外優厚，這也是一般所謂老嫖頭的高明手法，大致有下列幾個理由：第一：買上不如買下，返寨打水圍，受其盛惠的寮口嫂與傭婦，鵠立歡迎，殷勤招待，甚至迭聽風聲，知道他是晚大駕光臨，先將房間關鎖，等他回來時才開放，以免別人捷足先登，排闥而入；第二：這等

下人，日夕和阿姑接近，碰到阿姑批評或詢問那個客人最好，她們不消說對他異口同聲，一致稱讚，很可能轉變阿姑初時的心理，由厭惡而喜歡；第三：這個策署，亦可說得存心「刻毒」，他大大賞賜下人，有時阿姑抨擊他孤寒種，所賞賜的白水數目太少，她們也不肯相信，反為暗中指摘她貪得無厭，試看他待下人如許優渥，親密如老契，那有薄待之理？至於白水多寡，端視阿姑對他的情愫如何，如果已聯肌膚之親，或者假以詞色，小心貼戀，有希望達到目的，則丁娘十索，他很可能欣然答應，予取予攜，不予瑕疵。但他對於紫蘭蘭花，則聲明「燒肉鷄」——硬打硬——衹是例給一點，以保持潤客身份，因為他最不滿意紫蘭花追司徒六郎，完全不把他放在眼裏，司徒六郎在廣州演劇，她便不管三七二十一，散場後才趕來掛號兼埋席，坐十分鐘就行，除非那個劇團拉箱去香港。她雖陪坐兩次，依然忽忽若有所失，問非所答，貌合神離，這種冷淡態度，任何人客都不容易抵受，何況炙手可熱的鄒買辦？紫蘭花是個聰明女子，知道這件事和他商量，徒費唇舌，兼遭齒冷，這時到了無可奈何的最後關頭，好幾次想開口也怕碰釘。這一晚身雖在側，心不在焉，低首沉思，愁眉雙鎖，鄒買辦已測知幾分，故意笑口吟吟問道：「紫蘭花，何事沉吟，是不是計劃買年貨？論理你這個是雙房，佈置應該華麗堂皇，與別不同，我送給你兩盆牡丹，恭祝你花開富貴，好不好？」紫蘭花勉强一笑道：「辦年貨？我沒有你這般開心！」鄒買辦接口說道：「你說得不錯，我最開心辦年貨，替人去辦一樣高興，若果你不嫌手粗，我親自代你辦妥——完全免費，相信你總不會反對吧？」紫蘭花見他自動肯替自己辦年貨，不啻表示仗義疏財的意思，乃提起精神，異常興奮，半開玩笑地說道：

「我不用你去辦，怕你不適合我底心理，由我自己好了 —— 你拿二千塊錢來！」鄒買辦嬉皮涎臉地，吐吐舌頭說道：「二千塊錢辦年貨，你想把整個年宵攤，都買返寨裏去？我恐怕你不夠地方安置呀！」紫蘭花以為有機可乘，伸張手掌，侃侃然道：「你即刻拿二千塊錢來，待我辦給你看，保證可以容納得下才算數。」鄒買辦笑道：「當然可以哩，你去買兩三件古董，單是一張四桶枱，經已夠位置了。」紫蘭花見他口惠而實不至，憤然垂低手，望也不望他一眼，嗒然若喪。鄒買辦知她開刀不遂，心裏老大不高興，當即乘機進攻，輕握她底柔荑玉手，東拉西扯，亂嚷一通，斷斷續續地說道：「你這雙手很矜貴，柔軟如綿，自是財主之相，當然有資格拿一二千塊錢去辦年貨……不過我以為辦年貨亦不應破費許多錢，就算家裏有錢我也捨不得，任由別人說我孤寒鐸亦無妨……你老實對我說一句，這兩千塊錢是否辦年貨抑或……我明白了，你想拿來結數，渡過這個年關，是不是？」紫蘭花見他一語道破，祇好面紅耳熱地點點頭，忽然冷笑一聲，用激將法，薄發嬌嗔道：「你真聰明，猜個正着，但你寧可任由我譏諷孤寒鐸，也不肯代我結數，我說得可對？」鄒買辦莊容正色地說道：「阿花，我不怕坦白對你講，自從你淪落青樓以來，我一向都很愛護你，敬重你，所以我熱烈追求，希望發生進一步的關係，雖然你屢次拒絕，所持的理由是：一誤於前，不能再誤於後，留花不發，以待將來上街，旨趣高潔，更增加我對你的同情心。如果你能夠維持這個信條，到現在還是此志不渝，弄到個個熟客因為目的不能達到，而不允幫忙你，不是我老鄒說嘴，我大可無條件送給你二千元，再多一二千也不成問題，但你捫心自問，是否潔身自愛，我應否值得維持你？」說到這裏，故意調侃

道：「聽說你的賒賬，單是衣服數就需要千多元，最奇怪的是：其中有部分是男人西裝及棉袍的一類東西，或許你一片孝心，送給『老人家』或『哥哥』，可不是嗎？」紫蘭花知道他有意諷刺他和司徒六郎之事，既羞且憤，以她平時的小姐脾氣，寧可殺，不可辱，事已做錯，便錯到底，叫她在人前認罪，作爲乞錢的條件，她寧死不從，當下答無可答，惟有悻然不顧，振衣而行。鄒買辦生平，最怕觸怒心愛的女人，連忙叫喚她回來，紫蘭花連望也不望他一眼，但聞橐橐履聲，由近而遠，轉瞬即不見芳蹤。他惆悵之餘，心生一計，叫「紅樓」事頭婆九姨到俱樂部一談，大致說他可以還清紫蘭花所有欠債，並可實踐前言，帶她上街，任由她提出代價幾許，俱可以答應。因爲九姨曾經代表紫蘭花道達意思，她不想一誤再誤，朝三暮四，胡亂接客，除非上街才肯以身相許。現在紫蘭花經已撕毀自己的信條，和司徒六郎相戀，既往的事情，可以海量包涵，但如果上街無問題，他要附帶一個條件：從今以後，不得再與司徒六郎往還，觀劇雖無傷大雅，必須由他派人做伴，觀罷即歸家，這是她的嗜好，自不能剝奪其自由，爲着杜漸防微，亦要採取防預的措施，以免鬧出笑話。最後鄒買辦更答允九姨：游說成功，當以三百金爲壽，這數目殊不算菲薄。事實上鄒買辦自從認識紫蘭花之後，神魂顛倒，不論任何代價，在所不計，仍未能眞個銷魂，早已心癢難熬，無奈紫蘭花堅持其一貫態度，雖然明知她藉詞推却，亦無法勉強其就範，刻下探悉她處境窮困，正好乘機要挾。九姨以利之所在，欣然負起責任，和紫蘭花磋商。

　　紫蘭花尚未聽完九姨一番話，頻頻搖首，表示她不肯隨鄒買辦作歸家娘。這一點早在九姨意料之中，乃曉以利害，侃侃

說道：「阿蘭，你是本寨的台柱，你的台腳旺，我的入息多，我當然不想你上街，但我鑒於你現在的處境，相當惡劣，差不多所有可靠的豪客，都先後宣佈割席。這還不打緊，人客水流柴，一批去，一批來，假如你稍爲改變作風，不愁沒有新客補充，或許後來居上，亦未可料，此乃將來的事，姑且勿論。我最替你焦急的，便是年關迫近，聽說你『冬節』已沒有結賬，又復大賒特賒，數目頗巨，如不能清找，恐怕你很不容易在陳塘立足。你雖然可以『拼爛』，不顧一切，走路了事，甚或以爲移植石塘咀，債主斷無追到香港之理，這辦法縱使行得通，我勸你不宜輕舉妄動。第一，你年紀尚輕，不該爲着區區三二千元，便斷送名譽和信用，須知你在廣州信用破產，省港一水之隔，很快就傳播消息，各寨的事頭婆 —— 我本身也是事頭婆一分子，才敢說出這句話，她們具有一種勢利眼光，未必肯看重你，諸般遷就你，商店方面也有聯絡，想大賒特賒，一樣路不通行；第二，你底父兄在香港既有相當名譽和地位，你在這裏淪落青樓，經已老大不高興，好在相隔兩地，他們尚可詐作痴聾，你若重返香江，高張艷幟，我恐怕你的錦繡前程十分可慮哩。」紫蘭花聞言之下，無形中加添了一層心事，倍加焦急，因爲紫蘭花初時上廣州，瞞着母親，僞稱女同學介紹她在機關工作，大可維持生活，請勿懸念，但天下事欲要人不知，除非己莫爲，以韓翁交遊之廣，商界中人，來往省港之間，在陳塘作花酒應酬，也不在少數。紫蘭花樹幟陳塘，艷名籍甚，台腳繁忙，不久便碰到好幾個世叔伯輩，因韓翁平時最喜愛這個女兒，許多宴會都帶女兒參加，她生得面孔漂亮，又精乖伶俐，不知不覺間，識人更多。現在不幸淪落青樓，猝然碰到有等世叔伯，避無可避，祇好硬着頭皮，飲泣告訴其過程，自然

有加多減少，並要求他們代爲嚴守秘密，以保存父親的面子。世叔伯之中，有等對紫蘭花表示同情，反覺韓翁心腸太硬，女兒一時失足，後悔無及，很應該給予改過機會，否則迫她墮落，父親也有責任，不能單怪女兒，爲着同情之故，絕對不向韓翁提及此事，惟有和三幾個知己朋友，竊竊私議，在背後批評其不當。但其中有等頑固分子，認爲紫蘭花這樣做法，太丟父親的面，照實告訴韓翁，加鹽加醋，叫他必須採取步驟，制止女兒在陳塘「當娼」，並說事不宜遲，實不相瞞，刻下已有許多商場朋友，知悉這件醜事，還有些朋友慕名揮箋相召，見面之下，大家都感到不好意思哩。韓翁聞言，這一氣非同小可，馬上返家責成妻子嚴氏，必須設法解決，叫女兒除牌，如不聽教，他親自赴廣州，找着公安局一位老友，可能拘押她一兩年，勿謂言之不先。嚴氏沒奈何，偕兒子大韓一行，居停於亞洲酒店，由大韓揮函着侍役送交陳塘紅樓紫蘭花，聲明母親亦同來，有要事面商。

　　紫蘭花見了哥哥函件，又說母親同來，已猜知幾分，定是世叔伯告訴父親，特別派他們親來交涉，但醜婦終須見家翁，祇好改穿一套樸素的衣裳，到酒店相會。母女見面，少不免抱頭痛哭一回，向來兄妹情深的大韓，亦爲之一洒傷心之淚。嚴氏埋怨女兒，不該背地裏幹此不名譽的事情，一心還以爲她在機關服務，早知如此，不若在港租屋給她住，每月供給生活費，也不致玷辱家門，激怒父親……大韓恐怕母親越說越傷心，從中阻止：「事已至此，既往不咎，還是商量未來的辦法。據阿爹的意思，無論如何，你必得馬上除牌，不可再在陳塘露面，想法子另謀生活——或者仍由家裏供給也不打緊。」嚴氏忽有所觸，插口問道：「聽你阿爹的朋友說，你在這裏很是著名，傳到香港都知道

有個紫蘭花，他們也是慕名叫你，估不到竟是你的變相。你既然認識許多股商名流，何不要求他們介紹你一份正當職業，總勝過捱更抵夜呀！」紫蘭花以母親完全不懂花叢飲客的心理，忍不住笑將起來，接着長嘆一聲說道：「媽，你有所不知，他們只知尋求快活，對於所謂紅牌阿姑，寧可一擲千金，或量珠十斛，帶她上街，若叫他們介紹職業，簡直是笑話，行不通！」大韓以愛妹墮落風塵，傷心已極，他比較有點常識，苦笑地說道：「曩聞人言花天酒地，不少貴介公子，股商巨賈，賞識於牝牡驪黃之外，不以青樓女子為嫌，如果你有此種理想的人物，何妨物色一位如意郎君，搏得美滿的收場。」紫蘭花毅然答應道：「很好，我決定聽從大哥的意見！媽，你儘可放心，首先回家勸慰阿爹，我實行於最短期間內從良，無論如何，必定離開青樓，不再在陳塘現世，請你們先返港等候我的消息好了。」嚴氏和大韓，素知紫蘭花是個意志剛強的女子，說得出必定做得到，以此行任務已算完成，多留無益，即日乘火車動身，瀕行時仍敦囑她早日報道佳音。紫蘭花內受家庭的壓力，外受商店債務的催迫，徬徨無主，鄒買辦復乘虛而入，委派九姨做說客，全權代表。九姨以利之所在，不惜危言聳聽，加上介紹紫蘭花落河的八姑，雙管齊下，鼓其如簧之舌，勸她不宜錯過機會。八姑更舉出一個現成的例子：「她的兩個育女金容與銀容，曾一度藉賴紫蘭花吹噓之力，每晚總算有三幾台，無奈容貌平庸，始終未有一個人客，提議帶她們作歸家娘。現在難得有個貴為買辦的潤客，不拘任何條件，都願意金屋藏嬌，須知機會稍縱即逝，蘇州過後無船搭，何況年關在即，尋常富翁也沒有此種閑情逸致，多餘金錢，在這個關頭，斟阿姑上街哩。」紫蘭花提起年關兩字，經已皺起眉頭，心裏焦急

萬分，口中沉吟地說道：「沒有錯，鄒買辦的確對我一片痴情，由我開始出局，叫到于今，未有一晚缺席，甚至人言嘖嘖，平時最好的熟客，俱已先後變心，他仍然一樣諒解我，論理他可以算得我的知己，應該以身相報，可是想深一層，他已經五六十歲，風燭殘年……。」

　　八姑不等她說完，插口說道：「我且問你一聲，你是否想與鄒買辦做人世？」這時紫蘭花未經世故，還是一個沒有機心的天真少女，雖然淪落青樓，實在迫於環境，仍想貫徹其主張：一惺不容再惺，打算物色如意郎君，正式結婚，做一個良家主婦，以彌補情天缺陷，尤其是爭回一口氣，俾始亂終棄的薄倖郎符圖，良心有愧，當下莊容正色地答道：「這就是我躊躇不決的理由，除非我不上街，如果正式宣佈做上爐香，歸家娘，我當然希望和他做人世，難道食不夠錢八銀米，便再出來翻剃，貪好聽嗎？」九姨笑道：「傻女！你懂得唸詩作對，我的才學，自然拍馬追你不上，但我食鹽比你食飯多，憑我幾十年經驗，做人處世，總較你優勝一籌，一個人做事，萬不能一部通書看到老，正是彼一時，此一時，現在你好比打敗仗的楚霸王，就快要烏江自刎，情勢緊急，事急馬行田，那尚有效慮的餘地？坦白說一句：你跟鄒買辦，不外過渡性質，理他五十歲，六十歲，不是我黑心，他越快越好，早日恢復自由之身，誰耐煩和他做人世？燈蛾撲火，他自取其殃，與人無尤，任何人怪你不得，即使他的家人，亦奈何你不得，這種事在花叢地方，已是見怪不怪，何足為奇。這番刻薄的話兒，我食這一行飯，本不該出自我口，入在人耳，很可能影響飲客對我的信譽，不過我見你是八姑介紹的人，纔敢推心置腹，換過別個阿姑，我理她則甚，於我無益有損，犯不着

代人做媒，將來不論好歹，祇是有抄家，沒封誥！」紫蘭花聽罷默然，九姨知她已有轉機，叫她不妨盡量提出上街的條件。紫蘭花畢竟初出茅廬，存心忠厚，自覺拿他過渡，隨時作出籠鸚鵡之想，不敢要求過奢，所提的條件也很簡單，大致是這樣：（一）代她清結所有商店及私人的欠數：商店欠數是衣服首飾等賬，約二千元，私人欠數是她向九姨，八姑及私家傭婦挪轉應用的，約八九百，合計三千元之譜；（二）身價銀五千；（三）另租地方居住，不返大屋與各妻妾同居，但地方不拘貴賤，傢私陳設，一概不計較。他如上街時候，是否鋪排場面，悉聽其便——關於這一點，紫蘭花素知鄒買辦的脾氣，手段潤綽，每次納妾或帶妓女，俱不肯示弱於人，故意表示大方，知慳識儉，首先給他一個好印象。果然九姨一談之下，鄒買辦毫不思索，馬上答應其要求，一方面替她結數，支付身價，叫九姨宣佈上街日期：舊曆臘月廿五日，公開接受姊妹等賀禮，利是從豐，並大排筵席請客。另一方面金屋藏嬌，授權紫蘭花物色一座小洋房，所有傢私陳設，務求華貴精緻。傭人有三：除煮飯阿六之外，兩個近身，其一是紫蘭在寨的私人傭婦阿柳，另一是鄒買辦加派的三婆，她是鄒家的老傭婦，鄒買辦最年幼的千金，從小由她做褓姆，現已長成十九歲，在大屋無所事事，所以派她來侍奉四姨太。據鄒買辦的解釋，阿柳習慣女主人的脾性，三婆懂得男主人的需要，分工合作，分外週到——實際上三婆的任務，單純監視紫蘭花，以免有越軌行動！

　　紫蘭花被迫從良，鄒買辦償還心願，並誇張艷福，大演排場，用去萬多金，總算得一時盛事。其始的一個月，燕爾新婚，鄒買辦的足跡，隔日便踏進香閨，安慰美人兒。一月後情趣逐漸

冷淡，旣要應酬其他姬妾，又物色新佳麗 —— 這是鄒買辦的一貫性格，貪新厭舊，老尚多情是壽徵，所謂多情，即許多情人的意思，壽者壽頭之謂，他亦坦白承認甘作壽頭，偌大年紀，不做壽何以取悅於愛俏的姐兒？紫蘭花對於鄒買辦的薄倖，正中下懷，但求每月支取五百元家用，養尊處優，打麻雀，看大戲，自適其適，各尋樂趣，最感到美中不足的，便是老傭婦三婆追隨左右，面對舞台上的司徒六郎，咫尺有若天涯。同時她跟鄒買辦上街，早已打定主意，作爲過渡性質，因此上街這件大事，也沒有通知母親或哥哥。誰知有一天，嚴氏突如其來，完全出乎紫蘭花意料之外！原來韓翁在港染病，要施手術，親友俱介紹廣州有位德國名醫保盧，手術高明，媲美古之華佗，從未失手，在嚴氏大韓陪伴之下，到廣州留醫。手術經過頗爲良好，休養三星期後，忽然身子發燒，口發譫話，似叫「阿蘭」、「阿蘭」之聲。嚴氏異常恐怖，以爲他「轉症」，捨不得愛女蘭素，她知道丈夫平時最愛這個女兒，雖然惱恨她敗壞家門，擯逐之後，心常懸念，每有提起，眼眶含淚，嘆氣不置。她誤會他想見女兒一面，方才心釋，起初叫大韓去陳塘紅樓，找尋妹子，妓院中人，雖然聽說是紫蘭花的哥哥，仍恐有別情，不敢告訴實情，祗有推諉紫蘭花已離開本寨，不知何去何從。大韓返報母親，嚴氏記得女兒說過事頭婆是九姨，介紹她落寨的人叫八姑，乃吩咐大韓引路，由她自己入去，聲明有事找九姨談話。九姨見她情詞懇切，聲淚俱下，希望女兒和父親作最後一面，知非虛僞，照實說出紫蘭花已跟鄒買辦，及金屋藏嬌之所。嚴氏按圖索驥，湊巧鄒買辦是日偶然返家一行，紫蘭花介紹他們相識，嚴氏覺得這個「女婿」比「岳丈」更年高，頗驚訝女兒平日的身嬌肉貴，眼高於頂，爲甚麼看中此

人？但心忙意亂之餘，不暇多問，簡單道達來意，敦囑女兒起程。鄒買辦聞說「岳丈」病重，論理應該一同探問，話剛出口，嚴氏母女心同此理，恐怕這位高齡佳婿，不難嚇壞丈人，首先多謝他關懷，接着說大家未曾正式會晤，開始就探病，似乎不大妥當，不如等病愈之後，再請新女婿吃飯，那時見面不遲。鄒買辦亦自覺和紫蘭花年齡懸殊，樂得不去更好，當即點頭答應。到了醫院，在走廊迎面碰見保盧的助手鍾醫生，他也是紫蘭花熟客之一，雖然沒有密切關係，但也曾聆悉她底墮溷原因，對她很表同情，現在見她偕韓翁的家人同行，心裏猜測幾分，忙問她探誰。紫蘭花照直說道：「我來探爹……」鍾醫生又問：「你爹就是韓翁嗎？」紫蘭花點點頭。鍾醫生正色問道：「是誰叫你探病？可是你爹想見你？」

嚴氏見鍾醫生似有干涉女兒探病之意，以為他行使醫生職權阻止，心裏很不服氣，表面上仍然解釋這她本人的主張，因為聽丈夫在病中幾次囈語，提及阿蘭的名字……鍾醫生且不聽嚴氏畢續其詞，再問紫蘭花道：「你自從離開家庭，可有見過父親之面？」紫蘭花搖首表示沒有，鍾醫生莊容說道：「既然如此，我勸你這個時候，還是不見為佳！」嚴氏愕然，忙問其故，鍾醫生婉轉地解釋：「韓翁施手術後，經過良好，雖然已脫離危險時期，但創口尚未康復，不堪任何刺激 —— 憤怒固不妥，過分喜歡也不宜 —— 昨晚發燒，是一時的反應，今晨熱度已恢復正常，由他安心靜養三幾天，便可痊癒出院。我和韓小姐是老友，畧知其家事，如果是老人家自己要見女兒，我身為醫生，有看護病人的職責，仍怕他歡喜過度，影響病體，何況是別人的主意。你們試想想，他許久未見過女兒，一見之下，不管他是喜是悲，抑或

怒眦欲裂，總覺得刺激不堪，這樣的探病，豈不是弄出大事？」
嚴氏和紫蘭花面面相看，不知應否聽從鍾醫生的忠告，畢竟知父
莫若子，大韓深解父親個性，對於任何人一經發生惡劣印象，
便憎到尾，他覺得父親退燒未幾，精神稍爲恢復，不主張引起他
的刺激，紫蘭花乘興而來，祇好敗興而返。心地慈祥的嚴氏，
始終盼望找到一個機會，俾他們父女和好如初，到了韓翁痊癒出
院，授意紫蘭花去碼頭送行，在西餐房和父親見面，才叫了一聲
「爹」，淚珠如注。韓翁瞥睹女兒，喉嚨唯有應聲，眼睛亦起溫
潤，最後唉聲嘆氣，緊閉雙目，作休養之狀，實際上還是不想重
認這個「不肖女」！好在事前嚴氏已無形中徵求他的同意，大致
說：「阿蘭已嫁了一位很有地位的買辦，用平妻名義正式上街，
環境很不錯，每日都到過醫院問病，因遵醫生之囑，不敢入房侍
奉，現在知悉你痊癒返港，想落船問候你……」韓翁置若罔聞，
旣不點頭也不搖首，嚴氏見他沒有反對，才敢允許。但在這種情
形之下，簡直不瞅不睬，紫蘭花行又不得，坐又不安，嚴氏和大
韓見她太難爲情，惟有信口找些話題，敷衍一下，幸而不久聽到
輪船第一次响笛，告訴送船的客人，準備登岸，嚴氏乃趁勢叫女
兒動身。紫蘭花知道其意，含淚叫句：「爹爹保重」，韓翁同樣由
「喉嚨」回答，不過多點一點頭，嚴氏與大韓都感到稍爲安慰，
相信下次有機會再見，當釋前嫌，親自送她至船邊，希望她歇一
會返港，以「出嫁女」身份歸寧，父親定無異議。紫蘭花表示很
感激母親和哥哥的關注，殷殷道別，打算在不久的將來，告知鄒
買辦，名正言順返外家。誰知事變出乎意料，這一天是星期，司
徒六郎演其首本戲「梅知府哭靈」，即古老粵劇碧容探監，大鬧
梅知府故事，司徒六郎飾窮書生蕭永倫，平時「日戲」，他在最

尾「哭靈」一場始出台，是日星期則例外，在「探監」一露臉。

　　紫蘭花以先覩爲快，一早裝好身，湊巧三婆突然遍體發熱，不能坐幾個鐘頭之久，想照平時「打戲釘」辦法，到下午三時許才起程（按：從前戲院沒有徵收娛樂稅，戲票有所謂「頭」、「二」、「三」場之分，所謂「頭場」就是公開規定的價格，「二」、「三」場則沒有定價，大致一場比一場低廉，亦看該班的旺淡而定 —— 從前戲院有此習慣：先收「椅墊錢」，其後再收票，因爲有等貪便宜的觀眾，買「平位」入場，佔坐未有人買的「貴位」，收票的用意，便是將他們趕開，那時祇有最名貴的座位有「對號」，帶票入座，其他「椅位」、「板位」先到先得，戲票不是根據座位若干出售，「旺台」的戲班，後至者常要企立，有等「大癮」的戲迷，往往於日戲散場後，即蜂湧入來「霸位」，寧可帶飯來吃，漫無秩序，可憐復可笑。收票後即售「二場票」，大概照原價的半數，「三場票」差不多是「打戲釘」，距散場之時不遠，循例給多少錢，便可入內觀看，有位則坐，無位則「企」，聽說「打戲釘」的收入，撥作夥記「下欄」。其始戲院本無二三場之分，演至十時左右，便可以「打戲釘」，收多少錢便算，後來有等觀眾靈機一觸，扭其「數口」，覺得開場一定無甚精彩，看少幾場不要緊，打戲釘之時，正是戲肉的開始，所費有限，可窺全豹，又何樂而不爲？戲院及戲班見打戲釘分外人多，情形殊不妥，影响收入不少，這才想出二場票的辦法，要收「半價」，事實上這是全劇的精華，觀眾亦佔便宜，不過許多戲迷都喜歡看戲看全套，不會計較數口，除非有事羈身，不能早到，才買二場票。）紫蘭花是唯一戲迷，急何能待，但三婆是鄒買辦的特派員，每次看戲，追隨左右，暗中監視，想找個機會，入後台會晤也不

可能。至是心生一計，她知道三婆爲人，極貪小利，記得有次見了百元面額的港紙，摩挲數回，愛不忍釋，決定施行「銀彈政策」，拿出百元「港紙」一張，塞在三婆手中，溫言慰藉道：「這區區一百元，是我送給你買戒口餸的，你老人家身子不妥，還是休息一下爲佳。你想打戲釘，未嘗不可，不過我已買定戲票，遲去太可惜，不若便宜了阿柳，叫她陪我先行，你喜歡三四點鐘之後，來戲院找我也好……我看你還是保重身子要緊。」三婆見了百元紙幣，已是滿心歡喜，鄒買辦叮囑的說話，完全拋置腦後，心裏在想放過一次，諒也不妨，何況有個柳姐跟隨，倘有甚麼事發生，可以問她便知。利令智昏，一時不察，阿柳是紫蘭花的心腹傭婦，平時和司徒六郎往還，阿柳已慣作紅娘，代傳消息，因爲阿柳伶牙俐齒，手腕玲瓏，對於戲院前門及後台的守閘，以至司徒六郎的私人衣箱，及徒弟等，好色者則打情罵俏，態度親暱，喜歡「熟性」的，則飲茶，食飯，起碼一二十塊錢，毫不吝嗇，以是穿插後台，如入無人之境，大家都笑臉相迎。紫蘭花這次帶阿柳同行，正利用她約會司徒六郎，於日戲散塲後，到附近的白宮餐廳相見一面。司徒六郎於春節新十五之夕，重返廣州登台，買醉陳塘，見紫蘭花「不應紙」。查問之下，才知道她已隨鄒買辦上街，現在相隔大半年，突然約會，他雖聽說紫蘭花迫於環境，勉強跟鄒買辦做四奶，頗有彩鳳隨鴉之感，極表同情，但上爐香，歸家娘，他並不是登徒子之流，自然不肯答應。恰巧班主亦約他去白宮餐廳有密斟，司徒六郎一時心直口爽，坦率地推辭道：「請你代我致意你底大姑娘，很對不住，因爲班主亦約我散塲之後，立刻去白宮有事商量，況且她……她已作歸家娘，瓜田李下，我看還是避避嫌疑爲佳。」阿柳估不到這位風流

個儻的紅伶，居然認真起來，拒絕舊日情人的約會，當下想不出理由解釋，只好唯唯應諾，返回座位，報告紫蘭花，大家都感到十二分的失望。這時距離散場的時間很短，阿柳靈機一觸，附耳邊說道：「班主既約他去白宮，我們大可先到一步，在卡位等候，由我截住他，拉他來卡位一談，有何不可？」紫蘭花心想此計大妙，聽司徒六郎唱完「哭靈」一曲，不等他們夫婦在「庵堂重會」，即匆匆去餐室，相度一個有利形勢的卡位，以免散場時人多擠擁，座滿見遺。過了卅分鐘，司徒六郎果然偕同他底「中軍」，魁梧奇偉的長人森抵埗（那時候的名伶，差不多成為一種風氣，出入有「中軍」追隨，俗名「打手」，實是保鑣，因為那時的伶人，常受威脅，打單勒索事件，常有所聞，他們的面貌，又最易為人認識，為着本身安全起見，不得不僱用中軍保護，以免吃眼前虧。在廣州方面，許多伶人還領有自衛槍枝，司徒六郎便是其中之一），事真湊巧，班主的卡位，和紫蘭花的卡位相對，司徒六郎內進廂座之際，突聞兩旁都發出六哥的呼喚聲，其一是粗獷的男子口音，一聽便知是班主叫喚，但另外一片嬌滴滴的鶯聲，却不知道是誰，回頭一望，發現紫蘭花和阿柳，似恐他不聞，「六哥」、「六少」的聲浪刺入耳鼓。司徒六郎勉強和她們打招呼，紫蘭花經已吩咐阿柳過來，坐在她身旁，和司徒打招呼，並懇切地說道：「我想阻你幾分鐘時間，和你說幾句話，請坐吧！」司徒六郎雖明白她已是歸家娘，應該事避嫌疑，但覺得這是餐廳，不是酒店，卡位的帳幕完全推開，沒有遮掩，況接近班主的卡位，和她談話片時，諒無大碍，到底是舊情人，若果毅然拒絕，未免不近人情了，乃吩咐長人森先與班主同坐，隨即坐下紫蘭的卡位，含笑問道：「蘭素（按：蘭素是紫蘭花的小字，

她深愛司徒六郎，故掬誠相告，司徒六郎很同情她的遭遇，在私人談話中，常以『蘭素』相稱，不叫她的『妓名』，表示尊重她的人格，不以妓女相待，因此紫蘭花對他此舉，十分感動，對人坦白承認司徒六郎是她生平第一知己，也是唯一的愛人，後來雖然嫁了別一位名伶梅老九，仍始終讚六郎好，此是後話不提）不見半年多，我知道你很好……」司徒六郎這句很平常的應酬話，誰知竟觸動紫蘭花的情懷，有幾分類似紅樓夢寶玉和黛玉這對小冤家，寶玉問候「林妹妹安好」，林黛玉滿腔幽怨，說一句「寶哥哥你好……」紫蘭花悢配戚施 ── 一個玩弄女性的高齡買辦，怎不觸景傷情呢？因爲鄒買辦玩弄女性，早已傳遍悠悠之口，花叢中人，更引爲口頭禪，互相戲謔，今晚誰人接受鄒買辦的手杖？原來鄒買辦世居西關，大屋渠渠，一妻三妾，列屋閒居，粉白黛綠，鬥媚爭妍，他雖是六十許人，生平娶妻納妾，俱物色稚齡的女子，超過二十歲便稱「老女」，不合老爺胃口，這個妻子是他的繼室，卅許年華，徐娘半老，風韻猶存，和長媳的年齡也差不多，比較二奶更年輕，所以對於老頭子的爭逐，仍不甘落後。每晚一屆九時，妻妾各自躲在粧閣，研究化粧術及所穿的服飾，通常耗費三四個鐘頭的時候，以冀博取老爺的「手杖」。鄒買辦習慣坐三人伕轎，除有時在外邊過夜之外，通常在陳塘飲完，施施然返家，下轎之際，一個轎伕跑去按電鈴，妻妾必須艷裝濃抹，齊出應門，老爺一望兩望，喜歡誰人，便以「手杖」授與，她接過了手杖，歡天喜地接駕，其他則懊喪回房，自嘆良宵虛度！多愁善感的紫蘭花，淚承於睫，長嘆一聲說道：「六哥，你知道我好嗎？我看你簡直想抓我的心肝五臟罷了！沒有錯，住大屋，衣綾羅，食珍饈，非打牌則看戲，終日快活過日子，在

表面上看來，的確羨煞許多姊妹，不過人生處世，並不是只求物質享受，試問心靈上的空虛，豈任何物質所能彌補？別人或許不知，難道你這個慣演多情種子的賈寶玉、張君瑞化身，亦不了解我底心境嗎……」司徒六郎怕她越說越長篇，望一望班主，插口說道：「米已成炊，旣來之，則安之……你有甚麼話，最好和我先談，以免班主呆候多時……」紫蘭花勉强一笑道：「我也沒有甚麼要緊的話兒，祗是因爲去年底上街的時候，你剛巧在香港『小散班』（按：戲班按例在尾禡後小休，直至年初一才開台，叫做小散班），我迫於債務，爲顧全名譽信用，沒奈何才跟鄒買辦，事實他的年齡，差不多夠資格做『祖父』，比起我底父親更老大，人又花心，貪新厭舊，我眞個發夢也想不到跟他！奈何債主臨門，事非得已，論理我應該見你一面，一者此身已受人包圍，不容許我有時間去香港；二則不是我得罪你，相信你亦沒有力量幫忙，同時我更不想累你牽掛，所以決定答應了他。我知你再返廣州，聽說我突然上街，鬱鬱寡歡，還向金容查詢我欠人若干債項，若果區區三千元，大有拔刀相助之意，使我又感激，又慚愧，更恨我們沒有見面的機會，彼此無從計較。這幾個月來，我很想找個機會向你解釋，可惜……唉，一言難盡，我好比籠中鳥，網內魚，舉動不得自由，直到今日，才得稍罄衷曲……」邊說邊流淚，司徒六郎亦不勝傷感，撫慰地說道：「原來如此，我當然很諒解你底私衷……你跟鄒買辦，雖然認爲不是理想的配偶，但一個人旣然有歸宿，豐衣足食，得過且過，世間豈有十全十美的人，所謂比上不足，比下有餘，我勸你還是委屈一點，暫時不可多生枝節，正如你剛才所講，照你現在的處境，經已羨煞不少姊妹哩。」紫蘭花覺得司徒六郎以不入耳之言，來相勸勉，

剛想吐露衷曲，司徒六郎怕她纏擾，藉口難爲班主等候，起身於座，擺擺手說聲再見，紫蘭花不便挽留，祇好呆望對面座位，目不轉瞬，食不下咽，便宜了阿柳，食兼人之量。直至司徒六郎和班主磋商完畢，她又要求他再坐片時，司徒六郎推說：「今晚頭場要趕返後台化裝」，匆匆遄行。其實紫蘭花習慣出入後台，差不多司徒六郎每一套戲的出場時間，早已成竹在胸，知道距離化粧的時間尚遠，不過藉詞推託罷了，心裏異常惆悵，掃興而返。本來司徒六郎和紫蘭花在白宮餐室的會晤，時間短暫，態度很公開，最低限度有班主和中軍在場「見證」，餐室侍役亦多目睹情形，可是天下意外之事，往往非人所能逆覩，所謂一犬吠形，百犬吠聲，常時造成不可思議的悲劇！當司徒六郎和紫蘭花在卡位傾談之際，事有湊巧，鄒買辦的三奶，有個姊妹名喚燕如，散場後亦到白宮吃晚飯，見他們二人欵欵深談，因座位相距頗遠，可望而不可即，旣羨且妒，滋生事端。原來三奶芳名「金蘇」，是陳塘的「琵琶仔」，年僅十六，即隨鄒買辦上街，其始寵擅專房，奈何主人公見異思遷，熱烈追求紫蘭花，金屋藏嬌，耗資逾萬，身價比自己更多，她常以琵琶仔炫耀於人，現在紫蘭花祇是妓女，兼且是席嘜，而鄒買辦反視爲上貨，接納她不入宮的條件，在外邊逍遙自在，無拘無束，又復奪去主人公的寵幸，久已心心不忿。燕如雖然與紫蘭花不同寨，但一樣愛好伶人，曾經想盡方法，懇託飲客及姊妹，介紹司徒六郎叫她出局，有等惡作劇的飲客，見她痴心如許，逢人便央告，乃自認是司徒六郎的好友，保證辦得到，倒吃了不少生菓，抽了好幾次大烟，效果直等於零，她才省悟受騙。有一次，叫她出局的客人陳老三，當眞是司徒六郎的良朋，並且與司徒六郎同席，她竟妙想天開，懇求陳

老三轉局，讓給司徒六郎，陳老三同樣提出打水圍請吃生菓的條件。不料到了第二晚，花箋依舊寫陳老三，她見面生嗔，質問理由，陳老三叫她問司徒六郎，及至散場之後，司徒六郎便向她解釋：「花叢規矩，你是知道的，你是老三的老契，他是我的朋友，彼此兼且同席，我怎敢剃他眼眉，鑿其牆腳，我不是『泥水匠』出身的呀！」說得燕如面紅耳熱，啼笑皆非，雖然知道他們存心戲弄，有甚麼辦法呢？司徒六郎完全不喜歡燕如，雖經陳老三聲明相讓，亦不肯承受，所以架出個大題目。燕如何嘗不明白他底心理，知道央求無益，索性作罷，惟是情之所鍾，死心不息，及後聆悉紫蘭花居然達到目的，不禁妒之入骨。現在無意中，發現紫蘭花和司徒六郎相會於白宮，正好推波助瀾，打她一鋼，馬上去見金蘇，胡枝扯葉，描述他們如何親暱，怎樣深談，看情形必定藕斷絲連，再給鄒買辦戴上一頂綠頭巾，甚麼上爐香，歸家娘，應該如何潔身自愛，顧全主人公的令譽，成篇道理，洋洋千言。最後又讚金蘇入門之後，三步不出閨門，才是典型主婦，更罵鄒買辦狗咬呂洞賓，不識好人，容縱賤婦，敗壞家風，旁人也看不過眼，故作不平之鳴。金蘇對紫蘭花的奪寵，早已種下仇根，此時更不堪一激，決定乘機報仇雪恨。恰巧這一晚，碰到她接受鄒買辦的「手杖」，她首先施展狐媚手段，使他感覺十二分的滿意，當鄒買辦讚她是可人兒之際，她認為時機不可失，裝模作樣，表示紫蘭花也很可人，可惜她太不爭氣，辜負主人金屋藏嬌的情義。在金蘇的口中，不特指出紫蘭花和司徒六郎在白宮餐廳相會，甚且「證明」他們約晤於餐廳，循例飲了一杯咖啡，吃一件西餅，即次第離座，直登樓上白宮酒店幽會，歷時一句鐘零一刻，然後分別下來。

鄒買辦老早知道紫蘭花不是真心愛他，更知道她和司徒六郎的一段霧水姻緣，他們藕斷絲連，自是意料中事，所以一聽枕頭狀，既有人證，並能說出幽會的時間，不須詳問燕如，即信以為真，非常氣憤，大罵紫蘭花靠不住，違背諾言，僅能安靜半年，居然故態復萌，野性難馴，非打不可！金蘇見鄒買辦發惱，私心竊喜，以為今番紫蘭花不死一身潺，但她又恐怕鄒買辦畏首畏尾，故意氣他一氣：「你敢打她？休要在我面前虛張聲勢，她不打你才怪哩。」鄒買辦自拍其胸膛說道：「別樣事俱可遷就，這是男子漢最掉忌的事情，倘證明屬實，我不特打她一頓，『殺死』她也做得到——你：如不信，不妨試驗一下！」金蘇吐吐舌頭，並啐他一口，薄發嬌嗔道：「你去試呀！叫我偷漢子，我敬謝不敏，還是請教你底心愛的四奶！」鄒買辦果然不堪其一激，這一晚睡不安席，反怪自己太過糊塗，明知紫蘭花年齡懸殊，楊花水性，愛俏如命，永不能夠安分守己，何苦定要帶她上街？破鈔萬多元，還不到一年，等如千多元包月，而自己分身不暇，平均一個星期度宿一宵，何異「週薪」幾百元？春宵一刻值千金，如果情投意合，則一擲千金，無足吝惜，現在替別人「養」外室，太不合化算了！他越想越覺路不通行，次晨匆匆返洋行，辦妥幾件重要公事之後，即去藏嬌之所，紫蘭花剛吃完早飯，躺在床上，手拿班本，低唱「燕子樓」一闋，歌喉婉轉，雖未經師承，不知板路，句句撞板，但信口歌來，頗覺琅琅悅耳。鄒買辦聽慣這一枝「古腔」粵曲，知道曲中事實，頓生無限感喟，心想：關盼盼何嘗不是當時的紅牌阿姑，顛倒幾許公子王孫，文人墨客，張尚書何嘗不是老子婆娑，白髮紅顏，情深伉儷，及後張尚書逝世，她杜門不出，替他守節，一死明志，千古留為佳話，眼見你

這個紫蘭花，顯然不是「關盼盼第二」了……紫蘭花見鄒買辦入來，懶洋洋起身，叫他一句早晨，意思是說他來得太早，有點破例，鄒買辦亦觸景生情，指一指她手上的「班本」，冷笑一聲道：「你喜歡唱『燕子樓』，但你知否曲詞中的『樓上寂寥關盼盼』何許人？怎樣結局？」紫蘭花信口答道：「我唱到爛熟，自然明瞭其身世，她是名重一時的『詩姑』，常與文人唱和，嫁了張尚書之後，結果殉節而死，爲世所稱，聽燕子樓一曲，亦可想見其爲人。」鄒買辦依然帶笑說道：「哦，原來如此，她也和你一般，是『詩妓』，常常與文人唱和，我相信她更顛倒不少貴介王孫。最奇怪的是：她偏要嫁張尚書……你知否張尚書已有偌大年紀，關盼盼明知他年將就木，不久就要守寡，爲甚麼偏要嫁他？」紫蘭花何等聰明，聞絃歌而知雅意，莊容正色地答道：「這有甚麼難解？古人說：得一知己，死而無憾，男女間的心心相印，旣不計較年齡懸殊，更非萬惡金錢所能爲力，完全注重情義，你有情，我有義，是天公地道的事。張尚書之於關盼盼，不消說披肝瀝誠，以敵體相待，張尚書或許有三妻四妾，十二金釵，也說不定，這是古代男子的特權，不足爲怪，但我深信他對關盼盼一往情深，絕對不會存心玩弄女性，拿關盼盼作『玩品』，替他守節，甚至跳樓而死，亦所應該！」紫蘭花這幾句話，針鋒相對，簡直拿他大大的諷刺，鄒買辦初時還捨不得直斥其非，以免瀕於破裂，因利乘便，引燕子樓的關盼盼和張尚書故事，促她反省，誰知紫蘭花反唇相稽，譏諷他「三妻四妾」，用情不專，恃萬惡金錢，玩弄女性，是可忍，孰不可忍！

　　鄒買辦立刻勃然變色，鼻孔裏哼然一聲，嚴厲質問道：「你昨日幹得好事！我不准你隱瞞，你坦白答覆我一句，你是否在白

宮和司徒六郎幽會？」紫蘭花初時聽到白宮及司徒六郎幾個字，驀然間心驚胆震，暗想她和司徒六郎在白宮餐廳談話，消息很快便傳入他的耳朵，必定有人中傷，但想到自己並沒有行差踏錯，祇是談話片刻，有甚麼要緊？當下態度十分鎮靜，反問道：「甚麼叫做幽會？在甚麼地方？好教我一頭霧水，我可聽不懂呀。」鄒買辦以爲她詐作不知，憤然說道：「我勸你不要詐癡詐聾，你偷去白宮酒店，還待我劃公仔劃出腸嗎？」紫蘭花聽他說出白宮酒店，更覺理直氣壯，高聲叫三婆、阿柳入來，三婆因昨日抱病在床，受了紫蘭花的賄賂，放棄監視人的責任，任由他自己和阿柳去看戲，方才聽到鄒買辦斥責紫蘭花，與司徒六郎幽會，這一驚已非同小可，現在又見紫蘭花叫她入房，嚇得面如土色，下床時，雙足幾不能成步，入到房間，一對芭蕉之掌，震顫不置。

紫蘭花睹狀，反覺好笑，嘻嘻哈哈說道：「三婆，你因爲老爺一向叫你監視我，出入不離左右，湊巧你昨日有病，有乖職責，害怕老爺會責罰你，但你不必驚惶，一個人誰敢担保沒有三朝兩日，難道病到五顏六色，老爺都不原諒你嗎？現在我請你平心靜氣，老實告訴老爺——你不要袒護我，更不可巴結老爺，亂講大話——我昨日看完日戲，何時返家，昨日在家裏幹甚麼？」鄒買辦叫三婆暗中監視紫蘭花，向來嚴守秘密，千萬叮囑三婆不得多言，紫蘭花亦僞爲不解，未嘗提出抗議，估不到紫蘭花突然揭破其心事，面有愧色，不好意思多望她一眼，祇見三婆仰首署作思索之狀，即滔滔不絕地說下去：「沒有錯，你昨日看完日戲，很早便與阿柳回來，大約六點半鐘左右……你本來買了票看夜場，因爲舊時一班姊妹探訪，邀你打麻雀，她們還說這晚的齣頭，你在寨的時候，經已看過三次，叫你不要去，你說精神疲

倦，不去也好，將戲票送給姊妹的工人，偕同阿柳去看……昨晚打牌到了三時許，各位姊妹在家裏留宿，到今晨始離開……」紫蘭花插口說道：「得了，你不用再多贅了。」回顧阿柳道：「你照實告訴老爺，不必替我隱瞞，關於我在餐廳和司徒六郎談話的情形，以及有誰在座。還有一層，我是否和司徒六郎約定相會，抑或邂逅相逢？」最後幽默地說道：「阿柳，你在大老爺面前作口供，必須清心直說，並無虛言才好，否則你提防發假誓，罪狀不輕呀！」鄒買辦夢想不到紫蘭花這般口硬，知道此事必定惧傳，一團怒氣，早已歸於無何有之鄉，勉作笑容說道：「阿柳，如果你證明她不是去酒店幽會，不講也罷。」紫蘭花聞言，更為憤激，她經已胸有成竹，決定和鄒買辦鬧翻，自然不肯罷休，反為命令阿柳：「快講！」阿柳既是她的心腹傭婦，人又聰明伶俐，向來替她在「寨」裏對付各方面的客人，隨機應變，面面俱圓，對於這個專制頑固的主人公，知道避重就輕，當下除隱瞞紫蘭花約會，司徒六郎推却的一回事，此外如何在餐廳碰到司徒六郎，偕班主、中軍同行，以及在卡位怎樣寒暄幾句話，便各自分開位坐，各行其是，分道而馳，說得有條不紊，的確事不離實。鄒買辦這時才知道三娘金蘇有「進讒」的嫌疑，當下默然不語，揮手令三婆、阿柳退出，輕挽紫蘭花底纖纖玉手，意思叫她坐下，溫存一刻，以補償唐突西施的罪過。誰知紫蘭花突然哭將起來，且哭且罵道：「你這個人，原來你想以『張尚書』自居，譏諷我不能學『關盼盼』守節，但你這種狹窄胸襟，相信你任何一個妻妾，也不會心悅誠服，將來替你死守，除非她們已變了白髮老婦，不能再嫁。你雖然有錢買得女人身，買不得女人心，一個人必得有點自由，最低限度有相識朋友的自由權。你明知我是出身青

樓妓女，未跟你以前，當然有不少熟客，跟你之後，和他們道左相逢，或者餐廳見面，少不免閒談幾句話，像昨日碰到司徒六郎一般，你竟然聽信一面之詞，查根問底，滿腹狐疑，幸而解釋清楚，才得安然無事，假如三婆、阿柳說話稍為糊塗，無法使你冰釋，我豈不是蒙不白之冤？」鄒買辦最怕女人流淚，當堂心軟，柔聲說道：「事不離實，終必水落石出，斷無含冤之理，你何必鰓鰓過慮？」紫蘭花毅然說道：「今日雖然渡過難關，似你這樣糊塗，終有一天，鬧出悲劇，與其將來反悔，凶終隙末，不如趁早和你解決！」鄒買辦一聽解決兩字，心裏驚惶，勉強笑問道：「彼此夫妻，有甚麼解決不解決呢？昨日的事，我經已明瞭這是中傷你的謠言，絕不追究，算了罷。」紫蘭花冷笑道：「你當然算了，但我卻算不得，必須和你『算賬』，我現在擺白良心對你講：本來我發夢也想不到跟你上街，最大的理由，你總該知道：年齡太過懸殊，你不特夠資格做我的父親，拍拖起來，說是祖父和孫女也不算太過……」這幾句話說得鄒買辦面上無光，心裏打冷戰，紫蘭花既立心和他開談判，毫不留情地繼續說道：「我祇是體念你一片癡情，由我出局之日開始，其中經過許多時節，你還一樣樂意報効，諸多遷就，從來不敢過問我的行動。我也曾對阿柳說過：你是芸芸熟客中，最通情達理的一個，所謂女為悅己者死，再想到名妓柳如是，嫁名士錢牧齋，不以一樹梨花壓海棠為嫌，白髮紅顏，何嘗不是風流佳話？所以我才下大決心，委身相事。誰知我剛答應上街，你就露出狐狸尾巴，第一件就引起我反感，知道阿柳是我底心腹傭婦，恐怕她和我朋比為奸，馬上叫三婆來，暗中將我監視──你切勿誤會三婆受我籠絡，反戈相向，事實上我並不是三歲小孩子，你底心理如何，我一望而知，

試想她已幾十歲人，龍鍾潦倒，派她來替我做家頭細務嗎，她亦不能勝任，加以年老多病，有時還要別個工人侍奉她，由此看來，除叫她監視之外，有甚麼用處？你派人監視，我也不怪責，誰叫我自己聲名狼籍，有蓆嘜之稱呢？但上爐香，歸家娘，你必須認識清楚，我紫蘭花可是一個『淫娃』，再查司徒六郎可是『浪子』一名？並非我袒護司徒六郎，相信你也知道：嬰嬰婉婉之流，由大家閨秀，以至小家碧玉，紅牌阿姑，為他顛倒，甘願抱衾與稠，指不勝屈，他何致稀罕我這個『鄒買辦四姨太』？沒有錯，我和他曾經發生關係，但我們兩人之間，友誼重於肉慾，所謂彼一時，此一時，現在我已是有主名花，他亦非狂蜂浪蝶。我見你如墮入五里霧中，不妨再告訴你昨日的過程：我在餐廳和他邂逅相逢，小不免打招呼，請他過位一談，湊巧他底班主坐在我對面的卡位，他此來正是赴班主之約，坐下後劈頭第一句話，便是事避嫌疑，並含笑解釋：好在卡位的帳幔沒有低垂，眾目睽睽之下，可見我們正大光明，不怕引起別人的誤會。同時所談的話題，不外寒暄問好，互述別後半年多的狀況，歷時不夠十五分鐘。不瞞你說：單獨他這種磊落大方的態度，已值得我『愛』他，相反地，你對我完全不尊重，捕風捉影，推波助瀾，這種專制惡魔的手段，很值得我『憎』你！一個人交朋友尚且剝奪自由，有甚麼趣味？簡直不可須臾留！」

鄒買辦見她大發嬌嗔，雖不免強詞奪理，亦未嘗沒有多少理由，她極端氣惱之際，姑且稍為讓步，聳肩詒笑道：「你說得很坦白，同時我也喜歡你的為人，個性率直，忍不住的事情就要大發脾氣，過後便沒有隔夜仇，尤其是夫妻之間，一世悠悠長，有甚麼誤會，不該放在心裏，好吧，我決定答應你：交友自由，包

括司徒六郎在內，你喜歡和他作友誼上的往還，我說過完全不禁止你……」話未說完，紫蘭花立即插口道：「你不禁止我嗎？我很感謝你海量汪洋，不過人非草木，誰熟無情，我和他早已種下情根，相見旣頻，難免舊情復燃，藕斷絲連，那時節，我給你戴上一頂綠頭巾，如何對得你住？我經過三思後，決定和你分手，恢復我底自由！」鄒買辦雖是有名的花心蘿蔔，視女人如玩品，區區一個妾侍的去留，原不算是一件大事，但紫蘭花有點不同，因爲他向來都很愛她，幾經時日才可得手，旣達目的，他自己冷淡她是另一問題，畢竟這是「心愛的玩具」，仍未感覺十分厭倦，當然希望加以保留，高興的時候，尚可玩弄一下，一旦聽說她要離開，恍如晴天霹靂，驚愕地問道：「我不是容許你自由結交朋友嗎？你何以突然要分手？你底意思想怎麼樣，不妨坦白和我說明，儘有磋商的餘地呀。」紫蘭花莊容正色地說道：「合則留，不合則去，有甚麼磋商可言？我又不是明媒正娶，祗是你底外室，在你的心目中，視我如『包月』的情婦，怎值得大驚小怪？我來得光明，去得光明，不想人家說我挾帶私逃，我可以單身離家，如果你同意的話，我就携帶個人的衣服及細軟東西，至於這間屋及所有傢俬，事實上屬於你所有，我一概奉回！」鄒買辦估不到紫蘭花突然因此小事翻臉，尚以爲她有挾而求，柔和地說道：「你旣是體諒我過往對你的痴心，亦當念念我的多少好處，忘記了我一時鹵莽的地方，我希望和你重修舊好，繼續駕盟，試想我們同居還不夠一年，便鬧出中道仳離的『悲劇』，雙方面子都不好看。假如你有甚麼困難，或者需要一筆錢之類，或有其他條件，不妨盡量提出來，凡是我力量所能及，無論如何也答應你！」紫蘭花又嗤嗤冷笑兩聲，說道：「如果我藉口脫離而向

你要挾，這種人你更犯不着要她，人心是永遠無厭足的，一次復一次，你縱有鄧氏銅山，亦不塡滿我底慾壑，你何苦來由要愛我呢？事實上我完全因爲我們兩人之間，年齡懸殊，性情不投契，將來你有甚三長兩短，我的生活絕無保障，與其蹉跎歲月，終有分散之一天，不如趁此青春，以免人老珠黃不值錢。你承認一向都很愛我，當然亦希望心愛的人，不致美人遲暮，紅粉飄零，找不到較美滿的歸宿。不過我仍可向你提出保證：我現在離開你的家門，決不會幹出對你不住的事，破壞你底名譽，以及剃你眼眉，例如：我斷斷乎不肯在陳塘『翻剃』，或與司徒六郎賦同居之愛，弄到你太難爲情。實不相瞞告訴你：你給我的幾千身價銀，我並沒有效盲佬貼符，始終保存這筆私蓄，用以維持生活一個時期。另一方面，憑我本身的技能，比較讀過書，識多少字，可能找一份正經工作做，相信在機關充當『錄事』或『書記』，總可勝任愉快 —— 但不是『花瓶』，你切勿悞會呀。」（按：當時廣州有等機關，僱用美麗的女職員，被目爲「花瓶」，這是很侮辱的名詞，事實上男女平等，職業男女可幹，不過那時女職員極佔少數，一般人少見多怪罷了），說到這裏，嫣然一笑道：「鄒買辦，你交遊素廣，不妨幫忙我一下，替我介紹工作，如不嫌棄，在貴洋行也不要緊。」鄒買辦見紫蘭花去志堅決，知道不可挽留，又見她肯去做工，却是一個有志氣的女子，值得同情。

鄒買辦乃索性做個好人，留待將來好相見，勉強一笑道：「在外國，女子職業甚爲普遍，你旣有志自立，我也很贊成，有機會當然可以介紹你，想在我洋行供職，則恕怪我辦不到。一則是外國人生意，我不能任用私人；二則我和你的關係，許多同事都知之甚稔，有甚麼好意思呢？」，歇了一會，他長吁一聲說

道：「我和你相處短暫時期，自然捨不得離開你，但我又無計挽留你，身既不能留，我尚要身外物何用？這裏所有傢私什物，我全部送給你，作爲臨別的紀念物，希望你睹物思人呀！」紫蘭花祗好說聲多謝，她很明白鄒買辦這句話，想打動她的心情，聰明伶俐的紫蘭花，亦故意做作懊喪的樣子，低頭默不作聲，眼眶有點潤濕。鄒買辦以爲紫蘭花頗受感動，故作慷慨丈夫之態，起身於座，和紫蘭花握手不放，毅然說道：「好吧，祝你前途珍重！」紫蘭花口不對心地說道：「你去得這般快，何不稍坐片時？」鄒買辦苦笑道：「多坐一刻，有甚麼興趣，還是早走爲佳。」紫蘭花立爲嫵媚之笑說道：「我知你貴人事忙，路數多多，儘有大好去處，我也不便挽留你。如果有暇，隨時請來坐，因爲我們仍舊是朋友呀！」鄒買辦巴不得紫蘭花說出這句話，接口說道：「你當眞喜歡我來坐嗎？很好，我們仍舊是好朋友，有暇必定造訪！」說完才放開手，紫蘭花循例送出門外，頻說幾聲再見，俾鄒買辦去得安樂一點。三婆的任務已告終結，當然不能強留，要返回大屋，紫蘭花特別留她吃完晚飯，還送給她五十元，弄到三婆感激涕零，頗怪鄒買辦無風起浪，平白損失一位好姨太。紫蘭花等她出門之後，即與她底心腹阿柳商量：看鄒買辦臨去的情形，依依不捨，一定時常造訪，希望藕斷絲連，此事非想法子割斷關係不可！最後決定馬上遷居以避。次日，她們兩人親自出外，四處探聽新屋出租，紫蘭花以人數不多，僅有她和兩個工人，不必在繁盛街道，物色大間房屋，結果看中關橫街一座小洋樓，一廳一房，地方雅潔，刻日進伙，祗是選取合用的東西，其他粗重傢私賤價而沽，所得之欵，送給兩個工人作下欄錢，皆大喜歡。這時紫蘭花無拘無束，身心康泰，據她後來對人說：「這

個時期，是她有生以來最快樂的日子。」可惜時間太過短暫，不久她聽到父親逝世的噩耗，最傷心的，已過了三虞之辰，想奔喪已來不及。因爲紫蘭花剛遷新址，爲着避免鄒買辦的纏擾，不敢告訴任何人，她底母親嚴氏，和哥哥大韓，向來骨肉手足情深，又見韓翁於彌留之際，眼中含淚，口裏隱約叫出「阿蘭」的名字，可能捨不得生平最疼愛的女兒，況且知道她已隨鄒買辦作外室，算是名花有主，不妨叫她來港奔喪。誰知遍尋不獲，查問鄒買辦，更碰了一鼻子灰。後來在道上偶遇紅樓事頭婆九姨，才間接聆悉這個不幸的消息，她心想五旬「末七」，世俗稱爲「女七」──出嫁女兒可以打齋超度其爹娘。乃吩咐阿柳看顧門戶，獨個兒返香港一行，首先居停酒店，以電話詢母親及哥哥同意，認爲不妨，才敢重返家庭。相見之下，大家抱頭痛哭，不勝今昔之感，嚴氏小不免問起鄒買辦的爲人，及中道仳離的緣因，亦覺得年齡懸殊，殊非理想的配偶。紫蘭花方私自欣慰，重叙天倫樂事，但天下不如意事常八九，可與人言無二三，當她主持「五七」打齋之夕，嚴氏可能因爲哀傷過度，猝然暈倒，送入醫院救治，一日一夜尚未曾恢復知覺，竟一瞑不視！連續兩件不幸事，給予紫蘭花莫大的打擊，雖然兄弟姊妹沒有迷信觀念，怪責她脚頭不好，返家又尅死母親，但她觸景傷情，自嘆紅顏薄命，所遇輙左，哭得死去活來，暈倒兩次。

　　舉家爲之震駭，恐怕她眞個成爲語讖，因爲她口口聲聲說，要隨母親於地下！因此過了三虞，紫蘭花想返廣州，一看家裏情形，大韓亦不敢勉强挽留，免她傷感。誰料剛一抵埗，阿柳又報告不愉快的消息：兩日前，鄒買辦居然按圖索驥，聲言改日再來。但鄒買辦何以知道這個秘密的新址呢？紫蘭花記起在道

上碰見九姨，由她告訴父親的噩耗，順口透露居址，以便將來有事可以聯絡一下，當下雖叫她代守秘密，不過她要靠鄒買辦這班人照拂，豈敢秘而不宣？紫蘭花怕他一次造訪之後，繼續痴纏，難以斬斷，還是不見面為佳，乃決定暫住酒店，杜門不出，對鄒買辦說她尚未返省，並吩咐阿柳，實行退租，盡將所有傢俬變賣，收拾一切細軟，和另一傭婦同來酒店居住，鄒買辦一見人去樓空，知道她堅決拒絕，自然放棄其企圖。紫蘭花為着趨避鄒買辦，不敢長期居住一間酒店，大約半個月左右，便要遷居，有時或居停上等酒店，或中型旅館，行踪無定，使他不易捉摸。最初兩個工人追隨，後見皮費太重，且住酒店已夠服侍週到，一按電鈴，即有侍役聞聲馳至，聽候使喚，乃辭退一個，獨留心腹近身阿柳。如是者過了三個月，雖然僥倖碰不到鄒買辦——其實鄒買辦此人，是唯一典型「薄倖郎」，對女人祇是一時高興，過後興致索然，早已拋置她於腦後了——但坐食山崩，私蓄五七千，以她揮霍性成，燕居無俚，打牌看戲飲食徵逐，甚至還去河南「攻打四方城」，看銀行存欵，僅餘二千，心想非另謀出路不可。她本來希望在機關找差事做，即使被譏為花瓶，也不要緊，可是沒有人事上的關係，徒勞夢想而已。阿柳提議返回陳塘，重張艷幟，她立刻反對，因她口頭答應過鄒買辦，不在陳塘翻剗，令他丟臉，其次亦怕鄒買辦糾纏，路不通行！最有趣的是：當她居停大北酒店的時候，出入廁所，必經長廊，不少住客推開房門，暗中窺視，目灼灼似賊，驚為天人，看她底外貌及行藏，並有傭婦跟隨，頓懷疑是高等私娼，以閨秀的名義自高聲價，不少作問鼎之想，叫管房疏通阿柳，誰知給阿柳罵得狗血淋頭。紫蘭花見此情形，認為不可須臾留，遷居別處，並坦白告訴

阿柳：「我淪跡青樓，祇是迫於環境，正如往昔許多『名妓』，如李香君，李師師，關盼盼，柳如是之流，高張艷幟，應酬貴介王孫，風流名士，詩酒琴棋，雅人深致，雖是玷辱家聲，尚保持高貴的身份。若果要我在酒店幹其一點頭生活，我就寧死不辱，因爲這樣做法，才眞正玷污父母清白之軀，罪無可恕了！」正在躊躇不決之際，恰巧接到哥哥大韓由香港寄來一封信——紫蘭花知道自己居址無定，借用阿柳一位姊妹的地址，和家人通訊，阿柳隔日便到這裏查問有無函件——大致說某日乘早船抵穗，叫她接船，原來韓翁去世之後，大韓接管父親遺下的商業，毫無寸進，他受朋友的慫恿，返廣州共同合作發展，打算舉家回來，囑託妹子代他買屋，他向來知道她精明能幹，全權付託她執主意，不必輾轉磋商。當時香港僑胞的一般觀念，散居世界各地的僑胞亦然，愛國家，愛桑梓，認爲居留地雖好，不是久戀之家，畢竟落葉歸根，萬不能數典而忘其祖，所以發達之後，或者財政稍爲寬裕，大都返家鄉買田，在廣州買屋，爲老來營菟裘之想。大韓此舉，當然沒有訝異的理由，紫蘭花完成任務，大韓手足情長，自然歡迎妹子返家同居，一併收容阿柳，但姑嫂之間，平時已不大相得，加以初期的生意，不能符合理想，逐漸引起謠言，說她野性難馴陀衰家，更要負起兩個「閑人」的伙食，縱有鄧氏銅山，也要「餂乾淨」爲止。

在此情形之下，紫蘭花祇好心領哥哥的照顧，含淚帶阿柳離開家門，茫茫前路，悵悵何之？最後決定重返香港！有一天，她碰着詠樂事頭婆十姨，原是「紅樓」九姨的姊妹，早已在廣州認識，見了紫蘭花，鼓其如簧之舌，慫恿她在塘西高張艷幟，保證她必定花運走紅，並願意照紅樓辦法，給她兩個房間，懸掛她

底「名人書畫」——紫蘭花幾度遷居，甚麼名貴傢俬，都全部變賣，獨有這類東西不肯割愛，寧願寄存阿柳姊妹之家，月中納回房租，來港時一樣作行李携帶，入酒店亦吩咐工役代爲珍存，不可損壞。紫蘭花心想：此時雙親去世，舉家回穗，事過情遷，不怕影响父親名譽，自己正打算謀出路，何妨再作馮婦？又見十姨情意殷殷，乃點頭答應，十姨大喜過望，定要帶她返寨觀光，俾她一看塘西的繁華景象，以引起她的興趣。同時又怕她中途變卦，堅約在這幾天內去華民署領牌，問她是否沿用「紫蘭花」的芳名？紫蘭花記起往事：鄒買辦想以張尚書自居，期望她做燕子樓中的關盼盼，却又不知自量，視姬妾如玩品，不知情義爲何物。她有心刺激鄒買辦，決定改名「盼盼」，十姨雖聽過「燕子樓」一闋，知道有關盼盼其人，故事則完全沒有研究，還戲問她因何改名，紫蘭花名馳省港，仍然照舊，豈不更好？紫蘭花笑而不答，從此以後，紫蘭花在塘西花國，以「盼盼」芳名應徵，爲着名符其實，今後本文亦放棄「紫蘭花」三字，改稱「盼盼」了，希讀者注意。以盼盼的才貌，在塘西高張艷幟，正如她在陳塘一樣，很快便花運走紅。她認爲香港的環境，比較廣州較爲滿意，最低限度有下列兩點：第一，身子自由得多：廣州有花捐的束縛，動輒加以瞞捐的罪名，舉止不能自由，即客人亦感覺不大方便，例如打水圍到了深夜三時，寮口嫂便入來聲明「點房」，換言之，不論留宿，抑或打通宵水圍，俱要加多一台局賬，否則恐有瞞騙花捐之嫌疑，不得不下逐客之令了。客人在塘西過夜，雖一樣要計「雙揩」，但師爺自會根據寮口嫂或傭婦的報告，在「賬簿」多記一台，毋須驚動人客；第二，客人高尚得多：那時廣州是軍閥割據時代，軍政界紅員，及公安局老爺（偵緝）之輩，往

往恃勢橫行，煮鶴焚琴，無仇可報。香港一者是法治之區；其次妓女正式領牌，在法律保護之列，而一般塘西飲客，大都是有禮貌的紳士，怕事的殷商，文縐縐的公子哥兒，極其量發作官仔脾氣，打兩巴掌，決不致拔槍相向，其尊重阿姑的程度，不肯逞蠻恃惡，威逼就範，堪稱世界上「最規矩」的尋芳客，因此有等由外國歸來的朋友，眼見塘西阿姑對待人客，態度高傲，既不許隨意問津，甚且不瞅不睬，認為是積習相沿，可能由於飲客驕縱已慣，忘記本身的職業是賣笑生涯，客人所付出的代價，用以「買笑」，不是「買嬲」，縱使心裏不喜歡此人，表面上亦要勉露笑容，應酬圓滑，怎能夠叫他們「貼錢買難受」呢？盼盼移植塘西，尤其幸運，所碰到的客人，非富則貴，一擲千金，毫無吝色，兼且憐香惜玉，雖是揮霍甚豪，初非有挾而求。最大的原因，他們看過天遊報所載「詩妓紫蘭花」的故事，素仰其芳名，現在知道她易名盼盼，揮箋相召，見面勝似聞名，覺其吐談風雅，迥殊庸脂俗粉。

及至返寨打水圍，房間陳設不俗，名人書畫，滿目琳瑯，不自覺肅然起敬。盼盼性情坦率，眼光頗為獨到，如果認定對方屬於可靠的人客，不管生張熟魏，垂詞身世，亦不怕交淺言深，說得淋漓盡致，措詞當然有利自己，弄到對方自作多情，以為她單獨垂青自己，少不免寄予莫大的同情，金錢方面亦盡量報効。論理盼盼有此機會，大可物色如意郎君，彌補情天缺陷，最低限度亦可賺大筆錢，謀下半世的幸福，可惜她執迷不悟，正如她生前對人所講：「我生平唯一的『愛人』，僅有一個司徒六郎，為他作任何的犧牲，亦所不恤！」但現在司徒六郎所處的環境，與從前大不相同，不能和她自由戀愛——有愛妻六嫂追隨左右。原

來司徒六郎這時結婚僅有兩三年，六嫂久居北方，在省港人地陌生，家居半山貴族區，由司徒六郎介紹一班「太太團」和她認識，並陪伴她消遣，除看戲之外，祇有打牌。戲班在港九演完兩個台，多數拉箱廣州，六嫂初時不想僕僕長途，既有人奉陪，索性在家燕居，叉其幾圈，很少跟班，所以司徒六郎身體自由，買醉陳塘，和盼盼結下這段霧水姻緣。現時返抵香港，雖然晚晚藉口講新戲，仍去塘西消夜，一樣揮箋召喚盼盼，舊情復燃，藕斷絲連，不過個中消息，不久便傳入六嫂耳朵，六嫂自有「太太團」面授機宜，密告錦囊。她平日已問悉散場後去某酒家「講戲」，猝出其不意，按圖索驥，抵埗之際，司徒六郎和另一位老倌分據羅漢床的兩邊，作搓煙之戲，盼盼循例要陪伴人客，坐在司徒六郎足旁四方酸枝橙，替他搥腳骨。事有湊巧，六郎老友十八子，見他們恩愛之狀，故開玩笑，坐在盼盼身邊，用手勾搭其香肩，六嫂邁步上前，初見夫婿「足下」有個如花似玉的佳人，勾起雨妒風憎的情緒。及睹十八子親暱之態，稍為放開懷抱。十八子是一間大洋行的會計主任，也是司徒六郎的忠實朋友，常替他們夫婦效勞，所以六嫂對他很好感，含笑打招呼。普通朋友有通財之誼，塘西飲友則有通同作弊的義務，在此情形之下，十八子靈機一觸，馬上居間介紹：「這是六嫂，司徒太太……這是我底相知盼盼。」六嫂已聽過盼盼的名字，和夫婿的名字相連一起，當然不大相信，首先屬目注視司徒六郎和盼盼好一會，這才冷笑答道：「是你底相知嗎？你不怕有人和你打交！」十八子見司徒六郎踢促不安，心裏覺得好笑，但盼盼則坦然若無其事，暗服其夠膽，乃拍拍她底肩膀，面對六嫂說道：「祇要她鍾意我，誰敢與我相爭？她不特是我底相知，還打算跟我做二奶，你不信可以問

她。你看我們這般親熱的情形，不由你不信！」言次故作親熱之狀，以釋其疑心。六嫂到底是住家人，從前很少涉足花叢，以為盼盼如果是六郎的「老契」，十八子怎敢在他面前，親暱若此？當下面色放寬，有說有笑，一同消夜，盼盼總算渡過這個難關。可是盼盼最喜歡探班，照規矩後台不准許閒雜人等出入，尤其是外界的婦女，更在禁止之列，以免惹起外間誤會，但盼盼手腕玲瓏，巴結司閽人十分週到，況且是探訪當時得令的大老倌，亦樂得做個順水人情。事有湊巧，六嫂對於平日的日戲，很少據座欣賞，多數在家裏打牌，這一天興之所至，入戲院「打戲釘」，她不想在觀眾之前露面，靜悄悄坐在最後的一行，和戲院司理閒談，連帶司徒六郎也不知愛妻駕臨。散場後步入後台，盼盼向來與班中人打交道送禮物，請飲茶，不開口亦自動報效，以聯絡感情，有幾個兄弟，眼見盼盼入了司徒六郎鋪位，必無準備，而六嫂突如其來，彼此碰頭，非同小可！

　　他們機警之極，大聲叫道：「六嫂，你來了嗎？」別人亦隨聲呼喚，「六嫂」、「六嫂」之聲，如雷轟耳，如非聾人，當沒有聽不到之理，誰知盼盼和司徒六郎談笑甚歡，聽如不聞，及至司徒六郎猛然驚覺，才說得一個「弊」字，六嫂已揭開布帳入內。按照戲班習慣，伶人鋪位的布帳，等如房間之門帘，司徒六郎在此卸裝換衣服，布帳低垂，不啻閂好房門，任何探班的「堂客」，應該避嫌外出才是，現在盼盼百無禁忌，和夫婿同居一室，兩人的關係密切可知。六嫂一望之下，認出她就是盼盼，冷笑一聲道：「你是十八子的相知？那一晚他還自認，不久帶你埋街，做他的二奶，為甚麼你到這裏，和六哥在一起？」盼盼倉卒之間，確無詞以對，司徒六郎畢竟冰雪聰明，靈機一觸，左右顧盼道：

「十八子呢？他剛才尚坐在這個箱位，爲甚麼不見？」盼盼更聰明伶俐，初不答六嫂之問，「哦」了一聲接口說道：「原來你沒有聽到他底話兒，就在你洗粉的時候，他告訴你去金陵食晚飯，他先定廳，約齊幾個朋友打牌，叫我在這裏等你一齊行。」說到這裏，含笑對六嫂說道：「六嫂，你來得眞巧，打牌多一隻腳，早來一步，可以叫他約少一個人。」六嫂見他們像煞有介事，相信不是作僞，怒火頓熄，等候司徒六郎換過便裝起程。天下無巧不成話，十八子雖是殷商，因仰慕藝術，成爲好朋友，和司徒六郎出雙入對，放工後如無別事，戲班在太平戲院開演，便去後台探訪，相偕至金陵酒家作早局，打牌消遣，晚飯復返戲院登台，演完齣頭，再回來續其「節目」。當司徒六郎打領結之際，十八子突如其來，盼盼又喜又驚，連忙先遞眼色，劈頭第一句便說道：「我已經告訴你，不愁無脚打牌，現在六嫂及時抵埗，單是我們四個人，已夠一台，落塲先玩四圈，再約朋友也不遲。」她邊說邊睨六嫂，乘其不覺，輕揑十八子一下，揚聲說道：「我們起程吧！難爲我等到心焦！」及至抵達金陵，他們俱是酒家的長年主顧，差不多他們喜歡到那個廳，那個侍役侍奉，酒家中人俱知之甚稔，不用開聲，已引導他們入廳內，六嫂更相信十八子當眞先來定廳了。後來盼盼靜悄悄告訴十八子，在鋪位見了六嫂之後，無時無刻，不暗揑一把汗，尤其是他突然撞入來，恐怕牛頭不對馬咀，當堂撞板，飽吃一塲虛驚，心裏猶覺怦怦。十八子引用戲台「道白」向她調侃：「你怕她甚麼？有某在此，誰敢動手，你是我底未來二奶，六嫂總該賞面我幾分，斷不敢將你難爲！」盼盼面臨兩個「難關」，俱僥倖渡過，倘在別個女人處在此等環境，自應知道歛迹，趨避六嫂一下，以免弄到不可收拾，即司徒六

郎亦向她提出警告：上得山多，終須遇虎 —— 撞板，六嫂是有名的河東獅，非同小可，勿攖其鋒爲佳。誰知盼盼情之所鍾，不顧一切，冒險探班如故。另一方面，六嫂已從一名手下仔，渾號「神經八」的口中，探聽盼盼的秘密，說她常時單獨探班，和司徒六郎十分親暱，遠在陳塘時期，經已來往密切了，並不自今日始。是日恰當有事，盼盼又在「鋪位」和司徒六郎談笑，手舞足蹈，得意忘形，六嫂突然撞入來，這一次六嫂是胸有成竹，立心窺伺，一見之下，憤火中燒，連續打她兩巴掌，戟指罵道：「你這個賤人，倚賴十八子作護符，幾回將我欺騙，今日尚有何言，你引誘六哥的事，估道我睡在夢中，其實我比你更清醒，不過有時隻眼開隻眼閉，顧全彼此的情面罷了，誰料你越弄越猖狂，在塘西溫存猶未滿足，跑到後台癡纏，你眞大膽，豈有此理！」

盼盼見她見面即動粗，憤然反駁道：「你說我引誘六哥，你才是豈有此理！你知否我們大寨阿姑，非正式揮箋相召，休想本姑娘和他見面，大家明買明賣，有甚麼欺騙不欺騙……」六嫂氣爆胸膛，不能再聽下去，厲聲說道：「這裏不是石塘咀，我知道你們的紅牌阿姑，有迷人的魔力，還會殺人不見血，但這是後台，屬於戲班範圍，嚴拿白撞，速去休！否則我叫人拿掘頭掃把拍走你！」這時驚動戲班的幾個大老倌及職事人員，上前察視，他們素知六嫂個性，剛強好勝，掌摑盼盼，固然有點過火，但盼盼出言不遜，將她頂撞，亦太過不識時務，若演變下去，很可能再度受辱，局面益不可收拾，乃分開相勸，有人牽開盼盼，送她一程。當盼盼將次離開之際，六嫂故意指着司徒六郎說道：「我現在警告你：今後我特准你叫任何一個紅牌阿姑，甚至娶她做二奶，如果她博得我『六少奶』喜歡，我決不反對。但是這個賤

人，我永遠不准你叫她，因爲我聽不慣如許『大口氣』，非正式揮箋相召，休想和她見面，你也犯不着這樣下賤，定要求見！如果她尚冤魂不息，到這裏拉夫，我老實聲明一句：恕怪我不客氣，我見一次，打一次，見十次，打十次，倘有本事，祗管叫警察拘捕我去坐監！」盼盼羞憤交集，還想和她吵鬧一場，禁不住各人拉拉扯扯，帶她出門。從此以後，六嫂杜絕夫婿與盼盼繼續往還，放棄打牌的興趣，日夕俱到戲院，或在前台看戲，或入後台坐談，採取監視態度。說起來也很有趣，六嫂生長上海，學過京劇，對粵劇沒有深切的認識，因爲往昔受聘去上海公演的粵劇團，以中型班居多，很少紅伶，理由是紅伶在省港班已甚收得，何必跋涉長途？因此六嫂雖與司徒六郎結婚，初期對粵劇仍不感興趣，反爲嗜愛打牌，很少據座欣賞，現在她「被迫」要看戲，越看越心領神會，她本來已有京劇的根底，自然進步得多，後來造成她在粵劇界的「正印花旦」地位，間接是拜盼盼之賜，相信連她本人也想不到哩。散塲後去酒樓消夜或講戲，六嫂亦一樣參加，換言之，弄到盼盼絕無機會接近爲止。司徒六郎雖然亦憐愛盼盼，但見她太過癡情，自己沒有能力作護花使者，或者貯阿嬌於金屋，不該累己累人，樂得利用這個機會拒絕她。可是盼盼個妮子，情之所鍾，不惜排除萬難，與環境搏鬥（有人批評青樓妓女，絕無情義，朝秦暮楚，事實上她們心愛的男子，如果是愛人的話，她可能情至義盡，矢死靡他，古今「情妓」，指不勝屈，較之名門閨秀，殆未遑多讓），曾經多方設法，和司徒六郎幽會。無奈她給六嫂羞辱之事，很快就傳入一般飲客的耳朵，「蔣嘜」之名，當爲恩客所不齒，加以她被禁止探班之後，平時對人客應酬面面俱圓，變了貌合神離，無精打彩，久而久之，飲

客先後「割蓆」，重蹈她在陳塘「紅樓」時的故轍。盼盼眼見環境大大變遷，酒局生涯日趨冷淡，她到底是一個心驕氣傲的女子，既不受人憐，亦不想示人以「衰」，湊巧有人勸她去安南，據說那地方花事暢旺，飲客手段頗為闊綽，很容易滿載而歸。盼盼心想：環境惡劣，正好轉移有利陣地，走埠一個時期，然後回來，必要時重張艷幟，更增聲價，乃決定啟程。盼盼去了安南大約一年，憑她的樣貌，心思和手段，儼然鶴立雞羣，果不出所料，滿載而歸，據說她此行的收穫，不下二萬元。以當時的物價而言，這數目相當可觀，大可買屋收租，知慳識儉，下半世過其舒適的生活，但盼盼別有會心，祇求溫戀其「愛人」，全不顧天高地厚。因此她返抵香港之後，先假酒店作居停，密約六郎歡聚，六嫂探悉盼盼除牌去安南，老早防範已疏了。

盼盼揮霍成性，又愛打牌，由安南賺回來的錢，不過一年半載，已花銷大半，前途渺渺，後顧茫茫，無奈何走向翻剎之一途。再在塘西高張艷幟，這次却用紫蘭花的名字應徵（以後本文亦沿用紫蘭花，以符事實），紫蘭花三度淪落青樓，正如世俗人的口頭禪，她尚未還清花債，所以不能落葉歸根，找到美滿的歸宿，不過說也奇怪，別人「翻剎」的次數多，每況愈下，往往為尋芳客所輕視，但紫蘭花則不然，花運始終走紅，理由不外下列三端：第一，她很好人緣，等如一個老倌的好台緣，這點相當重要，有幾分出於天賦，非人力所能為，試看有種人 —— 男女也是一樣 —— 雖無大過，面目可憎，加上言語無味，其貌不揚，任是羅綺章身，亦無法躋於紅牌阿姑之列了；第二，她天生一副林黛玉型的體態，既惹人愛，復動人憐，那時候的男人審美眼光，和現在注重「三圍」，追求瑪莉蓮夢露型的健美女人，完全不同，

覺得她楚楚可憐，倍加愛惜；第三，吐談風雅，個性坦率，不論生張熟魏，如果彼此說話投機，她打開話匣，娓娓忘倦，時而透露自己的身世，時而咬文嚼字，詩句沖口而出，或則講世界，深解人情世故，或則說故事，聽者捧腹大笑。一般飲客的心理，最難得阿姑和他有說有笑，傾心吐膽，以為她對自己特別好感，當然對她更好，差不多有求必應，甚且自動報效。此外還有一種特殊情形，為普通阿姑罕見的奇遇，論理飲客去塘西消遣，聲明尋花問柳，不是去求功名，在阿姑身上散多少錢，自然希望摶取若干代價，達到最終的目標，否則望望然去之。但紫蘭花則不然，她偏有許多憐香惜玉的豪客，祗是表示深切的同情心，替她撐場面，執寨廳，當賜白水，送贈禮物，並不從她底身上打主意，而是保持永久的友誼。茲舉比較出類拔萃的兩位，以例其餘：第一位便是齊一哥，他是名門望族的後裔，正式公子哥兒身份，呱呱墮地，祖母便遺給他一筆豐厚的財產，他雖是養尊處優，但深解人情世故，絕無絲毫紈袴氣習，對朋友尤其慷慨，雪中送炭的故事，罄竹難書，有資質而沒有本錢求學的世姪輩，由他一手資助，完成大學課程的，亦數見不鮮，行俠仗義的行為，數十年如一日，至今有加無已，「一哥」之名，可謂膾炙人口。他和紫蘭花的關係，僅是酒局老契，因他別有所歡，對她絕無企圖，不過同情她的遭遇，等如幫助朋友一般，並不把這件事放在心裏——後來紫蘭花病逝廣州方便醫院，幾至無以為殮，也是由齊一哥暗中派人拿錢代辦身後事，不愧是紫蘭花生平的知己，這是後話不題。第二位辛買辦，是當時港澳輪船的買辦，人很年青，很熱情，風流倜儻，眼角甚高，睥睨一切庸脂俗粉，對於馬交福隆新街，及香港塘西的阿姑，俱認為不值得少爺顧盼。這也

難怪：辛買辦也是富家子出身，離開學校未幾，即服務於航業界，憑他的背景和才幹，很快便陞充輪船買辦之職，少年得志，腰纏萬貫，面孔亦夠漂亮，凡此種種，俱適合青樓阿姑的理想條件，自然對他極表歡迎。可是他覺得嬰嬰婉婉之流，非失諸庸俗，便涯岸自高，話不投機，毫無興致。及至召喚紫蘭花，傾談之下，風趣盎然，湊巧紫蘭花亦以對方為風流雅士，不怕對牛彈琴，話匣打開，歷一小時有奇，猶依戀不忍去，寮口嫂三催三請去別處掛號，她才梨渦一笑，還嬌滴滴說一句：「我就回來，和你長談。」這一晚相偕返寨打水圍，辛買辦見她的房間陳設，丹青聯軸滿目琳瑯，不覺肅然起敬，知道她不是小家碧玉，定是名門閨秀。

因為那時候社會風氣，不脫重男輕女的封建思想，女子而讀書識字，殊屬難能可貴。於是叩詢其身世，紫蘭花亦不怕交淺言深，坦白告訴，辛買辦大為感動，不知不覺間，腦海留下深刻的印象，備極顛倒。俗語說得好：旁觀者清當局者迷，同行同攪的朋友，見辛買辦開始迷戀紫蘭花，禁不住提出忠告：你知否紫蘭花是有名的席嘜？她為着司徒六郎，不惜作重大的犧牲，甚麼親暱的恩客，一概拋置腦後，你提防做四方辮頂才好！辛買辦表面上接受朋友的忠告，說他決不會做四方辮頂，請釋錦注，心裏別有盤算，自信憑他三寸不爛之舌，一片真摯之情，把這個陷入深淵的可憐女，一手提拔起來。有一晚，他特別約定紫蘭花，返寨打水圍，聲明和她作竟夕談，紫蘭花以為他是普通應酬話，一笑允諾。他平時喜歡偕朋友同行（許多有經驗的飲客，鑒貌辨色，便知道阿姑的心理幾分，是否有滅燭留髠的希望，如果距離理想尚遠，帶同朋友打水圍，雖通宵達旦出來，也不覺得難為情，因

為一班朋友打通宵水圍，事極平常，獨自個兒則有點淒涼難看，顯然阿姑不肯「收留」了）。這晚獨個兒返寨，和紫蘭花促膝談心。在紫蘭花本人而言，也很高興煮茗清談，除一般多手多脚，話不投機的飲客之外，如對方是斯文中人，她亦談鋒甚勁，娓娓忘倦，這也是她吸引飲客一個因素。辛買辦談到入港之際，悠閑地問道：「聽說你和司徒六郎很相好，是不是？」紫蘭花毫不介意地笑道：「這是許久以前的事了，遠在我初次樹幟陳塘的時候，我們已有深厚的交情，莫不是你現在才聽到這個新聞，消息太不靈通了。」辛買辦正色說道：「聽說你爲司徒六郎一個人，已作重大的犧牲，弄到酒局冷淡，恩客先後割席，被迫遠走安南，東飄西泊，到現在依然淪落青樓，不能找到美滿的歸宿，間接也是拜司徒六郎所賜，你承認這些事實嗎？」紫蘭花向來自尊心很重，給辛買辦毫不客氣，一頓搶白，未免有點氣惱，辛買辦不等她有置喙的餘地，一口氣說下去：「這也難怪，司徒六郎在戲人中，不愧鷄羣之鶴，風流倜儻，深解惜玉憐香之道，不獨你一個人熱戀他，甚至不少大家閨秀，亦備極顛倒……」紫蘭花最愛聽別人讚美她底六郎，十分怒氣，已消除了七八分，微微一笑，傾耳靜聽：「司徒六郎也是我的老友，一般女人顛倒他的情形，我比你知道更清楚，正因其如此，我才不惜苦口婆心，以逆耳忠言相勸告。假如環境許可，司徒六郎能夠接受你的愛，和你共賦同居，一雙雙，一對對，男才女貌，璧合珠聯，我不特不敢多言，還要向你們賀喜！不過人所共知：司徒六郎深愛其妻子，而六嫂又是有名的河東獅，決不容許臥榻之側，有人鼾睡，試問司徒六郎能否和愛妻離婚，或夫妻決裂，排除萬難，和你結合呢？我相信絕對不可能，同時亦勸你休要作此妄想！我因見

你對他太痴，所作所爲太過愚蠢，我覺得你太可憐，但我又很同情你，所以知無不言，言無不盡，以免你墜萬丈深淵，無法自拔……」辛買辦一心以眞情感動她，說得聲淚俱下，情詞懇切之極，紫蘭花自從受過六嫂掌摑的恥辱，所聽到的，都是冷嘲熱諷之詞，幾曾有人表示同情，現在辛買辦爲自己而傷心，不勝知己之感，突然哇的一聲哭將起來，伏在辛買辦的肩膀上，嗚嗚咽咽地痛哭，辛買辦以爲說法成功，拯救一個可憐女子，功德無量，一時情感衝動，互相偎擁，相對汍瀾。兩人哭了好一會，辛買辦猶恐怕她未能徹底覺悟，再補充一段話：「旁觀者清，當局者迷，你此次重謫風塵，或許完全不能領畧到，一般飲客對你的批評，恭維少詆毀多，你想學舊時的要風得風，要雨得雨，斷斷乎不可能。」

「不過你休得煩惱，我雖是個人力量有限……我現在有個主意，不知你是否贊成……或許你覺得我的思想很幼稚，我說出來你不要笑話……」紫蘭花誤會他別有所求，愕然問他底主意如何？辛買辦仍不脫「學生哥」口吻，笑嘻嘻說道：「實不相瞞，我雖是出來做事，任輪船買辦之職，但回想學生時代的樂趣，恨不能恢復學校的生活，你也是讀書人，相信你亦有這種天眞的想法。如果你喜歡的話，洗淨鉛華，繼續求學，我可以供給你一切費用，畢業後大可謀職業自立，更可物色如意郎君，改邪歸正，返璞歸眞，總勝過沉淪苦海。」當紫蘭花低首沉吟之際，辛買辦補充這幾句話：「這辦法是我出自衷誠，替你的前程打算，祗是站在朋友立塲，幫助一個有用的人才，絕對沒有甚麼企圖，或附帶任何條件，我不妨坦率告訴你：我和司徒六郎的處境正復相同，有個賢慧而可怕的太太，不能容許我有第二個婦人。如果你

肯讀書，我以義兄的名分資助你，表示我底心理光明正大的一斑。我知道這問題相當複雜，非倉卒之間所能解決，你不妨詳細效慮一個時期，遲早告訴我也不要緊。一經答應，即可實行。」紫蘭花很感激辛買辦一番美意，可是她淪落風塵，陷溺已深，叫她返璞歸眞，當然不能辦得到，但由此一端，可見紫蘭花底恩客之一斑。同時，比較思想頑固的舊頭腦飲客，雖然不喜歡她是席嘜，和她絕交，但另外又有一批新青年，多數是外國留學生，最低限度也是摩登人物，又熱烈追求紫蘭花，因爲她懂得跳舞。遠在三十年前，我國大家閨秀，就算十分開通，亦不肯公開給男子攬腰狐步，第一怕家長反對；第二怕夫婿是道學先生，不明白外國男女的正式交際舞，一樣講究規矩，祗是輕輕接觸肌膚，並沒有曖昧心腸。同樣講究規矩的大寨阿姑，在鴇母從小訓練之下，身子防範惟恐不週，胸前鈕扣密密縫，以對付祿山之爪，纖纖玉手，多握一下亦怕吃虧，怎肯容許慘綠少年，手拖手兒，胸對胸兒，亂跳亂舞，自不敢輕於嘗試。初時僅有少數自己身的姑娘，被稱爲夠貎猁，夠濟軍之流，爲好奇心所驅使，在俱樂部學習，由一班新青年以身作則，按照留聲機播出來的音樂，指導步伐，旅進旅退，周旋中節。他們大多數是外國留學生，嗜好這種新玩意，學成回來，缺乏舞伴，旣不易求諸閨秀，祗好退而思其次，收得女弟子之後，日間帶去大酒店天台作茶舞，晚上仍去塘西消遣。他們俱是有錢子弟，手段濶綽，除大量送贈舞衣、舞鞋等充撐排塲的用品，伴舞代價亦殊不菲，斬獲之豐，出人意表。一般阿姑見獵心喜，紛紛設法學舞，如果知道自己的人客或其朋友，稍爲學識皮毛，便央求教授，孜孜不倦。天下事，凡是得風氣之先，總覺勝人一籌，所以早期懂得跳舞的阿姑，無不大走紅運，

其中表表者，當推天一蘇影，以「琵琶仔」身份，嫁一位留學生爲正室，兒女長成，俱遠赴外邦留學，攷得崇高頭銜，卓然有聲於時，爲塘西嬰婉中，福澤最綿長的一個。最難得的是：正式過其少奶奶生活，名位既尊，夫婿亦一往情深，不作第二人想，伉儷之情，老而彌篤，到了晚年，兒女又皆成才，似此十全十美，殊不多見（其他享福的雖然尚有好幾位：或由側室扶正，或寵擅專房，在社會同樣受人尊敬，但較之蘇影的十全十美，仍覺稍有遜色），他如長樂的冷紅，倚紅的肖容（一度隨漂亮將軍作妾），金龍（上海的花國總統），素梅（後來曾出資拍過兩三部影片，担當主角，用「黃維麗」名字，也是司徒六郎的密友）……等，因嗜舞而名播花國，博得豪客垂青，可惜收塲皆不符合理想，祇好嘆息命不如人罷了，非戰之罪也。

紫蘭花亦是個中表表人物，她的嗜愛跳舞，深受司徒六郎所影响，司徒六郎可算是戲人中的摩登青年，不特在舞台多才多藝，日常生活亦多姿多彩，駕駛汽車及跳舞，同樣得風氣之先。大凡跳舞的人，最愛交換舞伴，除非是初哥，恐有隕越之虞，才肯與一個女伴跳來跳去，否則伴侶越多越有趣，司徒六郎沒有例外，雖然他底愛妻六嫂，舞術很不錯，他亦想找尋新刺激。因此他看中紫蘭花，說她體態輕盈，媲美趙飛燕，掌上可舞，紫蘭花常時希望有機會和他接近，自然樂於逢迎，越跳越起勁，以是大酒店天台，常見他們翩翩起舞。當時跳舞風氣尚未盛行，舞廳寥寥可數，塘西阿姑趨向跳舞之後，花枝招展，雲集大酒店天台，和飲客茶舞，最初大酒店以營業性質，不論何等樣人，一概歡迎無禁。後來有住家人參加，見她們大出風頭，和客人親暱之態，有點超越閨範。查詢之下，知悉其根底，認爲羞與噲等爲伍，

竟致函司理人抗議：如果今後容許青樓妓女，穿插天台，她們將永遠不敢光顧，恐怕別人，指鹿爲馬，有玷清白之名。司理人雖覺難爲左右祖，到底還是尊重住家人，祗好開罪這一方面的顧客——事實上阿姑們到來跳舞，亦由這等濶少作主動，禁止阿姑，顯然對於他們的面子攸關，他們曾一度憤憤不平，提出質問：是否阿姑額頭上有字，註明是青樓妓女？就算她是阿姑，如果她已作歸家娘，是否亦在禁止之列？話雖如此說，畢竟事不離實，所謂邪不能勝正，任是濶少如何反對，但電梯司機秉承司理人之命，見有阿姑同來，一樣扳起面孔，單獨向她聲明擋駕，祗允載濶少登天台，在此情形之下，濶少當不會叫她獨個兒離開，惟有大發脾氣一頓，憤然同行。塘西的阿姑們，聆悉有姊妹丟臉，自然裹足不前，從此塘西鶯燕，永遠絕迹於大酒店天台了。不久舞風逐漸熾盛，中區開始設立大規模的舞廳，以適應舞客的需求。當時中區有間寶蓮舞院，最得風氣之先，女東主寶蓮，大有所獲，志圖別業，全盤生意，頂讓與仇二十三公子，地址在娛樂行的樓上。這位仇二十三公子，的確排行第二十三，不像有等飲客，故意加多一二十，以示出生於大家庭（例如本身排行第三，則號稱十三少，或二十三少之類），仇二十三公子則名實相符，兄弟姊妹凡三十多名。父親仇大富，是廣東有名富豪之一，也是遜清末期的一品大員，奉派出使外國，和親王很有交誼，曾經晉京陛見，西太后賞賜甚厚，所謂「御筆」的福字壽字，也有幾個，其寵眷可知，但他孝敬太后的貢品，其價值亦概可想見，那時西太后浪費無度，已開捐例，不是讀書人出身，一樣可以買官鬻爵，賄賂公行，聽說仇二十三公子出世的時候，父親便替他捐了四品榮銜，在襁褓中已是四品大員，如果穿起全套袍褂官

服，戴其紅纓帽，倒也十分有趣，但過了幾年，清社已屋，一切頓成陳迹，想做遺少也沒有資格。仇二十三公子生長於十里洋場，吸收西洋文明，精通佉盧文字，當然剷除封建思想，不過他爲人甚風趣，喜歡標奇立異，同時覺得我國的宮殿式，在世界建築學中，備受外國人推崇，所以他頂受這間舞院之後，命名「黃龍」，內部從新裝飾，採用宮殿形式，龍翔鳳舞，極其壯觀，傢俬道具，別出心裁，全部古香古色，使人觀感爲之一新。在裝修期內，仇二十三公子派其胞弟，親赴上海，物色舞女南下，因爲當時上海被稱爲東亞第二商埠，紙醉金迷的繁華生活，離奇怪誕的事物，比省港先進得多，故有小巴黎之稱，跳舞這種玩意，當然沒有例外，仇二十三公子聘了二十多名的舞姝，分兩批起程，待遇條件打破紀錄，除優厚薪酬之外，還答應來回船費，合約滿期，仍負責送回上海，並租地方供給食宿。在未曾找到宿舍之前，舞院裝修尚未竣工，距離開幕之期尚有兩個月，爲着安置第一批舞女。特別在酒店開闢一層樓的房間，給她們暫住，一日三餐，以至她們喜歡叫東西吃，一律授權簽單，由老總結賬，單是這筆數目，已很驚人。據估計仇公子用於「招待」的銷費，不下萬元，羅致人才，不遺餘力，舞女是舞院的台柱，重金禮聘，未可厚非，甚至指揮舞女的大班或總管之類，同樣人才輩出，後來被稱爲舞業大王的卓別麟，亦隸屬在他底旗幟之下，仇二十三公子可算是本港經營舞院的老前輩，值得爲之大書而特書。尤其值得稱道的：任何人經營舞院，雖不能詆誹他生性好色，坐對粥粥羣雌，較之在塘西執寨廳的霸王夜宴，別有一種風味，但最低限度，他本人亦喜歡跳舞，近水樓台先得月，流連舞榭，不假外求。仇公子則絕對不然，他旣不懂得跳舞，亦不想學習，祇是認

爲這是新鮮投機生意，不惜慘淡經營，到底他不是生意人，出身公子哥兒，手段濶綽，沒有算盤，業務蓬勃，而夥記難靠，爲台柱的舞女，動輒掛借，否則顧而之他，所以三兩年間，便宣告失敗，十萬資金，蕩然無存。胸懷洒脫的仇二十三公子，事後笑嘻嘻告訴朋友：「早知如此，我拿十萬元『征西』，雖然追不上我底同宗仇公子，不夠一個月，開銷五十萬元的豪濶，亦有十萬橫磨劍的雄風，『斬獲』好幾個貌美如花的阿姑。但我經營『黃龍』這幾年頭，連半個舞女都沒有發生絲毫曖昧關係，甚至未跳過一拍舞，無怪有人譏笑我冤枉也！」他這番話全無花假，由此一端，可見其人正經的一斑。當黃龍開幕之始，仇廿三公子總算別出心裁，物色已退休的塘西紅牌阿姑，做舞院的「售票員」，當時的伴舞代價，是一元三跳，跳一拍舞，給票一張，等如跳一跳三毫三仙三。每部券分五元及十元兩種，濶綽的舞客，可能跳一次或幾次，即給券「一部」，坐枱一小時，似是代價十元？二小時起碼？（記不清楚），所謂一小時，不外二十分鐘左右，視舞女的旺淡而定，事實上紅舞女捧塲客多，忙個不了，祗好穿梭般應酬。最近應聘的阿姑便是素梅，她在名義上已隨李老二上街，但此人向有花心蘿蔔之名，貪新棄舊，雖是金屋藏嬌，不返家已有五個多月，初期尚按月派人送家用，近兩個月竟置之不理，無形中允許她恢復自由。素梅此時大有積蓄，並不志在賺錢，和仇二十三公子昆仲俱十分稔熟，屬於友誼情商客串性質，勸她拋棄酒國生涯，轉向舞塲發展。紫蘭花亦鑒於塘西空氣惡劣，大多數恩客，都不滿意她是蓆嘜，台脚開始轉淡，乃幡然改圖，担任黃龍的售票員，除薪水外，尚有佣金，她們交遊素廣，平日嗜舞的飲客，當然趨之若鶩，舞券極爲暢銷。本來她們担任這個職位，

名目上不想做風塵女子，推銷舞券，也是職業之一種，所以祇做職員，不肯伴舞，以免有攙奪舞女權利之嫌，但有等舞客，特別是塘西認識的飲客，在購券時聲明要和她跳幾拍，才肯承受，沒奈何也要「下海」，不過她亦附帶聲明：此風不可長，否則恐怕舞女攻擊。仇二十三公子在開設舞院之前，曾一度與外國唱片家合作，出品粵語唱片，所有紅伶及名唱家，俱在羅致之列，膾炙人口的名曲甚多，近年來舊調翻新，搬上舞台的怡紅和尚主題曲，也是那個時期的出品。因此黃龍開張，凡是嗜好跳舞的戲人，無不前往捧場，司徒六郎與梅老九，有幾分賞臉梅素梅及紫蘭花，更成為長期主顧，常邀她們伴舞。其後消息傳入六嫂耳朶，她親自陪伴夫婿消遣，兼負監場的責任。

　　仇廿三公子知道紫蘭花和六嫂之間的一段裂痕，怕她們碰頭之際，又起衝突，影響舞院的業務。幸而仇廿三公子雅擅應酬，人甚風趣，口才特佳，他自恃平時和六嫂很合得來，一見她面，便長揖說道：「多謝六嫂帶同六哥光顧，現在更懇求你帶挈我吃餐安樂茶飯！」六嫂初時茫然不解，睜大眼睛，聽他接續說下去：「我必須附帶向你解釋：紫蘭花在這裏，屬於友誼情商客串性質，担任推銷員，絕對不陪任何客人跳舞，希望你不要誤會……」說到這裏，故意放低聲浪：「我怕你打她兩巴掌，嚇走全塲舞客，明日我就要關門大吉了。」六嫂這才明白他底意思，大力撻他一下，笑罵道：「你這個狡猾鬼！運一個大灣和我說話，聽到我一頭霧水，姑且答應你這次，下次不准！」六嫂為人，雖是對夫婿跡近野蠻，對朋友很講義氣，救困扶危，頗有撈家氣概，見高不拜，見低不踩，這是她一生的特長，如果事先向她疏通，甚麼困難的事也肯遷就，所以她見了紫蘭花，一樣打招

呼，忘記了從前的惡感，不過她仍暗中警告夫婿，祇許你到黃龍消遣，但不得與紫蘭花藕斷絲連，素梅亦不能例外。司徒六郎既不願愛妻誤會，更不想紫蘭花乘機痴纏，踪跡漸疏，無形中造成梅老九的機會。梅老九是當時的新紮師兄，出身於書香世家，幼耽藝術，喜與伶人交遊，初時粉墨登場，志在玩耍，後見台下聲氣甚好，才決定正式落班，他生得身段軒昂，面孔漂亮，風流倜儻，一表人才，靶子戲與文靜戲俱所擅長，很快便稱紅於梨園。他在黃龍初次認識紫蘭花，一見鍾情，紫蘭花亦覺得他溫文爾雅，不像普通戲人的俗骨，但她底心目中，祇知愛一個司徒六郎，除他之外，任何公子哥兒，富紳豪賈，甚至和他並駕齊驅的紅伶，對她揮霍甚豪，亦不足當其一盼。奈何神女有心，襄王無意，加以六嫂是可怖的河東獅，她雖願爲夫子妾，亦爲環境所不許可，到了這個時候，紫蘭花才表示真正失望，不敢再存非分之想。恰巧梅老九追求甚力，有許多姊妹，亦贊成她落葉歸根，趁早擇人而事，況且梅老九尚未曾正式與任何女子結婚，紫蘭花於失望之餘，乃收拾意馬心猿，和梅老九賦同居之愛。同居大約一年餘，伉儷之情，初時尚稱得恩愛兩字，久而久之，梅老九另有新歡，態度逐漸改變，雖然表面上他仍維持這個家庭，家用沒有中斷。最不幸的是：紫蘭花本來體質荏弱，染有肺病，那時沒有特效藥發明，如能靜心休養，早眠早起，生活有紀律，猶冀病狀緩緩轉好，可是她自成年以來，俱過着捱更抵夜的生活，有甚麼辦法好轉呢？梅老九一樣惜玉憐香，延醫診治，另一方面以此藉口，避免和她親近，患這種病的婦人，心裏焦躁，脾氣更壞，病勢有加無已。適值金山某大戲院，每年俱添聘唐山老倌，前往登台，新紮師兄師姐，薪水既不大高昂，演戲朝氣蓬勃，梅老九乃

成爲物色的目標。所謂金山，便是美國的代名詞，大家都夢想去金山掘金，但入境談何容易。伶人有當地的僑團担保，作有限期的居留，比較易領護照，許多伶人都不想錯過這個機會，既掘金而兼遊埠，何樂而不爲，梅老九豈能例外？他將這個意思告訴紫蘭花，暫以一年爲期，並自動提出條件：先收定金，首先留下一筆家費，可供三四個月之用。以後分期或按月滙寄，務求豐衣足食，綽有餘裕。一年後滿載榮歸，買屋買田，後半世大可過着舒適生活。紫蘭花當然不願意夫婿重利輕離，但一者前程要緊，到過金山歸來，聲價大不相同，小別年餘，遠景美麗；二則梅老九當「初紮」時期，必須多置私伙衣服，以壯行頭，所費不貲，實際上薪水有限，常要張羅舉債，牽蘿補屋，外强中乾。

這是一般新紮師兄差不多必經的階級，司空見慣的事實，不能不向外發展，希望一勞永逸。基此種種原因，紫蘭花自不敢過分挽留夫婿，惟有臨岐握手，祝他一路順風，廣結台緣，滿約即賦歸來，特別是枕邊喓語，叮囑他切勿見異思遷，貪新忘舊！誰知世事往往不幸而言中，紫蘭花明白梅老九是個風流人物，到處拈花惹草，留下冤孽債，恐怕他但見新人笑，不聞舊人哭，將她拋置腦後，一在天之涯，一在地之角，好叫她叫天不應，叫地不聞。現在果然不出紫蘭花所料，梅老九在金山登台，對手花旦江麗姝 —— 她本來「名不符實」，其貌不揚，但少年無醜婦，人醜用衣裝，經過化裝工夫，穿上美麗私伙衣服，容光煥發，顛倒不少觀眾，所以續約兩三年。和她拍檔的男角色，曾經掉換好幾個，沒有一個比梅老九漂亮，使她一見傾心，不知不覺間，演出倍加恩愛纏綿，因爲那裏的僑胞，愛看冤氣的演技，越是冤氣，越多彩聲，那老倌越受歡迎。如果女花旦和男主角，平日感情不

大好，雖落力表演，亦覺貌合神離，欠缺精彩，反之，女主角正在追求這個男人，小不免利用做戲的機會，做到戲假情真的地步，人非魯男子，豈能學柳下惠坐懷不亂呢？湊巧梅老九初到貴境，一出即受落（戲班隱語，即大受觀眾歡迎之意），興奮之餘，大賣氣力，積勞成病，來勢甚兇。江麗姝憂形於色，除勉強登台，與別人拍檔之外，侍奉左右，衣不解帶，如是者浹旬，直至他痊癒為止。梅老九感她情義，不計較其貌寢，頓生愛念，由舞台的假夫妻，進而為終身伴侶，但江麗姝仍是雲英未嫁身，雅不願隨便同居，正式舉行婚禮——可惜痴心女子負心漢，梅老九很快就移情別戀，拋棄了江麗姝，甚至第二度赴金山，亦與另一個年青女旦結褵，雖然到了晚年，身體殘廢，仍為女旦所拋棄，算是因果報應，但可憐江麗姝始終希望個郎回心轉意，沒有改嫁別人，這都是後話不提。另一方面，紫蘭花以抱病之身，洗淨鉛華，守株待兔，盼望個郎期滿歸來團聚。初時的幾個月，梅老九尚踐約匯寄家用，其後突然中止，她情知有異，憂心忡忡，病勢加劇，醫藥費與生活費，雙重負担，殊不容易支持。她覺得香港比較生活程度高，尤其是屋租貴，地方狹隘，幾伙人同居，於病體殊不適宜，乃遷返廣州居住。她屈指默計日子，已屆一年，梅老九不寄家費，或許因為歸期迫近，不必多此一舉，想到這裏，精神為之一爽，意者相見之期，當在不遠，詎料望穿秋水，消息渺然。原來梅老九在金山極受僑胞歡迎，班主挽留續約，在情勢上卻不能不逗留。相信許多外界人士，甚至伶人本身，初時亦不知道，過金山演戲，絕對不像普通人所理想的好處，相反而言，更有說不出的苦楚。據從前去過金山的伶人，任誰也嘗過個中滋味，弄到啼笑皆非，不管收得與否，一律受苦。論理老倌既

收得，戲院主人自然極力巴結，惟恐不週，那有受苦之可言？沒有錯，老倌旺台，帶挈他們賺大錢，他們當十二分喜歡，希望你繼續勾留，賺到盤滿砵滿，如果你肯就範，他們亦不會難為你，但如果你歸心似箭，決意不可須臾留，那就損失重大，還有行不得也哥哥之嘆！因為往昔伶人讀書不多，知識水準不高，甚麼入口、出口手續，要靠他們担保，及一手經理，想走已不容易。同時他和老倌簽訂的合約，有伸縮性，換言之，可以「捉字虱」，例如他們和你簽約一年，內容聲明要演足幾多天，薪酬若干 —— 他們可能事先清楚解釋：一年三百六十五天，除了來回旅程及休息的日子，說得合情合理不由你不同意。

到了他們立心扭計的時候，便捉字虱了，他們可以一個星期才叫你登台三四天，甚至一兩天，你亦奈何不得，他們大可藉口別個老倌有約在先，或趕船期，有甚麼辦法？誰叫你吃虧在先，沒有注明由某年月日，到某年月日呢？舊日的伶人除演戲之外，別無他能，且人地陌生，找工作亦不容易，與其坐食虛耗光陰，君問歸期未有期，倒不如答應續約，還可多賺點錢，這便是旺台老倌嘔氣的情形（按：近日金山方面的粵劇舞台事業，大不如前，士女趨向大鑼大鼓的舞台紀錄片，時間、金錢兩皆經濟，等如看一齣全套粵劇，所以很少定老倌前往登台。現在赴美的名伶，大都屬於旅行性質，有機會則演十晚八晚，居留期間內，仍要做工維持生活，彼邦男女，十之八九有職業，人人去返工，自己無所事事，反覺慚愧，職業無分貴賤，在餐室捧餐或洗碗，極為平常，一樣受人尊重，無職業反為受人輕視，聽說有等伶人是兼職，在俱樂部或賭館之類，派牌，打荷，入息好，貼士多，倘個人不嗜賭，儲蓄一年半載，返回唐山，數目殊屬可觀哩）。

至於不受歡迎的老倌，飽受奚落，處境更苦，已故被稱爲「伶聖」的男丑，向人告訴他親歷其境的故事，言之猶不勝其憤慨。伶聖的藝術雖高超，天生面孔殊不漂亮，戲班中人所謂面口破產，在勢利人的眼光中，有時未免吃虧一些。向例：金山戲院主人定老倌，祗是委派省港的代理人，代爲物色。那一次定老倌三個：一小生，一花旦，一男丑，俱不是無名小卒。事有湊巧，除伶聖其貌不揚之外，那小生身體清瘦而高，那個男花旦生得面圓而扁，雖非奇醜，亦不算得漂亮人物。抵埗後，勢利眼光的院主，一見之下，老大不高興，表面上拿代理人的名字，大罵一頓，氣憤憤說道：「他又不是盲眼！竟替我千揀萬揀，揀三個爛燈盞！試想『竹篙精』的小生，『柿餅面孔』的花旦，加上一個『潮州柑面』的男丑，哪有旺台的理由！」說完之後，懶得招呼，隨口叫夥記收拾一個房間，給他們安置。這房間地方狹窄，床鋪簡陋，密不通風，難得陽光下顧，伶聖忍無可忍，向院主交涉：根據合約訂明每個大老倌佔一個房，爲甚麼要三人同居？院主以他們尚未登台，不知叫座力如何，姑且順口敷衍，現在房間住滿人，過幾天收拾妥當，然後通知搬遷。但伶聖經過這間戲院「外寓」（伶人宿舍，亦稱「外館」）的時候，已看在眼裏，有好幾個空餘的房子，相信是前一批老倌搬走，用以安置新來的老倌，殆無疑義。院主這幾句話，顯然輕視他們，沒有誠意招待罷了，心裏悻悻不平，奈何初到貴境，祗好暫時隱忍不計較，希望登台博得僑胞歡迎，爭回一口氣。照當時的伶人習慣，以薪水的高低分次序，同時亦多數靠生旦作台柱，所以「伶聖」尊重這一對生旦，由他們先交戲，換言之，最初的幾晚，點演生旦的首本，誰知他們的戲太不爭氣，不爲士女所喜歡，不幸而言中，院主更振振

718　塘西花月痕

有詞，自詡眼光高超，一望而知，毋待蓍龜，弄到三人皆垂頭喪氣，更不敢再提搬房之事。院主以生旦台柱尚遭慘敗，這個潮州柑面口的男丑，無疑地惹觀眾討厭，不過既已定來，生旦已一蹶不振，與其投閒置散，姑且叫他一試，點點他的首本戲，雖不敢奢望他挽回頹勢，但求不致繼續崩潰，於願已足。俗語說得好，人不可以貌相，水不可以斗量，世事往往出乎意料之外，最為院主所輕視的伶聖，點演他在星洲轟動一時的首本戲「八股佬從軍」，竟破賣座紀錄！次日院主立刻說房間已收拾妥當，且命人粉飾一新，請他遷居，連帶「竹篙精」的小生，「柿餅面」的花旦，亦獲得優渥的待遇，每人一間房，這是伶聖和院主交涉的結果，他聲明不是苛求，祇是履行合約的條件而已。但院主見他叫座力強，連夕俱宣告「滿座」，自然不敢怠慢，不祇履行合約，每餐都加料，似乎恐怕餓壞這個潮州柑！過了若干時間，院主徵求他同意，請他們續約，他口頭上答應，直至將屆期滿，他突然聲明要起程，並根據合約行事，因為伶聖受聘之前，已從許多嘗過滋味的伶人口中，知悉其中的利害，所以合約內的字句，斟酌清楚，沒有再捉字虱的可能，院主竟無如之何。當院主再三請求他攷慮一下，不妨多演一兩個月，大家俱有益處，伶聖趁勢大發牢騷道：「承蒙錯愛，敢不効勞，但我們一個竹篙精的小生，一個柿餅面的花旦，一個潮州柑面的男丑，我恐怕再演下去，必定不受僑胞歡迎，還是趁熱收兵為佳！」結果他們終不肯答應院主的要求。事後伶聖每提起這個勢利面孔的院主，非常憤慨，可是談到末後爭回一口氣的情形，為之眉飛色舞。據說當時的賣座紀錄，殊出意料，倘繼續演下去，雙方的入息俱有可觀，論理他不該與錢鬥氣，無奈他一想起那個院主的勢利面孔，以及初時鄙

屑的樣子，三人屈處一個房間，甚麼興趣都沒有，雖掘金亦不可須臾留！

且說梅老九遠在金山，收到紫蘭花好幾封告急函件，謂肺病發作，要求速寄醫藥費，梅老九初因用度浩繁，第一年的薪水，經已透支大部分，不容易掛偕，直至他答應續約，院主支給他一筆上期，他才酌量匯寄若干。但杯水車薪，無濟於事，此時紫蘭花病勢日趨嚴重，不能出外活動，祗靠較有感情的姊妹，及熟客如司徒六郎等輩，間中接濟。她底哥哥大韓，也曾勉力代籌一筆醫藥費，奈何近年來，他的生活不大好景，大有愛莫能助之感。紫蘭花初時盼望梅老九滿約歸來，便可迎刃而解，誰知接他來函，報告續約一年，當堂感到心酸，最重大的打擊，還是一個新由金山回來的老倌，宣佈梅老九和江麗姝正式結婚的消息，不啻向她宣判死刑！一個人窮病交迫，已甚淒涼，何況歷盡滄桑一婦人，像紫蘭花的處境，在病榻中回憶陳塘與塘西的豪華生活，公子哥兒如何一擲千金，不足當她一盼，自己如何手段瀾綽，擲黃金於虛牝，現在舉目無親，想搵一文錢刮痧也成問題，撫今思昔，不知涕泗之何從。到了病入膏肓，梅老九的徒弟，念在師母的情誼，送她入城西方便醫院，紅顏薄命，玉殞香銷，這個徒弟哥，原是老青之流，祗好四出求助，幾致無以爲殮。幸而齊一哥此時剛由上海返穗，聞悉其事，慨然代爲善後，總算安其窀穸。姊妹輩皆說紫蘭花死後有福，難得齊一哥及時趕至，風光大葬。更難得的是：齊一哥和她祗是泛泛之交，如許仗義幫助，足以愧煞一般恩客云。

第四十四節：素娥賣肉養家姑

　　著者爲着表彰青樓妓女，不乏人家好女兒，特在結束之前，寫一個孝義可嘉的奇女子，以殿吾篇，並以警惕世風日下的淫娃，不知孝義爲何物，相形見絀，眞不可以道里計！這以孝義見稱於塘西花國的阿姑，芳名素娥，隸「四大天王」之一的賽花「瓦崗」（這是當時的「花報」最盛行的名詞，「瓦崗」即「寨」的別號，因爲舊小說「隋唐演義」，叙述程咬金等在「瓦崗寨」聚義）。生得面貌美麗，賦性溫雅文靜，可說人見人愛。她面上有顆小黑痣，審美家讚爲倍添嫵媚，當時有位名妓，左頰有夥大痣，儼似梨喎一笑，別饒風韻，飲客備極顚倒，酒局忙個不了，居然有人東施效顰，想利用化粧術的裝點工夫，引人入勝，素娥則出自天然，當非僞裝者可比。但星相家却不敢恭維，指爲尅夫相。還有美中不足之處，便是聽覺畧差，左耳有些重聽，幸而右耳一樣靈通，恩客和她談情說愛，喁喁私語，大家都知道「向右轉」。不過她雖有小疵，不掩其大醇，素娥對待客人，不論生張熟魏，面面俱圓，甚至寮口嫂，傭婦之流，企堂，豆粉水之輩，一律陰聲細氣，和藹可親，從不因自己是紅牌阿姑，而高視濶步，驕矜傲慢，她常說出這幾句心腹話：「自己不幸淪落青樓，操迎送生涯，有一塊錢，便有資格叫你陪飲，就要你窺伺任何人的面色，憑甚麼地位驕傲人呢？」素娥說得不錯，她的確不幸，迫於環境，

賣肉養家姑，身世十分可憐，星相家批評她是剋夫相，亦不幸而言中。原來素娥出身小家碧玉，年僅十六，于歸錢氏子，家道本小康，錢氏子比她年長兩歲，青春夫婦，伉儷之情彌篤，不在話下。可惜他體質素弱，先天不足，從小染有肺病，婚後幾個月，祇覺幾聲咳嗽，初時絕不爲意，以爲感冒風寒，循例延醫診治。過了年餘，發現痰有猩紅，始大起恐慌，醫生斷爲內傷，頗感棘手，家人更爲震駭，無奈當時醫學，遠不及現代昌明，未有發明特效藥，罹此痼疾，不啻宣佈死刑。還有一層，患這種病的人，相當火盛，不能自制性慾，任何病者，必須戒之在色，錢氏子伉儷情深，旦旦而伐，更引起病勢日趨嚴重，素娥年輕不解事，在舊禮教束縛之下，祇知妾婦之道，以順爲正，一切俱順從丈夫，不敢反抗，及至老人家發覺兒子的病源，實行分榻而眠，錢氏子已是奄奄一息。因爲老人家初時尚存一種愚妄的觀念，還希望病中一索得男，縱然不治，留下一點血脉，嗣續香燈哩，其愚眞不可及！可憐素娥衣不解帶，侍奉湯藥，達一年之久，依然藥石無靈，拋開新婚的嬌妻，撒手塵寰，素娥年才十八。青春守寡，痛定思痛，素娥惟有自嗟命鄙，傷心之餘，惟有善事翁姑，克盡孝道，猶幸翁姑尚算明達，祇嘆兒子命短，不歸咎媳婦剋夫 —— 有等頑固老人家，小不免有這種無理指摘 —— 甚且流露弦外之音，池中無水魚難養，水一般的後生，擇人再醮，亦不足怪責，但素娥柏舟自矢，願意以女兒自居，效女嬰不字，奉養雙親，以終其天年。家翁本來年老多病，不堪喪明的刺激，不久亦溘然長逝，他一手經營的生意，所託非人，詭稱虧折淨盡，實則全盤吞沒，僅賴家姑錢黃氏，平時有多少私蓄，用以維持生活。錢黃氏年逾五十，以家運迍邅，兩三年間，喪子喪夫，生意倒盤，除寡

媳之外，尚有幼子阿雄，年才十二，幼女阿珠，年甫十齡，一家四口，全無入息，坐食山崩，岌岌可危，不覺抑鬱成病，日與藥爐茶（罐當）罐爲伍。她這一場病非同小可：輕可的生活費，加上一筆巨大醫藥費，不及半年，環境突變，正是：家中有病人，門前多債主，任是素娥如何賢淑，亦嘆巧婦難爲無米之炊。最難得的是，家境雖然惡劣至此，素娥祇是中心悽愴，表面上對家姑更爲和顏悅色，家姑病痊戒口，囊無餘資，她仍向同居的二嬸，暗中借錢，親自調弄家姑嗜愛的東西，俾她胃口增加，每餐添飯。自從家翁棄世，財源告罄，已將家裏所有房間，租賃與人，彌補家計，幾口兒遷出騎樓居住。各房的住客，見素娥如此賢孝，均大爲感動，不特交上期租，兼且常時貸歀相助，二嬸對她更表同情。有一次，閒話家常之際，二嬸用試探的口吻，問道：「你底苦生涯，確是能人所不能，值得敬佩，據我所知，你底家姑也很替你難過，如果你願意再蘸，她絕不會反對 —— 但表面上她當然不能表示贊成，迫你這樣做，實際上她不想辜負你的青春。爲甚麼你不作進一步想，假如嫁得好人家，容許你和家姑繼續往來，或按月資助她，不是勝過現在楚囚相對，正不知厮守到何時？」素娥泫然出涕，侃侃說道：「我不肯改嫁，就是因處境太劣，試想她一個老人家，體弱多病，小姑、小叔俱年幼不解事，我怎忍心撇離她們，眼見她們淪於家散人亡的地步？我寧可出來傭工，侍奉她終其天年，或小叔可以自立，菽水承歡，我才去得安樂！世間雖有好人家，同情我的處境，但身爲再蘸婦，地位已不夠馨香，尚要附帶條件，強人加重負擔，贍養你底前夫的老母和弟妹，我恐怕喜歡時候，順口答應，不出一年便會反悔，那時節叫我順從好還是力爭好？順從則對她們不住，力爭又影

响夫妻感情，難道因廻護家姑，再做『三枝桄』？」二嬸頻頻點首，讚嘆地說道：「你的確有心思，好志氣，我非常佩服你，但你等待家姑終其天年，或小叔成人長進，你經已紅顏老去，再醮也是假話⋯⋯至於你肯出來操作，看你青春年少，手尖腳細，像個少奶奶，除非富貴人家請『近身』，這樣職位，向何處去尋？」

二嬸本出身「東堤」阿姑，也曾名噪一時，私蓄甚豐，看中現在賦同居的二叔，雖是普通一個店員，家無資財，但人甚忠厚，沒有妻室，不惜委身相事，成爲結髮夫妻，出錢幫助他做老闆，却也生活安定，夫妻和順，到老不衰。當下靈機一觸，就勸素娥不如落河，並詳細告訴她：塘西大寨阿姑如何聲價，接客有絕對自由權，名目上「賣肉養家姑」，不一定滅燭留髡，摧殘身子。素娥覺得這是無辦法之中的辦法，意稍動，可是她仍不敢作主，和二嬸請命於家姑，錢黃氏見寡媳肯爲自己而犧牲，感激到流下淚來，心良不忍，飢來驅人，其奈窮何，祗好忍痛點首，請二嬸幫忙，完成這個任務。二嬸和賽花事頭婆薀嫂是稔交，由她居間介紹，兼陳述素娥的苦衷，及其孝義可風，薀嫂亦爲之另眼相看，借給她大筆錢，可以暫時安家及還債，不用寫賣身契，保留其自己身。本來以素娥的相貌，雖可說青春秀麗，可是經過幾番暴風雨般打擊，未免花容憔悴，所謂貌不驚人，誰知出人意外，落寨不夠三個月，便一躍而爲紅牌阿姑，給一位富豪特別賞識。最有趣的是：他不是迷戀她底肉體與花容，而是喜嗜她煮得一手「好肉」，說句迷信的話，這是她孝義的因果報應，也是名符其實的「賣肉養家姑」！原來素娥侍家姑甚孝，錢黃氏病後胃口不佳，素娥別出心裁，製一味鹵水半肥瘦猪肉，據說用鹹水浸過相當時日，爽而不膩，濃而不滯，甘香雋永，十分可口，錢

黃氏嗜之成癖，不過她見家道清貧，阻止不要破鈔，以滿其口腹之欲。淪落青樓之後，素娥念念不忘家姑的心愛物，隔兩天便返住家一轉，親自入廚炮製，她入息旣豐，更挑選上好「五花腩」，多製一些，盤滿砵滿，俾家姑大快朵頤之福。錢黃氏知道媳婦雅有同嗜，不想自己獨享，叫傭婦帶些返寨，爲消夜佐膳之需。妓院中人多手雜，有等生來貪心，亦有懶惰成性，廚房內柴米油鹽等不值錢之物，常不免順手拿來一用，所以阿姑們的私家傭婦，極爲檢點，屬於女主人的私家用品，寧可放置房內的角落，或床下底，避免別人竊去，或老鼠偷吃，素娥的鹵水豬肉，用瓦煲裝貯，放在床下。偶然有一晚，金翁返寨打水圍，適值素娥在房間消夜，她見客來，放下筷箸，忙着穿回外衣，揮手示意傭婦去收碗碟，金翁亦揮手阻止，並含笑說道：「民以食爲天，皇帝也無權阻止百姓吃飯，吃完再算。還有你常時陪我飲，我現在陪你吃，分所本當，何必客氣？」素娥知道他富而不驕，不像別個豪客愛擺架子，恭敬不如從命，乃繼續吃下去。金翁是一間著名外國銀行的買辦，年逾知命，精神奕奕，自從素娥落寨以來，由薀嫂介紹，揮箋相召，旣愛其招呼週到，更喜其孝義可嘉，每晚俱叫她出局，餽贈頗豐，雖然尚屬酒局老契。當下他陪着素娥消夜，行近她身旁，看看她吃些甚麼肴饌，發現有一碟鹵水豬肉，芬芳之味撲鼻，他平時最嗜食豬肉送飯，看樣子泡製不錯，不禁饞涎欲滴，從素娥手中取去筷箸，夾一塊入口嘗試，覺得甘香鬆化，嘆爲得未曾有，嘖嘖讚美不置。素娥見他喜歡，親自夾一塊放在他口裏，他仔細咀嚼，認爲肥豬肉而爽口夾香，全不覺膩滯，實屬罕有。傭婦阿四睹狀，含笑說道：「大少，你如喜歡吃，不特有餸，還有飯哩。」素娥接口說道：「沒有錯，你如果不嫌

粗糙，大可在這裏吃過消夜，好在今晚煲的是絲苗白米，儘堪吃一碗。」金翁指着桌上笑道：「碟內僅餘猪肉兩三件，你才吃得幾啖飯，怎夠我這個老饕大嚼，你快吃飽先，不要拘執我……」話未說完，阿四已從床底捧一個「煲」出來，揭開蓋子給金翁看，肉淋淋，一團團，引得金翁食指大動，她亦不待金翁吩咐，入厨房煮熱，夾滿一碟，並飯一碗送呈。

　　湊巧金翁是晚赴宴酒家，覺得酒家的菜式殊不合口味，無心下箸，委實有點肚餓，至是大快朵頤，素娥見他食而甘之，讚不絕口，叮囑他明晚再來消夜，金翁毅然答應。嗣是以後，金翁不論在酒樓或俱樂部消遣，即使吃過東西，仍「留肚」返寨，嘗試這種肉味，才覺果腹滿意。他初時以爲傭婦阿四手製，及後才知道素娥親自替他入厨，特別賞賜甚豐，花叢中人，嘆爲異數，有等姊妹妒忌她行運，戲稱他爲「咸水猪」，未免謔而近虐了。金翁爲着口腹之欲，同時更敬重其品格，本來很有意帶素娥作歸家娘，並答應贍養其家姑，供給其小叔及小姑的教育費，素娥雖不甚滿意，名列三姨太，要仰人鼻息，但覺得金翁人甚老實，情眞義厚，自己身世寒微，難得落葉歸根，有此美滿的歸宿，當不敢過分苛求。她也曾徵求家姑同意，錢黃氏亦見過金翁幾次，因爲素娥徇金翁之請，帶他返住家一見家姑，並請他吃家常便飯，嘗試她底巧手小菜，金翁多所饋贈，給老人買菓餌吃，起碼一百元，錢黃氏自然讚成有此「佳婿」（素娥淪落青樓之後，表面上認錢黃氏爲「母親」，以免彼此難爲情，除非熟客才告訴秘密），不過她始終尊重媳婦的意見，一切悉由素娥自作主張，祗要她喜歡便行。幾方面既表示同意，金翁爲着她們未來大小之間和諧地特相處，別帶素娥返底邸，首先謁見髮妻吳氏，及二姨太章氏，

由於金翁平日治家有方，處事公道，既不會欺妻重妾，亦不會賤視妾侍，妻妾間互相禮讓，善相夫子。現在聽說素娥做得一手好菜，令到丈夫強飯加餐，對身子有益，當然樂意贊助。這是舊禮教家庭婦女的好處，深明大義，重視丈夫的飲食起居，以丈夫福利為前提，寧可自己遷就退讓一點。況且素娥性情和藹，加以飽歷人情世故，決不會吐露鋒鋩，恃寵生驕，大有後來居上之慨，更搏得吳氏及章氏的歡心。在此情形之下，大家都預料水到渠成，好事將近，孰知姻緣前生注定，世事往往出人意表，原因是吳氏為人，雖甚賢淑，對妾侍毫無妒忌，可是她生性十分迷信，先要將素娥的「八字」，領教於占卦算命先生。事有湊巧，連續問過幾個，都說她底八字與家人相沖，特別對金翁不利。最受打擊的是，金翁有個老友名喚老莊，雖不是職業星相家，常時談言微中，舉家極為信仰，吳氏特約他替素娥看相，老莊指摘她底面上小黑痣，斷定她是剋夫之相，八字亦與金翁相沖，期期以為不可。金翁見他口不擇言，異常懊喪，曾經暗中要求他幫忙，想辦法補救，玉成好事，並說她經已「剋」過第一個丈夫，第二個料必無妨，兼且位列偏房，與正室不同。老莊人甚梗直，反為警告老友：「我當然希望說話不靈，但我既然有見及此，豈能出爾反爾，萬一將來不幸言中，叫我如何對得住你，及兩位嫂夫人？」金翁沒奈何向吳氏解釋：「素娥的剋夫經已應驗，我自己亦十分命硬，所以要娶妾侍抵銷，否則我也有剋妻的可能，你又何必效杞人憂天呢？」（按：往昔有等迷信的女人，認為丈夫命硬可能剋死妻子，情願他納妾，希望可以禳解，殊屬可笑，因此有人懷疑，這是男人所玩的把戲，為納妾的張本，亦未可料云），但吳氏愛夫情切，強調寧可信其有，不可信其無，如果他喜歡納妾，

天下多美婦人，何必是，祇要八字不相沖，她絕不提出反對。同時吳氏更表示對素娥好感，不是絲毫有芥蒂，婉轉向她解釋苦衷，希望她能夠諒解，繼續請金翁消夜，俾他強飯加餐，投桃報李，一擲千金不吝。素娥見她出自衷誠，當然不怪責，因為她亦恐怕不幸而言中，假定從良之後，當真尅死主人公，豈不是在金家終身抱憾，一之為甚，其可再乎？

　　況且金翁已有偌大年紀，名分又是三姨太，憑她目前在塘西的紅運當頭，芸芸眾生，大可小心物色理想中的伴侶，不過見他苦苦央求，又是知己恩客，才勉強答應罷了，因此素娥對於好事不諧，完全沒有絲毫介意，相反地她更覺高興，大可另尋佳偶。錢黃氏初時以「從良」之議，頓成畫餅，還恐怕媳婦傷心，善言撫慰。誰知素娥笑欣欣說道：「我此次淪落青樓的主因，不外為金錢，並不是貪圖嫁人，祇求我們有豐富的私蓄，下半世可以過安定的生活，我立刻宣佈除牌，侍奉你老人家過世，尤其是小叔能夠獨立，將來成家立室，共敘天倫之樂，有個美滿的家庭，不是一樣快樂嗎？我本身從良與否有甚問題？」素娥這幾句話，姑勿論是否出自衷誠，已令到錢黃氏感激涕零，因為事實擺在目前，素娥的確孝義，不忘家姑，每月除供給幾百元家用之外（當時生活程度低，普通職員的月薪，亦不過幾十元，素娥供給幾百元，數目殊屬不菲，她聲明家姑年邁人，必須燉補品培養身子，以及小叔、小姑的教育費，俱毫不吝嗇，寧可她使用不完，儲蓄多少旁身，更知她這幾年來，受到家運迍邅的打擊，俾她再過一下舒適的生活，以免其傷心過度，尤其是勿誤會自己貪慕虛榮，祇顧風花雪月，忘却本來面目）。每一天，或者最多隔一天，必返家省視家姑，及小叔、小姑讀書情形，每星期陪她們看大戲

一次，多者兩次，習以爲常，風雨不改。錢黃氏反爲覺得過意不去，常時叫她不要這樣固執，有事可以不來，冒風雨更可不必，素娥總是笑說無妨，其孝義行爲，率多類此，在晚世中殊不可多見！當追逐素娥的飲客，眞個指不勝屈，他們差不多因素娥的孝義行爲，表示崇高的敬意，由敬生愛，由愛生憐，此乃人情之常，試問誰不想希望有個賢淑孝順的妻妾呢？不過素娥雖是青春年少，生來命苦，飽受磨折，不想一悞再悞，累己累人，對於選擇終身伴侶，極端審愼，除金翁之外，她頗鍾情利五郎，是興發行的少東，業務是供給輪船用品，相當發達。利五郎年少貌美，皎如玉樹臨風前，有「女人湯丸」之稱，當然博得許多阿姑的垂青。素娥習聞人言：靚仔沒本心，不少姊妹效盲佬貼符，弄到身敗名裂，她引爲龜鑑，反爲不敢與利五郎過分接近，雖然心裏着實愛他。但利五郎少年老成，不像一般紈袴子弟，行事荒唐，用錢潤綽而有分寸，用情眞摯而不泛濫，自從召喚素娥之後，沒有再叫其他阿姑，流露愛意，說話也很坦白。祗是有一點：素娥發現他提起家事，常時緊皺雙眉，甚或吁聲嘆氣，一似傷心人別有懷抱，他也曾告訴素娥，家中已有妻子，絕不隱瞞。素娥底心目中，亦覺得情久所鍾，打算甘爲夫子妾，假如他底太太，像金翁的妻妾一樣通情達理，當不成問題，因爲她本人也很自量：自己是破甑之身，又不是琵琶仔，倘樣樣條件都適合心意，人家不以爲嫌，自願屈居妾媵之列。有一晚，利五郎返寨打水圍，有個朋友田七郎，是日在戲院碰見素娥陪伴家姑看戲，十分恭順，親自剝生菓給家姑吃，口講手劃，講解戲文，大讚她賢孝，利五郎喟然嘆息道：「不賢妻，不孝子，世人比諸『頂趾鞋』，的確沒有錯，今日我這個不賢妻，又和母親發生劇烈的口角，好叫我左右爲

難，事實上是妻子無道理，想偏袒她亦不能！」田七郎和利五郎是通家之好，稔悉其家事，接口說道：「不是我多咀，五嫂的所爲，頗有點過分，旣喜歡打牌，又不好賭品，碰着她賭輸，往往拿伯母生氣，伯母向來有菩薩之稱，諸事已極端容忍，恐怕你左右做人難，無奈五嫂不識趣，眞個激石成火，怪不得伯母大發牢騷的呀。」利五郎聞言，觸動心情，祗有仰天長嘆，田七郎不想他難過，掉轉話題，和素娥談「戲文」。

湊巧是日開演名劇「出妻順母」，是當時名噪一時的小生，別號粉面十三郎的首本。田七郎和粉面十三郎很有交誼，常時同去塘西消遣，他由戲文談及粉面十三郎的家世，含笑說道：「聽說『出妻順母』這套戲，是粉面十三郎有感而發，特別吩咐開戲師爺，用這個戲甌，宗旨在警惕他底太太，不要刻薄他底母親，否則他當眞要假戲眞做，來一幕出妻順母……」利五郎滿腔心事，很着意地問道：「戲劇動人至深，粉面十三郎用心良苦，辦法却也不錯，我相信他底太太一定受到感動，幡然改圖，孝順家姑，事實上離婚不祥，尤其是女人，有誰肯做一個被『出』的妻子呢？」田七郎搖頭道：「你完全猜錯了，俗語說得好：江山易改，品性難移，世上有等人，不管男人或女人，都是一樣，明知這樣做法，千錯萬錯，知過必改，過而能改，善莫大焉，又何樂而不爲？無奈他們明知故犯，死而不變，或者『改過』一個短暫時期，不久故態復萌，粉面十三郎底太太洪氏，她不特不肯認錯，還強詞奪理，反唇相稽，甚且責罵家姑在兒子面前，搬弄是非，希望她們夫婦不和！因爲世上的確有等家姑，特別是年少孀守，認爲終生幸福，寄託在兒子身上。心理相當矛盾，一方面發媳婦寒，想早日含飴弄孫，另一方面又怕飲完新婦茶，喪失了兒

子，所以敵視媳婦，兒媳稍爲恩愛纏綿，或者出外看戲吃餐，少却老人家一份，便老大不高興，指摘兒子叛變，心中有妻，目中無母，諸多囉唆。這件事說起來，也很難怪她老人家看不開，因她出世太早，生在封建時代，她可能在鄉間出嫁，返婆家之後，新婚未過滿月，仍不敢與丈夫同桌吃飯，何況相偕拍拖？可是她目擊現代的青年，未到三朝，公然拋頭露面，親暱如並頭鴛鴦，還說甚麼渡蜜月，拋却家庭於不顧，豈肯帶母親同行，小不免由妒生恨，絮絮叨叨，心裏總有幾分偏愛兒子，祗有在媳婦身上大發牢騷了。但粉面十三郎母親香氏，絕對不是這等看不開的家姑，她始終愛護兒子及媳婦，希望他們伉儷情深，偕老百年，甘願自己受委屈，常替媳婦辯護，誰知洪氏太不識趣，變本加厲，壓迫家姑，事不離實，粉面十三郎乃實行演一幕出妻順母！」利五郎喟然嘆息道：「家貧出孝子，亂世顯忠臣，聽說粉面十三郎的出身，頗爲淒涼，他底母親少年孀守，母子二人，伶仃孤苦，兒子逼於環境，才出來學戲，可不是嗎？」田七郎答道：「這是真的」，並告訴本下的故事：往昔社會風氣閉塞，視伶人爲下九流人物，除供人性之所嗜！投身優界之外，稍有辦法的家長，都希望以給子弟讀幾年書，或要求親友栽培，帶他去學生意，最低限度亦想他學習一門手藝，做一個工人，到了無可奈何的時候，始容許他學戲，以免有成人不成戲之譏，等於承認子弟不成人。香氏青年孀守，獨生十三郎一人，家道清貧，僅能供給他讀書三四年，已很吃力，知母莫若子，粉面十三郎天性純孝，不想慈母負担過重，更決定早日出身，菽水承歡，打算出廣州學師──學一門手藝。那時候學師的苦況，師父對待徒弟，簡直絕無人道，他明知滋味難捱，爲着體諒親心，在所不計，但香氏以兒子

年幼體弱，堅決不允。湊巧粉面十三郎的堂兄，藝名小白臉，是著名的男丑，入息優厚，他見獵心喜，要求哥哥携帶，食紅船飯，本來學藝的辛苦，和習手藝也差不多，所有斟茶，添飯，打扇，及一切粗重工作，一樣由弟子服其勞，還要寫三兩年師約，將來成名之後，這個年限內的薪金，和師父對分。幸而師父是堂兄，當然不會苛刻，母親較爲放心。粉面十三郎並不因堂兄愛護，疏於學習，相反地加倍用功，憑他一副漂亮面孔，加上朝氣蓬勃，從此扶搖直上，成爲一個後起的紅小生。

不過他能夠迅速成名，全賴當時的班主娘，收爲班仔，叫開戲師爺，多給他演戲的機會，一則增加他的舞台經驗；二則俾台下觀眾，對他有深切的認識。話雖容易，實行頗有問題，因爲戲班積習相沿，分配戲場之輕重，根據地位之高低，或薪金之多寡，如果地位低微，佔戲比別人多，而此人的位置較高一級，或者同屬三幫，而薪水多一點，便有權提出反對，現在出自「班主娘」的主意，試問誰人敢有異議，不怕下屆影响出路嗎？粉面十三郎感恩知己，視班主娘如第二母親，言聽計從，並忠誠服務，別個班主雖出重金禮聘，他亦不肯跳糟，據估計他連續四五屆班，替班主娘賺了十多萬元，以報知遇之恩，亦有幾分是聽從慈母香氏的教訓：做人要知道木本水源，切勿忘本，孩兒有今日的地位，靡班主娘之力不及此。粉面十三郎娶妻洪氏，本是大家女，自小驕生慣養，恃雙親溺愛，時常頂撞母親，但粉面十三郎向她鄭重聲明：不能頂撞我媽，同時甘旨之奉，不能或缺，寧可我多俾幾倍家用，不夠仍可索取。誰知洪氏如秋風過耳，置若罔聞，粉面十三郎在廣州居住，每日晨昏定省，吩咐傭婦每日三餐，俱備美酒嘉饌，親自視膳，看母親式飲式食，倍覺歡暢，

洪氏當然不敢阻止。可是碰到粉面十三郎拉箱他去，她即尅扣食糧，說老人家多食致滯，傭婦自不敢開罪女主人，唯命是從。她生性嗜賭，牌品不好，已是取敗之道，手氣不佳，因此屢戰屢敗，但她屢敗屢戰，氣憤之餘，便拿家姑洩氣。如果別個母親，膝下有個純孝的兒子，在此情形之下，少不免向兒子訴苦，難得這位賢母，雅不願小夫妻因她而詬誶，既沒有絲毫怨懟之色，甚至兒子逖聽風聲，問她可有其事，她亦絕對否認，叫他勿妄聽外人是非。論理洪氏有這樣賢德的家姑，很應該深受感動，改過前非，誰知她反爲有恃無恐，以爲家姑亦懼怕她幾分，不敢告訴兒子，變本加厲，越來越離譜。有一次，香氏臥病於床，粉面十三郎在廣州演劇，自然親侍左右，適值是日正本，他演頭場，趕去戲院，叮囑妻子小心煎藥，洪氏竟召集麻雀友於家，又其八圈，支使傭婦去炒麵，忘記了藥已煎乾，她懶得再買，補充滾水，便拿給家姑飲。幸而洪氏性情坦率，大講大笑，在廳告訴牌友：我眞正失魂，幾乎爆煲，好在尚有三二分，我加些滾水再煎，相信功效也差不多，香氏在房聞言，不敢嘗試，靜悄悄倒落痰盂，亦不發作。後來洪氏因賭錢與麻雀友失和，其中有個誼屬親戚，洩穿此事，爲粉面十三郎所聞，異常憤怒，向她致「最後通牒」：如不悔改，實行離婚！洪氏依然不覺悟，粉面十三郎見她太過任性，恐怕她貽悞母親的性命，忍痛寫一紙休書，香氏以離婚不祥，還想替媳婦緩頰，無奈兒子堅決不答應。後來粉面十三郎續娶一位閨秀，唯一附帶條件，便是：孝順母親至上，果符所願，夫婦之間，如魚得水。這位著名孝親的小生，兒女對他也很孝順，晚年享兒女之福，尤其是有位「孝女」譽播亞洲，本人亦越老越康健，人皆說是孝順之報，這都是後話不提。素娥提起粉面

十三郎，頓有所觸，含笑說道：「這個小生真個生得面孔漂亮，名符其實，聽說塘西嬰婉，願為席嘜的大不乏人，據我所知，隔鄰詠樂的白玫瑰，和他最相好，白玫瑰曾經誇示於姊妹面前，不久將嫁粉面十三郎，名義上是平妻，個郎一往情深，雖不便因她而休棄妻室，亦捨不得屈她作妾，故採折衷辦法，畀以平妻名義云……」田七郎不等她說完，插口道：「白玫瑰的『平妻夢』，最近已經打破了，你還不知道嗎？」素娥搖首示不知，並問其故，田七郎笑道：「完全因為母親一句話，好事頓成畫餅，由此一端，便可證明粉面十三郎的孝道可嘉。」

這件事追原禍始，也是白玫瑰太過驕傲，目中無人，功敗垂成，自招其咎，與人無尤，事實上粉面十三郎的確對她十分鍾愛，其中亦有一宗秘密，相信許多人都茫然不知。原來新近有位大老倌名喚楊朱子，紅到發紫，曾顛倒不少異性，他流連石塘風月，偶然在升降機側，碰到白玫瑰，見她生得花容月貌，身長玉立，風韻天然，問知其芳名，入廳即寫花箋相召。座上一位朋友，含笑告訴他：「聽說白玫瑰已成為粉面十三郎的禁臠，且有上街之約，我勸你還是另喚別個阿姑好。」這位朋友原是一番好意，以為他們兩個都是第一流紅伶，如果知道某人認頭，當然以趨避為佳，以免有鑿牆腳之嫌。誰知楊朱子自恃艷福滔滔，又夠手段，嗤之以鼻，冷笑道：「甚麼是禁臠？簡直是笑話！除非他已帶作歸家媳，才配稱住家人，我當然不敢侵犯，否則妓女眾人妻，她在青樓一天，我就有資格叫她，甚至有辦法據為己有！」楊朱子好像成竹在胸，見了白玫瑰，滿口荒唐言，故意調侃道：「聽說你死溫粉面十三郎，敢問他有甚麼好？」白玫瑰見他出言無狀，愠然答道：「這是本姑娘的事，請你不必理會，我

覺得他樣樣都好……請問你又有甚麼好處？」楊朱子笑道：「你祇是喜歡他一副小白臉，其實是銀樣蠟槍頭，你問我的好處嗎？言之不盡，請嘗試之。」白玫瑰怒他輕薄，表面上雖不便發作，心裏委實不舒服，畧坐片時，即揚長而去。若果換過別人，鑒貌辨色，自當知難而退，可是楊朱子此人，自恃紅運當頭，以為憑他的聲譽和地位，許多女人逢迎備至，猶不足當其一盼，現在他既另眼相看，加上手段濶綽，何愁白玫瑰不立刻變志？於是到了埋席時候，楊朱子從袋裏拿大銀包出來，取一叠「紅底紙」，故意炫耀眼簾，連續數五張，大力塞在白玫瑰手中，楊朱子此舉，可能打破塘西飲客「發揩」的紀錄，發五元及十元揩，已經算是手段濶綽，現在楊朱子頭一次就發給五百元，超出常人幾百倍，相信任何濶客都不肯這樣做，須知當時生活程度低，一張「紅底紙」—— 百元紙幣 —— 已是十分矜貴，通常去商店購買十元八塊東西，想找贖也不容易。現在楊朱子一出手就是五張，確是驚人，所以白玫瑰初時，尚有點懷疑態度，以為他在開玩笑，不敢公然接受，怕他拿來引誘，緊握不放，後見他當真塞入自己掌握中，姑且一觀其究竟，直至他背轉身，談笑自若，始信以為真。然則楊朱子何故如此賣弄手段呢？最大的原因，當然是對抗粉面十三郎而起，實行橫刀奪愛，以誇耀於同儕，爭回一口氣 —— 起因是他底朋友，說白玫瑰是粉面十三郎的禁臠，勸告他休存妄想。楊朱子為人，生性瘋狂揮霍，其次當時得令，薪值巨萬。其他入息滔滔不絕，錢財來得容易，自然視同糞土，毫不吝惜，在他的心目中，以為這五百塊錢，無異先施一個下馬威，好教白玫瑰另眼相看，第二晚再照辦煮一碗，付出千金代價，便可玩弄白玫瑰於股掌之間，不愁她不疏遠粉面十三郎。誰知姐兒愛俏，

楊朱子雖然在梨園的地位，比粉面十三郎更走紅運，手段亦甚潤綽，但白玫瑰一往情深，死心塌地，她不特不喜歡楊朱子，還鄙屑其爲人：立心鏟同業的牆脚，拿他作壽頭看待。最有趣的是：她即晚找着粉面十三郎，笑嘻嘻奉上「紅底紙」五張：希爲哂納。粉面十三郎莫名其妙，嗔怪地說道：「幹嘛你拿銀紙給我，難道我之愛你，是貪圖你的金錢？你快收回，休得侮辱我！」白玫瑰乃含笑解釋其原委，並作如下的批評：「楊朱子可謂荒唐之極，目中無人，他旣然想剃下你眼眉，我特別替你爭氣，演一套『三氣周瑜』給他看！我故意將他給我的錢，全部送給你買燉品補身，等他知道之後，自己搥胸呻笨也好。還有一『氣』，我決定永遠不應他的『紙』，好叫他沒有仇可報。」

粉面十三郎雖勸她留回有餘地步，但白玫瑰一意孤行，果然弄到楊朱子啼笑皆非，沒如之何。粉面十三郎見她如此多情，口聲聲願居姬媵之列，不想過拂其意，亦答應於六月初一散班之後，選擇一個日子，帶她上街，暫時在香港組織小家庭，徐徐搬返廣州，正式入宮。他覺得每月在香港登台，儘有十多天，亦需要有個住家，母親和太太當不會反對，其次他仍恐怕青樓妓女，不少水性楊花，難以持久，姑且視作外室，看清楚其行徑如何，再行決定。這時候已是舊曆三四月，白玫瑰儼然以二娘自居，無心應酬酒局，差不多日夕流連後台，依戀不忍去，一手造就粉面十三郎的班主娘，不知他們已有密約，仍作野草閑花一例看，見白玫瑰痴纏不釋，誠恐妨碍粉面十三郎的錦繡前程，當面申斥，白玫瑰有恃無恐，竟反唇相稽，激惱了班主娘，立刻下逐客令，並吩咐守閘人，以後不准這個壞女人到來探班。白玫瑰在酒樓見了粉面十三郎，哭哭啼啼，撒嬌撒痴，指摘班主娘無理取

鬧，連帶他亦不賞臉，枉費他每年替她賺了許多錢。粉面十三郎年少氣盛，不堪一激，次日即返戲班，和班主娘演一幕「擘網巾」，他所根據的理由也很充分：「但求我對職務上一樣負責，沒有失場，沒有對不起觀眾，影响戲班的收入，我所結交的朋友，不管是男是女，到班探訪，你有甚麼理由干涉？如果你這樣蠻橫，我決定『花門』不幹（按：「花門」是戲班名詞，即中途退出或「走路」之意，因當時組班以一年爲期，賓主雙方，俱不能中途背約）。極其量和你去『會館』討論（即『八和會館』，是伶人團體，往日十分團結，凡有爭執不能解決的事件，投訴會館，由叔父秉公判斷，大家都要服從，很少要鬧出官司，經由法律途徑解決。）看你根據甚麼條約，不准我的朋友探班！」班主娘向來視粉面十三郎如子，粉面十三郎亦感她一手提拔，尊重如母，彼此情感十分融洽，估不到他因偏袒一個青樓妓女，破天荒將她頂撞，當堂又氣又憤，爲之泣下數行。後來聽別人之勸，大事化小，小事化無，容許白玫瑰繼續探班，才算風波寢息。可是白玫瑰更恃寵生驕，明目張胆，痴纏粉面十三郎，甚且在班主娘面前，故意冤冤氣氣，激她一激。班主娘能夠經營戲班，物色新紮師兄，列入班仔之林，業務蒸蒸日上，當然有手腕，有眼光，不是一個尋常的老婦人。爲着班仔的前途，及戲班的遠景，尤其是本人的威信，必須拔除這口眼中針而後快！但有甚麼法子呢？畢竟她機智過人，回心一想，粉面十三郎既有「孝子」之稱，此事非老人家不辦，乃親赴廣州，面見香氏，訴說白玫瑰如何迷戀粉面十三郎，如何入後台橫衝直撞，旁若無人，全班兄弟如何反感，粉面十三郎如何受其蠱惑，如何精神委靡，出台絕無戲癮，觀眾如何不滿，甚至有人想退票，長此以往，這個朝氣蓬勃的紅

小生，必定攪到暮氣沉沉，聲譽一落千丈……班主娘繪影繪聲，少不免言過其實，但任何一個慈母，聽說兒子給壞女人迷惑，這還了得，何況班主娘又是一手提拔兒子的恩人，怎不言聽計從？班主娘猶恐香氏不用全力做她的後盾，再補充一段話：「現在你底兒子，經已三魂少二，七魄剩一，日夕給這個狐狸精痴纏，他平時除你之外，對我百依百順，近來完全轉變，可見這個狐狸精的利害！我迫於無奈，才親自上廣州，找着你老人家，否則我也很懂得青年人的脾性，認識三兩個妓女，無傷大雅，何必小題大做，要你傷神憂慮？不過我心所謂危不敢不告，兒子雖是你的兒子，但好與不好，影响全班的盛衰，我還怕他會變性，由孝子變為忤逆兒，你亦未必說得他服帖帖地，因為我見過許多青年，跌落女人迷魂陣，無法自拔哩。」

香氏以班主娘說得這般嚴重，亦當堂震驚起來，連忙相偕到香港一行，見了粉面十三郎，剛問一句：「你是否和塘西一個妓女打得火般熱……」眼中竟掉下淚來，嚇到粉面十三郎面如土色，不敢置答，先問她何事，香氏莊容正色地說道：「你不用問我甚麼事，我祗希望你馬上與那個白玫瑰脫離關係，今後不可再和她往來，便是唯一孝順兒子，勝過你晨昏定省，供奉甘旨了。如果你不聽我的話兒，任你有珍饈百味，我亦食難下咽，高樓大廈，我都無心享受，因為她這個人很壞，據我所知，很可能破壞你底錦綉前程，你若執迷不悟，我恐怕享福不能長久，叫我有甚麼心機過活呢？」粉面十三郎明知是班主娘從中進讒，詆誹白玫瑰，有點過甚其詞，正想向母親詳細解釋一下，可是香氏斬釘截鐵地說下去：「天下多美婦人，何必是？你現時才縶起有個地位，顧住前程要緊，假如你想納妾，我可以替你物色良家女兒，

塘西烟花地的姑娘，終非佳偶，別樣事情，我都順從你的意思，不敢勉強你去做，這一件事，你非聽我相勸不可！」粉面十三郎以母親如此堅決，心想將來入宮，亦大有困難，乃唯唯應諾，立刻和白玫瑰斷絕關係，甚至酒局亦不召喚，頗出乎白玫瑰意料之外，由此一端，更可見粉面十三郎的確是名符其實的「孝子」，後來的「出妻順母」，當然不算得奇事了。

　　利五郎一邊聽田七郎叙述粉面十三郎的故事，心裏悄然自思：家和萬事興，家衰口不停，婆媳不和，已非家庭之福，妻子欺凌母親，弄到親戚朋友，嘖有煩言，屢教不改，爲禍不知伊於胡底，何不釜底抽薪，效法粉面十三郎，重演出妻順母一幕？利五郎既下大決心，連日召集雙方家長，舉行圓桌會議，情願補回一筆相當可觀的贍養費，簽字離婚，今後男婚女嫁，各有自由，毋得追究。男女兩方俱同意，在律師樓簽字，並在報章刊登「啓事」——當時社會風氣，崇尚舊禮教，男女雖屬盲婚，但夫婦是五倫之一，認爲離婚不祥，鑄成大錯，祇好歸咎命裏所招，一世受苦，所以看到離婚啓事，親友俱驚爲新聞，傳播悠悠之口。離婚手續甫辦妥，利五郎便拿報章的「啓事」給素娥看，素娥亦像世人一般見解，太息地說道：「一夜夫妻百夜恩，你們已是數載夫妻，本應恩愛纏綿，有何不對的地方，盡可從長計議，何必弄到離婚結局，難道雙方親戚，不能從中斡旋嗎？」利五郎喟然嘆息道：「你不是看過粉面十三郎的首本戲『出妻順母』嗎？你豈不是聽過田七少談論我們家事嗎？」素娥點點頭，不好意思多問。利五郎嘆完一口氣，忽然微露笑容，低聲說道：「我現在經已正式離婚，你肯隨我作歸家娘，我以正室地位相待，相信你不會反對吧？」素娥訝然失驚，頻頻擺手說道：「這個使不得，這

個萬萬使不得……」利五郎反為駭怪起來，插口問道：「有甚麼理由使不得，莫非你已經答應了金翁的要求，他底妻妾打破了迷信觀念，歡迎你做三奶，你就貪慕虛榮，不想做我這個失匙夾萬的少奶奶麼？」素娥滿面風騷，芳軀偎貼，回眸一笑，睡聲說道：「除非你是女人，才有這種想像，我的眼光完全不同。你試想想：嫁一個青年做正室好，還是嫁一個伯爺公做三奶好？況且你的家財，未必比他遜色，一個人日求兩餐，夜求一宿，縱有百萬財產，享受亦屬有限，我又不是出身豪富的家庭，向來淡泊自甘，說我貪慕虛榮，捨近圖遠，簡直是笑話，枉費你是我的知己，竟會說出這等話兒。我期期以為不可的理由，便是因你和太太離婚，和我結合，恐怕你的尊輩及親友，不知原委，悞會我從中挑撥，覬覦少奶奶一席位，將來對我的印象，永遠不會好，或出言譏諷，或相處不和諧，試問有何趣味？」

接着素娥囁嚅地說道：「還有一層，我誓過願要照顧家姑一生，金翁是一家之主，祗要他答應，沒人敢反對，你的處境完全不同，試問一個富有人家，身為家長，怎肯娶個再醮婦，尚要替別人的兒子『養老母』？雖然在表面上認是我的『母親』，但你一班同行同攪的朋友，總知道我的底蘊，事情終必揭穿，同樣引起老人家不良的反感，與其凶終隙末，倒不如慎之於始，以免一悞再悞。你這番好意，我恐怕不能接納，算我心領好了。」利五郎估不到素娥一口推辭，極感失望，另一方面，頗佩服她思慮周詳，更覺得個妮子可敬可愛，乃逐點向她解釋：「第一，我與妻子離異，家中上下人等，以至親戚朋友，那個不知她刁蠻潑辣，虐待家姑，自取其咎，與你何干？第二，大家都明白：帶大寨阿姑埋街，除琵琶仔之外，哪有處女，誰個不是再醮婦？數年前，

我有個伯父在陳塘帶妓女做填房，聽說她也是新寡文君，未聞家人敢背面譏笑她。至於贍養你底家姑，祇求我們暗中接濟，又不是叫她見光，照目前一樣，另外賃屋居住，你喜歡隨時探訪，有甚麼問題？」素娥聞言，雖然態度由硬轉軟，沒有堅決反對，仍是低首沉吟，希望獲得老人家諒解，比較安樂一點。利五郎爲着好事和諧，亦慨然答應，必定徵求母親同意，並帶她面見老人家，雙方認爲滿意才正式成親。他雖然口頭承諾，心裏全無把握，惟有和田七郎商量，要求他作一臂之助，玉成這件好事。田七郎爲人足智多謀，和利家又是通家之好，利五郎的母親利老太，對他頗爲好感，同時他亦很敬重素娥人格，因此，他毫不猶豫，應允利五郎：玉汝於成。利五郎雖是排行第五，但兄長夭折，僅有姊姊，下無弟弟，換言之，他是利家的獨子，自從他離婚之後，利老太抱孫心切，不停催促他早日續娶，利五郎總是婉轉推辭，並陳述他底理由：「大家閨秀，怎肯降低身份，嫁一個離婚的男子？她們多數偏袒女性，以爲男子薄倖，休妻另娶。小家碧玉，知識薄弱，舉止不夠大方，不是理想的配偶，此外則爲婢女，更不足掛齒了。姑勿論身份如何，品性賢淑最爲重要，前車可鑒，覆轍堪虞，倘不幸再娶一個忤逆的媳婦，正不知如何收科，難道又鬧離婚，一之爲甚，其可再乎？」利老太無詞可對，可是兒子年紀尚輕，萬不能鰥以終身，因噎廢食，老人家畢竟聰明，細味兒子的一番說話，欣然若有所悟。那一天，恰巧田七郎到訪，含笑問道：「世姪，我想問你一句話，你要老實答覆我，不必隱瞞：我知道五郎近來爲着生意應酬，每晚花天酒地，有時通宵達旦方返店，我相信他在塘西已有心愛的阿姑，可不是嗎？」田七郎猝出不意，幾不知所對，祇好唯唯否否，模稜

兩可，說他不大知得清楚，或許已有意中人，亦未可料。利老太知道他誤會自己的意思，連忙解釋道：「如果他有意中人，我就感到快慰了。你是世侄，當明白伯母的旨趣，不外想含飴弄孫，當我每次叫他續娶，他總是推說人選困難，甚麼大家閨秀，不肯嫁離婚的男子，小家碧玉不夠落落大方，竈下婢更不足掛齒，除此以外，祇有青樓妓女，可以當他一盼，是不是？但我這個老人家，極為通情達理，你不妨轉達我的意見，我只求他成家立室，帶妓女也不成問題，均之這等事情，在利家不算得破例，他底伯父幾十歲人，幾年前才帶一個花枝招展的雌兒，五郎年少，膝下猶虛，當不致受人指摘。」

田七郎夢想不到事情有急激的轉變，大有水到渠成之勢，乃趁勢說道：「據我所知，五哥並不是沒有續娶的念頭，嗣續香燈猶在其次，最低限度有個人侍奉你老人家，他確稱得上一個孝順的兒子，所以對於從前的五嫂，雖然恩愛纏綿，亦迫不得已，演出一幕出妻順母，祇因前車可鑑，他恐怕再娶一個，和從前的五嫂差不多，一誤豈容再誤，難道又鬧離婚，親友也覺得笑話。為着這個問題，他曾經三番四次，和我討論，除非他當真找到一個孝順家姑的女人，現在總算得償還他底心願了……」利老太聽到這裏，雀躍地問道：「他已找到意中人嗎？為甚麼他不告訴我一聲，教我日夕苦思焦慮，無時或釋！」田七郎答道：「就是因為她出身青樓妓女，怕你老人家不喜歡哩。」利太太笑口吟吟道：「好在我幾十歲人倒很聰明，懂得少年人心事……這個姑娘，叫做甚麼名字，他怎會知道她孝順家姑？」田七郎便將素娥的身世，告訴利老太，以及她如何擅長烹飪，替家姑弄戒口餕，怎樣憑一味鹵水豬肉，博得銀行買辦金翁一擲千金，毫無吝色，源源

本本，絕不隱諱。利老太沉吟地說道：「她經已尅死過丈夫……將來仍要照顧她底家姑……」田七郎見她有不滿意之狀，鼓其如簧之舌，解釋道：「我聽過一位星相家的批評：大凡青樓妓女，不論她出身大家閨秀也好，小家碧玉也好，是雲英未嫁身，抑或幾度翻剃，總有一些破相或缺陷，所謂十清一濁，美中不足，才會淪落花叢。這是命裏所招，無法避免，但一經逃過厄運，後福無窮，試看幾許太太少奶，何嘗不是上街的阿姑？至於照顧家姑一層，更不必介意，月中津貼一百幾十，亦無傷大雅，五哥可以拿她作岳母看待，生養死葬，有什問題？照我本人的意見，我很敬重素娥，完全因爲她底心目中，永遠不忘家姑，上街亦附帶這個條件，有始有終，實屬難能可貴。別個忘本的女子，迫於環境，淪落風塵，一旦花運走紅，養尊處優很容易性情改變，有幾個尚顧念前夫的老母？她能夠洞達人情若此，對於現在多情夫婿的母親，哪有不小心侍奉之理？娶婦但求賢淑孝順，何必理會她底過往的身世？你不看從前的五嫂，何嘗不是大家閨秀，知書識禮，你是否想到她對你諸般忤逆，屢勸不知悔改？」利老太聽完這番話之後，有如醍醐灌頂，恍然大悟，頻頻點頭不置，田七郎知她心回意轉，立刻補充一句話：「你如果不相信，我叫五哥帶素娥見你一面，包管你一見就喜歡。」利老太欣然說道：「很好，事不宜遲，越快越好！」田七郎不敢怠慢，向利五郎報道佳音，並約定素娥，明日午間一時，在南唐酒家會晤。利五郎恐怕第一次的印象不佳，影响未來好事，不能和諧，是晚不厭求詳，盡將母親的個性，及其愛憎的事物，俾她知所趨避。素娥覺得他那種張惶之態，寢食不安，爲之啞然失笑，故意調侃道：「良緣由天注定，人與人之間，情感是否融洽，也要看緣分如何，若果

我與利家無緣，任你怎樣安排，亦回天乏術，你又何必這樣徬徨失措呢？」利五郎亦自覺可哂，勉爲一笑道：「也罷，我們聽天由命好了。」其實素娥底寸寸芳心，同樣充滿患得患失的情緒，次日起身化裝，已經過幾番攷慮，初時想打扮如天仙化人，像個貴家少婦身份，後來決定穿老實而鮮妍的衣裳，淡掃娥眉，薄施脂粉，儼然住家人裝束，以免引起老人家的反感，果然素娥化裝得法，穠淡適宜，利太太一見之下，已有幾分喜歡，加上素娥平時慣於侍奉老人家，舉止週到，落落大方，在整個品茗時間，博得利老太眉飛色舞，笑口常開。午膳既畢，竟捨不得離開素娥。

最有趣的是：利老太定要請素娥一同返家坐談，意思是：你將來是我家人，現在先看看我這個家庭，或許你會覺得喜歡吧。利五郎有點出乎意外，和素娥相視而笑，意思是：你們一老一少，緣分很好，婚事定然和諧，我大可放開懷抱了。可笑利老太，好像發媳婦寒，惟恐中途發生變卦似的，即席就與素娥講條件，問她需要幾多身價銀，以及一切上街應辦的手續，務求堂皇冠冕，和正式娶新婦一樣。素娥回答極其大方：「我本人僥倖是自己身，不是事頭婆身，實不相瞞，我落寨只是兩個年頭，總算菩薩庇佑，台脚不差，很快就還清所有債務，無掛無牽。身價一層，可以不必提……」利老太聽說素娥不要身價銀，想起利五郎的伯父，在陳塘帶個阿姑埋街，用去萬多元，單是身價就要七八千，據她所聞，那個「細伯娘」，同樣是自己身，何以開天撒價，而素娥竟不肯要，莫非她沒有誠意嫁五郎，所以婉轉推辭？因此利老太反爲着急起來，插口說道：「我未聽過阿姑隨人客作歸家娘，口不言錢，縱使不談身價，多少要索回一筆私蓄，爲傍身之計，以備將來之需，最低限度丈夫移情別戀，亦有所倚賴

呀。」素娥先向利五郎飄一眼，然後正色說道：「老太太說得很對，但我個人的宗旨，認爲女子嫁丈夫，倚賴終身，金錢僅在其次，只要他對得我好，有飯食飯，無飯食粥，亦所甘心，如果生意順利，當然有福同享，不幸環境轉變，難道我死攬私蓄，不肯拿出來，不是一樣要涓滴歸公嗎？若果丈夫移情別戀，必定自己愚蠢不更事，不能搏得他的歡心，才將自己打落冷宮，到了這般田地，夫婦恩情冷淡，縱有萬千私蓄，試問有何樂趣，究不如清茶淡飯，渡過一生，只好自嘆命裏所招罷了。」她這番說話，深解人情味，尤其是發揮夫婦間愛情眞諦，意義深長，不卑不亢，十分得體，不特利老太認爲聞所未聞，利五郎亦爲之肅然起敬，估不到以她一個青樓妓女，居然深切了解夫婦之道，相信尋常的大家閨秀，未必有此溫良恭儉讓的美德，見微知著，大可斷定她是個通情達理的賢內助。因此他們母子兩人，不約而同地，希冀早日娶得這個賢淑婦人爲妻，過往身世的寒微，命運的迍邅，一概拋諸腦後，利老太忍不住嘖嘖稱讚道：「素娥姑，你的思想的確高超，完全不像一個河下人，不是我給高帽你戴，比較五郎已離婚的妻子，大有天淵之別，當然哩，她若果學得你一半，五郎也不會演一幕出妻順母。我不是偏袒自己的孩兒，他本來是一個很愛妻子的丈夫，更不是事事盲從老母。其實我亦不想他們夫婦鬧離婚，離婚不祥，許多忤逆的行爲，我都諱莫如深，奈何親戚朋友看不過眼，才造成這幕悲劇，現在事過情遷，不必多贅了……你自動不要身價銀，我很敬重你，我們當然亦不會難爲你，不過你底奶奶（奶奶是往昔稱呼家姑的名詞，利老太聽說素娥叫「家姑」做「阿媽」，「阿媽」是母親的稱呼，用以掩飾普通飲客的耳目），她不好意思叫下去，連忙改口道：「你底阿媽一

旦離開你，很應該給她一筆錢，俾她感到多少安慰才是，雖然我們決定遵照你底意旨，按月接濟她，永遠不中斷。這筆數目幾何，你不妨開心見誠，告訴我們，一定照辦。」素娥因家姑憶起亡夫，又想到離開夫家再嫁，不禁有點黯然神傷，聲調低沉，答道：「阿媽人甚慳儉，我現時每月津貼她家用三二百元，她絕對不肯浪費，從事儲蓄，每屆歲時令節，她知道我在在需財，清結衣服首飾各種賬目，必定自告奮勇，說她有私蓄數千，問我是否需用，我當然不要她幫忙。照此情形來看，我相信她亦不需要甚麼錢，但求按月接濟她一二百元便行。」利老太見她性情坦率，做事坦白光明，大喜過望。

　　吃完晚飯之後，利老太匆匆入房，拿個大首飾箱出來，揭開給素娥看，真個珠光寶氣，眩耀眼簾，不可逼視，其中有鑽石鈪，珍珠頸鏈，翡翠鈪，鑽石戒指，金器尤不計其數 —— 當時婦女盛行金飾，單是金鈪就有種種不同的花樣，一般新嫁娘，輒將親友送贈的手釧，戴到臂膀之上，不嫌累贅。利老太笑嘻嘻叫素娥選擇，素娥當然不好意思下手，只是微笑謙遜，利老太審視首飾箱一下，依然面帶笑容，拿一枚鑽石戒指，重可「兩卡」，親自替她戴在指上，並解釋地說道：「這枚戒指在利家而言，具有歷史性的價值，是去世的老爺，經商於南洋時購買，據說是火油鑽，非常名貴，他歸饋細君，送給奶奶，到了我過門的時候，跪拜斟茶，她賞給我作禮物。到了五郎娶那個不賢的婦人，我本來想照樣賞賜這枚鑽戒，其後不知何故，我突然變卦，改轉用金仔鈪，結果她和五郎仳離，這一件利家的傳家寶，得以保存至今，可見她無福消受。現在我送給你，正是你的福分，一代傳一代，你休得推辭呀！」素娥很明瞭利老太弦外之音，不齒以鑽石

戒指，作爲下聘的禮物，她回顧利五郎，見他頻頻點頭，態度懇摯，希望她接受，乃不便固却。利五郎以母親如此喜歡，素娥亦無異議，乃決定從速帶她作歸家娘，大事鋪排，正式宣佈上街，龜鴇和姊妹輩，不消說忙於送禮，因閨女出嫁，送禮的親友，「破鈔」在所難免，極其量飲多幾杯喜酒，多吃幾餐飯。惟阿姑上街則不同，客人多數有錢，大都表示潤綽，替所歡撑塲面，同時自己亦可「揚名聲，光於前，垂於後」，凡是送禮物的人，不論高低身份，答還的「利是」，看禮物的價值，照數奉回，例如禮物值五元，則封回「利是」五元，如果是傭婦寮口嫂等輩，更可能「加倍封贈」，五元答回十元之類。據塘西故老相傳，有幾個豪華潤少用銀紙封利是，尚嫌不夠派頭，一律用美金，禮物較名貴的，答回大金圓一個，最低微的禮物，亦答還一個金仔，消息甫傳，別間寨的姊妹及寮口嫂們，和這位阿姑叫做相識，也紛紛送禮，聽說最潤的一個飲客，單是答回利是的銷費，就達萬多元！此風一開，差不多形成一種習慣，任何阿姑上街，除非保持秘密，或只通知心腹姊妹，不可宣揚，否則不愁沒有人送禮物，雖然不希冀金仔利是，最低限度破鈔可以博回多少代價，兼且表達友誼，又何樂而不爲？利老太爲着隆重其事，叩問「張王爺」，選擇黃道吉日，並通知素娥準備。素娥一者深愛利五郎，喜歡找到美滿的歸宿，終身有靠，利五郎的家財，實際上她本人亦佔有份兒，不比其他阿姑，上街完全是拜金主義，或許是過渡性質，任由他做壽頭，漠不關心，素娥則不然，雅不願他過分的浪費，以免影响將來她在家庭的地位；其次她感懷身世，少年孀守，迫於環境，淪落青樓，現在能夠物色理想中的伴侶，已是徼天之幸，凡事要退一步想，正如一般老誠人的金石良言：「有福不可享盡，

有勢不可使盡，須防收尾兩年」，因此她不想利五郎大事鋪排。

同時素娥爲人，很知大體，她當然亦不想太過衰牌，顧存他在塘西的面子，從中落墨，不過不失。距離上街吉日尚有五天，她才正式宣佈，其實本寨的事頭婆及姊妹們，早已發現蛛絲馬迹，見她和利五郎日形親暱，相信有情人終成眷屬，聽到消息，並不感覺訝異。但初時她們料不到好事近在目前，因爲素娥未曾宣佈上街的前夕，金翁依然每晚在別處飲完，必定返寨消夜，嘗試她手製的鹵水豬肉。金翁本來老早有意帶她作歸家娘，無奈妻妾迷信星相家之說，怕她尅夫，好事頓成畫餅，這一晚他照常返寨消夜，素娥含笑報道「婚訊」。金翁是銀行界有地位人物，對於任何一間有名商行業務狀況，經濟情形，瞭如指掌，知道利五郎父親一手經營的興發行，在五金行業中佔有崇高的地位，家底頗爲不俗，利五郎亦年少老成，克紹箕裘，不負先人創業的苦心。當下金翁逖聽佳音，名花有主，難以割捨，未免有點惆悵，接着想到她底前途，已有歸宿，值得慶幸，乃緊握素娥雙手，欣然說道：「素娥，我恭喜你，利五郎人甚不錯，聽說他剛巧和髮妻離婚，天造地設，使你位列中宮，這是你的福分！」他說到這裏，苦笑一聲道：「你已是利家的少奶奶了，我不敢再勞玉手，今晚便是我在這裏消夜的最後一次，待我多吃幾件豬肉吧！」素娥見他說得怪可憐似的，同時亦感激他一年來豐厚的賞賜，面上表露愉快的笑容，恭謹地說道：「大少說那裏話來，只要你喜歡，你一樣可以返寨消夜，直至我上街爲止。如果你不嫌棄的話，那一晚五郎執廳，我很想請你賞面駕臨，你不必顧慮五郎誤會，我可以保證五郎極表歡迎，彼此結交朋友亦何妨。你過往對我的情義，他完全知道，我底性情一向坦率，無事不可對人言，他也

曾告訴我，他底興發行和你的銀行常有來往。至於你嗜食鹵水
豬肉，更不成問題，將來我在利家，仍一樣可以炮製，着工人送
去府上，或者你認識五郎之後，彼此成爲通家之好，到我家裏消
夜，不是隨時可飽口福嗎？」金翁聞言，深受感動，正色說道：
「你的一番美意，我極心領，將來勞動玉手，這是假話，你雖然
不嫌褻瀆，我也不敢這般荒唐。只有這件事我很贊成：如果五
郎不反對，我很喜歡和他認識，好吧，你上街執廳之夜，我決定
前往道賀，做一個不速之客，你可以預早告訴五郎，徵求他底同
意，但老實說一句，他若不大願意，可作罷論，凡事不可勉強才
好。」素娥點首允諾。說起來也很有趣：是晚消夜金翁添飯三
碗，大嚼肥肉一頓，這是從來未有的，因爲金翁事實上在別處飲
宴，吃過不少東西，特別留肚返寨吃一兩碗飯，嘗試其心愛的鹵
水豬肉罷了。金翁聽說素娥上街有期，當然不好意思再返寨打
水圍，可是連續兩三晚，食不下咽，寢不安席，精神彷彿，他底
正室吳氏，及二娘章氏，覺得很奇怪，以爲銀行發生甚麼不愉快
事，牽涉在他身上，影响他底職位，忙問他何故，他只是搖頭，
回答一個無字。這兩個賢內助，心細如髮，覺得他平時歸家常在
深夜二時半之後，並知他飲完再返素娥粧閣吃飯，現在一時左右
便回來，恍然大悟，問他是否和素娥「掟煲」，沒有返寨消夜？
金翁噾一點頭，並未解釋理由。可笑吳氏不知原委，恐怕餓壞丈
夫的身子，及妨碍他做事的精神，次日一見金翁返工，即着傭婦
去「賽花」請素娥到家裏一談，在吳氏之意，以爲金翁眞個與素
娥決裂，倘長此以往，寢食不安，幾十歲人難堪刺激，好容易短
促其壽命，必要時，任由他帶素娥上街也好。

　　素娥以吳氏突然邀請，還以爲金翁告諸妻妾，她已定期上

街，很可能備辦多少禮物送贈，並約她一見，面致賀忱。誰知出乎她底意料，吳氏和章氏俱有不豫之色，寒喧數語，便問她因何事故，金翁連晚都沒有返寨消夜。素娥乃照直告訴，她雖然于歸有日，仍很歡迎金翁照常往還，不過他自己見外罷了。吳氏這才訝然失驚，但已成事實，素娥當然不會捨棄貌美年青的利五郎，嫁六十衰翁作妾，不禁嗒然若喪。素娥廉悉其情，乃傾吐心腹，表示她竭盡所能，勸金翁繼續珍重身子，強飯加衣，吳氏和章氏稱謝不置。素娥稍坐片刻，即返回住家，叫傭婦協助，親自泡製鹵水豬肉一大煲，着人送去金翁府上。這一晚在俱樂部，見了金翁，苦口婆心，婉言相勸，並請他返寨消夜，金翁下午已接到家人的電話，返家食晚飯，大快朵頤，以素娥情意殷殷，十分感謝。到了素娥上街之夕，他當真赴宴寨廳，和利五郎正式訂交——先一日已備辦禮物三份，送給素娥永留紀念，他本人送金鈪一對，吳氏和章氏各送名貴衣料一套。是晚的寨廳，單是請利五郎的朋友，第二晚另外假座酒樓，算是歡宴素娥的姊妹。初時利五郎原想在寨廳兼請本寨的姊妹，包括事頭婆與寮口嫂之流，凡是有做人情，俱應該請飲謝酒。一者執廳對於事頭婆的利益，全靠叫阿姑，照普通大寨的「規定」：一桌酒叫本寨阿姑卅二名，兩桌便是六十四名，照規矩不能豁免，但其中有三四十人送禮物，請她們「飲喜酒」，還是要她們「陪飲」？請飲當然不能發局賬，豈不是影响事頭婆無形中損失？若果陪飲，豈不是褻瀆她們？其次姊妹和朋友的人數合計起來，非六七桌不可，賽花廳亦無法容納，這才變通辦法，在酒樓另請一晚。這兩晚喜酒，其熱鬧情形，爲普通阿姑上街所罕見，尤其是本寨大多數姊妹送禮，殊屬難得，雖然阿姑上街送禮，不會吃虧，龜鴇寮口嫂之

流，可能貪圖這種小便宜，阿姑則不盡然，有等小氣的女人：憎人富貴，厭人窮，如果是紅牌阿姑固然不貪，甚至籮底橙阿姑，自尊心和自卑心夾雜一片，既怕人家譏笑她趨炎附勢，更不想人家懷疑她貪圖一封豐厚的利是，反為不敢賀禮，除非平時確有交情，則屬例外。素娥飽嘗世味，生性又是溫藹和平，並不因紅運當頭，改變氣質，對於同樣當紅的姊妹，從來不爭第一，見面必首先開口打招呼，她底人生處世哲學，金翁和利五郎亦表示佩服，聽她常時教訓傭婦，耳熟能詳，她強調先開口打招呼的理由：第一依開笑口，對方已感到幾分喜悅，必定欣然答應，即使平日對你不滿，或有甚麼悞會，自然逐漸冰消瓦解，因為有等人閉口不說話，面貌好像惱了一村人一般，可能造成悞會的因素。而且開口祗是略為耗氣，不犯甚麼本錢，亦不算得低威，縱使有等人絕無知識，叫而不應，見面一次，再叫一次，於你無損，叫到對方不好意思，回嗔作喜，小不免和你打招呼了。俗語說得不錯：禮多人不怪，於自己無損，又不犯本，何樂而不為？素娥對於酒局冷淡的姊妹，更為深切同情，除慫恿客人附帶叫局之外，知道她們經濟拮据，無法週轉，自動暗中幫忙，永遠不洩漏於人前，特別是家有病人，例如父親或母親生病之類，她必定資助醫藥費，姊妹感激流涕，她總是拿這句話撫慰：「我自己也是過來人，同樣受過人家的恩惠，誼屬姊妹，應有幫助的義務，何必言謝，亦不必傷心。我從前的環境比你更苦百倍，一個人總有三衰六旺，天無絕人之理，不久一定否極泰來，你看看我就可以明白了。」職此之故，素娥上街的好日子，甫一宣佈，不論紅牌阿姑與籮底橙之流，俱熱烈慶祝，大家稱贊她孝義家姑，待人又好，應該有此好報！

素娥上街的熱鬧情形，還不止此，利老太太爲着隆重其事，另外在家裏大排筵席，歡宴親戚，以正名定分。利五郎從此以後，變了收山飲客，專心致志發展商業，這一年興發行獲利之多，爲歷年之冠。利老太更認爲素娥好腳頭，財星拱照，又能感動夫婿，修心養性，雖大家閨秀亦不及其賢淑。最有趣的是：親戚朋友，偶然談及某人帶妓女，幾淪至破產，正合着世俗的話兒：「帶妓女三年衰」，利老太必定加以反駁，駁到面紅耳熱，仍刺刺不休，並舉出她底媳婦作反證。素娥對於她底新家姑固然逢迎備至，但絕對不是貪新忘舊，至多隔兩天，便返老家省視「舊家姑」錢黃氏，並留心小叔及小姑的學業，每月的津貼費，比從前加多一百元，以免引起她們誤會，或恐怕她見異思遷。利老太很了解媳婦的心事，爲免她懸掛起見，特別叫她請錢黃氏到家裏消遣，以「親家」名義，作通家之好，互相往還，如一家親，小叔與小姑，亦以「弟妹」看待，繼續供給教育。素娥周旋於兩位老人家之間，面面俱圓，備極孝順，任何一方都感到十二分滿意，可惜世間事總有多少缺陷，團圓如明月，也有圓缺，素娥嫁返利家，有地位，有物質的享受，有多情的夫婿，有愛護的尊長，最是美中不足的，便是她沒有夢蘭之兆。老人家抱孫心切，遍請名醫，廣購補身藥物，希望培養她底身子一索得男，嗣續香燈，誰知到了老人家終其天年，仍不能償還其素願，雖然利老太沒有宣諸於口，埋怨媳婦無所出，但素娥鑒貌辨色，早已知道老人家喜愛小孩子，自覺用去許多醫藥費，補身錢，絲毫沒有懷孕的朕兆，未免內疚於心，她曾經慫恿利五郎納妾，親自物色壯碩矮胖的女子，希望甘蔗旁生，但利五郎伉儷情深，堅決反對，他認爲不孕的主要因素，屬於雙方面的責任，不能單純歸咎於女人，或

許他自己沒有生殖機能，即使三妻四妾，一樣沒有收穫，更可能弄壞身子，且且而伐，反爲無益而有害。爲着搏取老人家歡心，有等三姑六婆之類，甚至向素娥擺計，叫她「懷箬箕」，俗稱「裝肚」，其辦法大致是這樣：初用細小的「箬箕」，包裹妥當，懷在肚子，狀如女人懷有身孕，按月將箬箕加大，另一方面，暗中物色窮家的孕婦，訂明條件，如果誕生男孩，情願出資購買，但聲明賣斷，不得過問誰是主家，不過可以保證孩子養尊處優，如珠如寶，總勝過他出世就捱窮受苦。據說彌縫得法，不特可以瞞騙家姑，更可瞞過丈夫，因爲往日的男子，對於婦人育嬰的常識，比較淺薄，特別是富貴人家，好容易盼到荳蔻含胎的日子降臨，孕婦身子寶貴無倫，不容許丈夫隨便接觸，到了懷孕五六個月之後，即僱定「陪月」，左右包圍侍奉，屆時自有辦法出術。素娥終覺辦法不妥，不肯答應幹此欺騙丈夫的行爲，她寧可開心見誠和利五郎磋商：你既然情長義厚，不願意娶妾，到時買一個男孩子撫養，以安慰老人家？利五郎亦不贊成，他認爲不是自己骨肉，總覺耿耿於心，同時他相信素娥年紀未過三十，不算老大，許多婦女卅多歲開懷，何必急在此一時？利老太棄世未幾，錢黃氏亦撒手人寰，彌留之際，口聲聲感激素娥的大恩，此時男婚女嫁，她償了向平之願，自認死亦瞑目。利五郎自從老人家溘然長逝，更不把兒女事放在心裏，致力於發展商業，在廣州設立支店，伉儷情深，到老不衰，出入相偕，遊山玩水，別有樂趣。到了老年的時候，才過繼一個侄兒，替他成家立室。勝利和平之後，利五郎始去世，興發行的股份，他佔有半數，股東仍公推素娥管理財政 —— 一家和順，過繼兒媳，亦對她克盡孝道，環境優裕，也是塘西阿姑中，福澤綿綿之一個，識者俱說是她孝義的好報云。